D0619848

Les arbres généalogiques des familles Rizzuto, Manno, Caruana et Cuntrera

Famille Manno

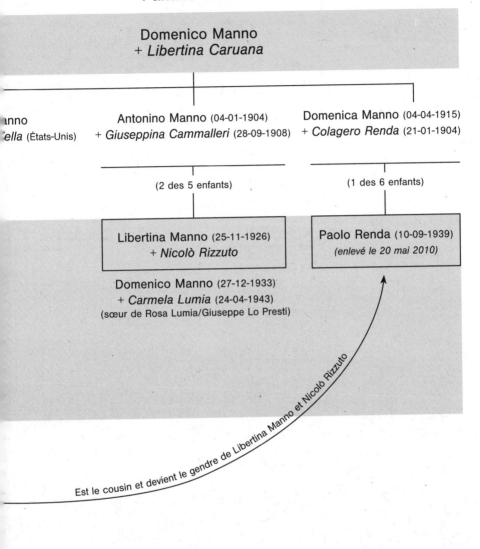

Domenico Manno
+ Libertina Caruana

...anno
...*ella* (États-Unis)

Antonino Manno (04-01-1904)
+ Giuseppina Cammalleri (28-09-1908)

Domenica Manno (04-04-1915)
+ Colagero Renda (21-01-1904)

(2 des 5 enfants)

(1 des 6 enfants)

Libertina Manno (25-11-1926)
+ Nicolò Rizzuto

Paolo Renda (10-09-1939)
(enlevé le 20 mai 2010)

Domenico Manno (27-12-1933)
+ Carmela Lumia (24-04-1943)
(sœur de Rosa Lumia/Giuseppe Lo Presti)

Est le cousin et devient le gendre de Libertina Manno et Nicolò Rizzuto

Famille Caruana

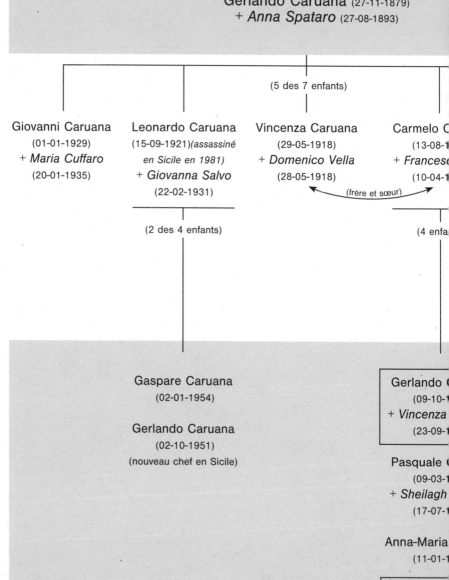

Gerlando Caruana (27-11-1879)
+ *Anna Spataro* (27-08-1893)

(5 des 7 enfants)

Giovanni Caruana
(01-01-1929)
+ *Maria Cuffaro*
(20-01-1935)

Leonardo Caruana
(15-09-1921)*(assassiné
en Sicile en 1981)*
+ *Giovanna Salvo*
(22-02-1931)

Vincenza Caruana
(29-05-1918)
+ *Domenico Vella*
(28-05-1918)

Carmelo C
(13-08-1
+ *Frances*
(10-04-1

(frère et sœur)

(2 des 4 enfants)

(4 enfa

Gaspare Caruana
(02-01-1954)

Gerlando Caruana
(02-10-1951)
(nouveau chef en Sicile)

Gerlando (
(09-10-1
+ *Vincenza*
(23-09-1

Pasquale (
(09-03-1
+ *Sheilagh*
(17-07-1

Anna-Maria
(11-01-1

Alfonso C
(01-01-1
+ *Giuseppin*
(01-07-1

Famille Rizzuto

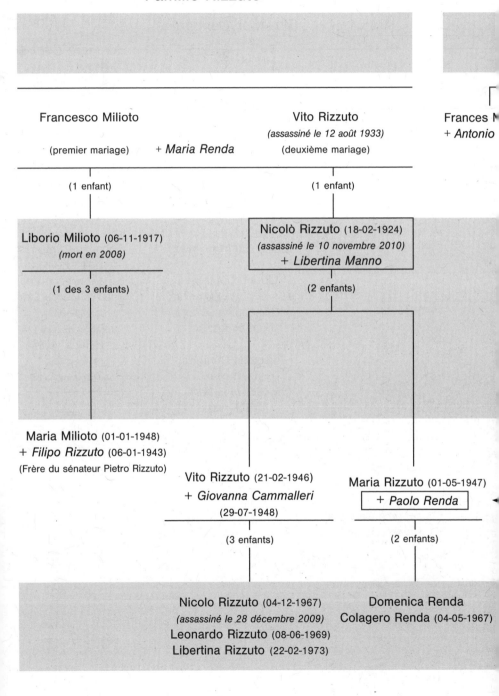

Francesco Milioto

(premier mariage) + *Maria Renda*

Vito Rizzuto
(assassiné le 12 août 1933)
(deuxième mariage)

Frances N
+ *Antonio*

(1 enfant)

(1 enfant)

Liborio Milioto (06-11-1917)
(mort en 2008)

Nicolò Rizzuto (18-02-1924)
(assassiné le 10 novembre 2010)
+ *Libertina Manno*

(1 des 3 enfants)

(2 enfants)

Maria Milioto (01-01-1948)
+ *Filipo Rizzuto* (06-01-1943)
(Frère du sénateur Pietro Rizzuto)

Vito Rizzuto (21-02-1946)
+ *Giovanna Cammalleri*
(29-07-1948)

Maria Rizzuto (01-05-1947)
+ *Paolo Renda*

(3 enfants)

(2 enfants)

Nicolo Rizzuto (04-12-1967)
(assassiné le 28 décembre 2009)
Leonardo Rizzuto (08-06-1969)
Libertina Rizzuto (22-02-1973)

Domenica Renda
Colagero Renda (04-05-1967)

Famille Cuntrera

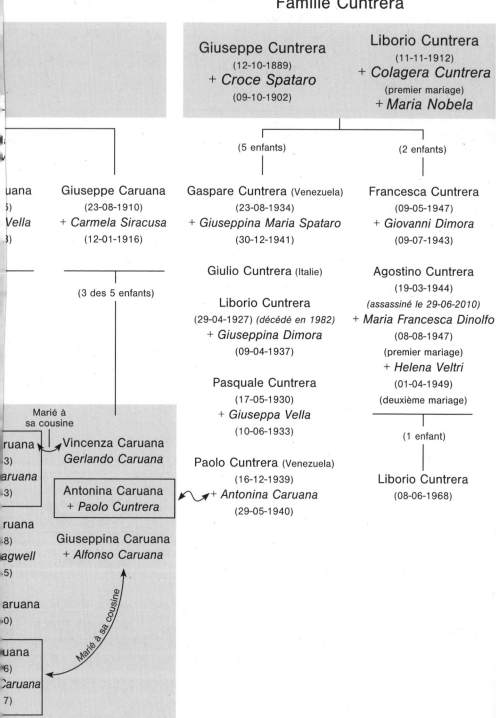

Giuseppe Cuntrera
(12-10-1889)
+ *Croce Spataro*
(09-10-1902)

Liborio Cuntrera
(11-11-1912)
+ *Colagera Cuntrera*
(premier mariage)
+ *Maria Nobela*

(5 enfants)

(2 enfants)

...uana
5)
...Vella
3)

Giuseppe Caruana
(23-08-1910)
+ *Carmela Siracusa*
(12-01-1916)

Gaspare Cuntrera (Venezuela)
(23-08-1934)
+ *Giuseppina Maria Spataro*
(30-12-1941)

Francesca Cuntrera
(09-05-1947)
+ *Giovanni Dimora*
(09-07-1943)

(3 des 5 enfants)

Giulio Cuntrera (Italie)

Liborio Cuntrera
(29-04-1927) *(décédé en 1982)*
+ *Giuseppina Dimora*
(09-04-1937)

Agostino Cuntrera
(19-03-1944)
(assassiné le 29-06-2010)
+ *Maria Francesca Dinolfo*
(08-08-1947)
(premier mariage)
+ *Helena Veltri*
(01-04-1949)
(deuxième mariage)

(1 enfant)

Marié à
sa cousine

...ruana
3)
...aruana
3)

Vincenza Caruana
Gerlando Caruana

Antonina Caruana
+ *Paolo Cuntrera*

Pasquale Cuntrera
(17-05-1930)
+ *Giuseppa Vella*
(10-06-1933)

Paolo Cuntrera (Venezuela)
(16-12-1939)
+ *Antonina Caruana*
(29-05-1940)

Liborio Cuntrera
(08-06-1968)

...ruana
8)
...agwell
5)

Giuseppina Caruana
+ *Alfonso Caruana*

...aruana
0)

...uana
6)
...Caruana
7)

Marié à sa cousine

MAFIA

INC.

DISTRIBUTEURS EXCLUSIFS:

Pour le Canada et les États-Unis:
MESSAGERIES ADP*
2315, rue de la Province
Longueuil, Québec J4G 1G4
Téléphone: 450 640-1237
Télécopieur: 450 674-6237
Internet: www.messageries-adp.com
* filiale du Groupe Sogides inc.,
   filiale du Groupe Livre Quebecor Media inc.

Pour la France et les autres pays:
INTERFORUM editis
Immeuble Paryseine, 3, Allée de la Seine
94854 Ivry CEDEX
Téléphone: 33 (0) 1 49 59 11 56/91
Télécopieur: 33 (0) 1 49 59 11 33
Service commandes France Métropolitaine
Téléphone: 33 (0) 2 38 32 71 00
Télécopieur: 33 (0) 2 38 32 71 28
Internet: www.interforum.fr
Service commandes Export – DOM-TOM
Télécopieur: 33 (0) 2 38 32 78 86
Internet: www.interforum.fr
Courriel: cdes-export@interforum.fr

Pour la Suisse:
INTERFORUM editis SUISSE
Case postale 69 – CH 1701 Fribourg – Suisse
Téléphone: 41 (0) 26 460 80 60
Télécopieur: 41 (0) 26 460 80 68
Internet: www.interforumsuisse.ch
Courriel: office@interforumsuisse.ch
Distributeur: OLF S.A.
ZI. 3, Corminboeuf
Case postale 1061 – CH 1701 Fribourg – Suisse
Commandes:
Téléphone: 41 (0) 26 467 53 33
Télécopieur: 41 (0) 26 467 54 66
Internet: www.olf.ch
Courriel: information@olf.ch

Pour la Belgique et le Luxembourg:
INTERFORUM BENELUX S.A.
Fond Jean-Pâques, 6
B-1348 Louvain-La-Neuve
Téléphone: 32 (0) 10 42 03 20
Télécopieur: 32 (0) 10 41 20 24
Internet: www.interforum.be
Courriel: info@interforum.be

Catalogage avant publication de Bibliothèque et
Archives nationales du Québec et Bibliothèque
et Archives Canada

Cédilot, André
   Mafia inc. : grandeur et misère du clan sicilien
au Québec

   Comprend des réf. bibliogr. et un index.

   ISBN 978-2-7619-2985-1

   1. Mafia - Québec (Province) - Histoire. 2. Mafia -
Québec (Province) - Ouvrages illustrés. I. Noël,
André, 1953- . II. Titre.

HV6453.C32Q8 2010   364.10609714   C2010-942263-5

Gouvernement du Québec – Programme de crédit
d'impôt pour l'édition de livres – Gestion SODEC –
www.sodec.gouv.qc.ca

L'Éditeur bénéficie du soutien de la Société de développement des entreprises culturelles du Québec pour
son programme d'édition.

01-11

© 2010, Les Éditions de l'Homme,
division du Groupe Sogides inc.,
filiale du Groupe Livre Quebecor Media inc.
(Montréal, Québec)

Tous droits réservés

Dépôt légal: 2010
Bibliothèque et Archives nationales du Québec

ISBN 978-2-7619-2985-1

Le Conseil des Arts du Canada
The Canada Council for the Arts

Nous remercions le Conseil des Arts du Canada de l'aide
accordée à notre programme de publication.

Nous reconnaissons l'aide financière du gouvernement
du Canada par l'entremise du Fonds du livre du Canada
pour nos activités d'édition.

André Cédilot • André Noël

MAFIA INC.

Grandeur et misère du clan sicilien au Québec

LES ÉDITIONS DE L'HOMME

Une compagnie de Quebecor Media

PRÉFACE

« **M**oi je ne sais pas ce que signifie la mafia », avait répondu le plus naturellement du monde le Sicilien Pietro Sciara, à une question du procureur de la Commission d'enquête sur le crime organisé (CECO), alors que la Commission examinait les activités criminelles de l'organisation Cotroni, en novembre 1975. Pourtant, l'écoute électronique démontrait bel et bien que Sciara avait joué un rôle crucial quelques années auparavant dans un conflit qui opposait Paolo Violi, alors le numéro 2 de la mafia de Montréal, et un certain Nicolò Rizzuto. Conscient du fait que les preuves sur rubans magnétiques l'incriminaient fortement, Sciara se réfugiait derrière la fameuse loi du silence, l'omertà. Trois mois plus tard, en février 1976, il était froidement abattu à sa sortie d'un cinéma. Le mafioso avait payé de sa vie pour ne pas avoir soutenu ses compatriotes siciliens.

Grâce aux audiences télévisées de la CECO, le public québécois fit connaissance pour la première fois de mafiosi siciliens qui lui étaient jusque-là inconnus, à savoir les Nicolò Rizzuto, Domenico Manno, Giuseppe LoPresti et Leonardo Caruana. On connaissait bien sûr les frères Vincenzo et Frank Cotroni qui dominaient depuis plusieurs décennies le milieu interlope montréalais et faisaient souvent la une des médias. Les témoignages des experts permirent d'apprendre que la « famille » de Montréal était en fait non pas composée d'un seul clan mais de deux clans distincts : les Calabrais dirigés par Vincenzo Cotroni, et les Siciliens provenant des villages de Siculiana et de Cattolica Eraclea situés dans la province d'Agrigente. Ils avaient émigré au Canada au milieu des années 1950 et 1960, et avaient des ramifications en Amérique du Sud et aux États-Unis.

L'enquête de la CECO n'aboutit à aucune accusation. Cependant elle fut dévastatrice pour le clan des Calabrais en raison de ses révélations explosives. L'écoute électronique étalait au grand jour les graves dissensions entre mafiosi calabrais et siciliens. Ces révélations connurent un dénouement sanglant, alors qu'éclata une série de règlements de comptes qui culminèrent avec l'exécution spectaculaire, en janvier 1978, de Paolo Violi. Un changement de garde venait de s'opérer au sein de la mafia de Montréal. Une nouvelle ère débutait : celle de la famille Rizzuto.

L'organisation et le fonctionnement des activités du crime organisé montréalais ont bien changé depuis les années 1940, époque où les maisons de débauche et les tripots foisonnaient partout dans la ville, sous l'œil complaisant des autorités municipales. Mais à partir des années 1950, des mafiosi américains débarquent dans la métropole et prennent les choses en main. Sous la direction de Carmine Galante, membre influent de la célèbre famille Bonanno de New York, la mafia de Montréal s'organise véritablement. Les maisons de jeux et de paris sont mieux encadrées, le racket de la protection est institutionnalisé dans tous les clubs de nuit et restaurants. Les gangsters américains accorderont une attention toute particulière au trafic de l'héroïne. Galante avait réalisé l'importance de la position stratégique de Montréal : sa proximité de New York, ses immenses installations portuaires qui ouvraient toutes grandes les portes vers l'Europe et des grands ports de la côte est américaine. Le clan Cotroni, déjà bien en selle, allait servir de tête de pont entre les trafiquants corses et marseillais, et le vaste marché de drogue que représentait New York. Il ferait de Montréal l'un des plus importants carrefours du trafic de drogue de l'époque. Cependant, les Siciliens qui vivaient dans l'ombre du clan Cotroni, dont Nicolò Rizzuto et les membres de la famille Cuntrera-Caruana, avaient eux aussi compris l'importance des enjeux économiques de ce lucratif racket. Aussi, entendaient-ils ne pas demeurer en reste en laissant les Calabrais garder pour eux seuls la grosse part du gâteau.

La période turbulente des années 1970 passée, et après un exil forcé au Venezuela, les Rizzuto père et fils effectuent un retour à Montréal au début des années 1980. C'est véritablement à partir de ce moment que la mafia de Montréal va connaître, sous leur direction, un essor fulgurant que d'aucun n'avait pu imaginer. Sous l'égide de Vito Rizzuto, qui bénéficie de l'expérience et des conseils de son père, l'organisation des activités criminelles est menée sous le modèle d'une entreprise corporative. Le trafic de drogue à haute échelle va propulser l'organisation au sommet de la pyramide et l'amènera à jouer un rôle de premier rang sur l'échiquier mafieux canadien et ailleurs dans le monde. Par son charisme et ses talents de médiateur, Vito Rizzuto fait rapidement l'unanimité autour de lui et gagne le respect des chefs des autres organisations criminelles. Il s'entoure de conseillers et de criminels avertis. L'organisation est alors en plein contrôle de son territoire.

Les hommes passent mais les structures subsistent. C'est ce qui a fait la force et la renommée de Cosa Nostra depuis plus d'un siècle. Et c'est sans doute vrai dans le cas de l'organisation Rizzuto. Grâce à son modèle de structure inspiré de la Sicile, elle a élaboré au fil des ans un système d'alliances entre la dizaine de clans qui forment la mafia montréalaise, consolidant ainsi son autorité sur les autres clans et rendant difficile toute infiltration policière.

L'organisation Rizzuto est formée de trois paliers d'autorité. Le premier comprend les membres de la haute direction, à savoir les Manno, Renda et Rizzuto, lesquels sont unis les uns aux autres par les liens consanguins et par le mariage. C'est à ce niveau que se décident les grandes orientations criminelles de la famille. Ces liens de mariage s'étendent également au deuxième palier de l'organisation, soit les lieutenants, dont les enfants de ces derniers sont aussi mariés à ceux du premier palier. C'est aussi à ce niveau que sont coordonnées et exécutées l'ensemble des opérations criminelles. Enfin, le troisième palier regroupe un large éventail d'associés, qui ne sont pas nécessairement tous d'origine italienne, mais qui possèdent une expertise dans une sphère d'activité particulière, criminelle ou légale. Avocats, hommes d'affaires et prête-noms de tout acabit mettent leur connaissance au service de l'organisation, en l'aidant à blanchir les sommes d'argent faramineuses générées par les activités criminelles.

C'est donc l'histoire de Vito Rizzuto et celle des membres de sa famille que les journalistes André Cédilot et André Noël nous présentent dans leur livre. Ils nous racontent leur début comme gardiens champêtres dans leur village natal, leur arrivée au Québec, leur ascension au sein de la mafia canadienne et finalement leur déclin, à partir de 2004 avec l'arrestation de Vito Rizzuto, jusqu'à la rafle policière historique du 22 novembre 2006, qui mettra un terme à la dynastie de la famille Rizzuto sur la mafia montréalaise.

PIERRE DE CHAMPLAIN,
auteur de *Gangsters et hommes d'honneur : décodez la Mafia*

CHAPITRE UN

Cadavres

Les terrains vagues ont toujours et attireront toujours les enfants. Ceux d'Ozone Park ne font pas exception. Les enfants de ce quartier de Queens, un des cinq districts de New York, ressemblent à tous les enfants du monde : ils aiment explorer les lopins de terre négligés par les grandes personnes, où les herbes folles poussent en toute liberté, dans un désordre qui stimule l'imagination. Sous les tas de gravats se cachent des trésors. Ou des cadavres.

Au 19e siècle, les maraîchers cultivaient encore des légumes dans ce secteur de Long Island. Un entrepreneur y élevait des chèvres, pas tant pour le lait ou la viande que pour le cuir, dont il faisait des gants. La ville de New York n'avait pas encore étendu ses tentacules hors de l'île de Manhattan. Mais lorsque le chemin de fer du Long Island Rail Road traversa les champs entre Brooklyn et Howard Beach, des promoteurs firent ce qu'ils savent le mieux faire, construire des cottages sur les terres agricoles, en donnant à leur nouveau lotissement urbain un nom bien champêtre. Les mots « Ozone Park » rappelaient les fraîches brises soufflant de l'Atlantique, chargées d'agréables odeurs marines. Les citadins de Manhattan devaient se dépêcher de signer des offres d'achat s'ils voulaient faire respirer un air sain à leur famille. Ce qu'ils firent en masse. Des personnages connus ont habité ce quartier. C'est là que l'auteur franco-américain Jack Kerouak a écrit son célèbre roman *Sur la route*. C'est là, aussi, que se sont installés des milliers d'Italo-Américains, dont le célèbre mafioso John Gotti.

Mais en ce 24 mai 1981, ce n'est pas tout à fait une odeur vivifiante que les enfants humèrent en s'aventurant dans un terrain vague de Ruby Street, une des petites rues d'Ozone Park. Ils avaient été intrigués par la vue de « quelque chose de bizarre » sortant du sol. Ils se mirent à gratter la terre. Les comptes rendus de leur découverte demeurent contradictoires. Un journaliste affirme qu'ils aperçurent d'abord le talon d'une botte de cow-boy. Un autre rapport assure plutôt qu'il s'agissait d'une main dissimulée sous un tissu. On a beau être de jeunes garçons intrépides et valeureux, il y a des limites à la bravoure. Ils prirent leurs jambes à leur cou. L'un d'eux arriva vite chez ses parents, qui alertèrent la police.

L'agent Andrew Cilienti dirigea les opérations d'exhumation. Le corps était enveloppé dans une bâche ensanglantée. Au poignet : une montre Cartier valant au minimum 1500 $. Les aiguilles s'étaient arrêtées à 5 h 58 le 7 mai. Sur un avant-bras : un tatouage montrant deux cœurs et un couteau, symbole d'un échec amoureux. Les traces de balles étaient évidentes : l'homme avait été tué de trois projectiles de calibre .38. Manifestement, la mort ne remontait pas à plusieurs mois. Les techniciens n'eurent aucune difficulté à prélever les empreintes digitales et à identifier la victime : Alphonse « Sonny Red » Indelicato. Quatre jours plus tard, son beau-fils Salvatore Valenti identifia le corps de façon formelle.

La famille d'Indelicato provenait de Siculiana, dans la province d'Agrigente, en Sicile. Un des meurtriers, Vito Rizzuto, était né à une vingtaine de kilomètres de ce village, à Cattolica Eraclea. Il avait alors 35 ans. Après le meurtre, Rizzuto retourna tranquillement chez lui, à Saint-Léonard, dans l'est de Montréal, pour y retrouver sa femme et ses trois enfants. Il continua à vaquer à ses affaires au sein d'un formidable empire criminel en pleine éclosion. Un empire basé à Montréal et fort de ses ramifications dans tout le Canada, en Italie, aux États-Unis, au Venezuela et en Colombie. C'est à l'époque de ce meurtre que l'argent commença à couler à flots dans ses coffres grâce au prêt usuraire, au jeu illégal, à la fraude, à la corruption et aux contrats de travaux publics, au rançonnement de commerçants et d'entrepreneurs et, surtout, à l'importation et à la distribution de tonnes d'héroïne, de cocaïne et de haschisch.

Les policiers connaissaient son nom, mais ils connaissaient surtout celui de son père. Dès 1975, un témoin de la police avait déclaré à la Commission d'enquête sur le crime organisé (CECO), à Montréal, que Nicolò Rizzuto aspirait à prendre le contrôle de la mafia au Québec. Mais ce n'est qu'une dizaine d'années plus tard que le nom de son fils Vito fut consigné dans les dossiers d'enquête de la brigade des stupéfiants de la Gendarmerie royale du Canada.

Les policiers ignoraient alors sa participation dans l'assassinat d'Indelicato et de deux autres caïds dans un immeuble de Brooklyn, pas très loin d'Ozone Park. Un triple meurtre commandé par la famille Bonanno, une des cinq grandes familles mafieuses de New York, et qui serait reconstitué par Hollywood dans le film *Donnie Brasco*, avec Al Pacino et Johnny Depp. En 1982, Rizzuto quitta Saint-Léonard pour emménager dans une somptueuse maison, avenue Antoine-Berthelet, près du bois de Saraguay et de la rivière des Prairies, dans le nord-ouest de Montréal.

Mesurant plus de six pieds, mince et bien bâti, cheveux noirs soigneusement peignés vers l'arrière, la démarche souple, Rizzuto ne sortait de sa résidence qu'élégamment vêtu. Il dirigea son empire pendant plus de 20 ans avec son père Nicolò, qui se fit construire, à son retour du Venezuela, une demeure semblable à côté de chez lui. Pendant toutes ces années, la GRC, la Sûreté du Québec et la police de Montréal tentèrent de coincer le père et le fils, mais sans succès. Vito Rizzuto jouait au golf sur les plus beaux terrains, mangeait dans les meilleurs restaurants, côtoyait des avocats, des hommes d'affaires au-dessus de tout soupçon, des conseillers municipaux, des députés. Il devint une légende au Québec. Un homme respecté par une partie non négligeable de la communauté italienne de Montréal. Des chefs de bandes de motards comme Maurice Boucher, des Hells Angels, et Salvatore Cazzetta, des Rock Machine, se livraient une guerre sans merci, mais ils partageaient la même déférence envers le parrain tout-puissant.

Un parrain contre qui l'État semblait impuissant. En 1986, il était acquitté d'une accusation de conduite avec facultés affaiblies. En 1989, il sortait blanchi d'une affaire d'importation de 32 tonnes de haschisch, à Sept-Îles. En 1990, il était libéré des accusations portées contre lui à Terre-Neuve, cette fois pour l'importation de 16 tonnes de haschisch. En 1994, ses proches collaborateurs étaient arrêtés par la GRC dans le cadre de l'opération Compote, qui visait le narcotrafic et le blanchiment d'argent, mais lui s'en tirait, une fois de plus. En 1998, les frères Alfonso, Gerlando et Pasquale Caruana, auxquels il était étroitement associé, étaient épinglés et condamnés pour trafic de cocaïne. Mais lui-même n'était pas inquiété.

Avec le temps, Rizzuto classa probablement le triple meurtre de New York dans un coin obscur de sa mémoire, s'efforçant de l'oublier. D'ailleurs, qui ferait le lien entre un cadavre découvert dans le terrain vague d'un quartier déshérité de Queens et le grand prince qu'il était devenu à Montréal? Le sentiment d'impunité qui l'auréolait avait fini par le contaminer. Il se croyait invincible. C'est avec un calme étonnant qu'il se laissa passer les menottes lors de son arrestation en janvier 2004. Vingt-trois ans après les meurtres, les autorités américaines l'accusaient de complot pour gangstérisme et exigeaient son extradition. Il s'en était toujours tiré, pourquoi sa bonne étoile l'abandonnerait-il?

Il fut incarcéré au Centre de prévention de Rivière-des-Prairies, où s'entassent les prévenus en attente de procès. Habitué des grands restaurants, il ne supporta pas la nourriture de la cafétéria. Il se rabattait sur les sandwiches et les boissons gazeuses, mais il finit aussi par s'en lasser. Sa femme lui apportait du jus de fruit et des produits laitiers enrichis de protéines, comme en consomment les culturistes. Il perdit l'appétit, maigrit et devint morose. Ses avocats exigèrent et obtinrent son transfert. Ils espéraient qu'il serait envoyé au pénitencier à sécurité maximale de Donnacona, près de Québec, ou dans un établissement à sécurité moyenne comme l'Institut Leclerc, à Laval, où il pourrait retrouver nombre de motards et de mafiosi qu'il connaissait bien.

Pour des raisons de sécurité, Vito fut plutôt transféré au Centre régional de réception de Sainte-Anne-des-Plaines, au nord de Montréal, où convergent les détenus condamnés à des peines de plus de deux ans afin d'être évalués, triés et dirigés vers un autre établissement correspondant à leur profil criminel. Le nom de Centre régional de réception, que seuls les bureaucrates fédéraux peuvent inventer quand ils veulent dissimuler la vérité, aurait davantage convenu à un grossiste en fruits et légumes. Il s'agissait d'un pénitencier de haute sécurité, adjacent à une prison pour délinquants souffrant de problèmes de santé mentale et à une autre de sécurité super maximale où croupissaient des criminels considérés très dangereux comme Maurice « Mom » Boucher.

Les repas étaient meilleurs qu'à l'établissement de Rivière-des-Prairies, mais ils devaient être pris en cellule et à des heures précises. Ils étaient servis à travers une fente aménagée dans la porte. Dès son arrivée, Rizzuto dut se laver dans des douches communes et, pendant les premiers jours, en raison d'un problème de surpopulation, il fut obligé de partager sa cellule avec un autre prisonnier. À l'occasion, il se préparait un café dans une petite salle commune comptant une vingtaine de chaises, quelques tables, un comptoir et un lavabo, mais il se mêlait peu aux autres détenus. Donald Matticks, un trafiquant de drogue et ancien employé du port de Montréal incarcéré au Centre de Sainte-Anne-des-Plaines en attendant d'être redirigé vers un autre établissement, était l'un des rares prisonniers qu'il daignait côtoyer. Les deux hommes passaient de longues heures à bavarder et à jouer aux cartes. L'ancien débardeur était le fils de Gerald Matticks, un membre influent du Gang de l'ouest, spécialisé dans l'importation de haschisch et de cocaïne dans le port de Montréal.

Quant aux gardiens, Vito entretenait avec eux des relations polies, mais sans plus. Il passait le plus clair de son temps à lire et à réviser son dossier d'accusation aux États-Unis. Pas plus que les autres, il n'avait le droit à des «visites contacts». Il était astreint à parler à ses visiteurs à travers un filtre aménagé dans une paroi vitrée. Chaque jour, entre 16 h et 18 h, il recevait sa femme ou ses enfants. Ses avocats n'étaient pas assujettis à un horaire aussi précis et pouvaient le rencontrer à d'autres moments de la journée. Il passait aussi beaucoup de temps à parler au téléphone.

Bien que confiné dans un pénitencier de haute sécurité, il continua à brasser des affaires, tel un magicien se déjouant des barreaux et des murailles. Selon la police italienne, c'est à partir de ce complexe s'étalant en plein champ, entouré de hautes clôtures surmontées de barbelés, qu'il donna de nouvelles directives en vue d'obtenir un gigantesque contrat de construction d'un pont de 3690 mètres entre la péninsule italienne et la Sicile, au coût de 7,3 milliards de dollars canadiens. Un mandat d'arrestation fut lancé contre lui à Rome pendant qu'il était en prison à Sainte-Anne-des-Plaines.

Des milliers d'articles ont été publiés sur ce personnage hors du commun. Mais peu de Québécois et de Canadiens ont conscience de l'extraordinaire puissance de la mafia italienne dans leur pays. Il ne s'agit pas seulement d'une association de tueurs, de trafiquants et de fraudeurs, mais aussi d'une organisation secrète qui exerce une influence insoupçonnée dans la vie sociale, économique et politique. Gilbert Côté, ancien directeur du service de renseignement de la police de Montréal, était un des rares analystes qui étaient pleinement conscients des dangers que représentait cette organisation pour la démocratie. Il tenta d'alerter l'opinion publique pendant des années, avant d'être emporté de façon précoce par un cancer, en 2006. Les Canadiens, et surtout les Québécois, «doivent se réveiller et presser les gouvernements d'agir avant que la situation ne devienne hors de contrôle comme en Italie», répétait-il inlassablement, hélas sans être écouté.

Gilbert Côté établissait un lien direct entre le niveau élevé d'endettement des gouvernements et le pouvoir corrupteur de la mafia. Plus celle-ci est forte, plus des milliards de dollars sont détournés dans de douteux contrats de travaux publics à des prix défiant l'entendement. Moins il reste d'argent pour les services à la population : écoles, hôpitaux, soins aux personnes âgées, protection de l'environnement. En décrivant le parcours de Vito Rizzuto, ce livre relève, de la façon la plus complète possible, les nombreuses empreintes laissées par son entreprise criminelle dans la société.

Quelques mois après l'incarcération de Vito Rizzuto au complexe pénitentiaire de Sainte-Anne-des-Plaines, en 2004, des agents du FBI firent une autre trouvaille dans Ozone Park, tout près du terrain vague où des enfants avaient découvert, 23 ans plus tôt, le cadavre encore frais d'Alphonse «Sonny Red» Indelicato. Le quartier n'avait pas beaucoup changé. Les quelques maisons éparpillées dans Ruby Street avaient continué de se délabrer parmi les parcages de semi-remorques, d'autobus abandonnés et de bennes à ordures où vagabondaient des chiens errants.

Leurs bottes vertes ou jaunes leur montant jusqu'aux genoux, les agents pataugeaient dans un trou boueux sous la supervision des experts en médecine légale. Trois pelleteuses soulevaient lentement la terre et les débris de ciment, puis les agents gantés de bleu saisissaient des paquets de boue qu'ils déposaient dans des tamis. Au bout d'une semaine, ils avaient récupéré un péroné, un tibia, un os iliaque et un autre os provenant soit d'une main, soit d'un pied. Encouragés, ils continuèrent à creuser. Leur récolte s'alourdit de côtes et de fragments de crâne et de mâchoire.

Il faudrait des semaines avant que les examens de l'ADN puissent associer ces paquets d'os à des individus. Les agents avaient une bonne idée de qui il pouvait s'agir. Ce n'est pas par hasard qu'ils s'étaient retrouvés dans ce cimetière improvisé. Avant même d'avoir les résultats des examens, ils firent une trouvaille plus qu'intéressante : une montre Piaget et une vieille carte de crédit de la Citibank portant le nom de Dominick Trinchera. Les agents du FBI décrivirent la montre Piaget à la femme de Philip Giaccone, qui confirma qu'elle était identique à celle que portait son mari avant de disparaître, en 1981.

Les meurtres avaient été commandés par Joseph Massino, un monstre de graisse affublé d'un double menton qui acceptait de se faire appeler « Big Joey ». Le sobriquet ne soulignait pas seulement une caractéristique physique peu avantageuse, mais aussi la position dominante que son propriétaire tenait à conserver. À l'époque, Massino dirigeait la puissante famille Bonanno par intérim. Le chef officiel, Philip «Rusty» Rastelli, se trouvait derrière les barreaux.

Alphonse «Sonny Red» Indelicato, Dominick Trinchera et Philip Giaccone avaient profité de l'absence de Rastelli pour tenter de prendre le contrôle de la famille Bonanno. Du moins, c'est ce que croyaient Big Joey Massino et Salvatore Vitale, un truand qui se distinguait par une silhouette svelte et que l'on avait surnommé pour cette raison « Good-Looking Sal ».

Lors d'une visite en prison, Massino fit comprendre à Rastelli qu'il risquait d'être éliminé dès sa libération. Il tenta ensuite d'obtenir auprès de la « Commission » qui chapeautait les Cinq familles de New York l'autorisation de liquider les rebelles. La Commission se montra d'abord réticente, mais elle finit par se laisser convaincre lorsque Massino l'informa que Sonny Red et ses deux compagnons s'étaient procuré des armes automatiques pour passer à l'offensive. Les trois présumés conjurés furent convoqués à une réunion dans un club social de Brooklyn de la 13e Avenue, avec les autres capitaines de la famille Bonanno. C'était un piège. Ils furent troués de balles dès leur arrivée. Le principal groupe de tueurs était venu du Canada pour accomplir le travail. Parmi eux : Vito Rizzuto.

* * *

Somme toute, l'exhumation de Dominick Trinchera et de Philip Giaccone, près de l'endroit où l'on avait retrouvé les restes de Sonny Red Indelicato, ne rappelait que de vieux souvenirs à Vito Rizzuto. Le plus inquiétant, pour lui, c'était le témoignage accablant de Salvatore Vitale, qui avait brisé la loi de l'omertà après son arrestation en 2003. C'est ce qui avait incité les autorités américaines à réclamer l'extradition du parrain canadien. En janvier 2005, Rizzuto apprit avec stupeur que Big Joey Massino s'était lui aussi mis à table. Il embaucha les meilleurs juristes pour contester son extradition aux États-Unis. Il choisit six avocats chevronnés de Montréal, auxquels il adjoignit un criminaliste américain réputé, John W. Mitchell, de New York, qui avait représenté John Gotti avant sa mort en prison en 2002. Il compléta l'équipe avec Alan Dershowitz, professeur à l'université Harvard de Boston, spécialiste du droit criminel, auteur de plusieurs traités juridiques, et ancien avocat du footballeur O. J. Simpson et du télé-évangéliste Jim Baker. Une équipe en apparence invincible… qui perdit la bataille.

Les Américains n'auraient peut-être jamais pu obliger le gouvernement canadien à leur remettre Vito Rizzuto s'ils l'avaient accusé de meurtre, pour la bonne raison qu'il aurait alors été passible d'une condamnation à mort. Le Canada ne livre pas ses citoyens à des pays étrangers qui ont recours à la peine capitale. Ils l'accusèrent plutôt de complot pour gangstérisme en vertu de la loi RICO, ou Racketeer Influenced and Corrupt Organizations Act. Cette accusation est caduque après cinq ans. D'après l'acte d'accusation, le complot pour banditisme qu'on lui reprochait d'avoir commis pour le compte de la famille Bonanno – incluant les trois meurtres – s'échelonnait de février 1981 à décembre 2003.

Il s'agissait de déterminer si le délai de prescription de cinq ans débutait en 1981, au moment des meurtres, ou dans les cinq années précédant 2003, quand avaient été portées les accusations relatives à ces « crimes continus » découlant de la loi RICO. La glace était mince pour les avocats de Rizzuto. Ils firent chou blanc. Ils tentèrent ensuite de convaincre les tribunaux que les règles de preuve en matière d'extradition au Canada avaient été tellement réduites qu'elles étaient incompatibles avec le droit canadien. Nouvel échec. En dernier ressort, ils soutinrent que le fait d'extrader un citoyen canadien sur une simple preuve documentaire était une violation de la Charte canadienne des droits et libertés. Les Américains avaient bien appuyé leur demande d'extradition avec des preuves écrites, mais tout cela n'était que du papier. Les avocats voulaient être en mesure d'établir la validité de ces preuves en interrogeant les témoins qui les avaient fournies. Une requête manifestement déraisonnable, mais après 31 mois de démêlés juridiques, Vito Rizzuto était prêt à se raccrocher à n'importe quelle planche de salut.

Le jeudi 17 août 2006, c'est un homme encore plein d'espoir qui se réveilla dans sa cellule du Centre régional de réception de Sainte-Anne-des-Plaines. Il savait que la Cour suprême du Canada devait rendre sa décision dans les heures qui suivent. Annulerait-elle les décisions des tribunaux inférieurs, qui avaient rejeté les arguments de ses avocats? Accepterait-elle son dernier appel? Peut-être… Il enfila son jean et le t-shirt blanc réglementaire des détenus, avala son petit-déjeuner et rencontra sa femme Giovanna dans la salle des visites. À 60 ans, il avait encore bonne mine, malgré ses deux années de prison.

Quatre voitures banalisées du Service de police de la Ville de Montréal se garèrent discrètement dans un champ de tir situé sur les terrains à proximité du complexe pénitentiaire de Sainte-Anne-des-Plaines. L'enquêteur Nicodemo Milano, spécialiste de la lutte contre le crime organisé, parlait couramment l'italien. Il avait suivi Rizzuto à la trace pendant trois semaines avant son arrestation en 2004. À ses côtés: Patrick Franc Guimond, un policier d'expérience qui avait emmagasiné une montagne d'informations sur la mafia depuis qu'il était attaché au service de renseignement de la police de Montréal. Tous deux attendaient avec impatience la décision de la Cour.

Au même moment, un jet du FBI se posait sur une piste de l'Aéroport Montréal-Trudeau, à 60 kilomètres de la prison, puis se rangeait sur une piste secondaire. L'agent américain Brian Tupper et ses collègues du bureau du FBI au New Jersey se préparaient à cueillir leur prisonnier.

Les policiers de Montréal avaient établi le déroulement des opérations dans les moindres détails avec le FBI et un responsable du renseignement au Service correctionnel du Canada, Luciano Bentenuto. Si Rizzuto perdait son appel, il importait de l'envoyer aux États-Unis le plus vite possible et sous forte escorte, mais de façon discrète afin d'éviter les risques d'évasion et la présence inopportune des journalistes. Le tout devait se faire à l'insu des autres détenus du pénitencier.

Les policiers avaient encore en mémoire l'évasion du Hells Angels Richard Vallée, en juin 1997. En attente de son extradition pour le meurtre d'un agent source américain, le prisonnier avait faussé compagnie à des agents de sécurité alors qu'il était soigné à l'hôpital Saint-Luc à Montréal. Il s'était caché au Costa Rica pendant six ans. La gaffe était si embarrassante que les policiers canadiens avaient également eu envie de se cacher.

Le soleil éclairait le complexe pénitentiaire de Sainte-Anne-des-Plaines en ce beau jour d'août 2006. Les nuages s'étaient dissipés la veille. Il faisait 22 degrés, une température agréable qui permettait d'ouvrir les fenêtres des voitures, de couper le contact et d'éviter d'avoir recours à l'air conditionné. À 10 h 45, Milano et Franc Guimond reçurent le feu vert. La Cour suprême venait de trancher. Elle refusait d'entendre l'ultime pourvoi en appel. Vito Rizzuto pouvait être extradé.

Le convoi policier s'ébranla et se dirigea vers le pénitencier. Quand Milano et Franc Guimond se présentèrent à l'intérieur de la bâtisse, Rizzuto parut surpris. Lui qui s'était déjà qualifié de «Jack of all trades», un homme qui touche à tout mais qui ne se spécialise en rien, un Leonard de Vinci du crime organisé, lui, cet autre Don Teflon comme l'avait été John Gotti, lui, un gentleman qui imposait le respect à tous, allait être envoyé pieds et poings liés comme un vulgaire bandit aux États-Unis, un pays qu'il craignait et qu'il avait toujours évité. «Dans un pays qui condamne des individus à 125 ans de prison, il est facile de trouver des délateurs prêts à dire n'importe quoi pour sauver leur peau», avait-il déclaré un jour, lors d'une conversation enregistrée à son insu par la police. Le parrain n'affichait plus sa superbe. Il ne fanfaronnait plus. Il était effondré. Sa bonne étoile l'avait abandonné.

Avant que Milano et Franc Guimond lui passent les menottes, il se tourna vers un gardien et lui demanda pourquoi on ne l'avait pas prévenu de son extradition imminente. Sa voix n'était plus celle d'un baryton habile à exercer son charme, mais la voix éteinte d'un condamné. Malgré tout, il restait bon prince. Avant de quitter la prison, il demanda qu'on remette au comité des détenus son poste de télévision et les provisions achetées à la cantine.

Milano et Franc Guimond le firent entrer dans une fourgonnette, où l'attendait un membre de l'escouade tactique de la police de Montréal. Le conducteur fonça vers l'aéroport, escorté par les trois autres voitures banalisées occupées par des policiers lourdement armés. Rizzuto avait l'habitude de parler calmement, mais ce matin-là, son dépit se transforma en hargne. Il cracha son venin sur la GRC et la Sûreté du Québec. Il les accusa de harcèlement pour l'avoir talonné pendant presque 30 ans.

Il avait la mémoire longue. Il fulmina contre l'opération Jaggy, déclenchée 13 ans plus tôt. Raynald Desjardins, son bras droit et son voisin, propriétaire lui aussi d'une maison évaluée à plus de 400 000 $ dans le bois de Saraguay, avait été arrêté avec 16 autres individus liés aux Hells Angels et à la mafia pour avoir tenté d'importer 740 kilos de cocaïne par bateau depuis le Venezuela. La poudre blanche, cachée dans des tuyaux d'égout pluvial, avait été jetée au large des côtes de Nouvelle-Écosse quand le *Fortune Endeavor*, discrètement surveillé par la garde côtière, était tombé en panne et avait dû être remorqué jusqu'à Halifax. Desjardins avait écopé de 15 ans de prison et d'une amende de 150 000 $.

Vito déblatéra aussi contre le projet Choke, une autre enquête policière qui s'était elle aussi déroulée dans les années 1990 et avait abouti à la condamnation de mafieux calabrais comme Frank Cotroni et son fils Francesco, également pour importation de cocaïne. Assis avec lui dans la fourgonnette, les agents Milano et Franc Guimond prêtaient une oreille attentive à ses propos. Ils écoutaient le parrain se vider le cœur, sachant que ces enquêtes avaient failli le coincer. Cet intérêt soudain pour les trafics des autres indiquait justement qu'il ne s'agissait peut-être pas *seulement* des trafics des autres.

Passant de l'italien à l'anglais comme s'il ne parlait qu'une seule langue, Rizzuto affirma aux deux enquêteurs qu'il était le seul à pouvoir maintenir une paix relative entre les diverses organisations criminelles à Montréal, comme s'il voulait les convaincre qu'ils faisaient une grave erreur en l'expédiant aux États-Unis. Sans lui, le fragile équilibre qui régnait dans le monde interlope serait rompu, soutenait-il. Après avoir déversé son fiel sur la GRC et la SQ, il se répandit en conseils. Les policiers, clamait-il, devaient traquer les gangs de rue, qui constituaient selon lui la force émergente du crime organisé dans la métropole.

Puis, fatigué de pérorer, il se fit sentimental. Il se doutait bien, confia-t-il, que la GRC préparait un grand coup contre le clan italien. Il souhaitait que l'on épargne son père Nicolò, «un vieil homme malade» qui, affirmait-il, n'était impliqué dans aucun crime et dont l'un des derniers plaisirs consistait à boire des espressos avec les clients du club social Consenza, rue Jarry, à Saint-Léonard. Il ignorait que l'établissement, qui servait de quartier général à la mafia, était truffé de micros et de caméras de police. Certains clients ne faisaient pas que boire du café: ils remettaient des liasses d'argent à Rizzuto père, qui les glissait dans ses chaussettes.

Quand il sortit de la fourgonnette et aperçut le jet du FBI sur la piste, il blêmit, comme s'il venait tout juste de réaliser qu'il était vraiment extradé. Les portes de l'appareil étaient ouvertes. L'agent américain Brian Tupper demanda aux policiers montréalais de lui mettre des entraves aux pieds. Le dos courbé, Rizzuto gravit péniblement la passerelle. Les portes se refermèrent.

Une heure plus tard, l'avion atterrissait dans un aéroport du New Jersey. Rizzuto foulait le sol américain pour la première fois depuis les meurtres de 1981. Des agents l'interrogèrent brièvement et le transportèrent jusqu'au palais de justice du United States District Court de Brooklyn, à quelques coins de rue de la 13e avenue, où il avait assassiné, avec ses complices, Alphonse « Sonny Red » Indelicato, Dominick Trinchera et Philip Giacone.

À 16 h 30, il comparaissait devant Nicholas G. Garaufis, un juge aux yeux perçants derrière ses lunettes d'intellectuel, reconnu entre autres pour avoir imposé une sentence de huit ans de prison à un membre de la mafia surnommé le « Tony Soprano de Long Island », qui extorquait entre 7000 $ et 10 000 $ par soir aux propriétaires d'un restaurant de fruits de mer.

* * *

Le palais de justice de Brooklyn était alors un des champs de bataille où se déroulaient la guerre épique entre l'État américain et la mafia newyorkaise. Le juge Garaufis était un acteur important. Il présidait les procès de plusieurs membres des Cinq familles de New York, au premier chef de la famille Bonanno, la plus encline aux règlements de comptes internes. Un de ses capitaines, Louis « Louie Haha » Attanasio, venait tout juste de comparaître devant Garaufis lorsque Rizzuto fut introduit dans la salle d'audience. Les crimes qui étaient reprochés à l'un et à l'autre, survenus à la même époque, n'étaient pas sans similitude.

Louie Haha, capitaine réputé de la famille Bonanno, était accusé de complot dans le meurtre de Cesar Bonventre en 1984. Considéré comme un gros bonnet de la famille Bonanno, Bonventre était tombé en disgrâce auprès du boss Joe Massino, et ce dernier avait ordonné son exécution. Louie Haha et Salvatore Vitale invitèrent Bonventre à monter dans leur voiture. Bonventre ne se doutait de rien. Alors que Vitale s'engageait dans le garage d'un entrepôt, Louie Haha lui tira deux balles dans la tête. Encore bien vivant, Bonventre se démena, obligeant Vitale à stopper la voiture. Bonventre rampa sur le plancher de béton. Louie Haha lui logea deux autres balles dans la tête.

Le corps de Bonventre fut coupé en deux et jeté dans deux barils de colle de 200 litres, lesquels furent entreposés dans un entrepôt de Garfield, au New Jersey. Les experts du laboratoire médico-légal s'échinèrent pendant trois mois avant de pouvoir identifier les restes. Et voilà que, 22 ans plus tard, Louie Haha comparaissait devant le juge Garaufis. Conscient que les preuves contre lui étaient accablantes, il plaida coupable.

Vito Rizzuto, qui avait participé à trois meurtres avec Salvatore Vitale, sous les ordres de Joe Massino, savait que la preuve contre lui était tout aussi écrasante. Mais, fidèle à lui-même, combatif et décidé à tester sans cesse sa chance, il plaida non coupable.

Il fut ensuite transporté au Metropolitan Detention Center, où Massino avait été détenu. Ce centre avait triste réputation. Des militants des droits humains affirmaient qu'il s'agissait du « Abou Ghraib » de Brooklyn, en référence à la célèbre prison en banlieue de Bagdad où des soldats américains avaient torturé des insurgés irakiens. La comparaison était probablement exagérée, mais de nombreux immigrants du Moyen-Orient qui furent arrêtés après les attentats du 11 septembre 2001 y avaient été transférés. Plusieurs d'entre eux soutenaient qu'ils avaient été victimes de privation de sommeil, de gestes d'humiliation, de violence et de sévices sexuels.

C'est là aussi qu'étaient détenus de nombreux membres de la mafia qui avaient retourné leur veste. « Les mêmes méthodes qui sont utilisées en Irak sont utilisées au Metropolitan Detention Center » de Brooklyn, avait déclaré en mai 2004 l'avocat de Massino, David Breitbart, devant le juge Garaufis. Breitbart avait alors dénoncé les policiers, les procureurs et les gardiens de la prison, coupables selon lui d'avoir exercé des pressions indues sur les criminels afin de les convaincre de témoigner contre son client. « Ils les ont séduits, ils les ont achetés, ils les ont torturés pour qu'ils deviennent des témoins », tonna l'avocat quelques mois plus tard lorsque Massino devint lui-même délateur, afin d'éviter la peine de mort pour un des meurtres qu'il avait commandés.

Les chefs des cinq grandes familles de New York étaient soit morts, soit emprisonnés à vie, soit informateurs. Rizzuto se jura de rester bien vivant, d'endurer quelques années de prison, et de ne jamais trahir aucun membre de la Cosa Nostra. Sicilien jusque dans l'âme, il était et resterait un homme d'honneur.

Il passa huit longs mois dans le Metropolitan Detention Center de New York. Pendant tout ce temps, il ne craqua pas. Ou plutôt oui : il décida finalement de plaider coupable. Au bout du compte, il obtint ce qu'il voulait : une peine de prison réduite. Ses avocats conclurent une entente à l'amiable avec les procureurs américains. De toute façon, ils n'avaient guère le choix. Les témoignages de Joe Massino et de Salvatore Vitale ne pouvaient être contredits. Tous les renseignements qu'ils avaient livrés au gouvernement s'étaient révélés exacts, notamment l'emplacement précis des corps de Dominick «Big Trin» Trinchera, de Philip «Philly Lucky» Giacone et d'Alfonse «Sonny Red» Indelicato dans Ozone Park. Vitale avait par ailleurs donné au juge Nicholas Garaufis une description minutieuse de l'exécution des trois renégats de la famille Bonanno. Pire: il avait dit et redit devant le tribunal que Rizzuto était le principal tueur.

* * *

Ce mardi soir 5 mai 1981, avait raconté Vitale lors de son témoignage, Massino avait convoqué tous les capitaines de la famille Bonanno dans un club social de Dyker Heights, quartier majoritairement italien du district de Brooklyn. Le bâtiment de briques de deux étages leur servait de quartier général. C'était une bâtisse laide et sans fenêtres, dont l'accès était interdit par une clôture de métal. La porte principale s'ouvrait sur deux marches qui descendaient vers le hall d'entrée. C'était le genre d'endroit où les membres de la mafia se sentaient à l'aise, mais que les passants n'avaient aucune envie de visiter. Le club social appartenait à un membre de la famille Gambino, dont faisait partie John Gotti.

Comme il s'agissait officiellement d'une réunion d'équipe, personne ne devait être armé. C'est la consigne qu'avaient reçue les trois capitaines rebelles. Trinchera, Giacone et Indelicato se doutaient peut-être que Massino leur tendait un piège. Il était difficile de croire que les discussions porteraient sur le rétablissement de la paix au sein de la famille. Mais ils n'avaient pas le choix: une convocation est un ordre et, dans la mafia, désobéir à un ordre, c'est signer son arrêt de mort. Il n'y avait pas moyen de se défiler.

Big Joey Massino avait fait venir trois tueurs de Montréal, eux-mêmes membres de la famille Bonanno: un dénommé Emanuele, un homme âgé que Vitale connaissait seulement sous le nom de «old timer», et Vito Rizzuto. Pourquoi avoir fait appel à des gangsters étrangers? demanda l'avocat du gouvernement lors de l'interrogatoire. «Pour une question de sécurité, expliqua Vitale. De cette façon, il n'y aurait pas d'indiscrétion. Après les meurtres, ils (les trois Canadiens) retourneraient à Montréal.»

Vitale dut se plier à l'exigence de Massino et se joindre à eux pour tirer. Comme il avait déjà servi dans l'armée, on le munit d'un «Tommy gun » ou « grease gun », un pistolet mitrailleur Thompson chéri par la pègre pendant la prohibition et largement utilisé par l'armée américaine pendant la Deuxième Guerre mondiale. En mode automatique, le Tommy gun pouvait tirer 700 coups à la minute. Vito Rizzuto et Emanuele reçurent des pistolets. Le « old timer » fut armé d'un fusil de chasse tronqué. Les quatre hommes reçurent la consigne de porter des cagoules de ski en laine et de se cacher dans un placard au fond d'un vestiaire. Les autres capitaines de la famille se chargeaient de surveiller les lieux et de monter la garde aux portes.

L'opération aurait pu mal tourner. En manipulant son Tommy gun, Vitale appuya accidentellement sur la détente, expédiant cinq balles dans le mur. « J'avais oublié comment l'utiliser depuis le temps que j'avais quitté l'armée », expliqua-t-il, des années plus tard. Joe Massino le sermonna, d'autant plus qu'il lui avait recommandé de faire attention. « Ne tire pas à moins que tu doives le faire, le prévint-il. Je ne veux pas que les balles volent partout. »

En attendant les trois renégats, Vitale, Vito Rizzuto et les deux autres Canadiens s'entassèrent dans un placard. Rizzuto gardait un œil attentif sur son vieil ami Gerlando Sciascia, posté à l'autre bout de la pièce. Comme lui, Sciascia était né à Cattolica Eraclea en Sicile. Ses acolytes américains l'appelaient « George from Canada », parce qu'il représentait la faction canadienne de la famille Bonanno à New York. Il portait une épaisse chevelure gris argenté, qu'il brossait vers l'arrière pour dégager son front. C'est à lui qu'échut la mission de donner l'ordre de tirer. Il devait se passer la main dans les cheveux une fois les trois capitaines rebelles arrivés.

Au signal de Sciascia, Rizzuto sortit le premier du placard. « Vito était le meneur », déclara Salvatore Vitale au procès de Joe Massino. Contre-interrogé par l'avocat de ce dernier, David Breitbart, il ajouta : « Je fus le dernier à sortir du placard. Vito était le premier. J'ai entendu Vito, il entrait dans la pièce principale alors que je sortais du placard, j'ai entendu Vito crier : "C'est un hold-up, tout le monde contre le mur"… J'ai vu Vito tirer. Qui il a atteint, ça, je ne le sais pas. J'ai vu Massino abattre Philly Lucky (Giaccone). Ça bardait (*"all hell broke lose"*). »

Dominick Trinchera se rua sur ses assaillants et s'écroula. Vitale s'accroupit près de la porte de sortie, Emanuele et le « old timer » à ses côtés. « J'ai eu les genoux en guenille quelques secondes, raconta-t-il. J'ai entendu une détonation, et Sonny Red (Indelicato) s'est effondré entre moi et the old timer. Il a tenté de s'échapper en rampant sur le plancher. Il est tombé à ma gauche, dans le hall d'entrée. Sciascia l'a achevé d'une balle dans la tempe. Tout était fini. »

Vitale enleva sa cagoule. Il saisit son walkie-talkie et appela un dénommé Goldie Leisenheimer qui faisait le guet à l'extérieur : « Goldie, où es-tu ? » demanda-t-il. Quand il le vit tourner le coin, dehors, il voulut dire à quelques hommes de sortir, mais il constata, stupéfait, que presque tout le monde s'était déjà éclipsé par une porte dont il ignorait l'existence. Tony Giordano, un capitaine des « Zips », qui regroupaient les membres purement siciliens de la famille Bonanno, gisait par terre, touché dans le dos par une balle perdue, victime collatérale de « tirs amis ». Pilote licencié, il était soudainement devenu paraplégique et passerait le reste de sa vie en fauteuil roulant. C'est lui qui avait recruté l'équipe de tueurs canadiens, et maintenant il était infirme à cause d'eux.

Une équipe de nettoyage incluant Benjamin « Lefty Guns » Ruggiero (joué par Al Pacino dans le film *Donnie Brasco*) se chargea d'envelopper les cadavres dans des bâches. Selon Vitale, Ruggiero éprouva des difficultés à soulever le corps de 300 livres de Trinchera. Il fut impressionné quand son comparse « Boobie » réussit à le hisser, avec les deux autres cadavres, dans une camionnette. Les corps furent remis à des membres de la famille Gambino, dont le frère de John Gotti, qui acceptèrent de les faire disparaître. Gotti rendait service à son vieil ami Joe Massino.

Après le carnage, le club social de la 13ᵉ Avenue était un vrai « merdier », rappela Salvatore Vitale. « Il y avait du sang partout, dit-il au juge Garaufis. Il y en avait tellement que nous étions incapables de le nettoyer. » Big Joey Massino décida que la seule option était de mettre le feu au bâtiment, ce qui fut fait. Pendant que l'édifice flambait, Massino et Sciascia allèrent faire rapport à Vincent « the Chin » Gigante, chef de la famille Genovese. Les tabloïds avaient surnommé ce dernier le « *oddfather* », le « vieux fou ». Ils se plaisaient à noter qu'on le voyait souvent errer, parlant tout seul, barbe non rasée, rue Sullivan, dans Greenwich Village, où il vivait avec sa mère. Il arrivait qu'il fasse ces promenades en pyjama, pantoufles et robe de chambre miteuse. Big Joey Massino savait que ce comportement de vieux fou était une ruse pour dérouter les policiers. Dans le milieu, tout le monde savait que Vincent « the Chin » était un homme lucide et circonspect jusqu'à l'obsession, n'autorisant même pas ses soldats à prononcer son nom. Quand ils parlaient de lui, ils devaient se frotter le menton, d'où le surnom de « the Chin ».

Quand les membres de la mafia regardaient Vincent « the Chin », ils voyaient bien que ses yeux n'étaient pas vides et qu'il était loin d'être sénile. Ce jour-là, par respect pour son pouvoir, Joe Massino, accompagné de Gerlando Sciascia, alla lui annoncer qu'il était désormais le capitaine le plus puissant de la famille Bonanno. Dans ce milieu plus que dans tout autre, le pouvoir est au bout du fusil. Massino devait le sien non seulement à ses propres coups de feu, mais aussi à ceux de Rizzuto et de ses deux acolytes de Montréal.

Le lendemain, une équipe de surveillance de la police photographia Rizzuto et Sciascia en train de quitter le Capri Motor Lodge, dans le Bronx, en compagnie de Big Joey Massino. Ils marchaient vers la berline noire qui allait les ramener à Montréal. À partir de ce moment, Rizzuto prit du galon au sein de la famille Bonanno, mais ses relations avec la famille sicilienne des Cuntrera-Caruana restaient pour lui tout aussi importantes. Des années plus tard, Salvatore Vitale irait le voir à Montréal pour lui demander de devenir le chef officiel des Bonanno au Canada, mais il déclinerait poliment l'invitation. Il refusait d'être promu capitaine. Voici le compte rendu que fit Vitale devant le juge Garaufis : « J'ai rencontré Vito. Je lui ai demandé qui les hommes (au Canada) respectaient, et qui pourrait devenir un bon capitaine. Il a dit : "mon père" et ce n'était pas ce qui était souhaité, on voulait qu'il prenne la position, mais il a éludé la question et j'ai compris qu'il était préférable d'en rester là. » De toute façon, avait ajouté Vito, « ici, à Montréal, il n'y a pas de chef, on est 20 hommes d'honneur, et nous sommes tous égaux. »

Un *capo* (capitaine) de la famille Bonanno, Dominick « Sonny Black » Napolitano, avait insisté auprès de Joe Massino pour que sa nouvelle recrue, Donnie Brasco, participe à l'exécution des trois capitaines rebelles dans le club social de la 13e avenue. Donnie Brasco, qui avait l'air d'un vrai dur, surtout quand il marchait en roulant les épaules comme un boxeur professionnel, se présentait comme un cambrioleur accompli, un voleur de bijoux et un receleur de pierres précieuses. Il traînait autour des Bonanno depuis six ans. Sonny Black se portait garant de lui et souhaitait qu'il soit invité le fameux soir du 5 mai 1981. « Il voulait qu'il joue un rôle significatif dans les meurtres, rappela Vitale. Il voulait qu'il devienne un membre en règle (*made man*) de la famille Bonanno. » Joe Massino refusa. Il avait plus confiance dans ses tueurs canadiens que dans ce traînard sorti de nulle part. Il n'avait pas tort.

Après les massacres, craignant que le fils de Sonny Red Indelicato ne venge la mort de son père, Sonny Black Napolitano crut préférable de prendre les devants en le liquidant. Il demanda à Donnie Brasco de l'accompagner. « Demander », bien sûr, est un euphémisme pour « ordonner ». Brasco était coincé. Deux possibilités se présentaient à lui : obtempérer ou révéler sa véritable identité. La deuxième option s'imposait. Brasco pouvait bien assister à toutes sortes de complots – en fait, c'était sa tâche –, mais il ne pouvait évidemment pas participer à des meurtres. Au moment de passer à l'action, Sonny Black reçut la visite de deux agents du FBI à son propre club social. Les détectives l'informèrent narquoisement que Donnie Brasco s'appelait en réalité Joe Pistone et qu'il avait infiltré le milieu pendant toutes ces années en tant qu'agent double du FBI. «Brasco» avait pu espionner de près la famille Bonanno et les familles qui traitaient avec elles.

La suite des événements fut plutôt heureuse pour Pistone. Protégé par une nouvelle identité, il relata son expérience dans un livre qui connut un franc succès et qui fut porté à l'écran. Les retombées furent moins heureuses pour Sonny Black. Il avait commis une erreur que bien d'autres auraient pu commettre, mais elle lui fut fatale. Dans ce milieu, les excuses ne servent à rien. Sonny Black devait payer. Ne pas le faire payer aurait été un aveu de faiblesse de la part de Big Joey Massino auprès de ses troupes et des autres familles. Salvatore Vitale rappela comment les choses se déroulèrent en août 1981 : «Je suis allé faire une promenade causette avec Joe Massino à Howard Beach et il a dit : "Je dois lui donner un reçu pour cette histoire de Donnie Brasco." J'ai compris ce que cela signifiait : il voulait qu'il meure.»

Frank «Curly» Lino, un capitaine qui s'était sauvé pendant la tuerie du 5 mai, alla prendre Sonny Black dans un grill de Brooklyn et lui annonça qu'il devait l'amener dans une maison de Staten Island, un district de New York situé au sud de la ville. Il est probable que Sonny Black savait ce qui l'attendait, mais il se résignait à cette triste fin. Certains ont affirmé qu'il avait déjà distribué à sa famille et à des proches une superbe montre-bracelet en or et quelques autres biens auxquels il était très attaché.

Une fois sur place, Curly Lino le poussa dans un escalier menant au sous-sol de la maison. Prêt à se faire tuer, Sonny s'agenouilla et ne se releva pas. Un dénommé «Bobby» tira, mais l'arme s'enraya, émettant un clic à peine audible. Sonny Black marmonna péniblement : «Tirez une autre fois. Mais ne me manquez pas.» Cela ressemblait à une épitaphe de gangster. Un instant plus tard, l'odeur de la poudre emplit l'air : la dernière volonté de Sonny Black avait été exaucée. Joe Massino attendait à l'extérieur, assis dans une camionnette, prêt à en sortir et à finir le travail au cas où Sonny Black tenterait de s'enfuir. Quand Curly Lino eut terminé sa sinistre corvée, il marcha vers la camionnette et tendit à Massino les clés de la voiture de Sonny Black, qui était garée dans Brooklyn. «Tout s'est bien passé?» demanda Big Joey.

CHAPITRE DEUX

Vendetta

L e New Miss Mont-Royal était un restaurant sans prétention. Son enseigne affichait une partie de ses spécialités : pizza, spaghetti, shish-kebab, Bar-B-Q, charcoal steak. L'établissement, pourvu de « l'air climatisé », avait le permis nécessaire pour la vente de bière, de vin et de « liqueur ». Situé au 707 de l'avenue du Mont-Royal Est, en face de l'église Notre-Dame-du-Très-Saint-Sacrement, il fut remplacé avec le temps par une boutique de livres et de disques d'occasion. À l'époque, il desservait la clientèle d'un quartier populaire qui n'avait pas encore été transformé par l'arrivée massive d'artistes et de jeunes professionnels. Son copropriétaire, Rosario Gurreri, 42 ans, était né dans le même village de Sicile que Vito Rizzuto, Cattolica Eraclea.

En sortant de l'église Notre-Dame-du-Très-Saint-Sacrement, le dimanche 5 mars 1972, les paroissiens furent surpris de voir de nombreuses voitures de police et un fourgon de la morgue stationnés devant le restaurant où certains d'entre eux avaient l'habitude d'aller prendre un café après la messe. Tôt le matin, Gurreri avait quitté sa maison de la rue Bouldaque, à Saint-Léonard, une petite ville en plein essor de l'est de Montréal où se concentrait la communauté italienne. À 7 h 15, il avait ouvert les portes du restaurant et s'était dirigé vers la cuisine pour allumer les fourneaux. Un homme, mais plus vraisemblablement deux, l'y avaient suivi sans faire de bruit, puis l'avaient attaqué avec une hachette de boucher, lui tailladant le cou et la tête une dizaine de fois. Avant de prendre la fuite, ils lui avaient enfoncé un couteau de chasse dans la poitrine.

Une trentaine de minutes plus tard, une serveuse entrait à son tour dans le restaurant. Arrivant à la cuisine, elle vit le corps de son patron, étendu sur le ventre, baignant dans une mare de sang. Elle téléphona au frère de Gurreri, qui alerta la police. Quand les employés de la morgue retournèrent le cadavre pour le déposer sur une civière, ils virent qu'une large entaille lui balafrait le visage. Les policiers trouvèrent le couteau. Ils constatèrent que rien n'avait été volé dans l'établissement. Le tiroir-caisse n'avait même pas été ouvert, ce qui excluait le vol comme mobile de l'agression.

Sur le coup, les enquêteurs crurent qu'il pouvait peut-être s'agir d'une affaire de cœur, tellement le tueur s'était acharné. Ils n'écartaient pas non plus que le pauvre restaurateur ait refusé de payer son « pizzo » à la pègre italienne, mais ce manquement ne justifiait pas une attaque aussi démentielle.

Une semaine plus tard, le lieutenant-détective Guy Gaudreau, de l'escouade des homicides, annonçait aux médias que la police recherchait deux hommes, Leonardo Salvo, alias Pollari, 40 ans, et Leonardo Cammalleri, 52 ans. Les deux suspects étaient déjà recherchés par les autorités italiennes pour un autre meurtre, celui du syndicaliste Giuseppe Spagnolo, commis 16 ans plus tôt à Cattolica Eraclea. Le propriétaire du « New Miss Mont-Royal » avait dénoncé les meurtriers de Spagnolo. C'est ce qui lui avait valu d'être liquidé de façon aussi barbare.

L'assassinat de Spagnolo révèle de façon éloquente la vraie nature de la mafia sicilienne, son histoire et son fonctionnement, ses ramifications au Canada – d'abord et avant tout avec la famille Rizutto – ainsi que l'indolence incompréhensible des autorités judiciaires canadiennes envers elle. Personne, ou presque, n'a jamais entendu parler de ce syndicaliste de ce côté de l'Atlantique, mais en Sicile, son souvenir reste vivace. Le journaliste Calogero Giuffrida lui a consacré un livre, préfacé par l'historien Francesco Renda et publié en 2005 sous le titre *Delitto di Prestigio* (« Crime de prestige »).

Le buste en bronze de cet ouvrier agricole orne un pavillon de la rue Enna à Cattolica Eraclea. Une gerbe de fleurs y est déposée chaque année. Des commémorations sont organisées à intervalles réguliers en souvenir de celui qui fut le premier maire élu de la ville depuis la fondation de la République italienne, un homme qui, toute sa vie, a combattu pour les droits des paysans pauvres.

Fils de cultivateur, Giuseppe Spagnolo naquit en 1900 dans ce village de la province d'Agrigente, située au sud-ouest de la Sicile et considérée comme un des châteaux forts de la mafia. Il quitta l'école après la deuxième année pour labourer les champs avec son père. Le soir, il apprenait à lire et à écrire en autodidacte. Il était trop jeune pour participer à la Première Guerre mondiale. Les paysans qui s'étaient battus dans les tranchées revinrent en Sicile imprégnés d'idées socialistes. Ils revendiquèrent, avec un succès mitigé, le partage des terres qui appartenaient à de grands propriétaires. Spagnolo se joignit à eux. Marié, père de trois enfants, il ressentait personnellement l'injustice subie par des milliers de travailleurs agricoles. Cultivant le blé, le maïs et le coton, ou cueillant amandes, pistaches, olives et caroubes dans des vergers loués, il réussissait de peine et de misère à nourrir sa famille.

Les luttes sociales l'amenèrent à combattre le régime de Benito Mussolini, qui protégeait les intérêts de la grande bourgeoisie industrielle et agraire. En 1935, Spagnolo fut arrêté pour activités antifascistes et envoyé, avec d'autres paysans, au pénitencier de l'île de Pantelleria, entre la Sicile et la Tunisie. Il y resta quatre ans. La fréquentation de prisonniers politiques contribua à le radicaliser. Après la Deuxième Guerre mondiale, il se présenta à la mairie sous la bannière du front de gauche «Zappia», contre la Démocratie chrétienne, un parti soutenu à la fois par la mafia et les grands propriétaires terriens, comme le baron Agnelli, qui possédait une bonne partie des terres de Cattolica Eraclea.

Spagnolo gagna ses élections. Il multiplia les actions pour la redistribution des terres et adopta des mesures avantageant les citoyens les plus pauvres, par exemple en taxant l'eau selon les revenus de chaque foyer et non selon le nombre d'occupants. Il perdit les élections suivantes, mais cela ne l'empêcha pas de poursuivre ses activités militantes. Il fonda une coopérative agricole, laquelle encourageait les paysans à défier les grands propriétaires et la mafia, et à cultiver les terres en friche. Il fut sévèrement battu par huit hommes devant son fils Liborio, âgé de 26 ans. Des inconnus mirent le feu à sa maison pour tenter de le tuer.

Afin de protéger sa famille, Spagnolo évitait de rentrer chez lui et dormait à la belle étoile dans les champs entourant la ville. Dans la nuit du samedi 13 au dimanche 14 août 1955, alors qu'il était couché dans un champ de la Contrada Bissana, entre Cattolica Eraclea et Ciancina, des hommes qu'il connaissait bien s'approchèrent de lui et l'abattirent à bout portant.

Des carabinieri patrouillaient le long de la rivière Platani, qui coule à l'ouest de Cattolica Eraclea. Malgré l'obscurité, ils aperçurent trois hommes à cheval ou à dos de mule, le visage encagoulé, sur la berge opposée, près de l'endroit où Spagnolo avait été abattu. L'un d'eux fut jeté à terre par une mule revêche au pelage noir, mais il ne tenta pas de retenir l'animal, qui s'enfuit.

Inquiets de ne pas revoir Spagnolo, sa femme et son fils Liborio se mirent à sa recherche pendant la journée. Ils finirent par découvrir le corps dans une botte de foin inondée de sang. Ils n'étaient pas surpris: plus de 45 syndicalistes et hommes politiques de gauche avaient été assassinés par la mafia entre 1945 et 1955, sans compter d'innombrables paysans. Accablés de douleur, ils hissèrent le corps dans une carriole et le ramenèrent à la ville. Le docteur Salvatore Marino constata qu'il avait été tué par sept balles tirées par des fusils de chasse, fabriqués à Palerme par l'armurier Vincenzo Bernardelli. Les canons des fusils avaient été sciés.

Plus tard, pendant la messe à l'église de Sant'Antonio Abate, le père Don Dinaro apprit aux fidèles qu'une mule noire marquée par les lettres « OX » avait été retrouvée errant dans la campagne. Rosario Gurreri annonça qu'elle lui appartenait. Les carabinieri l'arrêtèrent et l'accusèrent d'être l'un des trois hommes qu'ils avaient vus sur les berges de la Platani, près de la scène du crime. Gurreri commença par nier les faits, mais trois jours plus tard, il se mettait à table.

Il affirma que, un mois plus tôt, il avait été approché par Leonardo Cammalleri, Leonardo Salvo et Giacinto Arcuri. À l'en croire, les trois hommes lui avaient demandé de participer au meurtre de Spagnolo pour des « raisons d'honneur » : ils prétendaient que ce dernier avait offensé la belle-mère de Cammalleri. La nature exacte de l'affront restait imprécise, mais Gurreri laissait sous-entendre qu'il s'agissait d'une affaire sexuelle.

Il déclara à la police qu'il avait refusé de participer à l'assassinat. Néanmoins, il ajouta qu'il avait accepté de prêter sa mule à Arcuri, le soir du 13 août. Il avait sellé l'animal et l'avait amené sur les rives de la Platani. Il reconnut avoir vu Cammalleri ce soir-là. Selon lui, l'homme était vêtu d'une grande cape noire, mais il ne portait pas d'arme. Gurreri affirma qu'il avait croisé Arcuri dans la Via Monsignor Amato, à Cattolica Eraclea, le lendemain du meurtre. Il termina sa déposition en disant qu'Arcuri lui avait confié qu'ils avaient tué Spagnolo, mais qu'ils avaient perdu la mule pendant qu'ils fuyaient devant les carabinieri.

Les policiers se mirent à la recherche des trois suspects. Selon leurs informations, ces derniers s'étaient d'abord cachés dans la maison d'Antonino Manno, le chef incontesté de la mafia dans un large territoire s'étendant entre les villes de Cattolica Eraclea, Siculiana et Montallegro. Ceux qui connaissaient Manno étaient persuadés qu'il était l'architecte de l'assassinat de Spagnolo, et que l'équipe de tueurs n'était que son instrument. Beau-père de Nicolò Rizzuto, déjà immigré à Montréal au moment du meurtre, Manno habitait près de l'église de Chiesa Madre, à Cattolica Eraclea.

Une rumeur se répandit comme la poudre : les fugitifs déguisés en femmes s'étaient réfugiés dans la Chiesa Madre, où le père Giuseppe Cuffaro les cachait dans la sacristie. Le prêtre prétendait que Spagnolo s'était suicidé, ce qui aurait été un miracle, étant donné que le corps avait été troué par sept balles. La fille de Spagnolo invita la population à se rassembler sur une piazza de la ville afin d'exiger que le prêtre livre les assassins de son père à la justice. Les trois suspects finirent par s'enfuir de l'église, toujours déguisés en femmes. Profitant de l'appui d'Antonino Manno et des nombreux contacts de la mafia en Amérique du Nord, ils purent traverser l'Atlantique et débarquer au Canada et aux États-Unis.

Le père Cuffaro refusa de célébrer une messe pour les funérailles de Giuseppe Spagnolo sous prétexte que celui-ci était un communiste et qu'il ne croyait pas en Dieu. Les cérémonies furent donc organisées par sa famille et ses amis. Des centaines de personnes se recueillirent autour du cercueil. Les hommes portaient des chemises blanches, les femmes des foulards noirs. Francesco Renda, un intellectuel qui allait préfacer, des années plus tard, le livre à la mémoire de la victime, prononça l'éloge funèbre devant les citoyens de Cattolica Eraclea et les délégations de plusieurs partis politiques venues de partout en Sicile. Un immense cortège accompagna Spagnolo jusqu'au cimetière.

Le procès de Gurreri et des trois autres tueurs s'ouvrit à la cour d'assises d'Agrigente, le chef-lieu de la province du même nom. Lorsqu'il fut appelé à la barre, le parrain Antonino Manno, ne cachant pas son mépris pour le tribunal, refusa de répondre aux questions des procureurs. Cammalleri et Salvo furent condamnés *in absentia* à la prison à perpétuité.

Au cours du processus judiciaire, une lettre signée par un prêtre montréalais fut transmise au tribunal. Ce prêtre affirmait que le quatrième accusé, Giacinto Arcuri, venait de mourir dans un accident de voiture au Canada. Ce que la lettre ne précisait pas, c'est que cet Arcuri n'était pas celui qui était accusé de meurtre. Les autorités siciliennes ne posèrent pas de questions et fermèrent le dossier, confirmant ainsi la sagesse du proverbe sicilien selon lequel «un ami qui a de l'influence vaut plus que cent pièces d'or».

Giacinto Arcuri n'était pas mort dans un accident de la route. Il vivait à Montréal et déménagerait éventuellement à Toronto. Trente ans plus tard, lorsque sa condamnation pour le meurtre de Giuseppe Spagnolo serait devenue obsolète en raison de son présumé décès, il pourrait, avec d'autres personnes, se porter garant d'une caution de 2,5 millions de dollars afin de permettre au caïd Gerlando Sciascia de rester en liberté en attendant son procès pour trafic d'héroïne.

Cammalleri put aussi vivre en toute liberté au Canada. Il restait néanmoins sur ses gardes. Il se faisait passer pour un ressortissant du Venezuela portant le nom de Giuseppe Antonio Nardo. En 1966, sa fille Giovanna épousa le jeune Vito Rizzuto, à Toronto. Cammalleri n'entra pas dans l'église : il resta dans sa voiture pendant toute la céré-monie. Aucun policier ne vint perturber son attente, même s'il faisait l'objet d'un avis de recherche officiel lancé par les autorités italiennes. Maria, la fille de Giuseppe Spagnolo, qui avait également émigré au Canada, avait pourtant prévenu la police que l'assassin de son père assisterait au mariage.

Salvo, qui faisait l'objet du même avis de recherche, se réfugia à Buffalo. Quant à Gurreri, il passa quatre années en prison en Sicile. Il ne fut pas condamné pour meurtre, mais seulement pour complicité de meurtre. Toutefois, plusieurs questions restaient en suspens. Des paysans assuraient qu'ils avaient vu quatre hommes, et non trois, quit-ter la scène du crime la nuit où Spagnolo fut assassiné. Sept coups de feu avaient été tirés. Or, la lupara, arme de prédilection pour la mafia, est un fusil de chasse à deux canons lisses juxtaposés, qui ne peuvent contenir que deux cartouches*. Pourquoi un des trois tueurs aurait-il rechargé son fusil pour tirer un troisième coup ? N'était-il pas plus probable que les tueurs aient été au nombre de quatre ? Rosario Gurreri était-il ce quatrième tueur ?

Quoi qu'il en soit, il émigra lui aussi et débarqua au Canada le 9 juillet 1962. Il ouvrit son restaurant de l'avenue du Mont-Royal sous le nom de « Michel Gurreri », mais au bout du compte, son nouveau prénom ne lui offrit aucune protection. Pour la police de Montréal, les mobiles du meurtre de cet homme ne faisaient pas de doute : il avait été victime d'une vendetta, qui signifie vengeance en italien.

*   *   *

Le mot Méditerranée signifie « au milieu des terres » en latin. La Sicile, la plus grande île, se trouvait en plein centre du monde connu par les Grecs et les Romains. Cette situation lui conférait une position straté-gique, ce que reconnurent les forces alliées en 1943. Ceux qui domi-naient la Sicile contrôlaient la Méditerranée.

Les premiers habitants se virent envahis par les Phéniciens, de for-midables navigateurs originaires du Liban actuel qui avaient perfec-tionné les techniques de construction navale. Ces derniers furent rem-placés par les Grecs, les Carthaginois, les Romains, les Vandales, les Ostrogoths, les Byzantins, les Arabes, les Normands, les Germains, les

---

* Le nom « lupara » vient de *lupo*, loup en italien, un animal longtemps chassé avec cette arme. Les canons étaient sciés pour en faciliter l'utilisation dans la végétation et pour être dissimulés sous un manteau en milieu urbain. C'est une des armes à feu les plus anciennes en Sicile.

Aragonais, les Espagnols, les Bourbons, sans oublier les Français, les Allemands et même, pour une courte période, les Anglais, les Américains… et les Canadiens.

Ces conquêtes incessantes ont profondément marqué le caractère des Siciliens, les poussant à se méfier des étrangers et à se replier sur leurs familles, comme le souligne le parrain Joseph Bonanno dans son autobiographie intitulée *Un homme d'honneur* : « La Sicile a été secouée par l'influence étrangère depuis plus de 2000 ans. Le génie grec a construit le temple de Ségeste, mais le génie sicilien a permis de supporter l'assujettissement et de survivre longtemps après que la ville grecque fut tombée en ruine. Par nécessité, les Siciliens ont mis tout leur talent et toute leur énergie à façonner leur style de vie autour de la survie, à créer une façon particulière et distinctive de vivre qui, au fil des ans, est devenue la Tradition. Empêchés de participer à la conduite de leur territoire, les Siciliens se sont rabattus sur leurs familles. Chaque membre de la famille était un ami, tous les autres étaient suspects. »

Exploités par les lois coloniales et trompés par les fonctionnaires des États étrangers, les Siciliens ont développé leurs propres lois et leur propre façon de faire des affaires, poursuit Bonanno. « Dans un monde injuste, il était nécessaire de créer sa propre justice. Un Sicilien de la vieille Tradition est fidèle d'abord et avant tout à sa famille. Hors de sa famille, il est fièrement indépendant. »

Bien entendu, ces traits de caractère brossés par un des membres les plus illustres de la mafia viennent justifier de façon pas très subtile le mépris de la loi. Mépris qui n'a rien à voir avec l'esprit rebelle et chevaleresque de Robin des bois, et tout à voir avec l'appât du gain et la soif de pouvoir, la « famille » n'étant qu'un instrument servant à assouvir l'un et l'autre. Malgré tout, le portrait psychologique des Siciliens dessiné par Bonanno n'est pas dénué de fondement.

Dans ses mémoires, Bonanno se plaît à rappeler une fable sur l'origine de la mafia, qui donne, là encore, le beau rôle à une organisation de tueurs. Comme bien des légendes, l'histoire des Vêpres siciliennes repose en partie sur des faits historiques, dans ce cas un soulèvement populaire contre la domination du roi français Charles d'Anjou. Ce soulèvement a débuté à Palerme et à Corleone le 31 mars 1282, le mardi de Pâques. Des percepteurs d'impôts s'étaient postés à la porte des églises pour intercepter les fidèles qui venaient assister aux vêpres.

« Une jeune femme d'une rare beauté, qui allait bientôt se marier, marchait vers l'église avec sa mère quand un soldat français du nom de Droetto entreprit de la malmener en prétendant vouloir aider les percepteurs d'impôts, raconte Bonanno. Il l'amena de force derrière l'église et la viola. Sa mère, terrifiée, courut dans les rues en criant : "Ma fia, ma fia !" Le fiancé de la jeune femme trouva Droetto et le tua avec un couteau. Le cri de la mère, répété par d'autres personnes, résonna dans les rues de Palerme et de toute la Sicile. "Ma fia" devint bientôt le cri de ralliement pour le mouvement de résistance, qui adopta cette phrase en raison de l'acronyme : "Morte Alla Francia, Italia Anela", MAFIA – "Mort à la France, crie l'Italie". »

En vérité, les experts en étymologie se perdent en conjectures sur l'origine du mot mafia. Le mot emprunté au sicilien désignait à l'origine « la grâce, l'allure, l'audace », affirme le Dictionnaire historique de la langue française. Cela reste à voir. Le fameux mot a été popularisé en 1863 par l'écrivain sicilien Giuseppe Rizzoto, dans une pièce de théâtre intitulée *I mafiusi di la Vicaria*.

Dès 1828, le procureur-chef d'Agrigente faisait état devant le tribunal d'un regroupement d'une centaine de personnes liées par un serment d'allégeance et s'adonnant à diverses activités illicites : vols de bétail, intimidation, extorsion de fonds publics et privés, meurtres. Cette confrérie comprenait des citoyens de toutes les couches sociales, notamment des propriétaires fonciers, des prêtres, des commerçants et des criminels connus. Ils étaient actifs à Cattolica Eraclea, Cianciana, Santo Stefano di Quisquina, Palazzo Adriano et dans bien d'autres petits bourgs de la région. Toutefois, le procureur ne mentionnait nulle part le mot « mafia » dans son rapport.

Les conditions historiques étaient réunies en Sicile pour favoriser l'émergence de confréries secrètes. Pendant longtemps, les seigneurs féodaux et les papes qui régnaient sur l'île imposèrent une justice arbitraire. Petit à petit, l'idée se répandit que la justice privée lui était préférable. S'adresser aux tribunaux officiels était perçu comme un signe de lâcheté. Il était plus noble de laver un affront en s'appuyant sur le code d'honneur du clan familial. La vendetta était encouragée.

Dans cette échelle de valeurs, l'omertà, la loi du silence, est centrale. Le voyageur étranger qui visite la Sicile constate souvent que les volets des maisons sont fermés. « Celui qui est aveugle, sourd et muet vivra cent ans en paix », affirme un dicton sicilien. L'omertà ne représente pas seulement la capacité de se taire. Il s'agit de la première règle d'un strict code d'honneur. Selon certains étymologistes, le mot est dérivé du mot « omu », qui signifie « homme » en sicilien. Un homme qui viole cette règle n'est plus un homme : il est un lâche. Dans ce code d'honneur, il est plus important de préserver sa dignité que de sauver sa vie. La virilité est poussée à l'extrême : mieux vaut mourir que de perdre sa nature d'homme.

La loi du silence sous-entend l'interdiction catégorique de coopérer avec les autorités ou de s'adresser à elles, même lorsqu'on est victime d'un délit. Si une personne est condamnée pour un meurtre qu'elle n'a pas commis, elle doit purger sa sentence sans jamais informer la police de l'identité du vrai coupable. L'omertà représente les valeurs de loyauté et de solidarité envers l'autorité. Il est permis de tuer son pire ennemi, mais honteux de le trahir. La mafia s'est approprié cette règle, l'imposant non seulement à ses propres membres, les hommes d'honneur, mais à toute la population.

Toutefois, dans un système féodal statique, où les grands propriétaires terriens avaient le monopole des ressources économiques et de l'utilisation de la violence, une organisation criminelle et parallèle pouvait difficilement s'épanouir. La situation changea avec la naissance et l'unification de l'Italie moderne. En 1860, Giuseppe Garibaldi et ses « chemises rouges » débarquaient à Marsala, sur la côte Ouest. Ils chassèrent les derniers Bourbons de Sicile et réunirent l'île au reste de l'Italie. Anticlérical notoire, Garibaldi comparait le pape Pie IX à un « mètre cube de fumier », professait des idées de justice sociale, promettait des réformes agraires et l'abolition des taxes sur la mouture du blé. Il s'attira la sympathie populaire. Deux mille *picciotti*, de jeunes paysans rebelles et souvent criminels, se joignirent à ses troupes.

Après le départ de Garibaldi, les promesses apparurent pour ce qu'elles étaient : des paroles en l'air. La redistribution des terres consistait essentiellement en un échange de titres parmi de grands propriétaires. Les prix des aliments explosèrent. Des émeutes éclatèrent et la criminalité atteignit des proportions épidémiques. Des malfrats agissaient comme intermédiaires : ils exigeaient des commissions sur la vente et la location des terres. Des intendants, nommés *gabelloti*, géraient les domaines des barons vivant souvent à Palerme ou à Naples. Des *campieri*, gardes armés, travaillaient avec eux. Les uns et les autres formaient l'ossature de la mafia, qui devint indispensable aux riches et aux puissants. Les grands propriétaires, dont faisait partie l'Église catholique, comptaient sur eux pour maintenir l'ordre.

Gabelloti et campieri fixaient les relations entre les propriétaires et les paysans. Les paysans payaient les campieri pour avoir le droit de cultiver, et les propriétaires terriens payaient les gabelloti pour protéger leurs biens. Les campieri marchaient au centre des villes et des villages et, d'un signe de la main ou d'un mouvement de tête, désignaient les hommes qui pouvaient travailler la terre ce jour-là, écartant par la même occasion ceux dont ils ne voulaient pas. Il tombe sous le sens que les chances des socialistes, des syndicalistes et des travailleurs indociles d'être choisis étaient beaucoup plus ténues. Durant les périodes tendues de conflits sociaux, les campieri formaient les armées privées des propriétaires terriens.

La présence d'une abondante main-d'œuvre bon marché découragea la mécanisation. La Sicile fournissait les denrées agricoles, tandis que le nord de l'Italie s'industrialisait. L'amélioration des communications entre l'île et la péninsule – un ferry assurait la liaison quotidienne entre Palerme et Naples – permit à la mafia d'étendre son influence politique jusqu'à Rome. Les partis politiques avaient besoin de ses services pour gagner les élections. Le droit de vote était réservé aux propriétaires et aux citoyens qui savaient lire ou écrire, à peine 10 % de la population. En pratique, les membres de l'honorable société décidaient de qui pouvait voter. Sans surprise, les élections étaient systématiquement emportées par les mafiosi ou leurs alliés, particulièrement dans l'ouest de la Sicile.

Le même système s'implanta au niveau local. Les maires associés à la mafia avaient le pouvoir de distribuer les permis de vente de tabac, de sel et de timbres. Les policiers, les procureurs et les juges des tribunaux de Palerme ou d'Agrigente devaient se montrer complaisants lorsque des mafiosi étaient soupçonnés de crimes, sinon ils étaient isolés, menacés ou éliminés. Le capo-mafia de chaque contrée était un personnage important, dont on baisait la main et que l'on devait payer pour obtenir un emploi dans la fonction publique. La presse sicilienne restait muette sur la corruption rampante, prétendant que la mafia n'existait pas.

Entre 1860 et la Première Guerre mondiale, la misère et l'anéantissement des syndicats paysans poussèrent un million et demi de Siciliens à émigrer. La plupart gagnèrent l'Amérique du Sud et l'Amérique du Nord, en particulier les États-Unis. Parmi eux se trouvaient des personnages de haut rang de la mafia sicilienne, comme Giuseppe Balsamo. Ce dernier, qui débarqua à New York en 1895, allait structurer une organisation connue sous le nom de la Main noire, qui se spécialiserait dans l'extorsion, même auprès des compatriotes les plus pauvres.

Jusqu'à 90 % des Italo-Américains étaient menacés de représailles s'ils n'obtempéraient pas aux exigences de la Main noire. Ignazio Saietta, un gangster sicilien habitant la Petite Italie à New York, étranglait ses victimes et brûlait leur corps dans East Harlem. Un jeune lieutenant de la police de New York, Joseph Petrosino, entreprit de combattre la Main noire. Il fut envoyé en mission en Italie pour approfondir ses enquêtes. Il fut assassiné séance tenante. Balsamo fut soupçonné d'avoir commandé le meurtre.

Les Italiens qui débarquaient à Montréal étaient exploités par des agents d'immigration appelés *padroni*, qui avaient des comportements typiquement mafieux. Les cas d'abus devinrent si flagrants que, en 1905, le gouvernement fédéral créa la « Commission royale d'enquête sur l'immigration des travailleurs italiens à Montréal et les présumées pratiques frauduleuses des agences d'emploi ».

Au cours de la Première Guerre, les campieri de Sicile s'enrichirent grâce au marché noir. Ils fournissaient chevaux et mules à l'armée. Pendant ce temps, les paysans appelés sous les drapeaux mouraient par milliers dans les tranchées, ou s'échinaient du matin au soir dans les champs. Une fois la paix revenue, la mafia fit preuve d'une arrogance sans borne. Elle ne se contentait plus d'agir comme un État dans l'État, mais commença à exiger des tarifs exorbitants aux grands propriétaires pour veiller sur leurs biens. Malheur à ceux qui ne payaient pas. C'en était trop : le dictateur fasciste Benito Mussolini dépêcha le préfet Cesare Mori dans l'île pour faire le ménage.

Doté de pouvoirs quasi illimités, Mori fit jeter en prison des milliers de personnes, souvent innocentes. Il kidnappa femmes et enfants pour obliger des membres de la mafia à se rendre. Quand cette tactique s'avérait inefficace, il assiégeait des villes, allant jusqu'à couper leur approvisionnement en eau. Le sobriquet de « préfet de fer » lui allait comme un gant. La prison médiévale Ucciardone de Palerme fut surnommée « Casa Mori ». De nombreux membres de la mafia furent obligés de fuir. Ce fut le cas de Giuseppe (Joseph) Bonanno, contre qui un mandat d'arrestation avait été lancé. Bonanno et son cousin Peter Magaddino se rendirent à Cuba, après quoi ils entrèrent illégalement aux États-Unis.

Les grands propriétaires applaudissaient aux mesures de Mussolini et des fascistes, car elles les dispensaient d'avoir à payer les campieri. Dans les faits, le gouvernement remplaçait la mafia : il s'était emparé du monopole de la violence et l'exerçait à leur avantage.

Le Duce proclama la victoire contre la mafia. En 1929, Mori fut nommé sénateur et rappelé à Rome. Son mandat prit fin alors qu'il commençait à découvrir les relations qui unissaient des dirigeants de la mafia à de puissants hommes politiques. Ceux qui connaissaient bien l'organisation criminelle savaient que les discours tonitruants de Mussolini cachaient une vérité sournoise : il avait certes coupé des tentacules de la pieuvre, mais le cœur et la tête étaient intacts. Le « troisième niveau » de la mafia, constitué de personnes en apparence respectables et haut placées, agissait dans l'ombre et le confort... et gardait l'organisation bien vivante.

* * *

Pendant ce temps, aux États-Unis, la mafia connaissait une formidable expansion grâce à la prohibition. Le Volstead Act entra en vigueur le 16 janvier 1920. Ce fut le début d'une merveilleuse décennie pour le crime organisé américain. Au début, les clans mafieux distillaient eux-mêmes l'alcool, mais leurs usines illégales étaient sans cesse fermées et détruites par la police. Il était plus facile, et plus lucratif, d'acheter les boissons interdites à l'étranger et de les passer en contrebande.

Les bootleggers importaient l'alcool massivement du Canada. Le plus important fournisseur fut la dynastie des frères Bronfman. Chassé de Saskatchewan par une opinion publique et un gouvernement provincial choqués par son commerce avec les trafiquants du sud de la frontière, Sam Bronfman s'installa à Montréal, où il construisit une des plus grandes distilleries du monde, avant d'acheter celle de Joseph E. Seagram's and Sons. La production était avant tout destinée aux Américains, 20 % seulement de l'alcool produit au Canada étant consommé au pays. Vers 1930, lorsque le gouvernement canadien commença à interdire les exportations aux États-Unis, les Bronfman établirent un comptoir aux îles françaises de Saint-Pierre-et-Miquelon, dans le golfe du Saint-Laurent.

Leurs agents négociaient avec les gangsters américains les plus connus, dont Frank Costello et Meyer Lansky à New York. Certains affirment que Sam Bronfman se rendit dans la métropole américaine pour rencontrer Meyer Lansky, qui allait devenir le principal conseiller de Salvatore « Charlie Lucky » Luciano, fondateur de la mafia moderne. Vers la fin de sa vie, un Lansky très amer allait poser cette question : « Pourquoi Lansky est-il un gangster, et pas les familles Bronfman et Rosenstiel ? J'étais impliqué avec ceux-là pendant les années 1920, même s'ils n'aiment pas en parler et s'ils changent de sujet quand mon nom est mentionné. »

Quoi qu'il en soit, la pluie de dollars qui inonda la mafia durant les « années sèches » exacerba les tensions internes. La « guerre des Castellammarese », qui éclata en 1930 à New York, allait se traduire par des dizaines de cadavres et aboutir à la mise en place de structures qui sont toujours opérationnelles aujourd'hui, non seulement aux États-Unis, mais aussi au Canada. Le nom de cette guerre de clans venait de Castellammare del Golfo, une petite ville située à mi-chemin entre Palerme et Marsala, sur la côte ouest de la Sicile, qui avait vu naître des membres influents de la mafia en Amérique, dont Joseph Bonanno, Salvatore Maranzano et Joseph Barbara.

Le chef de la Cosa Nostra de New York, Giuseppe Masseria, originaire de Marsala, se sentait menacé par les Castellammarese, qui en menaient de plus en plus large. Il ordonna à ses tueurs d'assassiner tous les soldats de Maranzano. Ce dernier riposta. Un an plus tard, le conflit avait fait 85 victimes dans les deux camps. Conseillé par Meyer Lansky et Frank Costello, Lucky Luciano, qui avait fait fortune dans la contrebande d'alcool, manœuvra habilement pour mettre fin à cette guerre qui attirait la répression policière et nuisait aux affaires. Il fit assassiner Masseria, puis son rival Maranzano.

Né en Sicile et débarqué à New York à l'âge de neuf ans, Salvatore « Lucky » Luciano était devenu chef de gang dès l'adolescence. Après l'avoir tailladé à coups de couteau, des rivaux l'avaient laissé pour mort, mais il avait survécu. Seul stigmate de l'attaque : de longues cicatrices sur le cou. Ses hommes l'avaient baptisé « Lucky ». Une fois Masseria et Maranzano éliminés, Lucky Luciano prit le contrôle de la mafia de New York. Il suggéra que les Cinq familles mafieuses de la ville créent une « Commission », sorte de conseil d'administration où siégeraient les dirigeants afin de tenter de régler leurs différends. S'y ajouteraient Al Capone, de Chicago, et Stefano Magaddino, de Buffalo.

Certains historiens et analystes soutiennent que la paternité de la Commission revient à Maranzano. « Salvatore Maranzano arriva à New York en 1927, se disant investi d'une mission du patron de Palerme pour réunir les familles américaines sous un seul chef, affirme un document d'analyse du service de renseignement de la GRC. Après une guerre meurtrière, il organisa au printemps 1931, dans le Bronx, la première réunion officielle de la Cosa Nostra, nom retenu pour la mafia américaine. À cette réunion, Maranzano divisa la Cosa Nostra en nouvelles familles, dont cinq à New York. À l'automne de la même année, Luciano fit assassiner Maranzano, qui planifiait devenir le patron des patrons en Amérique. »

Les Cinq familles existent toujours. En ordre décroissant d'importance, il s'agit des familles Gambino, Genovese, Bonanno, Lucchese et Colombo. Il n'y a pas de « patron des patrons » aux États-Unis, mais le chef de la famille Gambino domine les autres familles, en particulier la famille Bonanno. Cette dernière n'est pas la plus nombreuse, mais elle se distingue des autres à plus d'un titre : elle est la plus violente et la plus sicilienne. Elle accepte peu de membres qui ne soient pas originaires de familles siciliennes, contrairement à la famille Genovese, par exemple, qui fut longtemps dirigée par Vincent « the Chin » Gigante, né à Manhattan de parents napolitains.

Après la création de la Commission, la famille Bonanno hérita de la plus grosse antenne hors de New York, celle de Montréal (Chicago et Buffalo ne sont pas des antennes, car elles sont dirigées par des familles autonomes). La mafia montréalaise n'est jamais devenue une Sixième famille. En 2005, son parrain, Vito Rizzuto, s'est lui-même décrit comme un soldat de la famille Bonanno lorsqu'il a plaidé coupable pour sa participation au complot de meurtre des trois capitaines rebelles. Cela ne signifie pas que Montréal ne manifeste jamais une certaine volonté d'autonomie envers New York, mais ces velléités n'ont jamais débouché sur une réelle indépendance. Ultimement, la mafia montréalaise reste sous la coupe de la Commission. Lorsque la famille Bonanno est désorganisée, et elle le fut souvent, ce sont généralement des membres de la famille dirigeante des Gambino qui règlent ou qui tentent de régler les litiges, y compris à Montréal.

En 1936, Luciano fut condamné à une peine de 30 à 50 ans de prison pour avoir exploité le plus vaste réseau de prostitution de New York. Il fut envoyé dans le quartier de haute sécurité du pénitencier de Dannemora, dans le nord de l'État, à une vingtaine de kilomètres de Plattsburgh. En février 1942, le *Normandie*, un paquebot qui devait servir au transport des troupes américaines vers l'Europe, prit feu et sombra dans l'Hudson. S'agissait-il d'un accident ou d'un sabotage ? Les services de renseignement de la marine ne voulaient pas prendre de risques. Leurs officiers sollicitèrent l'appui des membres de la mafia qui contrôlaient les docks. Ces derniers leur suggérèrent de contacter Luciano.

« Lucky » accepta d'aider la marine, mais il exigea en contrepartie d'être transféré dans la prison plus confortable de Great Meadow, à mi-chemin entre le lac Champlain et Albany, la capitale de l'État. Portant le numéro 15684, le célèbre détenu continuait de diriger ses troupes. Le degré de sa collaboration avec l'armée américaine reste l'objet de bien des débats, mais le fait demeure qu'il n'y eut aucune grève, ni aucun sabotage sur les quais de la côte Est pendant la Deuxième Guerre mondiale. Il semble que Luciano ait donné des informations précieuses aux militaires américains et que, par personnes interposées, il ait encouragé la mafia sicilienne à ne pas opposer de résistance au débarquement allié qui se préparait dans cette île de la Méditerranée.

En fait, le projet de débarquement enthousiasmait Lucky Luciano, ce qui amusait beaucoup son ami Meyer Lansky. Des années plus tard, Lansky raconta à ses biographes que Luciano était prêt à suivre quelques leçons de parachutisme afin de pouvoir être relâché dans le ciel de Sicile. « La simple pensée de Charles atterrissant dans un arbre ou sur le toit d'un palais de justice me fit rire, rappelait son conseiller. Pauvre vieux Lucky, qui sera passé de playboy à prisonnier, puis, dans ses rêves, à parachutiste. » En tout cas, Luciano tenait un bon discours antifasciste aux officiers de renseignement qui l'interrogeaient : « Je leur ai dit que quelque chose devait être fait à propos de ce type, Hitler. J'ai dit que si quelqu'un pouvait buter cet enfant de chienne, la guerre cesserait en cinq minutes. »

Après la fin de la guerre, le gouverneur de l'État de New York, Thomas E. Dewey, libéra Luciano à condition qu'il retourne en Italie. Avant d'être élu, Dewey s'était bâti une réputation d'homme fort et intègre grâce à son acharnement à combattre la mafia en tant que procureur. C'est lui qui avait jeté Luciano en prison 10 ans plus tôt, et voici qu'il faisait l'éloge de sa coopération : « Après l'entrée en guerre des États-Unis, les services de l'armée sollicitèrent l'aide de Luciano pour convaincre d'autres personnes à livrer des informations quant à d'éventuelles attaques ennemies, expliquait-il. Il semble qu'il ait fourni ces efforts, bien que la réelle valeur des informations ne soit pas établie. Son comportement en prison fut entièrement satisfaisant. »

Le premier débarquement allié en Europe se déroula le 10 juillet 1943 en Sicile, sur la côte Sud. Les forces de l'Axe venaient de mordre la poussière en Afrique du Nord. Le président américain Franklin Delano Roosevelt et le premier ministre britannique Winston Churchill s'étaient rencontrés six mois plus tôt à Casablanca, au Maroc, pour mettre au point leur stratégie. Comme l'avaient noté des siècles avant eux les Phéniciens et les Romains, le contrôle de la Sicile assurait le contrôle de la Méditerranée.

L'île était mal défendue. Malgré tout, les soldats britanniques et canadiens durent livrer des batailles sanglantes dans la partie est contre des bataillons allemands bien entraînés. Les Américains occupèrent plus facilement la partie ouest, château fort de la mafia. Le Général George S. Patton se vanta d'avoir réalisé « le blitzkrieg le plus rapide de l'histoire » en parcourant quelque 300 kilomètres en quatre jours pour atteindre Palerme, sur la côte Nord.

Les Américains disposaient d'une écrasante supériorité sur les Italiens, peu motivés et mal équipés. Par ailleurs, après la répression sanglante du préfet Mori, les mafiosi n'avaient nul besoin des directives de Luciano pour les aider à chasser les fascistes. Bien des choses ont été dites et écrites à cet égard, certains auteurs allant jusqu'à affirmer que la mafia protégeait les routes les plus importantes contre les tireurs embusqués et fournissait des guides sur les chemins de montagne.

On a dit que des chefs mafieux comme Don Calogero Vizzini avaient joué un rôle majeur dans l'avancée rapide des troupes américaines, mais, selon des historiens sérieux, cela relève de la légende. Il n'empêche que Don Vizzini fut nommé colonel honoraire de l'armée américaine et nommé maire de la petite ville de Villalba par les forces d'occupation. L'écrivain de gauche Michele Pantaleone, natif de cette petite ville de la Sicile, fut l'un des premiers à critiquer les politiques du Allied Military Government of Occupied Territories (AMGOT), le gouvernement transitoire d'occupation. Selon lui, l'AMGOT « a redonné ses pleins pouvoirs à la mafia, lui a permis de redevenir une force politique et a remis à l'honorable société les armes que lui avait enlevées le fascisme ».

Les Américains préféraient voir des membres de la mafia plutôt que des communistes dans les mairies et à la tête des organismes gouvernementaux. Après avoir flirté avec les idées séparatistes, Don Calò Vizzini et la plupart des chefs mafieux appuyèrent la Démocratie chrétienne, tout comme le US Office of Strategic Services (OSS), l'ancêtre de la Central Intelligence Agency (CIA).

En 1948, la Démocratie chrétienne emporta les élections. Elle allait gouverner l'Italie pendant les 45 années suivantes, en participant à diverses coalitions. Un de ses principaux objectifs, auquel adhéraient la mafia et le gouvernement américain, était de tenir loin du pouvoir le Parti communiste italien, le plus important parmi les pays membres de l'Organisation du traité de l'Atlantique Nord (OTAN). Cette alliance stratégique avec la mafia allait toutefois faire de l'Italie un des pays développés les plus corrompus et les plus endettés.

L'importance de Don Calò Vizzini au sein de la mafia est également contestée. Mais une chose est sûre : il créa une fabrique de bonbons à Palerme avec Lucky Luciano, qui avait emménagé à Naples après son expulsion des États-Unis. Les bonbons étaient exportés partout en Europe, aux États-Unis et au Canada. En 1954, le quotidien romain *Avanti!* publia une photo de la fabrique sous ce titre : « Des textiles et des sucreries sur la route de la drogue ». Bien qu'elle ne put jamais en établir la preuve, la police soupçonnait que le commerce des bonbons servait de couverture à un trafic autrement plus payant, celui de l'héroïne.

Don Calò mourut cette même année, de causes naturelles. Le *New York Times* titra : « Le roi de la mafia sicilienne meurt ». Plusieurs croyaient en effet qu'il était le *capo di tutti i capi*, le chef de tous les chefs, mais d'autres affirmaient qu'une telle position n'existait pas, et ils avaient probablement raison. Quoi qu'il en fut, des funérailles grandioses se déroulèrent en son honneur à Villalba, la petite ville où il avait régné en maître. Des milliers de paysans habillés de noir, des politiciens, des prêtres, des chefs mafieux comme Giuseppe Genco Russo et Don Francesco Paolo Bontade marchèrent en silence derrière le fourgon mortuaire de celui qui, de son vivant, avait ordonné des dizaines de meurtres.

« Quand je mourrai, la mafia mourra », avait déjà déclaré Don Calò. Mais sa mort ne marqua pas plus la fin de la mafia que la fermeture de la fabrique de bonbons ne signala l'abandon du commerce de l'héroïne. Bien au contraire.

En 1957, Lucky Luciano se trouvait au Grand Hôtel des Palmes (*Albergo e delle Palme*), l'hôtel de Palerme le plus riche en histoire. Aujourd'hui associé à la chaîne Hilton, il fut à l'origine une somptueuse demeure privée, au nord du quartier animé de Vucciria, où s'étaient établies les corporations d'orfèvres, de ferrailleurs, de cordonniers et de marchands de pâtes. Transformé en hôtel de luxe au 19e siècle, l'établissement attirait des visiteurs célèbres et distingués, notamment Richard Wagner, qui composa l'orchestration de *Parsifal* dans une grande salle au plafond bleu et or et aux murs ornés de grands miroirs. Renoir y peignit le portrait du compositeur.

Du 10 au 14 octobre, Luciano accueillit dans le somptueux palace une trentaine de visiteurs tout aussi célèbres, mais un peu moins distingués. Ce fut précisément dans la Sala Wagner que se réunirent les mafias américaine et sicilienne. Joe Bonanno dirigeait la délégation américaine. Presque tous ses hommes étaient originaires comme lui de Castellammare del Golfo. Parmi eux se trouvaient Carmine Galante, son *caporegime* (capitaine) qui avait habité Montréal de 1952 à 1955, et John Bonventre, son vice-capo. Ses cousins Antonio, Giuseppe et Gaspare Magaddino, dont la famille régnait sur Buffalo, étaient du nombre, ainsi que John Priziola, le boss de Detroit.

La délégation sicilienne était dirigée par le chef de la famille de Castellammare del Golfo, un Magaddino apparenté à la famille de Buffalo. Elle comptait dans ses rangs Don Giuseppe Genco Russo, un gangster unanimement détesté qui se présentait à tort comme le patron des patrons et le successeur de Don Calò Vizzini, et des hommes dont l'importance allait se révéler plus tard : Salvatore « Chichiteddu » (petit oiseau) Greco, Gaetano Badalamenti et Tommaso Buscetta, qui allait lui aussi séjourner à Montréal, avant de devenir un célèbre *pentiti*, ou délateur.

Pendant ces quatre jours, les représentants des mafias de Sicile et des États-Unis discutèrent de la façon de collaborer pour rendre le trafic d'héroïne le plus efficace possible, en utilisant les routes déjà empruntées pour la contrebande de cigarettes. Après la guerre, Luciano avait organisé le trafic vers les États-Unis en passant par La Havane, mais Cuba était en pleine révolution.

Luciano et Bonanno suggérèrent à la mafia sicilienne de suivre le modèle de la «Commission» établie 26 ans plus tôt aux États-Unis et de créer une structure regroupant les quelque 150 clans qui s'entredéchiraient dans l'île. Des comités provinciaux furent créés afin de régler les conflits, ainsi qu'une commission centrale, interprovinciale, appelée la «Cupola». La nouvelle mafia serait plus urbaine, plus agressive, plus tournée vers les affaires. La direction fut confiée à Salvatore Greco.

De cette façon, les mafieux américains pourraient traiter directement avec la Cupola pour faciliter l'importation massive d'héroïne. Jusque-là, le trafic était dominé par la Filière française, la célèbre *French Connection*. Les principaux fournisseurs étaient les Corses. L'opium était produit en Turquie. Les cultivateurs détenaient des permis pour cultiver le pavot afin d'approvisionner, de façon légale, les compagnies pharmaceutiques, mais plusieurs d'entre eux vendaient les excédents à des trafiquants.

L'opium était transformé en morphine brute, laquelle était envoyée en Syrie ou au Liban, puis expédiée dans des laboratoires clandestins de Marseille exploités par le crime organisé corse. Des chimistes français hautement professionnels savaient comment raffiner la morphine pour en faire de l'héroïne d'une qualité exceptionnelle. La poudre blanche était ensachée et exportée aux États-Unis, souvent en passant par Montréal.

Le 10 novembre 1955, la Gendarmerie royale du Canada avait trouvé 14 sacs de poudre blanche pesant chacun un kilo en fouillant le *Saint-Malo*, un cargo qui venait d'accoster dans le port de Montréal en provenance du Havre. Au détail, l'héroïne valait plus de 14 millions de dollars. Il s'agissait de la plus grosse saisie du genre jamais réalisée en Amérique.

«Au début des années 1950, la transformation clandestine de la morphine-base en héroïne est passée dans les mains de trafiquants corses, qui ont ainsi accaparé une part substantielle de l'importation aux États-Unis», notait un comité du sénat américain qui s'était penché sur le crime organisé en 1963. «L'arrivée des Corses a modifié les opérations de contrebande; pendant des années, le principal port d'entrée avait été New York, mais les Corses ont commencé à approvisionner leurs complices canadiens parlant le français comme eux, afin que ces derniers fassent entrer la drogue aux États-Unis.»

Lors de son séjour à Montréal, Carmine Galante, le bras droit de Joe Bonanno, avait côtoyé les complices canadiens de la Filière française. Il était bien placé pour prendre conscience de l'ampleur des profits à réaliser dans le trafic d'héroïne. La mafia acceptait de commercer avec les Corses, mais tant mieux si elle pouvait devenir son unique client. Par ailleurs, des laboratoires clandestins avaient commencé à raffiner la morphine en Sicile avant le sommet du Grand Hôtel des Palmes. Cette activité économique serait appelée à se développer.

Un deuxième sommet fut organisé un mois plus tard, cette fois aux États-Unis. Une enquête de routine déclenchée à la suite d'une plainte pour chèque sans provision avait amené un officier de la police de l'État de New York, le sergent Edgar D. Croswell, dans un hôtel de Binghamton, petite ville située à mi-chemin entre New York et Buffalo. Il fut intrigué, dans cet hôtel, par le comportement d'un jeune homme qui réservait trois chambres à la réception, et qui informait le réceptionniste que son père réglerait la note. Le jeune homme était le fils de Joseph Barbara, un résident bien connu dans la région, pas tant comme distributeur de bière et de boissons gazeuses «Canada Dry», mais à cause de sa réputation sulfureuse. Tous les policiers savaient que Joe «the Barber» Barbara était le bras droit de Stefano Magaddino, le boss de la mafia de Buffalo. Il était de notoriété publique que Barbara versait de généreuses commissions à des agents de la police locale, mais Croswell ne faisait pas partie de la liste de ses bénéficiaires.

L'après-midi, l'enthousiaste sergent et l'agent Vincent Vasisko roulèrent jusqu'à la maison de Joseph Barbara, un vaste manoir situé dans un domaine de 60 hectares, s'étendant au sommet d'une colline du hameau d'Apalachin. Ils aperçurent une douzaine de voitures, dont plusieurs étaient immatriculées dans d'autres États. Croswell releva les numéros de plaques minéralogiques et fit vérifier l'identité des propriétaires. Des noms familiers, comme celui de Vito Genovese, lui furent communiqués. Il interrogea un traiteur qui sortait du manoir et apprit que Barbara avait commandé une centaine de kilos de steak, ce qui ne fit qu'accroître sa curiosité.

Le lendemain, accompagnés de deux agents du Bureau fédéral des alcools, du tabac et des armes à feu, Croswell et Vasisko retournèrent sur les lieux et constatèrent la présence de 30 voitures et limousines garées devant le manoir. Ils dressèrent deux barrages routiers aux limites du domaine. La panique s'empara des invités. Quelques-uns, dont Vito Genovese, tentèrent de prendre la fuite en voiture, mais furent arrêtés. Chaussés simplement de leurs souliers vernis, les autres coururent dans la neige, tentant de s'enfuir par les bois, au risque de déchirer leurs beaux costumes de soie et de perdre leurs boutons de manchette en or. Certains d'entre eux réussirent à se sauver. La police envoya des renforts et arrêta 58 gangsters.

Parmi les invités se trouvaient Joe Bonanno et Carmine Galante. La police croit toujours que les Montréalais Luigi Greco et Giuseppe «Pep» Cotroni, le jeune frère de Vic Cotroni, alors chef de la mafia montréalaise, étaient aussi présents. Au total, une bonne soixantaine de dirigeants de la mafia provenant de partout aux États-Unis, du Canada et d'Italie, s'étaient réunis à Apalachin. Quand les policiers firent le décompte, ils constatèrent que la moitié d'entre eux étaient nés aux États-Unis, et l'autre moitié en Sicile: Aucun gangster ne portait d'armes. Ils assurèrent tous qu'ils étaient simplement venus voir leur ami Barbara après avoir entendu dire qu'il était malade. Les enquêteurs finirent par apprendre que la réunion avait été convoquée par Vito Genovese et qu'elle visait à asseoir son autorité. Mais, surtout, il apparut que le sommet d'Apalachin avait pour but de sceller la collaboration de la mafia de Sicile et de la mafia américaine dans le trafic d'héroïne, comme cela avait été décidé au sommet du Grand Hôtel des Palmes.

Montréal serait dans le coup, et de façon magistrale.

CHAPITRE TROIS

De Cattolica Eraclea à Montréal

Jadis, la commune de Cattolica Eraclea bourdonnait d'activités. Plus de 10 000 hommes, femmes et enfants – paysans, artisans et commerçants – labouraient les champs, menaient les moutons aux pâturages, pressaient l'huile d'olive, vendaient des outils, achetaient des fruits et les transportaient jusqu'à la capitale de la province, Agrigente, où ils étaient chargés sur des bateaux pour être exportés.

Depuis la Deuxième Guerre mondiale, la population du village a fondu de moitié, mais à quelques kilomètres au sud, le bord de mer reste animé. L'été, les Siciliens se prélassent sur la plage de Bovo Marina, près du magnifique site grec d'Eraclea Minoa. Fuyant un soleil trop lourd, ils se promènent à l'ombre des falaises de calcaire blanc ou vont se rafraîchir sous les pins vert tendre. La vallée des temples, dans l'ancienne cité d'Agrakas, attire des milliers de visiteurs passionnés d'archéologie.

On voit peu de touristes dans le village, cependant, et les guides restent muets à son sujet. C'est en vain qu'on y cherchera un hôtel. Sur sa colline, Cattolica Eraclea se meurt à petit feu. Les voitures qui circulent dans ses rues peu achalandées ne risquent pas de renverser des enfants. Sur les bancs de la place, des vieux dignes et sévères n'échangent que de brèves paroles. Ils se gardent bien de parler aux étrangers, dont ils observent les allées et venues avec des regards soupçonneux.

Tout semble figé : les maisons aux murs délabrés, les monuments, les églises fermées, et, au-delà des champs, la rivière Platani, dont le lit s'assèche par grande chaleur. Pourtant, le village n'est pas exempt de modernité. La mairie a créé un site internet dans lequel elle déplore le départ en masse des fils et des filles du village vers le Canada et les États-Unis, « un triste phénomène qui a fortement réduit le nombre d'habitants ». En fait, on compte beaucoup plus d'entrepreneurs et de professionnels à l'Associazione Cattolica Eraclea de Montréal, à Saint-Léonard, que dans le village qui lui a prêté son nom.

Construits vers la fin du 18ᵉ siècle, quelques palais, notamment ceux du prince Giuseppe Bonanno, du docteur Borsellino et du marquis Borsellino, témoignent de la richesse des anciens maîtres. D'une facture néo-classique et datant de la période fasciste, le Palazzo Municipale ne manque pas de charme. Une imposante plaque de marbre, vissée sur le mur de la Tour de l'Horloge, rappelle à la mémoire des passants tous les jeunes gens tués au combat pendant les Première et Deuxième Guerres mondiales. Les noms des grandes familles sont gravés sur les innombrables stèles et mausolées qui s'alignent dans les allées fleuries du cimetière.

Ces noms, les visiteurs canadiens ont la vague impression de les connaître. Manno, Renda, Arcuri, Cammalleri, Salvo, Sciascia, LoPresti, Ragusa, Sciortino, Milioto… Ils les ont déjà vus dans les journaux, ou les ont entendus à la radio ou à la télévision, parfois associés à des réalisations ou à des destinées remarquables, parfois à des événements plus sombres. Ces réminiscences ne sont pas l'effet du hasard : la plupart des gens qui reposent dans le cimetière de Cattolica Eraclea ont des descendants au Québec et en Ontario.

Le nom le plus célèbre est celui de Rizzuto, qui n'est pas seulement le patronyme d'hommes d'honneur comme Nicolò et son fils Vito, mais celui d'un membre illustre de leur parenté éloignée, Pietro Rizzuto. Issu d'une famille pauvre, ce dernier a si bien réussi en affaires et en politique qu'il est entré au Sénat canadien à 42 ans. Sa réputation a franchi l'Atlantique et gonflé d'orgueil les habitants de Cattolica Eraclea, explique avec fierté le gardien du cimetière. « Un grand homme », ajoute-t-il en escortant les visiteurs jusqu'à l'entrée du cimetière, dont il referme soigneusement le lourd portail de fer forgé.

Non loin de là, l'église Chiesa Madre, consacrée au Saint-Esprit, dresse son unique clocher au-dessus de la place. Construite au 17ᵉ siècle dans le style relativement dépouillé du baroque sicilien, l'église a été le témoin silencieux de plusieurs guerres, émeutes et manifestations sanglantes. C'est dans ses murs de pierres que les aïeux de Nicolò Rizzuto ont célébré naissances, mariages et funérailles.

Par tradition, les parents donnaient et donnent encore à leurs enfants les prénoms de leurs propres parents. C'est ainsi que le grand-père de Vito Rizzuto, né en 1901, s'appelait lui-même Vito. En 1923, il épousa Maria Renda, dont c'étaient les secondes noces. Le premier mari de Maria, Francesco Milioto, avait été tué par balle à San Giorgio, une zone rurale de la commune de Cattolica Eraclea, alors qu'il essayait de cambrioler un autre cultivateur. Le couple avait eu le temps d'avoir un fils, Liborio Milioto*. Maria Renda était la sœur d'un boss de la mafia, Calogero Renda, campiere dans le village voisin de Siculiana. Une nouvelle branche venait ainsi de pousser sur l'arbre généalogique à la fois simple et compliqué de la grande famille mafieuse de la province d'Agrigente, constellée de villes et de villages où la mafia sévit depuis des décennies. Simple parce que les mêmes noms s'inscrivent, de génération en génération, dans les baux de mariage; compliquée parce que les mêmes prénoms s'y retrouvent également.

De surcroît, les mariages entre cousins étaient courants dans la région : les possibilités d'unions acceptables étaient limitées, compte tenu d'une forte méfiance à l'égard des étrangers et envers tous ceux qui n'appartenaient pas au clan. Un très grand nombre d'habitants de Cattolica Eraclea semblaient donc unis les uns aux autres par des relations de famille. Démêler cet écheveau de fils entremêlés exige un haut niveau d'attention et peut donner le vertige.

Vito Rizzuto senior eut un enfant avec Maria, qu'il appela Nicolò, puis il émigra clandestinement aux États-Unis avec son beau-frère Calogero Renda. Il y mourut assassiné le 12 août 1933 dans une carrière de Patterson, dans l'État de New York. Il venait de recevoir son dû pour avoir mis le feu à un bâtiment. Calogero Renda revint en Sicile et se mit au service du baron Francesco Agnello, grand propriétaire terrien de la contrata di San Giorgio, près de Siculiana.

Orphelin de père à l'âge de neuf ans, Nicolò Rizzuto acquit très jeune la réputation de petit "brigand" – un terme assez péjoratif qui, dans la culture sicilienne de l'époque, ne doit pas être confondu avec mafioso. Les brigands étaient des hors-la-loi, contrairement aux mafiosi, qui occupaient des emplois et entretenaient une relation souvent symbiotique avec les villageois et les propriétaires en tant que gabelloti ou campieri. La rumeur voulait que le jeune Nicolò fût devenu fou de rage en apprenant la mort de deux de ses amis, tués par les autorités pendant la période fasciste. Il avait, disait-on, juré de les venger.

Nicolò fut arrêté une première fois par la police en 1945. Il se préparait à vendre 350 kilos de blé de contrebande au marché noir. La même année, sa mère, Maria Renda, était arrêtée elle aussi pour une vente de blé illégale, délit pour lequel son propre père avait été condamné lui aussi.

---

* L'histoire des familles de Cattolica Eraclea constitue une véritable saga. Des années plus tard, Liborio Milioto, demi-frère de Nicolò Rizzuto, eut une fille, qu'il appela Maria. Cette dernière épousa à son tour Filippo Rizzuto, un des frères du futur sénateur Pietro Rizzuto. Liborio Milioto est mort à Montréal il y a quelques années.

Comme c'était le cas pendant la guerre, l'État italien exerçait un monopole sur le commerce du blé. En théorie, seule la volonté d'assurer une distribution juste et équitable le motivait, mais en réalité, cette politique aggravait la pénurie. Pour nourrir leur famille, les Siciliens n'avaient d'autre choix que de violer la loi. La population avait la pénible impression que, contrairement aux paysans pauvres, les riches propriétaires n'étaient pas inquiétés lorsqu'ils ne remettaient pas les quantités prévues de blé à l'État. Le blé disponible sur le marché était cher. Pour donner un ordre d'équivalence, un pain se vendait 50 cents et un carabinier gagnait environ 1,75 $ par semaine.

Nicolò Rizzuto épousa Libertina Manno l'année de son arrestation. Il avait à peine 21 ans, elle, 18. Ils avaient grandi dans le même quartier. Libertina vivait près de l'église Chiesa Madre, où le mariage fut célébré. Nicolò habitait derrière l'église Madonna della Mercede. Ils étaient à la fois voisins et cousins éloignés.

Du même coup, le jeune Nicolò épousait la mafia. Des années plus tard, les oncles de Libertina, Pasquale Manno et Leonardo Cammalleri, seraient condamnés pour meurtre. Le père de Libertina, Don Antonino Manno, était le chef de clan de Cattolica Eraclea. Il s'occupait des propriétés et des terres du marquis Borsellino, situées dans la contrata di Monte di Sara. On est frappé, lorsqu'on regarde des photos de lui, par ses yeux perçants d'homme qui se méfie de tout et de tous. Discret, sinon secret, il refusait d'étaler sa richesse et de manifester son pouvoir de façon ostentatoire. Rien ne distinguait sa maison de deux étages de ses voisines. Le printemps et l'été, le balcon de la façade donnant sur la rue se couvrait de fleurs, ce qui compensait pour l'absence de jardin. Le puissant Don cultivait la modestie. Les câbles d'électricité et de téléphone n'ont été accrochés aux murs de crépi de sa demeure que bien des années après sa construction.

« La mafia de l'époque de Don Nino se faisait discrète, rappelle l'historien sicilien Francesco Renda. On voyait très rarement Don Nino dans la rue ou sur la place publique. Il vivait comme un fantôme. On connaissait son pouvoir, mais on ne le voyait pas. »

Les hommes comme Don Nino étaient des médiateurs. Ils devaient leur statut de notable non pas à leur patrimoine, mais au pouvoir qu'ils exerçaient. Ils pouvaient résoudre les conflits sans recourir à une autorité extérieure. Au besoin, cela se traduisait par des assassinats, mais ils faisaient exécuter ce travail par d'autres, si bien qu'ils étaient rarement accusés de crimes. Lorsqu'ils l'étaient, ils étaient généralement acquittés ; ils gagnaient à chaque acquittement encore plus de prestige et de puissance.

Après avoir daigné accorder la main de sa fille à Nicolò, Don Nino fit cadeau au jeune couple d'une jolie maison dans un quartier de Cattolica Eraclea, Pero Digiulio, surnommé plus familièrement Puligiù. Il aida son gendre à s'associer à la famille Sciortino dans l'exploitation d'un moulin à blé dans le village de Siculiana, à une vingtaine de kilomètres plus au sud.

C'est en vaquant au moulin avec son demi-frère plus âgé, Liborio Milioto, que Nicolò Rizzuto fit plus ample connaissance avec Pasquale Cuntrera. Apprenti mafioso lui aussi, Cuntrera s'occupait des terres du baron Francesco Agnello. D'autres membres des familles Cuntrera-Caruana travaillaient pour Don Nino Manno, dont la mère était une Caruana. Ils avaient un moulin à blé, également dans la région de Siculiana. Des années plus tard, au Venezuela, Nicolò Rizzuto deviendrait le parrain d'une fille de Pasquale Cuntrera, un des dirigeants de cette importante famille mafieuse.

En dépit de la réputation de brigand de Nicolò, une vieille femme de Cattolica Eraclea parle de lui avec nostalgie. Selon elle, «Zio Colà (oncle Nicola) devrait porter en tout temps la soutane des paroissiens qui fêtent chaque année la Vierge Marie à l'église». Elle ajouta, les larmes aux yeux: «On dit qu'il est aussi généreux au Canada qu'il l'était ici. Il a toujours été bon pour les gens.»

Le 21 février 1946 à 4 h du matin, le fils de Nicolò, Vito, voyait le jour dans la maison familiale. Sa mère avait accouché avec l'aide d'une sage-femme de 69 ans. Il fut baptisé dans l'église Chiesa Madre. Sa sœur Maria naquit un an plus tard. En 1952, à la suite de la fermeture du moulin à blé familial, Nicolò, marchant sur les traces de son père, entra clandestinement aux États-Unis, où Nicolò Buttafuoco, de la famille Bonanno, le prit sous son aile. Il prévoyait probablement s'y installer, puis y faire venir femme et enfants, mais les autorités américaines ne tardèrent pas à le repérer et à le réexpédier à Palerme. Après avoir retraversé l'Atlantique, Nicolò se rendit cette fois au Venezuela, où il vécut dans la clandestinité. Puis, de retour en Sicile, il entreprit des démarches, légales cette fois, pour pouvoir immigrer en Amérique.

Le père Giuseppe Cuffaro, de l'église Chiesa Madre, appuya sa demande d'immigration. C'est ce même prêtre qui allait tenter par la suite de cacher les assassins du syndicaliste Giuseppe Spagnolo. Le père Cuffaro se portait garant de Rizzuto, pourtant bien identifié à la mafia. Il affirmait que Rizzuto était un homme de bonne réputation et qu'il apporterait une contribution valable à son futur pays, le Canada.

Selon les standards de l'ouest de la Sicile, Nicolò Rizzuto n'était pas pauvre. Ses enfants n'auraient jamais souffert de la faim s'il était resté dans la province d'Agrigente, où son beau-père Antonino Manno régnait en tant que boss de la mafia. Mais Nicolò était jeune, ambitieux, entreprenant, et comme à des milliers de Siciliens, le Canada lui paraissait plein de possibilités.

Il avait 29 ans quand il embarqua sur le *MS Vulcania* avec sa femme Libertina, son fils Vito et sa fille Maria. Ils arrivèrent le 21 février 1954 à Halifax, quai numéro 21, le jour du huitième anniversaire de Vito. La famille se dirigea sans tarder vers Montréal, où florissait une communauté italienne bien établie et en forte expansion. La métropole du Québec était un véritable aimant pour les immigrants siciliens, tandis que les Calabrais du sud de la botte italienne préféraient s'établir en Ontario, qui offrait de bonnes perspectives d'emplois dans la construction immobilière et dans l'aménagement du canal de la voie maritime du Saint-Laurent.

Les formulaires de l'immigration canadienne, dactylographiés en anglais, présentent Nicolò comme un cultivateur, Libertina comme une femme au foyer. Le couple n'avait que 30 $ en poche à son arrivée au pays. Nicolò déclara aux agents de l'immigration qu'il avait l'intention d'habiter chez un membre de leur parenté, avenue de Lorimier, près du futur tracé de l'autoroute métropolitaine.

La famille s'installa ensuite dans le quartier Villeray, connu pour les escaliers en colimaçon qui ornent les façades des immeubles de deux ou trois étages. Les maisons y sont souvent agrémentées, à l'arrière, de petits jardins clôturés où l'on fait pousser la vigne. Le dimanche, les paroissiens italiens du quartier vont à l'église de la Madonna della Difesa, ou Notre-Dame-de-la-Défense, à l'angle de l'avenue Henri-Julien et de la rue Dante. L'église de briques, de style simili roman, abrite une fresque peinte avant la guerre représentant Mussolini sur un cheval blanc.

Le quartier était loin d'être pauvre, mais les Rizzuto s'y sentaient à l'étroit, même si les enfants pouvaient aller jouer dans le parc Jarry, tout à côté, là où les Expos de Montréal allaient bientôt affronter les équipes rivales de la Ligue nationale de baseball. La famille déménagea vers l'est de l'île, à Saint-Léonard, surnommée la *Città Italiana* en raison de son importante population d'origine italienne.

Nicolò Rizzuto fonda une entreprise d'asphaltage avec son beau-frère Domenico Manno, la Grand Royal Paving. Il adhéra à l'Association sicilienne de Montréal, une organisation qui comptait dans ses rangs des trafiquants d'héroïne comme Nicolò Morello et Carlo Campo. Aux yeux de ceux qui ne les connaissaient pas intimement, Rizzuto et les deux autres mafieux correspondaient à l'image traditionnelle des immigrants italiens travailleurs et honnêtes. Morello, père de sept enfants, sera abattu plus tard dans un bar de Saint-Léonard.

Le jeune Vito, qui ne connaissait pas un mot d'anglais et de français à son arrivée à Montréal, étudia en anglais, la langue des affaires, à l'école secondaire St Pius X, avenue Papineau. Un de ses camarades s'appelait Tony Volpato et était très actif dans le conseil étudiant, dont le but était de susciter l'esprit de coopération, le sens de l'initiative, le leadership et la loyauté. Une fois adulte, Volpato s'illustrerait plutôt comme membre du clan des Cotroni. Vito abandonna l'école en 9e année. Le 18 août 1965, il écopait d'une amende de 25 $ pour avoir troublé la paix publique.

Le 26 novembre 1966, il épousait, à Toronto, Giovanna Cammalleri. Il avait 20 ans et venait d'obtenir la citoyenneté canadienne. Son épouse avait deux ans de moins que lui et était sa cousine germaine. Née comme lui à Cattolica Eraclea, elle n'avait que sept ans quand son père Leonardo avait assassiné le syndicaliste Giuseppe Spagnolo, premier maire de cette commune de Sicile. Après le meurtre, il avait fui au Canada avec femme et enfants et s'était installé en Ontario. Giovanna Cammalleri-Rizzuto donna naissance à son premier enfant le 4 décembre 1967, année de l'Exposition universelle de Montréal. Le bébé reçut le prénom de son grand-père, Nicolò, suivant la tradition sicilienne, et l'aînée des filles celui de sa grand-mère. Le deuxième garçon de la famille, Leonardo, naquit un an et demi plus tard, le 8 juin 1969. Libertina vit le jour le 22 février 1973.

Le jeune père de famille travaillait au Cheetah Club, un bar qui se trouvait dans un immeuble appartenant à son père, à l'angle des rues Beaubien et Saint-Laurent. Son deuxième fils n'était pas encore né lorsqu'il se retrouva dans la mire des policiers pour avoir mis le feu dans un petit centre commercial de Boucherville, sur la Rive-Sud de Montréal. Vers 1 h du matin, le 16 mai 1968, il avait aidé Paolo Renda, son beau-frère, à répandre de l'essence sur le sol de son salon de coiffure, le Renda Barber Shop. Les flammes se propagèrent à une telle vitesse qu'elles se communiquèrent aux vêtements des deux incendiaires. Lorsque les pompiers et les policiers arrivèrent, ils trouvèrent Renda à l'extérieur du centre commercial, les vêtements encore fumants, et le transportèrent à l'hôpital. Quelques heures plus tard, la police apprit que son complice s'était rendu de son propre chef dans un autre hôpital afin que l'on soigne ses brûlures. Renda voulait toucher l'assurance contractée pour son local. D'autres commerces avaient été lourdement endommagés.

Les deux hommes furent accusés d'incendie criminel. Sur une photo d'identification judiciaire, Vito Rizzuto a le visage maigre, presque émacié. Il porte les cheveux longs, style Beatles, et affiche un air maussade. Sa grande taille contrastait avec celle des caïds de l'époque (plusieurs d'entre eux, pourtant d'origines différentes, comme Vincenzo Cotroni, Paolo Violi, Armand Courville et l'Américain Meyer Lansky, mesuraient à peine plus de cinq pieds). En 1972, alors que sa femme était enceinte de sa cadette Libertina, Vito fut condamné à deux ans de prison pour fraude et incendie criminel. Il fut relâché après 18 mois. Renda, lui, fit deux ans et neuf mois de prison sur une sentence de quatre ans.

* * *

Les vergers d'amandiers et les champs de coton de sa province natale ont sans doute manqué à Nicolò Rizzuto lorsqu'il est arrivé à Montréal, mais un autre genre de culture l'y attendait : celle du crime. Montréal avait la réputation d'être une ville ouverte à toutes les activités illicites. « La capitale du vice au Canada », titraient des journaux américains. La ville abritait quelque 200 night-clubs, un nombre incalculable de maisons de jeux clandestines et une multitude de bordels. La situation était à ce point hors de contrôle que l'armée et la marine déconseillaient aux soldats et aux marins d'y séjourner, de crainte qu'ils n'y contractent des maladies vénériennes.

La réputation de l'effeuilleuse Willis Marie Van Schaack, mieux connue sous le nom de Lili St-Cyr, dépassait les frontières. Originaire de Minneapolis, elle apparut nue pour la première fois en 1944 dans un cabaret de Montréal. À une période où le clergé tout-puissant dominait les esprits et menaçait d'expédier les âmes impures en enfer, assister à ce type de spectacle était un grave péché d'insoumission. Lili St-Cyr resta populaire même à l'âge de la retraite : sa collection de lingerie fine faisait fureur.

Un homme allait faire sa marque sur la Main – le boulevard Saint-Laurent – et dans toute la ville : Vincenzo Cotroni, né en 1911 dans un petit village de Calabre, au sud de la botte italienne. Il avait immigré au Québec en 1924 et avait quitté l'école si jeune qu'il ne sut jamais vraiment lire et écrire. L'ascension ultérieure des Rizzuto est intimement liée à son histoire et à la situation du crime organisé à Montréal dans les années 1950.

Après avoir travaillé comme apprenti charpentier, Cotroni fit bifurquer sa carrière vers la lutte professionnelle, sous le nom de « Vic Vincent ». Il devint l'élève d'Armand Courville, un homme issu d'une famille de 16 enfants qui enseignait les rudiments du métier à de jeunes pugilistes. La tête enfoncée entre de larges épaules, arborant une fière moustache, Courville faisait la loi à sa façon, n'hésitant pas à éloigner les gêneurs avec ses poings et à soudoyer les politiciens, conseillers municipaux et policiers qui menaçaient de fermer ses maisons de jeux et ses débits de boisson clandestins. Il donnait un coup de main appréciable aux candidats qui avaient recours à ses services pendant leurs campagnes électorales.

Courville initia son poulain Vic Cotroni. Embauchés indifféremment par le Parti libéral et l'Union nationale, les deux malabars chassaient les indésirables des bureaux de vote avec des battes de baseball. «J'étais le chef de la police du Parti libéral», déclara un jour Courville à un journaliste de *La Patrie*. Cotroni fut condamné pour assaut sur un agent d'élections. Il n'en était pas à sa première arrestation : à 18 ans, il avait été accusé d'avoir violé une adolescente, du nom de Maria Bresciano, qui l'avait éconduit lorsqu'il l'avait demandée en mariage. Alors qu'il était en liberté sous cautionnement dans l'attente de son procès, la jeune femme retira sa plainte et accepta de le fiancer. Ils resteraient mariés jusqu'à la fin de leurs jours, ce qui n'empêcherait pas Cotroni d'entretenir une maîtresse pendant de longues années et d'avoir un fils avec elle… il insista pour que le garçon grandisse en Floride, loin du milieu criminel.

Courville et Cotroni devinrent des partenaires d'affaires légales, mais aussi, et surtout, illégales. La relation allait durer une cinquantaine d'années. Ils s'associèrent avec deux Marseillais, les frères Edmond et Marius Martin, pour ouvrir le cabaret Au Faisan Doré, à l'angle du boulevard Saint-Laurent et de la rue Sainte-Catherine. L'établissement connut un formidable succès grâce à son animateur vedette, Jacques Normand, et à des chanteurs aussi célèbres que Charles Aznavour, Luis Mariano, Tino Rossi et Charles Trenet. C'est devant cette salle de 600 places – où affluaient employés de bureau et chauffeurs de taxi, juges et avocats, professeurs et médecins – que s'épanouirent des talents canadiens-français tels que Fernand Gignac, Roger Baulu, Raymond Lévesque, Monique Leyrac et Denise Filiatrault.

Toutefois, ce n'était pas la chanson qui enrichissait Vic Cotroni, mais la prostitution et, surtout, l'industrie du jeu et le bookmaking. Sur ce chapitre, Montréal rivalisait avec La Havane et Las Vegas. La proximité de New York, l'introduction de technologies avant-gardistes facilitant les télécommunications, le passage de milliers de soldats qui allaient en Europe ou en revenaient, la répression soudaine du jeu illégal aux États-Unis, tous ces facteurs attirèrent les groupes criminels américains dans le Paris de l'Amérique du Nord. Cotroni devint leur homme à Montréal.

Un brillant mathématicien du nom de Harry Ship avait converti plusieurs appartements de la rue Sainte-Catherine en bureaux pour preneurs aux livres. Les téléscripteurs recevaient toutes les données pertinentes sur les courses de chevaux et autres événements sportifs qui se déroulaient dans l'ensemble des États-Unis et du Canada. Les bookmakers étaient équipés chacun de cinq téléphones. Les lieux firent l'objet de 34 perquisitions en 6 ans seulement. Ship payait les amendes sans protester, puis reprenait ses activités. Les policiers se montraient compréhensifs : plusieurs d'entre eux y trouvaient leur compte.

Le gérant d'un autre salon de paris expliqua un jour le système au juge François Caron, qui présidait la Commission d'enquête sur le jeu et le vice commercialisé avec l'aide de deux avocats déterminés, Pacifique « Pax » Plante et un certain Jean Drapeau. Le policier responsable des perquisitions « se faisait offrir un billet de 20 $ ou de 50 $ par la direction de la maison ». Bien sûr, cela n'avait rien à voir avec la corruption ! – « c'était juste pour remercier les policiers d'avoir été gentlemen et d'avoir fait leur devoir ». Au total, 374 témoins furent entendus par la Commission d'enquête. Ils expliquèrent en détail comment la complicité des policiers et des politiciens permettait aux salons de paris illégaux et aux bordels de prospérer.

Harry Ship fut arrêté. Ce joueur invétéré avait perdu beaucoup d'argent. Condamné à de grosses amendes, il plaida l'indigence devant le juge Caron. « Les chevaux ont oublié de gagner », lui dit-il en soupirant. L'homme avait accumulé d'énormes dettes envers Meyer Lansky, Frank Costello et un bookmaker américain partenaire de Lucky Luciano. En d'autres mots, il devait des milliers de dollars à la Cosa Nostra de New York, ce qui promettait de lui causer de sérieux ennuis.

Les boss américains demandèrent à deux gangsters qui avaient immigré à Montréal, le Sicilien Luigi Greco et l'Ukrainien Frank Petrula, de « s'occuper » de Ship. Autrement dit, ce dernier devrait désormais partager les profits de ses activités illicites avec le clan. Aidé de Vic Cotroni, Greco et Petrula firent main basse sur une partie des bénéfices d'un bookmaker encore plus important, Harry Davis, par ailleurs trafiquant d'opium, de morphine et d'héroïne, propriétaire de cabarets et de bordels et détenteur d'un lourd casier judiciaire, notamment pour corruption de fonctionnaires.

Montréal devint un véritable Klondike pour la mafia new-yorkaise. La ville était déjà le point de chute de plusieurs criminels corses, comme Antoine d'Agostino, aussi connu sous les pseudonymes de Michel Sisco, Albert Blain, Alberto Dujardin et Carlos Alberto Ferrara.

D'Agostino s'était forgé un curriculum vitæ émouvant pour tromper les autorités canadiennes. Il prétendait être né en Colombie-Britannique, puis être allé en Italie après la mort de sa mère. Il ajoutait qu'il avait été emprisonné par les nazis pendant la Deuxième Guerre mondiale, mais qu'il avait réussi à s'échapper et à fuir à Casablanca. De là, il avait rejoint le Canada en tant que réfugié, sur un navire britannique.

Sa véritable histoire était encore plus abracadabrante. Tête d'affiche du milieu interlope de Montmartre, à Paris, il avait été recruté par les nazis pour devenir agent de la Gestapo afin de traquer résistants, juifs et communistes. Après la Libération, craignant d'être exécuté, il s'était évaporé dans la nature et avait changé d'identité, opération facilitée par sa connaissance de cinq langues. Une fois la tempête passée, il avait refait surface à Paris en tant que propriétaire de plusieurs bordels et night-clubs et, surtout, en tant que joueur important du réseau international de trafic d'héroïne mis en place par Lucky Luciano.

L'héroïne était dissimulée dans des faux fonds de voitures qui traversaient l'océan dans les soutes de paquebots de luxe à destination du port de Montréal, beaucoup moins surveillé que les ports de la côte est des États-Unis. Un des principaux partenaires de D'Agostino était Lucien Rivard, gangster montréalais haut en couleur qui ferait les manchettes, en 1965, lorsqu'il s'évaderait de la prison de Bordeaux.

À Montréal, D'Agostino avait son adresse postale au Faisan Doré. On pouvait également le trouver au Café de la Paix, au rez-de-chaussée d'un immeuble appartenant à Vic Cotroni, ou au club Contact. Voulant en savoir davantage sur les relations entre les deux hommes, les agents de la brigade des stupéfiants de la GRC effectuèrent un relevé des numéros de téléphone composés au club. Ils constatèrent que plusieurs appels avaient été faits à New York, chez Sebastiano Bellanca, dit «Benny le Sicilien», membre de la mafia new-yorkaise et trafiquant de drogue notoire.

D'Agostino était recherché par la police au Mexique et en France. Il avait un formidable réseau de contacts, incluant des prostituées de Montmartre et un prêtre de Montréal. Arrêté et condamné pour trafic de stupéfiants, il fut enfermé au pénitencier de Saint-Vincent-de-Paul, à Laval, où, pris d'une soudaine ferveur religieuse, il se mit à enseigner la Sainte Bible à des codétenus.

Son arrestation n'ébranla en rien la Filière française. L'héroïne destinée à New York continua de transiter par Montréal grâce à l'alliance entre trafiquants québécois, corses, siciliens et américains. La drogue franchissait la frontière américaine dissimulée dans des voitures, souvent de modestes Chevrolet. Les trafiquants comme Frank Cotroni appréciaient cette marque : il était facile de dissimuler la drogue dans les appuie-coudes. Nicolò Rizzuto avait vu juste quand il avait estimé que la métropole du Canada offrait de belles possibilités.

Un autre mafioso, Carmine Galante, avait lui aussi saisi le potentiel de la ville. Parmi tous les gangsters qui débarquèrent à Montréal après la guerre, aucun n'eut autant d'influence que lui. Surnommé « M. Lilo » ou « M. Cigare », un cigare étant vissé en permanence entre ses dents, il donna un second souffle à la mafia locale.

Né en 1910 dans un taudis de Harlem, Galante était le fils d'un pêcheur qui avait immigré depuis Castellammare del Golfo, sur la côte ouest de la Sicile. Dès l'âge de 10 ans, il était considéré comme un délinquant incorrigible. À 17 ans, il était arrêté pour des vols à main armée et emprisonné au fameux pénitencier de Sing Sing, à New York. À 20 ans, il était accusé du meurtre d'un policier, mais acquitté faute de preuves. Plus tard, il fut renvoyé en prison à la suite d'un hold-up ponctué d'une fusillade, qui avait blessé une fillette de sept ans.

Un rapport déclassifié du FBI, comptant 1213 pages, cite une évaluation psychiatrique effectuée en prison : « Il a été noté que le sujet (Galante) avait une apparence soignée, mais qu'il était déficient sur le plan émotionnel. Il avait un âge mental de quatre ans et demi et un quotient intellectuel de 90. Il a été diagnostiqué comme ayant une personnalité neuropathique, psychotique, terne et indifférente. Les possibilités d'amélioration sont peu encourageantes. »

Ce petit homme – il mesurait à peine plus de cinq pieds – se targuait d'être un patriote et un bon catholique. À preuve, il s'assura que les enfants qu'il fit à sa maîtresse, qui avait 20 ans de moins que lui, ne soient pas stigmatisés comme rejetons illégitimes. Une solution à cet épineux problème d'éthique émergea dans son esprit : il ordonna à un de ses subalternes d'épouser sa maîtresse. Ses valeurs pouvaient sembler tordues, mais elles n'en étaient pas moins fortes.

En janvier 1943, Galante effectua une entrée fracassante dans le monde interlope lorsque le boss d'une des Cinq familles mafieuses de New York, Vito Genovese, lui confia la mission d'assassiner Carlo Tresca, l'éditeur d'un hebdomadaire antifasciste de la ville. Adjoint de Lucky Luciano, Genovese s'était réfugié en Italie à la suite d'un meurtre. Il s'était lié d'amitié avec Benito Mussolini. Or, les prises de position de Tresca enrageaient le Duce. Des témoins du meurtre affirmèrent avoir vu, dans la Cinquième avenue, un homme trapu sauter d'une Ford noire, brandir un pistolet et tirer à bout portant sur le journaliste. Tresca mourut dans le coup. Carmine Galante fut arrêté peu après dans la même berline noire, mais il fut simplement accusé de bris de conditions. Son exploit en fit un personnage important dans les cercles mafieux.

Il changea de boss et fut promu chauffeur de Joe Bonanno, une position prestigieuse. Dès la fin de la guerre, il entreprit une série d'allers-retours vers Montréal. Plusieurs bookmakers qui craignaient de devoir comparaître devant le comité du sénateur E. Kefauver sur le jeu clandestin s'y étaient réfugiés. Galante avait le mandat de s'assurer qu'ils continuaient à payer leur quote-part aux familles mafieuses de New York. En 1953, alors qu'il était sous les ordres de Bonanno, il déménagea dans la métropole canadienne pour y diriger les salons de paris illégaux et les maisons de jeu. En partenariat avec Luigi Greco et Harry Ship, il acheta le Bonfire, un restaurant du boulevard Décarie situé près de l'hippodrome Blue Bonnets.

Avec l'aide de fiers-à-bras, il rançonna les tenanciers de bars et de boîtes de nuit, les maquereaux et les prostituées, les preneurs aux livres et les avorteurs. Les montants extorqués pour bénéficier de sa « protection » lui permettaient de récolter jusqu'à 50 millions de dollars par année pour la famille Bonanno. Il plaça ses hommes dans les syndicats et se lança dans le trafic de drogue. Bien que peu scolarisé, il baragouinait le français, en plus de parler l'anglais et l'italien.

Le rapport déclassifié du FBI soulignait que « le sujet (Galante) dicte les politiques et établit les taux et les tarifs pour le Syndicat américain du jeu à Montréal ». Le même document précise que Galante avait des bureaux rue Sherbrooke, rue de la Montagne et avenue Mansfield, au centre-ville.

Galante établit formellement une *decina*, ou cellule, de la famille Bonanno à Montréal, dans laquelle il intronisa quelques membres, en premier lieu Luigi Greco et Vic Cotroni. Ce dernier avait le défaut d'être calabrais plutôt que sicilien, mais il dut impressionner « M. Cigare », car ils se lièrent d'amitié et, plus tard, ils devinrent les parrains de leurs enfants respectifs.

En 1954, Galante envoya Luigi Greco et l'Ukrainien Frank Petrula en Italie pour y rencontrer Lucky Luciano. Les enquêteurs de la GRC le soupçonnaient déjà d'avoir obligé Lucien Rivard à s'associer au frère de Cotroni, Giuseppe « Pep » Cotroni, dans le trafic de l'héroïne. Après le retour de Petrula à Montréal, ils effectuèrent une perquisition dans sa luxueuse résidence. Ils n'y trouvèrent pas de drogue, mais ils firent tout de même une découverte intéressante.

Derrière les carreaux amovibles de la salle de bain se trouvait un coffre-fort renfermant une liste de journalistes et de politiciens payés par la mafia pendant la campagne électorale municipale qui venait de se terminer. Les notes de Petrula révélaient que le crime organisé avait dépensé plus de 100 000 $ pour discréditer la Ligue d'action civique et son candidat Jean Drapeau, qui s'était illustré pendant quatre ans à titre d'assistant de « Pax » Plante devant la Commission d'enquête sur le jeu et le vice commercialisé. L'argent avait également servi à payer des fiers-à-bras pour terroriser les électeurs dans les bureaux de vote.

Drapeau avait malgré tout gagné ses élections, mais cette affaire jetait une lumière crue sur le pouvoir de corruption de la mafia. La faute de Petrula était impardonnable, et ses associés craignirent qu'il ne se mette à collaborer avec la police et la justice. Il disparut. La rumeur voulait que son partenaire, Luigi Greco, qui se présentait comme un petit propriétaire de pizzeria, l'ait passé dans un hachoir à viande.

Carmine Galante fut expulsé aux États-Unis. Il fut promu *caporegime* (capitaine), puis *underboss* de Joe Bonanno, qu'il accompagna aux sommets du Grand Hôtel des Palmes, en Sicile, et d'Apalachin, dans le nord de l'État de New York. Après ces rencontres stratégiques qui avaient scellé l'accord de coopération entre la mafia sicilienne et la Cosa Nostra américaine dans le trafic de l'héroïne, Galante encouragea de jeunes Siciliens à travailler sous sa direction. Ces derniers reçurent le surnom de « Zips » (éclairs), en raison du débit rapide de leur élocution. Ils débarqueraient bientôt à New York et travailleraient dans des pizzerias, qui serviraient de couverture au trafic d'héroïne : la « Pizza connection » allait remplacer la French connection.

Galante fut bien malgré lui écarté des affaires : il fut arrêté en 1960 pour avoir participé à un vaste complot d'importation d'héroïne avec Giuseppe « Pep » Cotroni, le jeune frère de Vic Cotroni, et condamné à 20 ans de prison, après deux procès marqués par plusieurs incidents et un accident insolite : le président du jury d'un des procès s'était fracturé la colonne vertébrale en faisant une chute dans les escaliers d'un immeuble désaffecté…

* * *

L'instauration de la Commission par Lucky Luciano, en 1931, avait mis fin aux batailles sanglantes entre les grandes familles mafieuses de New York. Membre du clan vainqueur, Joe Bonanno, alors âgé de 26 ans, avait pu étendre ses activités non seulement dans la métropole des États-Unis, qu'il appelait le « Volcan », mais aussi au Canada, en Californie et dans le Sud-Ouest américain. Le trafic de stupéfiants, le pari illégal, la prostitution, le prêt usuraire et le racket de la protection l'avaient propulsé dans le club sélect des millionnaires. Il était au cœur même de l'alliance entre la mafia sicilienne et la Cosa Nostra américaine.

Désireux de gagner sur tous les plans, notamment en respectabilité, Joe Bonanno avait investi une part appréciable de ses profits dans des compagnies tout à fait légales : usines de fromage et de vêtements, entreprises de déménagement et d'entreposage, pizzerias, cafés, maisons funéraires. « Pendant une période de près de 30 ans après la Guerre de Castellammarese (la guerre des clans qui s'était soldée, dans les années 1920, par une centaine de morts à New York), aucun conflit interne ne vint mettre en péril l'unité de notre Famille, aucune interférence extérieure ne vint menacer notre Famille ou moi-même », se féliciterait-il plus tard, lorsqu'il ferait le bilan de sa vie.

Par arrogance et suffisance, Bonanno allait lui-même contribuer à la rupture de cette longue trêve, ce qui l'obligerait à chercher refuge à Montréal. Le Volcan crachait de nouveau et sa fumée se propageait au nord. Cette éruption allait avoir de lourdes conséquences et confirmerait la subordination de la mafia montréalaise à la mafia new-yorkaise. Des années plus tard, c'est dans ce cadre bien défini qu'allaient évoluer Nicolò Rizzuto et son fils Vito.

Né en 1905 à Castellammare del Golfo, Bonanno avait immigré très jeune aux États-Unis, mais il avait dû retourner avec ses parents en Sicile. Sous le coup d'un mandat d'arrestation émis par le préfet antimafia Cesare Mori, il s'était enfui à Cuba, puis était revenu illégalement aux États-Unis sur un bateau de pêche. Il avait ensuite prestement gravi tous les échelons de la mafia.

Imbu de lui-même, affublé bien malgré lui du surnom peu flatteur de « Joe Bananas », il se prenait pour un être à part et ne cachait pas son mépris pour les chefs des autres familles, une attitude qui suscitait une certaine inimitié de leur part. Il adorait raconter qu'il était le descendant d'une longue lignée de princes siciliens. Il prétendait que son grand-père avait été un allié important de Garibaldi lors de l'unification de l'Italie, et que son père Salvatore aurait pu être ordonné prêtre s'il ne s'était sacrifié pour sa famille. En vérité, Bonanno père avait préféré le vol et le meurtre au culte et à la prière.

En 1964, au faîte de sa puissance, Bonanno tenta de se hisser à la tête de la Commission, d'éliminer au préalable ses rivaux et de se faire consacrer *capo di tutti i capi* de la Cosa Nostra. Les autres familles s'inquiétèrent. Elles s'alarmèrent davantage lorsqu'elles apprirent qu'il avait placé des contrats sur la tête des chefs Carlo Gambino et Tommy Lucchese, de New York, et même sur celle de son cousin Stefano Magaddino qui, depuis son siège social de Buffalo, dirigeait une antenne à Hamilton, en Ontario, et avait des visées sur Toronto. Bonanno avait confié cette délicate mission à son proche collaborateur Joseph Magliocco. Magliocco sous-traita avec un de ses principaux tueurs, Joseph Colombo, mais ce dernier trahit son patron et prévint Gambino et Lucchese.

Sentant que le torchon commençait à brûler, Bonanno décida de s'éclipser pour un certain temps et de partir en voyage. Dans son auto-biographie, il raconte qu'un homme d'affaires, John DiBella, l'avait convaincu de s'associer avec lui dans la Grande Cheese Co. de Fond du Lac, au Wisconsin. « L'usine de fromage était une source de discorde parmi des groupes rivaux de Chicago, explique-t-il. Ces gens jouaient dur, et la violence avait éclaté. » DiBella avait cherché, et obtenu, la protection de Bonanno.

« Quand mon partenaire d'affaires John DiBella, de la Grande Cheese Co., eut vent de mes projets de voyage, il me demanda d'arrêter en premier à Montréal. M. DiBella avait un proche ami originaire de sa ville natale en Sicile, Giuseppe Saputo, qui était aussi dans l'industrie du fromage. En raison des quotas d'immigration, M. Saputo et sa famille n'avaient pas pu entrer aux États-Unis. Choisissant la meilleure option, M. Saputo avait immigré à Montréal, au Canada, où il fonda la Saputo Cheese Co. Maintenant, il cherchait des investisseurs pour étendre ses activités.

« Je me rendis au Canada pour un court séjour avec Fay (sa femme). Je conclus une transaction avec Giuseppe Saputo à son usine de fromage. Celui-ci signa une lettre d'intention, reconnaissant qu'une fois que j'aurais fait mon dépôt, je posséderais 20 % de l'entreprise. »

Bonanno ouvrit un compte à la Banque de Commerce. Le gérant de la succursale lui suggéra de réclamer un statut de résident permanent, ce qui, disait-il, lui faciliterait la tâche pour obtenir des fonds et lui permettrait de séjourner sans problème au Canada.

Joe Bonanno était déjà une célébrité aux États-Unis. L'année précédente, un membre notoire de la Cosa Nostra, Joseph Valachi, avait violé la loi de l'omertà et expliqué en détail comment fonctionnait la mafia américaine devant une Commission d'enquête du sénat américain. Valachi avait décrit Bonanno comme l'un des chefs d'une des Cinq familles de la Cosa Nostra, nom que se donnait la mafia américaine.

Les travaux de cette Commission d'enquête, dirigée par le sénateur John L. McClellan et soutenue par Robert Kennedy, procureur-chef des États-Unis et frère du président américain John F. Kennedy, avaient eu un immense retentissement. Il n'était plus possible de nier l'existence de la mafia, comme l'avait fait jusqu'alors le directeur du FBI, J. Edgar Hoover. Le nom de Bonanno avait acquis une popularité aussi soudaine qu'indésirable, du moins par le principal intéressé. Les agents canadiens de l'immigration, intrigués comme bien d'autres par son arrivée au pays et désireux d'en savoir davantage sur lui et sur ce qu'il venait faire à Montréal, décidèrent de lui poser quelques questions. Bonanno se rendit au rendez-vous qu'ils lui avaient fixé.

« Je répétai que j'avais l'intention d'investir dans une entreprise canadienne afin de financer l'agrandissement d'une usine de fromage et d'embaucher plus de personnel, relate-t-il dans son autobiographie. J'aidais le Canada à réduire son taux de chômage. Afin de soutenir ma déclaration, j'avais apporté avec moi la lettre d'intention signée par Giuseppe Saputo. »

Loin de recevoir le statut de résident permanent qu'il convoitait, Bonanno fut arrêté sur-le-champ sous prétexte que, dans sa requête, il avait omis de mentionner qu'il avait été condamné aux États-Unis pour avoir violé la loi sur le salaire minimum dans une usine de fabrication de vêtements pour dames dont il était le copropriétaire. « Je ne voulais pas être expulsé, rappelle-t-il. Si le Canada m'expulsait en tant que *persona non grata*, je perdrais la possibilité d'investir dans la Saputo Cheese Co. Il était évident que les États-Unis étaient à la source de mes problèmes et je savais que le FBI m'y attendait. »

Bonanno fut envoyé dare-dare à la prison de Bordeaux, à Montréal. C'était une première expérience pour lui, et elle le marqua profondément. À son arrivée, les gardiens lui enlevèrent sa montre, sa bague, ses cigares et les 2000 $ qu'il avait en poche. Ils l'enfermèrent dans une cellule minuscule, froide et poussiéreuse, aux murs suintant d'humidité, où grouillaient les cafards. Le soir, on glissa sous sa porte un plateau contenant un bout de viande, des fèves à peine cuites et un quignon de pain sec. « La viande avait le goût d'un lambeau de chair qui se serait détaché d'un caribou malade, raconte-t-il. Je l'ai recrachée. »

Il ne fallut que très peu de temps avant que l'extraordinaire nouvelle de la présence du « boss » ne se répande dans la prison. Un gardien lui apporta une couverture. À la demande du prisonnier, il accepta d'aller rassurer sa femme Fay, qui séjournait dans le quartier Saint-Michel où était située l'usine Saputo. Bonanno fut transféré dans une aile plus confortable. Le responsable des gardiens le fit installer dans la meilleure cellule de la prison. Il l'invita dans son bureau, lui offrit du cognac et un cigare.

« Ceci est votre cognac et cela, ce sont vos cigares, lui annonça-t-il. Un de vos amis est un de mes amis. Cet ami m'a dit que vous ne pouviez pas vivre sans cognac et sans cigares… alors nous voici. »

Bonanno n'avait d'autre choix que de chercher un compromis. «Je devais promettre de laisser tomber mon investissement dans l'usine de fromage, raconte-t-il. Je ne pourrais pas revenir au Canada à moins de prévenir d'abord les autorités. De son côté, le Canada me relâcherait et ne m'expulserait pas. Toutefois, une fois sorti de prison, je devais quitter le Canada volontairement et retourner aux États-Unis.»

Le départ de Bonanno provoqua du chahut. «Les prisonniers criaient et faisaient tout un boucan. Ils dirent aux gardiens qu'ils voulaient me voir avant que je quitte la prison. Ils exigeaient de me voir… comme si j'étais une vedette du cinéma.» Le chef des gardiens lui proposa de marcher dans l'allée centrale. Des prisonniers l'acclamaient, l'applaudissaient et faisaient le signe de la victoire. D'autres criaient leurs noms et offraient de se mettre à son service. «Le boss! hurlaient-ils. Le grand boss!»

L'accueil fut moins chaleureux à son arrivée aux États-Unis. Dès son débarquement, des agents du FBI remirent à Bonanno un avis de comparaître. Son cousin Stefano Magaddino, le chef de Buffalo, déplora ouvertement sa petite escapade nordique: «Il plante ses drapeaux dans le monde entier!» s'exclama-t-il.

«Stefano avait décidé d'interpréter mon voyage à Montréal comme une aventure impérialiste, relate Bonanno. Laissez-moi expliquer. Dans mon milieu, il était reconnu depuis longtemps que certaines familles et leurs pères avaient des sphères d'influence hors de leurs villes respectives. Par exemple, il était reconnu depuis longtemps que Toronto se trouvait dans la zone d'influence de Magaddino. D'un autre côté, Montréal était considérée comme partie intégrante du domaine de la famille Bonanno.»

Craignant sans doute que ces paroles ne soient interprétées pour ce qu'elles révélaient, c'est-à-dire le souhait de procéder à un partage de territoires entre clans mafieux, Bonanno s'empresse d'ajouter: «Si Toronto était considérée comme faisant partie de la province de Stefano, tout ce que cela signifiait, c'était que Stefano, contrairement à un autre Père, avait le droit d'établir des contacts dans la communauté sicilienne de Toronto.

«Ce qui dérangeait Stefano à propos de mon voyage au Canada, ce n'était pas le fait que je sois allé à Montréal, mais que j'aie pu utiliser Montréal comme tremplin pour empiéter sur sa Toronto chérie. Il n'y avait pas de vérité là-dedans. Je cherchais à m'extirper de mon milieu, pas à m'empêtrer dans les disputes territoriales. Je ne serais même pas allé à Montréal en 1964 si la possibilité d'investir dans Saputo ne s'était pas présentée.»

Né en 1905, Giuseppe Saputo était originaire de Montelepre, un village situé à une trentaine de kilomètres de Castellammare del Golfo, le village natal de Bonanno. Pendant des années – et encore aujourd'hui –, les Saputo ont toujours affirmé qu'ils n'étaient pas au courant de l'implication de Bonanno dans la mafia, et qu'ils connaissaient seulement son partenaire d'affaires John DiBella, de la Grande Cheese Co.

Les hautes instances de la mafia à New York convoquèrent Bonanno afin qu'il s'explique, mais il flaira un piège et déclina l'invitation. Craignant la reprise d'un conflit sanglant, comme celui de la Guerre des Castellammarese de la fin des années 1920, les chefs Carlo Gambino, Tommy Lucchese et Stefano Magaddino optèrent pour la méthode douce. Plutôt que de liquider Bonanno, ils le dépouillèrent de son autorité et cooptèrent son lieutenant, Gaspare DiGregorio, à la tête de sa famille.

« Joe Bananas » refusa l'arrangement. Le 21 octobre 1964, la veille de sa comparution devant un grand jury, il fut kidnappé dans la Cinquième avenue à New York. La voiture roula toute la nuit et s'arrêta devant une maison de campagne, dans le nord de l'État.

« Bonjour cousin, lui dit Stefano Magaddino sur un ton sarcastique. Belle campagne, n'est-ce pas ?

— C'est un peu froid pour moi, répondit Bonanno.

— Oh, il peut faire beaucoup plus froid à Montréal », rétorqua Magaddino.

Bonanno fut séquestré pendant six semaines. Il finit par convaincre son cousin Stefano de le libérer, en lui promettant d'abandonner la direction de sa famille. Une fois libre, il ne tint pas sa promesse. Son fils Salvatore prit en main le combat contre DiGregorio afin de veiller à ce que la famille Bonanno continue à être dirigée par un Bonanno. Cette division entre deux clans ennemis au sein de la même famille fut surnommée le « Banana split ». Bonanno fils se rendit régulièrement à Montréal pour s'assurer que la ville ne tombait pas sous la coupe de DiGregorio et de Magaddino. Il contacta plusieurs fois Vic Cotroni. Ce dernier relata d'ailleurs l'une de ces rencontres lors de son procès en libelle diffamatoire contre le magazine *Maclean's*, qui l'avait qualifié de boss de la mafia.

« Au cours de son long témoignage, rapportait *Le Devoir*, M. Cotroni a admis qu'il connaît, dans certains cas même intimement, plusieurs individus publiquement identifiés par diverses Commissions d'enquête et corps policiers, dont le FBI et la GRC, comme des membres de la Cosa Nostra. Ainsi, il a expliqué qu'en 1966, il avait rencontré chez un de ses amis, M. Giuseppe Saputo, propriétaire de la fromagerie Saputo et Figlii Ltée, de Saint-Michel, un groupe de New-Yorkais. »

Ce groupe était composé de Salvatore (Bill) Bonanno et de ses associés, Vito De Filippo et son fils Patrick, Peter Magaddino, Peter Notaro et Carlo Simari. Ces visiteurs se trouvaient sous la surveillance directe de la police. Le soir du 28 novembre 1966, les six touristes américains circulaient dans deux voitures lorsque les policiers interceptèrent un premier véhicule, puis le deuxième, à l'angle des rues Jean-Talon et Hutchison. Luigi Greco, le bras droit de Vic Cotroni, faisait partie de l'expédition. Les policiers saisirent quatre revolvers chargés à bloc et emmenèrent les visiteurs au poste.

Le matin, l'agent Bernard Couture, jeune policier de la SQ, avait comme mission de filer Vic Cotroni, qui roulait dans une Cadillac grise, accompagné de son bras droit Paolo Violi. Les deux hommes s'arrêtèrent devant un centre commercial à l'angle de la rue Jean-Talon et du boulevard Pie IX. Selon l'agent Couture, Salvatore Bonanno et deux inconnus se joignirent à eux. Ils se dirigèrent tous vers une cabine téléphonique. L'agent Couture vit Cotroni, Violi, Saputo et Bonanno parler à tour de rôle au téléphone. Il demanda des renforts – il y avait trop de voitures à suivre. Il reçut l'ordre de filer Saputo, qui se rendit au siège social de son entreprise, à Saint-Michel. « Dans le stationnement, il y avait deux autos dont les plaques étaient immatriculées au nom de Magaddino et de Notaro », a rappelé Bernard Couture lors d'un entretien.

Le soir, après avoir arrêté Salvatore Bonanno et ses six comparses, les policiers leur posèrent plusieurs questions. Ils voulaient savoir ce que Bonanno faisait à Montréal. Ce dernier leur répondit qu'il s'y trouvait afin de prendre soin des intérêts de son père dans la compagnie Saputo*. Salvatore Bonanno et ses compagnons américains furent détenus pendant deux jours, à l'exception de Luigi Greco. Ils furent ensuite raccompagnés à l'aéroport et renvoyés aux États-Unis.

Joe Bonanno fit passer un message à ses ennemis : il vengerait la mort de chacun de ses loyaux sujets en tuant un capitaine du clan adverse. Deux ans s'écoulèrent. Il y eut quelques morts. Gaspare DiGregorio, que la Commission avait placé à la tête de sa famille, suggéra à Salvatore Bonanno d'organiser une rencontre dans le but de

---

* De fait, la voiture conduite par Bonanno appartenait à Giuseppe Monticiollo, le gendre de Giuseppe Saputo. À la même époque, Monticiollo parrainait la venue de son frère au Canada. Par la suite, quand un agent d'Immigration Canada lui demanda pourquoi il avait prêté sa voiture à Bonanno, il répondit ceci : « Parce qu'il a des intérêts dans la compagnie Saputo. »

faire la paix. C'était un guet-apens. Les hommes de DiGregorio ouvrirent le feu avec des fusils et des armes automatiques. Salvatore Bonanno et ses acolytes répliquèrent avec leurs pistolets. Des centaines de coups de feu furent échangés. Par miracle, personne ne fut blessé, mais cet épisode démontra à la Commission que DiGregorio était une tête brûlée.

Au moment où Joe Bonanno croyait avoir gagné la partie, il fut foudroyé par une crise cardiaque. Il prit la décision de se retirer en Arizona avec son fils Salvatore et de céder la direction de sa famille à Paul Sciacca, qui avait succédé à DiGregorio. Bonanno gardait la main haute sur ses activités dans le Sud-Ouest américain, mais il perdait le contrôle de New York et de Montréal.

La famille Bonanno allait voir se succéder plusieurs chefs : Natale Evola, Philip Rastelli, Joseph Massino, Vincent Basciano. Lorsque l'un d'eux était en prison, un autre le remplaçait, comme Carmine Galante, par exemple, ou, récemment, Salvatore « Sal the Iron Worker » Montagna, né à Montréal et fondateur d'une entreprise de métallurgie à Brooklyn. Aucun chef n'aurait l'envergure de Joe Bonanno. Il était le dernier membre fondateur de la Commission. Mais la « famille » lui survivait.

Vic Cotroni avait pris soin de rester neutre lors du « Banana split » Après le retour forcé de Galante aux États-Unis, 10 ans plus tôt, il avait pris du galon dans la pègre. Il était devenu l'unique dirigeant de la *decina* de la famille Bonanno à Montréal, reléguant le Sicilien Luigi Greco au poste de lieutenant. Mais le feu couvait : tout comme New York, Montréal allait s'embraser.

Tapi dans l'ombre, Nicolò Rizzuto soufflait sur les braises.

CHAPITRE QUATRE

Siciliens contre Calabrais

Le 26 novembre 1966, les policiers du renseignement qui assistaient discrètement aux noces de Vito Rizzuto à Toronto n'arrêtèrent pas le père de la mariée qui attendait la fin de la cérémonie dans sa voiture. L'homme était pourtant recherché par les autorités italiennes pour le meurtre de Giuseppe Spagnolo. En revanche, ils notèrent la présence d'invités très particuliers. Parmi eux : Frank D'Asti et, surtout, Paolo Violi.

D'Asti, âgé de 52 ans, travaillait sous les ordres de Nicola Di Iorio, un des lieutenants de Vic Cotroni. Il dirigeait le Victoria Sporting Club, la plus importante maison de jeux de l'organisation dans le Grand Montréal. Il était très actif dans le trafic de drogue et se distinguait par l'étendue de son réseau politique. D'Asti et Di Iorio faisaient l'objet d'une intense surveillance policière. Tranquillement, mais sûrement, ils tissaient des liens solides avec le Parti libéral du Québec. En 1969, ils appuieraient financièrement les tentatives de Pierre Laporte de devenir chef du Parti libéral. Ils le soutiendraient encore après sa défaite, dans l'espoir qu'il soit nommé ministre de la Justice et qu'il mette le holà aux incessantes perquisitions de la police dans leurs night-clubs et leurs tripots. Laporte fut plutôt nommé ministre de la Main-d'œuvre et de l'Immigration, mais il occupa le deuxième poste en importance au gouvernement après le premier ministre Robert Bourassa. Quand des membres du Front de libération du Québec (FLQ) le kidnappèrent, en octobre 1970, ils écrivirent un manifeste, qui sera lu à la télévision de Radio-Canada, où ils affirmaient que l'élection des libéraux avait marqué la victoire de Vic Cotroni. D'Asti offrit ses services au secrétaire de Laporte pour retrouver son patron, mais c'était chose vaine : le ministre fut exécuté peu après.

Rétrospectivement, la présence la plus étonnante aux noces de Vito Rizzuto était celle de Paolo Violi. Celui-ci ne tarderait pas à entrer en conflit ouvert avec le père du marié, Nicolò Rizzuto, conflit qui allait se conclure par son assassinat. Bien avant la mort de Violi, la Commission d'enquête sur le crime organisé faisait état du déchirement au sein de la mafia montréalaise. «Il a été abondamment question devant la Commission de l'incident Rizzuto, peut-on lire dans un rapport de la CECO. Il s'agit d'une grave querelle qui a opposé les dirigeants de la "famille", Vincent Cotroni et Paolo Violi, à un de leurs subordonnés, le Sicilien Nicholas (sic) Rizzuto.» Grave querelle en effet. Quarante ans plus tard, la mafia canadienne en est encore tout imprégnée.

Deux jours après le mariage de Vito Rizzuto, les policiers revoyaient Paolo Violi et Vic Cotroni à Montréal. La police ignorait encore la position précise que le premier occupait au sein du groupe, mais elle savait quel genre de type il était.

Comme Cotroni, Violi avait vu le jour en Calabre. Il était né le 6 février 1931 à Sinopoli, un village du sud de la péninsule italienne. Officiellement, son père, Domenico, était un simple berger. Dans les faits, il était considéré par la police italienne comme le dirigeant local de la 'Ndrangheta, l'organisation criminelle calabraise. Son fils Paolo fut qualifié de délinquant dès son adolescence. Un rapport de la police italienne daté de 1947 affirme que le jeune homme de 16 ans était «une personne dangereuse, dotée d'une nature impulsive et capable de n'importe quoi, en raison d'une propension à la violence».

Violi immigra au Canada en 1951, à l'âge de 20 ans, et s'établit dans le sud de l'Ontario. Une fois à Toronto, sans le sou, il partagea sa chambre avec un trafiquant actif dans la Filière française du trafic d'héroïne. Le 24 mai 1955, il croisait un autre immigrant calabrais, Natale Brigante, dans un terrain de stationnement de la ville. Ils commencèrent à se disputer, prétendument à cause d'une femme. L'altercation dégénéra en rixe. Brigante joua du couteau. Blessé à la poitrine, juste sous le cœur, Violi sortit un pistolet de calibre .32 et tira quatre balles. C'est du moins la version qu'il donna à la police. Brigante s'effondra sur le sol, blessé mortellement. Violi fut arrêté et accusé de meurtre. Cicatrice à l'appui, il plaida la légitime défense et fut acquitté. D'après la police, il répondait à une commande et réglait une vendetta lancée dans son coin de pays.

Ce fait d'armes lui permit de gagner du galon. Giacomo Luppino, le leader de la 'Ndrangheta à Hamilton, le prit sous son aile. Luppino était un vieil ami de son père, Domenico Violi, qui avait immigré aux États-Unis et s'était installé à Parme, près de Cleveland. Luppino relevait de Stefano Magaddino, le boss de la mafia à Buffalo. Les planètes s'alignaient pour assurer une ascension vertigineuse au jeune Violi dans le milieu criminel. Après une cour vraisemblablement autorisée par le père de la jeune fille, il réussit à ravir le cœur de la belle Grazia Luppino.

En déménageant à Montréal, en 1963, Paolo Violi changeait de patron : il se plaçait sous les ordres de Vic Cotroni. Le chef de la *decina* appréciait tellement le jeune homme qu'il accepta d'être garçon d'honneur à son mariage et d'être le parrain d'un de ses enfants. Il avait besoin d'un adjoint calabrais pour faire contrepoids aux Siciliens comme Luigi Greco et Nicolò Rizzuto. Violi devint l'un de ses quatre lieutenants, au même titre que Greco, Nicola Di Iorio et Frank Cotroni, le jeune frère de Vic.

Il est difficile de savoir ce que pensait Stefano Magaddino de l'adhésion de Violi à un groupe subordonné à Joe Bonanno, son vieux rival de New York. Il pouvait inscrire son départ dans la colonne des pertes, mais il pouvait aussi espérer étendre son influence à Montréal. En tout cas, il réagit avec colère quand il apprit que Paolo Violi et Vic Cotroni avaient rencontré le fils de Joe Bonanno à Montréal, mais son associé de Hamilton, Giacomo Luppino, le rassura sur leur neutralité.

À son arrivée au Québec, Violi ouvrit un café rue Jean-Talon, à Saint-Léonard. Jumelé à la Gelateria Violi, le Reggio Bar offrait une bonne couverture : des clients venaient y boire un espresso ou déguster une crème glacée, puis s'en allaient. Les discussions délicates pouvaient se dérouler dans un petit bureau à l'arrière et les opérations sensibles au sous-sol. En décembre 1970, un inconnu ouvrit la porte. Il disait s'appeler Bob Wilson et présenta la blonde qui l'accompagnait comme sa conjointe. Le couple se montra intéressé par l'appartement à louer au-dessus du café, pour lequel Violi avait placé une annonce.

La salle se tut. Un homme court et costaud se tenait derrière le comptoir. Ajustant ses lunettes, Wilson reconnut Paolo Violi, même s'il ne l'avait jamais vu en personne. Ce dernier, méfiant, le dévisageait de ses petits yeux noirs. Un de ses amis commença l'interrogatoire. Wilson n'était pas d'origine italienne et n'avait guère de références à donner. Il répondit qu'il venait de l'Ontario et qu'il était électricien. Il négocia le loyer à 125 $ par mois. Violi, qui s'enrichissait grâce aux trafics en tout genre, aux rackets et à la fraude, ne levait le nez sur aucune somme d'argent. Il commit probablement la plus grave erreur de sa vie.

Wilson s'appelait en réalité Robert Ménard et travaillait comme agent double pour la police de Montréal.

Dès qu'il prit possession de l'appartement, Ménard et une équipe de techniciens y dissimulèrent des micros destinés à enregistrer tout ce qui se disait au-dessous. Le téléphone de Violi était déjà sur écoute. Du balcon ou de sa fenêtre, le policier notait le numéro des plaques d'immatriculation des voitures qui se garaient devant le café. Il évita la catastrophe de peu quand Violi lui demanda de réparer le circuit d'une lumière qui refusait de s'allumer. Ménard ne connaissait quasiment rien à l'électricité et n'avait pris que quelques leçons auprès de son frère. Il fit mine d'inspecter le filage et les connexions. «Il y a réellement un problème ici, dit-il au propriétaire tout en jouant avec l'interrupteur. Je vais juste vérifier une dernière chose.» Grimpant à l'échelle, il examina l'ampoule. Elle était simplement brûlée.

«Tu aurais dû vérifier la maudite ampoule en premier, hein, Wilson! plaisanta Violi.

— Ouais, j'aime compliquer les affaires, reconnut Ménard. Je suis vraiment fatigué… Viens prendre un café avec moi!

— J'espère que tu me le feras pas payer! répliqua Violi.

— Bien… j'espère que t'augmenteras pas mon loyer, répondit Ménard.

— Non, non, je ferai pas ça, promit le propriétaire. T'es un bon gars, Bob! Je t'aime bien.»

Avec le temps, Ménard et Violi se lièrent d'amitié, une amitié factice dans le cas du policier. Ils s'assoyaient parfois sur les marches du café et parlaient de choses et d'autres. Un Violi en colère dénonçait ces sacrés séparatistes qui, selon lui, ruinaient la province. Comme bien des résidents de Saint-Léonard, il pestait à l'idée que ses enfants soient obligés d'aller à l'école française. Il voulait les éduquer en anglais, «la langue des affaires».

La police avait pris soin de fabriquer un faux casier judiciaire au nom de Bob Wilson et de l'émailler de condamnations pour des délits mineurs. Une précaution destinée à dissiper les doutes de Violi si ce dernier se mettait en tête d'enquêter sur le passé de son locataire. La blonde qui avait accompagné l'agent au Reggio Bar «rompit» rapidement avec le pauvre Bob, lequel dut simuler un chagrin d'amour. Bref, Violi se laissa berner pendant des années. Les enregistrements seraient envoyés dans plusieurs corps de police, non seulement au Canada, mais aux États-Unis et en Italie. Lorsque la Commission d'enquête sur le crime organisé commença à divulguer des extraits choisis, l'impact fut dévastateur. Ils révélaient la nature crapuleuse de Violi. Des témoins avaient déjà mis la table lors de leur comparution devant les commissaires.

Violi était le «boss» de Saint-Léonard. Il rançonnait systématiquement tous les commerçants italiens. L'un d'entre eux exploitait une petite entreprise de lavage de vitres. «À un moment donné, il a reçu un appel téléphonique lui demandant de préparer une soumission pour un contrat de lavage au Reggio Bar, propriété de Paolo Violi, relate la CECO dans un de ses rapports. Lorsqu'il arriva sur les lieux, deux individus le firent descendre au sous-sol de l'établissement et un de ces derniers s'identifia comme Jos Macri. Là, on l'intimida en se servant du nom de Paolo Violi. On lui ordonna de signer trois chèques de 500 $ pour la "protection" de son entreprise. Jos Macri pointait alors un revolver en direction du laveur de vitres. Paolo Violi est, par la suite, descendu au sous-sol "pour sceller l'affaire". Le témoin supplia Violi d'intercéder en sa faveur. Violi lui a permis de s'en aller après lui avoir fait signer deux chèques.» Lorsque le laveur de vitres refusa de prendre Violi comme partenaire dans son entreprise, il perdit la plupart de ses clients et dut fermer ses portes.

Un autre commerçant italien, Mauro Marchettini, raconta aux commissaires ce qui se produisit quand il ouvrit une salle de billard près du Reggio Bar, à l'angle des rues Lacordaire et Jean-Talon. Le problème, c'est que Violi exploitait déjà une salle de billard dans le secteur. Les fournisseurs interrompirent leurs livraisons chez Marchettini, puis les menaces se firent plus explicites. Comme il s'obstinait à rester ouvert, Violi lui dépêcha alors son frère Francesco, qui le frappa avec une palette utilisée pour baratter la crème glacée. «On m'a dit que j'aurais pu ouvrir un tel commerce, mais pas sur la rue Lacordaire, pas sur la rue Jean-Talon à l'est de Lacordaire», expliqua le malheureux commerçant devant la CECO.

Recourant à la violence et à l'intimidation, Violi exerçait le monopole sur la crème glacée italienne dans le nord et l'est de l'île de Montréal. Un témoin expliqua qu'un seul autre commerçant en fabriquait, mais que Violi lui interdisait d'en vendre hors de sa propre gelateria. «Violi vaut à lui seul 1000 hommes», dit le témoin. Le «boss» offrait aussi ses services de médiateur. Il déclara aux frères Lino et Quintino Simaglia, propriétaires d'une petite entreprise, qu'il pouvait les aider à régler un litige avec une compagnie de Toronto. Mais ces services n'étant pas gratuits, Violi ordonna aux deux frères de lui verser 1000 $ chaque année, à Noël. Lino Simaglia raconta à la CECO qu'ils n'avaient osé lui dire non. Les Simaglia n'étant pas riches, ce «cadeau» les empêchait d'offrir des présents de Noël à leurs enfants.

Les commerçants italiens de l'est de Montréal n'étaient pas les seules victimes du parrain de Saint-Léonard. Alors qu'il témoignait devant la CECO, un dénommé Tony Mucci admit avec réticence que Paolo Violi lui avait suggéré d'extorquer 5000 $ au propriétaire du bar Tre Colori à Chambly, municipalité située au sud de la métropole. Lors de son témoignage, Mucci purgeait une peine de huit ans de prison pour avoir tiré sur le journaliste Jean-Pierre Charbonneau dans la salle de rédaction du journal *Le Devoir*. Charbonneau, qui s'en tira miraculeusement avec une blessure superficielle au bras, exposait, jour après jour, les activités de la mafia et du clan Cotroni/Violi. Il écrivait régulièrement sur la corruption qui sévissait à Saint-Léonard. Violi avait-il ordonné son exécution ? Mucci jura que non, mais les commissaires restèrent sceptiques.

Irascible, le parrain de Saint-Léonard s'emporta contre un jeune effronté qui avait eu le culot de vendre des bijoux volés sans le consulter au préalable. Il lui imposa une amende de 600 $. Avant d'être congédié, le jeune voleur se répandit en excuses : « Paolo, je t'ai toujours respecté, je n'ai jamais rien fait... Si jamais je fais quelque chose, je viendrai toujours te voir. J'ai fait une erreur... Tu es le boss, Paolo. »

Comme tous les *picciotti*, Pietro Bianco et Tony Teoli devaient faire leurs preuves avant d'être intronisés au sein de l'organisation de Violi. Mais leur productivité laissait à désirer. En trois jours, ils n'avaient rien volé et, par conséquent, rien rapporté au Reggio Bar. Violi les sermonna, puis leur suggéra d'aller cambrioler la maison de son voisin. Deux autres *picciotti*, Moreno Gallo et Tony Vanelli, obéirent docilement à ses ordres et acceptèrent de plaider coupable pour le meurtre d'un trafiquant de drogue actif dans le Vieux-Montréal, Angelo Facchino, qu'ils avaient exécuté à la demande de Violi. Facchino, 26 ans, travaillait pour le gang des frères Dubois, de Saint-Henri.

Un citoyen de Saint-Léonard, Frank Tutino, eut l'idée saugrenue de poser sa candidature à la mairie sans demander la permission de Violi. Le conseiller du parrain, Pietro Sciara, l'avertit qu'il prenait des risques. Tutino réfléchit et se hâta de rendre visite à Violi au Reggio Bar. Le parrain lui demanda d'abord de retirer sa candidature, puis le menaça de s'en prendre à sa famille. Enfin, bon prince, il lui offrit de rembourser ses dépenses. Tutino refusa d'abdiquer, mais il embaucha des gardes du corps. Il perdit ses élections.

Des historiens affirment que, contrairement à Nicolò Rizzuto, qui voyait large, Violi avait l'esprit borné. Selon eux, ses ambitions se limitaient aux petites magouilles et son champ d'action ne dépassait guère la région montréalaise. Cette opinion n'est pas vraiment fondée. Le parrain de Saint-Léonard voyageait et cultivait ses contacts à l'étranger. Le 16 février 1970, il débarqua à Acapulco, au Mexique, avec une vingtaine de caïds et d'avocats de la mafia provenant du Québec, de l'Ontario et des États-Unis. Les réunions se déroulèrent à l'hôtel Las Brisas-Hilton et à la villa de l'ex-Montréalais Louis Bercowitz, qui avait été condamné en octobre 1946 pour le meurtre de Harry Davis. Parmi les participants se trouvaient John Papalia, un des chefs de la mafia en Ontario, et le fameux Meyer Lansky.

De son vrai nom Maier Suchowljansky, Meyer Lansky était né dans une famille juive de Grodno, en Russie (aujourd'hui le Belarus). Il n'est jamais devenu membre de la Cosa Nostra, qui fut toujours réservée aux Italiens ou aux Italo-Américains. Néanmoins, il a prodigué de précieux conseils à l'organisation pendant toute sa vie. Il avait guidé Lucky Luciano dans ses habiles manœuvres pour se hisser à la tête de la mafia, et il pouvait être crédité en partie pour la création de la Commission chapeautant les Cinq Familles. Il avait aidé son ami Bugsy Siegel à prendre le contrôle du jeu à Las Vegas et à y fonder l'hôtel Flamingo, dans lequel il détenait des actions. Il avait ouvert des casinos, des hôtels et des night-clubs à Cuba et en avait largement profité, avant d'être chassé par Fidel Castro. Considéré comme un génie du jeu et du blanchiment d'argent, Lansky possédait des comptes secrets en Suisse, dans lesquels il déposait des sommes colossales par l'entremise d'un réseau complexe de holdings et de sociétés-écrans.

Grâce à l'écoute électronique, la GRC avait été informée de la rencontre d'Acapulco avant même qu'elle ne commence. Elle avait alerté le FBI, qui avait transmis l'information à la police mexicaine. Après avoir surveillé leurs allées et venues, les policiers mexicains interrogèrent les caïds, mais ceux-ci restèrent évasifs. Les policiers canadiens, américains et mexicains estimaient que la réunion avait pour but de trouver une façon de profiter de l'implantation de casinos au Québec, projetée par le gouvernement provincial. La nouvelle de cette rencontre, révélée par *La Presse* trois semaines plus tard, suscita la controverse, le journal ayant affirmé qu'un célèbre criminaliste, Mᵉ Raymond Daoust, était présent, en compagnie d'avocats célèbres de la mafia américaine, comme Moses Polakoff, qui avait défendu Lucky Luciano.

Petit à petit, Paolo Violi réussit à éclipser les autres lieutenants de Vic Cotroni, à commencer par le Sicilien Luigi Greco. Cependant, il hésitait à s'impliquer à fond dans le trafic de drogue. Il ne voulait pas attirer l'attention de la police. Il savait que les tribunaux étaient particulièrement sévères à l'égard des narcotrafiquants. « Continue de faire des vols, c'est moins risqué », conseillait-il à un *picciotto* qui lui demandait de financer une transaction de stupéfiants.

Paolo Violi suivait de près l'évolution de la mafia aux États-Unis et en Sicile. Le petit Calabrais voulait être respecté par les Siciliens. Il se plaignait sans cesse de Nicolò Rizzuto qui, disait-il, lui manquait de respect. Il prétendait que Rizzuto allait et venait de par le monde sans se rapporter à lui, comme l'exigeait le protocole. Or, pour Violi, il n'y avait rien de plus important que le respect, « *il rispetto* ». Il ne tolérait pas qu'un de ses subordonnés blasphème devant les enfants qui jouaient devant le Reggio Bar et la Gelateria Violi. Par respect pour son épouse Grazia, il ne courtisait pas d'autres femmes.

L'attitude de Violi déplaisait souverainement à Nicolò Rizzuto, pour qui la *decina* de Montréal devait être dirigée par des Siciliens, d'autant plus que la famille Bonanno était la plus sicilienne des Cinq grandes familles de New York. Il ne contestait pas le leadership de Vic Cotroni, mais répondre à deux Calabrais à la fois était difficilement supportable. Rizzuto estimait que Violi était un être sans envergure, et il n'avait rien à faire de cette manie du respect prônée par un homme qu'il méprisait.

* * *

C'est à la fin des années 1950 ou au début des années 1960 que Nicolò Rizzuto était devenu membre de la *decina* dirigée par le Calabrais Vic Cotroni, mais il se lia tout naturellement avec les Siciliens, en particulier Luigi Greco et ses compatriotes originaires de sa province natale d'Agrigente. Plusieurs d'entre eux s'étaient établis en même temps que lui à Montréal. C'était le cas de ses plus fidèles alliés, les membres des familles Caruana et Cuntrera, issus pour la plupart de la région de Siculiana et qu'il avait fréquentés pendant sa jeunesse.

Des rapports d'Immigration Canada affirment que Pasquale et Liborio Cuntrera immigrèrent au Canada en 1951, avant Rizzuto, et qu'ils acquirent la citoyenneté canadienne en 1957. Les Cuntrera donnaient l'impression de travailler fort, comme barbiers ou conducteurs de chasse-neige, et de gagner à la sueur de leur front l'argent nécessaire pour ouvrir commerces et pizzerias. Derrière ces apparences d'honnêtes hommes, ils se révéleraient comme de formidables trafiquants. Avec les Caruana, ils seraient un jour considérés par la presse italienne comme les « Rothschild de la Mafia » ou les « banquiers de la Cosa Nostra », en raison de leur expertise dans le blanchiment d'argent et dans l'investissement des profits de la drogue dans l'économie légale.

Un événement que l'on pourrait qualifier d'historique survint en Italie et aboutit au déferlement de mafieux siciliens partout en Amérique, en particulier à New York et à Montréal. En 1957, lorsque Lucky Luciano créa la Cupola avec Joe Bonanno, Carmine Galante et Tommaso Buscetta lors du conclave du Grand Hôtel des Palmes à Palerme, un président fut choisi. La fonction échut à Salvatore « Cichiteddu » Greco, dit « le petit oiseau ». Pendant six ans, la Sicile connut la paix. Des années plus tard, Buscetta dirait qu'il ne se rappelait aucun meurtre d'homme d'honneur pendant cette trêve entre les clans. Il n'y avait pas de raison de se faire la guerre : les familles mafieuses roulaient sur l'or. Les Siciliens avaient évincé tous leurs concurrents. Ils traitaient presque en exclusivité avec les Corses, qui raffinaient les quatre cin-

SICILIENS CONTRE CALABRAIS

quièmes de l'héroïne mondiale dans leurs laboratoires de Marseille. Grâce aux ententes avec les chefs des familles de New York comme Bonanno, la mafia sicilienne avait un accès absolu au gigantesque marché américain. Elle inonda les États-Unis d'héroïne.

Au début des années 1950, 50 000 Américains environ étaient accros à la drogue, et leur nombre croissait de façon exponentielle. Vingt ans plus tard, on en dénombrait 500 000. Des milliers de toxicomanes volaient et s'entretuaient pour se procurer leurs doses. Aucune activité criminelle n'avait jamais provoqué autant de détresse. Des quartiers entiers, comme Harlem, furent ravagés. La vie devint intenable pour les habitants, régulièrement victimes d'attaques à main armée, dans la rue ou dans leurs maisons. Mais aucun commerce ne produisait de profits aussi élevés.

Selon la quantité commandée, le prix du kilo de morphine-base variait de 6000 $ à 9000 $. Une fois raffiné, le même kilo, constitué d'héroïne pure à 90 %, valait de 40 à 50 000 $. À New York, le prix de gros atteignait 200 000 $, et le prix de détail deux millions de dollars. Les trafiquants expédiaient généralement des paquets de 20 à 100 kilos à la fois. Les rapaces siciliens qui déchiquetaient les entrailles des villes américaines finirent cependant par se brûler les ailes, victimes de leur cupidité.

Leurs malheurs commencèrent avec l'expédition outre-Atlantique d'une importante cargaison d'héroïne financée par les diverses factions de Palerme. Un chef de clan eut l'imprudence de ne pas partager les profits. Le clan des La Barbera prit l'initiative de l'exécuter. Cichitteddu Greco l'expulsa de la Cupola pour ce meurtre non autorisé. Les règlements de compte se succédèrent au rythme effarant d'un mort par jour. Le 30 juin 1963, des hommes volèrent une Alfa Romeo, bourrèrent le coffre de 100 kilos de dynamite et garèrent la voiture dans une rue de Ciaculli, le fief de Greco en banlieue de Palerme. Alertés par un citoyen, sept carabiniers vinrent inspecter le véhicule. L'un d'entre eux ouvrit le coffre. La déflagration qui déchira le ciel pulvérisa une villa voisine et creusa un profond cratère dans lequel tombèrent les restes des carabiniers et de trois badauds.

Ce carnage provoqua de fortes secousses politiques et sociales. Les Siciliens manifestèrent leur colère en masse, obligeant l'État italien à réagir. Dix mille militaires furent dépêchés à Palerme et dans la région. Ils fouillèrent les maisons les unes après les autres, effectuant pas moins de 1200 perquisitions en 10 semaines. Ils confisquèrent des centaines d'armes, saisirent des millions de cartouches et arrêtèrent près de 2000 personnes. La première loi antimafia fut votée et mise en œuvre par une nouvelle Commission antimafia.

Un groupe restreint de dirigeants de la Cupola, dont Salvatore Greco, se réunit et décida de suspendre ses activités criminelles pendant que la tempête déferlerait. Des centaines de mafiosi encore en liberté quittèrent la Sicile et l'Italie et essaimèrent dans le monde entier, en particulier à Montréal, São Paulo, Caracas, Mexico et New York. La famille des Cuntrera-Caruana, aussi connue sous le nom de clan de Siculiana, reçut l'autorisation de poursuivre ses opérations hors de la Sicile. Ce qui, à première vue, ressemblait à une catastrophe donna en fin de compte l'impulsion nécessaire à la mafia sicilienne pour se déployer sur la planète. La bombe de Ciaculli eut des retentissements jusqu'à Montréal, où elle renforça le clan de Nicolò Rizzuto au détriment du clan de Paolo Violi.

Des années plus tard, le juge d'instruction Giovanni Falcone ferait un bilan somme toute négatif de ces événements : « Les conséquences des guerres ont fait que la mafia est sortie plus forte, plus monolithique, plus hiérarchisée, plus étanche et plus clandestine que jamais. » La Pieuvre disposait désormais d'« hommes d'honneur » disséminés un peu partout en Europe et dans les Amériques.

Salvatore Greco atterrit à Caracas et s'y installa sous le nom de Rento Martino Caruso. La capitale du Venezuela offrait plusieurs avantages. Chaude et regorgeant de soleil, elle ne dépaysait pas trop un Italien du Sud. Le climat social et politique, relativement stable et épargné par les soubresauts de la révolution cubaine, rassurait les investisseurs. L'environnement économique semblait avoir été dessiné sur mesure pour ceux d'entre eux qui brassaient des affaires plus ou moins légales : pas de lois bancaires, pas de règlements tatillons, pas d'expulsion de criminels vers leur pays d'origine. De surcroît, les policiers étaient peu éduqués et mal payés, donc facilement corruptibles. Des routes en bon état sillonnaient le pays. Les côtes s'étendaient sur 2550 kilomètres le long de la mer des Caraïbes, une caractéristique appréciable pour les exportateurs de tout acabit. Plus important encore, le Venezuela partage une frontière peu patrouillée avec la Colombie, où chaque printemps voit l'éclosion des fleurs de coca sur des milliers d'hectares. Bref, le pays était un véritable paradis pour des hommes comme Greco.

Les membres du clan de Siculiana émigrèrent eux aussi au Venezuela, mais également au Brésil et au Canada. En 1964, le chef du clan, Pasquale Caruana, installé au Venezuela, reçut la permission de la Cupola d'y établir son quartier général. L'arbre généalogique des Cuntrera et des Caruana, liés aux Vella, aux Cuffaro et à d'autres familles, a de quoi donner des maux de tête. Dans leur cas, c'est systématique : ils portent tous, garçons ou filles, le même prénom que leur grand-père ou leur grand-mère, et ils se marient entre eux. Alfonso Caruana était marié à Giuseppina Caruana, dont la sœur était la femme de Gerlando Caruana, le frère d'Alfonso. En somme, les deux frères avaient épousé les deux sœurs, qui étaient aussi leurs cousines.

Les frères Alfonso, Gerlando et Pasquale Caruana s'installèrent d'abord au Brésil, mais ils déménagèrent à Montréal vers 1967 et 1968. Ils y retrouvèrent une bonne vingtaine de parents par le sang ou par alliance, dont deux fils, un gendre et une kyrielle de cousins. Les uns et les autres fréquentaient Nicolò Rizzuto.

Le beau-père de ce dernier, Antonino Manno, finit par réussir à immigrer au Canada. Il avait multiplié les tentatives depuis 1954 auprès des autorités de l'immigration, mais en vain : sa réputation de chef mafieux de Cattolica Eraclea avait traversé l'Atlantique. Il arriva à Montréal le 11 septembre 1964, après avoir obtenu une autorisation spéciale du ministre de l'Immigration grâce à l'intervention d'un député.

Tommaso Buscetta débarqua à Montréal en 1969, à l'âge de 41 ans. Buscetta était une figure majeure de la mafia sicilienne, comme le prouvait sa participation au conclave du Grand Hôtel des Palmes à Palerme. Des années plus tard, il se ferait connaître comme le repenti le plus notoire de l'histoire de la mafia : c'est lui qui révélerait l'existence de la Cupola au juge Falcone. C'était un personnage vaniteux et sûr de son charme. Bel homme, grand séducteur, il se vanta un jour de s'être fait dépuceler à l'âge de huit ans par une prostituée en échange d'une bouteille d'huile d'olive. Il soutint avoir séjourné au Québec sous le nom de Roberto Cavallero pour y suivre un traitement contre une maladie vénérienne. Il avait la réputation d'être l'un des tueurs les plus prolifiques et les plus efficaces des frères La Barbera à Palerme. Un tribunal italien le condamna *in absentia* pour son rôle dans un double meurtre, mais il était déjà loin.

Son ami Salvatore Totò Catalano, habitant le Queens à New York, l'introduisit auprès des Cuntrera-Caruana, à Montréal. Il le présenta à Pasquale Cuntrera comme un homme d'honneur de la famille Porta Nuova. Dans la même veine, Catalano présenta Cuntrera à Buscetta comme un homme d'honneur de la famille de Siciliana. Ces présentations du plus pur style mafieux visaient à faciliter la confiance mutuelle. Buscetta vécut quelque temps chez Pasquale Cuntrera, puis il emménagea dans un hôtel. Alfonso Caruana lui servait de chauffeur.

Pendant son séjour à Montréal, on l'aperçut à plusieurs reprises en compagnie de Frank Cotroni : les policiers étaient convaincus que les rencontres portaient sur la coordination de l'importation de cargaisons d'héroïne en Amérique du Nord. Les deux hommes planifiaient en outre l'immigration illégale de Siciliens. Un document de renseignement du ministère canadien de l'Immigration accusa les frères Cotroni d'avoir fait passer plus de 1000 Siciliens aux États-Unis par la frontière canadienne, essentiellement par le Québec. La plupart de ces immigrants illégaux étaient pris en charge par les familles mafieuses de New York et utilisés dans leurs entreprises : restaurants, pizzerias et compagnies de construction. Certains d'entre eux joueraient un rôle non négligeable dans la Pizza Connection, lorsque des dizaines de pizzerias serviraient de couverture au commerce de l'héroïne. D'autres s'étaient installés au Québec, où ils grossissaient les rangs de la faction sicilienne au sein de la *decina* montréalaise.

Buscetta rencontra aussi Nicolò et Vito Rizzuto. Il eut une sérieuse discussion avec Nicolò à propos du statut des Siciliens au sein de la mafia montréalaise. Il en conclut que les Rizzuto n'étaient pas, comme les Cuntrera-Caruana, des membres à part entière du clan Siciliana, mais bien de la famille Bonanno. Il les encouragea à s'affirmer : lui aussi considérait qu'il était anormal que les Siciliens travaillent sous les ordres de Calabrais comme Vic Cotroni et Paolo Violi. Buscetta séjourna aussi à Toronto : il y fut hébergé par Leonardo Cammalleri, le beau-père de Vito Rizzuto qui avait été condamné *in absentia* en Italie pour le meurtre du syndicaliste Giuseppe Spagnolo.

Pasquale Cuntrera, chez qui il habitait lorsqu'il se trouvait à Montréal, lui fit des confidences : l'héroïne, lui dit-il, « parvient par bateau au Canada et, de là, elle est acheminée par la route à New York ». À cette époque, les Cuntrera-Caruana étaient « devenus les plus gros importateurs d'héroïne du Canada vers les États-Unis », notèrent des enquêteurs de la GRC. La précieuse poudre leur était fournie par Giuseppe Bono, de la famille Bolognetta (une municipalité proche de Palerme), qui se la procurait à Marseille.

Pasquale Cuntrera quitta Montréal et déménagea en banlieue de Caracas. Il acheta une superbe résidence protégée des regards indiscrets par des pins majestueux et des murs de béton de près de cinq mètres de haut. Des caméras fixées à des endroits stratégiques surveillaient nuit et jour les allées et venues. Cuntrera investit dans le trafic de stupéfiants et dans des activités en apparence légales, comme le tourisme, l'agriculture et l'immobilier. Il cultiva ses relations parmi les dirigeants des principaux partis politiques. En 1970, son nouveau siège social du Venezuela prit de l'expansion avec la venue de ses frères Paolo, Gaspare et Liborio et de ses cousins Pasquale et Giuseppe Caruana.

Nicolò Rizzuto succomba lui aussi à l'appel du sud. Il avait déjà acheté un immeuble résidentiel à Longueuil, rue Diane, avec Pasquale

Cuntrera. En novembre 1971, il s'associa à un consortium qui faisait l'acquisition d'un ranch dans le Barinas, un État du Venezuela reconnu pour son haut niveau de corruption politique. Les autres membres du consortium étaient de grosses légumes : Salvatore « Chichiteddu » Greco, l'ex-chef de la Cupola sicilienne, Carlo Gambino, membre de la plus importante famille de New York, Antonio Napoli, l'un des plus importants pourvoyeurs d'héroïne en Amérique du Nord, et Gaspare Cuntrera, le frère de Pasquale. Le domaine Ganaderia Rio Zappa, consacré à l'élevage du bétail, était pourvu d'une piste d'atterrissage. Il était situé à 160 kilomètres de la frontière colombienne, ce qui facilitait les contacts avec les grossistes en cocaïne. Rizzuto n'innovait pas : l'exploitation de ranchs à proximité de la Colombie était populaire dans son milieu, entre autres parce que l'odeur fétide du fumier était susceptible de dérouter les chiens entraînés à renifler la drogue.

Rizzuto commença aussitôt à planifier avec Tommaso Buscetta des transports de stupéfiants entre le Venezuela et le Canada. Il recycla une vieille méthode, déjà expérimentée par Joe Bonanno, qui consistait à camoufler la drogue dans des cargaisons de denrées alimentaires, comme le lait en poudre. Pasquale Cuntrera trouva l'idée épatante et suivit son exemple. Les fréquentations et les nombreux voyages de Rizzuto entre Montréal, Palerme, New York et Caracas attirèrent l'attention des enquêteurs. Dès 1970, alors qu'il se rendait en Sicile avec sa femme et sa belle-mère, les Américains avaient demandé aux corps de police canadien et italien de surveiller ses allées et venues. Le fait est que Rizzuto avait désormais un solide réseau de contacts dans ces quatre villes.

Nicolò Rizzuto et Pasquale Cuntrera firent des allers-retours entre l'Italie et le Venezuela. Cuntrera rencontra le célèbre Meyer Lansky à Rome. Les deux hommes s'étaient déjà vus à Toronto. Cette fois, Cuntrera sollicitait des conseils pour blanchir l'argent de la filière de la drogue qu'il venait de mettre sur pied en Amérique du Sud. Lansky lui en donna un, très précieux : il fallait multiplier les investissements dans les entreprises légitimes. Cuntrera créa et acquit de nombreuses compagnies, notamment un garage de vente d'automobiles et une épicerie en Italie. Il acheta par ailleurs un autre immeuble à Montréal avec Rizzuto, cette fois rue Fleury.

Pendant son séjour en Italie, Rizzuto habita le 255, Via Marittima, à Frosinone, en banlieue de Rome. C'est là, tout près d'Ostie, que sévissaient des membres du clan Cuntrera-Caruana. Il investit un million de dollars dans des projets gouvernementaux avec trois d'entre eux, soit Paolo Cuntrera, Alfonso Caruana et Salvatore Vella. Alertées par Interpol, les autorités italiennes apprirent que ces hommes étaient soupçonnés soit d'incendies criminels au Venezuela, soit de trafic de drogue. Seul Vella avait conservé sa citoyenneté italienne : les autres furent expulsés.

Officiellement, Rizzuto n'était qu'un soldat de la *decina* de Montréal dirigée par Vic Cotroni et Paolo Violi. Les règles exigeaient qu'il les informe de ses activités et de ses déplacements, mais il n'en faisait rien. Lorsque Cotroni et Violi le talonnaient pour savoir pourquoi il allait au Venezuela ou en Italie, il ne daignait même pas leur répondre. La CECO saisit correctement la nature de la querelle entre les chefs de la famille montréalaise et leur « subordonné » sicilien : « Cette affaire, qui a amené la médiation spéciale d'étrangers de Sicile et de New York, a pris naissance à la suite d'un comportement jugé inacceptable par Cotroni et ses proches, nota la Commission dans un de ses rapports. Les principaux reproches qu'on adressait à Rizzuto étaient qu'il faisait bande à part, qu'il évitait des occasions où les membres de la "famille" pouvaient se rencontrer et discuter ensemble, qu'il ne savait respecter ni ses supérieurs ni les hommes placés sous sa responsabilité, qu'il mentait sur ses véritables intentions, qu'il passait outre à la hiérarchie en prenant des initiatives importantes sans autorisation et finalement qu'il allait et venait sans qu'on sache ce qu'il faisait... À plusieurs reprises, Vincent Cotroni et Paolo Violi ont parlé de leur intention et de leur pouvoir d'expulser Rizzuto des rangs de la famille. » Pour la mafia, le mot expulsion ressemble étrangement à exécution. Rizzuto était conscient du danger, et il confia à Buscetta que c'était une des raisons pour lesquelles il avait quitté Montréal.

Loin de calmer le jeu, ses longues absences attisaient la méfiance. Le 14 décembre 1971, la Sûreté du Québec eut vent d'une rencontre à L'Épiphanie, au nord-est de la métropole, organisée par Paolo Violi et ses frères Rocco et Francesco. Vic Cotroni devait y assister. La réunion se tenait rue Imperia. La superbe résidence, située au bord d'un lac, appartenait à Leonardo Caruana, mais elle était enregistrée sous le nom de son fils Gerlando. (Lorsque ce dernier se maria en Sicile, en 1981, son père fut abattu en face de sa maison. En 2007, Gerlando Caruana était considéré par la Direction des enquêtes antimafia en Italie comme le chef du clan de Siculiana.) Parmi les 26 invités se trouvait Giuseppe « Pino » Cuffaro, qui avait émigré à Montréal en 1953 depuis son village de Montallego, dans la province d'Agrigente. Il était lié par le mariage aux Cuntrera-Caruana. Pietro « Zio Petrino » (oncle Pierre) Sciara, un fugitif sicilien qui était un conseiller de Cotroni et de Violi, faisait partie de la rencontre. Mais un homme brillait par son absence : Vic Cotroni. Il avait rebroussé chemin. Les policiers se demandèrent s'il n'avait pas été informé de la filature.

Le sujet central de l'ordre du jour était le rôle de Nicolò Rizzuto. Les relations avec lui allaient de mal en pis. «Violi dit que Rizzuto l'enviait depuis que Luigi Greco lui avait donné le contrôle des opérations de l'ouest de l'île de Montréal, ce qui empêchait Rizzuto d'exercer une plus grande influence au sein de la *decina* Cotroni», indiquait un document des services de renseignement de la GRC. Violi pouvait à juste titre se sentir menacé. Même prononcées à des centaines de kilomètres, les paroles séditieuses du soldat rebelle lui étaient venues aux oreilles. Rizzuto avait poussé l'insolence jusqu'à aller à New York pour y rencontrer le chef d'une faction sicilienne, Nicolino Alfano, afin de déblatérer contre Violi. Il avait réitéré ses protestations auprès de son oncle Calogero Renda, à Montréal.

Il était clair que Vic Cotroni privilégiait Violi parmi ses lieutenants. Cela signifiait que Violi pouvait espérer lui succéder et que, par conséquent, Rizzuto demeurerait un second violon. Violi voulait convaincre ses troupes de chasser son rival. Comment assurer la discipline, lorsqu'un membre ne respecte aucune consigne? ronchonnait-il. La rencontre se solda par un échec. Aucune décision ne fut prise. Rizzuto avait beaucoup trop d'alliés parmi les invités, notamment parmi ceux qui provenaient comme lui de la province d'Agrigente. La tension resta aussi vive. Au cours des cinq années suivantes, cinq des hommes présents ce soir-là seraient abattus.

Excédé, Violi se rendit en Calabre et en Sicile dans l'espoir d'y trouver des appuis. Si l'on se fie au témoignage livré par Antonino Calderone, un des chefs de la mafia dans la province sicilienne de Catania, il y fut reçu avec mépris. Don Calderone, qui allait devenir un repenti célèbre, fit part du dégoût que lui inspiraient les Calabrais comme Violi. «Il n'y a pas de familles de la Cosa Nostra ou d'hommes d'honneur en Calabre», affirmait-il dans son autobiographie.

«Paolo Violi ne m'a pas fait grande impression. C'était un vantard, un gros bonhomme qui ne semblait pas avoir grand-chose entre les deux oreilles. En tout cas, il se rendait en Calabre parce qu'il pensait pouvoir y trouver des hommes d'honneur. En fait, les choses sont différentes en Amérique. Les hommes d'honneur américains ne sont pas juste siciliens, mais aussi calabrais et napolitains. Ça n'a pas d'importance. Mais on peut se poser cette question: si Violi était calabrais et un important mafioso, comment se faisait-il qu'il n'avait pas un accès direct aux 'ndranghestiti (les membres de la 'Ndrangheta) de Calabre et qu'il ne les connaissait pas personnellement?»

«De toute façon, nous les Siciliens ne considérions pas les Calabrais comme des hommes d'honneur», ajouta Don Calderone, dans ses confidences au sociologue Pino Arlacchi. « Les Calabrais parlent, parlent, parlent. Ils parlent tout le temps. Pas avec d'autres, bien sûr, mais entre eux. Ils ont d'interminables discussions sur leurs règles, particulièrement devant nous, les hommes d'honneur. Ils sont mal à l'aise parce qu'ils savent, en réalité, qu'ils sont inférieurs à la Cosa Nostra, et ils tentent d'étourdir les hommes d'honneur avec leurs chicanes sur les détails et toutes leurs simagrées. »

Lors du même voyage, Violi obtint une audience auprès de Giuseppe Settecasi, chef de la mafia dans la province d'Agrigente. Settecasi écouta patiemment ses doléances à l'endroit de Rizzuto, puis vint au Canada pour tenter d'y voir clair. Il profita de l'occasion pour assister, le 16 mai 1972 à Hamilton, au mariage du fils de Don Giacomo Luppino, Dominico. Les noces donnaient l'impression que Siciliens et Calabrais avaient des relations harmonieuses, comme semblait le prouver la présence de Calabrais réputés tels que Vic Cotroni (sans parler de Luppino père et fils), et des Siciliens de Montréal Giuseppe Cuffaro, Antonio Caruana et Emanuele Ragusa. Settecasi refusa de trancher. Il était beaucoup plus proche de Nicolò Rizzuto, un *paesano* originaire de sa province d'Agrigente. D'un autre côté, il ne voulait pas risquer de froisser les Américains et de déclencher des hostilités en prenant position contre Violi.

Ce dernier se tourna donc vers New York, où il sollicita le soutien de Natale « Joe Diamond » Evola, le chef de la famille Bonanno. L'homme était affublé du surnom de « Diamond » depuis le mariage du fils de Joe Bonanno, Salvatore : la bague de la mariée, égarée, avait été retrouvée dans le revers de son pantalon. À son tour, Natale envoya des émissaires à Montréal. Nicolino Alfano, Nicolò Buttafuoco et Michael Zaffarano y furent accueillis par Domenico Arcuri, un chauffeur de taxi sicilien membre de la *decina* et très proche de Pietro Sciara, un des conseillers de Paolo Violi et de Vic Cotroni.

Comme Arcuri, les visiteurs étaient beaucoup plus sympathiques à Rizzuto qu'à Violi. Buttafuoco avait pris Rizzuto sous son aile à New York, 20 ans plus tôt, quand ce dernier était entré clandestinement aux États-Unis. Sans surprise, les émissaires décidèrent que le groupe Cotroni-Violi devait garder Rizzuto en son sein. La décision fut annoncée à Violi dans sa maison de la rue Comtois, à Saint-Léonard. Les envoyés rencontrèrent aussi Rizzuto, qui se trouvait exceptionnellement à Montréal, et lui demandèrent de mieux informer ses chefs de ses activités et de ses contacts, surtout avec les étrangers.

Sept jours plus tard, entonnant sa sempiternelle complainte, Violi relatait ainsi la visite des Américains à son patron Vic Cotroni : « Je leur ai dit qu'il (Rizzuto) va d'une place à l'autre, ici et ailleurs, et il ne dit rien à personne. Il fait ses affaires et personne ne sait rien... Il ne veut pas changer. Il n'a plus rien à faire avec toi, et il va à New York.» La Commission de la mafia à New York entérina la décision prise par les émissaires de la famille Bonanno. Violi avait tenté de la convaincre d'autoriser l'exécution de Rizzuto, mais sans succès. Maintenant, c'était lui qui avait perdu la face, ce qui le plaçait dans une situation dangereuse et potentiellement fatale.

À la fin de l'automne 1972, Luigi Greco, un des lieutenants de Vic Cotroni, effectuait des rénovations dans son restaurant, la pizzeria Gina, rue Jarry, à Saint-Léonard. Lorsqu'il se mit à nettoyer le plancher avec du kérosène et à gratter les aspérités avec un racloir, une étincelle provoqua une explosion. Atrocement brûlé, il fut transporté à l'hôpital et succomba à ses blessures. Greco était sicilien, mais il avait joué un rôle pacificateur au sein de l'organisation. Il avait cultivé de bonnes relations avec les Calabrais et avait assisté de bon cœur au mariage de Violi à Hamilton, en 1965. Sa mort venait ébranler les fragiles assises de la mafia montréalaise. Il était clair, désormais, que la ville n'était pas assez grande pour Paolo Violi et Nicolò Rizzuto.

Accompagné de son fils Vito, alors âgé de 26 ans, Nicolò Rizzuto retourna au Venezuela. La rumeur courait que Violi avait placé un contrat sur sa tête, malgré l'absence d'autorisation de la Commission de New York.

Deux des quatre lieutenants de Vic Cotroni étaient hors circuit. Luigi Greco était mort et le frère de Vic, Frank Cotroni, avait été arrêté pour trafic de stupéfiants et serait bientôt condamné à une longue peine d'emprisonnement aux États-Unis. Le troisième lieutenant, Nicola Di Iorio, ne convoitait pas la direction de la *decina*. Il restait Paolo Violi qui, lui, était dévoré d'ambition. Des événements le convainquirent qu'il allait grimper dans la hiérarchie mafieuse.

Natale Evola mourut d'un cancer et il fallait lui trouver un successeur à la tête de la famille Bonanno. Les capitaines de la famille furent convoqués à l'hôtel Americana, à New York. Vic Cotroni n'avait pas le droit d'entrer aux États-Unis. Paolo Violi fut invité à représenter sa *decina*, en compagnie de Joe Di Maulo. Pour son plus grand plaisir, il fut courtisé par le principal candidat, Philip Rastelli. Ce dernier connaissait bien Montréal: fuyant la justice américaine, il s'y était réfugié au début des années 1960 et avait profité de l'hospitalité de l'organisation de Cotroni. Violi soutint Rastelli, qui devint officiellement le chef de la famille Bonanno en février 1974. Un service en attire un autre. Violi ne tarderait pas à le lui rappeler.

Le 22 avril suivant, les micros de la police captèrent une intéressante conversation dans sa gelateria de la rue Jean-Talon. Violi discutait avec son conseiller Pietro «Zio Petrino» (oncle Pierre) Sciara et Giuseppe «Pino» Cuffaro. Sciara avait fui la Sicile et agissait comme *consigliere* pour Cotroni et Violi. Cuffaro faisait partie de la famille Siculiana. Il voulait savoir s'il pouvait intégrer la famille de Montréal. Violi refusa. «Parce que tu vois, Pino, les choses ici... je sais comment les choses fonctionnent en Amérique. Quelqu'un qui vient ici depuis l'Italie... ce sont les ordres, et tu es mieux de me croire... eh bien, il doit rester ici cinq ans sous nos ordres. Après cinq ans, tout le monde peut voir de quoi il en retourne. Avant qu'on accepte un *picciotto*, il doit le mériter. Nous saurons s'il est bon ou non.»

Le 10 mai suivant, Cuffaro et un dénommé Carmelo Salemi revinrent à la charge. Salemi, qui habitait Agrigente, était en visite à Montréal. Il souhaitait que Giovanni Caruana, un chef de canton de la province d'Agrigente qui avait déménagé au Venezuela, puisse bénéficier du statut de mafioso quand il se trouvait à Montréal. Violi n'essaya plus de se montrer diplomate. Il adopta un ton cassant afin de bien faire comprendre à ses interlocuteurs qui était le patron.

«Vous venez ici, mais vous ne pouvez pas parler des affaires de la famille, trancha-t-il.

— Et les affaires qui se déroulent depuis plusieurs années, les affaires de ta famille? demanda Cuffaro.

— Rien de cela, martela Violi. C'est mauvais... Ils (les Italiens) viennent ici, ils changent de résidence, ils viennent ici près de nous, ils doivent attendre cinq ans avec nous et ensuite, ils peuvent se joindre à nous. S'il y a une ouverture, et si on peut leur donner une position. C'est comme ça que ça marche.»

Cette rebuffade était particulièrement insultante pour des hommes qui estimaient avoir fait leurs preuves. Paolo Violi leur disait carrément qu'ils devaient faire un long parcours avant que leur candidature ne soit considérée. Carmelo Salemi, un membre de haut rang de la mafia d'Agrigente, insista auprès de lui pour qu'il reconnaisse Cuffaro, mais Violi refusa de céder.

«Tu ne fais pas partie de nous, expliqua-t-il. Si tu appartiens à un groupe extérieur, tu ne peux tout simplement pas venir ici. Tu ne peux pas parler de ta famille ici. Tu ne peux parler de rien...»

Il ajouta que son groupe ne pouvait pas se porter garant des Siciliens en difficulté à Montréal. «Disons que tu te mets en tête de faire quelque chose par toi-même... quelque chose d'important... tu ne dis rien à personne et quelque chose t'arrive... Dis-moi, comment fais-tu pour t'en sortir ? Tu vois comment les choses fonctionnent, Carmelo ? »

« Vous autres en Italie avez de mauvaises habitudes, répondit-il lorsque Salemi insista pour que Giovanni Caruana soit admis dans l'organisation. Il a adhéré à Siculiana, à présent il est au Venezuela : imagine qu'il veuille retourner à Siculiana et puis qu'il veuille venir ici... Vous voulez agir à votre guise ici, mais chez nous c'est différent. »

Le 13 mai, Violi rencontra de nouveau les Siciliens. Il leur répéta que l'harmonie existait à Montréal entre les représentants des familles américaines de la Cosa Nostra : lui-même dépendait de la famille Bonanno, mais il maintenait de bonnes relations avec la famille Magaddino de Buffalo, qui avait la main haute sur l'Ontario. Par contre, les nouveaux venus siciliens étaient exclus. « Ici, nous avons des contacts avec toutes les familles des États-Unis. Nous sommes tous amis. »

Le 17 mai, Cuffaro revint à la charge. Il demanda à Violi d'organiser une rencontre avec Vic Cotroni, qui avait le dernier mot sur l'intégration de nouveaux membres à Montréal.

« J'aimerais le rencontrer, dit-il.

— Oui, un jour, répondit Violi.

— Je suis à ta disposition.

— Je te remercie et sois sûr que, avec le temps, on va pouvoir trouver un arrangement.

— Considère-moi comme l'un des vôtres, poursuivit Cuffaro. Obéir à tes ordres : tel est mon désir. »

Violi ne broncha pas, et les Siciliens restèrent exclus.

Cet été-là, la CECO requit l'emprisonnement de Vic Cotroni pour outrage en raison de ses « réponses évasives, de son témoignage volontairement incompréhensible, décousu, vague et nébuleux ». Violi souhaitait être nommé officiellement responsable de la famille montréalaise, mais Cotroni n'avait pas donné de directives claires à cet effet. En janvier 1975, Violi fit part de sa perplexité à deux de ses confidents, Salvatore Sorrentino et Pietro Sciara. Encore une fois, la conversation, qui se déroulait dans la Gelateria Violi, était enregistrée. « Lorsque Vic a été mis en prison, il n'a vu personne pour donner la charge à quelqu'un, dit-il. Il est sorti après deux jours, dans le temps de Noël ; il m'a rencontré, mais il ne m'a pas dit : « Regarde, pendant que je suis en dedans (en prison), deviens le responsable ici et occupe-toi des *picciotti*." Puisque Vic est en dedans, la responsabilité maintenant, quelqu'un doit la prendre. » Il demanda à Sorrentino et à Sciara, un conseiller en qui il avait une grande confiance, de se rendre à New York pour demander des directives à Philip Rastelli, le nouveau chef de la famille Bonanno.

La démarche fut fructueuse : Rastelli confirma Violi dans sa fonction de chef par intérim. Violi trépignait de joie quand il apprit la nouvelle à son partenaire Joe Di Maulo, le 18 janvier 1975. « Il (Rastelli) m'a dit : "Quand Vic va sortir (de prison), demande-lui de m'appeler, et si un changement doit être fait, j'en parlerai à Vic, mais pour l'instant, c'est toi qui prends la direction." »

Cotroni fut bientôt libéré, mais, désormais, Violi pouvait prétendre être son égal, ou presque. Son bonheur fut de courte durée. Il fut accusé de manipulation d'actions à la Bourse de Montréal, puis de tentative d'extorsion. La CECO fit éclater le scandale de la viande avariée. Vic Cotroni, Paolo Violi, Salvatore Sorrentino et le lutteur Armand Courville étaient propriétaires du Reggio Foods, un grossiste en viande qui s'approvisionnait auprès de récupérateurs d'animaux morts de maladie ou de causes naturelles, dont la chair n'était même pas bonne pour les chiens. Les carcasses étaient pourtant débitées et transformées en saucisses et en pepperoni.

Le public apprit qu'une quantité importante de viande avariée avait été utilisée pour des hamburgers vendus à Terre des Hommes lors de l'Exposition universelle de 1967. En 1973, Reggio Foods avait approvisionné les Jeux d'été du Québec, à Rouyn-Noranda : les jeux avaient été perturbés, alors que 40 athlètes étaient tombés malades. Les Québécois étaient déjà rivés au petit écran quand la CECO entreprit de divulguer de larges extraits des écoutes électroniques réalisées à la Gelateria Violi. La réputation de Paolo Violi, qui se présentait comme un citoyen modèle contribuant aux œuvres de charité et donnant des cornets de crème glacée aux enfants du quartier, fut réduite à moins que rien. Tout comme Cotroni, Violi respecta la loi de l'omertà. Il refusa de témoigner à la CECO et fut condamné à son tour pour outrage. Malgré son silence, la mafia ne lui pardonnerait jamais d'avoir été assez stupide pour laisser un policier installer des micros dans son commerce. Les enregistrements révélaient l'ampleur de ses activités et seraient d'une grande utilité pour les autorités au Canada, aux États-Unis et en Italie.

À New York, Philip Rastelli était envoyé en prison. Carmine Galante en sortait au même moment, profitant d'une libération conditionnelle, et tentait de le remplacer à la tête de la famille Bonanno. Il connaissait bien Montréal pour y avoir vécu. Né de parents siciliens, il était favorable à l'incorporation des Siciliens dans la famille : contrairement à Violi, il ne leur imposait pas un purgatoire de cinq ans. Nicolò Rizzuto alla le voir et lui demanda d'écarter Violi qui, selon lui, était devenu un poids et un embarras pour la famille. Il faut croire que

Galante n'était pas fermé à cette idée : au cours des années suivantes, Violi et ses collaborateurs seraient éliminés les uns après les autres.

En attendant d'être débarrassé d'eux, Rizzuto retourna au Venezuela avec les frères Liborio, Pasquale et Gaspare Caruana. Non dépourvu d'humour, il baptisa le restaurant qu'il ouvrit à Caracas «El Padrino» (Le Parrain). Il profita de son séjour sud-américain pour resserrer ses liens avec les Cuntrera-Caruana et les cartels colombiens de la cocaïne. Son fils Vito et sa famille vinrent le rejoindre.

CHAPITRE CINQ

Assassinats

Le 14 février 1976, jour de la Saint-Valentin, Pietro Sciara invita sa femme au cinéma pour y voir la version italienne du *Parrain II*, de Francis Ford Coppola, inspiré du roman de Mario Puzo et mettant en vedette Al Pacino et Robert de Niro. Le cinéma Riviera, horrible boîte de briques située dans un secteur inhabité du nord de Montréal, appartenait à Palmina Puliafito, la sœur de Vic Cotroni.

Trois mois plus tôt, Sciara avait comparu devant la Commission d'enquête sur le crime organisé (CECO). Veston ouvert sur une cravate à pois, il avait tenté de paraître décontracté, mais il s'était crispé lorsque les commissaires lui avaient demandé s'il connaissait le mot *mafia*. «La mafia, je ne connais pas, avait-il répondu d'un ton agressif. C'est quoi ça, la mafia?» D'ailleurs, les mots «mafia» et «Cosa Nostra» n'étaient pas prononcés une seule fois dans *Le Parrain*. À la suite de pressions du chef d'une des Cinq familles de New York, Joe Colombo, qui criait au racisme, les studios Paramount avaient jugé plus prudent de les remplacer par les termes moins péjoratifs de «famille» et de «syndicat». Ne répondant qu'en italien aux questions des commissaires de la CECO, Sciara avait seulement admis connaître Paolo Violi et l'avoir rencontré souvent au Reggio Bar.

Né à Siculiana, Sciara avait passé une bonne partie de sa vie à Cattolica Eraclea, où il avait fréquenté Don Nino Manno, le beau-père de Nicolò Rizzuto. Pendant la Deuxième Guerre mondiale, il avait été recruté par les forces de l'air italiennes. Puis il avait servi de *campiere* sur les terres du marquis Borsellino, le propriétaire du château de la piazza Roma. Les autorités italiennes l'avaient déclaré «mafioso» en vertu de la Loi antimafia adoptée en 1963 après le massacre de Ciaculli. Reconnu coupable de *deliquenza per associazione* (délit par association) et assigné à résidence dans la commune piémontaise de Balzola, au nord de l'Italie, Sciara avait préféré s'enfuir au Canada.

Il était voisin de Leonardo Caruana, rue de Bellefeuille, à Saint-Léonard. Son bras droit était Domenico Arcuri, un chauffeur de taxi sicilien. Durant leurs travaux, les commissaires de la CECO découvrirent que Sciara était gardien de nuit à la compagnie Inter-State Paving, entreprise appartenant au sénateur Pietro Rizzuto. « Je ne connais pas tous ceux qui sont à l'emploi de ma compagnie », se défendra plus tard l'influent sénateur au cours d'un long entretien avec un journaliste de *La Presse*.

En raison de ses origines, il eût été naturel que Pietro Sciara se range du côté des Siciliens dans la querelle qui les opposait aux Calabrais. Mais c'était sans compter sur sa loyauté. Il était devenu le *consigliere* de Vic Cotroni et de Paolo Violi et prenait sa tâche à cœur, si bien que Violi l'appelait affectueusement « Zio Petrino », oncle Pierre. Il avait soutenu Violi dans ses tentatives d'expulser Nicolò Rizzuto de la *decina* montréalaise. Il s'était réjoui de l'élection de Phil Rastelli à la tête de la famille Bonanno, élection dont avait été exclue la faction sicilienne de Montréal. Puis il avait plaidé avec succès la cause de Violi, qui souhaitait être reconnu par Rastelli comme chef par intérim du clan montréalais. Pour toutes ces raisons, les Siciliens estimaient que Sciara les avait trahis.

Après avoir quitté le cinéma Riviera, il prit affectueusement le bras de sa femme et marcha en direction de sa voiture. Trois hommes armés sortirent de l'ombre. Le *consigliere* s'effondra, une balle dans la tête, tirée par un fusil de calibre .12. Il avait 60 ans. Sa femme fut blessée au bras. Un quatrième homme attendait à bord d'une camionnette en marche. Les policiers retrouvèrent la camionnette, mais pas les meurtriers.

La réplique ne se fit pas attendre. Moins d'un mois plus tard, le 10 mars 1976, Sebastiano Messina, un important conseiller du clan de Rizzuto, tombait à son tour sous les balles d'un inconnu dans son café-bar de la rue Tillemont. Violi le soupçonnait d'avoir participé au meurtre de Pietro Sciara.

Les premières salves avaient été tirées. C'était le début d'une guerre à finir entre les deux clans.

Un an s'écoula. Paolo Violi purgeait la peine d'emprisonnement que la CECO lui avait infligée en raison de son refus de témoigner. Il était probablement plus en sécurité à la prison de Bordeaux qu'en liberté. Il avait demandé à son frère Francesco, de neuf ans son cadet, de veiller aux intérêts de la famille pendant son absence.

Le soir du 8 février 1977, alors que Francesco Violi travaillait dans son entreprise, la Violi Importing & Distributing, compagnie de Rivière-des-Prairies spécialisée dans l'importation et la vente de matériel pour la restauration, un ou plusieurs hommes, armés eux aussi de fusils de calibre .12, firent feu sur lui et le tuèrent.

Paolo Violi n'était pas dupe : il savait qu'il était tombé en disgrâce. Le soir, il demandait au gardien de verrouiller la porte de sa cellule. Il n'était pas le seul à savoir que ses jours étaient comptés, les autorités carcérales s'en doutaient elles aussi. Il n'obtint pas l'autorisation d'assister aux obsèques de son frère Francesco.

Une fois libéré, Violi vendit le Reggio Bar aux frères Vincenzo et Giuseppe Randisi, des mafieux siciliens du clan Cotroni. Même si la situation s'était dégradée, Paolo continuait de fréquenter son ancien quartier général, dont la raison sociale avait changé : le Reggio s'appelait maintenant le Bar Jean-Talon. Violi y organisait des rencontres et y jouait aux cartes. La tension était palpable, les activités fébriles, mais si Violi avait peur, il ne le montrait pas. Il était crâneur de nature.

Il accepta de rencontrer Nicolò Rizzuto. Certains associés espéraient toujours trouver une issue pacifique au conflit, mais les deux chefs de clan restèrent sur leurs positions. Aucun micro n'a capté leur entretien, mais on peut présumer que Rizzuto demanda à Violi de s'éclipser, et que ce dernier lui opposa une fin de non-recevoir. Son orgueil et son sens de l'honneur mafieux l'emportaient sur sa volonté de vivre.

Les policiers appréhendaient d'autres coups de force. Les informations transmises par un citoyen de Saint-Léonard leur permirent de découvrir des armes, des munitions, des masques de ski ainsi que des couvre-tout de travail blancs dans une camionnette garée dans le stationnement du centre commercial Langelier, non loin du Bar Jean-Talon. Après quelques jours d'enquête, ils décidèrent de surveiller deux suspects, Domenico Manno et Agostino Cuntrera. Ils les aperçurent souvent en meeting avec d'autres mafiosi siciliens dans des petits restaurants du voisinage. Un soir, ils les virent se diriger vers le Bar Jean-Talon, « comme s'ils faisaient une tournée de reconnaissance des lieux », indiqua un enquêteur dans son rapport. Le 19 janvier 1978, forts d'une conversation téléphonique qu'ils avaient interceptée entre Vincenzo Randisi, nouveau propriétaire du bar, et Paolo Violi, les policiers pensaient bien surprendre Manno et Cuntrera en pleine action. En effet, ils garèrent leur Cadillac blanche près du petit bar de la rue Jean-Talon et entrèrent dans l'établissement par la porte du sous-sol. Mais Violi était absent. Il avait loupé son rendez-vous avec Randisi. Il avait été retenu chez lui par un « problème d'électricité », écrivit le responsable de l'enquête à la police de Montréal.

Cette étroite filature durait depuis environ trois semaines et coûtait très cher ; d'un commun accord avec les enquêteurs, la direction du service de police décida de relâcher la surveillance la veille d'un week-end. Le dimanche 22 janvier 1978, Violi recevait un appel téléphonique chez lui, à l'heure du souper. Vincenzo Randisi l'invitait de nouveau à une partie de cartes dans son ancien établissement. Il termina son repas, embrassa sa femme Grazia et ses enfants, enfila un manteau et sortit. La neige tombait à gros flocons. Arrivé au Bar Jean-Talon, il téléphona à sa femme pour lui dire qu'il ne rentrerait pas tard. Les micros avaient été retirés des murs et des plafonds depuis longtemps, mais la ligne téléphonique avait été remise sur écoute. Peu après, un homme décrocha le combiné et annonça à voix basse: «*Il porco è qui*» (Le cochon est ici).

Violi était assis en compagnie de quelques joueurs. Peu après 19 h 30, un homme masqué caché au sous-sol monta à l'arrière du bar-crèmerie et, de là, s'avança dans la salle. Il portait un fusil tronçonné à canon double, la traditionnelle lupara sicilienne utilisée pour les règlements de compte. L'arme était un Zardini à deux barillets, modèle rare fabriqué dans un village italien. Les cartouches aussi étaient rares, beaucoup plus grosses et meurtrières que celles habituellement vendues en Amérique du Nord. Violi ne pouvait pas voir le tueur, et si les autres joueurs l'aperçurent, ils ne bronchèrent pas. L'homme appuya le canon derrière l'oreille de Violi et tira. Le puissant mafioso s'écroula. Il avait 46 ans. Une photo prise par la police le montre étendu sur le dos, dans une mare de sang, bras et jambes écartés comme s'il était crucifié.

Quelques minutes plus tard, Domenico Manno téléphona à son beau-frère Nicolò Rizzuto au Venezuela et lui annonça la nouvelle de façon laconique: «*Il porco è morto*» (Le cochon est mort). Grazia Violi reçut elle aussi un coup de fil: son interlocuteur l'informait qu'il y avait eu «du trouble à la crèmerie» de la rue Jean-Talon.

Violi se doutait certainement qu'une sentence de mort avait été prononcée à son endroit. La police de Montréal lui avait offert sa protection en échange de sa collaboration, mais il avait refusé de devenir informateur. Il avait également refusé de fuir ou de se cacher. L'agent double Robert Ménard, qui l'avait côtoyé pendant six ans, ne fut pas surpris. «Paolo n'était pas un lâche, déclara-t-il des années plus tard. Il n'était pas le genre de type à fuir le danger... Allait-il finasser avec les flics? Oh que non! Pas quand tu as les couilles comme des briques... Pas Paolo. Jamais! Ce n'était vraiment pas ce genre de type. Pour lui, l'honneur, c'était sacré. Je n'essaie pas d'encenser cet enfant de chienne. J'essaie juste de dire quel genre d'homme c'était.»

Vic Cotroni devait lui aussi savoir que Violi allait être liquidé, mais il n'avait pas le pouvoir nécessaire pour empêcher son exécution. Il souffrait d'un cancer et s'affaiblissait de jour en jour. De nouvelles forces s'affirmaient dans le monde interlope. La mafia se renouvelait.

Les Siciliens s'imposaient. À New York, la Commission avait donné son accord pour l'élimination de Violi. Si Cotroni s'était interposé, ou s'il avait manifesté son indignation avec trop d'insistance, il aurait été le prochain sur la liste.

Il assista néanmoins aux imposantes funérailles qui se déroulèrent à l'église de la Madona della Difesa, dans la Petite-Italie de Montréal. Plusieurs mafieux calabrais de l'Ontario, à commencer par Giacomo Luppino, le beau-père de Violi, se déplacèrent. Son père, Domenico Violi, arriva de sa ville de Parme, en banlieue de Cleveland, profitant une fois de plus d'une autorisation spéciale du ministère canadien de l'Immigration. Un an ne s'était pas écoulé depuis qu'il avait enterré son autre fils, Francesco. Aucun représentant des familles de la Cosa Nostra américaine ne participa aux obsèques : ils se contentèrent d'envoyer des couronnes mortuaires. Des fleurs étaient arrivées d'Italie. L'église était noire de monde. Des curieux s'étaient massés dehors, sous la neige.

La police soupçonnait six hommes d'avoir trempé dans le meurtre, tous liés à Nicolò Rizzuto. Elle lança un mandat d'arrestation contre son gendre, Paolo Renda, celui qui, 10 ans plus tôt, avait mis le feu à son salon de coiffure de Boucherville avec Vito Rizzuto. Renda s'enfuit au Venezuela avant que le mandat ne fût signé et ne revint à Montréal que lorsqu'il fut annulé. Les enquêteurs ont toujours pensé que l'assassinat avait été planifié par le père de Paolo, Calogero Renda, mais celui-ci ne fut pas accusé. Des soupçons pesaient également sur Giuseppe LoPresti.

Les accusations portées contre Vincenzo Randisi, l'un des propriétaires de l'ancien Reggio Bar, furent retirées. Randisi affirmait qu'il avait simplement vu un inconnu entrer dans le café et faire feu sur Violi. Trois autres suspects plaidèrent coupable à des accusations de complot pour meurtre. Le premier, Domenico Manno, était le beau-frère de Nicolò Rizzuto. Le deuxième, Agostino Cuntrera, arrivé au Canada en 1965, était le cousin des frères Liborio, Gaspare et Pasquale Cuntrera. Cuntrera était le propriétaire d'un restaurant Mike's, à l'angle de la rue Jean-Talon et du boulevard Pie-IX, où plusieurs rencontres avaient eu lieu dans le sous-sol. Le troisième, Giovanni DiMora, était le beau-frère d'Agostino Cuntrera et son associé dans l'exploitation du restaurant.

Manno avait déjà été condamné pour avoir tenu une maison de jeux, mais Cuntrera et DiMora n'en étaient qu'à leurs premiers démêlés avec la justice. La juge Claire Barrette-Joncas, de la Cour supérieure, prit le temps de louer leur ardeur au travail. Selon elle, si on faisait abstraction de leur participation dans la planification minutieuse d'un meurtre exécuté de sang-froid, ces deux individus étaient de bons bougres : « Voilà des hommes qui étaient des immigrants modèles, déclara-t-elle. Ils effectuaient les tâches les plus modestes pour gagner leur vie, et montaient leur entreprise lentement et laborieusement. » Les preuves manquaient pour qu'ils soient accusés de meurtre au premier degré. Toutefois, grâce à la filature et à l'écoute, la police avait accumulé suffisamment d'indices pour les inculper. Ils durent reconnaître qu'ils avaient conspiré, et firent quelques années de prison.

Deux ans et demi après l'assassinat de Paolo Violi, son frère Rocco, âgé de 40 ans, était la cible d'une tentative de meurtre. Il était connu de la police, mais moins que son frère Francesco, toujours prêt à défendre les intérêts de Paolo. Rocco avait été expulsé des États-Unis après avoir participé aux obsèques de Carlo Gambino, le puissant chef de la famille du même nom. Il avait également été arrêté et condamné pour avoir exploité des maisons de jeux, mais c'était à peu près tout. Néanmoins, le clan Rizzuto le percevait comme une menace potentielle. Tant qu'il vivrait, il risquait de vouloir venger ses frères.

Le 28 juillet 1980, Rocco Violi était au volant d'une Oldsmobile, rue Pascal-Gagnon, à Saint-Léonard, quand deux motards s'approchèrent de lui. L'un d'eux tira un premier coup de feu, sans réussir à le blesser. Rocco appuya sur l'accélérateur, mais il fut vite rattrapé : le second coup l'atteignit à la tête. Il subit une opération à l'hôpital Maisonneuve-Rosemont et survécut. Le 17 octobre suivant, il s'assit pour la dernière fois à la table de sa cuisine, près de la fenêtre, rue Houel à Saint-Léonard. C'était le moment qu'attendait un tueur embusqué dans un immeuble à l'arrière de sa maison. L'homme était armé d'une carabine munie d'une lunette d'approche. La balle traversa la fenêtre et le tua sur le coup. La Remington de calibre .308 fut retrouvée au complexe Le Baron, rue Jean-Talon.

Domenico Violi fit à nouveau le voyage depuis Cleveland pour enterrer son quatrième fils : le premier, Giuseppe, jumeau de Rocco, était mort 10 ans plus tôt dans un accident de la route. Les veuves des frères Violi, elles, décidèrent de plier bagage et de partir avec leurs enfants en Ontario, province bien gardée par Don Giacomo Luppino, le magnat de la mafia de Hamilton.

Nicolò Rizzuto resta au Venezuela pendant un certain temps, mais son fils Vito revint à Montréal cette année-là pour parachever la conquête de la ville. Même si la voie était libre, les Rizzuto durent attendre la mort de Vic Cotroni avant de prendre le pouvoir de façon définitive. Cotroni avait été un pionnier de la mafia montréalaise. Son prestige était trop important pour qu'on puisse le déloger. Il avait grandement aidé la famille Bonanno à s'implanter au Canada.

En cette fin des années 1970 et au début des années 1980, les assassinats proliféraient non seulement à Montréal, mais aussi à New York et en Sicile. Ils n'étaient pas toujours reliés les uns aux autres. Il était clair que le milieu interlope était plongé dans une période de turbulences. Le meurtre le plus spectaculaire fut celui de Carmine Galante, alias « M. Lilo » ou « M. Cigare », qui avait modernisé la mafia montréalaise dans les années 1950.

Libéré sur parole en 1974 après avoir purgé 12 ans de prison, Galante avait contesté le nouveau chef de la famille Bonanno, Philip Rastelli. En tant qu'ancien *consigliere* de Joe Bonanno, « M. Lilo » estimait que le trône lui revenait de droit. Rastelli fut jeté en prison au moment où il en sortait, ce qui donnait le champ libre à Galante pour manœuvrer à sa guise.

Galante avait donné le feu vert à Nicolò Rizzuto pour éliminer Paolo Violi et introniser de nouveaux membres. Le pouvoir de liquider des membres et d'en accepter d'autres était pourtant réservé au patron. Galante prit la liberté d'incorporer des Siciliens dans la famille, comme Baldassare Amato et Cesare Bonventre. Les Zips avaient la réputation d'être aussi loyaux que féroces : Galante était persuadé qu'ils pouvaient renforcer son clan. Ayant participé au sommet du Grand Hôtel des Palmes à Palerme et à celui d'Apalachin dans le nord de l'État de New York, Galante était l'un des principaux architectes du commerce de l'héroïne. À présent, il exigeait ni plus ni moins le monopole du trafic avec les Siciliens.

Carlo Gambino, le chef de la principale famille de New York et responsable *de facto* de la Commission, fut emporté par une crise cardiaque en 1976. Il était à peine enterré que Galante déclarait ouvertement qu'il devait être couronné chef de la Commission. Ses ambitions démesurées eurent tôt fait de heurter les chefs des Cinq familles, à commencer par Phil Rastelli. Lorsque son fidèle collaborateur Big Joey Massino vint le voir en prison, Rastelli lui demanda de solliciter auprès de la Commission l'autorisation de liquider l'usurpateur. La requête fut bien reçue, en particulier par Paul Castellano, le nouveau chef de la puissante famille Gambino. La Commission condamna Lilo Galante à mort.

Un plan machiavélique fut concocté. Le contrat fut confié à Baldassare Amato et Cesare Bonventre, les deux Zips que Galante avait intronisés avec enthousiasme. Les deux Siciliens n'avaient d'autre choix que de trahir leur patron. Ils connaissaient bien ses habitudes. Galante brassait ses affaires avenue Knickerbocker, dans la section déshéritée de Bushwick, en plein cœur du district de Brooklyn. Jadis, Bushwick, qui signifie « refuge » en hollandais, grouillait de bars et de brasseries. Les noceurs venaient y faire la fête. Joe Bonanno y avait établi son quartier général. Avec le temps, le secteur s'était dégradé. La valeur des maisons et des commerces, laissés à l'abandon, avait chuté. Les habitants traditionnels avaient déserté les lieux, bientôt remplacés par des Afro-Américains et des immigrants portoricains. Les pauvres n'ont pas d'endroit où fuir. À moins de chercher l'évasion dans des paradis artificiels. Les plus désespérés d'entre eux constituaient la clientèle idéale pour les vendeurs d'héroïne. Une clientèle déshéritée, mais nombreuse.

De vieux restaurants survivaient, comme le Jos & Mary, qui appartenait à Giuseppe Turano, le cousin de Carmine Galante. Les Zips aimaient bien les pizzerias restées ouvertes : on y parlait le dialecte sicilien. L'avenue Knickerbocker était devenue leur quartier général. Le quadrilatère avait été épargné pendant les émeutes raciales de 1977 : les propriétaires avaient brandi des armes à feu et les émeutiers avaient sagement décidé d'aller faire du grabuge ailleurs.

Le 12 juillet 1979, Galante se fit déposer chez Jos & Mary. La journée étant trop chaude pour manger à l'intérieur, son cousin dressa la table dans le patio. Le repas était à peine commencé, lorsque trois membres de la famille Bonanno se présentèrent. Baldassare Amato et Cesare Bonventre étaient accompagnés de Leonardo Coppola, un trafiquant de drogue connu pour sa loyauté envers Carmine Galante. Les convives mangèrent leur poisson et leur salade, vidèrent leurs verres de vin, puis Lilo Galante alluma son fameux cigare en attendant le dessert et le café. Il était 14 h 45. C'est alors que trois hommes masqués firent irruption dans le patio.

Un des tueurs se planta devant Galante et ouvrit le feu en criant : « Ça, c'est pour toi, Galante. » Le mafioso fut atteint de trois balles, une au cou, une à l'épaule droite, une à la tête. La force des projectiles était telle qu'il tomba à la renverse. Une photo le montre étendu sur le dos, son cigare coincé entre les dents. Personne ne toucha aux 860 $ qu'il avait dans les poches. Il mourut comme il avait vécu : la police estime qu'il a commandé ou perpétré une centaine de meurtres au cours de sa carrière. Il avait 69 ans.

Leonardo Coppola, son fidèle associé, et son cousin Giuseppe Turano, le propriétaire du Jos & Mary, furent également abattus : ainsi, il n'y avait pas de risques qu'ils témoignent du crime ou qu'ils se livrent à des représailles. Dans la rue, des passants virent les trois hommes masqués quitter le restaurant, Amato et Bonventre apparemment à leurs trousses. Ces derniers auraient pu leur tirer dans le dos. Ils n'en firent rien. Il était évident qu'ils avaient trempé dans le complot, mais les preuves manquaient pour les accuser. La police prit plusieurs années avant d'arrêter un des tueurs : Anthony « Bruno » Indelicato, le fils d'Alphonse « Sonny Red » Indelicato, un des trois capitaines rebelles de la famille Bonanno qui seraient exécutés deux ans plus tard par Vito Rizzuto et ses complices. Anthony Indelicato fut condamné à 12 ans de prison.

*   *   *

En 1980, un an après le meurtre de Galante, Anthony Indelicato et Cesare Bonventre étaient photographiés à l'hôtel Pierre, où se déroulaient les noces de Giuseppe Bono, le doyen de la famille mafieuse de Ciaculli, ce village en banlieue de Palerme marqué à tout jamais par l'explosion d'une voiture piégée et la mort de sept carabiniers en 1963. Ils accompagnaient d'autres Zips très influents, comme Salvatore Catalano et son partenaire Giuseppe Ganci. Mais lorsque les policiers canadiens examinèrent les photos, c'est la présence d'un autre invité qui les intéressa : Vito Rizzuto. Le fait qu'il ait été invité à un mariage aussi important, à peine un mois après l'élimination du dernier frère Violi, prouvait qu'il était accepté sans réserve au sein de la mafia américaine.

Quelque 300 caïds et leurs épouses avaient été invités à la cathédrale Saint-Patrick, puis à l'hôtel Pierre, établissement cinq étoiles situé en plein cœur de Manhattan, dans la Cinquième avenue, face à Central Park. Mais ils n'eurent pas tous le privilège d'être photographiés avec la mariée, Antonina Albino, et son époux. Vito Rizzuto et sa femme Giovanna avaient eu cet honneur. Debout devant un treillage couvert de fleurs blanches, Antonina, fille d'un propriétaire de pizzeria à Queens, était magnifique. Le marié, un œillet à la boutonnière, n'avait pas tout à fait l'allure d'un mannequin. Court sur pattes, Giuseppe Bono portait des lunettes sans monture et ne pouvait dissimuler une calvitie déjà bien avancée. C'était son second mariage. À côté de sa Blanche Neige, il ressemblait plutôt à une version chic d'un des sept nains.

Mais Bono était riche et puissant. Il avait engagé deux orchestres et payé 64 000 $ comptant pour louer des salles de l'hôtel Pierre, reconnu pour son élégance tout européenne et ses fresques murales. Il prétendait qu'il avait fait fortune dans l'hôtellerie, mais les polices d'Amérique du Nord, d'Amérique du Sud et d'Europe le soupçonnaient d'être un trafiquant international d'héroïne. Il entretenait des relations étroites aussi bien avec le chef de la Camorra napolitaine, Michele Zaza, qu'avec les Zips qui avaient éliminé Galante ou avec les associés sud-américains de Vito Rizzuto et de son père. Bono était l'un des architectes de la Pizza Connection et un des principaux fournisseurs d'héroïne du clan Cuntrera-Caruana. Apprenant que les autorités italiennes enquêtaient sur lui, il avait quitté la Sicile deux ans plus tôt et transféré le gros de ses activités au Venezuela. Bono était un homme d'honneur et voulait être traité comme tel : même ses frères étaient tenus de lui baiser la main en signe de respect.

Les autorités américaines sommèrent le photographe de leur remettre les photos du mariage. Celles-ci montraient de vénérables invités en train de déambuler sous la marquise de l'entrée principale, notamment la plupart des dirigeants des familles Gambino, DeCavalcante et Bonanno. Montréal était bien représentée, non seulement par Vito Rizzuto et son avocat, Me Jean Salois, mais par Giuseppe LoPresti, né comme lui à Cattolica Eraclea. Soupçonné d'avoir participé à l'assassinat de Paolo Violi, LoPresti fréquentait Cesare Bonventre lors de ses visites à New York. Les policiers reconnurent également Gerlando Sciascia, né lui aussi à Cattolica Eraclea et surnommé « George from Canada », ainsi que Domenico Arcuri, Sylvestro Polifroni et Michel Pozza, conseiller financier de la pègre montréalaise.

Dans la mafia, les événements joyeux comme les mariages devancent les événements sanglants et leur succèdent avec la régularité d'un métronome. Les tueurs d'aujourd'hui deviennent les cibles de demain. Le temps de siffler un verre de champagne, les alliés du jour se transforment en adversaires. La vie ne semble avoir de sens que si elle côtoie la mort. Pendant que capitaines et soldats dansaient avec leurs belles à l'hôtel Pierre, de nouveaux meurtres se préparaient de part et d'autre de l'Atlantique.

Giuseppe Settecasi, qui avait plus ou moins tenté de régler le conflit entre Paolo Violi et Nicolò Rizzuto, habitait un immeuble d'appartements d'Agrigente, entouré d'une haute clôture de fer forgé et muni d'un système de surveillance sophistiqué. Les résidents, juges, avocats et hommes d'affaires, croyaient pouvoir y vivre en toute sécurité, à l'abri des coups de feu qui retentissaient jour après jour dans cette partie tourmentée de la Sicile. Settecasi menait une activité dangereuse : il finançait des laboratoires de fabrication d'héroïne. Le 23 mars 1981, suivant son habitude, il jouerait aux cartes dans un petit café de la gare, puis il rentrerait chez lui. Un de ses voisins entendit une détonation et appela la police. Les enquêteurs examinèrent le cadavre de Settecasi. Curieusement, son crâne était enduit d'une épaisse couche de paraffine. Sous cette couche apparaissait un trou de balle.

La même année, Leonardo Caruana, un proche collaborateur de Settecasi, fut abattu devant sa maison, à Palerme, alors qu'il revenait du mariage de son fils. Le vieil homme avait vécu à Montréal, où il avait côtoyé le *consigliere* Pietro Sciara, première victime de la guerre qui avait annihilé le clan Violi. Au début des années 1970, Leonardo Caruana s'était disputé avec Nicolò Rizzuto. Leurs opinions divergeaient: entre autres, Caruana ne croyait pas en l'utilité d'une guerre fratricide entre les clans sicilien et calabrais de la mafia montréalaise. Le mobile du meurtre n'était pas clair. Il est possible qu'il ait été tué parce qu'il exprimait des désaccords au sein de son clan, mais plus vraisemblablement, il avait été exécuté parce qu'il était proche de Settecasi.

Tout écart de conduite était passible de la peine de mort. Le trafic d'héroïne battait son plein. Ceux qui alimentaient le pipeline en dérogeant aux règles étaient éliminés. Une enquête de la GRC montra que, à cette époque, Pasquale Cuntrera avait retiré 500 000 dollars américains d'un compte suisse pour le remettre à un des chefs de famille de Palerme associés à Salvatore Inzerillo. Ce dernier exploitait des laboratoires clandestins dans les environs de la capitale sicilienne. Il approvisionnait New York via Montréal. Mais c'était un homme imprudent. Il prit l'initiative de faire tuer le juge d'instruction Gaetano Costa, un geste qui amena les autorités à intensifier leur répression. Mais surtout, il expédia un chargement d'héroïne à son frère, à New York, sans le consentement de la Cupola. Les envois non autorisés offusquaient les trafiquants siciliens, américains et canadiens.

Inzerillo fut abattu d'une rafale de Kalashnikov en sortant du domicile de sa maîtresse. «Les tueurs tirèrent à travers la fenêtre hermétiquement fermée d'une nouvelle Alfa Romeo à l'épreuve des balles; ils avaient testé leur arme sur la vitrine blindée d'un bijoutier et avaient découvert qu'en concentrant leur tir sur une zone étroite, cela marchait très bien», relate la journaliste Claire Sterling dans *La Pieuvre*. Ce n'était qu'une mort de plus dans un massacre systématique qui allait s'étendre de la Sicile au reste de l'Europe, puis aux États-Unis et à l'Amérique du Sud. Officiellement, la Cupola était dirigée par Michele Greco, un parent éloigné de Salvatore Cichitteddu Greco, qui exploitait un ranch au Venezuela avec Nicolò Rizzuto. Mais, dans les faits, l'instance suprême de la mafia sicilienne était contrôlée par Don Luciano Leggio (alors en prison) et Salvatore «Totò» Riina, de la petite ville de Corleone située à une soixantaine de kilomètres au sud de Palerme. Vingt et un membres du clan de Salvatore Inzerillo furent éliminés. Son fils de 15 ans eut le bras droit coupé: on espérait ainsi le dissuader de venger son père. Un des frères de Salvatore, Pietro Inzerillo, fut retrouvé dans le coffre d'une Cadillac à Mont Laurel, dans le New Jersey: le corps était emballé dans un sac en plastique, mains menottées dans le dos. Il avait cinq billets d'un dollar enfoncés dans la bouche, un autre entre les testicules.

Les Corléonais éliminèrent un autre rival, Stefano Bontate, ainsi que les 120 hommes d'honneur de son clan. Gaetano Badalamenti perdit 11 de ses parents. «Un de ses neveux fut torturé, abattu et coupé en morceaux en Allemagne de l'Ouest, raconte Claire Sterling dans son livre (…) On découvrit par la suite tout un cimetière de voitures enterrées dans la province d'Agrigente; elles contenaient les squelettes carbonisés d'autres patrons, tués d'une balle et brûlés avant d'être enterrés.» La «deuxième guerre de la mafia» dura trois ans et fit un millier de morts (la première s'était terminée par le massacre de Ciaculli en 1963). Les Corléonais ne perdirent aucun soldat.

Toutefois, l'assassinat des trois capitaines rebelles de la famille Bonanno, commis par Vito Rizzuto et ses complices à Brooklyn, eut un impact beaucoup plus décisif sur l'avenir de la mafia montréalaise que les meurtres commis en Sicile. C'est cet événement qui lança pour de bon la carrière criminelle du fils de Nicolò.

L'exécution de Carmine Galante, alors qu'il fumait son cigare dans un restaurant de l'avenue Knickerbocker à Brooklyn, n'avait pas mis fin à la dissidence au sein de la famille Bonanno. Le chef de la famille, Philip Rastelli, purgeait une longue sentence à la prison fédérale de Lewisburg, en Pennsylvanie. Il lui était donc impossible de discipliner ses troupes. Les trois capitaines, Alphonse «Sonny Red» Indelicato, Philip «Phil Lucky» Giaccone et Dominick «Big Trin» Trinchera estimaient qu'on les considérait comme des quantités négligeables. Souhaitant accroître leur pouvoir, ils obtinrent l'appui discret de la famille Genovese, tandis que les capitaines loyaux à Rastelli bénéficiaient de l'appui des familles Gambino et Colombo.

Joe Massino affichait une fidélité sans faille à l'endroit de Philip Rastelli. Il allait le voir en prison et transmettait ses messages. Lorsque Carmine Galante lui avait demandé de cesser de servir d'agent de liaison, il avait refusé. «Il (Rastelli) est comme mon oncle, lui avait-il dit. Il m'a élevé, il m'a baptisé (dans la famille Bonanno). Je ne peux pas l'abandonner.» C'est lui qui avait transmis le message de Rastelli à la Commission, demandant l'autorisation d'éliminer Galante.

Au printemps de 1981, un soldat de la famille Colombo informa Massino que les trois capitaines rebelles se préparaient à éliminer leurs opposants, dont lui-même, afin de prendre le pouvoir. Massino se tourna vers ses alliés dans la Commission, Paul Castellano, le chef de la famille Gambino, et Carmine Persico, le parrain de la famille Colombo. Ces derniers lui suggérèrent de se défendre. Massino interpréta cet avis comme une autorisation de se débarrasser des trois renégats.

On connaît la suite. Massino et son beau-frère, Salvatore Vitale, demandèrent aux Siciliens de la famille de leur donner un coup de main. Les Zips appelèrent leurs alliés de Montréal à la rescousse, soit Vito Rizzuto, un autre tueur connu comme « the old man », ainsi qu'un dénommé Emanuele (identifié comme étant Emanuele Raguso par Selwyn Raab, un journaliste du *New York Times*, dans son livre *Five Families*). Le signal du massacre fut donné par Gerlando Sciascia, alias « George from Canada ».

Vito Rizzuto et ses complices avaient agi en bons soldats. Ils s'étaient compromis jusqu'au cou pour la famille Bonanno et, en fin de compte, pour la Commission. Ils avaient signé leur serment d'allégeance dans le sang. Leur notoriété avait grimpé de plusieurs crans.

Pourtant, ni Vito ni son père Nicolò ne pouvaient pas encore prétendre régner sans partage sur Montréal. Le frère de Vic Cotroni, Frank, venait d'être libéré de prison et reprenait du service. Il n'avait pas aimé voir les Rizzuto tenter de supplanter les Calabrais dans l'organisation en éliminant les frères Violi les uns après les autres. Il pensa reprendre la guerre, mais son frère Vic l'en dissuada. La grogne de Frank se transforma en exaspération quand il apprit qu'un des principaux conseillers financiers de la mafia montréalaise, Michel Pozza, qui travaillait pour les Calabrais, mettait également ses compétences au service des Siciliens. Cotroni décida de l'éliminer. Cette condamnation eut des conséquences insoupçonnées.

Âgé de 57 ans, Pozza n'était ni calabrais ni sicilien. Il était né à Trente, dans le nord de l'Italie. Fraîchement immigré à Montréal, il avait suivi des cours à l'université, se spécialisant en finances. Il payait ses études en travaillant comme portier au populaire Casa Loma, un cabaret des Cotroni, rue Sainte-Catherine Est. C'est dans cet établissement qu'il rencontra Luigi Greco, un des lieutenants de Cotroni. Il le conseilla de façon assidue, jusqu'à ce que Greco meure atrocement brûlé en nettoyant le plancher de sa pizzeria avec du kérosène. Prêt à collaborer avec toutes les factions, Pozza s'était lié aussi à Paolo Violi, et avait assisté à son mariage à Hamilton en compagnie de Vic Cotroni et de Joe Di Maulo. Il suggérait aux uns et aux autres de réinvestir leurs profits dans l'économie légale et de s'immiscer dans les syndicats. Lui-même devint actif au sein de l'Union internationale des ouvriers du vêtement pour dames. La Commission d'enquête sur le crime organisé

(CECO) estimait qu'il s'agissait d'un des « personnages importants de la mafia montréalaise ».

Pozza était un homme brillant. Lorsque les frères Violi furent assassinés, il sentit que le vent tournait. Il délaissa les Calabrais et se colla aux Siciliens. Désormais, c'était eux qui brassaient le plus d'affaires et qui avaient le plus d'argent à blanchir. Chaque transaction financière était susceptible de lui rapporter une commission. En 1979, Salvatore Catalano, un des principaux Zips de la famille Bonanno, le présenta à Vito Ciancimino, l'ancien maire de Palerme. La rencontre eut lieu dans la station balnéaire de Mondello, en banlieue de la capitale sicilienne. La police présume qu'ils discutèrent de trafic de drogue et de placements à effectuer au Canada.

L'année suivante, le narcotrafiquant Pasquale Cuntrera, venant du Venezuela, faisait un saut à Montréal et y rencontrait Pozza. Ce dernier faisait partie de la minorité non sicilienne au mariage de Giuseppe Bono à l'hôtel Pierre. Les policiers le virent plusieurs fois avec Gerlando Sciascia et Giuseppe LoPresti, notamment le 24 septembre 1982 chez Vito Rizzuto. Quatre jours après cette dernière rencontre, il était mort.

Pozza était bien conscient que son association avec les Siciliens irritait ses vieux partenaires comme Frank Cotroni. Lorsqu'il retournait chez lui, à Mont-Rolland, un village des Laurentides absorbé depuis par la municipalité voisine de Sainte-Adèle, il effectuait de nombreux détours au volant de son Audi. Il passait lentement devant sa maison de la rue Desjardins, s'assurait qu'aucun tueur ne se cachait dans les buissons, puis revenait se garer.

Frank et Vic Cotroni l'invitèrent à les rencontrer chez leur sœur, Palmina, responsable des intérêts financiers de la famille. Pozza s'assit dans la cuisine et commença à discuter avec Vic. Frank Cotroni arriva par la suite, accompagné de Réal Simard, qui lui servait à la fois de chauffeur et de tueur à gages. Le jeune homme, neveu du lutteur Armand Courville, avait déjà assassiné deux ennemis de Frank Cotroni et en tuerait cinq autres. Une nouvelle mission l'attendait. « Quand on est arrivés, Vic était dans la cuisine avec Pozza, et ça discutait ferme », raconta-t-il beaucoup plus tard, lorsqu'il fut devenu délateur. Frank Cotroni rejoignit son frère dans la cuisine, tandis que Simard attendait dans le salon avec Palmina. Soudain, il entendit Vic Cotroni hausser le ton et invectiver Pozza. « Je veux que tu te rapportes à Frank », le sommait-il.

Frank Cotroni ordonna à Pozza de larguer les Rizutto et de se mettre exclusivement à son service. Pozza quitta les lieux sans rien promettre. Alors qu'il se dirigeait vers sa voiture avec Simard, Cotroni chuchota : « Il faut faire quelque chose avec lui. » Simard comprit le message. Le 28 septembre, il se rendit à Mont-Rolland. Profitant de l'obscurité, il s'embusqua dans un buisson, en face de la maison de Pozza. Quand ce dernier descendit de son Audi, vers 2 h du matin, il bondit de sa cachette. Il lui tira une première balle de calibre .22 dans le corps et l'acheva d'un second projectile dans la tête, suivant ainsi les conseils de son mentor : « Tu ne laisses jamais un corps sans lui envoyer une balle dans la tête », lui avait déjà dit Cotroni.

Les policiers examinèrent les dossiers de Pozza à son bureau, avenue Papineau, et chez lui, à Mont-Rolland. Ils découvrirent un rapport confidentiel du gouvernement du Québec qui évoquait la possibilité de légaliser les machines à sous et les casinos. Ils trouvèrent aussi une multitude de documents bancaires reliant Vito Ciancimino, l'ancien maire de Palerme, à des investissements immobiliers au Canada. Les fils de Ciancimino, Giovanni et Sergio, étaient venus au Québec pour y placer quelque 2,6 millions de dollars. Ils avaient acheté un immeuble à Greenfield Park, sur la Rive-Sud de Montréal, et un autre rue Saint-Joseph, à Drummondville, à mi-chemin entre les villes de Montréal et de Québec. Servant de prête-noms à leur père, les deux fils avaient commencé à investir vers 1976. La police finit par conclure que l'argent provenait de transactions de drogue effectuées par les associés de Vito Rizzuto, les frères Cuntrera.

Vito Ciancimino, fils d'un coiffeur de Corleone et membre influent de la Démocratie chrétienne, était le responsable des travaux publics à la mairie de Palerme lorsque des entreprises contrôlées par la mafia entreprirent la démolition de plusieurs bâtiments historiques pour les remplacer par des édifices de piètre qualité. Ces travaux aboutirent à ce que l'on a appelé « le sac de Palerme ». En quatre ans, le conseil municipal accorda 80 % des 4250 permis de construire à cinq prête-noms liés à la mafia. Les entreprises mafieuses empochèrent les subventions destinées à la restauration et jetèrent à terre plusieurs palais art déco. Un des plus beaux bâtiments du grand architecte sicilien Ernesto Basile fut rasé de nuit. Il allait être classé monument historique, ce qui aurait empêché sa démolition, mais les promoteurs mafieux s'empressèrent de le démolir avant. De nombreux parcs furent asphaltés. C'est ainsi qu'une des plus belles villes d'Europe se transforma en une forêt d'immeubles de ciment plus hideux les uns que les autres. Fort heureusement, quelques parties de la ville purent être préservées.

L'élection du saccageur en chef Ciancimino à la mairie de Palerme provoqua une levée de boucliers. Faisant l'objet d'une enquête de la Commission antimafia, il dut démissionner. Mais il resta intouchable pendant des années. La découverte des documents de Michel Pozza, à Mont-Rolland, allait changer sa destinée et contribuer à faire de lui le premier politicien italien à être condamné pour son association avec la mafia. Il fut arrêté en novembre 1984. Il perdit connaissance quand les policiers lui passèrent les menottes devant les caméras de télévision.

En plus de s'appuyer sur les documents bancaires trouvés chez Pozza, la preuve contre l'ancien maire de Palerme reposait sur le témoignage de Tommaso Buscetta. Ce dernier est reconnu comme le plus célèbre repenti de l'histoire de la mafia. Il avait fui la Sicile après l'explosion de la voiture piégée qui avait tué sept carabiniers à Ciaculli, puis avait été condamné pour meurtre, *in absentia*. En 1960, un témoin avait vu Buscetta et son complice kidnapper deux hommes sous la menace de leur arme. Les deux malheureux avaient disparu à tout jamais. Le clan auquel appartenait Buscetta tentait à l'époque de s'approprier le marché du bâtiment à Palerme.

Une de ses premières arrestations datait de 1969, au poste de douane de Champlain, à la frontière entre le Québec et l'État de New York. Buscetta voyageait avec deux mafiosi new-yorkais dans la voiture d'un membre de la mafia de Montréal et avait en sa possession quatre passeports canadiens. Il réussit à fausser compagnie aux douaniers américains et à revenir au Québec. L'année suivante, il repassait aux États-Unis puis était arrêté de nouveau. Les autorités italiennes ne demandant pas son extradition, il fut relâché. Buscetta vécut au Brésil, fut arrêté, puis extradé et resta emprisonné pendant huit ans en Italie. En 1980, il profita d'une libération conditionnelle pour se sauver. Il se réfugia à Palerme mais, pressentant le déclenchement imminent de la Grande Guerre de la mafia et de la défaite de ses alliés, Stefano Bontate, Salvatore Inzerillo et Gaetano Badalamenti, il se rendit à Paris. Muni d'un autre faux passeport, Tommaso Buscetta s'envola en Concorde pour le Brésil et s'acheta un magnifique appartement à Copacabana, le quartier chic de Rio de Janeiro. Il se relança à fond dans le trafic de stupéfiants.

Comme Buscetta l'avait prévu, la guerre éclata au sein de la mafia en Sicile. Plusieurs de ses alliés se rangèrent du côté des vainqueurs, les Corléonais dirigés par Don Salvatore Leggio et Totò Riina. Gaetano Badalamenti vint trouver Buscetta à Rio et le supplia de revenir en Sicile pour diriger une contre-attaque contre les Corléonais. Buscetta refusa, mais les hommes de Don Leggio et de Totò Riina, mis au courant de cette rencontre, l'interprétèrent comme un complot dirigé contre eux. Le beau-frère brésilien de Buscetta disparut. Deux semaines plus tard, les deux fils de Buscetta, Antonio et Benedetto, disparurent à leur tour. Son gendre fut abattu dans sa pizzeria, à Palerme, meurtre bientôt suivi par celui de son frère aîné Vincenzo, tué avec son fils dans leur verrerie de la capitale sicilienne.

Buscetta se réfugia au nord de Belem, près de l'embouchure de l'Amazone, et y attendit les Corléonais de pied ferme. En 1983, il prit l'avion pour São Paulo. Sa femme vint l'y rejoindre, sans savoir qu'elle était suivie par des policiers. Buscetta fut arrêté avec 11 trafiquants. Les autorités brésiliennes firent main basse sur des caisses de documents, des relevés d'appels téléphoniques interurbains et des factures de voyages de Rio et São Paulo à Caracas, New York, Montréal et plusieurs villes européennes. Quand Buscetta apprit qu'il serait extradé en Italie, il avala de la strychnine. Il fut sauvé *in extremis*.

Incarcéré à la prison de haute sécurité de Rebibbia, près de Rome, Tommaso Buscetta décida de se mettre à table. « La nouvelle mafia n'a plus de valeurs, ni de respect pour personne », dénonça-t-il, passant sous silence son implication dans plusieurs meurtres et le fait qu'il avait inondé les quartiers pauvres des villes américaines avec des centaines de kilos d'héroïne. En vérité, il n'y avait pas de « nouvelle mafia » : la mafia avait toujours été une organisation de tueurs sans vergogne. La seule différence, c'était qu'elle était désormais dirigée par des ennemis de Buscetta. Malgré ses nombreuses omissions, le célèbre repenti fut une source d'information très précieuse.

Il eut le privilège d'être interrogé par un homme brillant qui, lui, avait de véritables valeurs, le juge Giovanni Falcone. La toute première fois que Buscetta rencontra Falcone, à la prison, il lui fit cet avertissement : « Je ne crois pas que l'État italien souhaite vraiment lutter contre la mafia. Après ce que je vais vous dire, monsieur le juge, je vous assure que vous allez devenir une célébrité. Mais ils chercheront à vous détruire, physiquement et professionnellement. Et ils vont tenter de faire de même avec moi. Ne l'oubliez surtout pas. Un compte ouvert à la Cosa Nostra n'est jamais fermé. Souhaitez-vous toujours m'interroger ? »

Le juge Falcone, alors âgé de 44 ans, était né à Palerme tout comme Buscetta. Il enquêtait depuis quatre ans sur le réseau de Salvatore Inzerillo, ce trafiquant palermitain qui envoyait de grandes quantités d'héroïne à New York. Les autorités avaient tiré les leçons du meurtre du juge Gaetano Costa, commandé par Inzerillo. Elles avaient créé une équipe de juges antimafia, afin d'envoyer un message bien clair : la mort d'un juge ne ralentirait aucune enquête, l'information serait désormais partagée entre plusieurs enquêteurs.

Pendant trois mois, du matin au soir, Buscetta éclaira le juge Falcone sur les règles et la philosophie de la mafia, sur sa structure et son fonctionnement. Il insista sur l'importance de la famille et des liens consanguins. Grâce au repenti, le juge Falcone et trois de ses adjoints complétèrent un rapport de 8600 pages sur l'histoire de la mafia, ses effectifs et ses pratiques. Ils lancèrent plus de 450 mandats d'arrestation en Italie. Buscetta « m'a donné la clef pour comprendre la structure de la mafia, son organisation et ses méthodes, déclara le magistrat. À partir de cela, j'ai pu déchiffrer son langage, ses gestes. »

Buscetta lui avait expliqué que la famille mafieuse était la cellule de base de l'organisation en Sicile. Elle était constituée de soldats, lesquels étaient dirigés par un *capodecina*. Ce chef, qui avait une dizaine d'hommes sous ses ordres, était appuyé par un *consigliere*, ou conseiller. Trois ou quatre familles formaient un *mandamento*, ou district. Les chefs de districts se réunissaient dans chaque province sicilienne et avaient des représentants dans la Commission interprovinciale, ou *Cupola*.

« On me demande souvent si un homme d'honneur peut décider de ne pas tuer. La réponse est non », précisait le juge dans son livre intitulé *Les hommes d'honneur : La vérité sur la mafia*. « Personne ne peut désobéir à un ordre donné par la Commission ou par le chef de sa famille (…) La participation à un acte de violence suit généralement une logique rigoureuse, et c'est cette logique qui fait de la Cosa Nostra une organisation crainte. J'insiste souvent sur ce concept parce que c'est seulement en reconnaissant la mafia pour ce qu'elle est – une association criminelle sérieuse et suprêmement organisée – que nous pouvons la combattre (…) Un homme d'honneur ne peut pas se permettre le luxe d'exprimer des doutes sur les circonstances d'un meurtre. Ou bien il est capable d'éliminer la victime avec efficacité et professionnalisme ou bien il ne le peut pas. Point final. »

Pendant que le juge Falcone menait ses interrogatoires, le chef de police d'Agrigente, Filippo Nicastro, prit connaissance du résumé des nombreuses conversations téléphoniques que la police de Montréal avait enregistrées au Reggio Bar pendant l'opération d'infiltration du sergent-détective Robert Ménard. Les rapports dormaient sur une tablette du poste de police sicilien depuis huit ans. Nicastro s'empressa de les remettre au juge Falcone. Ce dernier relate l'anecdote dans son livre et cite des extraits de la conversation au cours de laquelle Giuseppe Cuffaro tente de convaincre Paolo Violi d'accepter des Siciliens dans la mafia montréalaise. « Cette intéressante conversation s'est déroulée en dialecte sicilien et a été traduite en anglais, raconte Falcone. Elle fut transmise à l'Italie en 1976 et circula parmi divers bureaux du ministère de l'Intérieur avant d'aboutir au tribunal d'Agrigente, qui traitait le cas de Cuffaro, où elle fut oubliée. Heureusement, un beau jour de 1984, juste après un entretien avec Buscetta, un magistrat méticuleux d'Agrigente me téléphona : "J'ai ici les traductions d'enregistrements faits au Canada en 1972 qui semblent confirmer ce que dit Buscetta", me dit-il. »

Le juge Falcone découvrit l'importance du clan Cuntrera-Caruana. « Les familles Cuntrera et Caruana ont fondé de véritables empires industriels au Canada et au Venezuela, travaillant fort depuis le début des années 1960 jusqu'à maintenant, écrit-il. Nous savons que dans les années 1980 la mafia sicilienne, dirigée par les familles Cuntrera et Caruana, a pris le contrôle d'une grande partie du trafic d'héroïne vers les États-Unis. »

Le juge résume aussi son enquête sur l'ancien maire de Palerme, Vito Ciancimino : « Je découvris que trois comptes de banque suisses, au nom d'un suspect italien, avaient soudainement été utilisés pour des transferts d'argent significatifs en 1981-1982. J'ai demandé la permission aux autorités suisses d'examiner la documentation pertinente. La permission me fut accordée. Mais les comptes se vidèrent soudainement. J'ai poursuivi mon enquête et découvert que les sommes – cinq millions de dollars – avaient été transférées à une compagnie du Panama. De là, elles furent divisées en deux parties : deux millions et demi furent transférés à une banque de New York et les deux autres millions et demi furent envoyés à une banque de Montréal. Mais ces mouvements ne s'arrêtèrent pas là. Ils continuèrent jusqu'en 1991. »

Falcone dénonça l'infiltration de la mafia dans l'économie légale et la perversion des processus de soumissions répondant aux appels d'offres publics. Il s'inquiétait aussi de l'influence politique de la mafia. « Je crois que la Cosa Nostra a été impliquée dans tous les événements importants en Sicile, en commençant par le débarquement des Alliés pendant la Deuxième Guerre mondiale et l'élection de maires mafieux après la libération », conclut-il.

Le juge d'instruction Falcone vint à quelques reprises au Canada, en particulier au Québec, pour y rencontrer des enquêteurs, compulser des documents et interroger des témoins. En 1985, il passa trois jours au cinquième étage du palais de justice de Montréal afin de compléter son enquête sur Vito Ciancimino et ses méthodes de blanchiment d'argent. Il entendit à huis clos une douzaine de témoins, des banquiers, des notaires et la veuve de Michel Pozza, Franca.

Ceux qui ont eu la chance de côtoyer le juge Falcone à Montréal se souviennent d'un homme doté d'un bon sens de l'humour. C'était sans doute un antidote efficace contre la déprime : le juge reprenait les enquêtes laissées en plan par ses collègues assassinés, que la mafia appelait les «cadavres exquis». Il fumait à la chaîne, sans se préoccuper outre mesure des effets à long terme du tabac. Il pressentait peut-être qu'il serait tué par autre chose qu'un infarctus ou un cancer. Il ne se souciait pas trop de son confort : il se battait pour son peuple et avait foi en la victoire. «La mafia n'est pas une malédiction de Dieu, avait-il coutume de dire. C'est un phénomène humain, et comme tous les phénomènes humains, il est né et il peut mourir.»

Falcone visita le Canada, traversant les Prairies en voiture, se baladant dans les Rocheuses. Il eut le plaisir de voyager, avec sa femme Francesca, escorté d'un seul agent de la GRC. Cela le changeait de l'Italie, où il roulait dans des berlines au châssis renforcé et aux vitres blindées, accompagné de tireurs d'élite et parfois d'hélicoptères. De 17 à 60 gardes du corps assuraient en permanence sa sécurité et celle de son épouse.

Falcone fut le principal organisateur du maxi-procès de la mafia en 1986 et 1987. Tommaso Buscetta, lui, fut l'un des principaux témoins. Plus de 350 des 474 accusés furent condamnés pour des crimes graves. Buscetta avait déjà témoigné dans le procès de la Pizza Connection à New York, notamment contre son ancien allié, Gaetano Badalamenti. Aucun membre des clans Rizzuto et Cuntrera-Caruana ne fut inquiété lors de ce procès, même si les noms de quelques-uns avaient ressurgi durant l'enquête. Les autorités judiciaires commençaient tout juste à prendre conscience de leur importance.

* * *

Le 16 septembre 1984, le parrain de la mafia montréalaise, Vic Cotroni, mourait des suites de son cancer. Il avait 73 ans. Dans son livre sur l'histoire du crime organisé au Québec, Pierre de Champlain, ancien analyste du Service canadien de renseignements criminels, raconte qu'un défilé de 22 fourgons funéraires écrasés sous les couronnes suivait la dépouille. La fanfare répétait sans cesse un extrait de la marche funèbre de Chopin. Vito Rizzuto, Joe LoPresti et plusieurs caïds assistèrent à la messe, célébrée à l'église de la Madona della Difesa. Des personnalités rendirent un dernier hommage au vieux parrain, notamment le comédien Claude Blanchard et l'éditeur du *Corriere Italiano*, Alfredo Gagliardi.

Désormais, la voie était libre pour les Rizzuto.

CHAPITRE SIX

Les narco-bourgeois

Chaque printemps depuis des siècles, le bois de Saraguay se couvre d'un immense tapis de trilles blancs. La petite forêt, qui s'étend dans l'arrondissement de Cartierville tout près de la rivière des Prairies, a la réputation d'être la mieux préservée de l'île de Montréal. Des botanistes y ont recensé des espèces rares, du moins pour le Québec, tels le charme de Caroline, l'érable noir, le caryer ovale et le noyer cendré. On y trouve des arbres centenaires. Le bois a été sauvegardé par les Sulpiciens, premiers seigneurs de l'île, et par les propriétaires qui leur ont succédé. De riches familles, comme les MacDougall et les Ogilvie, y ont construit des manoirs en prenant soin de ne pas porter atteinte à l'environnement.

À la fin des années 1970, cependant, des promoteurs s'emparèrent d'une bonne partie du bois et le morcelèrent afin de faciliter la construction de nouvelles résidences. Les citoyens protestèrent avec vigueur, avec l'appui de personnalités connues comme Pierre Dansereau, biologiste réputé qui avait participé à la création du Jardin botanique. Leur mobilisation obligea le gouvernement à créer le premier arrondissement naturel en milieu urbain au Québec.

Le bois fut sauvé, mais un promoteur arriva tout de même à soustraire son lotissement du décret gouvernemental. Il y fit construire des maisons aussi modernes qu'imposantes, qu'il vendit à de riches familles. Vito Rizzuto emménagea dans sa demeure en 1982, un an après avoir participé au meurtre des trois capitaines rebelles de la famille Bonanno à Brooklyn. « Derrière chaque grande fortune, il y a un grand crime », disait Honoré de Balzac. Cette phrase aurait pu être écrite pour Rizzuto fils et ses acolytes. Comme l'argent de la drogue et des divers rackets auxquels ils se livraient rentrait à flot, les mafiosi n'eurent plus qu'une idée : s'embourgeoiser et afficher leur richesse. Vito quitta la classe moyenne de Saint-Léonard pour s'installer dans un bastion boisé et protégé des regards. Dans la mesure où Rizzuto connaissait presque tous ses voisins, les policiers pouvaient difficilement se cacher dans les buissons afin d'exercer une quelconque surveillance. L'avenue Antoine-Berthelet appartenait en partie à des membres de sa famille ou à des proches, si bien que les journalistes finirent par la surnommer « la rue de la mafia ».

La très vaste demeure de Vito, qui appartient officiellement à sa femme Giovanna Cammalleri, s'étendait – et s'étend toujours – sur un terrain de 1300 m². Un garage pourvu de trois larges portes prolonge la bâtisse, elle-même plus longue qu'une allée de quilles. Les pignons se succèdent au-dessus de la façade faite d'un mélange peu harmonieux de pierres grises et de crépi blanc à colombages. Les fenêtres à meneaux de plomb de l'étage sont de style Tudor. L'acquisition n'était pas un mauvais placement : au rôle municipal d'évaluation foncière de 2007, la maison valait 917 500 $.

La sœur de Vito, Maria, s'installa juste à côté avec son mari, Paolo Renda. Ce dernier, on s'en souvient, avait été arrêté avec Vito après avoir mis le feu dans son salon de coiffure à Boucherville, puis il s'était enfui au Venezuela parce qu'il faisait l'objet d'une enquête pour le meurtre de Paolo Violi. Il était revenu au Canada après que trois autres membres du clan eurent plaidé coupable à des accusations de complot pour meurtre. De retour à Montréal, il avait repris la gérance de maisons de jeux. Un document policier confidentiel affirme que Paolo Renda était, en réalité, le promoteur du lotissement : « Il est intéressant de noter que ces propriétés (de l'avenue Antoine-Berthelet) font partie d'un développement immobilier créé et géré par Paolo Renda et que la majorité des terrains et des résidences ont été vendus à des personnes soupçonnées d'activités criminelles. »

Nicolò Rizzuto se fit construire une vaste demeure d'un demi-million de dollars dans la même avenue, à côté de la maison de sa fille Maria. Il la vendit à sa femme Libertina Manno, au même prix. Il vivait plus souvent au Venezuela, mais depuis l'assassinat de Paolo Violi, il n'hésitait plus à séjourner à Montréal. Toutefois, ses visites étaient de courte durée. Il voyageait sans cesse entre Caracas, Milan, New York et Montréal. À l'été 1982, il se trouvait en Italie. Les policiers italiens, qui le suivaient à la trace, étaient intrigués par sa relation avec un dénommé Vito Palazzolo, spécialiste en transferts de fonds qui s'était par la suite réfugié en Afrique du Sud. Des milliers de billets de banque américains étaient déposés à la Chemical Bank de New York, puis le montant était envoyé en Suisse, à la Hondlesbank de Zurich et au Crédit Suisse de Bellinzola, petite ville helvétique en bordure de la frontière italienne. Nicolò Rizzuto s'entretenait régulièrement avec Giuseppe Bono et Michelangelo Lascala, deux gros fournisseurs d'héroïne. Les policiers surprirent une conversation où il parlait, en langage codé, de grosses sommes d'argent. Les propos, vagues et mystérieux, donnaient l'impression qu'il voulait recouvrer une dette. Il disait à son interlocuteur d'aller chercher une valise à Milan et de l'apporter au Venezuela. L'écoute de sa ligne téléphonique permit à la police de découvrir qu'il préparait un intrigant envoi de meubles luxueux à son domicile de la rue des Vannes, à Saint-Léonard, qu'il occupait encore pendant la construction de sa maison, avenue Antoine-Berthelet. Les meubles venaient de Toscane et devaient être livrés à Montréal, en passant par Halifax. À eux seuls, les frais d'expédition s'élevaient à près de 100 000 $.

Giuseppe LoPresti fut le quatrième du clan à s'établir avenue Antoine-Berthelet. Grâce à sa femme Rosa Lumia, née comme lui à Cattolica Eraclea, il avait des liens de parenté avec les Manno et, par conséquent, avec les Rizzuto – détail appréciable quand on connaît l'importance qu'accorde la mafia sicilienne aux liens du sang, perçus comme un rempart contre les trahisons. LoPresti, surnommé « Poor Joe » ou « Sad-Eye Joe » avait immigré au Canada en 1969. Il assurait la liaison entre les Siciliens et la Cosa Nostra américaine pour le trafic de stupéfiants depuis l'Amérique du Sud jusqu'à New York, en passant par Montréal. Il était en quelque sorte l'ambassadeur des Rizzuto, disait le sergent Yvon Thibault, du service de renseignement de la GRC.

Enfin, Gerlando Sciascia acheta, par l'entremise de son fondé de pouvoir – le restaurateur Vincenzo Cammisano, qui résidait également dans l'avenue Antoine-Berthelet –, un terrain avoisinant la résidence de LoPresti. « George from Canada », né le 15 février 1934 à Cattolica Eraclea, était arrivé au Canada en 1955. Trois ans plus tard, il entrait illégalement aux États-Unis, mais se faisait arrêter. Réussissant malgré tout à obtenir un visa, il s'était établi à New York. Il habitait une petite maison dans le Bronx et gérait une pizzeria dans Long Island. Il déposa une requête de résidence permanente au Canada, mais on la lui refusa. Collaborant étroitement avec Joe LoPresti, il coordonnait lui aussi l'importation d'héroïne aux États-Unis en passant par le Canada et blanchissait les profits de la drogue dans le monde entier. Il supervisait les activités de la *decina* montréalaise pour la famille Bonanno.

En 1982, dans un rapport intitulé « L'état de la situation du crime organisé », la police de Montréal décrivait la mafia comme l'ennemi public numéro Un. Mais comme l'avaient fait les commissaires de la CECO en 1976, ses analystes braquaient surtout les projecteurs sur le clan calabrais et les gangsters québécois qui gravitaient autour du clan Cotroni. Ils n'avaient pas encore saisi l'importance des Siciliens et ne faisaient que mentionner les noms de Nicolò et de Vito Rizzuto.

Entre-temps, Vito Rizzuto menait la belle vie à Montréal et développait un goût de grand bourgeois pour les grands vins et le whisky. Le soir, il faisait la tournée des bars et des restaurants chics. Joignant l'utile à l'agréable, il étendait son réseau de contacts et brassait des affaires légales et illégales. Il se couchait aux petites heures et faisait la grasse matinée. Il lui restait bien assez de temps pour jouer au golf pendant la journée. Grand amateur de boxe, il assistait à presque tous les combats d'importance. Il accompagna un jour Johnny «Pops» Papalia à un match à Cornwall, en Ontario, près de la frontière québécoise. D'origine calabraise, Papalia avait fait ses classes dans le crime organisé à Montréal, aux côtés de Luigi Greco et de Carmine Galante. Rizzuto prit place à la première rangée du Forum de Montréal pour un autre match, en compagnie des trois hommes condamnés à la suite de l'assassinat de Paolo Violi : Domenico Manno, Agostino Cuntrera et Giovanni DiMora. Ce fut pour lui une autre occasion de rencontrer Claude Faber, un des lieutenants de Frank Cotroni. Plus tard, il retourna au Forum avec Agostino Cuntrera et d'autres mafieux pour le combat tant attendu entre Mario Cusson et Dave Hilton.

Il se rendait régulièrement à Toronto. Il y rencontrait Pietro Scarcella, un caïd né dans le même village que Joe Bonanno, Castellammare del Golfo, sur la côte ouest de la Sicile. Une fois en Ontario, Scarcella devint organisateur au syndicat des charpentiers, et chauffeur pour un autre caïd, Paul Volpe, œuvrant dans les casinos à Port-au-Prince, en Haïti. En novembre 1983, le cadavre de Volpe fut découvert dans le coffre de la BMW de sa femme, garée à l'aéroport Lester-B.-Pearson. La police croit que Scarcella avait livré son patron aux tueurs.

Vito Rizzuto fréquentait ouvertement trafiquants et tueurs. Certains d'entre eux venaient le voir chez lui, avenue Antoine-Berthelet. Entre juillet et octobre 1982, il reçut au moins trois fois Sabatino «Sammy» Nicolucci, qui avait un casier judiciaire pour possession de drogue et contrefaçon. En février 1984, ils prirent le même avion pour le Venezuela.

Depuis le triple meurtre de Brooklyn en 1981, Vito Rizzuto ne voyageait plus aux États-Unis. Il évitait d'y transiter quand il quittait le Canada par voie aérienne. Il avait manifestement peur d'être arrêté. «Il a même peur qu'une panne oblige le pilote à faire une halte en territoire américain», disait un enquêteur de la police de Montréal. Les policiers et les procureurs américains n'avaient pas suffisamment de preuves pour l'inculper, mais ils n'en avaient pas moins de sérieux doutes. Le FBI exprimait clairement ses soupçons dans un rapport à diffusion restreinte, rédigé en 1985 et intitulé «La Cosa Nostra au

Canada ». L'agence fédérale américaine s'interrogeait sur le mobile du massacre des trois capitaines rebelles : « On ne sait pas s'ils ont été tués à cause de leur implication dans le meurtre de Carmine Galante ou parce qu'ils voulaient faire plus d'argent avec le trafic de drogue, notait le rapport. Ce qui est significatif, c'est que le fils de Nicolò Rizzuto, Vito Rizzuto, est soupçonné d'avoir participé à ces meurtres. Cela accrédite la thèse voulant que les factions siciliennes du clan Bonanno et des familles de Montréal travaillent main dans la main. »

* * *

Rizzuto n'avait rien d'un psychopathe comme Galante, auteur présumé d'une centaine de meurtres, mais il n'était quand même pas conseillé d'être son ennemi. D'après la police, il eut son mot à dire dans la cascade d'attentats qui secouèrent le marché de la crème glacée à Montréal à cette époque.

Le 12 mai 1983, une bombe explosa à l'arrière d'un Dunkin Donuts, boulevard Henri-Bourassa, dans l'extrême est de Montréal, juste à côté de la Baskin Robbins, un fabricant de crème glacée. Le propriétaire comprit le message. Il cessa de vendre ses produits aux salles de réception et aux buffets italiens. Dès lors, il ne reçut plus aucune menace.

Ce fut ensuite le tour de la crémerie Roberto, rue Bélanger, dans l'est de Montréal. Le propriétaire commença par recevoir des menaces par téléphone, qu'il ne prit pas au sérieux. En septembre 1983, sa voiture prit feu. En mars 1984, son matériel de fabrication de crème glacée fut mystérieusement saboté. Des cagoulards firent irruption dans la crémerie et le frappèrent sauvagement. Un homme tout à fait respectable, dont la femme allait être élue députée libérale au gouvernement fédéral, lui rendit visite et lui fit aimablement comprendre qu'il était temps de se montrer compréhensif. Il saisit le message : il cessa de distribuer ses délicieuses glaces italiennes dans les hôtels et les grands restaurants de la région métropolitaine. Ses problèmes disparurent comme par enchantement.

Une bombe de faible intensité fut placée devant la porte d'une confiserie. Quelques jours plus tard, une bombe artisanale provoquait de graves dommages à l'intérieur de la pâtisserie San Marco, rue Jean-Talon Est. En décembre 1984, des bâtons de dynamite explosaient dans l'usine des Glaces Rachelli, à Saint-Laurent, dans l'ouest de l'île, causant pour 750 000 $ de dommages. L'entreprise, propriété de deux hommes d'affaires milanais, s'était établie dans l'île de Montréal à l'invitation du ministère de l'Alimentation et de l'Agriculture du

Québec. L'été précédent, Roberto et Sergio Rachelli avaient investi deux millions de dollars dans la construction de l'usine. Les gouvernements provincial et fédéral avaient promis des subventions de 260 000 $ et de 210 000 $. Les investisseurs, propriétaires de la Societa Gelateria Rachelli, fondée à Milan en 1935, comptaient occuper une part importante du marché canadien. Des représentants des gouvernements et de la Ville, ainsi qu'un évêque catholique, participèrent à l'inauguration de l'usine. Deux semaines plus tard, la bâtisse sautait. Terrorisés, sidérés par l'apathie des autorités canadiennes, déconcertés par l'impuissance de la police, les deux frères fermèrent leur succursale de Saint-Laurent et retournèrent à Milan. Ils appréhendaient des attentats dans leurs fabriques de glace en Italie. « Je ne pensais pas que la mafia était si influente au Canada », confia l'un d'eux.

La guerre de la crème glacée ne s'arrêta pas là. Réjean Chaput, 48 ans, fut assassiné avec une arme de calibre 9 mm alors qu'il traversait la rue Chabanel, dans le nord de la ville. La police trouva dans sa voiture plusieurs documents portant sur la vente de crème glacée. Par la suite, Frederic Ellmenrich était abattu de trois coups de feu dans la même rue, devant son entreprise, la compagnie Fufu Industries inc., spécialisée dans la fabrication et la distribution de glace italienne. Quelques années plus tard, son partenaire Vincenzo Miraglia fut tué à son tour.

Curieusement, la crémerie Ital-Gelati, située au 5884, rue Jean-Talon Est, ne fut jamais importunée. L'entreprise appartenait à Domenico Arcuri, qui avait acheté le fond de commerce de la succession de Paolo Violi après l'assassinat de ce dernier. Arcuri était ce Sicilien qui s'était rendu à l'aéroport de Dorval, en 1972, pour y accueillir les deux émissaires dépêchés par la famille Bonanno, envoyés à Montréal pour tenter de régler le conflit entre Paolo Violi et Nicolò Rizzuto. La cote d'Arcuri dans la hiérarchie mafieuse était suffisamment haute pour justifier son invitation au mariage de Giuseppe Bono à l'hôtel Pierre, à New York. Il était devenu un très proche collaborateur de Vito Rizzuto. La police estimait que la compagnie Ital-Gelati représentait la part de butin d'Arcuri après la victoire du clan sicilien sur les Calabrais. Les frères Rachelli, de Milan, avaient eu la très mauvaise idée de s'opposer à ce que cette compagnie obtienne un permis d'exploitation pour une usine laitière. Trente ans plus tard, Ital-Gelati avait toujours la main haute sur le commerce de la glace italienne à Montréal.

À tout seigneur tout honneur : Vito Rizzuto ne tenta pas de profiter de la victoire de son clan pour humilier les vaincus. Au contraire, il sut rallier les Calabrais ou, du moins, apaiser leur rancœur. Aucunes représailles ne furent ordonnées contre Frank Cotroni après le meurtre de Michel Pozza, le conseiller financier de Rizzuto. Concentrant tous ses efforts sur l'accroissement de son taux de profit, ce dernier ne se laissait pas distraire par les sentiments. Frank Cotroni jouissait d'un formidable réseau de contacts parmi les trafiquants de drogue : aussi bien en tirer avantage. Rizzuto gagna l'appui, sinon la sympathie de Giuseppe « Joe » Di Maulo, un des piliers de la mafia.

Di Maulo ne déplaçait pas autant d'air que le flamboyant Frank Cotroni, mais ceux qui connaissaient la mafia estimaient qu'il occupait une place vitale dans le cœur et l'avenir de la faction calabraise – ou ce qu'il en restait. Le casier criminel de Frank Cotroni ne cessait de s'épaissir, si bien qu'il passerait une bonne partie de sa vie en prison. Il avait été condamné à de lourdes sentences pour trafic de stupéfiants et les policiers le soupçonnaient d'avoir commandé plusieurs meurtres. En revanche, le casier de Di Maulo restait bien mince : il avait été condamné à 13 mois de prison en 1961 pour possession d'armes et acquitté d'un triple meurtre commis en 1971 au Casa Loma, rue Sainte-Catherine.

Doté d'un incontestable talent pour la diplomatie, Di Maulo avait l'ambition nécessaire pour apaiser les divisions entre Siciliens et Calabrais et développer de bonnes relations avec Vito Rizzuto, le nouveau patron. Ce qui ne l'empêchait pas de rester loyal envers Frank Cotroni. D'ailleurs, sa fille aînée, Mylena, épousa le fils de Cotroni, Frank junior. Di Maulo agissait comme une sorte de médiateur entre les factions, rencontrant les uns dans un restaurant du centre-ville, les autres dans le vieux district italien de Saint-Léonard. Il ne côtoyait pas seulement des mafieux. Au cours des années, la gestion et la rénovation de night-clubs l'avaient amené à étendre son réseau d'affaires. Il noua des relations amicales avec des politiciens, des avocats, des notaires, des artistes, des entrepreneurs et même des juges.

Comme Vito Rizzuto, Joe Di Maulo savait comment gagner de l'argent sans avoir à pointer un revolver à gauche et à droite. Il était possible de prospérer avec le jeu et les salons de massage, entre autres. Tout comme Vito, Joe savait quand se battre et quand s'enfuir. Il s'expatria en Floride pendant deux ans lorsqu'il commença à sentir le souffle brûlant des policiers sur sa nuque.

Sa femme était la sœur de Raynald Desjardins, un des rares Québécois de souche à avoir la confiance des dirigeants de la mafia italienne. Ancien serveur de cabaret, Desjardins s'était recyclé dans le commerce d'héroïne et de haschisch. Au printemps 1984, il se trouvait avec Vito Rizzuto à Milan. Cette grande ville italienne était un haut lieu de la mode, mais les deux comparses n'avaient pas l'intention d'y acheter des costumes. Deux mois après ce voyage, les policiers milanais saisissaient trois tonnes et demie de cannabis en provenance du Liban. Expédiée par bateau, la cargaison devait passer par les États-Unis avant d'atteindre Montréal par camion. Le suspect arrêté à Milan était en possession d'un téléavertisseur au nom de Desjardins.

Vito Rizzuto sut devenir un mafioso moderne et efficace. Sans renier les liens du sang et la primauté de sa famille sicilienne, il travaillait non seulement avec les Calabrais du Québec et de l'Ontario, mais avec des non-Italiens comme Raynald Desjardins ou les frères Dubois. Il collabora indistinctement avec les cartels d'Amérique du Sud et les Irlandais du Gang de l'ouest de Montréal et, bientôt, avec les Hells Angels. Rizzuto s'ancra fermement au centre des activités. Sa capacité d'amener des groupes et des individus que tout opposait à viser un but commun, la richesse, en mettant de côté leurs rivalités naturelles, lui conféra une autorité hors du commun. Il devint le parrain du crime organisé canadien, bien que le titre officiel fut réservé à son père Nicolò.

Parallèlement au trafic de drogue, Vito Rizzuto et les diverses familles siciliennes et calabraises se partageaient les différentes sphères d'activités classiques de la pègre, comme le prêt usuraire, le vol, la fraude, le jeu, les paris clandestins (entre autres les appareils de vidéopoker), la fausse monnaie, la prostitution, la pornographie, la contrebande d'alcool et de tabac, la vente de boissons alcoolisées après les heures permises, et ainsi de suite.

«On les croyait désorganisés à la suite des travaux de la CECO, rappela le sergent Yvon Thibault, de la GRC, dans un rapport présenté à la Conférence internationale sur le crime organisé tenue à l'automne 1991 à Fort Lauderdale, en Floride. Au contraire, ils ont pris de l'expansion. C'était le début de l'internationalisation de la mafia montréalaise. »

«En s'implantant à Montréal, la Cosa Nostra sicilienne a dû faire preuve d'une bonne faculté d'adaptation afin de pouvoir prendre de l'expansion, constatait la GRC dans un autre rapport. Ainsi, elle a recruté dans ses rangs des non-Siciliens qui se sont avérés utiles à cause de leurs contacts dans d'autres organisations locales ou nationales, à Toronto par exemple, mais aussi sur la scène internationale. »

Le 7 février 1983, le nom de Nick Rizzuto fut inscrit dans le dossier d'enquête déposé par la police nationale italienne (la Criminalpol) sur le bureau d'un juge d'instruction de Rome. La dénonciation, qui s'intitulait « Giuseppe Bono + 159 », identifiait les 159 complices de Bono, ce gros trafiquant de drogue qui s'était marié à l'hôtel Pierre, à Manhattan. Les enquêteurs de la Criminalpol de Milan décrivaient Nicolò Rizzuto comme un trafiquant d'aussi haut niveau que Bono lui-même. Son nom figurait à côté de grosses gommes : le « Zip » Salvatore Catalano ; Tommaso Buscetta (qui se trouvait encore au Brésil mais qui allait bientôt livrer ses secrets au juge Falcone) ; Michele Zaza, de la Camorra napolitaine ; le boss sicilien Bernardo Brusca, dont le fils assassinera Falcone ; et bien d'autres, dont Gerlando Sciascia, « George from Canada ». Les enquêteurs constataient que, depuis le démantèlement de la Filière française, le réseau de Bono s'était ramifié partout sur la planète. Ils le soupçonnaient d'avoir distribué trois tonnes d'héroïne après avoir raffiné la morphine-base en Italie.

En 1984, la GRC crut hameçonner Vito Rizzuto, mais il leur glissa des mains avec l'agilité d'un achigan. Ce n'était là que le début d'une série d'échecs et de frustrations pour la police fédérale. L'enquête commença à l'aéroport de Vancouver par la découverte de 12 kilos de cocaïne. Les sacs de poudre blanche étaient dissimulés dans des valises à double fond. Quatre suspects furent épinglés, dont un médecin sud-américain, qui se mit à table. Les policiers apprirent qu'un Italo-Montréalais, William Papier, devait prendre livraison de la marchandise dans un hôtel de Vancouver. Papier était déjà fiché par la GRC à Montréal. La police le soupçonnait de travailler pour Sabatino « Sammy » Nicolucci, cet homme qui avait rendu visite à trois reprises à Vito Rizzuto, au cours de l'été 1982, dans sa nouvelle résidence de l'avenue Antoine-Berthelet. La GRC estimait que Nicolucci et ses complices importaient une dizaine de kilos de cocaïne tous les trois mois.

Placé sur écoute, Papier téléphona à Nicolucci en pleine nuit, de Vancouver.

« Je viens de l'échapper belle, lui dit-il. Il y a des policiers partout dans l'hôtel.

— Tais-toi ! lui ordonna Nicolucci.

— C'est venu si près, Sammy ! jappa Papier, encore en état de panique.

— Ferme ta grande gueule, répondit Nicolucci avant de raccrocher. On se verra à ton retour à Montréal. »

Le sergent John Norris quitta le quartier général de la GRC à Westmount et prit l'avion pour Vancouver. Il croyait avoir assez de preuves pour faire inculper Nicolucci et Papier, même si ce dernier, se sachant surveillé, n'avait pas pris possession de la drogue. La procureure de la poursuite, Emely Reid, réfréna ses ardeurs : elle lui expliqua qu'une courte conversation téléphonique ne constituait pas une preuve suffisante.

De retour à Montréal, Norris et ses hommes continuèrent de talonner Nicolucci et Papier. Le mois suivant, ils entendirent les deux suspects parler d'un projet de vacances, mais les policiers avaient la certitude qu'ils planifiaient plutôt une autre importation. Ils ne détenaient pourtant qu'une seule information concrète : Nicolucci devait prendre l'avion à destination du Venezuela le 4 février 1984. Ce matin-là, ils suivirent ses déplacements à Montréal du haut des airs, à bord d'un Cessna. Ils le virent monter dans un taxi, descendre en face d'un édifice public, entrer et sortir par une autre porte, valises à la main, héler un autre taxi et filer vers l'aéroport de Dorval.

D'autres policiers le prirent en filature au sol. Nicolucci fut accueilli à l'aéroport par Sylvestro Polifroni, 37 ans, alias Sylvio Marro, condamné pour son activité dans des maisons de jeux et dans la fabrication de faux billets. Quelques années plus tôt, Polifroni avait assisté au mariage de Bono à l'hôtel Pierre, à New York. Plus intéressant encore, les deux hommes embarquèrent dans le même avion que Vito Rizzuto et sa femme, Giovanna Cammalleri. Vito fut reconnu par un agent qui l'avait déjà suivi à la demande du service de renseignement de la GRC. Les quatre passagers transitèrent par Toronto et la Barbade avant de débarquer à Caracas.

Le sergent John Norris et un collègue de Vancouver, Larry Sizler, sautèrent dans un avion pour le Venezuela. Aussitôt arrivés, ils filèrent à l'ambassade américaine, au centre-ville de Caracas. L'agent Jim Lockaby, de la Drug Enforcement Administration (DEA), l'Agence américaine de répression des stupéfiants, les attendait. Il emmena ses collègues canadiens dans un immeuble discret situé à une dizaine de minutes de voiture, où il leur présenta un agent des services secrets vénézuéliens âgé d'une soixantaine d'années. « Señor D », véritable encyclopédie vivante, connaissait les moindres faits et gestes des politiciens et des hommes d'affaires du pays, ainsi que leurs relations avec les narcotrafiquants locaux et internationaux. Après un échange de propos anodins, il verrouilla la porte du bureau, s'approcha de la bibliothèque se trouvant sur un des murs et, d'une légère pression de l'épaule, fit pivoter le meuble. L'entrée secrète donnait sur une pièce aux murs tapissés d'organigrammes et de photos.

La discussion reprit sur la situation particulière du Venezuela dans l'échiquier mondial du trafic de drogue. Parmi les photos se trouvaient celles des Cuntrera et des Caruana, déjà étiquetés comme des trafiquants majeurs et des as du blanchiment d'argent, et celles de membres d'autres familles du clan de Siculiana : les Cuffaro, les Vella et, surtout, les Rizzuto. Après cette séance digne de figurer dans un film de James Bond, Norris et Sizler furent introduits auprès du commissaire Ivan Israël Wiazer, responsable du contre-espionnage de la police d'État vénézuélienne. Wiazer les informa que Nicolucci et Polifroni avaient d'abord séjourné dans la résidence de Nicolò Rizzuto, puis qu'ils avaient réservé des chambres au Caracas Hilton, un des hôtels les plus chics de la capitale. La chambre de Nicolucci était enregistrée au nom de Pasquale Cuntrera, le principal dirigeant du clan de Siculiana au Venezuela. Les hommes de Wiazer avaient caché des micros dans les deux chambres et occupaient eux-mêmes une chambre un étage au-dessus afin de bien capter les conversations.

Quelques jours après son arrivée à Caracas, Vito Rizzuto frappa à la porte de la chambre de Polifroni et commença à discuter avec lui et avec Nicolucci.

« Ils ont un nouveau président, leur dit-il en anglais, en parlant de Jaime Lusinchi, qui était entré en fonction le 2 février. On a perdu nos contacts, mais ce n'est qu'une question de semaines et tout va se replacer.

— Chut ! » répondit une voix.

Les policiers entendirent des bruits de pas ; puis quelqu'un ouvrit les robinets du lavabo et de la douche afin d'étouffer les conversations. Dix jours plus tard, Nicolucci quittait le Venezuela pour Santa Cruz, en Bolivie, un pays qui produisait alors 80 % de la cocaïne mondiale.

En 1980, des agents de la DEA avaient atterri dans la jungle bolivienne en se faisant passer pour des trafiquants : ils avaient réussi à embarquer 400 kilos de cocaïne. À cette époque, le ministre de l'Intérieur bolivien, responsable de la répression de la drogue, était lui-même un trafiquant. Faute d'une entente avec la Bolivie, les policiers canadiens ne purent suivre Nicolucci jusqu'à sa nouvelle destination. Des agents de la DEA prirent le relais. Entre-temps, à Montréal, d'autres agents de la GRC continuaient d'écouter ce qui se disait sur les lignes téléphoniques au Canada. Ils apprirent que Nicolucci devait revenir à Caracas le 23 février. Son amie Diane Blanchette devait l'y rejoindre. De là, le couple gagna Aruba, une petite île des Antilles néerlandaises située à proximité des côtes du Venezuela et de la Colombie.

Au même moment, une certaine Gloria Mercado de Ballivian quittait Miami et atterrissait à Aruba. La police avait la certitude que sa mission consistait à se faire payer par Nicolucci pour les 12 kilos de cocaïne saisis à Vancouver, et peut-être à conclure une nouvelle transaction. Le sergent John Norris se rendit lui aussi à Aruba. Plus tard, il apprit que les suspects avaient été informés de sa présence. L'enquête, menée dans cinq pays à la fois – Canada, Venezuela, Bolivie, Aruba et États-Unis – permit d'accumuler assez de preuves pour relier Nicolucci et William Papier à la saisie réalisée à Vancouver. Les deux hommes furent accusés à la Cour supérieure de Montréal, puis subirent un procès et furent déclarés coupables par un jury. Ils furent condamnés à 14 ans de pénitencier. Ils portèrent leur cause en appel, mais sans succès.

Au terme de l'enquête, la GRC effectua une perquisition à la résidence de Vito Rizzuto, avenue Antoine-Berthelet. Le nouveau parrain reçut les policiers avec politesse et sans manifester aucune nervosité. Il était évident que les enquêteurs ne trouveraient rien chez lui. Quand ils eurent fini de fouiller tiroirs et armoires, Rizzuto les escorta jusqu'à la porte, un sourire amusé aux lèvres. Il serait désormais enregistré dans les fichiers de la police comme le leader de la mafia à Montréal.

En juillet 1984, les policiers fédéraux avaient à peine refermé le dossier Nicolucci que le nom de Vito Rizzuto réapparaissait dans une enquête sur le trafic d'héroïne. Se faisant passer pour un trafiquant désireux d'étendre son business dans l'Ouest canadien, un agent double venu de Calgary avait acheté de l'héroïne à des membres de l'organisation, dans l'espoir de remonter jusqu'à Vito. Cachés dans un logement situé en face d'un petit café italien de la rue Bélanger, les enquêteurs le virent converser à maintes reprises sur le trottoir avec Raynald Desjardins.

Le policier infiltré réussit à appâter des trafiquants notoires comme Giuseppe Armeni, déjà condamné pour meurtre, ainsi que son neveu Domenico et des membres de la famille Morello. Mais le policier craqua sous la pression. Après 18 mois de travail intensif, il n'avait toujours pas recueilli d'informations incriminantes sur Vito. Lorsqu'il avait insisté pour le rencontrer, son contact l'avait prévenu qu'il devait être patient : « Ça fait 20 ans qu'on le connaît nous autres, il faut que tu attendes, lui avait-il dit. Quand il va être prêt à te parler, il va te parler. » La frustration des policiers ne faisait que commencer. Ils savaient ce que faisait Vito, mais ils ne pouvaient rien contre lui.

L'enquête fut interrompue. La police en lança une autre. Les agents eurent encore une fois la nette impression que le plombier en chef s'appelait Vito Rizzuto, mais le coincer était une autre affaire. Celui qui ouvrait les valves pour faire entrer la drogue était un ancien portier d'un cabaret d'effeuilleuses de la Rive-Sud de Montréal, qui répondait au nom de Denis Lemieux.

Un portier gagnait environ 1000 $ par semaine grâce aux pourboires. De toute évidence, Lemieux gagnait beaucoup plus. L'argent coulait à flots, de la vraie magie. Ses prouesses financières hors du commun lui permirent d'acheter deux bars, dont Le Privé, rue Bishop, au centre-ville de Montréal. Il quitta son modeste bungalow du boulevard Westley, à Saint-Hubert, et emménagea dans un vaste domaine à Saint-Denis-sur-Richelieu. Selon ses humeurs, il roulait soit dans une Mercedes 300, soit dans une Mazda RX-7. Modèle parfait du narco-bourgeois des années 1980, il voyageait beaucoup et nouait les relations les plus profitables.

Lemieux avait commencé à s'approvisionner auprès de Nicolucci, mais ce fut sa rencontre avec Jorge Luis Cantieri, un Brésilien polyglotte en cheville avec le clan Rizzuto, qui le lança véritablement en affaires. Cantieri connaissait bien le Québec : il avait déjà joué dans l'équipe professionnelle de soccer des Castors de Montréal. Il avait des contacts en Argentine, au Pérou, en Haïti, au Venezuela, en Inde, mais surtout dans les Caraïbes. C'est là que Lemieux rencontrait les fournisseurs de cocaïne. Cantieri, lui, se chargeait d'organiser les expéditions. Les sacs de poudre suivaient un trajet compliqué. Ils quittaient São Paulo, au Brésil, puis étaient acheminés par bateau jusqu'à New York ou Baltimore. Ils étaient ensuite transportés à Saratoga, au nord de l'État de New York, et franchissaient la frontière canadienne dans le compartiment secret d'un fardier. Lemieux se faisait ainsi livrer une cinquantaine de kilos de cocaïne par année, ce qui était considérable à l'époque. Il écoulait le gros de la marchandise dans son bar de la rue Bishop.

Un beau jour, les agents de la GRC surprirent un détective de la police de Montréal en train de suivre leur propre informateur dans une voiture banalisée. Le policier n'était pas en mission commandée, ou plutôt oui : il était à la solde des trafiquants. La surveillance qu'il exerçait s'inscrivait dans le cadre d'une opération visant à assassiner l'informateur. La GRC le dénonça aux affaires internes de la police de Montréal et il fut congédié.

Lemieux fut arrêté et condamné à 14 ans de prison. Libéré au tiers de la peine, il reprit son commerce de drogue et fut abattu d'une rafale de mitraillette avec trois autres personnes, dont deux jeunes femmes innocentes, dans un immeuble résidentiel de Brossard, en bordure de la voie maritime du Saint-Laurent. Jorge Luis Cantieri fut lui aussi arrêté et condamné, ainsi que deux proches collaborateurs : l'agent de voyage Jean Lamarche et le globe-trotter Norman Rosenblum.

L'enquête démontra à la police que l'importation de cocaïne avait pris des proportions sans précédent à Montréal. Cette drogue était à la mode. Plutôt que d'envoyer ses utilisateurs dans un paradis artificiel, elle leur donnait l'illusion d'être alertes, vifs d'esprit, brillants. Elle était prisée par des courtiers en valeurs mobilières, des avocats, des politiciens, des musiciens.

Ce marché en pleine expansion attisa l'avidité des fournisseurs, des importateurs et des revendeurs. Mais, dans le milieu interlope comme ailleurs, «trop» est l'ennemi de «bien». La surabondance de cocaïne provoqua un effondrement des prix. Des trafiquants eurent alors l'idée de convertir la poudre en crack, une forme solide de la cocaïne qui pouvait être offerte en plus petite quantité et qui, par conséquent, pouvait être vendue à un plus grand nombre de clients. Le crack ne coûtait pas cher à produire, sa fabrication était facile et l'usage n'était pas plus compliqué; il suffisait de fumer la drogue comme un morceau de haschisch. La cocaïne n'avait jamais été bradée à des prix aussi bas: une roche pouvait se vendre pour la somme minime de trois dollars. Mais les trafiquants ne perdaient pas au change. Le crack provoquant une sensation aussi immédiate qu'éphémère, les utilisateurs devenaient rapidement dépendants et en réclamaient de plus en plus. Les impacts sociaux furent désastreux. La cocaïne quitta le parquet de la Bourse et les cabinets de professionnels pour se répandre dans la rue. Les médecins commencèrent à voir de plus en plus de victimes dans les urgences des hôpitaux. Aux États-Unis, les premiers «bébés du crack», enfants de femmes cocaïnomanes, vinrent au monde à la fin de 1984 avec un poids anormalement bas. L'épidémie n'atteint pas des proportions identiques au Canada, mais elle n'en fit pas moins de nombreux dommages.

Le malheur des uns fait le bonheur des autres. L'épidémie profitait directement au clan de Rizzuto et des Cuntrera-Caruana. L'argent de la cocaïne s'ajoutait à celui de l'héroïne. La hausse vertigineuse des bénéfices posait toutefois un problème de taille: des milliers de billets de banque s'accumulaient et risquaient littéralement de moisir s'ils n'étaient pas recyclés dans l'économie légale.

* * *

Le procureur italien Gioacchino Natoli vint en commission rogatoire à Montréal dans le cadre de son enquête sur Pasquale Caruana et Giuseppe Cuffaro. Il rencontra plusieurs témoins, dont une caissière de la Banque d'Épargne de la Cité et du District de Montréal (aujourd'hui la Banque Laurentienne). Cette dame lui apprit que les coupures de 2, de 5 et de 10 dollars qu'on lui avait demandé de compter ne sentaient pas bon du tout.

«Voulez-vous dire que l'argent sentait mauvais dans le sens physique du terme? demanda le procureur.

— Oui, répondit-elle. Cela sentait l'humidité, le moisi. »

Chaque semaine, de 1978 à 1981, des Siciliens pénétraient dans la succursale de la Banque d'Épargne à Dollard-des-Ormeaux, dans la partie ouest de l'île de Montréal. Ils transportaient jusqu'à 500 000 $ dans des sacs de hockey. Alfonso Caruana garait sa camionnette devant la succursale et traînait les sacs à l'intérieur. Les caissières passaient une demi-journée à compter les petites coupures dans le sous-sol de la banque, puis elles remettaient des traites bancaires bien propres à leurs clients bien particuliers.

Le sergent Mark Bourque, de la GRC, put retracer l'envoi de 36 millions de dollars dans des comptes bancaires en Suisse. Interrogé par le procureur Gioacchino Natoli au palais de justice de Montréal, le directeur de la succursale, Aldo Tucci, donna des explications candides : « C'étaient des entrepreneurs qui avaient une compagnie au Venezuela, dit-il. Mais moi, je ne faisais qu'obéir aux instructions qu'on me donnait. » Il affirma qu'il avait prévenu Raymond Garneau, alors président de la banque. Ancien ministre des Finances dans le gouvernement libéral de Robert Bourassa, Garneau lui avait donné le feu vert, affirmat-il. Garneau nia. Il déclara qu'il n'avait signé aucune autorisation, mais il admit qu'il s'était demandé si la banque pouvait refuser l'argent sans s'exposer à des poursuites judiciaires.

Giuseppe Cuffaro, lui, déposa plus de 17 millions de dollars en petites coupures dans une succursale du Trust Hellénique Canadien, avenue du Parc, et dans une succursale de la Banque Nationale, boulevard Saint-Michel. Il ne faisait aucun doute qu'il s'agissait là d'opérations de blanchiment. Le sergent Mark Bourque était dégoûté par le comportement des banques canadiennes. Selon lui, ce n'était pas pour rien que les Cuntrera-Caruana avaient installé leurs pénates au Canada : le pays était un paradis du lessivage de l'argent sale.

Mais le Canada n'était pas un cas unique. Le 27 novembre 1978, Alfonso Caruana et Giuseppe Cuffaro firent l'objet d'une fouille à leur arrivée à l'aéroport de Zurich, en provenance de l'aéroport Mirabel, au nord de Montréal. Les douaniers trouvèrent 600 000 dollars américains dans les doubles fonds de leurs valises. Les deux passagers affirmèrent que l'argent provenait de la vente d'un bateau. Ils payèrent une amende et furent relâchés. Alfonso Caruana était pauvre comme Job quand il avait débarqué au Canada en 1968 : il n'avait que 100 $ en poche. Il était évident que les deux hommes blanchissaient de l'argent, mais ils ne violaient aucune loi.

Alfonso Caruana et Giuseppe Cuffaro voyageaient sans cesse. En 1981 et en 1982, Giuseppe Cuffaro quitta Montréal au moins 10 fois.

Un examen de sa carte American Express indiqua qu'il avait fait des voyages d'affaires à Zurich, Caracas, Miami, Aruba, Rome, Bologne, Palerme, Nassau, Londres, Hollywood (Floride), New Delhi et New York, souvent à plus d'une reprise. Il alla aussi à Singapour, à Rio de Janeiro et à Bangkok. Les mafieux siciliens se trouvaient à l'avant-garde de la mondialisation du capital.

Des dizaines de millions de dollars transitèrent en quelques années dans les comptes contrôlés par Alfonso Caruana. Il créa des entreprises à Milan, notamment avec Giuseppe Bono. Il passa un mois en Thaïlande avec Cuffaro. Il possédait déjà des résidences au Canada et au Venezuela lorsqu'il acheta une luxueuse villa à Melide, en périphérie du centre bancaire de Lugano, petite ville de la Suisse italienne à une centaine de kilomètres de Milan. Des policiers l'y aperçurent en train d'échanger de l'argent avec le boss Antonio Salamone, un parent des Greco venu spécialement du Brésil pour le rencontrer.

Lugano est un endroit aussi superbe que pratique. Situé de part et d'autre de la frontière, le lac de Lugano reflète au premier tiers les Alpes italiennes et aux deux autres tiers les Alpes suisses. Le canton du Tessin était, et est toujours, le troisième centre financier du pays après Zurich et Genève. À elle seule, l'industrie bancaire employait près de 10 000 personnes. Les liens avec l'Italie étaient multiples. Et, ce qui n'était pas à dédaigner, les autorités suisses cultivaient le secret bancaire avec une attention maniaque.

En 1982, Alfonso Caruana déménagea près de Londres afin de prendre la relève de son cousin, Liborio Cuntrera, emporté par une cirrhose du foie. La demeure de Vito Rizzuto, avenue Antoine-Berthelet, était certes cossue, mais elle n'aurait pu rivaliser avec le manoir Broomfield, à Godalming, dans le Surrey. Caruana acheta le domaine pour 450 000 livres, soit presque un million de dollars, en liquide. Construit dans un style géorgien classique, le manoir comportait six grandes chambres à coucher, ainsi qu'une piscine chauffée et illuminée. Des massifs floraux bordaient un bassin où l'eau tombait en cascade. Le terrain de trois hectares, entouré d'un mur haut de deux mètres et demi, comprenait des enclos et des pistes de course pour chiens.

Pasquale Caruana habitait une résidence à peine moins somptueuse, non loin de son frère Alfonso. Le manoir The Hook était situé à Woking, dans la banlieue huppée de Londres. Ce domaine avait lui aussi une piscine intérieure et une piste de course pour chiens, mais le jardin d'eau était remplacé par un sauna. La propriété avait coûté 800 000 $. Un agent immobilier haut de gamme l'avait annoncée comme « l'endroit idéal pour un homme d'affaires occupé qui a besoin d'un accès rapide aux aéroports de Heathrow et de Londres».

La dépouille de Liborio Cuntrera fut rapatriée en Italie. Cela faisait sept ans qu'il vivait en Angleterre, tandis que ses frères Pasquale, Gaspare et Paolo résidaient au Venezuela. Liborio avait émigré de la Sicile au Canada en 1951, à l'âge de 22 ans, et avait été naturalisé Canadien. Il n'avait jamais été arrêté, un exploit vu son importance dans le réseau de trafic de drogue et de blanchiment d'argent du clan Cuntrera-Caruana. Il avait été le proche associé de Francesco Di Carlo, un gangster qui allait occuper une place de choix dans l'histoire de la mafia.

Di Carlo habitait lui aussi à Woking, dans un manoir nommé Brankdene, également ceint de hautes clôtures. Deux énormes chiens alsaciens montaient la garde. Parfois, le portail s'ouvrait en pleine nuit pour laisser entrer des limousines. Les habitants des environs croyaient que le châtelain de Brankdene travaillait dans l'hôtellerie. Après la mort de Liborio Cuntrera, Di Carlo se mit à rendre assidûment visite à ses voisins Alfonso et Pasquale Caruana.

La quiétude des nouveaux riches du Surrey ne sembla pas troublée par la découverte du corps de Roberto Calvi, le 18 juin 1982, pendu sous le pont Blackfriars, dans le district financier de Londres, les poches bourrées de briques et de 15 000 $ en devises diverses. Calvi était le président de la Banco Ambrosiano, qui venait de faire faillite. Il avait été surnommé «le banquier de Dieu».

En effet, le principal actionnaire de cette banque privée était l'Institut pour les œuvres de religion, la banque du Vatican dirigée par le prélat américain Mgr Paul Marcinkus. Calvi était également membre de la loge maçonnique Propaganda Due (loge P2), dont le grand maître était Licio Gelli. Les mobiles du meurtre restent nébuleux, mais il semble que des membres influents de la mafia étaient très mécontents d'avoir perdu des sommes colossales déposées au Banco Ambrosiano.

Le fils de Roberto Calvi, Carlo, un banquier vivant à Montréal, s'est dit convaincu que son père avait été tué parce qu'il connaissait les secrets des activités financières de la mafia et du Vatican. En 1997, un procureur romain nomma des suspects. Le premier était Pippo Calò, trésorier de la mafia, membre dirigeant de la Cupola et du clan vainqueur des Corléonais dans la deuxième guerre de la mafia.

Le deuxième était Francesco Di Carlo. Devenu délateur en 1996, Di Carlo nia avoir commis le meurtre, mais il reconnut que Pippo Calò lui avait demandé d'exécuter le «banquier de Dieu». Selon lui, le meurtre avait également été commandé par Licio Gelli, le grand maître de la loge P2.

Di Carlo fut soupçonné d'avoir trempé dans le complot en vue d'assassiner le général Carlo Alberto Dalla Chiesa, ami du sénateur canadien Pietro Rizzuto. En 1982, ce général de carabiniers fut nommé à Palerme pour combattre la mafia. Cette nomination avait provoqué une explosion de joie. Les Siciliens avaient confiance en lui. Le général avait la réputation bien fondée d'être un véritable serviteur de l'État. Il osait dire les choses telles qu'elles étaient : la mafia sicilienne ne pouvait pas prospérer sans la collusion d'hommes politiques membres de la Démocratie chrétienne. Il n'avait pas hésité à nommer les plus compromis d'entre eux. La mafia le craignait. Cent jours après son arrivée en Sicile, il fut assassiné avec son épouse Emmanuela et son garde du corps. L'ordre avait été donné par le Corléonais Totò Riina. Un autre cadavre exquis, comme se plaisait à dire la mafia.

Le nom de Di Carlo figura dans la longue liste des accusés du maxi-procès de Palerme. Les autorités italiennes affirment avoir informé la police britannique, dès 1976, de sa présence en banlieue de Londres. Elles lui auraient même donné son adresse, mais, pour des raisons inexpliquées, il ne fut pas arrêté.

Francesco Di Carlo considérait son riche voisin Alfonso Caruana comme son propre frère. Une fois repenti, il affirma aux procureurs que les Corléonais lui avaient demandé de l'assassiner. Il avait refusé, affirma-t-il. Avait-il vraiment reçu cet ordre ? Surnommé « L'Étrangleur », Di Carlo voulait peut-être se fabriquer une image de bon garçon qui répugne à tuer son prochain. Mais une chose est sûre : il collabora activement avec le clan Cuntrera-Caruana, notamment dans une importante opération de transport d'héroïne vers Montréal. La drogue était dissimulée dans des meubles.

* * *

Le 21 août 1984, quelques jours après le dédouanement d'un chargement de meubles en teck dans le port de Felixtowe, en Angleterre, un chèque de 13 000 $ était déposé dans une succursale bancaire de Montréal. Neuf jours plus tard, la cargaison était en route pour le Canada et l'argent était encaissé à Bangkok, en Thaïlande. La transaction était banale et n'attira pas l'attention. Mais le 2 décembre, elle n'apparut plus du tout anodine. Ce jour-là, au cours d'une fouille de routine, les douaniers britanniques découvrirent 250 kilos de haschisch dissimulés dans d'autres meubles. L'expéditeur était la Shalimar Enterprise, du Cachemire. Le destinataire était la compagnie Elongate, à Londres. Une fois débarqués dans le port de Felixtowe, les meubles devaient transiter dans un entrepôt londonien avant d'être envoyés à Montréal.

De nouveaux connaissements devaient être apposés de façon à faire croire aux autorités canadiennes que la cargaison provenait de Grande-Bretagne plutôt que du Cachemire. Les trafiquants espéraient ainsi réduire le niveau de suspicion des douaniers britanniques… qui saisirent néanmoins la drogue et arrêtèrent deux émissaires montréalais de Pasquale Caruana et d'Antonio Zambito.

Au début de 1985, les douaniers britanniques apprirent que la compagnie Elongate attendait une autre cargaison de meubles, venant cette fois de l'entreprise thaïlandaise Chiangmai Treasure Co. Ltd. Dès que le bateau accosta dans le port de Southhampton, ils se précipitèrent pour ouvrir le conteneur. Ils ne trouvèrent rien. En mai, la Chiangmai expédia un autre conteneur. Sans se douter de quoi que ce soit, Francesco Di Carlo indiqua aux douaniers qu'il devait être redirigé vers Montréal, aux frais d'une compagnie d'import-export dirigée par Antonio Zambito et fondée par Pasquale Caruana et ses frères. Grâce à des chiens dressés pour détecter la drogue, les douaniers trouvèrent des paquets d'héroïne presque pure soigneusement cachés à l'intérieur des panneaux de luxueuses tables en teck. Ils en gardèrent une partie et laissèrent le reste filer vers Montréal. Ils comptaient sur la GRC pour épingler les commanditaires.

Un mois plus tard, un maître-chien dut faire appel à toute sa force pour garder en laisse le pisteur répondant au nom de Ben. Ses collègues venaient d'ouvrir un autre conteneur sur les quais de Felixtowe. Ben avait raison de japper très fort : deux tables en tout point pareilles à celles qui avaient été examinées à Southhampton recelaient 35 kilos d'héroïne brune chacune. Encore une fois, le conteneur provenait de la Thaïlande, à destination de Montréal.

Les enquêteurs de la brigade des stupéfiants de la GRC étaient sur le qui-vive. Ils suivirent les suspects. Un rapport indique qu'ils étaient particulièrement intrigués « par les rencontres quasi quotidiennes que des individus de nationalité italienne » tenaient chez un petit dépanneur du boulevard des galeries d'Anjou, dans l'est de Montréal. Le propriétaire du dépanneur, Salvatore Vella, s'entretenait avec Pasquale et Gerlando Caruana, Giuseppe Cuffaro, Luciano Zambito et Filippo Vaccarello. Certains d'entre eux se rendaient parfois à un entrepôt qu'ils louaient à Saint-Laurent, dans l'ouest de l'île.

Au cours de la filature, les agents virent Filippo Vaccarello et un inconnu entrer dans le bureau de comptable d'Alfonso Gagliano, qui avait été élu député libéral de Saint-Léonard l'année précédente. La raison de cette visite ne fut jamais éclaircie. La GRC nota le fait dans un rapport, qu'elle remit ensuite au bureau du futur premier ministre

Jean Chrétien. Des journalistes de *La Presse* enquêtèrent sur les curieuses relations du député. Un autre individu, Dima Messina, conseiller financier de Vito Rizzuto spécialisé dans le blanchiment d'argent, fut aussi aperçu au bureau de Gagliano à la fin des années 1980. Questionné à ce sujet, ce dernier affirma qu'il ne connaissait ni Vaccarello ni Messina. « Des noms italiens, ça sonne quelque chose... mais non, répondit-il. Ils ne sont pas des clients. J'ai vérifié avec ma femme. Vaccarello, ça me dit absolument rien. Il y a eu des renseignements comme quoi Messina s'est retrouvé dans mon bureau de comptable... vraiment, je ne sais pas. C'est le mystère. Mon bureau est un endroit public : si un client envoie quelqu'un chercher une enveloppe ou un document, on la donne, on ne pose pas de questions. »

Pasquale Caruana était l'un des principaux suspects dans ce dossier d'importation d'héroïne dissimulée dans des meubles exotiques. Il habitait une opulente demeure, rue Belleville, à Longueuil. La construction avait duré deux ans et avait coûté un million et demi de dollars. Vincenza, la femme de son frère Gerlando, croulait sous les bijoux. Le sergent Mark Bourque nota que, chaque après-midi ou presque, elle recevait ses voisines en grandes pompes pour la collation.

Une cargaison de meubles en teck arriva au port de Montréal le 19 juin 1985. Le lendemain, la GRC interceptait une conversation entre Pasquale et Gerlando Caruana. Ils projetaient d'acheter un appareil pour sceller les sachets d'héroïne.

« J'ai besoin de cette chose et je vais l'acheter ce soir, disait Gerlando.

— Ouais, O.K. Tout est O.K. », répondit Pasquale.

La GRC saisit 58 kilos d'héroïne dans l'entrepôt de Saint-Laurent. Le 21 juin, quatre membres du réseau furent arrêtés en Grande-Bretagne et quatre autres à Montréal.

La police canadienne n'avait pas assez de preuves pour arrêter Pasquale Caruana, mais les Britanniques épinglèrent Francesco Di Carlo. Un juge anglais le condamna à 25 ans de prison. Antonino Cassarà, l'adjoint du chef de police de Palerme, vint l'interroger. Il était l'un des principaux auteurs du rapport Bono +159. Trois jours après son retour en Sicile, une quinzaine de tueurs déchargèrent leurs armes sur lui devant les yeux horrifiés de sa femme. La commande avait été passée par le clan corléonais de Totò Riina. Le nom de Cassarà s'ajouta à la liste de plus en plus longue des cadavres exquis.

La GRC arrêta Gerlando Caruana, Luciano Zambito, Filippo Vaccarello et Lucio Bedia (ce dernier fut acquitté). Alfonso Caruana, le frère de Gerlando, comprit qu'il était risqué de rester en Grande-Bretagne. Il confia la vente de son domaine de la banlieue londonienne à un agent immobilier et s'enfuit au Venezuela. Sa femme et ses enfants revinrent à Montréal. Il les y rejoignit par la suite. Il emménagea à Laval dans une maison évaluée à 200 000 $. Comparée à son domaine du Surrey, la demeure était modeste. Mais jouer les grands bourgeois n'était plus de saison. Il fallait désormais passer pour un honnête travailleur gagnant sa vie à la sueur de son front. Il ouvrit la Pizzeria Toscana, rue Jean-Talon, à Saint-Léonard. Il faisait tournoyer la pâte à pizza pendant que sa femme, Giuseppina, tenait la caisse.

Revenu Canada s'intéressa malgré tout à lui. En 1986, l'agence fédérale saisit 827 624 $ sur son compte après avoir constaté que des millions de dollars y avaient transité. Caruana contesta la saisie par écrit. Dans une déclaration assermentée, il affirma qu'il n'était pas au Canada pendant cette période et qu'il n'avait donc pas à payer d'impôts. Les agents du fisc répliquèrent qu'il avait blanchi neuf millions de dollars dans des banques canadiennes et que les autorités italiennes le réclamaient pour trafic de drogue. Ils l'invitèrent à venir s'expliquer. Il refusa et leur dit de garder l'argent. Puis il s'enfuit au Venezuela.

« Selon le procureur du parquet de Palerme, le clan Cuntrera-Caruana contrôle un très important réseau de trafic d'héroïne, nota un rapport stratégique du Bureau de recherche du Québec sur le crime organisé. La police italienne estime qu'il a vendu plus de 500 kilos d'héroïne dans le monde entre 1980 et 1988. Cela représente quatre milliards de dollars de chiffre d'affaires. »

Sans délaisser l'héroïne, Vito Rizzuto accrut les revenus de son réseau en important des dizaines de tonnes de haschisch. Ce trafic faillit bien l'obliger à quitter sa belle demeure de l'avenue Antoine-Berthelet pour la cellule d'un pénitencier. Mais, comme toujours, la chance lui souriait et il glissa sans trop de problèmes entre les mailles du filet tendu par la police et la justice.

CHAPITRE SEPT

Haschisch et cocaïne

Le génie de Vito Rizzuto consistait à sous-traiter toute transaction risquée. Il finançait ses partenaires, les guidait, les mettait en contact avec des fournisseurs, mais lui-même ne se mouillait pas. Ou si peu. Au téléphone, il parlait par paraboles. En personne, il se contentait souvent de hocher la tête. Ses interlocuteurs comprenaient. Et les policiers pestaient. Le seigneur de l'avenue Antoine-Berthelet ne répéterait jamais les erreurs de Paolo Violi, ce pauvre Calabrais qui avait tressé la corde pour se pendre en bavardant comme une pie dans sa petite crémerie truffée de micros.

Un tas de jeunes gens ne demandaient qu'à partir en guerre, excités par l'idée de récolter un butin considérable. Vito Rizzuto les encourageait à s'élancer au front. Un de ces jeunes s'appelait Christian Deschênes. Il était intelligent et dévoré d'ambition. Il avait fait des études en administration à l'Université du Québec à Trois-Rivières. Fort et agile, il s'était distingué dans les équipes universitaires de hockey et de football. Après ses études, il était allé au Liban. Il disait à ses amis qu'il s'était engagé comme mercenaire dans la milice chrétienne des phalangistes, un groupe militaire d'extrême droite tristement célèbre pour avoir massacré en septembre 1982, avec la complicité de l'armée israélienne, entre 700 et 3500 hommes, femmes, enfants et vieillards dans les camps de réfugiés palestiniens de Sabra et Chatila.

À son retour du Liban, Deschênes accepta un emploi au Castel Tina, une boîte de danseuses nues de Saint-Léonard qui appartenait à Paolo Gervasi, un associé du clan sicilien. Au Castel Tina, les portiers n'étaient pas en smoking comme Chez Parée, le bar chic du centre-ville. Dans les années 1970, les cadavres calcinés de deux récidivistes soupçonnés d'un triple meurtre avaient été retrouvés, l'un sur l'autre, dans le coffre d'une voiture abandonnée à l'arrière de l'établissement. En 1980, le mafioso Nicolò Morello avait été abattu dans un escalier. « Ce n'était pas un trou, mais ce n'était pas non plus d'une grande classe », se souvient un gangster devenu délateur.

La réputation un peu sinistre de l'endroit n'empêchait pas Vito Rizzuto de le fréquenter. Il s'y rendait régulièrement pour boire un verre avec des amis, mais ce n'était pas la seule raison. Il s'enfermait souvent dans un bureau, à l'étage, pour y donner quelques coups de fil. Les portiers avaient alors la consigne de filtrer les clients.

Le 22 septembre 1986, Deschênes et son complice, James Morgan, s'envolèrent pour Larnaca, à Chypre, avec escale à Londres. De là, ils se rendirent au port de Limassol et montèrent à bord du *Petros Z,* cargo battant pavillon pakistanais. Le capitaine, Thomas Malcolm Johnston, était ontarien. Ils naviguèrent jusqu'au Liban, où ils furent pris en charge par des généraux phalangistes. Parmi eux se trouvait Samir Geagea, un des principaux dirigeants des milices chrétiennes, qui avait mené une guerre sanglante dans les montagnes libanaises contre les forces progressistes et socialistes de Walid Joumblatt.

Deschênes supervisa le chargement d'une cargaison de 24 tonnes de haschisch, puis entreprit une longue et inconfortable traversée de la Méditerranée et de l'Atlantique. Au cours du voyage, il confia au capitaine Johnston qu'il s'était lancé dans l'importation de résine de cannabis avec l'argent qu'il avait gagné comme mercenaire. En vérité, il avait emprunté 400 000 $ à un garagiste de Laval pour acheter les paquets de haschisch, si bien cordés dans la cale du *Petros Z.* D'autres personnes avaient avancé des fonds, au premier chef Vito Rizzuto. Le 19 octobre, en pleine tempête, les ballots furent transbordés sur le *Sandra & Diane II.* Deschênes termina son voyage sur ce petit bateau de pêche enregistré aux Îles-de-la-Madeleine.

Le haschisch fut déchargé au quai numéro trois du village acadien de Chéticamp, sur la côte ouest de l'île du Cap-Breton, puis rangé dans trois camions blancs loués à la société Ryder. Le 20 octobre à 5 h 30 du matin, un des camions fit une embardée à 80 kilomètres au sud, près de Baddeck, et s'enlisa sur le bas-côté. Des policiers qui arrivèrent sur les lieux examinèrent la cargaison. Mal dissimulés parmi les sébastes et les sachets de poisson se trouvaient huit tonnes de haschisch. L'alerte fut donnée. Un camion identique fut intercepté sur la Trans-canadienne, près de Florenceville, au Nouveau-Brunswick. La fouille révéla la présence d'une autre cargaison de huit tonnes de stupéfiants, ainsi que des armes. Pour comble de malchance, Deschênes suivait ce camion dans une Toyota Cressida avec sa conjointe, une barmaid du Castel Tina, et deux autres hommes. Ils furent arrêtés.

Neuf jours plus tard, la police de Montréal repéra un troisième camion blanc de chez Ryder. Le véhicule était abandonné dans le quartier Rivière-des-Prairies, dans l'est de l'île. Les clés se trouvaient toujours à l'intérieur, mais les plaques d'immatriculation avaient été enlevées. Le haschisch avait disparu. Il ne restait dans le véhicule que 69 boîtes de poisson vides. Les policiers passèrent le camion au peigne fin et relevèrent des empreintes digitales d'un seul individu. Selon eux, les huit tonnes de haschisch qui devaient se trouver dans le véhicule avaient rapporté à leurs importateurs la somme de 22 millions de dollars. Ils estimaient que l'achat de la drogue, les dépenses et les frais de voyage se chiffraient à sept millions et demi de dollars. Le profit était donc évalué à plus de 14 millions.

En fouillant soigneusement la Toyota Cressida de Deschênes et ses effets personnels, les policiers tombèrent sur un numéro de compte suisse et un bout de papier où était griffonné le prénom de Vito Rizzuto et son numéro de téléphone. Une autre note indiquait: «Crédit à Vito: 280 000 $.» La GRC demanda aux autorités suisses de vérifier le numéro de compte. Celles-ci lui apprirent que des millions de dollars étaient transférés depuis la Caisse populaire Notre-Dame-de-la-Merci, dans le nord-est de Montréal. La police poussa l'enquête plus à fond.

L'argent était souvent apporté à cette succursale des Caisses Desjardins en petites coupures, dans des attachés-cases ou des sacs de hockey. Dima Messina, un des blanchisseurs d'argent de Vito Rizzuto, avait demandé au directeur adjoint de la succursale d'émettre des traites bancaires payables au porteur. Ces traites étaient ensuite envoyées à Lugano, en Suisse, à Dubaï, dans les Émirats arabes, à New York, à Hawaï, en Italie et en Espagne. Dans ce dernier pays, les traites étaient encaissées par l'Égyptien Samir George Rabbat, un des 10 plus importants courtiers en haschisch de la planète.

Samir Rabbat avait déjà été arrêté à Montréal alors qu'il s'apprêtait à acheter une maison proche de la demeure de Vito Rizzuto, avenue Antoine-Berthelet. Rabbat avait de bons contacts avec les producteurs de chanvre de la plaine de la Bekaa, au Liban. Après avoir quitté Montréal, il s'était établi à Marbella, une station balnéaire du sud de l'Espagne. Il était lourdement impliqué dans le trafic d'armes, non seulement au Moyen-Orient, mais aussi en Colombie avec les FARC, les Forces armées révolutionnaires de Colombie.

Le capitaine du *Petros Z*, Thomas Malcolm Johnson, livra un témoignage accablant à la police. Il indiqua que des chefs phalangistes avaient exigé de grosses sommes d'argent pour permettre au bateau de quitter le Liban. À l'automne 1988, Christian Deschênes fut condamné à 10 ans de prison. Il échappa à cinq ans supplémentaires d'emprisonnement en payant une amende de 500 000 $. Une partie de cette somme provenait des 266 636 $ que la police avait trouvés sur lui lors de son arrestation.

Il obtint une libération conditionnelle... deux ans plus tard, le 9 janvier 1991. Pour la GRC, cette relaxation prématurée était suspecte. « Les processus inhabituels du processus de libération conditionnelle ont conduit à deux enquêtes subséquentes, indique un rapport confidentiel. Ces enquêtes ont permis de constater que des personnalités influentes avaient favorisé une libération rapide de Christian Deschênes. » Le rapport ne citait pas les noms de ces personnalités influentes.

La découverte des bouts de papier compromettants pour Vito Rizzuto, en particulier la note de crédit de 280 000 $, ne suffit pas pour inculper ce dernier. Il ne fut même pas inquiété. L'échec du projet d'importation mené par Deschênes ne le troubla pas. Il lui suffisait de relancer d'autres projets avec d'autres partenaires. Les milices phalangistes du Liban ne demandaient pas mieux que de lui vendre d'énormes quantités de haschisch en échange d'armes et d'argent. D'ailleurs, la mafia montréalaise avait commencé à commercer avec le Liban 10 ans plus tôt. En 1975 et en 1976, la police de Montréal avait capté des coups de téléphone de Frank Cotroni à la maison de Suleiman Franjieh, alors président du Liban et membre de la minorité chrétienne. Il s'était rendu à Chypre afin de négocier un envoi de 550 kilos de haschisch. La GRC estimait que 90 % du haschisch importé au Canada provenait de ce petit pays déchiré par la guerre.

En 1980, le FBI confirma qu'une quantité importante de munitions et d'armes, incluant des M16 (fusils de guerre automatiques de fabrication américaine), avait été volée dans une armurerie de Boston et passée en contrebande à Montréal. Les armes furent ensuite envoyées au Liban en échange de haschisch. Des informateurs de la police témoignèrent d'un « incident » au cours duquel des membres de la mafia avaient tiré sur les occupants d'un camp de réfugiés palestiniens pour montrer à leurs partenaires libanais que leurs armes fonctionnaient bien.

Toujours à cette époque, la police nota la présence à Montréal de Joseph Abizeid, un important trafiquant de drogue montréalais. Abizeid tentait de se procurer 750 Uzis, 425 M16, 2500 grenades à fragmentation, 2000 chargeurs pour Uzis, 5000 chargeurs pour M16, un million de cartouches pour M16, 4 mitraillettes de calibre .50 et 500 000 cartouches, 2000 fusils Savage, 1 million de cartouches de 12 projectiles chacune et du plastic C-4, un explosif militaire. La famille d'Abizeid était étroitement liée aux Frangié, proches des Syriens.

* * *

Peu de temps après l'arrestation de Christian Deschênes, la GRC intercepta une conversation entre Vito Rizzuto et Raynald Desjardins. Ce dernier, très proche du parrain, avait acheté une maison boulevard Gouin, dans le même secteur huppé que l'avenue Antoine-Berthelet. L'entretien se déroulait en langage codé. Comme d'habitude, Vito pesait ses mots. Malgré ces précautions, la police comprit que les deux hommes avaient investi pas mal d'argent dans l'achat d'une grosse quantité de haschisch au Liban. Les choses traînaient.

À l'automne 1987, le *Charlotte-Louise*, un chalutier d'une trentaine de mètres, jeta l'ancre au large de la baie de Trinité, sur la côte nord-est de Terre-Neuve. Il transportait plus de 16 tonnes de haschisch libanais. Un dénommé Gerald Harvey Hiscock embaucha trois manœuvres pour charger les ballots dans un hors-bord et les décharger ensuite sur la petite île de Ireland's Eye, qui garde l'entrée de la baie. Un étroit bras de mer s'avance au centre de l'île, d'une superficie de trois kilomètres carrés, puis s'élargit pour former un lagon qui constitue un havre bien protégé des tempêtes de l'Atlantique. Des pêcheurs s'y installèrent dès 1675. Ils aménagèrent des quais devant leurs maisons couvertes de bardeaux et dressèrent des claies sur les rives rocheuses afin de faire sécher la morue. La population de l'île atteignit 157 habitants en 1911, mais déclina rapidement après l'entrée de Terre-Neuve dans la Confédération canadienne. En 1966, les 16 derniers habitants de l'île furent relogés dans d'autres communautés. Plusieurs maisons et hangars sont restés debout, à côté de la belle église Saint-George. Autant de bâtiments abandonnés qui pouvaient servir de cachettes.

Gerald Harvey Hiscock connaissait bien l'île. Le manoir Mountain Ash Manor, à Trinité, est intimement lié à l'histoire de sa famille. Hiscock avait une certaine expérience criminelle. En mai 1980, il s'était fait pincer lors de l'importation de 70 kilos de haschisch. Son complice n'était nul autre que le responsable de la brigade des stupéfiants de la GRC, le sergent d'état-major Paul Sauvé. Les deux hommes avaient été arrêtés lors d'une perquisition dans l'appartement du policier, au centre-ville de Montréal. Sauvé fut congédié et condamné à cinq ans de prison. En raison de sa collaboration avec la police, Hiscock n'écopa que de deux ans. Au moment du déchargement du *Charlotte-Louise*, il était en liberté sous cautionnement, en marge d'une autre affaire d'importation massive de cannabis.

Le capitaine du chalutier, Brian Erb, était aussi connu de la police. Également fiché comme trafiquant de drogue, il avait surtout une réputation d'aventurier intrépide. Une douzaine d'années plus tôt, il s'était approprié une épave d'une centaine de mètres abandonnée dans le Saint-Laurent. Il avait radoubé le rafiot et l'avait rebaptisé l'*Atlantean*. Ses créanciers l'avaient saisi et vendu aux enchères. Se sentant floué, Erb s'était à nouveau emparé du bateau et avait pris le large avec un équipage hétéroclite d'une vingtaine d'adolescents, garçons et filles. La GRC et la garde côtière l'avaient pourchassé pendant 11 jours. Ralenti par les glaces, l'audacieux pirate avait dû déclarer forfait.

À la fin du mois d'octobre 1987, les agents de la police fédérale arraisonnèrent le *Charlotte-Louise* à Blanc-Sablon, petit village québécois de la Basse-Côte-Nord séparé de Terre-Neuve par le détroit de Belle-Isle. À force de fouiller les entrailles du bateau, ils découvrirent au fond du réservoir d'eau 500 kilos de haschisch bien enveloppés dans des ballots imperméables. Ils arrêtèrent trois hommes et une femme de la région de Montréal, mais Brian Erb leur échappa. On ne l'a plus jamais revu. Les policiers étaient persuadés que des cargaisons beaucoup plus importantes étaient déchargées dans la région.

Des pêcheurs de Trinité avaient effectivement remarqué un curieux va-et-vient dans leur petite communauté. Hiscock et ses trois manœuvres sortaient des ballots de haschisch des ruines de l'île d'Ireland's Eye, les transportaient dans un coin isolé de Baie-Trinité, puis les rechargeaient dans un camion immatriculé au Québec. Des policiers envahirent l'île. Pendant ce temps, leurs collègues repéraient le camion sur la Transcanadienne, à une cinquantaine de kilomètres à l'ouest, près de l'aéroport international de Gander. La drogue était dissimulée sous un chargement… d'oignons.

Les enquêteurs écoutèrent à nouveau les conversations de Vito Rizzuto et Raynald Desjardins. Quelque temps avant la saisie, Desjardins avait appelé Rizzuto depuis Terre-Neuve pour l'informer qu'il serait bientôt de retour à Montréal, et qu'il lui donnerait alors des explications. Il ajoutait que «quelque chose» arriverait la semaine suivante. Le langage était plutôt mystérieux, mais la police s'en contenta et fit valoir aux procureurs de la couronne que ce «quelque chose» était de toute évidence du haschisch. La drogue était effectivement arrivée à l'île d'Ireland's Eye une semaine après la conversation. Desjardins avait été vu à Terre-Neuve avec un certain Michel Routhier, restaurateur à Belœil, et Routhier avait été vu avec Gerald Hiscock avant le transfert de la drogue d'Ireland's Eye dans le camion rempli d'oignons.

Rizzuto fut arrêté et accusé en même temps que Desjardins, Routhier, Hiscock et ses trois manœuvres. Il passa Noël en prison. Après sa libération sous caution, en mars 1988, il fut aperçu en compagnie de Dima Messina, son principal blanchisseur d'argent. Le fait d'avoir à répondre à de graves accusations de complot pour importation de haschisch ne semblait pas l'inquiéter. Il se déplaçait dans une Ferrari Testarossa d'une valeur de 250 000 $ appartenant officiellement à Messina et continuait de brasser des affaires comme si de rien n'était. La police apprit qu'il était quand même furieux. Pas contre elle, mais contre un de ses hommes de paille, Antonio Calabro. Ce sous-fifre imprudent avait détourné les recettes d'un bar de la Rive-Sud pour financer un trafic qui avait mal tourné. Une telle faute méritait la peine capitale. Peu de temps après, plus personne ne savait où était Calabro. Son corps ne fut jamais retrouvé. La famille refusa de collaborer avec la police.

Le procès de Rizzuto, Desjardins et leurs complices pour l'importation de 16 tonnes de haschisch à Terre-Neuve débuta en octobre 1990 au tribunal de Saint-Jean, la capitale. Il fut marqué par la déconfiture complète du gouvernement.

La bourde commise par la GRC fut à la hauteur de ses espérances, c'est-à-dire énorme.

Pendant le procès, Rizzuto avait l'habitude de prendre ses repas au restaurant Chez Newman, situé au rez-de-chaussée de l'hôtel Radisson Plaza. La GRC avait eu vent qu'il préparait une autre importation de haschisch. Elle avait obtenu l'autorisation de le placer sur écoute, où qu'il se trouvât. Elle savait qu'il partageait ses repas avec son avocat, Me Jean Salois, et l'avocat de ses coaccusés, Me Pierre Morneau. La GRC devait redoubler de prudence : les entretiens entre avocats et clients sont protégés par le secret professionnel, et obtenir un mandat pour les écouter exige une procédure particulière. Il semble que la GRC ne s'en soucia pas. Les agents trafiquèrent une lampe du restaurant et y placèrent un micro. Le caporal Terry Scott, du poste de la GRC à Saint-Jean, demanda discrètement à la gérante du restaurant d'asseoir Rizzuto et les avocats à la table n° 6.

Un soir, un résident du Nouveau-Brunswick se présenta à la salle à manger. Il s'appelait Guy Moreau. Un nom qui, pour un anglophone, ressemble beaucoup à Pierre Morneau. Moreau fut conduit à la table n° 6. Lorsque Me Morneau arriva, quelques minutes plus tard, la gérante s'aperçut de l'erreur et ordonna à un serveur de prendre la lampe de la table n° 6 et de la placer à la table où Me Morneau et ses convives avaient pris place. En soulevant la lampe, le garçon la trouva étonnamment lourde. Il l'examina et remarqua quelques bosselures suspectes. Il en parla à un collègue, qui gribouilla sur un bout de papier un avertissement à l'intention des avocats : « Attention, vous êtes peut-être sur écoute électronique. » Puis il plaça sa note sur la table. Deux jours plus tard, la lampe trafiquée était de retour sur la table n° 6. Les avocats s'en saisirent et découvrirent le micro.

De retour au tribunal, ils crièrent leur indignation. Cette dernière était d'autant plus grande qu'ils avaient appris que deux chambres d'hôtel avaient elles aussi été mises sur écoute. La GRC eut beau expliquer qu'elle ne cherchait pas à écouter leurs conversations mais à approfondir une enquête sur un autre complot, elle fit chou blanc. L'intervention était d'une telle maladresse que la cause était irrémédiablement discréditée. Le juge Leo Barry, de la Cour suprême de Terre-Neuve, déclara que les policiers avaient outrepassé les règles. Le 8 novembre 1990, il libéra Rizzuto et ses trois présumés complices, Desjardins, Hiscock et Routhier. Seuls furent condamnés deux des trois manœuvres, Robert Trépanier et son fils Robert junior, de Laval. Ils écopèrent respectivement de neuf et sept ans de prison.

Quant au jeune serveur qui avait refilé le tuyau aux avocats, il perdit son emploi.

Ce n'était pas la seule enquête policière ratée. En octobre 1988, un an après l'arraisonnement du *Charlotte-Louise* à Blanc-Sablon et la découverte du haschisch caché dans la petite île d'Ireland's Eye, la Sûreté du Québec arrêtait un trafiquant toxicomane, Normand Dupuis, à l'aéroport de Sept-Îles, sur la Côte-Nord. Dupuis venait de prendre livraison de 587 grammes de cocaïne. Père de trois enfants, affligé d'un grave problème de toxicomanie, il décida de collaborer avec la police. Il indiqua aux enquêteurs qu'il était sur un coup bien plus important, soit un projet d'importation de 32 tonnes de haschisch libanais. Le cerveau de l'opération, révélait-il dans une déclaration de 13 pages, n'était nul autre que Vito Rizzuto.

Dupuis était pêcheur sur la Côte-Nord. Il connaissait le golfe du Saint-Laurent comme le fond de sa poche. Au cours de l'été, il avait rencontré un vendeur de bateaux à Montréal. L'homme lui avait présenté Rizzuto. « C'était un grand mince qui se déplaçait en BMW ou en Porsche, déclara-t-il. On me l'a présenté comme monsieur Vito Rizzuto, le boss. » Il affirma que Rizzuto lui avait avancé 80 000 $, par personne interposée. L'argent lui avait servi à acheter un vieux bateau jaugeant 35 tonnes, le *Jeanne-D'Arc,* et à l'équiper pour la navigation en haute mer. Dupuis devait rencontrer un cargo en provenance du Liban dans les eaux internationales, prendre livraison de ballots de haschisch et revenir accoster à Longue-Pointe de Mingan, petite municipalité située entre Sept-Îles et Blanc-Sablon. Mais le cargo avait eu des ennuis mécaniques au large des Açores, et l'imposant chargement de drogue d'une valeur de 280 millions de dollars n'était jamais arrivé.

Dupuis monnaya sa coopération. Il acceptait de témoigner contre Vito Rizzuto, mais il demandait en échange une prime de déménagement de 10 000 $ pour quitter la Côte-Nord, une nouvelle identité et un passeport, 120 $ par mois pendant son incarcération et la somme nécessaire pour une cure de désintoxication à Oka, en banlieue de Montréal, pour lui-même et sa conjointe. Il plaida coupable aux accusations de possession de cocaïne et de complot pour importation de haschisch et fut condamné à une sentence réduite. Gardé à l'étage des délateurs du quartier général de la SQ, rue Parthenais à Montréal, il obtenait facilement des permissions de sortie. Au cours de l'été suivant, il téléphona à Me Jean Salois, l'avocat de Rizzuto, pour prendre rendez-vous. L'avocat se méfiait. Il craignait un piège. Il accepta néanmoins de rencontrer Dupuis, mais le fit photographier à l'entrée et à la sortie de son cabinet. Et il enregistra leur conversation.

Le délateur lui fit ce qu'il croyait être une offre alléchante : il s'engageait à ne pas témoigner contre son client en échange d'une rente à vie d'une valeur d'un million de dollars. Me Salois ne répondit rien. Mais il avait en main de quoi discréditer le principal témoin à charge contre son client, sans que cela lui coûte un sou. Il remit les photos et l'enregistrement au procureur de la poursuite.

Dupuis fut condamné à 32 mois supplémentaires de prison pour entrave à la justice. Le principal témoin de la poursuite apparaissait comme un clown opportuniste. Sans son témoignage, la cause ne valait plus grand-chose. Le procès eut lieu quand même, en décembre 1989. Vito Rizzuto se présenta au tribunal de Sept-Îles, presque insouciant. Deux témoins, dont un de ses coaccusés, jurèrent qu'il n'était pas impliqué dans ce projet d'importation. « Chaque fois que Dupuis a rencontré le patron, il ne s'agissait pas de Vito, mais de Val », soutint Pierre-Louis Lepage, de Magog, en faisant allusion à Valentino Morielli. « Oui, il y a eu complot d'importation, trancha le juge Louis-Charles Fournier, de la Cour du Québec. Mais il n'y a pas un iota de preuve en ce qui concerne la participation de Vito Rizzuto. Non seulement les déclarations de Dupuis (faites lors de l'enquête préliminaire) ne sont pas corroborées, mais elles sont contredites (par les témoins au procès). »

L'acquittement prononcé, Rizzuto se leva, remercia poliment le juge, serra la main de ses avocats et quitta le palais de justice libre comme l'air. L'année suivante, il s'en sortirait aussi bien pour l'importation de haschisch à Ireland's Eye, à Terre-Neuve. Cette fois, il accepterait – ce qui était rare – de répondre aux journalistes, mais il le ferait de façon très laconique : « Un mot peut dire tant de choses, surtout lorsque ce mot est : "acquittement". »

Rizzuto était aussi insaisissable que le halo de la lune, et cette réputation l'envelopperait pour les années à venir. Elle semblait également protéger plusieurs de ses proches collaborateurs. En juillet 1990, 27 tonnes de haschisch libanais étaient saisies à Baleine, en Nouvelle-Écosse. La drogue avait une valeur de revente de 280 millions de dollars. Le vieil associé de Rizzuto, Antonio Volpato, avait investi l'argent du clan sicilien dans cette importation, en partenariat avec le Gang de l'ouest, un groupe criminel de l'ouest de Montréal. Des dirigeants du Gang de l'ouest furent arrêtés et accusés, mais pas Volpato. Toutes ces saisies persuadèrent cependant Rizzuto de se tenir à carreau. «Je vais me faire plus discret pour un bout de temps», confia-t-il à un de ses proches. Il avait une autre bonne raison de réduire les importations de haschisch: les sources se tarissaient au Liban pour cause de guerre. En octobre 1990, la Syrie envahit ce petit pays du Moyen-Orient et écrasa les forces chrétiennes. Ce n'était pas bien grave: un fléchissement temporaire de l'approvisionnement en haschisch pouvait être compensé par une drogue ayant un bien meilleur rapport volume/prix: la cocaïne.

* * *

Le 17 novembre 1992, à 23 h 30, des opérateurs du NORAD (acronyme anglais du Commandement de la défense aérospatiale de l'Amérique du Nord), basés en Floride, détectèrent un mouvement suspect sur leurs écrans radars. Un Convair 580 quittait la péninsule de la Guajira, au nord de la Colombie, à plus de 1850 kilomètres de Miami, sans avoir donné son plan de vol à quiconque. Il ne s'agissait pas d'un petit appareil de tourisme: il pouvait transporter une quarantaine de passagers. Les gardes-côtes dépêchèrent un Falcon et un Piper Cheyenne à sa rencontre. Les pilotes constatèrent que les phares de navigation du Convair étaient éteints, ce qui confirmait que le vol n'avait rien de réglementaire. Les radars très sophistiqués du Falcon et du Piper leur permettaient de suivre leur cible à la trace, quelles que soient les conditions météo.

Un Québécois de 44 ans, Raymond Boulanger, pilotait l'appareil. Boulanger avait tenu un hôtel à Bonaventure, en Gaspésie, puis il avait déménagé en Colombie. Il travaillait désormais pour Luis Carlos Herrera-Lizcano, qui transportait la cocaïne indistinctement pour les cartels rivaux de Cali et de Medellín.

Boulanger survola la République dominicaine et se dirigea vers les Bermudes. Des unités de la base militaire américaine de Guantanamo, à Cuba, furent placées en état d'alerte. Un troisième avion de reconnaissance relaya le Falcon et le Piper et entreprit à son tour de suivre à une distance de 15 kilomètres l'appareil turbopropulsé. Les Américains informèrent les Canadiens que le Convair allait pénétrer dans leur espace aérien au sud d'Halifax. Deux chasseurs F-18 décollèrent de la base militaire de Goose Bay, au Labrador, et foncèrent dans sa direction à une vitesse de Mach 1.8.

Les pilotes tentèrent d'intercepter le Convair au-dessus de Saint John, au Nouveau-Brunswick. Ils multiplièrent les manœuvres et se rapprochèrent tellement qu'ils purent faire des signes à Boulanger et lui donner l'ordre d'atterrir. Boulanger refusa d'obtempérer. Il poursuivit sa route vers l'ouest, au-dessus du Québec. Les réservoirs presque vides, les F-18 durent se poser à Fredericton. Il était 7 h 15. Neuf hélicoptères Bell OH-58 Kiowa quittèrent les bases de Valcartier, près de Québec, et de Saint-Hubert, près de Montréal. Ils partirent en chasse à basse altitude, mais leur vitesse n'atteignait même pas 225 km/h.

À 9 h, Raymond Boulanger se posa sur une piste d'atterrissage abandonnée de l'armée canadienne, à Casey, en pleine forêt boréale, à mi-chemin entre la Haute-Mauricie et l'Abitibi. Jadis, cette piste s'intégrait à une ligne de défense antiaérienne. Au plus fort de la Guerre froide, la *DEW line* (Distant Early Warning) traversait le Nord canadien d'est en ouest pour prévenir d'éventuelles incursions de bombardiers soviétiques, mais il n'en restait plus grand-chose, hormis des fils arrachés et les murs crevés de vieilles stations radar. Un lacis de chemins forestiers cahoteux reliait Casey à la petite ville de La Tuque, à 150 kilomètres à l'est.

L'intrépide Boulanger rangea l'appareil, blanc comme neige, en retrait de piste, dans l'espoir futile de le camoufler. Les trois Colombiens qui l'accompagnaient s'enfuirent dans la forêt, vêtus seulement de jeans et de t-shirts. La température avait chuté à 27 degrés sous zéro. Boulanger se réfugia dans une cabane appartenant à une entreprise minière. Il tenta de joindre ses partenaires au téléphone. Sans succès. Trois heures plus tard, l'armée localisait l'appareil. Un hélicoptère atterrit devant la cabane. Boulanger fut arrêté sur-le-champ.

Après une longue battue, les soldats et les policiers de la GRC repérèrent les trois Colombiens. Les malheureux souffraient d'hypothermie. Quelques heures de plus, et ils seraient morts de froid. Le soir, vers 21 h, les poursuivants interceptèrent une fourgonnette sur un chemin forestier, à 80 kilomètres au sud. Les deux occupants du véhicule prétendirent qu'ils allaient à la chasse. Le premier avait un permis de conduire au nom de Denis Lévesque, mais les policiers constatèrent très vite que son vrai nom n'était nul autre que Christian Deschênes, l'associé le plus casse-cou de Vito Rizzuto. L'autre s'appelait Antonio Sforza. Ils s'étaient rendus à Casey, mais s'enfuyaient à vive allure.

En 1986, Deschênes avait été condamné à 10 ans de prison après avoir déchargé 24 tonnes de haschisch libanais sur les côtes de l'île du Cap-Breton, mais il s'était relancé, après une libération curieusement précoce, dans le trafic de stupéfiants.

La fourgonnette était immatriculée au nom d'une société à numéro de Laval. Les policiers y trouvèrent des bidons de carburant, un fusil de calibre .12, un revolver de calibre .38 et 15 000 $.

Les enquêteurs examinèrent le Convair. Les quelque 40 sièges avaient été enlevés et remplacés par 45 barils de carburant et deux conteneurs. Ce type d'appareil a un rayon d'action de 1 800 kilomètres, alors que plus de 4 500 kilomètres séparent le Québec de la Colombie. Il était donc indispensable d'emplir les réservoirs en vol au fur et à mesure qu'ils se vidaient. Une opération hautement risquée, qui aurait pu faire exploser l'avion. Mais la vraie surprise se trouvait dans les conteneurs : 3 919 kilos de cocaïne répartis en 152 paquets, eux-mêmes enveloppés dans de grands sacs d'aluminium. En bons commerçants, les vendeurs avaient apposé une notice en anglais sur chacun des sacs : « Qualité impeccable pour nos meilleurs clients. »

C'était, et de loin, la plus importante saisie dans l'histoire canadienne. La valeur marchande de la drogue s'élevait à 2,7 milliards de dollars. La police estima que, à elle seule, l'expédition avait dû coûter de 15 à 20 millions à ses commanditaires. Au moins neuf organisations criminelles, ayant à leur tête la mafia sicilienne de Montréal, avaient financé l'opération. Si le coup avait réussi, Raymond Boulanger aurait touché 1,2 million de dollars, et Christian Deschênes, un million.

La cocaïne devait être redistribuée partout au Canada et dans l'est des États-Unis. La gigantesque saisie provoqua une pénurie temporaire de coke dans les rues de Montréal, qui se refléta dans la hausse des prix de gros, qui passa de 32 000 $ à 38 000 $ le kilo. Le marché se rétablit rapidement grâce à de nouveaux arrivages.

Lors de sa comparution au palais de justice de La Tuque, Raymond Boulanger adressa un clin d'œil canaille aux journalistes, qui l'avaient surnommé « le pilote de Casey ». Il plaida coupable, tout comme ses complices colombiens. Ils furent condamnés à des peines variant de 20 à 23 ans de prison. Christian Deschênes fut renvoyé derrière les barreaux. À la fin d'avril 1993, il écopa d'une peine de 23 ans de pénitencier, avec une durée minimale à purger de 10 années. Curieusement, il sera libéré en novembre 2001, après avoir passé huit ans et demi en prison.

En mai 1992, la police remarqua que Raynald Desjardins, un des hommes de confiance de Vito Rizzuto, rencontrait régulièrement Maurice « Mom » Boucher et d'autres membres des Hells Angels. Jadis, les dirigeants de la mafia regardaient les motards de haut. Ils appréciaient cependant leurs gros bras tatoués, leurs coups de poing efficaces et leur propension à presser la gâchette d'abord et à poser des questions ensuite, et recouraient au besoin à leurs services. Mais les tatouages ne remplacent pas l'intelligence. Les motards semblaient parfois en manquer. L'emploi abusif de la force provoquait l'État et l'amenait à réagir avec une vigueur indésirable. En 1985, les motards avaient tué cinq de leurs «frères» de Laval dans leur repaire de Lennoxville, près de Sherbrooke, parce qu'ils nuisaient à la bonne marche du club. Ils s'étaient également débarrassés d'un sympathisant qu'ils croyaient à la solde de la police, à Saint-Basile-le-Grand, en banlieue sud de Montréal. Ils avaient enroulé les corps dans des sacs de couchage, les avaient lestés de poids d'haltérophilie et les avaient jetés dans le fleuve Saint-Laurent, au bout du quai de Saint-Ignace-de-Berthier, près de Sorel. Ces méthodes étaient pour le moins dépourvues de finesse. Personne ne fut étonné de voir s'abattre le glaive de la justice. Trois motards passèrent au confessionnal, y compris Yves «Apache» Trudeau, un des membres fondateurs du club. Trudeau dénonça 42 complices et admit avoir commis 43 meurtres. Résultat: une vingtaine de membres et de sympathisants des Hells furent jetés en prison.

Au début des années 1990, toutefois, les Hells Angels rebondirent. Mom Boucher était l'un des architectes de cette renaissance. Il avait vu le jour en 1953 dans la petite ville de Causapscal, en Gaspésie. À l'instar de Vito Rizzuto, il était doté de charisme et exerçait une autorité naturelle sur ses hommes. Mais là s'arrêtaient les ressemblances. Boucher avait rapidement rompu avec son père, un ouvrier despotique, alors que Vito Rizzuto respectait le sien et l'avait invité à vivre à côté de chez lui. Le fils de Boucher, Francis, qui croyait à la suprématie de la race blanche, avait organisé un ralliement afin d'en faire la promotion, alors que deux des enfants de Rizzuto étaient devenus avocats. Boucher attaquait ses ennemis tête baissée et n'hésitait pas à ordonner l'assassinat de gardiens de prison, alors que Vito Rizzuto préférait avancer ses pions méthodiquement, comme l'avait fait son père quand il avait pris le pouvoir à Montréal. Son style consistait à régler les conflits sur les terrains de golf ou autour d'un verre. Cela ne l'empêchait pas de commettre des meurtres, ou d'en autoriser, mais il le faisait toujours de façon calculée, jamais sous le coup de l'impulsion.

Boucher avait terminé tout juste sa huitième année scolaire. Vers la fin de son adolescence, il sombra dans l'abus de drogues, s'empoisonnant avec du LSD, du valium, des amphétamines, de l'héroïne, de la cocaïne et du haschisch. Un cocktail qui le rendit paranoïaque: il lui arrivait de dormir avec une carabine de calibre .303. Il finit par trouver une famille : les SS de Pointe-aux-Trembles, redoutable gang de motards qui faisait le trafic de drogue dans l'est de Montréal. Avant d'avoir atteint l'âge de 30 ans, Boucher avait séjourné de longs mois en prison pour vol à main armée et agression sexuelle. Comme bien d'autres petits clubs, les SS se désagrégèrent sous la pression des Hells. Des membres furent assassinés ou changèrent de voie. Quelques-uns firent cavaliers seuls. Les autres furent avalés par les Hells. Boucher faisait partie de ce contingent. Désormais, il ne prendrait plus de substances susceptibles de faire dérailler ses neurones. Il entreprit plutôt de se gonfler les biceps et les quadriceps dans des gymnases, plusieurs heures par jour. Bientôt, il se hissa à la tête des Hells Angels, à Montréal.

Mom Boucher et Vito Rizzuto s'accordaient sur ce principe : ils feraient beaucoup plus d'argent en collaborant plutôt qu'en se faisant la guerre. Ils savaient qu'il était préférable de coopérer dans le marché de la drogue, qui était en pleine explosion. La demande semblait intarissable. Leur entente se concrétisa entre autres par un vaste projet d'importation de cocaïne depuis l'Amérique du Sud. Les Hells étaient responsables du transport de la drogue, tandis que la mafia en était le principal commanditaire. Les deux puissantes organisations criminelles prévoyaient importer pas moins de 5000 kilos en plusieurs chargements. Raynald Desjardins, le proche associé de Rizzuto depuis 10 ans, travaillait de concert avec plusieurs motards, dont Richard Hudon et André Imbeault, du chapitre des Hells à Québec.

La GRC avait une taupe et put ainsi suivre le déroulement du complot depuis le tout début. Les policiers apprirent que Richard Hudon se rendait en Amérique du Sud pour négocier l'achat avec les vendeurs. Ils virent aussi Boucher en train de remettre une valise à Desjardins dans un parc de l'est de Montréal. Ils estimèrent qu'elle contenait un million de dollars, ce qui représentait probablement la contribution financière des motards à l'achat de la cocaïne. La drogue quitta le Venezuela par mer au début de l'été 1993. Le 9 juillet, Desjardins ouvrit son téléphone portable et composa le numéro de Rizzuto. Il exigeait de le voir immédiatement. Prudent comme à l'habitude et sachant que la ligne était probablement sur écoute, Rizzuto répondit simplement : « Oui, on va se voir. » Desjardins hurlait. Il était l'un des rares à pouvoir hausser le ton avec le chef de la mafia. Avec lui, ce dernier ne s'offusquait pas.

Le 14 juillet, quatre Hells Angels quittèrent Marystown, en Nouvelle-Écosse, à bord du *Fortune Endeavor* et prirent livraison de 740 kilos de cocaïne dans les eaux internationales. Ils ignoraient que le capitaine était de mèche avec la GRC. La drogue fut rangée dans les cales. Elle était placée dans des paquets imperméables, lesquels étaient dissimulés dans neuf tuyaux d'égout en fonte longs de trois mètres et d'un diamètre de 25 centimètres. Les tuyaux étaient enveloppés dans un filet de pêche. Le projet initial consistait à les jeter par-dessus bord devant les côtes de l'île d'Anticosti, au Québec. Le chalutier *Annick C II* devait ensuite les localiser avec un sonar, les hisser sur le pont, puis les acheminer à bon port. Les plongeurs étaient prêts. Mais le *Fortune Endeavor* eut des ennuis mécaniques. Et les Hells avaient la désagréable impression d'être suivis. Ils n'avaient pas tort. Le 6 août, alors qu'ils étaient obligés de faire remorquer leur bateau par la Garde côtière, ils se résignèrent à larguer leur cargaison au large de Sheet Harbour, en Nouvelle-Écosse. Des agents de la GRC les épiaient depuis la berge.

Luc Bordeleau, qui aspirait à devenir un membre en règle des Hells Angels, s'y connaissait en plongée sous-marine. Il se procura une caméra capable de scruter le fond de l'océan à 100 mètres de profondeur et de retransmettre les images en direct sur écran. L'achat de ce joujou ne servit à rien.

Les policiers procédèrent aux arrestations le 25 août, dès 5 h du matin. Ils se rendirent à 39 adresses réparties au Québec, en Nouvelle-Écosse, au Nouveau-Brunswick et à Terre-Neuve et arrêtèrent 19 personnes. Leurs cibles incluaient les repaires des Hells du boulevard Taschereau, à Longueuil, au sud de Montréal, et à Saint-Nicolas, une municipalité qui sera fusionnée à la ville de Lévis, au sud de Québec. Le rez-de-chaussée du bunker de Saint-Nicolas était si bien fortifié que les membres de l'escouade tactique de la GRC durent briser une fenêtre à l'étage pour entrer dans le bâtiment.

Les policiers saisirent quatre chalutiers et un hors-bord, ainsi qu'un magnifique yacht, le *Matthew D.*, amarré à la marina du Château Montebello, un chic hôtel de l'Outaouais où le premier ministre britannique Winston Churchill avait rencontré les dirigeants des Alliés pendant la Deuxième Guerre mondiale. Le yacht appartenait à Raynald Desjardins. Alors âgé de 43 ans, Desjardins fut arrêté dans sa belle résidence située près de l'avenue Antoine-Berthelet.

La police n'était pas la seule à avoir une taupe. Juste avant les arrestations, l'agent Jean Lord, affecté à la protection des dignitaires au sein de la section VIP de la GRC, composa le numéro de Desjardins et lui offrit de lui donner des informations de première main en échange d'alléchantes enveloppes d'argent. Croyant à un piège, Desjardins le dénonça lors de son arrestation dans l'affaire d'importation de cocaïne. Il pensait que sa dénonciation pourrait lui valoir une réduction de peine, mais il n'en fut rien. Les policiers qui l'interrogeaient voulaient en savoir plus sur le rôle de Vito Rizzuto, mais ils restèrent sur leur appétit.

«Vito est mon *chum*, je vais faire mon temps, leur répondit-il sèchement. Quand je vais sortir (de prison), j'irai lui serrer la main.»

La GRC monta par ailleurs une opération pour épingler le policier véreux. Un agent double l'appâta avec un kilo de cocaïne. Lord fut condamné à 14 ans de pénitencier. «J'étais tanné d'être pauvre», expliqua-t-il piteusement aux collègues qui l'avait écroué. Il travaillait depuis 23 ans à la GRC.

Après des mois de recherche, un mini-submersible de la Marine royale du Canada, le *Pisces IV*, détecta les tuyaux largués par les Hells au large de Sheet Harbour. Ils reposaient sur la cime d'une falaise sous-marine, à 55 mètres de profondeur. Ils furent repêchés le 14 novembre 1994 et hissés à bord du *NCSM Cormoran*, un navire de soutien à la plongée. Les 740 kilos de poudre blanche avaient une valeur au détail de 500 à 700 millions de dollars.

«La mise à l'écart de Raynald Desjardins, fidèle bras droit du chef de la mafia montréalaise Vito Rizzuto, s'avère particulièrement coûteuse pour le clan italien, commenta le sergent d'État-major Denis Dumas, de la brigade des stupéfiants de la GRC à Montréal. Il est l'homme clé du réseau d'importation et de distribution de la drogue, en gros et au détail, au sein des Siciliens.»

Desjardins plaida coupable et fut condamné à 15 ans de pénitencier, plus une amende de 150 000 $. En rendant sa sentence, le juge Jean-Pierre Bonin, de la Cour du Québec, souligna l'importance de cette condamnation, indiquant que Desjardins était un membre de haut rang du crime organisé et l'âme dirigeante du complot d'importation. Bordeleau et plusieurs motards furent eux aussi envoyés en prison. Mais ni Maurice Boucher ni Vito Rizzuto ne furent inquiétés.

Les débuts de sa longue période de détention furent plutôt difficiles pour Desjardins, un homme habitué à fêter, à donner des ordres et à boire les meilleurs vins dans les grands restaurants. Peu après son incarcération à l'établissement Leclerc, un pénitencier à sécurité moyenne de Laval, en banlieue nord-est de Montréal, il était considéré déjà comme un fauteur de troubles. Une enquête interne des Services correctionnels lui imputa la responsabilité d'une vague de violence opposant deux groupes de prisonniers. D'après l'enquête, il était à la tête d'un des clans qui voulaient imposer leur autorité. Puis il se trouva apparemment au centre d'un complot pour droguer les employés de l'établissement. Son complice, Antonio Morello, dont le père avait été tué au bar de danseuses nues Castel Tina, aurait demandé à un détenu affecté aux cuisines de saupoudrer la nourriture du personnel de PCP, un puissant hallucinogène. Le prisonnier refusa. Le lendemain, il fut trouvé dans sa cellule complètement intoxiqué au PCP, aussi appelé « crystal » ou « poussière d'ange », une substance qui peut provoquer un arrêt cardiaque. Les médecins purent le sauver. Il déclara qu'on avait voulu l'obliger à droguer les employés. « Une telle menace a provoqué beaucoup d'inquiétude parmi le personnel », nota un agent des Services correctionnels, sans doute un virtuose de l'euphémisme.

En dépit de ses frasques, Desjardins était traité comme un pacha. Il disposait d'un ordinateur dans sa cellule. L'appareil, encastré dans une bibliothèque fabriquée sur mesure par un ébéniste, était éclairé par une jolie lampe « empruntée » au gymnase de la prison. Desjardins fit restaurer une piste de jogging dans la cour du pénitencier. Il téléphona à un copain, entrepreneur en construction. « C'est moi qui paie », aurait-il dit à la direction de l'établissement. Le lendemain, l'entreprise s'amenait avec tout le fourbi. Pendant les travaux, Desjardins et des Hells Angels bavardaient avec le patron dans le camion.

Un peu plus tard, un autre camion arrivait, rempli de fruits de mer. Il y avait une petite fête dans l'établissement carcéral. « On a eu vent de l'affaire, expliqua un enquêteur de la police de Montréal à *La Presse*. On a communiqué avec la direction du pénitencier. On lui a demandé de renvoyer le camion. Il y a quand même des limites. »

Un comité fit enquête. « L'équilibre des forces est brisé, conclut-il. Les détenus influents liés au crime organisé et leur entourage jouissent de conditions d'incarcération dépassant les normes établies. » L'enquête révéla que les Hells Angels, les motards affiliés et les membres de la mafia obtenaient aisément la possibilité de résider dans les mêmes sections de la prison. Ils recevaient beaucoup plus de visites que la moyenne des détenus. Ils voyaient beaucoup plus souvent leur femme ou leur maîtresse dans les maisonnettes aménagées pour les rencontres intimes. La majorité d'entre eux ne mangeaient pas à la cafétéria. Ils obligeaient les autres détenus à leur céder la part de nourriture qu'ils pouvaient acheter à la cantine. Ils occupaient les postes de travail les plus intéressants. Ils étaient employés, avec salaire, au gymnase, au département socioculturel, à la cantine, à la salle radio. Les autres détenus faisaient les besognes moins gratifiantes : buanderie, cuisine, entretien. Le rapport donnait l'exemple d'une section de l'établissement Leclerc où l'accès au téléphone était « contrôlé par les détenus identifiés aux Hells Angels au point où certains détenus ne peuvent en profiter ». Les membres du crime organisé avaient des meubles, des vêtements, des biens luxueux interdits aux autres.

L'affaire fit scandale. Même s'il nia tout ce qu'on lui reprochait, Desjardins fut transféré au pénitencier à haute sécurité de Donnacona, en banlieue de Québec. Il pensait pouvoir obtenir une libération conditionnelle au tiers de sa peine. Exceptionnellement, il dut purger les deux tiers de sa sentence de 15 ans, jusqu'en 2004.

*   *   *

Un membre important du clan Rizzuto, Pierino Divito, avait aidé Desjardins à importer les 740 kilos de cocaïne, mais la police ne l'apprit que lorsqu'elle effectua une autre saisie, l'année suivante. Divito, 56 ans, était un membre de longue date de la mafia montréalaise. Il avait comparu devant la Commission d'enquête sur le crime organisé (CECO) en 1976. Il avait juré ne pas connaître Paolo Violi, mais personne ne l'avait cru. À la suite de la prise de pouvoir des Siciliens, il s'était joint à la famille d'Emanuele Ragusa. Tout en aidant Desjardins, il se préparait à importer sept fois plus de cocaïne que lui.

L'achat et le transport d'une cargaison aussi imposante exigeaient la mise en place d'une véritable petite armée. Il fallait convaincre les vendeurs colombiens du sérieux de l'entreprise. Divito requit les services d'un intermédiaire très influent, Pasquale Claudio Locatelli. Ce criminel italien de haut niveau venait de réaliser une évasion spectaculaire : un hélicoptère l'avait cueilli dans sa prison, à Marseille, sous les regards éberlués des gardiens. Son organisation utilisait une flotte de neuf bateaux, y compris un yacht de 27 mètres pour convoyer la drogue, les armes et toute marchandise interdite. Un de ses navires, rempli d'armes russes destinées aux forces serbes en Bosnie, le *Jadran Express*, avait déjà été intercepté dans l'Adriatique. Locatelli, 42 ans, était l'un des principaux intermédiaires entre la mafia italienne et le cartel de Cali.

Un cargo de 90 mètres battant pavillon cypriote, portant le nom de *Pacifico*, fut rebaptisé *Eve Pacific*. Il cingla vers la pointe nord du Venezuela. Au lieu dit, des avions colombiens larguèrent plus de cinq tonnes de cocaïne. Les 15 membres de l'équipage multinational, dont 2 femmes, rangèrent les paquets dans la cale. Jurgen Kirchoff, le capitaine allemand, fit alors route vers le Canada. Une fois dans l'Atlantique Nord, il fut suivi par cinq avions patrouilleurs à longue distance Aurora appartenant au 14e escadron aérien et maritime basé à Greenwood, en Nouvelle-Écosse. Le destroyer *HMCS Terra-Nova* relaya les avions à 100 kilomètres des côtes. Kirchoff ne s'aperçut de rien. Il était accompagné de Raymond Leblanc, un Acadien originaire de Bouctouche au Nouveau-Brunswick.

La cocaïne fut transbordée à 250 kilomètres des côtes canadiennes sur le *Lady Teri-Anne*, un bateau de pêche de 13 mètres. Quelque

200 policiers, militaires et gardes-côtes surveillaient l'opération de loin. Le 22 février 1994, lorsque le chalutier accosta à Shelburne, en Nouvelle-Écosse, cinq voitures de la GRC barrèrent le quai. Les agents se précipitèrent, l'arme au poing, et procédèrent aux premières arrestations. La saisie de cocaïne surpassait celle des 3919 kilos dans le Convair, à Casey : la cale du *Lady Teri-Anne* contenait pas moins de 5419 kilos, un nouveau record.

Au même moment, le *HMCS Terra-Nova* abordait le *Eve Pacific* et l'escortait avec des hélicoptères militaires jusqu'à Shearwater, également en Nouvelle-Écosse. Les 15 membres de l'équipage, dont un pauvre passager africain qui n'avait rien à voir avec le complot d'importation, furent arrêtés. Les policiers arrêtèrent Pierino Divito sur son lit d'hôpital, à Halifax : il avait été hospitalisé la veille, souffrant d'un malaise cardiaque. Son fils Mike, 28 ans, fut lui aussi arrêté, tout comme l'Acadien Raymond Leblanc.

Pasquale Locatelli et son bras droit, Marc Fiévet, un ancien indicateur français et propriétaire de compagnies maritimes, furent arrêtés en Espagne. Pierino Divito et son fils Mike furent condamnés à de lourdes peines de prison. Le gouvernement américain les accusait d'importation de cocaïne sur son territoire. L'avocat des Divito contesta la demande d'extradition, mais en vain.

Des soldats étaient tombés au combat, des tonnes de haschisch et de cocaïne étaient perdues, mais le général Vito Rizzuto n'était pas à court de ressources. «La vente sur la rue de la cocaïne, du haschisch, de la marijuana et de l'héroïne saisis au Canada en 1993 seulement aurait rapporté aux criminels entre 1,5 et 4 milliards de dollars», affirmait en 1995 un document de la police de Montréal. «Les saisies représentent à peu près 10% des importations, précisait Pierre Sangollo, le directeur des enquêtes spécialisées de ce corps de police. C'est donc dire que la vente des stupéfiants rapporte environ 30 milliards de dollars chaque année au crime organisé, surtout au Québec : autant d'argent qui sort du pays ou qui fausse les rouages économiques chez nous.»

Selon les données de la police de Montréal, environ 90% de la cocaïne et du haschisch saisis au Canada depuis 1988 étaient d'abord destinés aux réseaux criminels québécois. «Les têtes dirigeantes de la mafia sicilienne au Canada se trouvent à Montréal, ajoutait Sangollo. La mafia a conclu des alliances avec d'autres groupes, comme les Hells Angels, et organise les importations massives de stupéfiants pour tout le pays (…) Les Québécois devraient être conscients de la force et de l'impact du crime organisé. L'économie souterraine explique en partie la dette des gouvernements.»

CHAPITRE HUIT

Du Venezuela à l'Italie

Le clan Cuntrera-Caruana-Rizzuto exerçait son influence délétère au Canada, mais ce n'était rien en comparaison du Venezuela. Là-bas, le clan avait infiltré en profondeur les structures économiques et politiques. La cocaïne arrivait de Colombie par convois entiers. L'investissement de Nicolò Rizzuto et de ses associés dans un ranch n'avait rien d'anodin. Selon une analyste, la drogue entrait cachée dans le ventre de vaches ou dans les camions de bétail qui franchissaient la frontière. Le clan dirigeait un gigantesque holding appelé Aceros Prensados, qui comprenait des usines, des hôtels, des agences immobilières, des entreprises de transport, de services et de construction. Au Venezuela seulement, sa fortune s'élevait à quelque 500 millions de dollars. Le juge italien Giovanni Falcone réclamait l'extradition des frères Pasquale, Gaspare et Paolo Cuntrera, mais le gouvernement vénézuélien refusait de collaborer.

Le clan soutenait un des deux principaux partis qui se partageaient le pouvoir en alternance, le Comité d'organisation politique électorale indépendante. Le COPEI faisait partie de la grande famille des partis démocrates chrétiens. Son leader, Luis Herrera Campins, qui avait été élu président en 1979, assista au mariage de la fille de Paolo Cuntrera, Maria, avec Antonino Mongiovì. En 1984, le pouvoir passa à l'Action démocratique. Aux élections suivantes, le clan soutint activement le nouveau chef du COPEI, Eduardo Fernandez, qui se surnommait lui-même « El Tigre ». En novembre 1987, la femme et la fille de Fernandez séjournèrent à Montréal pendant deux semaines. Elles furent hébergées par Gennaro Scaletta, associé de Nicolò Rizzuto et d'Agostino Cuntrera.

Le soutien du clan au COPEI était de notoriété publique. Mais appuyer ouvertement le principal parti d'opposition n'était peut-être pas une décision judicieuse. Trois mois après le séjour de Mme Fernandez et de sa fille à Montréal, la police locale arrêtait Gennaro Scaletta au Venezuela, ainsi que trois autres hommes : Antonino Mongiovì, le gendre de Paolo Cuntrera ; Federico Del Peschio, qui sera assassiné en

2009 derrière La Cantina, son restaurant du boulevard Saint-Laurent à Montréal ; et Nicolò Rizzuto, qui partageait la direction de la mafia montréalaise avec son fils Vito.

Les policiers passèrent la résidence de Rizzuto au peigne fin. Ils y trouvèrent une ceinture anormalement lourde. Cinq sachets de cocaïne, pesant au total 700 grammes, y étaient dissimulés. La qualité de la drogue variait d'un sachet à l'autre, ce qui portait à croire qu'il s'agissait d'échantillons. Rizzuto fut condamné à huit ans de prison, une sentence sévère selon les barèmes en vigueur jusqu'alors au Venezuela. Il fut enfermé avec ses coaccusés dans un pénitencier près de Caracas. Il logeait dans une cellule beaucoup plus confortable que celles des autres détenus, mais il voulait néanmoins en sortir au plus vite. Son fils Vito affirma un jour que 500 000 $ avaient été remis en pure perte à un avocat qui avait promis de le faire acquitter.

Un mois après l'arrestation de Rizzuto, le ministre de la Justice Jose Manzo Gonzales dut démissionner. Preuves à l'appui, un ancien officier de police l'avait accusé de vendre des armes et de la drogue, qui avaient été saisies. Le procureur en chef, Hector Hurtado Navarro, dut quitter son poste le même jour : selon les allégations, une piste d'atterrissage aménagée sur les terres de son frère était utilisée par le cartel de Medellín pour le transport de cocaïne. Le ministre des Finances, Hector Hurtado Navarro, reconnut que la corruption avait atteint des niveaux stratosphériques dans son pays. « Dès qu'il y a un problème, les gens sont portés à payer un pot-de-vin », déclara-t-il au *Wall Street Journal*. Le Montréalais Domenico Tozzi, qui lessivait de l'argent sale pour des membres du clan Rizzuto, connaissait la recette. Il partit pour le Venezuela avec 800 000 dollars américains. Selon ses propres confidences, il remit la somme à la bonne personne. Nicolò Rizzuto fut libéré. Il avait 69 ans.

Ses avocats ont toujours soutenu que sa libération, survenue après plus de quatre ans d'incarcération, ne devait rien à un pot-de-vin, mais bien à des problèmes de santé. Ses conditions de libération conditionnelle stipulaient qu'il devait se rapporter à la police toutes les deux semaines. Au bout de quatre mois, il invoqua des problèmes de prostate pour convaincre les autorités vénézuéliennes de le laisser rentrer au Canada. Sa femme Libertina alla le chercher au Venezuela avec un couple d'amis. Lors de son escale à l'aéroport Lester-B.-Pearson, à Toronto, Rizzuto déclara aux douaniers qu'il voulait se faire soigner à l'hôpital Royal Victoria à Montréal. Son avion se posa à l'aéroport Pierre-Elliott-Trudeau le 23 mai 1993 à 16 h. Son fils Vito l'attendait avec une trentaine de parents et amis.

Manifestement, les problèmes de prostate ne disparurent pas, car le vieux Nick les invoqua 15 ans plus tard pour obtenir encore une fois sa libération, cette fois d'une prison de Montréal. On ignore s'il consulta ou non des urologues à l'hôpital Royal Victoria. En tout cas, on le vit au Consenza, un club social situé au 4891, rue Jarry Est, à Saint-Léonard, qui servit de quartier général à la mafia jusqu'en 2006. Il fréquentait aussi le bar de danseuses Castel Tina, appartenant à son bon ami Paolo Gervasi.

Normand Brisebois, criminel devenu délateur, côtoya les Rizzuto père et fils à l'époque, et en garda le souvenir d'hommes imperturbables : « De prime abord, ils paraissaient froids, mais ils étaient tous les deux très corrects, se rappela-t-il des années plus tard. Ils étaient aussi très calmes, en pleine maîtrise d'eux-mêmes. » L'un et l'autre s'habillaient de façon sobre, le fils dans un style décontracté, le père avec un complet veston taillé sur mesure, un feutre posé en permanence sur la tête, « comme dans les films de gangsters des années 1930 ». Ni l'un ni l'autre ne portait de bijoux, hormis leur anneau de mariage.

Les autorités vénézuéliennes ne s'étaient pas fait tirer l'oreille bien longtemps avant de permettre à Nicolò Rizzuto de quitter le pays, même si sa libération conditionnelle n'était pas terminée. Un an jour pour jour avant son départ pour le Canada, des événements tragiques survenus de l'autre côté de l'Atlantique eurent des répercussions internationales. Une des conséquences de ces drames fut que la présence du clan de Siculiana cessa d'être désirée au Venezuela.

* * *

Au printemps 1992, la rumeur voulait que le juge Giovanni Falcone, symbole de la lutte contre le crime organisé en Italie, prenne bientôt la tête d'une nouvelle organisation du parquet antimafia. Il serait alors devenu le premier procureur antimafia à pouvoir exercer son pouvoir dans tout le pays. Comme les organisations mafieuses travaillaient ensemble, il était logique que les différents corps de police soient coordonnés sous une direction unique. Basé à Rome depuis un an, Falcone était responsable de la direction des affaires pénales au ministère de la Justice. Il rentrait chez lui, à Palerme, chaque fois qu'il en avait l'occasion. C'était une habitude imprudente, mais il prenait des précautions. Il voyageait dans des jets banalisés, dont les vols n'étaient jamais annoncés. Jusqu'à 70 hommes triés sur le volet, pour la plupart des francs-tireurs, étaient officiellement chargés de sa sécurité et de celle de sa famille. Afin de minimiser les risques de complot, Falcone désignait chaque jour huit gardes du corps à la dernière minute pour l'escorter dans ses déplacements. La moindre fuite pouvait s'avérer fatale.

Le samedi 23 mai, le juge prit le volant d'une Fiat blindée blanche à l'aéroport de Palerme. Sa femme, Francesca, elle-même magistrate, s'assit à ses côtés, et un de ses gardes du corps s'assit à l'arrière. Falcone fonça à 160 km/h sur l'autoroute A-29 vers le centre de la ville, précédé par une Fiat Croma également blindée et occupée par trois autres hommes de son escorte policière, et suivi par une deuxième Fiat Croma blindée, blanche, où avaient pris place quatre gardes du corps.

Des cantonniers avaient travaillé sur l'autoroute pendant la semaine et étendu une nouvelle couche d'asphalte à la hauteur de Capaci, entre l'aéroport de Punta Raisi et Palerme. Posté derrière le rocher d'une des collines qui bordaient l'autoroute, un mafieux regarda le convoi s'avancer. Au moment où la Fiat blanche de Falcone s'engageait sur la portion qui venait d'être repavée, il appuya sur un détonateur : 550 kilos de TNT et de nitroglycérine, dissimulés dans une conduite souterraine, explosèrent. L'Institut national de géophysique enregistra le signal d'une onde de choc gigantesque à 17 heures, 56 minutes et 48 secondes. La voiture de Falcone fut projetée en l'air. Des images diffusées par la télévision montrèrent la Fiat à moitié enterrée. Le premier véhicule de l'escorte fut lui aussi soufflé par l'explosion. Des débris furent retrouvés à plusieurs centaines de mètres. Les pompiers durent découper la ferraille pour extraire les corps informes des trois policiers. Dans la troisième voiture du cortège, un peu protégée par les deux premières, les agents de police furent grièvement blessés. Il y eut une quinzaine de blessés collatéraux : quatre autres véhicules qui circulaient sur l'autoroute au moment de l'explosion furent atteints. Le tronçon de l'autoroute fut ravagé sur 500 mètres.

Falcone ne mourut pas sur le coup. Il décéda quelques minutes après son arrivée à l'hôpital de Palerme. Il avait 53 ans. Sa femme, âgée de 46 ans, mourut au cours de la soirée. Le lendemain, des milliers de Palermitains, en bras de chemise, tapèrent dans les mains pendant 10 minutes lorsque des collègues des victimes passèrent devant eux avec les cercueils pour entrer dans le palais de justice où aurait lieu la veillée funèbre. Mais lorsque le président italien et deux ministres se présentèrent, la foule de Siciliens hurla « Honte à vous ! Justice ! ».

Les dignitaires de l'État furent à nouveau conspués lors des obsèques à la basilique San Domenico. « Assassins ! » criait la foule rassemblée sur le parvis. Le *Requiem* de Mozart, le compositeur préféré de Falcone, résonnait dans la nef. Au milieu de l'office religieux, la jeune veuve d'un des gardes du corps, Rosaria Shifani, interrompit la lecture d'une prière pour pointer un doigt accusateur vers les personnalités romaines présentes. « Je me tourne vers les hommes de la mafia, qui sont certainement présents dans ces murs, même s'ils ne sont pas chrétiens, pour leur dire : Je veux dire que vous pouvez aussi être pardonnés, mais il vous faut d'abord faire acte de contrition, si vous avez le courage de changer. » Elle fit une pause et cria : « Mais ils ne changeront jamais, jamais », puis elle éclata en sanglots. « Qui savait ? Qui a informé les auteurs de cet acte pour leur permettre d'agir avec une telle précision ? » clama, scandalisé, l'archevêque de Palerme, Mgr Salvatore Pappalardo, tandis que le ministre de l'Intérieur se tenait la tête dans les mains. Les syndicats siciliens organisèrent une grève générale d'une journée et une manifestation monstre dans les rues de la capitale. Les syndicats italiens y firent écho par un arrêt de travail d'une heure, dans tout le pays.

Le témoignage le plus étonnant fut rendu par le repenti Tommaso Buscetta, dans la confession qu'il fit plus tard au sociologue Pino Arlacchi : « Falcone m'inspirait confiance, dit-il, se souvenant de son long interrogatoire par le juge d'instruction. Non pas en raison d'un quelconque magnétisme émanant de sa personnalité : c'était un homme timide, au regard doux, qui ne cherchait pas à apparaître comme un être supérieur, doté de qualités extraordinaires. Pourtant, il me transmettait quelque chose d'indéfinissable, comme un influx bénéfique et réparateur… » La nouvelle de sa mort l'atterra. « Ce jour-là, dit-il, j'ai vu tomber sur le sol un grand arbre, le plus haut et le plus fort de la forêt. Mais j'étais préparé à un tel malheur. À plusieurs reprises, j'avais conseillé à Falcone de bien se garder de prendre des habitudes. »

Falcone avait déjà été la cible d'un attentat. Peu avant le moment prévu pour l'explosion, ses gardes du corps avaient réussi à repérer une bombe dans un sac, au milieu de rochers, sur la plage, au pied de sa villa des environs de Palerme. « On meurt généralement parce que l'on est seul ou que l'on s'est aventuré dans un jeu trop grand, écrivit un jour le brave magistrat. En Sicile, la mafia frappe les serviteurs de l'État que l'État n'a pas réussi à protéger. »

Deux mois plus tard, son ami et collègue le juge Paolo Borsellino était tué à son tour. Il avait eu le malheur de dire à sa mère qu'il allait lui rendre visite. Sa ligne avait été mise sur écoute par les hommes de Totò Riina. Quand il sonna à la porte de sa mère, une voiture garée en bordure du trottoir explosa, le tuant sur le coup, ainsi que les cinq carabiniers de son escorte. Lors des funérailles, le cardinal Pappalardo exhorta les fidèles à se révolter. « Lève-toi, Palerme ! » cria-t-il. L'État italien n'avait plus le choix. Il devait agir. Il dépêcha 7000 soldats en Sicile.

L'homme qui avait appuyé sur le détonateur et assassiné Falcone fut identifié : il s'agissait de Giovanni Brusca, surnommé « U' Verru » (le verrat, en dialecte sicilien), membre de l'escouade de tueurs de Totò Riina. Son père était un mafieux notoire : il avait assisté au mariage de Giuseppe Bono en compagnie de Vito Rizzuto, à l'hôtel Pierre, à New York. Quand il apprit qu'il avait été dénoncé, « le verrat » kidnappa le fils de 11 ans du dénonciateur, le tortura et envoya des photos macabres de l'enfant à son père pour l'obliger à se dédire. Finalement, il ordonna à un complice d'étrangler le garçon et de dissoudre son corps dans un baril d'acide. Il fut arrêté dans une maison de campagne, près d'Agrigente. Un carabinier ne put s'empêcher de déroger aux règles : il ôta sa cagoule, comme pour signifier qu'il n'avait pas peur d'affronter la mafia à visage découvert. Il bouscula ses camarades qui escortaient Brusca à son arrivée au poste de police de Palerme et lui balança un coup de poing au visage.

Le gouvernement italien demanda la collaboration de tous les pays qui abritaient les chefs mafieux. Il transmit à Caracas une liste de 57 mafiosi qui devaient être extradés du Venezuela dans les plus brefs délais. Les noms de Pasquale, Paolo et Gaspare Cuntrera figuraient en haut de la liste. Falcone et Borsellino les soupçonnaient depuis longtemps d'avoir lessivé 70 millions de dollars entre le Canada, le Venezuela et l'Italie. Ils considéraient que Pasquale Cuntrera était le *capo* de la famille de Siciliana. Les autorités du Venezuela tergiversèrent. Dans un style purement américain, Washington pesa de tout son poids dans ce bras de fer : il balaya les conventions diplomatiques les plus élémentaires. La DEA menaça d'envoyer des commandos pour appréhender elle-même les frères Cuntrera. La sommation fut prise au sérieux. En juin, les Américains avaient arrêté, à Miami, le général vénézuélien Alexis Sanchez-Paz, ancien chef des services de renseignement de l'armée, et l'avaient accusé d'avoir vendu 20 kilos de cocaïne. La spectaculaire arrestation du général Manuel Noriega, au Panama, et sa condamnation à Miami pour trafic de drogue, était toute fraîche dans les mémoires.

Washington accrut les pressions et menaça d'exercer des sanctions économiques contre le Venezuela. En septembre 1992, le gouvernement céda : les frères Cuntrera furent expédiés par avion en Italie. Leurs millions de dollars ne leur furent d'aucune utilité. Les autorités saisirent les biens de la famille, répartis dans 65 comptes bancaires, ainsi que des hôtels et des casinos. Les membres de la mafia qui n'avaient pas été inquiétés se hâtèrent de vendre un ranch de 65 hectares à la frontière colombienne. La DEA ne se réjouit pas trop, cependant : elle soupçonnait les acheteurs d'être des prête-noms de la famille Gambino de New York.

Après leur atterrissage à Rome le 12 septembre 1992, les frères Cuntrera furent transportés à la prison de Pianosa, une île microscopique d'un archipel au large de la Toscane. Ce caillou posé dans la Méditerranée servait de lieu de détention depuis le règne de l'empereur Auguste. Deux mille ans plus tard, la sécurité était telle qu'aucun bateau n'avait le droit d'approcher de ses côtes à moins de 1,6 kilomètre. On aurait pu croire que l'histoire des trois frères allait s'arrêter là, mais non. Pasquale Cuntrera, le chef du clan, qui avait été condamné à 21 ans de détention, fut transféré à la prison de Parme, dans le nord de l'Italie. Il réussit à s'en échapper à la suite d'une « erreur bureaucratique » entourant le processus d'appel de sa sentence. Apparemment, il avait réussi à convaincre les autorités carcérales qu'il avait le droit d'être libéré en attendant que la justice se prononce sur son pourvoi en appel. Il promettait de se rapporter et assurait qu'on pourrait le joindre facilement. Souffrant de diabète, il quitta la prison en fauteuil roulant. Son appel fut rejeté. Entre-temps, il s'était volatilisé. La ministre de la Justice offrit sa démission. Le premier ministre Romano Prodi la refusa.

La police partit à la recherche de Pascuale Cuntrera. La Gendarmerie royale du Canada donna un tuyau inespéré aux Italiens. En 1996, la GRC avait déjà commencé à enquêter sur Alfonso Caruana et ses frères, neveux de Pasquale Cuntrera. Alfonso avait quitté le Canada pour le Venezuela en 1986, mais il était revenu au pays en 1993, et s'était relancé dans le trafic de drogue à grande échelle depuis Toronto. La GRC avait placé plusieurs lignes téléphoniques sur écoute, y compris des cabines téléphoniques publiques où Alfonso faisait ses appels les plus délicats. Un bon jour, Caruana se dirigea vers une de ces cabines et se mit à parler avec Pasquale. Il assurait son oncle qu'il serait possible de le faire entrer au Canada avec un faux passeport. Ensuite… eh bien, les Canadiens étaient tellement accommodants !

Alfonso Caruana était sous le coup d'un mandat d'arrestation international. Il avait été condamné *in absentia* par le tribunal de Palerme pour avoir été l'organisateur principal d'un réseau qui avait introduit 11 tonnes de cocaïne en Italie de 1991 à 1994. Au moment de sa conversation avec son oncle Pasquale Cuntrera, Caruana vivait à Woodbridge, un quartier de la ville de Vaughan, en banlieue de Toronto. Officiellement, il gagnait 500 $ par semaine en lavant et en déplaçant des voitures chez un vendeur de voitures d'occasion.

L'oncle et le neveu s'épanchèrent sur un grave sujet, la mort du chanteur Frank Sinatra, survenue la semaine précédente, puis ils raccrochèrent. La GRC voulait accumuler suffisamment de preuves pour traduire Alfonso Caruana en justice au Canada, plutôt que de l'arrêter pour tenter de l'extrader en Italie. Les recours en justice contre l'extradition ont en effet tendance à s'éterniser.

L'écoute électronique permit à la police de localiser Pasquale Cuntrera : il se cachait avec sa femme dans les environs de la petite ville de Fuengirola, sur la Costa del Sol espagnole. L'endroit était fréquenté par des célébrités telles que les comédiens Antonio Banderas et Sean Connery. Les policiers italiens et espagnols se mirent en chasse. Ils finirent par apercevoir le fugitif se promenant bras dessus bras dessous avec sa femme le long d'un boulevard bordé de palmiers. Il n'avait plus besoin de son fauteuil roulant, il s'appuyait sur une canne. Il n'opposa aucune résistance à son arrestation et fut renvoyé en prison en Italie.

Alfonso Caruana avait succédé à la tête du clan. La sentence établie par le tribunal de Palerme indiquait que sa participation dans l'importation des 11 tonnes de cocaïne était « une indication supplémentaire de la très forte capacité d'action criminelle » du citoyen canadien. Caruana, ajoutait le tribunal, « avait échappé à toutes les actions judiciaires au cours des dernières décennies et réussi à atteindre le sommet du commerce international de drogue, en faisant jouer ses contacts criminels et en montrant une telle expertise qu'il est considéré comme l'un des responsables les plus importants de cette activité ».

* * *

Des changements de garde se produisaient aussi à New York. Dans la Grosse Pomme comme à Montréal, des caïds mouraient, emportés par la maladie ou les balles, ou ils étaient envoyés en prison. D'autres les remplaçaient.

La famille Bonanno déclinait déjà depuis quelques années quand son boss, Philip « Rusty » Rastelli, fut emporté par un cancer du foie, en 1991. Condamné pour racketérisme, Rastelli avait croupi en prison pendant la majeure partie des années 1980. Il rendit l'âme peu après sa libération, à l'âge de 73 ans. Il fut enterré au St John's Cemetery, dans le Queens Middle Village, en compagnie de plusieurs congressmen, mais aussi de dirigeants célèbres des familles mafieuses de New York. Parmi eux : Carlo Gambino, qui donna son nom à la plus importante des familles mafieuses de la ville ; Vito Genovese, qui fut l'un des rares « boss de tous les boss » ; Charles « Lucky » Luciano, qui avait fondé la Commission en 1931. À une distance convenable de Rastelli reposait la dépouille de Carmine Galante, « M. Lilo » ou « M. Cigare », qui avait été exécuté sous ses ordres et avait rendu l'âme le cigare à la bouche.

Les Bonanno qui se trouvaient encore au-dessus du sol n'étaient guère plus en vie que ceux qui se trouvaient en dessous. Ils étaient regardés de haut par les quatre autres familles. L'infiltration réussie de Donnie Brasco, l'agent double du FBI, les avait couverts d'opprobre. Leur stupidité était impardonnable ; ils perdirent leur droit de vote à la Commission.

Leur nouveau boss, Joe Massino, n'avait pas perdu tout espoir. « Big Joey » était partisan d'une stratégie basée sur la prudence, consistant à réfléchir avant d'agir, à avancer lentement mais sûrement. Lui aussi s'était retrouvé derrière les barreaux pour racketérisme. Ce long congé sabbatique en prison lui avait permis de réfléchir aux différentes façons de redonner vie à la famille Bonanno. Il découvrit les vertus du silence et des périphrases. Il ne voulait pas ressembler au nouveau parrain des Gambino, John « the Dapper Don » Gotti, qui avait violé le protocole en assassinant son boss, Paul Castellano, afin de ravir le pouvoir, et ce sans obtenir au préalable l'aval de la Commission. Sur un plan personnel, Massino aimait bien Gotti, ce qui était souhaitable dans la mesure où ils habitaient à un coin de rue l'un de l'autre, à Howard Beach. Après avoir demandé à Vito Rizzuto et à d'autres tueurs d'exécuter les trois capitaines rebelles de la famille Bonanno, en 1981, Massino avait demandé à Gotti de faire disparaître les corps.

Joe Massino était plus discret que son ami. Alors que Gotti paradait devant les caméramans et les photographes et se délectait de son statut de vedette des tabloïds, Massino fuyait les flashes et, malgré son imposante stature, avait le don de se volatiliser lorsque les policiers tentaient de le prendre en photo. Bien qu'ils fussent équipés de gadgets technologiques ultra sophistiqués, ils n'arrivèrent jamais à enregistrer le moindre propos compromettant. « Joey voulait le faire (devenir le boss de la famille Bonanno) dans les règles. Il voulait attendre la mort de son boss (Rastelli) avant de prendre le pouvoir », expliqua un jour Salvatore « Good-Looking » Vitale, son ami et beau-frère. Les soldats de la famille Bonanno aspiraient à la stabilité après le fiasco de Donnie Brasco, et c'est exactement ce que Massino leur apportait.

Massino conseilla à ses hommes d'adopter un profil bas, d'éviter les bars mal famés et de cesser de se réunir dans leurs clubs sociaux de Brooklyn. Il leur ordonna de ne jamais prononcer son nom et, s'ils devaient absolument parler de lui, de se contenter d'effleurer ou de montrer leur oreille. Cette idée lui était venue d'un autre chef mafieux de New York, le plus rusé de tous, Vincent « Chin » Gigante, auquel les mafiosi faisaient référence en se touchant le menton. De cette façon, la police ne pouvait pas enregistrer de phrases du genre : « Big Joey m'a dit d'éliminer Untel. »

En tout cas, la police ne put jamais accuser Massino d'avoir autorisé le meurtre de Joe LoPresti, un membre éminent de la famille Bonanno à Montréal, proche ami et voisin, avenue Antoine-Berthelet, de Vito et de Nick Rizzuto. Lorsque Salvatore Vitale, le bras droit de Massino, devint délateur, il laissa entendre que Massino avait pris la liberté d'acquiescer à l'élimination de LoPresti en dépit du fait que l'exécution d'un membre éminent de la mafia doit être décidée au plus haut niveau.

Tout comme Vito Rizzuto, son aîné de deux ans, et Gerlando Sciascia, plus vieux de 14 ans, Giuseppe « Joe » LoPresti était né le 24 janvier 1948 à Cattolica Eraclea. Il eut deux enfants avec sa femme, Rosa Lumia, native du même village. Il débarqua à Halifax en 1969 et s'intégra rapidement à la mafia montréalaise. Sicilien par toutes les fibres de son être, il se rangea résolument du côté des Rizzuto dans leur guerre contre le Calabrais Paolo Violi. Il fut soupçonné d'avoir participé au meurtre de ce dernier, en 1978. Deux ans plus tard, il eut le privilège d'être invité à l'époustouflant mariage de Giuseppe Bono à l'hôtel Pierre de New York.

Bâti comme un athlète, mesurant six pieds deux pouces, cheveux noirs toujours bien peignés, LoPresti était élégant mais évitait de se faire remarquer. Propriétaire du Casablanca, une boîte de nuit de Montréal, et actionnaire d'autres entreprises, il n'affichait pas sa richesse. Ses complets gris, aussi peu voyants que possible, lui donnaient l'air d'un homme d'affaires quelconque désireux de faire son chemin dans la vie, sans douleur et sans drame. Et il fit manifestement son chemin : à 44 ans, il était bel et bien millionnaire.

LoPresti parlait souvent d'une voix neutre, dénuée d'émotion, de façon à ne pas attirer l'attention. Des mots anodins pouvaient signifier, selon le ton du locuteur, des choses tout à fait différentes. Il lui arriva cependant de contrevenir aux dispositions qu'il s'imposait. Sa voix fut reconnue sans l'ombre d'un doute dans des enregistrements réalisés à New York dès le début des années 1980.

Les enregistrements avaient été effectués à la maison d'Angelo Ruggiero, bras droit de John Gotti et de son frère Gene, de la famille Gambino. Ruggiero, personnage obèse et grossier, était affublé du sobriquet de « Couac Couac ». L'homme souffrait d'une douloureuse infection à la plante d'un pied et se dandinait comme un canard. De surcroît, il ne cessait de cancaner. Gotti l'avait déjà gourmandé au téléphone, lui intimant de « fermer (sa) grande gueule ». La propension au bavardage de « Couac Couac » fut une aubaine pour les policiers qui avaient truffé de micros sa maison de Cedarhurst, à Long Island.

En mai 1982, lorsque la police épia les funérailles de Salvatore Ruggiero, le frère de « Couac Couac », elle fut intriguée par la présence de Joe LoPresti et décida de le suivre. Le Montréalais allait partout, rencontrait tout le monde. Bref, il semblait agir comme un émissaire. Il commença par aller chercher Gerlando Sciascia, alias « George from Canada », chez « Couac Couac ». Joe et George rencontrèrent ensuite Cesare « Tall Guy » Bonventre au Dunkin' Donuts, dans Queens. Bonventre, un Zip sicilien comme eux, travaillait pour Carmine Galante dans la famille Bonanno. Par la suite, les policiers revirent LoPresti avec Salvatore « Totò » Catalano, un Zip bien connu de la famille Bonanno. C'est ce même Catalano qui avait présenté Tommaso Buscetta à Pasquale Cuntrera des années auparavant, à Montréal.

Le 16 mai 1982, un micro caché au sous-sol de la maison de Ruggiero capta une conversation intéressante : Joe LoPresti confiait à « Couac Couac » qu'il avait discuté avec son fournisseur d'héroïne, un membre de la famille Cuntrera-Caruana à Caracas. « Il m'a dit qu'il était sûr à 100 % que notre chargement est en route, lui annonça-t-il. C'est au Canada, et ça va arriver ici dans environ une semaine et demie. »

Gerlando Sciascia, qui ne maîtrisait pas mieux que l'autre les subtilités du langage codé, dit un jour à Ruggiero : « J'ai 30 choses. C'est pour ça que je suis ici. » Même un cadet de la police pouvait comprendre qu'il s'agissait de 30 kilos d'héroïne.

Au terme de l'enquête, Joe LoPresti, George le Canadien, « Couac Couac » Ruggiero, Eddie Lino et plusieurs autres membres des familles Bonanno et Gambino furent accusés d'avoir importé 30 kilos d'héroïne. Ils étaient impliqués jusqu'au cou dans la Pizza Connection, le réseau d'importation d'héroïne qui utilisait des Siciliens de part et d'autre de l'Atlantique. Les soldats des Gambino se sentaient coincés. Leur boss, Paul Castellano, avait menacé de tuer ceux d'entre eux qui s'adonneraient au trafic de drogue : il estimait que cette activité était beaucoup trop dangereuse. La police avait en effet redoublé d'ardeur et arrivait souvent à convaincre des trafiquants de devenir délateurs. Castellano voulait que ses hommes se concentrent sur des activités moins risquées, comme la manipulation des titres à la Bourse, qui rapportaient beaucoup d'argent tout en limitant les séjours en prison.

Les avocats des accusés obtinrent la transcription des enregistrements. Castellano en réclama une copie. Il menaçait, s'il ne l'obtenait pas, de démettre John Gotti de ses fonctions et de réassigner ses hommes à d'autres capitaines. Gotti était bien conscient que son boss découvrirait le pot aux roses en lisant les transcriptions. En plus de prouver qu'ils importaient de l'héroïne, les enregistrements démontraient qu'ils en parlaient avec des personnes étrangères à la famille, autre pratique interdite. Le 16 décembre 1985, Castellano et son nouvel *underboss*, Thomas Bilotti, furent abattus devant le Sparks Steak House, dans la 46e rue, en plein Manhattan. Les tueurs se fondirent dans la foule de New-Yorkais qui faisaient leurs emplettes de Noël. Un des assassins était Eddie Lino, accusé de trafic d'héroïne avec «Couac Couac» et les autres. John Gotti devint le boss de la famille Gambino.

Le jour de l'arrestation du volubile «Couac Couac» et de ses amis de la Pizza Connection, Joe LoPresti se trouvait à New York. Le FBI lui mit aisément la main au collet. Gerlando Sciascia, lui, réussit à s'enfuir à Montréal, où il vécut sous un faux nom, mais les autorités finirent par le retracer. Le gouvernement américain exigea son extradition. Le sergent Yvon Thibault, du bureau de la GRC à Montréal, l'arrêta en pleine rue le 7 novembre 1986. Sciascia resta détenu pendant deux ans. Il ne réussit pas à casser l'ordre d'extradition et fut renvoyé de l'autre côté de la frontière pour y répondre d'une accusation de trafic d'héroïne.

Le frère de John Gotti, Gene, faisait partie du groupe d'accusés. Il demanda à un ami d'intervenir auprès d'un membre du jury. L'ami offrit une BMW au juré en échange de son appui à l'acquittement. Il ignorait que le juré avait été écarté deux jours plus tôt par le tribunal parce qu'il n'était pas citoyen américain. Le FBI eut vent de l'offre de corruption et le procès fut interrompu.

Le groupe d'accusés se disloqua. Angelo «Couac Couac» Ruggiero mourut d'un cancer; Gene Gotti et John Carneglia, un soldat des Gambino, furent tous les deux condamnés à 50 ans de prison. Un nouveau procès commença au début de l'année 1990. Au banc des accusés: Gerlando Sciascia, Joe LoPresti et Eddie Lino. L'adjoint de John Gotti, Salvatore Gravano, avança 10 000 $ pour acheter l'appui d'un membre du jury. Cette fois, la police l'apprit un an trop tard, lorsque Gravano devint délateur et passa aux aveux. Sciascia, LoPresti et Lino furent acquittés après quatre semaines de procès.

Les trois accusés furent assassinés les uns après les autres, mais pour des raisons différentes. Eddie Lino fut le premier à tomber. L'ordre de l'exécution fut donné par Vincent Gigante, le chef de la famille Genovese. Il fut abattu en novembre par deux policiers corrompus. Ces derniers, à bord d'une voiture patrouille dont les gyrophares tournaient, demandèrent à Lino de ranger sa Mercedes-Benz sur le bas-côté d'une voie de desserte, dans Brooklyn, puis ils le criblèrent de balles. Gigante voulait affaiblir John Gotti, un rival qu'il haïssait. Une bonne formule consistait à éliminer un de ses principaux hommes de main...

Quant à Joe LoPresti, il revint à Montréal après son acquittement et reprit ses affaires. Il dirigeait la compagnie Construction LoPresti et plusieurs autres entreprises, entre autres un commerce de machines de vidéopoker qu'il exploitait avec son fils Enzo. À la fin du mois d'avril 1992, Giuseppe Mark, le fils de Gerlando Sciascia, téléphona à son domicile. Il était propriétaire d'un restaurant Mike's dans le quartier de Rivière-des-Prairies avec Agostino Cuntrera, qui avait trempé dans le complot pour assassiner Paolo Violi. Il se disait aussi l'un des propriétaires du Quelli Della Notte, un chic restaurant italien du boulevard Saint-Laurent. Sciascia déclara à LoPresti qu'il voulait le voir immédiatement. Ce dernier lui demanda s'il pouvait attendre quelques jours. «Je veux te voir tout de suite», répondit sèchement Giuseppe Mark. La police ignore le motif de l'appel; elle sait seulement que LoPresti devait répondre aux ordres de «George le Canadien», père de Giuseppe Mark Sciascia.

Le 29 avril, trois jours après cet appel, LoPresti quitta sa maison de style néo-Tudor de l'avenue Antoine-Berthelet et sauta dans sa voiture sport, une Porsche 1988 rouge cerise. Il se rendit dans un restaurant du boulevard Décarie, dans l'ouest de la métropole. Il ne se doutait de rien, lui à qui la vie avait pourtant appris à être méfiant. Plusieurs de ses associés avaient déjà été tués au cours des dernières années. Selon toute vraisemblance, LoPresti rencontra une personne de confiance. Il laissa sa Porsche dans un stationnement proche du restaurant et partit avec cet homme.

LoPresti se retrouva dans un lave-auto, où un inconnu lui tira une balle dans la nuque avec une arme de petit calibre. Avait-il compris que sa vie était menacée? On l'ignore. En tout cas, il ne se défendit pas. Il avait 44 ans. Le meurtre était propre et soigné. C'était un signe de respect. Son corps fut enveloppé dans un sac en plastique, ficelé, transporté dans un véhicule, puis abandonné dans le fossé d'un chemin de gravier menant à la voie ferrée du Canadien National, près du boulevard Henri-Bourassa, dans le quartier Rivière-des-Prairies. Une toile de peintre recouvrait le sac. Vers 20 h 30, un cheminot qui avait vu des taches de sang appela la police du chemin de fer, qui alerta la police de Montréal. Les enquêteurs trouvèrent environ 4000 $ dans les poches du cadavre. C'était la preuve que le meurtre n'avait rien à voir avec le vol. En revanche, les papiers d'identité étaient manquants.

Le lendemain, des policiers retrouvèrent la Porsche rouge, immatriculée KMK 558, dans le stationnement où son propriétaire l'avait laissée, boulevard Décarie. Un téléavertisseur continuait de biper. Ils téléphonèrent au demandeur : c'était le fils de Joe, Enzo, 23 ans. Enzo vint identifier son père à la morgue, rue Parthenais. Le corps fut exposé dans un salon funéraire de la rue Beaubien. Plusieurs proches du défunt vinrent lui rendre hommage. Vito Rizzuto descendit d'une Jaguar blanche et offrit ses sympathies à la famille. De nombreux mafiosi de New York et de Toronto se présentèrent également au salon. Des personnalités du monde des affaires, dont Lino Saputo, le propriétaire des Fromages Saputo, assistèrent aux funérailles. « Joe LoPresti, c'était une personne de la communauté italienne », rappela simplement M. Saputo des années plus tard.

Une personne importante, en effet. Pendant longtemps, les enquêteurs se creusèrent la cervelle pour essayer de comprendre les motifs de l'assassinat, effectué dans le plus pur style mafieux. Pour eux, il était clair qu'il avait été autorisé au plus haut niveau, et fort probablement par John Gotti, le chef de la famille Gambino. En tout cas, c'est ce que soutint Salvatore Gravano, l'adjoint de Gotti devenu délateur. Une mésentente avait peut-être éclaté concernant le partage des profits de la drogue.

Le témoignage le plus éclairant fut celui de Salvatore Vitale, l'adjoint de Massino, le boss de la famille Bonanno. Témoin repenti au procès de plusieurs membres de la famille Bonanno, Vitale rapporta les confidences de Gerlando Sciascia. George le Canadien était le patron de LoPresti et ne pouvait supporter que son subalterne consomme de la drogue. « Il ne pouvait pas concevoir qu'un capitaine puisse être *high*, expliqua Vitale. Il croyait que cela nuisait à notre prestige auprès des autres familles. »

Sciascia pensait donc que LoPresti se droguait. Vitale ajouta qu'il lui avait demandé la permission de le liquider. Parlant au nom de son boss, Massino, Vitale lui avait donné le feu vert. « Fais ce que tu dois faire », lui avait-il dit.

Il serait étonnant que Sciascia ait décidé d'éliminer LoPresti pour cette seule raison. Ce meurtre, exécuté dans les règles de l'art, répondait probablement à des motifs moins futiles. En revanche, il apparaît qu'il a été approuvé par les plus hautes instances de la mafia new-yorkaise, et pas seulement par Vitale.

Sciascia fut le dernier des trois accusés à être exécuté. Après son acquittement, il avait essayé à nouveau d'obtenir un statut de résident permanent au Canada, pour lui-même et sa femme Mary, d'origine écossaise. Dans sa demande, présentée au consulat du Canada à New York, il indiquait qu'il voulait se prévaloir du programme d'immigrant investisseur. Il possédait deux restaurants et un lave-auto et affirmait qu'il était en mesure d'investir 200 000 dollars américains au Canada. Il ajoutait qu'il parlait français et anglais, et que son fils Joseph Mark vivait déjà à Montréal. Susan Burrows, une diplomate attachée au consulat, rejeta la demande. Dans une lettre peu encourageante, elle lui disait : « Il existe des bonnes raisons de croire que vous êtes membre d'un groupe criminel organisé, en l'occurrence la Cosa Nostra américaine. »

Joseph Mark en appela de la décision de Mme Burrows. Loin de désavouer la diplomate, un haut fonctionnaire du ministère de l'Immigration en rajouta. Il certifia que George le Canadien était « un danger public pour le Canada ». « Je suis préoccupé par le fait que la relation étroite de M. Sciascia avec des personnages connus de la mafia à New York, en Sicile et à Montréal, pourrait renforcer la position de la mafia à Montréal. M. Sciascia est un danger pour la population canadienne en raison de son implication avec la mafia et de la nature des activités de cette organisation. »

En 1988, un rapport du sous-comité du sénat américain sur le crime organisé catalogua Sciascia comme membre de la famille Bonanno. Au Canada, une disposition de la loi sur l'immigration portant sur le crime organisé entra en vigueur en 1993.

Sciascia contesta son étiquette de « danger public » devant la Cour fédérale du Canada. Le juge Marshall Rothstein autorisa son recours et annula l'épithète. Cela signifiait que son fils Joseph Mark pouvait demander à la Commission de l'Immigration et du Statut de réfugié d'infirmer la décision du ministère qui interdisait l'entrée de son père au Canada. Malgré cette victoire, le fils retira sa demande d'appel et le père abandonna sa demande de résidence permanente. Le ministère de l'Immigration continua de qualifier Sciascia de « sujet lié à la mafia ». George le Canadien eut l'insigne distinction d'être la seule personne à se voir refuser la possibilité d'immigrer au Canada en raison de son association avec la mafia. Il fut informé du fait qu'il serait détenu si jamais il tentait de remettre les pieds sur le sol canadien.

Il emménagea dans une maison haut de gamme donnant sur Stadium Road, dans le Bronx, à une bonne distance de l'endroit où, en 1981, il avait donné le signal d'assassiner les trois capitaines rebelles de la famille Bonanno en passant la main dans ses cheveux. Il avait

63 ans et sa chevelure était plus grise qu'à l'époque, mais elle était toujours aussi fournie. Ce coquet impénitent faisait gonfler ses cheveux dans le style Pompadour et soignait sa tenue vestimentaire. Il ressemblait davantage à un riche bijoutier qu'à un bandit. Une apparence en partie conforme à la réalité : il ouvrit une bijouterie, East Tremont Avenue, toujours dans le Bronx.

L'année où il fut jugé indésirable par les autorités canadiennes, un film susceptible de l'intéresser au premier degré – tout comme Vito Rizzuto, Vitale et Massino – fut projeté sur les écrans. Intitulé *Donnie Brasco*, le film mettait en vedette Al Pacino dans le sinistre rôle de Benjamin « Lefty Guns » Ruggiero, et Johnny Depp dans le rôle de Donnie Brasco, l'agent double du FBI. Le film popularisa une expression chère à la mafia américaine : « *Forget about it* » (oublie ça). Une des réparties d'Al Pacino se grava dans les mémoires : « *A wise guy's always right. Even when he's wrong, he's right.* » Dans le jargon du milieu américain, un « *wise guy* » est un membre en règle de la mafia et ce dernier a toujours raison, même quand il a tort, décrétait « Lefty Guns ». Le film n'exposait pas le rôle de « George from Canada » et de Vito Rizzuto dans le massacre des trois capitaines, mais Sciascia éprouva probablement un certain inconfort quand il vit cet épisode peu glorieux de sa vie apparaître sur les grands écrans.

Il avait participé au massacre à la demande de Massino, mais en 1999, ce dernier semblait avoir oublié ce geste de loyauté. Massino était au faîte de sa puissance. Tous les autres parrains étaient en prison : John Gotti, de la famille Gambino ; Vincente Gigante, des Genovese ; Vittorio Amuso et Anthony Casso, des Lucchese ; Carmine Persico et Victor Orena, des Colombo. Les Bonanno étaient l'exception. Quand l'affaire Donnie Brasco avait éclaté, leur effectif était tombé sous la barre des 100 membres. Massino avait cependant pu regarnir ses rangs et était maintenant à la tête d'un gang de 150 membres, divisés en 15 équipes efficaces, dont la decina de Montréal. Massino était le seul parrain encore en liberté. Il exerçait son pouvoir comme un monarque, ne tolérant aucun écart. Il avait promu son ami Anthony Graziano au rang de capitaine. Surnommé « T. G. », Graziano était reconnu pour sa cruauté. Il lui arriva de torturer ses victimes avec la flamme de son briquet. Mais il rapportait beaucoup d'argent.

Sciascia, qui devait « travailler » avec lui, commença à se plaindre de son comportement erratique. Il le trouvait peu fiable et déplorait sa tendance à piger dans ses provisions de cocaïne. « Chaque fois que je vois ce gars, il est drogué », disait-il. Il pria Sal Vitale de transmettre cette information à Massino. Jurant « sur les yeux de (ses) enfants », T. G. Graziano assura Massino qu'il ne prisait pas de coke. Massino trancha le conflit entre les deux capitaines à sa façon. Au cours d'une fête d'anniversaire, il prit Sal Vitale à l'écart et lui dit : « George doit partir. » Il interprétait les plaintes de George le Canadien comme une contestation de son leadership. Il partait en vacances le lendemain à Cancún, au Mexique, et voulait que le meurtre soit commis en son absence.

Le jeudi 18 mars 1999, Sciascia reçut une note à sa bijouterie. Elle disait simplement « Pat D 79 ». Cela signifiait qu'il devait rencontrer un capitaine nommé Patrick DeFilippo dans un *Diner* (un restaurant) de la 79e rue, à Manhattan. Au restaurant, DeFilippo lui annonça qu'il allait l'emmener dans un autre endroit afin qu'il rencontre quelqu'un qui l'aiderait à résoudre son conflit avec T. G. Graziano. Ils prirent place à l'arrière d'une fourgonnette Ford couleur bourgogne. John Spirito conduisait. Pendant le trajet DeFilippo tira quatre balles sur Sciascia : une au côté gauche de la poitrine, une deuxième dans l'œil gauche, les deux autres dans la tête. Spirito fonça au bout d'un cul-de-sac, dans le Bronx. DeFilippo jeta le corps de George le Canadien dans la rue, en face d'une petite église.

Un homme qui rendait visite à sa copine dit aux policiers qu'il avait vu un véhicule effectuer un virage à 180⁰. Sur le coup, il avait pensé que le conducteur s'était trompé de direction. Puis il avait aperçu le corps ensanglanté d'un homme. Personne n'avait entendu les coups de feu. Une femme disait que les cheveux argentés de l'homme étaient bien peignés et qu'il portait des vêtements coûteux. Elle expliqua à un reporter de *Newsday* qu'il « avait l'air du grand-papa de quelqu'un, étendu là ».

Sciascia avait 65 ans. Contrairement au meurtre de Joe LoPresti, l'exécution n'avait pas été faite avec les égards dus à un homme d'honneur. En règle générale, les mafieux respectent les dépouilles. Dans ce cas, ils s'en étaient tout simplement débarrassés. George le Canadien avait pourtant été tué par des membres de la famille Bonanno et avec la complicité de vieux amis, comme Sal Vitale. Vitale n'avait rien contre lui, mais, en bon soldat, il avait obéi aux ordres. Il savait qu'en protestant, il aurait signé son propre arrêt de mort.

Il y avait une raison pour laquelle le corps de Sciascia avait été jeté à la rue. Massino voulait faire croire qu'il avait été victime d'une transaction de drogue qui aurait mal tourné, et non d'un ordre d'exécution. Il voulait éviter les représailles des Canadiens. Il fit circuler l'information selon laquelle il cherchait les tueurs. Il ordonna à une quarantaine d'hommes d'honneur de la famille Bonanno de se présenter aux funérailles. Même DeFilippo, l'assassin de Sciascia, fit mine de pleurer sa mort. Quant à Massino, il resta fidèle à sa politique : éviter les lieux où il risquait d'être filmé ou photographié. Dans son livre sur les Cinq familles, Selwyn Raab, journaliste au *New York Times*, rapporte qu'il confia à deux capitaines que Sciascia avait subi un châtiment approprié. « Il a eu ce qu'il méritait pour m'avoir dit comment diriger la famille », expliqua-t-il au premier. « Ça lui apprendra à parler contre mes capos », dit-il au second.

Au cours d'une rencontre dans un restaurant de Howard Beach, Sal Vitale informa Massino qu'il avait dû faire démolir la Ford bourgogne dans laquelle Sciascia avait été tué. En effet, il avait été impossible d'effacer les taches de sang sur les sièges. « Pauvre George, il a dû saigner à mort », soupira Massino. Il ajouta qu'il puiserait dans les fonds de la famille pour rembourser John Spirito, le propriétaire de la fourgonnette. Le parrain félicita alors Vitale pour « ce travail bien fait ».

En 2007, Vitale fut interrogé en long et en large sur cet épisode macabre. L'interrogatoire eut lieu lors du procès de Patrick DeFilippo, accusé du meurtre de George le Canadien. Les ordres de Massino étaient limpides, rappela Vitale : le chef de la famille Bonanno lui avait demandé de rencontrer chacun des 15 capitaines de la famille, un à un, et de leur dire que tout le monde ignorait pourquoi George avait été assassiné. Vitale leur tint ce langage : « Dites-nous si vous trouvez quelque chose, ce serait apprécié. Nous voulons savoir qui a tué George. »

« Pourquoi racontiez-vous une telle histoire aux capitaines ? lui demanda le procureur fédéral Greg Andres lors du procès.

— Pour créer un écran de fumée, pour causer une diversion, répondit Vitale.

— Un certain temps après le meurtre de George, êtes-vous allé au Canada ?

— Oui.

— Qui vous a dit d'aller au Canada ?

— Joe Massino voulait que j'aille là-bas pour parler à Vito (Rizzuto), pour voir ce qui se passait, pour comprendre ce qui se passait au Canada, maintenant que George était mort.

— Êtes-vous allé seul ?

— Non, j'y suis allé avec Anthony Urso (ce dernier venait de recevoir le titre de *consigliere* de la famille Bonanno).

— Quand vous êtes allé là-bas, avez-vous tenté de nommer quelqu'un pour remplacer George, compte tenu du poste qu'il occupait dans la famille Bonanno (celui de capitaine responsable de la division montréalaise) ?

— J'ai tâté le terrain. J'ai cherché à savoir qui ils respectaient, qui était leur homme là-bas. Vito a dit : "Nous sommes tous des frères.

Nous sommes tous égaux." Au départ, il semblait vraiment fâché que personne ne lui ait parlé de George. Je ne pense pas qu'il gobait cette histoire sur la transaction de drogue qui aurait foiré.

— De quoi d'autre avez-vous parlé avec Vito quand vous êtes allé au Canada ?

— Je lui ai demandé combien d'individus, combien de membres on avait au Canada. Il m'a dit 19.

— Savez-vous qui a payé pour votre voyage au Canada ?

— La famille Bonanno… J'ai avancé l'argent pour l'hôtel, pour la nourriture pour moi et Tony (Urso), et quand on est revenu, Joe (Massino) m'a demandé combien le tout avait coûté. J'ai dit 900 $, et il m'a donné 900 $. »

La famille Bonanno voulait nommer Vito capitaine en remplacement de Gerlando Sciascia. Vitale insistait, mais Vito refusa cette promotion et suggéra plutôt le nom de son père. Il n'y a aucun doute que l'assassinat de George le Canadien l'avait froissé : ils venaient tous les deux de Cattolica Eraclea, ils s'entendaient bien, ils s'étaient épaulés l'un l'autre pour assembler un nouveau pipeline d'héroïne. Personne ne l'avait consulté avant d'exécuter son ami.

Plusieurs membres de la mafia montréalaise participaient à la rencontre avec les deux émissaires américains, Vitale et Urso. Vito avait volontairement laissé une chaise vide autour de la table, pour marquer le fait qu'elle aurait dû être occupée par Gerlando Sciascia. Il posa beaucoup de questions aux deux émissaires new-yorkais sur les circonstances du meurtre. Manifestement, il était furieux et ne croyait pas du tout que son ami avait été tué à cause d'une transaction de drogue ratée. Lorsque l'assemblée se leva, Urso alla faire la tournée des bars et des restaurants avec Vito. Un des participants à la réunion, Joe Di Maulo, partit de son côté avec Vitale. Ce dernier pensait que sa dernière heure était arrivée. Il était sûr qu'il allait se faire descendre à son tour. Au bout du compte, Di Maulo l'amena rencontrer d'autres membres de l'organisation.

Vito ne voyait aucun avantage à prendre la place de Sciascia. Le poste aurait exigé qu'il se rende régulièrement à New York, ce qui aurait été difficile, car il ne pouvait franchir la frontière américaine sans risquer de se faire arrêter.

L'assassinat de Sciascia jeta un froid entre la famille Bonanno et le clan Rizzuto. Toutefois, les relations se poursuivirent.

Vito resta un bon soldat.

CHAPITRE NEUF

Opération Compote

De son bureau situé au septième étage de l'édifice Yale, à l'angle de la rue Peel et du boulevard de Maisonneuve, dans le centre-ville de Montréal, Me Giuseppe Lagana et ses associés avaient une vue plongeante sur un comptoir chic et propret spécialisé dans les transactions de billets de banque, situé de l'autre côté de la rue : la société à numéro 2841-6923 Québec inc. portait la raison sociale de Centre international monétaire de Montréal (CIMM). L'agence avait ouvert ses portes le 29 septembre 1990, au-dessus du métro Peel. Elle s'était installée au rez-de-chaussée, dans les locaux d'un ancien bureau de change qui avait mis la clé sous la porte après une série de braquages et de cambriolages. Derrière les vitres pare-balles, les passants pouvaient admirer de jolies affiches sur les murs, des boiseries vernies, un plancher de marbre orangé. Des machines à compter les billets étaient disposées sur les tables. À l'arrière, une porte donnait accès à une pièce fermée aux regards indiscrets. Trois hommes et une femme répondaient aux questions des clients avec une diligence toute professionnelle. Ils effectuaient plus de 300 transactions par semaine.

Lagana, 38 ans, était un avocat au-dessus de tout soupçon. Il habitait la ville huppée de Mont-Royal. Sa femme était avocate dans un cabinet réputé et un de ses associés était maire de Montréal-Ouest. Peu de personnes savaient que son principal client était Vito Rizzuto. La pègre était prise, comme toujours, dans son sempiternel problème : elle avait trop d'argent. Comme des milliers de billets de 10 $, de 20 $ et de 100 $ s'empilaient chez les uns et les autres, les mafiosi s'étaient dit que confier ces liasses d'argent à des avocats était peut-être une bonne idée. Les gens de robe étant protégés par le secret professionnel, les policiers doivent pédaler fort pour convaincre les juges de les autoriser à écouter leurs conversations ou à fouiller dans leurs dossiers.

Les trafiquants éprouvaient de plus en plus de difficultés à déposer de grosses sommes d'argent liquide dans les banques, où l'on risquait à tout moment de leur poser des questions embarrassantes. Depuis deux ans, les institutions financières étaient invitées à signaler toute transaction douteuse à la GRC. Dans les rues de Montréal seulement, les trafiquants à la solde de la pègre pouvaient récolter un million de dollars en deux jours. Ils engrangeaient les liasses de billets dans des appartements. Lagana envoyait des messagers les chercher régulièrement.

Être un avocat pour le crime organisé n'est pas une vocation de tout repos. Le métier est dangereux, le travail ardu. Certains y laissent leur peau. Le 15 octobre 1985, Mᵉ Frank Shoofey, criminaliste actif dans le milieu de la boxe, était abattu de trois coups de feu à la tête et de deux autres au thorax dans son bureau de la rue Cherrier, près du parc La Fontaine à Montréal. Le 13 mai 1991, Mᵉ Sydney Leithman, qui représentait les intérêts de Jairo Garcia, un des barons du cartel de Cali, fut tué au volant de sa Saab décapotable après avoir quitté sa maison de Mont-Royal. Le tueur lui tira quatre balles de calibre .45 dans la tête. Le 10 septembre 1991, Mᵉ Paul Beaudry, qui défendait lui aussi des trafiquants colombiens, fut assassiné par balle dans son bureau du Vieux-Montréal. Touché au ventre, il s'était traîné derrière les deux tueurs, puis s'était affaissé dans l'entrée de l'immeuble. D'autres avocats étaient poursuivis par les tribunaux ou sanctionnés par leur ordre professionnel, souvent parce qu'ils devenaient les complices de leurs clients.

Du haut de sa tour, Lagana observa le Centre international monétaire de Montréal pendant un an avant d'y mettre les pieds. Ses émissaires tâtèrent le terrain. L'un d'eux se renseigna sur la possibilité de faire des transactions de 100 000 $. En juin 1991, un messager demanda à transférer 500 000 $ à l'étranger. Il s'appelait Kazimir Sypniewski, avait 67 ans et travaillait comme agent de sécurité dans l'édifice Yale, où se trouvait le cabinet de Lagana. Les employés du CIMM n'étaient pas dupes : il était invraisemblable qu'un petit salarié possède un demi-million de dollars et veuille virer une telle somme dans un compte à l'étranger.

Dollar après dollar, dépôt après dépôt, Lagana apprit à faire confiance à ses nouveaux voisins. Bientôt, ses associés, Mᵉ Richard Judd, 40 ans, et Mᵉ Vincenzo Vecchio, 36 ans, se rendirent dans le joli local du CIMM avec des valises, des sacs de hockey, des boîtes à chaussures et des sacs de plastique remplis de billets de banque. Les petites coupures étaient échangées contre des traites bancaires ou converties en devises américaines ou en «pinkies», billets roses de 1000 $ canadiens que la Banque du Canada allait cesser d'imprimer pour compliquer, justement, la tâche des lessiveurs d'argent. Les transferts de fonds se faisaient vers quelque 200 comptes bancaires en Europe, aux États-Unis et en Amérique du Sud.

Les avocats ignoraient que le Centre international monétaire de Montréal était une création de la GRC – un leurre destiné à appâter les blanchisseurs de tout poil. Les gentils membres du personnel, tous policiers, avaient reçu une formation à la Banque Nationale du Canada afin de devenir des caissiers modèles. Des caméras dissimulées dans les murs filmaient les clients; des micros enregistraient leurs propos.

La GRC avait également fondé la Courtex, une compagnie de messagerie fictive. De ses locaux de l'autre côté de la rue, boulevard de Maisonneuve, les policiers photographiaient les clients qui entraient au CIMM et en sortaient. Ils prenaient ceux qui leur semblaient louches en filature.

L'opération porta plusieurs noms qui commençaient par la lettre C, qui définit la section de la GRC au Québec. La dénomination la plus connue fut « Opération Compote ». Son responsable, le sergent d'état-major Yvon Gagnon, avait l'imagination fertile. Il avait concocté une multitude de stratagèmes pour attirer la clientèle souhaitée, c'est-à-dire criminelle, et éloigner les clients indésirables, c'est-à-dire honnêtes. Des policiers facilement identifiables se postaient aux abords des bureaux de change voisins et filmaient ouvertement les clients suspects dans l'espoir qu'ils se rabattent dans le seul bureau qui ne semblait faire l'objet d'aucune surveillance : le leur. Le CIMM publia des petites annonces dans les quotidiens, vantant ses capacités de transférer aisément des fonds à l'étranger. Des dépliants furent distribués dans les quartiers habités par les cibles, surtout à Brossard, en banlieue sud de Montréal. « Tous les clients douteux sont facturés 1 % d'extra, indiqua un rapport hebdomadaire. Cela permet de séparer la clientèle légitime des illégaux. Ces derniers, croyant à notre discrétion, préfèrent continuer avec nous malgré cette surcharge. » Après deux mois d'efforts, les policiers pouvaient déjà se vanter de leurs succès. « La publicité aidant, nous avons conclu 274 transactions financières, une augmentation de plus de 30 % par rapport à la semaine précédente », soulignait avec enthousiasme le caporal Pierre Bolduc dans son rapport hebdomadaire du 19 octobre 1990. Après seulement un mois d'opération, s'empressa-t-il d'ajouter, « deux grosses enquêtes sont sur les planches » à la brigade des stupéfiants.

Le projet Compote, la plus importante opération d'infiltration de l'histoire de la GRC, devait en partie son existence aux pressions exercées par les Américains. La Drug Enforcement Administration (DEA) avait remarqué depuis longtemps que des ressortissants sud-américains de Montréal transportaient des valises remplies de narcodollars jusqu'à Carthagène, en Colombie. En enquêtant sur des réseaux criminels de Houston (Texas), de Cincinnati (Ohio) et de Denver (Colorado), la DEA avait également noté l'existence d'un bureau de change louche établi à l'angle de l'avenue McGill College et du boulevard de Maisonneuve, en plein centre-ville de Montréal. Le National Foreign Exchange Office était une véritable passoire pour les blanchisseurs d'argent. L'ambassadeur américain à Ottawa s'en était plaint.

Le 20 septembre 1991, Kazimir Sypniewski, l'agent de sécurité de l'édifice Yale, traversa la rue pour aller déverser 470 000 $ en coupures de 20 $ sur les comptoirs du CIMM. Quand il quitta le bureau, des agents le suivirent discrètement jusqu'au cabinet de Me Joseph Lagana. En compulsant ses fichiers, la GRC avait remarqué que le nom de l'avocat avait déjà été mentionné lors d'enquêtes de la section des stupéfiants. Lagana était en relation avec Vito Rizzuto et son blanchisseur bien connu, Dima Messina. Le mois suivant, les employés du CIMM commirent volontairement une erreur : après avoir compté les liasses de billets de banque apportées par Sypniewski, ils remirent à ce dernier deux chèques plutôt que quatre. Lagana appela le CIMM pour leur signaler la bourde. Il manquait des chèques, dit-il. « Désolé, répondit un commis. On vous émet les deux autres tout de suite. » Le soupçon se confirmait : Sypniewski n'était qu'un pion à la solde de Lagana. Des experts de la GRC percèrent un trou minuscule dans le mur du corridor derrière lequel se trouvait le bureau de l'avocat et y introduisirent un micro, prenant bien soin d'effacer toute trace. Ils durent travailler vite : il y avait du va-et-vient jour et nuit au septième étage de l'édifice Yale, où se trouvait aussi une centrale d'appels spécialisée dans le télémarketing.

Sypniewski continua d'apporter des centaines de milliers de dollars au CIMM. Il n'était pas le seul. D'autres clients utilisaient les services du bureau de change. À la fin de l'année, il avait enregistré un profit de 23 297 $. C'était autant d'argent que les contribuables canadiens n'auraient pas à débourser pour l'enquête. Les blanchisseurs payaient les frais de l'opération qui allait les étrangler. Les policiers analysaient les billets de banque. Ils détectèrent, entre autres, les empreintes digitales de Francesco Cotroni, fils du chef du clan calabrais, sur un sac en plastique. Ils l'aperçurent du reste dans la rue, en face du CIMM, discutant avec Joseph Lagana et Giovanni Marra, narcotrafiquant de haut vol et associé de longue date de la famille Cotroni.

Toute méfiance dissipée, Lagana rencontra le gérant du bureau de change, qui se faisait appeler Pierre Morais et utilisait le numéro DR-374 pour signer ses rapports. Lagana informa Morais qu'il avait des millions de dollars à changer. Pas de problème, répondit du tac au tac le policier de la GRC.

Au début de l'année 1992, Domenico Tozzi, 50 ans, se présenta comme un des associés de Lagana. Il était président de la firme Toscani Import. Il voulait expédier 15 millions de dollars aux États-Unis. « Un de mes clients en a assez de garder cette somme, il l'a avec lui depuis huit ans », confia-t-il aux caissiers du CIMM lors d'une rencontre au cabinet de l'avocat.

Tozzi jouait les personnages importants qui brassent de grosses affaires et connaissent des gens influents. Les agents de la GRC enregistraient ses fanfaronnades avec délectation. L'homme se vantait de blanchir de l'argent depuis une vingtaine d'années.

« Ah oui ? demanda un agent sur un ton ingénu. Connaissez-vous… Comment s'appelle-t-il déjà… Vito Rizzuto ?

— Bien sûr, répondit Tozzi. Il est le grand boss. C'est lui qui décide de tout, mais il ne touche à rien. Il est très connu de la police. Il ne doit pas se faire remarquer, sinon il se retrouvera en prison… Vito est un Sicilien, ajouta-t-il en baissant la voix. Il est dangereux et n'a peur de personne. »

Lui-même, Tozzi, ne fréquentait pas Vito Rizzuto, précisa-t-il. Quand il le voyait, c'était dans le cabinet de Lagana. Selon lui, Rizzuto ne se contentait pas de superviser les activités financières de la mafia sicilienne, il donnait un coup de main à d'autres gangs criminels. Il avait la responsabilité, précisa Tozzi, de boucler une transaction de Robert Steve Johnston, « un des gros boss du Gang de l'ouest », la bande criminelle de l'ouest de Montréal. « C'est le grand boss italien à Montréal qui a la responsabilité de faire transférer les premiers 10 à 20 millions de dollars de Johnston, dit-il. C'est lui qui prend les décisions. Il ne veut surtout pas perdre ce client. » Robert Steve Johnston cherchait à rapatrier de 30 à 40 millions de dollars qui dormaient au Liechtenstein.

Tozzi se vantait d'avoir des contacts sur la planète entière, aux États-Unis, en France, en Colombie, au Mexique… Il égrenait les noms. « Je connais très bien le chef de police de Mexico, j'ai déjà fait des affaires avec lui », dit-il un jour avec un clin d'œil à son interlocuteur. Il cultivait de nombreux contacts en Afrique. Il commerçait entre autres avec le Sénégal. Il y exportait du tabac, du vin panaché, de l'équipement militaire. Il avait entrepris des démarches pour devenir consul honoraire du Nigeria. L'information fut soigneusement notée : la police savait qu'un passeport diplomatique comporte plusieurs avantages, notamment celui de franchir les frontières avec des valises diplomatiques… que les douaniers ne fouillent presque jamais.

C'est lors de cette série de rencontres que Tozzi affirma avoir versé un pot-de-vin de 800 000 $ pour obtenir la libération de Nicolò Rizzuto, quand le parrain était en prison au Venezuela. Il fit cette déclaration lors d'un dîner avec l'agent double « Pierre Morais », le 1er avril 1993. Dans un rapport daté du 30 avril, le sergent Marc Lavoie mentionna cet entretien entre Tozzi et Morais, identifié sous le numéro de code DR-374 : « Pour ce qui est de Tozzi, il a apporté lui-même 800 000 $ au Venezuela pour faire sortir de prison Nick Rizzuto, le père de Vito », écrivait-il.

La GRC intensifia la filature. Elle nota la présence de Jorge Luis Cantieri dans un véhicule de la compagnie de Tozzi. Le Brésilien Cantieri, 41 ans, s'affichait comme homme d'affaires spécialisé dans l'import-export. Il était propriétaire de la Mercanti Holdings inc. et de plusieurs entreprises chapeautées par la société à numéro 2697203 Canada inc. Il avait été condamné dans les années 1980 pour trafic de cocaïne et de haschisch. Parmi ses complices se trouvait le globe-trotter Norman Rosenblum.

En libération conditionnelle depuis mars 1990, Cantieri n'avait pas le droit de sortir du Canada. Pourtant, il multipliait les voyages en Europe, en Colombie, en Équateur, au Panama et au Costa Rica. Il s'enrichissait à vue d'œil. En plus de sa somptueuse maison de Dollard-des-Ormeaux, il possédait des terrains à Vaudreuil et un appartement à l'Île-des-Sœurs. Il se préparait à acheter un appartement à Nice, en France.

L'argent sale affluait au CIMM. Le piège fonctionnait à merveille. Cela brisait la routine : les policiers n'avaient pas à pourchasser les criminels, les criminels venaient les voir. Et avec le sourire ! Mais les millions de dollars qu'ils déchargeaient dans le bureau de change ne constituaient pas « une preuve hors de tout doute raisonnable », telle que l'exigeaient les tribunaux. Il fallait prouver que l'argent provenait du trafic de stupéfiants. Une fois qu'ils furent bien certains qu'ils avaient Lagana dans leur poche, les agents du CIMM lui firent comprendre qu'ils avaient des partenaires prêts à tout. Sous-entendu : prêts à transporter de la drogue. Le CIMM, expliquèrent-ils, était la succursale d'un bureau de conseillers en investissements d'Amsterdam – autre bureau fictif que la GRC avait créé, cette fois avec la collaboration de la police néerlandaise.

L'offre tombait pile. La mafia et les Hells Angels s'étaient justement unis pour importer 558 kilos de cocaïne depuis la Colombie. Les Colombiens étaient équipés de yachts ultrarapides et se montraient disposés à faire la livraison dans la mer des Caraïbes, au nord de Santa Marta. De là, la cargaison devait être acheminée jusqu'en Grande-Bretagne, recueillie par des membres du chapitre des Hells Angels de Sherbrooke et revendue à des Hells Angels britanniques. Encore fallait-il disposer d'un bateau capable de traverser l'Atlantique, et trouver un capitaine aventureux. La GRC créa une compagnie fictive de transport maritime à Londres et affréta secrètement un bateau à Miami, en collaboration avec les douanes américaines et la DEA. Les policiers firent croire que le navire servait à ravitailler les plates-formes de forage de pétrole au large du Venezuela.

Lagana n'y voyait que du feu. Il rencontra des agents doubles de la police néerlandaise pour finaliser les modalités du transport de la drogue. Norman Rosenblum, un truand qui avait été condamné deux fois pour trafic international de stupéfiants, s'envola pour la Colombie. Les agents doubles de la GRC firent mine de s'impatienter. La transaction tardait, que se passait-il ? Les coups de téléphone se succédèrent. Rosenblum piaffait : la cargaison était prête, disait-il à Lagana. Les Colombiens voulaient faire la livraison, il fallait agir vite, une tempête s'annonçait en haute mer. Lagana multipliait les appels en Europe. Selon ce qui était convenu, seul Jorge Luis Cantieri pouvait autoriser l'envoi : c'était lui qui avait développé les contacts avec les fournisseurs colombiens. Mais Lagana n'arrivait pas à le joindre, et Cantieri était quelque part sur la Côte d'Azur, en train d'acheter un appartement à Nice.

Lagana prit l'initiative d'autoriser la livraison sans l'*imprimatur* de Cantieri. Mis au courant, ce dernier piqua une colère. Il téléphona à l'avocat et lui dit qu'il restait des clauses en suspens dans le contrat avec les Colombiens. Ils devaient s'entendre sur les « assurances », autrement dit sur le partage des pertes en cas d'échec, par exemple si la drogue était saisie.

Trop tard : l'ordre de livraison avait été donné.

Le 17 août, le navire de ravitaillement affrété par la GRC s'approcha des côtes colombiennes, à proximité de Santa Marta, une ville portuaire et touristique d'un demi-million d'habitants. Comme convenu, Norman Rosenblum se présenta avec les fournisseurs, à bord d'un yacht ultrarapide. Il participa avec enthousiasme au transbordement des 14 ballots de cocaïne pesant 558 kilos au total, échangeant des blagues avec les membres de l'équipage. Parmi eux : le sergent Pierre Jeannotte et le caporal Claude Bellemarre de la GRC. Rosenblum les prenait pour de simples marins, tout comme il ignorait que le capitaine était un douanier américain. Il jubilait. Tout baignait dans l'huile. Une fois le transbordement terminé, il retourna sur la terre ferme avec ses fournisseurs, puis s'envola pour Vancouver. Le navire de ravitaillement, lui, navigua jusqu'à Miami. La drogue fut retirée des cales et expédiée par avion à Montréal, où elle fut gardée comme pièce à conviction.

Les soi-disant escrocs du Centre international monétaire de Montréal firent croire aux trafiquants que le bateau avait repris la mer en direction de l'Angleterre pour livrer la marchandise aux Hells Angels. Ils montraient les dents, exigeant d'être payés pour le transport, sinon la cargaison ne serait pas livrée. Leur tarif s'élevait à un million de dollars. Le lundi 29 août 1994, les avocats Richard Judd et Vincenzo Vecchio allèrent chercher l'argent chez Shimon Ben David, un complice de Morris Mayers, trafiquant bien connu de Montréal. Ils se présentèrent ensuite au faux bureau de change. Judd portait une valise bourgogne, Vecchio une valise noire. Chacune d'entre elles contenait 250 000 $ en billets de 100 $. Ils refirent le trajet en sens inverse, et revinrent le même jour avec le reste de la somme. Les avocats comptèrent les billets et empochèrent 70 000 $ en guise de commission.

Le mardi 30 août, à 6 h du matin, quelque 500 policiers fédéraux, provinciaux et municipaux arrêtèrent une soixantaine de personnes à Montréal, Québec, Trois-Rivières, Vancouver et Toronto. Des agents de la GRC se trouvaient également à Londres. À leur demande, les policiers britanniques arrêtèrent Pierre Rodrigue, 32 ans, et David Rouleau, 30 ans. Les deux membres du chapitre des Hells Angels de Sherbrooke étaient là pour réceptionner la cocaïne. Ils furent jetés en prison en attendant leur extradition au Canada. Les policiers londoniens arrêtèrent aussi leur collaborateur Morris Mayers, mais ils le relâchèrent le même jour.

La GRC avait 558 kilos de cocaïne dans ses soutes et la preuve que Lagana et ses acolytes de la mafia avaient blanchi 97 millions de dollars d'argent sale sur une période de quatre ans. L'acte d'inculpation de 1500 pages se basait sur 3500 conversations enregistrées. Il énumérait les preuves d'accusation contre 57 personnes.

Parmi les accusés se trouvaient les avocats Lagana, Judd et Vecchio. Ils plaidèrent coupable et furent condamnés à diverses peines d'emprisonnement. L'agent de sécurité de l'édifice Yale, Kazimir Sypniewski, qui avait apporté un million de dollars au bureau de change de la GRC à la demande de Lagana, mourut le 17 janvier 1995 à l'âge de 70 ans, sans subir de procès. Emanuele Ragusa, 54 ans, membre notoire de la mafia sicilienne de Montréal, dut répondre à 28 chefs d'accusation. Jorge Luis Cantieri fut condamné à 15 ans de prison. Domenico Tozzi, Norman Rosenblum, Luis Cantieri, Pierre Rodrigue, David Rouleau,

Jean-Pierre Renault et bien d'autres furent eux aussi incarcérés. Originaire de Beauce et ancien avocat, Renault avait déjà été arrêté, en 1985, pour avoir mis sur pied, à Rosemère, en banlieue nord de Montréal, le premier laboratoire de cocaïne jamais découvert au Canada.

Un homme brillait par son absence : Vito Rizzuto. « Nous avons des éléments de preuve qui indiquent qu'il est membre du complot (de blanchiment des bénéfices de la vente de cocaïne). Mais ces éléments ne sont pas admissibles en cour à cause de certaines règles. Il ne peut être accusé », déclara le 31 août une procureure, Me Danielle Côté, lors de la conférence de presse annonçant la fin de l'opération Compote et le démantèlement du Centre international monétaire de Montréal.

À la toute fin de l'opération, les enquêteurs étaient pourtant quasiment certains de réussir à épingler le big boss. Ils avaient enregistré plusieurs de ses conversations avec Lagana et les avaient photographiés ensemble. Ils l'avaient vu garer sa Jeep Cherokee dans la rue Peel, le 18 janvier 1994. Lagana était sorti d'un immeuble et était monté dans son véhicule. Ils avaient aperçu Rizzuto et Lagana dans le même immeuble, le 4 février de la même année, en compagnie de Luis Cantieri. Ils avaient vu Rizzuto et Cantieri au restaurant Latini, rue Jeanne-Mance, le 23 septembre 1993.

Une rencontre, en particulier, avait rempli les enquêteurs d'espoir. Après avoir pris possession des 558 kilos de cocaïne en Colombie, la GRC avait demandé aux autorités suisses de bloquer les comptes bancaires dans leur pays. Elle voulait s'assurer que ces comptes ne seraient pas vidés après le dépôt des accusations. Lagana fut informé de cette requête par un banquier suisse. Des sommes confiées par l'organisation de Rizzuto se trouvaient sur ces comptes, et il en avait la responsabilité. Dès qu'il fut mis au courant, l'avocat décrocha le combiné et téléphona chez Rizzuto. Il était 5 h du matin. Il lui demanda de passer à son bureau au plus vite. Il y avait urgence.

La GRC avait la preuve que les comptes suisses étaient un des rouages de l'opération de blanchiment d'argent de Lagana. Les soi-disant caissiers du CIMM y avaient transféré des fonds à la demande de l'avocat. S'ils avaient la preuve que Rizzuto donnait des directives sur la gestion de ces comptes, cela serait suffisant pour l'inculper. Ils misaient sur le bon fonctionnement du petit micro dissimulé dans le mur du cabinet de Lagana pour prendre Rizzuto en flagrant délit.

Hélas, lorsqu'il entra dans le bureau de l'avocat, Rizzuto respecta la règle stricte à laquelle il se conformait depuis des années : il ne dit presque rien. Quand il parlait, c'était d'une voix caverneuse, en avalant ses mots. De surcroît, le micro avait été placé par inadvertance à côté du principal conduit d'évacuation des eaux usées de l'édifice. Le bruit de la chasse d'eau couvrait les conversations. La GRC envoya l'enregistrement à un laboratoire du FBI à Washington, mais les experts ne réussirent à effacer qu'une partie des sons indésirables. Ce qui restait de l'entretien était inutilisable en cour, trancha le principal procureur au dossier, Me Claude Bélanger.

Une petite fête fut organisée au quartier général de la section québécoise de la GRC, à Westmount, après la fin officielle de l'opération Compote. Une centaine de policiers, d'avocats, de douaniers, d'inspecteurs du fisc trinquèrent dans la grande salle du mess, au troisième étage. L'heure était aux réjouissances. En quatre ans, les agents doubles avaient vu passer plus de 160 millions de dollars dans les coffres du CIMM. De ce montant, près de 140 millions avaient été apportés par des criminels. Les policiers se firent un plaisir d'informer les inspecteurs du fisc sur les milliers de transactions qui provenaient de revenus au noir. L'opération n'avait pas coûté un sou aux contribuables; mieux, la GRC avait réalisé un profit net de deux millions de dollars!

Quelques enquêteurs étaient cependant déçus que Rizzuto s'en sorte, une fois de plus. Il n'y avait vraiment aucune possibilité de l'accuser? demandèrent-ils à Me Claude Bélanger. Aucune, affirma le procureur. Le nom de Rizzuto pouvait seulement apparaître dans l'acte d'accusation comme «partie au complot» d'importation de 558 kilos de coke.

«En accusant Rizzuto, nous aurions pu exposer devant le tribunal et la population tout entière ce que nous savions sur lui, commenta le sergent Yvon Gagnon, des années plus tard. Nos révélations auraient certainement affaibli sa direction. On croyait sincèrement avoir une bonne chance de le faire condamner.»

* * *

Malgré tout, l'opération avait permis d'épingler une foule de criminels. Le plus connu d'entre eux était Vincenzo «Jimmy» Di Maulo, 56 ans, frère aîné de Joe Di Maulo et ami intime de Frank Cotroni. Un total de 46 chefs d'accusation pour blanchiment d'argent et trafic de drogue fut émis à son encontre. Il finit par admettre qu'il avait blanchi plus de 10,5 millions de dollars entre 1990 et 1994 en utilisant le Centre international monétaire de Montréal. Il fut condamné pour son rôle dans un projet d'importation de 2500 kilos de cocaïne depuis la Colombie. Malheureusement pour lui et ses associés, la drogue se trouvait au fond de l'Atlantique : le *Tromso,* un traversier acheté en Floride et transformé en cargo pour stupéfiants, avait fait naufrage au large de la Jamaïque.

Di Maulo était un récidiviste notoire. Vingt ans plus tôt, il avait participé au meurtre de Robert « Ti-Cul » Allard, le bras droit du tueur Richard Blass. Contestant l'hégémonie de la mafia italienne sur le crime organisé à Montréal, Blass et sa bande n'hésitaient pas à descendre des mafiosi. Reconnu coupable de l'assassinat de « Ti Cul » Allard, en 1970, Jimmy Di Maulo avait été condamné à la perpétuité. Il avait obtenu sa libération conditionnelle en 1981. Depuis, il avait accumulé une fortune évaluée à 15 millions de dollars. Il personnifiait l'intégration du crime organisé dans l'économie légale. Une véritable *success story.*

L'opération Compote prouva que Di Maulo avait eu recours aux services de Domenico Tozzi pour blanchir son argent. Parlant à cœur ouvert avec les agents doubles, Tozzi vantait souvent les mérites de ce bon ami, qu'il connaissait depuis une trentaine d'années. « Il a déjà fait de la prison, mais c'est maintenant un homme d'affaires respecté », dit-il à Pierre Morais, le gérant du Centre international monétaire de Montréal, lors d'un repas bien arrosé au restaurant Carpaccio, rue University, le 28 avril 1992.

Grâce au trafic de drogue, Di Maulo avait accumulé des sommes considérables dans ses comptes suisses. Il avait recyclé une partie de ses narcodollars dans l'immobilier à Montréal et dans la région métropolitaine. Cela lui permettait de s'afficher comme un promoteur important et respectable. Et comme un citoyen charitable : chaque année, il participait à l'organisation d'un tournoi de golf au profit de l'hôpital Santa-Cabrini, dans l'est de Montréal.

Di Maulo avait son siège social dans un édifice appelé Place Cardinal, au 5365, rue Jean-Talon Est, qui abritait aussi la Cour municipale de Saint-Léonard. Il partageait les services de réception et de secrétariat avec l'étude d'avocats Francischiello, Tibshirani et associés. Surnommé « capo bianco » en raison de sa chevelure blanche, le riche mafioso dirigeait un conglomérat international incorporé au Panama et relié à des comptes de banque en Suisse. Le conglomérat finançait 18 compagnies qui avaient fait d'importants investissements au Québec et ailleurs. Di Maulo gérait des fonds appartenant non seulement à la mafia italienne, mais à d'autres groupes criminels, comme le clan Dubois et le Gang de l'ouest.

Jimmy Di Maulo possédait des immeubles résidentiels et des terrains au pied du mont Saint-Sauveur, dans les Laurentides. Au moment où il demandait à Domenico Tozzi de l'aider à blanchir les profits de son trafic de drogue, il lançait la deuxième phase d'un vaste projet domiciliaire dans cette petite ville touristique. Le lotissement, portant le nom très poétique de «Au tournant du boisé», était évalué à 18 millions de dollars et visait la construction de 119 appartements. Officiellement, le domaine de 58 000 mètres carrés appartenait à deux hommes d'affaires, dont un certain Jean Corneau. « M. Di Maulo m'a traité en gentleman, raconta Corneau à *La Presse*, peu après que le mafioso fut retourné derrière les barreaux. Je n'ai pas eu à débourser un seul cent pour acquérir le premier terrain. Je le paie à la pièce, quand les immeubles sont vendus. »

D'autres terrains du voisinage étaient au nom de la femme d'Adrien Dubois, de la célèbre famille de Saint-Henri, et de Paul Fontaine, membre des Hells Angels. Au moment de son arrestation, le 30 août 1994, Di Maulo projetait de s'associer de nouveau à Jean Corneau dans un autre projet de développement résidentiel, cette fois pour des terrains en bordure du terrain de golf Le Mirage, à Terrebonne. Quelques années plus tard, Corneau perdit la vie dans un accident de la route.

Bon an mal an, Di Maulo jouait une douzaine de parties de golf avec Vito Rizzuto. Tozzi disait de lui qu'il était «le roi des importateurs de drogue». Toutes ses transactions n'étaient pas couronnées de succès. Di Maulo perdit un million de dollars lors du naufrage du *Tromso* au large de la Jamaïque. Il avait dû dire adieu aux 2500 kilos de coke qui s'y trouvaient. Tozzi se montra désolé pour lui.

Lors de son arrestation en août 1994, Di Maulo savait qu'il risquait d'être condamné à une longue peine de prison. Deux de ses amis, Fernand De Francesco et Ricardo Di Massimo, contactèrent un de leurs voisins, le caporal Jocelyn Chagnon, qui travaillait dans la section des produits de la criminalité de la GRC. Ils promirent de lui remettre 100 000 $ s'il pouvait convaincre les procureurs de la poursuite de proposer une sentence moins lourde, 8 ans d'emprisonnement plutôt que 12. Chagnon fit semblant de marcher dans le coup. Il rencontra De Francesco et Di Massimo à plusieurs reprises. Chaque rencontre était filmée par la police. La femme de Di Maulo, Micheline Kemp, remit un premier paiement de 15 000 $ à Chagnon. Elle fut arrêtée et condamnée, tout comme De Francesco et Di Massimo. La sentence de prison de 12 ans fut maintenue contre Di Maulo. Il se fit aussi saisir pour 4,5 millions de dollars de biens, dont une bonne partie était constituée par les immeubles et les terrains de Saint-Sauveur.

* * *

En moins de trois ans, soit du 2 décembre 1991 au 28 juillet 1994, Domenico Tozzi avait apporté plus de 27 millions de dollars en petites coupures au faux bureau de change de la GRC. La police déclara que tout cet argent provenait entièrement des opérations de drogue du crime organisé. Plusieurs des clients, comme Jimmy Di Maulo, appartenaient effectivement à la mafia, mais d'autres provenaient d'autres communautés.

Le 29 novembre 1993, Di Maulo était entré comme une flèche dans le Centre international monétaire. « Il y a beaucoup d'argent à changer ! avait-il annoncé, tout excité. Les Juifs viennent de recevoir une cargaison de 25 tonnes de haschisch dans le port de Montréal », avait-il précisé. Au cours de l'enquête, il répéta à quelques reprises qu'il prévoyait faire transiter 30 millions de dollars pour « la pègre juive ». « L'argent devait être transféré en Suisse, avant d'être redirigé en Israël afin de financer des activités légales et illégales », indiqua un rapport de la GRC.

L'ombre de Morris Mayers avait plané sur le complot d'importation des 558 kilos de cocaïne qui devaient être remis à Londres aux membres du chapitre de Sherbrooke des Hells Angels. Mayers avait été arrêté avec eux, puis relâché faute de preuves. La police allait réussir à démanteler son réseau, mais plus tard. Mayers possédait un ranch et des intérêts dans une mine d'or au Surinam (ancienne Guyane hollandaise) et avait de nombreux contacts en Israël.

« La spécialité de Domenico Tozzi est de faire bouger l'argent à travers le monde », affirma le procureur de la poursuite, Me Claude Bélanger, à la fin du procès. Tozzi fut condamné à 10 ans de prison et à une amende de 150 000 $. Comme il refusait de la payer, il écopa de deux ans de prison de plus. Poli et affable, il lança un « gros merci » au juge Jean-Pierre Bonin, qui venait de lui faire connaître sa sentence. Il fut libéré au bout de deux ans, au sixième de sa peine.

Si Vito Rizzuto ne fut pas inculpé, il fut involontairement atteint par la pluie d'accusations déclenchée par l'opération Compote. Un des 57 accusés s'appelait Valentino Morielli. Il était accusé, avec Jimmy Di Maulo, d'avoir tenté d'importer 2500 kilos de cocaïne à bord du *Tromso*. Le 21 novembre 1996, à la demande de la poursuite, Rizzuto fut appelé à témoigner au procès. Les deux hommes avaient 50 ans. Rizzuto déclara qu'il avait connu l'accusé et sa famille vers l'âge de 10 ans, quand ils habitaient le quartier Villeray. « C'est un ami, mais on ne fait pas d'affaires ensemble », affirma-t-il. Il avait vaguement entendu dire que Morielli servait de la bière dans une taverne, mais il n'en savait pas plus.

La police, elle, savait que Morielli était l'homme de confiance de Rizzuto. Il avait en quelque sorte remplacé Joe LoPresti, qui avait servi d'ambassadeur à la mafia montréalaise auprès de la famille Bonanno jusqu'à son assassinat, en 1992. Morielli avait déjà été condamné trois fois pour vol et trafic de drogue. Il avait vu la mort en face, en 1985, lors d'une importation ratée. Il accompagnait une équipe de trafiquants sur deux petits bateaux de pêche, la *Gaspésienne VI* et la *Gaspésienne VII*, pour récupérer une cargaison de haschisch en provenance de Beyrouth, quand la tempête les avait surpris à 300 kilomètres au sud de Terre-Neuve. Les bateaux avaient coulé. Morielli et ses complices avaient dérivé pendant plusieurs jours dans des embarcations de sauvetage. Cet épisode ne lui avait pas ôté le goût de l'aventure. Il était accusé d'avoir de nouveau trafiqué.

Il était rare de voir le chef de la mafia à la barre des témoins. Le procureur, Me Claude Bélanger, ne voulait pas passer à côté d'une aussi belle occasion. Il le tourmenta comme il put... mais n'en obtint pas grand-chose. Me Bélanger voulait prouver que Rizzuto avait côtoyé Morielli à de nombreuses occasions lorsque ce dernier planifiait la réception des 2500 kilos de cocaïne à bord du *Tromso*. Le traversier recyclé en cargo avait sombré au large de la Jamaïque mais les preuves du complot d'importation étaient, elles, restées bien au sec dans le bureau de change et les voûtes de la GRC.

Pressé de questions, Rizzuto finit par avouer que Morielli, tout comme Jimmy Di Maulo, était l'un de ses principaux partenaires de golf. Le seigneur de l'avenue Antoine-Berthelet était un vrai mordu de la petite balle blanche. Il avait arpenté tellement de verts dans la région de Montréal et dans les îles du Sud qu'il avait oublié leurs noms. Il négociait une centaine de rondes de golf par année.

« Est-ce à dire que vous avez joué à peu près 700 parties depuis sept ans ? demanda Me Bélanger.

— Oui, c'est ça », répondit Rizzuto.

Plusieurs de ces parties avaient été jouées avec Morielli. Il semblait impossible qu'ils n'aient jamais discuté du projet d'importation de cocaïne. Quoi qu'il en soit, Morielli fut trouvé coupable et condamné à 10 ans de réclusion.

L'opération Compote permit également de mettre au jour les activités du narcotrafiquant Jean-Pierre Leblanc. Les Hells Angels de Trois-Rivières comptaient sur ce truand pour importer de grandes quantités de haschisch depuis la Jamaïque. Surnommé « le rancher de Bécancour », Leblanc exploitait une immense ferme dans cette municipalité située au sud de Trois-Rivières. Son cheptel comptait au moins 365 vaches et bœufs de race. Bien des trafiquants semblaient avoir un goût immodéré pour l'élevage d'animaux à cornes.

Mais Leblanc gagnait beaucoup plus d'argent en dirigeant secrètement un réseau de «mules». Des jeunes gens allaient chercher la drogue à Kingston, la capitale de la grande île des Antilles et, avant de reprendre l'avion en sens inverse, avalaient jusqu'à 700 grammes de résine de cannabis roulée en boulettes et soigneusement enveloppée dans du papier cellophane. Puis ils franchissaient les douanes en espérant que le papier ne se déchire pas dans leurs intestins.

Les mules pouvaient aussi dissimuler le haschisch dans leurs vêtements avant d'embarquer sur des bateaux de croisière qui faisaient la navette entre les Bahamas et Miami. La drogue était ensuite transportée par la route jusqu'à Montréal, puis revendue dans la métropole, en Mauricie et en Beauce. Leblanc négociait personnellement les achats avec ses contacts jamaïcains. Les enquêteurs des Douanes et Accises estimèrent que de 200 à 300 passeurs avaient travaillé pour lui. Entre le 14 avril 1991 et le 24 septembre 1993, Leblanc avait transigé 3,4 millions de dollars au bureau de change de la GRC. Il fut condamné à huit ans de prison, mais fut libéré au sixième de sa peine, seulement après 16 mois. Son ranch, l'équipement aratoire et les bêtes furent confisqués, ainsi que les immeubles à appartements qu'il avait achetés dans un secteur en développement du Cap-de-la-Madeleine, en banlieue de Trois-Rivières.

*　*　*

Un des plus importants utilisateurs du bureau de change de la GRC resta toutefois introuvable lors de la rafle du 30 août 1994. Il s'agissait de Sabatino «Sammy» Nicolucci, 47 ans, qui s'était rendu au Venezuela avec Vito Rizzuto 10 ans plus tôt pour conclure une transaction de drogue. L'année suivante, il avait été condamné à 14 ans de prison après une saisie de 13 kilos de cocaïne à l'aéroport de Vancouver. Après sa libération conditionnelle, en 1991, il s'était relancé avec énergie dans le narcotrafic. La GRC calcula que, en moins de trois ans, il avait blanchi 31 millions de dollars au Centre international monétaire de la rue Peel. Il avait aidé Luis Cantieri et Norman Rosenblum à envoyer 558 kilos de coke aux Hells Angels en Grande-Bretagne.

Un mandat d'arrestation fut lancé. Mais il ne put être exécuté : Nicolucci avait été kidnappé par les Colombiens au début du mois d'août. En juillet, il avait fait une croisière en Alaska, une balade qui lui avait coûté 20 000 $. C'était pour une cause romantique : il était en voyage de noces. À son retour, il alla au Castel Tina, la fameuse boîte de danseuses nues de l'est de Montréal qui avait déjà servi de bureau d'affaires à Vito Rizzuto. Le 2 août 1994, des représentants locaux du cartel de Cali passèrent le voir au club. Le ton monta, les gros mots fusèrent, en espagnol. Au bout du compte, Nicolucci accepta de suivre ses visiteurs.

Le soir même, à 19 h 58, les policiers captèrent une conversation inquiétante sur la ligne téléphonique d'Emanuele Ragusa, un des principaux membres de la mafia montréalaise. Nicolucci disait à Ragusa, sur un ton affolé : « Ils veulent que la facture soit réglée, sinon ils me gardent avec eux. » Un homme s'empara de l'appareil et répéta l'avertissement en français : « T'es mieux de bouger, ton ami va rester avec nous tant que la facture ne sera pas payée jusqu'au dernier peso. » Il somma Ragusa de prévenir la femme de Nicolucci, Lina Carpinelli : elle ne devait pas donner l'alerte à la police.

Les ravisseurs permirent à Nicolucci de téléphoner à sa toute nouvelle épouse. Il lui parla en espagnol, mais en utilisant un code. Il lui fit comprendre qu'elle devait contacter Joseph Lagana : il avait un besoin pressant de billets de banque. Lina Carpinelli téléphona immédiatement à l'avocat : « Mon mari s'est fait enlever. Il a besoin d'argent. » Lagana essaya de la calmer. Il l'incita à ne pas parler au téléphone. Il lui conseilla de s'adresser à Emanuele Ragusa.

Les Colombiens exigeaient 1,7 million de dollars. C'était la somme due par Nicolucci à la suite d'une livraison de 280 kilos de cocaïne. Il avait refusé de payer parce qu'il considérait que la coke était de mauvaise qualité. L'affaire traînait depuis plusieurs mois. Elle avait fait l'objet d'âpres discussions parmi les dirigeants du cartel, en Floride et à Cali. Les Colombiens menaçaient de rompre leurs relations avec la mafia montréalaise.

Dans le clan Rizzuto, c'était le branle-bas de combat. La vie de Nicolucci était en danger. Ragusa voulait trouver l'argent, mais réunir 1,7 million de dollars aussi rapidement n'était pas évident. L'aide de Domenico Tozzi fut requise, mais la démarche n'aboutit pas. Ragusa téléphona à un dénommé Vincenzo. La police estimait qu'il s'agissait de Vincenzo « Jimmy » Di Maulo. Ragusa lui demanda s'il avait de l'argent et si d'autres pouvaient contribuer. « Je vais tenter de les faire patienter en leur donnant un peu d'argent », lui dit-il. Il craignait que Nicolucci ne se fasse descendre. Des émissaires des deux clans négocièrent presque quotidiennement, en ce mois d'août, généralement au téléphone, parfois en personne.

Les policiers, qui essayaient de retrouver Nicolucci, rendirent visite à sa femme, mais elle refusa de collaborer. « Il est parti en voyage », dit-elle au sergent-détective Jean-Michel Lussier, de la police de Montréal. En analysant les registres d'appels faits sur son téléphone cellulaire, les policiers déduisirent qu'il était gardé dans un chalet des Laurentides. Quand les ravisseurs constatèrent que la police maraudait dans le voisinage, ils transférèrent leur prisonnier à New York, puis à Miami, où se trouvait le principal représentant du cartel de Cali en Floride, un certain Fernando, dit « l'avocat ». Fernando tenait mordicus au paiement de la cargaison. Il répéta au téléphone qu'il voulait être payé « jusqu'au dernier peso ».

Le 29 août, le clan Rizzuto accepta de verser 900 000 $. Ses représentants déposèrent une partie de la somme au bureau de change de la GRC afin qu'elle soit envoyée aux membres du cartel de Cali. Mais à ce moment, la police avait acquis la conviction que la vie de Nicolucci n'était plus en danger. Elle saisit l'argent. Le lendemain, elle procédait à quelque 60 arrestations et fermait le Centre international monétaire.

Les ravisseurs emmenèrent Nicolucci en Colombie, où ils le placèrent en quelque sorte en résidence surveillée. Il leur servait de caution. Les Colombiens avaient décidé de le garder avec eux tant qu'ils ne se seraient pas renfloués grâce à d'autres ventes de drogue à la mafia montréalaise. En février 1995, les policiers locaux le débusquèrent dans une maison de Cali. Comme il faisait l'objet d'un mandat d'arrestation international, ils le traînèrent au tribunal. Nicolucci contesta son extradition au Canada, mais en vain. Il fut gardé en prison. Trois jours après sa comparution en Cour, un inconnu téléphona à l'ambassade canadienne à Bogota et menaça de s'en prendre au personnel si le Canada persistait à réclamer l'extradition. Le sergent Varoug Pogharian était alors l'agent de liaison de la GRC en poste à Bogota. Le 10 mars, dans un rapport confidentiel envoyé au quartier général de la GRC à Ottawa, il indiqua que l'ambassade était sur un pied d'alerte.

« La mission à Bogota a toujours pris au sérieux les menaces contre l'ambassade et son personnel, écrivait le sergent. C'est qu'en Colombie, on passe souvent des menaces aux gestes, sans préavis ni retenue. En Colombie, les chances de capturer l'auteur d'un délit, petit ou grand, sont très minces. Les chances que ce délit soit puni sont encore plus rares. Il en résulte un climat d'impunité dans la population, de sorte que les idées les plus démentielles se traduisent souvent par des actes de violence. »

C'était la première fois que le Canada faisait une demande d'extradition en Colombie, soulignait Pogharian. Celle-ci reposait sur un traité entre le Royaume-Uni et la Colombie datant de 1888. Le sergent se montrait peu optimiste : selon lui, le processus d'extradition pouvait durer un an. Il était rongé par l'inquiétude, s'attendant à ce que les criminels fassent exploser une voiture piégée à côté de l'ambassade.

De toute évidence, l'extradition de Nicolucci empêcherait les trafiquants colombiens de toucher l'argent qu'il leur devait, expliquait-il. « Avant d'être arrêté, le nom de Nicolucci a fait surface dans une enquête sur un cartel colombien. Si c'est vrai, il y a tout lieu de croire qu'il est en train d'organiser un envoi majeur de drogue au Canada afin de rembourser sa dette. De toute évidence, c'est la raison pour laquelle les trafiquants colombiens ne veulent pas qu'il soit extradé au Canada. »

Nicolucci entretenait des relations étroites avec les caïds colombiens détenus comme lui à la prison de Bogota, ajoutait l'agent de liaison de la GRC. Il préparait leurs repas dans la convivialité la plus totale. « Les membres du consulat trouvent qu'il a acquis beaucoup de prestige en peu de temps auprès des autres détenus, écrivait le sergent. Il doit sans doute ce statut aux gens influents qui le visitent en prison. Lors de l'entrevue (avec les représentants de l'ambassade canadienne), Nicolucci est entré dans une salle où d'autres prisonniers jouaient aux cartes. Il n'a fait qu'un geste de la main, et tout le monde est sorti sans dire un mot… Pendant la rencontre avec les agents consulaires, Nicolucci est resté poli et courtois. Il n'avait pas l'air surpris des menaces reçues à l'ambassade. Ce geste, selon lui, démontre à quel point ses hôtes désirent qu'il reste en Colombie. »

Pogharian évoquait la possibilité que les « hôtes » de Nicolucci tentent de le faire évader avant que le tribunal colombien ne se prononce sur la demande d'extradition. Le plus facile, soulignait-il, consistait à soudoyer les gardiens de la prison. L'officier suggérait que la GRC demande aux autorités colombiennes de « déplacer Nicolucci d'une prison à l'autre afin de minimiser les risques d'évasion ». La Colombie consentit à l'extrader au début de 1996 ; il fut ramené à Montréal le 30 mai sous forte escorte. À la suite d'un long procès au cours duquel il se défendit seul, Nicolucci fut déclaré coupable de plus de 150 chefs d'accusation et condamné à 19 ans de prison.

* * *

Joseph Lagana, l'avocat étroitement associé à Vito Rizzuto, fut condamné à 13 ans de prison le 27 juin 1995 pour l'importation de 558 kilos de cocaïne et le blanchiment de 47,4 millions de dollars. Ses associés, Mes Richard Judd et Vincent Vecchio, écopèrent d'une peine de sept ans et demi. Le tribunal ordonna la saisie des comptes et des biens de Lagana, d'une valeur de 2,5 millions de dollars, somme qu'il avait acquise pendant les quatre années qu'avait duré l'enquête de la GRC. Les avocats de la poursuite protestèrent contre cette sentence, qu'ils jugeaient trop clémente. Mais elle ne l'était pas encore assez aux yeux de certains. Le gouvernement libéral adopta une disposition législative obligeant la Commission nationale des libérations conditionnelles (CNLC) à libérer automatiquement tout criminel non violent emprisonné pour la première fois dans un pénitencier fédéral... après le sixième de sa peine plutôt qu'au tiers. Résultat : Lagana fut libéré le 27 août 1997. Il fit deux ans et deux mois de prison au lieu des 13 ans infligés par le juge.

La majorité des blanchisseurs d'argent du clan Rizzuto profita de cette aubaine. Ce n'était peut-être pas pour rien que Domenico Tozzi avait dit un «gros merci» au juge Jean-Pierre Bonin après le prononcé de sa sentence. Condamné à 10 ans de prison (plus une période supplémentaire de deux ans parce qu'il refusait d'acquitter une amende), il fut lui aussi libéré après deux ans. Peut-être savait-il qu'il ne resterait à l'ombre que très peu de temps. En tout cas, de nombreux policiers et avocats avaient la nette impression que la modification législative avait été faite sur mesure pour les fraudeurs, les trafiquants de drogue et, plus spécifiquement, pour les grosses légumes de la mafia. Certains se demandaient carrément si la mafia n'avait pas un puissant lobbyiste au gouvernement.

La nouvelle disposition était habilement dissimulée sous un fatras d'amendements. Elle avait été adoptée au moment où le ministre de la Justice, Allan Rock, annonçait à grand renfort de publicité le renforcement des lois sur les délinquants sexuels et les détenus dangereux. L'amendement à la «procédure d'examen expéditif», qui prévoyait la libération au sixième de la peine pour les détenus jugés non dangereux, se trouvait à la vingtième page d'un énorme projet de loi omnibus, qui comprenait de multiples mesures sans grand rapport les unes avec les autres. Il était si bien camouflé qu'il échappa à l'attention des députés et même des avocats spécialisés en droit carcéral.

Quand les journalistes de *La Presse* apprirent que Lagana et ses compagnons seraient libérés au sixième de leur sentence, ils essayèrent d'obtenir des explications. Personne ne put leur dire ce qui avait poussé le gouvernement à se montrer aussi généreux. «J'ignore qui a

fait cette proposition, mais nous étions d'accord parce que la libération au tiers de la peine fonctionnait bien depuis 1992, déclara le
président de la Commission nationale des libérations conditionnelles,
William Gibbs. On a pensé que ça irait bien au sixième. »

Avec un tel raisonnement, M. Gibbs aurait tout aussi bien pu justifier une libération au douzième de la peine, se dirent les observateurs. Avant même l'adoption de la mesure prévoyant la libération au
sixième de la peine, entrée en vigueur le 1er août 1997, le Barreau du
Québec et les agents de libération conditionnelle avaient dénoncé les
effets néfastes des libérations automatiques au tiers de la peine. Ils
avaient prévenu les parlementaires que cette mesure aurait pour effet
de vider les prisons des fraudeurs et des gros trafiquants de drogue.
Selon le Barreau, la libération automatique au tiers de la peine des
détenus jugés non violents risquait d'amener les « petites et moyennes
organisations criminelles » à recruter des personnes répondant à ce
profil et capables de commettre des crimes non sanglants. Dans un
rapport présenté en 1994, le Barreau proposait de mettre un terme à
ces libérations automatiques. Le gouvernement libéral de Jean
Chrétien passa le rapport à la déchiqueteuse... et institua les libérations automatiques au sixième de la peine.

Toutefois, la libération hâtive de Joseph Lagana, de Domenico
Tozzi et de plusieurs autres blanchisseurs d'argent et narcotrafiquants
provoqua un tollé. En 1999, le gouvernement fédéral annonça que les
membres du crime organisé ne pourraient plus profiter de cette mesure. Ils ne seraient libérés qu'au tiers de leur peine.

C'était de la poudre aux yeux : ce « resserrement » législatif ne visait
que les détenus condamnés en vertu de la nouvelle loi antigang, soit...
une seule personne dans tout le Canada. Comble du ridicule, il s'agissait d'un misérable héroïnomane qui avait aidé la police de Montréal
à arrêter des mafiosi montréalais.

CHAPITRE DIX

Les grands jeux financiers

'avocat Joseph Lagana n'avait pas été le seul à paniquer lorsqu'il avait appris que la GRC avait demandé aux autorités helvétiques de bloquer des comptes de la famille Rizzuto. Il avait immédiatement prévenu Vito : sa mère Libertina, alors âgée de 68 ans, s'envola illico pour la Suisse. Il fallait agir vite, d'autres comptes risquaient d'être bloqués. Elle arriva à Lugano, dans le canton du Tessin, le 31 août 1994. Le soir même, elle rencontrait Luca Giammarella, 47 ans, un ami de son mari qui habitait en face de la demeure des Rizzuto, avenue Antoine-Berthelet. Lui aussi était arrivé en catastrophe à Lugano. Le lendemain après-midi, la mère de Vito et Giammarella se retrouvaient devant le Crédit Suisse Trust, société de fiducie appartenant au Crédit Suisse Group AG et spécialisée dans la gestion de fortune. Depuis 1988, Rizzuto et Giammarella y avaient entreposé plus de 800 000 francs suisses, à peu près l'équivalent en dollars canadiens. Le clan Rizzuto avait mis des millions de dollars à l'abri dans des comptes à Lugano, à Genève, à Zurich et dans d'autres villes de la Confédération helvétique.

La Suisse occupait une place à part dans le grand échiquier mondial du clan Rizzuto, à côté de l'Italie, des États-Unis, de la Colombie, du Venezuela et, on le verra plus loin, de pays aussi distants les uns des autres que le Panama et les Philippines.

Les clients Libertina Manno Rizzuto et Luca Giammarella étaient en bonne compagnie au Crédit suisse. Les autorités helvétiques avaient déjà découvert un fonds occulte dans la succursale de l'institution bancaire à Chiasso, petite ville située à 25 kilomètres au sud de Lugano. Le fonds contenait le produit de l'évasion fiscale italienne. Le Crédit suisse avait également accueilli une partie des fonds secrets de l'ancien dictateur des Philippines, Ferdinand Marcos, et de sa femme Imelda. En 1986, le Conseil fédéral helvétique avait bloqué les fonds des Marcos dans toutes les institutions financières du pays, mais, par le plus grand des hasards, ceux qui étaient déposés au Crédit Suisse avaient eu, peu avant, le temps de prendre le chemin du Liechtenstein, un autre paradis fiscal.

Dans sa publicité, le Crédit Suisse Trust affirmait qu'il offrait une panoplie de services. Il pouvait aider ses clients à créer des entreprises à l'étranger, notamment au Panama et au Liechtenstein. Aux yeux de bien des critiques, le système bancaire suisse avait un « comportement défaillant ». *La Suisse lave plus blanc* : tel était le titre d'un livre qui avait été fort mal accueilli au pays de Jean Ziegler, écrivain, universitaire et homme politique, lors de sa parution, en 1990. Le petit paradis des Alpes, si propre en apparence, gérait non seulement l'argent sale des dictateurs et des escrocs de tout acabit, mais une partie des biens que les nazis avaient volés aux milliers de juifs envoyés dans les chambres à gaz pendant la Deuxième Guerre mondiale.

Les nombreux avantages offerts par la Suisse aux grandes fortunes ne datent pas d'hier. Il y a plus de deux siècles, les calvinistes y avaient mis à l'abri les louis d'or des aristocrates fuyant la Révolution française. En 1934, la Suisse adoptait une loi stipulant que tout individu ou groupe qui violerait le secret bancaire serait emprisonné ou sommé de payer une amende. Ceci expliquant cela, le quart du portefeuille mondial de valeurs privées, soit 2,3 billions de dollars, reposait dans les banques helvétiques lors de la visite de Libertina Manno Rizzuto à Lugano.

Meyer Lansky, le conseiller financier de la mafia américaine, avait été l'un des nombreux gangsters à comprendre l'utilité du secret bancaire. En 1931, Al Capone avait été condamné pour évasion fiscale. La Suisse offrait à la mafia une façon d'éviter ce désagrément. Lansky y ouvrit un compte et y transféra le profit de ses activités illicites après l'avoir fait transiter dans une série de holdings et de sociétés fictives. Utiliser ensuite les fonds bancaires comme leviers pour obtenir des prêts aussi blancs que les pentes enneigées des Alpes n'était qu'un jeu d'enfant. Lorsque les Lansky de ce monde voulaient retirer de l'argent ou faire des transferts, les portes des respectables établissements de Zurich, Genève et Lugano s'ouvraient largement devant eux.

Libertina Manno et Luca Giammarella s'attendaient sans doute à un traitement royal lorsqu'ils pénétrèrent, le 1er septembre 1994, dans la succursale du Crédit Suisse Trust de Lugano. Ce n'est pas tout à fait ce qui se produisit. Lorsque Giammarella indiqua qu'il voulait fermer son compte et enfourner les centaines de milliers de francs qu'il contenait dans le gros sac qu'il tenait à la main, les employés lui demandèrent d'attendre dans une petite pièce. Un conciliabule entre les employés de la succursale s'imposait.

Quelques années plus tôt, le nom du Crédit Suisse avait été cité lors d'un énorme scandale qui avait coûté son poste à la ministre de la Justice Elisabeth Kopp. La banque avait été l'une des principales institutions où les frères libanais Jean et Barkev Magharian avaient déposé des centaines de millions de dollars provenant de la filière de l'héroïne connue sous le nom de Pizza Connection. La Commission fédérale des banques avait publié un rapport de 28 pages, très critique à l'endroit du Crédit Suisse.

La patience de Libertina Manno Rizzuto et de Luca Giammarella ne fut pas récompensée : au lieu de voir les responsables de la banque revenir vers eux avec un grand sourire, ils eurent la surprise de voir des policiers. Ces derniers les prièrent de les suivre au commissariat, où ils furent interrogés séparément. Mme Manno Rizzuto indiqua qu'elle et son mari, Nicolò, étaient les véritables propriétaires de l'argent qui dormait dans le compte de Giammarella. Elle ajouta que les centaines de milliers de francs déposés sur ce compte provenaient des revenus des entreprises familiales au Venezuela – notamment un élevage de poulets. Elle affirma qu'elle désirait déposer cette somme dans une autre banque, d'où elle les retirerait pour acquitter les impôts de son mari lorsque le gouvernement canadien les réclamerait. Si ce dernier était resté à Montréal, c'est parce qu'il était souffrant, précisa-t-elle.

Ce ne sont pas des considérations éthiques qui avaient incité le Crédit Suisse Trust à appeler la police. Les autorités suisses avaient ordonné aux institutions bancaires de bloquer les comptes appartenant au clan Rizzuto. Le Crédit Suisse Trust de Lugano avait été informé de l'ouverture d'une enquête. Les explications alambiquées de Libertina Manno sur l'impôt à payer au gouvernement canadien ne convainquirent personne. Elle et son ami Giammarella furent placés en garde à vue.

D'autres membres du clan Rizzuto avaient ouvert des comptes dans ce pays. Outre Giuseppe Lagana, la liste comprenait les noms de Sabatino «Sammy» Nicolucci, le trafiquant kidnappé par les Colombiens ; Beniamino Zappia, de Milan ; et Giuseppe LoPresti, assassiné deux ans plus tôt. À Lugano seulement, 14 comptes étaient inscrits à leur nom dans les succursales de la Banca Privata Rothschild, de la Société de Banque Suisse, de l'Union des Banques Suisses et du Crédit Suisse.

Fabrizio Eggenschwiler, le procureur du ministère public du canton du Tessin, voulait pousser l'enquête jusqu'au bout. Un soupçon ne constitue pas une preuve. Il ne lui suffisait pas d'avoir la certitude que les millions de dollars du clan Rizzuto qui s'étaient promenés d'un compte à l'autre depuis des années provenaient d'activités criminelles. Il demanda aux autorités canadiennes de lui transmettre toutes les informations susceptibles de lui permettre de faire condamner Libertina Rizzuto et Luca Giammarella pour blanchiment d'argent, association mafieuse et violation de la loi sur les stupéfiants. Il spécifiait qu'il ne pouvait pas les garder plus de six mois en détention préventive.

« J'ai demandé aux policiers canadiens de m'envoyer les résultats de leur enquête sur la provenance de l'argent que Mme Rizzuto avait en sa possession, ainsi que des informations sur la famille Rizutto et le fonctionnement de leurs opérations de blanchiment d'argent », confia Eggenschwiler à *La Presse*, qui révéla ensuite les péripéties helvétiques de la maman de Vito. « Sans les documents canadiens, nous serons sans doute obligés de les libérer, à moins d'utiliser une procédure exceptionnelle pour prolonger leur incarcération préventive. »

Un expert comptable du ministère de la Justice de Lugano avait répertorié les nombreuses transactions du clan Rizutto qui avaient permis le lessivage d'une masse d'argent considérable. Des dizaines de millions de dollars avaient passé par leurs comptes, affirma Eggenschwiler.

La GRC envoya les informations. Mais elles étaient nettement insuffisantes aux yeux des autorités suisses. L'avocat des Rizzuto, Me Jean Salois, se rendit en Europe et assista à deux audiences. Il examina le dossier remis aux Suisses par les Canadiens et déclara qu'il ne contenait aucune information justifiant l'incarcération de ses clients. Le procureur de Lugano se vit obligé de relâcher Mme Manno Rizzuto et son ami. Ils furent remis en liberté après avoir respectivement versé des cautions de 200 000 et 50 000 francs suisses.

L'affaire rebondit au parlement canadien. Michel Bellehumeur, député du Bloc québécois, se leva à la Chambre des Communes, le 2 mars 1995, et posa des questions embarrassantes : « Monsieur le Président, ma question s'adresse au premier ministre, dit-il. On apprend dans le journal *La Presse* de ce matin que Libertina Rizzuto et Luca Giammarella, soupçonnés par les autorités suisses d'avoir tenté de blanchir trois millions de dollars dans des banques suisses, ont été libérés, même si l'enquête qui les concerne se poursuit. Leur libération serait attribuable à l'aide mitigée accordée par la GRC aux autorités policières suisses. Le premier ministre peut-il nous indiquer pourquoi la GRC n'a pas collaboré pleinement avec les autorités suisses dans le dossier de Mme Rizzuto et M. Giammarella en refusant de fournir des renseignements indispensables à la poursuite de procédures judiciaires en Suisse ? »

Le premier ministre Jean Chrétien laissa Patrick Gagnon, secrétaire parlementaire du Solliciteur général, répondre à sa place : « Monsieur le président, je viens tout juste de prendre connaissance du dossier en question, et je vais prendre note de la question qui a été posée par le critique de l'opposition. » Bellehumeur posa alors une autre question : « Comment le premier ministre explique-t-il que le seul agent au courant du dossier de Mme Rizzuto et de M. Giammarella ait été en vacances au moment où les autorités suisses se sont vues obligées de libérer ces deux personnes, faute de collaboration de la GRC?» Patrick Gagnon lui promit de lui donner une réponse.

Le 3 mars, Michel Bellehumeur revint à la charge.

«Hier, on apprenait que l'absence de collaboration de la GRC avec les autorités suisses avait permis à deux ressortissants canadiens accusés de blanchiment d'argent et détenus depuis six mois en Suisse de se faire libérer, dit-il. Aujourd'hui, pour la deuxième fois en un an, le secrétariat d'État américain rappelle que le Canada est l'un des pays où la pratique du blanchiment d'argent est la plus courante et la plus facile à faire. Étant donné que le Canada est une véritable passoire en ce qui a trait au blanchiment, qu'attend le gouvernement pour légiférer et mettre un terme à cette pratique illégale?

— Les transferts de fonds internationaux sont si faciles aujourd'hui que le blanchiment de l'argent est un problème qui préoccupe tous les pays industrialisés, répondit Allan Rock, ministre de la Justice et Procureur général du Canada. Le Canada, par l'intermédiaire du Solliciteur général, collabore avec d'autres pays pour former un front commun contre cette menace insidieuse à notre sécurité économique et cette violation de nos lois en matière criminelle. Le Solliciteur général travaille en étroite collaboration avec les autorités américaines et européennes pour prendre des mesures efficaces qui permettront de régler le problème du blanchiment de l'argent au Canada.

— Le gouvernement canadien ne collabore sûrement pas avec les autorités de la Suisse, on en a eu la preuve hier, rétorqua Bellehumeur. Cela étant dit, j'invite le ministre à lire le rapport du secrétariat d'État américain qui est très éloquent à ce sujet. Le ministre réalise-t-il que l'absence de législation permet actuellement de blanchir 10 milliards de dollars par année au Canada et que son inaction n'est qu'un encouragement à ce trafic illégal?»

Allan Rock conclut le débat en répétant que le Canada collaborait avec les pays étrangers et en assurant que la loi contre le blanchiment d'argent était adéquate. Les rapports du secrétariat d'État américain auxquels se référait le député du Bloc québécois affirmaient que le Canada était non seulement une plaque tournante pour le trafic de la drogue, mais «un paradis pour le blanchiment de l'argent». Les auteurs plaçaient le Canada sur la liste des 16 principaux pays où il se blanchissait le plus d'argent, aux côtés de la Suisse, de l'Italie, du Venezuela, du Panama et de plusieurs petites îles des Antilles. Le gouvernement canadien avait promulgué l'entrée en vigueur de certaines dispositions de la Loi sur les profits du crime. Comme nous l'avons vu, les institutions financières étaient désormais incitées à garder des dossiers, pendant cinq ans, concernant les transactions de plus de 10 000 $.

« Cependant, les exigences (canadiennes) ne peuvent pas entraîner des poursuites criminelles comme celles que prévoit la Loi américaine », déplorait le premier rapport du secrétariat d'État américain sur le contrôle international des stupéfiants. Le deuxième rapport indiquait qu'aucune loi, au Canada, n'obligeait les banques à signaler à la police les transactions d'argent suspectes. La démarche était facultative. « Les banques canadiennes attirent aussi les blanchisseurs parce qu'elles ont des filiales dans les Antilles », ajoutait le secrétariat d'État.

Toujours en mars 1995, un groupe d'analystes de la police de Montréal, de la Sûreté du Québec et de la GRC affirma dans un document que le montant d'argent blanchi au Canada chaque année ne s'élevait pas à 10 milliards, mais plutôt à 20 milliards de dollars. « Pour la mafia, la voie de l'avenir dans le domaine du blanchiment est le maintien du secret bancaire, soulignaient les analystes. Les gouvernements de certains paradis fiscaux, en plus des avantages fiscaux, offrent aussi le secret bancaire à leurs clients. Au Canada, on observe que la mafia s'affaire présentement à infiltrer et contrôler certaines institutions bancaires (…) Il existe bel et bien un grave problème de lessivage d'argent au Canada ; son importance va en augmentant. »

Dans ce rapport intitulé « Le Canada est-il à l'abri du crime organisé ? », les policiers s'inquiétaient des sommes astronomiques investies par la mafia dans les activités légales, ainsi que de son influence politique. « Nos observations sont à l'effet que la mafia investit dans l'immobilier, la restauration, le marché de l'automobile, la construction, l'hôtellerie, l'alimentation, et plusieurs autres secteurs d'activité (…) Nous sommes particulièrement inquiets de voir se reproduire au Canada le modèle italien où la mafia a complètement pris le contrôle du Parti démocrate chrétien, en investissant dans sa caisse électorale, notamment. Au Canada, certaines décisions prises par les différents niveaux de gouvernement démontrent clairement que ceux qui contribuent aux caisses électorales des partis sont favorisés.

« Que ce soit dans l'attribution de contrats publics, dans la modification des règles de zonage, dans la réglementation des travailleurs de la construction, ou encore dans la gestion des courses de chevaux, de nombreuses décisions gouvernementales favorisent des intérêts proches du crime organisé. Comme l'expérience italienne l'a démontré, et le modèle encore une fois a été observé ici, la mafia intervient en amont et en aval des contrats publics. En amont, elle corrompt et soudoie fonctionnaires et politiciens pour l'obtention de contrats publics et, en aval, elle s'applique par la fraude et le travail au noir à réduire les coûts des sous-traitants. À défaut de preuve hors de tout doute, nous sommes d'opinion que plusieurs milliards de dollars provenant du crime organisé sont investis chaque année dans des activités légales au Canada. Nous sommes également persuadés que certains hommes d'affaires chargés de gérer ces activités exercent une influence indue sur nos gouvernements, mettant ainsi en péril les fondements démocratiques de notre société. »

Les policiers québécois comptaient mobiliser tous les corps de police au Canada pour amener le gouvernement fédéral à modifier le Code criminel de façon à faire du crime organisé... un crime. Ils rappelaient que plusieurs pays, notamment les États-Unis, la France et l'Italie, avaient rendu illégales les associations de malfaiteurs. Ils eurent gain de cause : une loi antigang finit par être adoptée en juin 1997, mais elle n'avait pas grand mordant.

Sitôt libérée, Libertina Manno Rizzuto revint au Canada et retrouva Nicolò, son vieux mari. Le couple célébra en grande pompe son 50e anniversaire de mariage à l'hôtel Sheraton, dans le centre-ville de Montréal. L'entrée des époux dans la grande salle de bal se fit au son de la musique du film *Le Parrain*. Tout le gratin de la mafia sicilienne était présent ; 300 personnes assistaient à la fête. Des vidéos furent tournées – au grand plaisir des policiers qui purent les visionner 11 ans plus tard après les avoir découvertes lors de leurs perquisitions dans les maisons de l'avenue Antoine-Berthelet.

Mme Manno Rizutto et Luca Giammarella conclurent une entente à l'amiable avec les autorités suisses. Le gouvernement helvétique accepta de retirer ses accusations en échange d'un peu plus de deux millions de dollars. Il remit la moitié de cette somme au gouvernement canadien.

La GRC se défendit d'avoir donné un appui mitigé à l'enquête. Dans la mesure où elle n'avait aucune preuve pour permettre l'arrestation de la mère de Vito Rizzuto, elle avait été étonnée du comportement des Suisses. « Tout le monde a été surpris de ça, déclara le sergent-major Yves Roy, responsable de l'Unité mixte des enquêtes économiques antidrogue à la GRC. On n'a pas demandé aux autorités suisses de procéder à cette arrestation, elles l'ont fait de leur propre chef. Nous avons donné de l'information à la Suisse, mais elle n'a pas semblé satisfaite. »

L'enquête de la GRC menée au Centre international monétaire de Montréal avait cependant donné un coup de fouet aux enquêteurs suisses, qui se mirent à éplucher les comptes suspects ouverts par des Canadiens sur leur territoire. Deux directeurs de banque furent soupçonnés d'avoir aidé le mafioso montréalais Vincenzo «Jimmy» Di Maulo et ses associés à recycler six millions de dollars issus du trafic de stupéfiants. L'un des deux banquiers fut arrêté le 19 mai 1995 pour avoir blanchi trois millions de dollars provenant du faux bureau de change de la GRC.

L'aventure des comptes suisses des Rizzuto rebondit 15 ans plus tard en Cour du Québec, à Montréal. En février 2010, le père de Vito, Nicolò Rizzuto, fut inculpé d'évasion fiscale et dut se présenter au tribunal. Alors âgé de 85 ans, il fut accusé d'avoir caché 5,2 millions de dollars dans des banques suisses et d'avoir dissimulé des revenus d'intérêts de 728 000 $. En attendant le règlement de la cause, Revenu Canada avait pris une hypothèque judiciaire sur sa maison de l'avenue Antoine-Berthelet et sur deux de ses voitures, une Jaguar et une Mercedes.

Le vieux Nick plaida coupable à deux accusations d'évasion fiscale et accepta de payer une amende de 209 000 $. Le procureur de la Couronne, Yvan Poulin, expliqua que l'amende s'ajoutait aux impôts et aux intérêts qu'il devait également acquitter en vertu d'une entente à l'amiable. Mais ces montants sont restés confidentiels. Avant le début de l'audience, le vieil homme, debout dans le prétoire, son célèbre chapeau mou enfoncé sur la tête, invoqua sa bonne foi. «L'argent venait de mon travail au Venezuela, dit-il en haussant les épaules. Je ne pensais pas avoir à le déclarer.»

* * *

La GRC avait réussi à convaincre les autorités de divers pays de bloquer la majorité des comptes où elle avait transféré l'argent des trafiquants par l'entremise de son faux bureau de change. Le Panama fut le plus dur à la détente. Trois jours avant de procéder aux arrestations du 30 août, les agents de la GRC se rendirent dans ce petit pays d'Amérique centrale, où se cachait une partie importante des comptes douteux. Les policiers étalèrent une foule de documents prouvant que ces comptes étaient alimentés par l'argent du crime. Les directeurs des succursales des banques panaméennes écoutèrent poliment leur requête… et ne bronchèrent pas. Les agents insistèrent auprès de hauts fonctionnaires. En vain. Un mois plus tard, le gouvernement panaméen refusait toujours d'intervenir auprès des banques.

La GRC ne lâcha pas prise. Quatre enquêteurs se relayèrent au Panama, vivant à tour de rôle dans un appartement loué spécialement pour eux. Au total, ils passèrent quatre mois à décortiquer le parcours de l'argent de la drogue. À force de persévérer, ils finirent par convaincre le bureau du Solliciteur général du Panama de les appuyer dans leurs démarches. Des agents de la Drug Enforcement Administration des États-Unis se joignirent à eux.

En gros, le système fonctionnait ainsi : la mafia montréalaise passait une commande de cocaïne au cartel de Cali. La réputation de Vito Rizzuto était telle que, contrairement aux Hells Angels ou à d'autres organisations criminelles, il n'était pas toujours tenu de payer la cargaison dès la livraison. Le cartel accordait un délai à ses clients les plus fidèles. Une fois arrivée à destination, la cocaïne était écoulée sur le marché montréalais – ou ailleurs – par de petits revendeurs. Les billets de banque s'accumulaient. Un intermédiaire, comme l'avocat Joseph Lagana, s'organisait pour les récupérer. Un bureau de change complaisant acceptait de prendre les billets et envoyait des chèques ou des traites bancaires sur des comptes secrets, dans une banque étrangère, suisse ou autre.

Une partie de l'argent était alors envoyée par la banque dans une succursale au Panama, laquelle remettait des chèques à des entreprises installées dans la Zone franche de Colon (ZFC), à l'entrée du canal de Panama, dans la mer des Caraïbes. Dans certains cas, les chèques pouvaient être directement envoyés aux entreprises. Ces dernières émettaient ensuite de fausses factures à des commerçants de la petite ville de Maicao, en Colombie. Ces commerçants étaient en réalité des prête-noms pour les dirigeants du cartel de Cali. Une entreprise installée à Colon pouvait, par exemple, faire semblant de vendre pour un million de dollars de vêtements à un importateur de Maicao, alors qu'il n'en était rien. Dans d'autres cas, les importateurs achetaient bel et bien des marchandises dans la ZFC, à des prix défiant toute concurrence, et les revendaient contre des pesos colombiens à Maicao. Il existait d'autres méthodes, encore plus complexes.

Les enquêteurs de la GRC, de la DEA et du Panama découvrirent que 80 entreprises au moins, installées surtout dans la Zone franche de Colon, recyclaient les bénéfices du trafic de la drogue du cartel de Cali par l'intermédiaire de quelque 140 grossistes de Maicao. Plusieurs dirigeants de ces entreprises avaient la citoyenneté libanaise. Les autorités panaméennes arrêtèrent trois d'entre eux et bloquèrent provisoirement les biens de trois compagnies : Chaher International, Shadj et Dalila Fashion.

La Zone franche de Colon est la plus importante au monde après celle de Hong Kong, et la première en Occident. Elle a été créée par les

Américains à l'époque où le canal de Panama leur appartenait. Le gouvernement panaméen en a fait un de ses principaux leviers économiques. Les marchandises, transportées par conteneurs sur les milliers de bateaux qui franchissent le canal chaque année, peuvent être importées et réexportées sans être frappées par des droits de douane, des tarifs, des taxes et des quotas. Plus de 1700 compagnies ont ouvert des comptoirs dans ce petit espace de 2,4 kilomètres carrés. Des biens d'une valeur supérieure à sept milliards de dollars y transitent annuellement. La ZFC attire plus de 250 000 visiteurs par année. Les vendeurs acceptent d'être payés par chèque, par mandat, par virement électronique, ou en liquide. Les principaux clients sont des commerçants colombiens.

La plupart d'entre eux sont d'honnêtes hommes d'affaires à la recherche d'aubaines, mais pas tous. « Les trafiquants de drogue colombiens exploitent tous les moyens possibles pour blanchir les profits de la drogue de façon sécuritaire, indique un rapport de la DEA américaine. Une des méthodes porte le nom de Échange de pesos au marché noir (EPMN). L'EPMN est un système complexe utilisé par les organisations de trafiquants pour blanchir les milliards de dollars représentant les revenus annuels de la vente de drogue, en utilisant les avantages de la Zone franche de Colon au Panama. La ZFC constitue pour elles un rouage essentiel. » En effet, un autre obstacle, pour les trafiquants colombiens, consistait à changer les devises étrangères en pesos.

Maicao, une des villes les plus au nord de la Colombie, est située à environ 750 kilomètres de Colon, tout près de la frontière du Venezuela, dans la péninsule de Guajira. En 1991, elle obtint un statut spécial lui permettant d'importer des biens sans frais de douane. Officiellement, ce privilège visait à stimuler la création d'emplois. En réalité, il offrait une occasion en or aux cartels de la drogue et aux blanchisseurs d'argent. Incidemment, la petite ville de 100 000 habitants compte une forte population originaire du Moyen-Orient, notamment du Liban.

Une chose en amenant une autre, le faux bureau de change de la GRC avait permis aux policiers canadiens de découvrir le rôle central de la Zone franche de Colon dans le blanchiment d'argent. Ils voulurent ensuite poursuivre leur enquête à Maicao. Ils demandèrent au sergent Varoug Pogharian, leur agent de liaison à l'ambassade canadienne à Bogota, de monter une opération conjointe avec les autorités colombiennes.

Pogharian transmit les informations recueillies par la GRC à l'Agence des impôts et des douanes de Colombie, la DIAN (Direccion de Impuestos y Aduanas Nacionales de Colombia). Les responsables de la DIAN mirent les Canadiens en garde contre toute action précipitée. Pogharian envoya des comptes rendus de ses rencontres au quartier général de la GRC à Ottawa. Il fit part à ses supérieurs de l'inquiétude de ses vis-à-vis colombiens : la région de Maicao, signala-t-il, est une zone de contrebande habitée par «des immigrants d'origine syrienne et libanaise reconnus comme des hors-la-loi».

«C'est la première fois que les autorités colombiennes ont la preuve formelle que les commerçants de Maicao sont liés au cartel de Cali, ajoutait l'agent de liaison. À cause de notre enquête, le cartel risque de se faire saisir des sommes d'argent colossales. Autant pour notre sécurité que pour la leur, nous sommes d'avis que le gouvernement colombien doit rester prudent. Il se peut qu'il ne donne pas suite à notre requête. Après tout, ce sont leurs hommes qui seraient en danger.

«Les Colombiens seront moins chauds que les Panaméens à l'idée d'accueillir des enquêteurs d'un autre pays pour exécuter un travail qui leur revient (…) Si on décide d'aller de l'avant, il vaudrait mieux rester dans l'ombre, sans quoi on pourrait mettre en danger la sécurité de l'ambassade et des employés.»

Pogharian était manifestement préoccupé par les menaces d'attentat contre l'ambassade canadienne proférées à la suite de l'arrestation de Sabatino «Sammy» Nicolucci, ce trafiquant montréalais relié au clan Rizzuto. Les criminels colombiens passent volontiers de la parole aux actes, précisait-il. Puis il rappelait les nombreux morts et attentats qui avaient entouré l'arrestation, la fuite et l'exécution de Pablo Escobar, le chef du cartel de Medellín abattu l'année précédente. «Les trafiquants de drogue colombiens sont enclins à répondre par la violence quand ils sentent que leur liberté ou leur argent est menacé.» Or, l'ambassade canadienne était plus ou moins bien protégée.

«L'ambassade américaine est une véritable forteresse, ajoutait-il. Les membres de son personnel se déplacent continuellement en voiture blindée. Ils ne peuvent, encore une fois pour des raisons de sécurité, fréquenter d'endroits publics dans leurs temps libres, ni s'aventurer à l'extérieur de Bogota. Les employés de l'ambassade canadienne n'ont pas ces contraintes, et ils n'en veulent pas.»

Malgré tout, les enquêteurs du DIAN, l'agence colombienne des douanes, décidèrent de monter une opération massive à Maicao. Ils planifièrent une série de perquisitions parmi les commerces de la ville pour le 20 mars 1995. Mais ils étaient nerveux. Le 15 mars, Pogharian rencontra l'officier Juan Gabriel Ronderos, responsable des enquêtes spéciales.

«Ronderos est maintenant convaincu qu'il va recevoir des menaces dès l'intervention à Maicao, écrivit Pogharian le lendemain au quartier général d'Ottawa. C'est pourquoi il a décidé de démissionner dans quelques semaines et d'aller se faire oublier outre-mer durant quelques années. Son patron va faire de même. On laisse entendre qu'un membre de la vieille garde deviendra le nouveau directeur du DIAN. Le nouveau chef du DIAN sera probablement un allié des trafiquants et des contrebandiers. Il est fréquent, ici, qu'on fasse deux pas en avant, puis deux pas en arrière.

« La région de Guajira est reconnue pour ses règlements de compte impitoyables, ajoutait le sergent Pogharian. J'ai demandé à Ronderos de ne pas parler de l'implication canadienne s'il décidait d'investir Maicao avant de quitter son poste. Si nous nous imposons trop, nous pourrions être perçus comme les preux chevaliers qui ont décidé de s'attaquer aux cartels colombiens. Auquel cas, nous devons comprendre que cela aura des conséquences très désagréables pour l'ambassade et son personnel. »

L'intervention à Maicao fut décommandée. Le 22 mars, Pogharian apprenait à la GRC que Juan Gabriel Ronderos avait démissionné, tout comme le directeur du DIAN. « Comme vous savez, Ronderos était l'homme clé », écrivait l'agent de liaison. Quelques jours plus tard, le nouveau directeur du DIAN démissionna à son tour. « Apparemment, il a commencé à recevoir des menaces de mort, signala Pogharian. J'ai entendu dire que ces menaces provenaient de l'intérieur du DIAN. Il s'agirait d'anciens douaniers corrompus qui viennent d'être réembauchés par le DIAN. » Pogharian récupéra tous les documents de la GRC et du DIAN reliés à ce projet d'intervention mort-né.

* * *

L'opération Compote, lancée autour du Centre international monétaire de Montréal, amena aussi la police à enquêter sur une histoire rocambolesque : un mandat confié à la mafia montréalaise pour récupérer les lingots d'or entreposés dans des banques suisses par Ferdinand Marcos, l'ancien dictateur des Philippines.

Marcos et sa femme Imelda habitaient le palais Malacanang à Manille. En 1986, une révolution populaire les chassa du pouvoir. Ils se réfugièrent à Hawaii. Dans sa fuite, Imelda avait laissé dans son palais quelque 2500 paires de chaussures, 1000 sacs à main, 500 robes et 15 manteaux de vison. Le nouveau gouvernement philippin s'efforça de récupérer une partie des quelque cinq milliards de dollars que le couple avait volés à ses concitoyens pendant 20 ans de dictature. Après la mort de son mari, en 1989, Imelda Marcos revint au pays et se présenta aux élections. Elle dut alors répondre à la question qui brûlait les lèvres de tous les Philippins : d'où venait sa fortune ?

Elle affirma que son mari avait découvert le « trésor de Yamashita » dans la jungle lorsqu'il combattait les troupes d'invasion japonaises durant la Deuxième Guerre mondiale. Le général nippon Tomoyuki Yamashita, gouverneur des Philippines pendant l'occupation, aurait fait transporter des tonnes d'or sur l'archipel et aurait caché son butin dans la jungle. Imelda ajouta que son valeureux mari avait distribué quelques lingots à ses hommes, mais qu'il en avait gardé un peu – qu'il avait placés en sécurité en Suisse. « C'est une sorte de légende urbaine », commenta Rico Jose après avoir entendu cette histoire digne des aventures d'Indiana Jones. Jose, professeur à l'Université des Philippines, était une autorité sur la période de l'occupation japonaise. Le Solliciteur général Francisco Chavez se fit plus cinglant. « Le mythe du trésor de Yamashita est utilisé dans un seul but : camoufler un cas flagrant de malversation et de corruption. » En effet, rien ne prouva jamais que ce trésor ait existé. En revanche, les preuves abondaient sur le détournement de milliards de dollars par le dictateur et sa femme aux pieds capricieux. Pendant leurs 20 années de pouvoir, ils siphonnèrent le trésor national, empochèrent des pots-de-vin gargantuesques et volèrent l'argent de la Banque Mondiale et du Fonds monétaire international. Il était tout à fait plausible que le couple Marcos ait volé des lingots d'or dans la banque centrale des Philippines et les aient entreposés dans des banques étrangères.

Le 6 août 1993, à 16 h 35, la GRC intercepta un document télécopié de trois pages démontrant que Vito Rizzuto et ses associés, Me Joseph Lagana et un certain Hummy Shumai, avaient été mandatés pour récupérer les lingots. La procuration avait été notariée à Cabanuatan, aux Philippines, et expédiée de cette ville. Le document confirmait que les trois mandataires étaient embauchés « pour négocier une réclamation de Fiordeliza T., curatrice spéciale chargée de la succession de son père, Severino G. Sta. Romana ».

Severino G. Santa Romana était un ancien général philippin qui avait été très proche des Marcos durant toute sa carrière militaire. Tout porte à croire qu'il avait, avant de mourir, convaincu sa fille que l'or des Marcos lui revenait. Il soutenait qu'il était aux côtés de l'ancien dictateur lors de la découverte du trésor de Yamashita.

La copie papier de la procuration fut saisie un an plus tard lors d'une perquisition dans le cabinet de Lagana à Montréal. Elle précisait qu'une partie du magot dormait dans la voûte d'une succursale de l'Union des Banques Suisses, à Zurich. La distribution « de l'argent, des bons et des métaux» devait se faire ainsi : la moitié pour l'héritière du général, la moitié pour les chercheurs de trésor.

Un rapport de la GRC évoquait la présence possible de milliers de lingots portant le sceau de la réserve nationale des Philippines dans des chambres fortes inconnues de Zurich et de Hong Kong. Les estimations les plus fantaisistes évaluaient la fortune à 5000 tonnes d'or. L'enquête révéla que Vito Rizzuto et ses associés prévoyaient toucher 4,2 milliards de dollars s'ils réussissaient à remplir leur mandat. Vito devait partager sa petite commission avec Joe Di Maulo et plusieurs collaborateurs. Une quarantaine de personnes au Canada, aux États-Unis, en Europe et en Asie étaient mêlées à la recherche du trésor. Trois banquiers européens devaient empocher 200 millions de dollars chacun s'ils parvenaient à le remettre à la lointaine héritière.

Selon les documents de police, un avocat français à la retraite et un fraudeur international rencontrèrent le parrain montréalais au début du mois de mars 1994. Le rapport de la GRC souligne que l'avocat se sentait mal à l'aise «à cause des personnes impliquées». Les trois hommes se réunirent chez Vito, avenue Antoine-Berthelet, et au Bongusto, un restaurant de la Petite-Italie.

Le mois suivant, Pierre Morais, directeur du Centre international monétaire de Montréal et agent double de la GRC, recueillait les confidences de Joseph Lagana. L'avocat lui révéla que Vito Rizzuto avait déjà dépensé 1,5 million de dollars pour retracer l'or des Marcos. Le parrain voyageait en première classe et descendait dans les hôtels les plus luxueux. Lagana s'apprêtait à s'envoler pour la Suisse pour mettre l'épaule à la roue. Il proposa à Morais de l'accompagner ; il paierait son voyage. La GRC n'en demandait pas tant. Elle intercepta une conversation téléphonique au cours de laquelle l'avocat insistait sur l'importance de la discrétion. Selon lui, Rizzuto craignait que les démarches échouent si son nom était associé à la course au trésor.

La police de Montréal avait eu vent de cette entreprise deux ans plus tôt, bien avant la réception de la procuration notariée émanant de la fille du défunt général philippin. Selon Michel Amyot, un sergent-détective à la retraite, la brigade antigang « avait entendu dire que des tonnes d'or seraient à vendre sur le marché montréalais». Tout avait commencé par une histoire de prêt usuraire. Un groupe d'hommes d'affaires de Montréal, incluant un notaire et un comptable, avait décidé de faire main basse sur une partie de l'or des Marcos. Mais les démarches coûtaient cher. Peu scrupuleux, les prospecteurs avaient emprunté de grosses sommes à Giovanni Bertolo, trafiquant de drogue à la solde du clan Rizzuto, qui exigeait des taux d'intérêt mirobolants.

Les emprunteurs s'étaient cassé les dents et ne parvenaient pas à rembourser leur créancier.

Bertolo mit Vito Rizzuto au parfum. Le parrain partit en chasse à son tour, excité par la perspective de profits gargantuesques. La première étape consistait à obtenir des procurations des propriétaires de l'or, au nom d'une dizaine de prête-noms. Selon les informations de Rizzuto, ces procurations se trouvaient dans les coffrets de sûreté de divers établissements bancaires, à Zurich, à Hong Kong et à New York. Vito multiplia les voyages, sauf, bien sûr, aux États-Unis, où il craignait de mettre les pieds. Il se rendit à Manille en passant par Vancouver et Hong Kong. La GRC encouragea les autorités philippines à le suivre dès son arrivée à l'aéroport, mais elles refusèrent. En termes diplomatiques, elles répondirent qu'elles avaient d'autres chats à fouetter que de rendre service à la police canadienne. Pourtant, c'était leur propre intérêt qui était en jeu : l'or des Marcos devait normalement leur revenir.

Vito se rendit également en Suisse. On le vit à Zurich en compagnie de Roberto Papalia, un de ses associés de la Colombie-Britannique qui avait été chassé de la Bourse de Vancouver à cause de transactions douteuses. Roberto Papalia et son frère Antonio possédaient une petite mine d'or dans l'île de Texada, dans le détroit de Géorgie, au nord de Vancouver. La police ne réussit jamais à déterminer s'il y avait un lien entre l'exploitation éventuelle de cette mine et la recherche de l'or des Marcos. Si le coup avait réussi, auraient-ils prétendu que l'or provenait de la mine ? Comment savoir. En vérité, la police ne sut jamais si l'aventure aurifère de Vito avait été couronnée de succès.

*   *   *

Le parrain n'en était pas à ses premières armes dans le merveilleux monde de la finance. Un procès civil en Ontario, qui se termina en 1993, révéla que Vito s'était trouvé au centre d'une opération de tripotage boursier. La machination avait commencé dans les années 1980. Elle lui rebondit au nez.

Une obscure société d'exploration minière, la Penway Explorers Ltée, possédait des titres sur des concessions minières dans le nord de l'Ontario. L'entreprise était, essentiellement, une coquille vide. Ses revenus avoisinaient le zéro absolu. Malgré tout, elle était cotée à la Bourse de l'Alberta. En l'espace de 13 mois, de juillet 1986 à août 1987, la valeur de ses actions décupla, passant de 60 cents à plus de six dollars. L'année suivante, elle plongea à 30 cents de façon encore plus soudaine.

Ce mouvement en montagne russe était le résultat d'une escroquerie classique, appelée « pump and dump ». Elle consiste à gonfler artificiellement la valeur de l'action en achetant beaucoup de titres. Souvent encouragés par un courtier embarqué dans l'arnaque, des investisseurs innocents croient flairer une bonne affaire et se mettent à acheter eux aussi. Les actions montent en flèche, jusqu'à ce que les arnaqueurs bradent leurs titres de façon concertée. Les investisseurs floués se retrouvent alors Gros-Jean comme devant. Leur seul recours : s'adresser aux tribunaux pour obtenir justice.

C'est exactement ce qui expliquait l'essor et la chute brutale des actions de la Penway. Des charlatans avaient soufflé dans le ballon et convenu de le crever au moment opportun. Le courtier Arthur F. Sherman, 40 ans, était dans le coup. Il travaillait pour la McDermid St. Lawrence Securities Ltd., société de courtage en valeurs mobilières de Toronto qui ignorait tout du complot qui se tramait. Sherman vendait beaucoup d'actions de la Penway.

En 1988, les imposteurs furent pris à leur propre jeu. Les actions dégringolèrent avant même qu'ils aient le temps de se débarrasser des leurs. Leurs soupçons se portèrent vers Sherman. Tout laissait croire qu'il avait empoché le magot. Arnaquer la mafia n'est pas une très bonne idée. Vito Rizzuto n'était pas très heureux de se retrouver dans le rôle du pigeon déplumé.

Lise Ledesma, la réceptionniste de la McDermid St. Lawrence Securities, reçut des appels intimidants de personnes affirmant s'appeler Rizzuto, qui exigeaient de parler au courtier. Un des appels avait été transmis par une téléphoniste parlant l'espagnol, ce qui laissait croire que le coup de fil provenait du Venezuela, où séjournait souvent le vieux Nick. Son fils Vito se présenta en personne au bureau de la société de courtage, accompagné de deux armoires à glace à l'allure sinistre. Ils insistèrent pour voir Sherman.

Selon Mme Ledesma, Sherman devint très nerveux. Le 9 mai, il disparut après avoir dit à son entourage qu'il allait jouer au golf. Deux semaines plus tard, il téléphona à son patron, John Shemilt, pour lui annoncer qu'il se trouvait dans l'île d'Aruba, le long des côtes du Venezuela. Il lui dit qu'il avait l'intention de reprendre le travail à la fin du mois. Il ne revint pas à la date convenue et fut congédié. Par la suite, quelqu'un affirma l'avoir aperçu à Barcelone, en Espagne. Le courtier apeuré, probablement millionnaire, ne donna plus jamais de nouvelles. Il fut déclaré officiellement mort en 1995 afin que sa famille puisse toucher son assurance-vie.

Commença alors un des procès les plus surréalistes de l'histoire canadienne. Les escrocs déposèrent une poursuite à la Cour de l'Ontario pour réclamer leur dû. Ils affirmaient être d'anciens clients de Sherman. La poursuite visait le courtier, mais comme il avait disparu, elle ciblait aussi son ancien employeur, la firme de courtage McDermid St. Lawrence Securities. Les plaignants exigeaient 3,5 millions de dollars, ce qui, selon eux, représentait la valeur de leurs 530 400 actions lorsque celles-ci avaient atteint leur sommet, soit six dollars l'action.

Parmi eux se trouvaient Robert Campbell, un avocat radié du Barreau de l'Ontario, et Costa Papadakis, un spéculateur à la petite semaine. Les deux escrocs affirmaient qu'ils représentaient des clients mystérieux, qui leur auraient confié beaucoup d'argent pour acheter des actions de la Penway. La société de courtage McDermid réagit avec vigueur. Les 45 jours d'audience se déroulèrent de façon intermittente d'avril 1992 à avril 1993. Plus le procès avançait, plus le juge George Adams était convaincu que le véritable propriétaire des actions était Vito Rizzuto. Selon lui, le mafioso montréalais s'était retranché derrière une foule de prête-noms.

Le juge apprit que Robert Campbell avait reçu de grosses sommes de la part de Vito Rizzuto et de son fidèle blanchisseur d'argent, Dima Messina. Il en apprit davantage grâce à Costa Papadakis. Michel Gagné, un enquêteur de la police de Montréal spécialisé dans la lutte contre le crime organisé, déclara au tribunal que Papadakis lui avait dit que Vito était un ami personnel et qu'il avait assisté à l'anniversaire d'un de ses enfants.

Au cours des audiences, Papadakis admit qu'il avait personnellement emprunté 100 000 $ à Dima Messina. Il avait ensuite prêté cet argent à Robert Campbell. Il avait également reconnu avoir conduit Vito de Montréal à Toronto pour qu'il puisse y rencontrer une personne « à propos d'une propriété minière ».

L'argent investi par Robert Campbell et Costa Papadakis provenait entièrement de proches de Vito, comme Dima Messina, Rocco Sollecito, Gennaro Scaletta et sa propre mère, Libertina Rizzuto. Rocco Sollecito supervisait les activités du club social Consenza, qui servait de quartier général au clan Rizzuto, à Saint-Léonard. Gennaro Scaletta avait été arrêté au Venezuela en même temps que Nicolò, le père de Vito. Une bonne part de leurs « investissements » avait d'abord été versée en petites coupures de 10 et de 20 $.

Le juge avait parfaitement saisi la véritable nature de l'opération boursière de la Penway. Rien ne justifiait une ascension aussi fulgurante de ses actions, déclara-t-il : l'entreprise avait des activités embryonnaires et aucun projet d'expansion. « Il s'agissait seulement de transactions truquées et de ventes bidon », trancha-t-il. Près de 90 %

des transactions avaient été effectuées par le petit groupe de magouilleurs. À un certain moment, ceux-ci possédaient un peu plus de la moitié des actions.

« D'après la preuve, je ne trouve qu'une seule personne qui soit le réel propriétaire de ces actions : Vito Rizzuto », conclut le juge. La poursuite fut rejetée. Le juge n'accorda aucune crédibilité aux réclamations de Papadakis. « M. Papadakis a près de 60 ans et il déclare n'avoir jamais occupé d'emploi à temps plein depuis sa jeune vingtaine, souligna-t-il. Il travaillait comme courtier, mais il a perdu son permis après avoir été compromis dans une affaire de vol de valeurs mobilières. »

Le rôle du courtier Arthur Sherman, disparu et probablement mort, lui paraissait ambigu. « Le moins que je puisse dire, c'est que Sherman savait ce qui se passait, et il jouait le jeu des plaignants et de Vito Rizzuto, estima-t-il. Les plaignants ont soutenu qu'en disparaissant, Sherman se trouvait à reconnaître qu'il avait volé leurs actions. Mais d'autres problèmes pourraient aussi expliquer son absence, à savoir la colère de M. Rizzuto. »

Le procès fournit des munitions aux inspecteurs de Revenu Canada. Il leur offrait, sur un plateau d'argent, la preuve que Vito Rizzuto cachait des revenus à l'impôt. Le 6 octobre 1995, un avis de cotisation d'un montant de 1,5 million de dollars était déposé à sa demeure de l'avenue Antoine-Berthelet. Le montant correspondait à la somme qu'il avait personnellement investie dans les actions de la Penway de 1986 à 1988. L'agence fédérale lui imposait de surcroît une amende de 127 690 $ pour « faute lourde ».

Vito contesta l'avis de cotisation et l'amende et porta la cause en appel auprès de la Cour canadienne de l'impôt, à Montréal. Dans des documents déposés au greffe de la cour, Revenu Canada rappelait les conclusions du juge George Adams et répétait que Rizzuto « contrôlait toutes les opérations sur les actions (de Penway) effectuées par les prête-noms ». C'était lui, ajoutait le fisc, qui remettait l'argent nécessaire à l'achat des actions. Un grand nombre d'entre elles avait été payées en liquide.

Ces investissements coïncidaient avec l'arrestation de Rizzuto après la saisie de 13 tonnes de haschisch à Terre-Neuve le 30 novembre 1987, ajoutaient les enquêteurs. Bien entendu, cette cargaison avait été une perte sèche pour le mafioso, mais il était de notoriété publique que les autorités ne réussissaient jamais à saisir qu'une fraction des arrivages de drogue, probablement 10 %, sans plus. Sans le dire clairement, les inspecteurs du fisc laissaient entendre que les petites coupures de 10 $ et de 20 $ ayant servi à faire grimper les actions de la Penway provenaient de la vente de stupéfiants. Mais il y a une affirmation qu'ils rédigèrent de façon claire et nette : Vito, disaient-ils, était connu comme le parrain de la mafia italienne de Montréal.

Rizzuto « n'a pas fait les avances aux particuliers et n'a donc pas gagné les revenus (de 1,5 million) que lui impute Revenu Canada », répliqua son avocat, Me Paul Ryan, dans son mémoire à la Cour. Vito reconnaissait tout au plus que lui-même et sa femme Giovanna Cammalleri avaient prêté 100 000 $ à Rocco Sollecito pour acheter des actions de la Penway.

Les inspecteurs du fisc et les procureurs du gouvernement avaient envie de mordre. Ils ne s'en cachèrent pas. Ils prévinrent la Cour canadienne de l'impôt que le procès durerait deux semaines. Ils annoncèrent qu'ils feraient défiler une cinquantaine de témoins, dont la mère du parrain montréalais, Libertina Rizzuto. Ils étaient prêts à sortir le narcotrafiquant Raynald Desjardins, un homme de confiance de Vito, du pénitencier fédéral où il séjournait et à l'obliger à répondre à leurs questions. Le juge Pierre Archambault, qui devait présider l'instruction, pria le greffe de retenir les services d'interprètes italiens et siciliens. La cour renforça les mesures de sécurité pour assurer la bonne marche des procédures. Les journalistes n'attendaient qu'un signal pour fondre sur la cour comme des colibris sur du nectar.

La cause devait débuter le lundi 19 août 2001. Le jeudi 16 août, les reporters apprirent qu'une entente à l'amiable était intervenue. Ce fut une grosse déception. « C'était une cause normale d'impôt, facile même, mais on a préféré régler pour ne pas affronter le cirque médiatique qui se préparait », confia Me Paul Ryan aux journalistes. Selon lui, une autre raison expliquait ce revirement subit : les intérêts sur la réclamation de 1,5 million ne cessaient de s'accumuler et avaient déjà augmenté de 400 % la somme exigée au départ. Une chose était sûre : Vito fuyait la publicité… et les problèmes. La discrétion était sa marque de commerce.

Le gouvernement refusa de révéler le montant de l'entente. *La Presse*, qui avait révélé toute l'affaire, apprit de source sûre qu'il s'élevait à 360 000 $. Bien des fonctionnaires se montrèrent proprement scandalisés. Mais ils n'osèrent pas dénoncer publiquement leur employeur. Le président du Comité des comptes publics du gouvernement, un député de l'opposition, fit adopter une résolution afin « qu'une humble adresse soit présentée à Son Excellence la priant de faire déposer à la Chambre copie de toutes les ententes, de tous les documents connexes et (ou) de toute la correspondance, y compris les rapports, les comptes rendus de réunions, les notes, les courriels, les notes de service et les lettres échangés entre le gouvernement et M. Vito Rizzuto, dans la mesure où ces documents ont trait à la cause présentée devant la Cour canadienne de l'impôt en 2001 ». Faisant valoir que les affaires de l'impôt sont privées, le gouvernement rejeta l'humble adresse.

Les Canadiens ne surent jamais pourquoi le gouvernement avait accepté de clore le dossier pour aussi peu que 360 000 $, ni s'il y avait eu entente à la baisse pour l'amende.

CHAPITRE ONZE

Le projet Omertà

Alfonso Caruana, le nouveau chef du clan Cuntrera-Caruana, était également englué dans des problèmes de fisc. Il avait beau s'agiter, les avis de cotisation lui collaient à la peau. En 1986, Revenu Canada avait saisi 827 624 $ dans ses comptes en guise de paiement pour des arrérages d'impôts. Il avait contesté, puis avait déclaré forfait et s'était envolé pour le Venezuela, où il avait rejoint le père de Vito, Nick Rizzuto, et les frères Cuntrera.

Lorsqu'il revint au Canada en novembre 1993, les damnés inspecteurs s'empressèrent de lui rappeler le vieil adage de Benjamin Franklin, un des fondateurs de l'Union américaine : « Dans ce monde, rien n'est certain, sauf la mort et les taxes. » Les inspecteurs savaient, hors de tout doute, que Caruana avait accumulé une fortune colossale grâce au trafic de stupéfiants. Les Cuntrera-Caruana étaient la bête noire de Giovanni Falcone. Il disait souvent, lorsqu'il parlait d'eux : « Si nous voulons détruire le commerce de la drogue, il nous faut les pincer. » L'intrépide juge d'instruction fut assassiné trois jours après avoir rencontré le ministre de la Justice du Venezuela et lui avoir demandé l'extradition des dirigeants du clan en Italie.

Travaillant pour une escouade spéciale de Revenu Canada à Montréal, René Gagnière consacra quatre ans de sa vie professionnelle à fouiller le dossier d'Alfonso Caruana. Il épluscha les précieuses informations recueillies par le sergent Mark Bourque, un enquêteur de la GRC. Une de ces informations lui sauta aux yeux : en huit mois seulement, en 1981, pas moins de 21,6 millions de dollars avaient transité dans un seul de ses comptes. L'argent était déposé en petites coupures puis retiré rapidement pour acheter des traites bancaires, lesquelles étaient expédiées dans des banques suisses.

Dès le retour de Caruana au Canada, les inspecteurs du fisc lui firent parvenir un nouvel avis de cotisation. La réclamation s'élevait à près de 30 millions de dollars : 8,6 millions en impôt impayé, et 21,2 millions en intérêts et pénalités diverses.

Caruana répondit à la requête en faisant faillite le 6 mars 1995. Il déclara un actif de... 250 $. Le pauvre homme habitait chez sa belle-sœur, rue Grosvenor, à Westmount, le quartier le plus huppé de Montréal. Il déménagea en douce avec sa femme dans une maison cossue de Woodbridge, en banlieue de Toronto. Le 29 avril suivant, le lieutenant détective Bill Sciammarella, de la police de Toronto, et les membres de son équipe basée à Newmarket, au nord de Toronto, le filmèrent sans le savoir devant le chic hôtel Sutton Place, dans Bay Street, en plein centre-ville de Toronto. Leur caméra était dissimulée derrière une fenêtre d'un immeuble du gouvernement, de l'autre côté de la rue. Les policiers tournaient une vidéo de routine: un mariage dans le monde de la mafia. Ce genre d'événements était toujours riche en renseignements.

Parmi les hommes en smoking, ils reconnurent Vito Rizzuto et plusieurs de ses acolytes: Agostino Cuntrera, qui avait été condamné pour son rôle dans l'assassinat de Paolo Violi; Francesco Arcadi, un dur à cuire presque analphabète qui servait de lieutenant à Vito, même s'il était calabrais, et qui se spécialisait dans le jeu illégal et les stupéfiants; Rocco Sollecito, ancien gérant du bar Consenza, quartier général de la mafia sicilienne à Montréal; et d'autres gentlemen tout aussi distingués. Un quinquagénaire portant des lunettes arriva en Mercedes. Ses cheveux bien coiffés étaient noirs, trop noirs pour un homme de son âge. Ils étaient manifestement teints. La police tira une photo de l'individu, qui s'avéra être Alfonso Caruana, le père de la mariée. Francesca Caruana épousait Anthony Catalanotto.

En juin 1996, l'inspecteur Paolo Palazzo, de la brigade spéciale de lutte contre le crime organisé de Turin, en Italie, sollicita l'aide des Canadiens pour traquer Alfonso Caruana et ses frères, soupçonnés de diriger un réseau international de trafic de drogue et de blanchiment d'argent à partir du Canada. La DEA américaine et la police italienne détenaient des informations précises démontrant que le clan n'avait pas interrompu ses activités depuis l'arrestation des frères Cuntrera au Venezuela et leur extradition en Italie.

Le lieutenant détective Bill Sciammarella et des membres de la GRC lancèrent leur propre enquête. Munis de l'album de photos tirées de la vidéo tournée l'année précédente au mariage de la fille d'Alfonso, ils épièrent les allées et venues des uns et des autres. Les Caruana brassaient des affaires aux États-Unis, en Italie, en Amérique du Sud, en Suisse, en France, en Allemagne et en Grande-Bretagne. Mais ils voyageaient peu. L'enquête avança à pas de tortue jusqu'à ce qu'un agent double américain infiltré dans le milieu interlope d'Atlanta, en Georgie, informe la GRC qu'un courtier sud-américain l'avait sollicité pour prendre livraison d'une somme d'un million de dollars au Canada.

Âgé de 50 ans, Alfonso Caruana habitait une grande maison blanche appartenant à son neveu, Giuseppe Cuntrera, au 38, Goldpark Court, dans un nouveau secteur de Woodbridge. Le lotissement, qui comprenait 25 résidences, était entouré d'un grand terrain de golf, d'un ruisseau et d'une zone boisée. La maison de deux étages de Caruana était plus modeste que le splendide manoir de Surrey qu'il avait occupé lors de son séjour en Grande-Bretagne, mais elle révélait néanmoins que son propriétaire disposait de revenus plus qu'appréciables. Des pelouses manucurées encadraient l'entrée pavée menant à un garage double. Le couple Alfonso et Giuseppina Caruana roulait dans une Golf GTI de l'année et une Toyota Previa 1994. Il fit bientôt l'acquisition d'une Cadillac.

Le frère cadet de Caruana, Pasquale, 48 ans, résidait à Maple, à quelques kilomètres de là. Le frère aîné, Gerlando, 53 ans, habitait le quartier de Rivière-des-Prairies, dans l'est de Montréal. Il avait été libéré de prison en mars 1993 après avoir purgé le tiers d'une peine de 20 ans pour une importation de 58 kilos d'héroïne, dissimulés dans des meubles en teck en provenance de l'Angleterre.

Au début de l'année 1997, Revenu Canada traîna Alfonso Caruana devant la Cour supérieure du Québec, à Montréal. Motif : contester sa faillite et le condamner pour son refus d'acquitter les 30 millions de dollars d'impôts, intérêts et pénalités qu'il devait à l'État. L'avocate du ministère fédéral, Chantal Comtois, nota qu'il était citoyen canadien, mais qu'il n'avait pas payé d'impôts depuis des années. Selon elle, s'il s'était enfui au Venezuela 11 ans plus tôt, c'était pour éviter de payer sa dette au fisc.

Représenté par l'avocat Vincent Chiara, Caruana se drapa dans l'habit du pauvre petit employé obligé de demander la charité à sa famille pour boucler ses fins de mois. Il prétendit qu'il gagnait un salaire brut de 400 $ par semaine chez un vendeur de voitures d'occasion. « Je lave des autos et j'en déplace », soupira-t-il. En outre, il dépensait 100 $ par mois pour faire le plein d'essence ou emprunter les transports en commun. Sa femme Giuseppina travaillait dans un centre de conditionnement physique. Ensemble, leurs revenus mensuels s'élevaient à environ 3500 $, mais leur loyer était de 1500 $ par mois. Bref, la petite misère…

L'avocate Chantal Comtois ne se laissa pas attendrir et le juge Derek Guthrie ne se laissa pas berner. Comment 21 millions de dollars avaient-ils pu transiter en huit mois dans le compte d'une famille aussi modeste ? demanda Me Comtois.

«L'argent n'était pas tout à fait à moi, répondit Caruana.

— Mais 21 millions de dollars à votre nom, c'est beaucoup, vous ne trouvez pas?

— Je l'ai fait pour rendre service à d'autres», déclara Caruana.

Selon lui, le plus gros de la somme appartenait à son oncle Pasquale Cuntrera et à son beau-frère Giuseppe Cuffaro. Selon ses affirmations, il n'avait détenu que 800 000 $ dans le compte, montant qu'il avait perdu en tentant de relancer un élevage de porcs à Valancia, au Venezuela.

Le juge Guthrie voulait savoir comment l'argent avait atterri dans son compte.

«Vous faisiez la navette entre le Venezuela, Montréal et la Suisse? C'est bien ça? demanda-t-il.

— Non, cet argent m'a été apporté, répondit Caruana.

— Par qui? demanda le juge, visiblement excédé.

— Par des voyageurs», dit le trafiquant.

Me Comtois sentait la moutarde lui monter au nez. Elle lui demanda s'il était le «parrain de la mafia italienne». Le juge lui ordonna de retirer la question. L'avocate brandit alors un article de magazine qui soutenait que le clan Cuntrera-Caruana possédait 60 % de l'île d'Aruba. Tendant le magazine à Caruana, elle lui demanda ce qu'il en pensait. «Si seulement c'était vrai», laissa-t-il tomber.

Ce n'était peut-être plus vrai en 1997: sous les pressions internationales, le gouvernement de cette ancienne colonie néerlandaise avait fini par chasser le clan. Mais auparavant, bien des observateurs avaient noté qu'il exerçait une influence économique et politique considérable dans la petite île des Caraïbes. Les premières phrases de *Pax Mafiosa*, un livre de la journaliste Claire Sterling, se lisaient ainsi: «Le premier État mafieux indépendant fit son apparition en 1993. Il s'avéra en effet que l'île souveraine d'Aruba, dans les Caraïbes, 75 kilomètres carrés de vertes collines et de sable blond, appartenait à la mafia sicilienne, sinon officiellement, du moins dans les faits. La plus puissante famille mafieuse installée à l'étranger, celle des frères Cuntrera de Siculiana, en Sicile, et de Caracas, au Venezuela, qui a été pendant vingt-cinq ans la clé de voûte du trafic d'héroïne à destination de l'Amérique du Nord et disposait de ce fait d'un milliard de dollars, a acheté Aruba.»

L'avocate demanda à Caruana s'il était propriétaire de 160 kilomètres carrés de terres au Venezuela, près de la Colombie. «C'est faux», répondit-il. En effet, Me Comtois avait largement sous-estimé la superficie du domaine. Caruana et ses associés possédaient quelque

400 000 hectares de terres au Venezuela, soit 4000 kilomètres carrés par l'entremise de prête-noms.

Juste avant de quitter Montréal pour le Venezuela, le couple Caruana avait vendu deux immeubles de la rue Jean-Talon, un terrain dans le quartier de Pointe-aux-Trembles et une maison à Laval. Le tout pour environ 1,2 million de dollars. Mais au départ, d'où venait l'argent pour acheter ces propriétés ? demanda Me Comtois. Giuseppina Caruana répondit de façon très ingénue qu'elle ne s'en souvenait pas.

« Cet argent n'est tout de même pas tombé du ciel ! s'exclama le juge Guthrie.

— C'était des montants que je ramenais un petit peu à la fois du Venezuela », expliqua-t-elle.

À la fin du procès, le juge fut à deux doigts de traiter Alfonso et Giuseppina Caruana de menteurs. « Je ne crois pas un mot de ce qu'il a dit. Il n'a presque aucun souvenir des sommes faramineuses qu'il a eues, ni de ce qu'il a fait avec… Je ne crois pas à (leur) faillite, je ne crois pas sa femme dont le témoignage est plein de trous, d'hésitations et d'explications incomplètes, mais je dois rendre mon jugement sur des preuves, et non sur des soupçons. »

Revenu Canada était donc incapable de récupérer la somme due. Les Caruana étaient officiellement en faillite. Le juge dut se contenter de les condamner à payer au gouvernement fédéral une somme de 90 000 $, à raison de 2500 $ par mois pendant trois ans. Caruana et sa femme retournèrent à Toronto. À sa sortie du tribunal, Alfonso Caruana esquissa un sourire, tandis que son avocat, Vincent Chiara, répondait par un clin d'œil aux journalistes qui lui demandaient s'il était satisfait de la décision de la cour.

* * *

Si Caruana pensait voir venir la fin de ses problèmes, il se trompait grossièrement. La GRC avait lancé, dans le plus grand secret, l'opération Omertà, qui visait spécifiquement Alfonso Caruana et son clan. Un de ses principaux complices, Oreste Pagano, servait d'intermédiaire, au Mexique, aux fournisseurs colombiens de cocaïne. À la fin de l'enquête, en 1998, Pagano livra un témoignage très instructif sur la force du clan et sur le rôle tenu par Vito Rizzuto.

Un mois après avoir répondu de façon très laconique aux questions de l'avocate Chantal Comtois et du juge Derek Guthrie à la Cour supérieure à Montréal, Alfonso Caruana accueillait Pagano à l'aéroport

Pearson de Toronto. Voyageant sous le nom de Cesare Petruzziello, Pagano avait pris l'avion à Port of Spain, à Trinidad. Caruana emmena le visiteur chez lui, rue Goldpark Court.

Les équipes de surveillance de la GRC se relayaient : casques d'écoute sur les oreilles, les policiers s'efforçaient de décrypter le langage codé utilisé lors des conversations téléphoniques des suspects. Ils eurent bientôt la certitude que Pagano était venu au Canada dans un but très précis : prendre livraison de milliers de dollars destinés à des narco-fournisseurs colombiens. Il fit plusieurs appels en Amérique du Sud pour organiser l'expédition de près de 2000 kilos de coke au Canada et en Italie. La destination d'une seconde cargaison de 5000 kilos était inconnue.

Un fournisseur, Juan Carlos Pavo, dit à Pagano qu'il avait envoyé deux coursiers au Canada pour prendre possession de l'argent. Ils logeaient dans un hôtel de Toronto. Caruana et Cuntrera remirent deux sacs de gymnastique à Pagano. Ils contenaient 750 000 $ en billets de 20 $. Pagano se mit en route pour donner les sacs aux porteurs, mais il s'aperçut qu'il était suivi par la police. Il fit une autre tentative, mais il se rendit compte une fois de plus qu'il avait la police aux trousses. Il paya les coursiers, les renvoya en Amérique du Sud et reprit l'avion.

Cet échange raté n'était qu'un petit épisode dans la longue relation entre Caruana et Pagano.

Oreste Pagano n'était pas sicilien, ce qui constituait une tare aux yeux de la mafia sicilienne. Mais il avait une longue expérience criminelle et un réseau de contacts exceptionnel qui le rendait indispensable. Il était né le 15 juillet 1938 à Naples. Il aurait certainement ri s'il avait entendu Caruana exposer sa soi-disant misère à l'avocate de Revenu Canada : si quelqu'un savait que Caruana était riche à crever, c'était bien lui. Et si quelqu'un connaissait le sens du mot pauvreté, c'était lui aussi.

Tout petit, il avait souffert de la faim pendant la Deuxième Guerre mondiale. Son père, un électricien, était sans travail et n'arrivait pas à nourrir sa femme, ses deux filles et ses deux garçons. Leur maison, dans le port de Naples, avait été endommagée à plusieurs reprises par les bombardements alliés. Survivre était un défi. Son père tenta de subvenir aux besoins de la famille en fabriquant des sacs pour produits de beauté avec des carapaces de tortues, mais sans grand succès. « Ce dont je me souviens le plus, c'est d'avoir vécu une enfance misérable », dirait-il des décennies plus tard.

À l'âge où les enfants canadiens entrent à l'école primaire, il errait dans les rues de Naples en quémandant des sous. Il décida qu'il vivrait désormais n'importe où, mais plus chez lui. « J'ai toujours essayé de fuir cette pauvreté, raconta-t-il lorsqu'il finit par se confier à la police. Aussi, à l'âge de huit ou de neuf ans, j'ai commencé à fuir la maison. » À chaque fugue, sa mère suppliait la police de le retrouver. À l'âge de 14 ans, il fut jugé incorrigible et placé dans une école de réforme, où il vécut pendant deux ans. À sa sortie, il fila à Rome. Un soir, il se promenait dans la capitale avec un copain lorsqu'un travesti s'approcha et leur offrit de l'argent en échange de faveurs sexuelles. Les deux jeunes gens le jetèrent par terre, le rouèrent de coups et lui piquèrent son porte-monnaie. Ils furent arrêtés, accusés de vol et inculpés. Pagano fut condamné à quatre mois de prison. Selon son propre témoignage, cet événement « constitua le premier désastre » de sa vie : le casier criminel, dit-il, l'empêcha ensuite de décrocher un véritable emploi.

Une fois libéré, il s'établit à Brescia, une ville d'environ 150 000 habitants située à mi-chemin entre Milan et Venise. C'est là qu'il se maria pour la première fois. Il vendait des vêtements dans la rue. Comme ses gains étaient insuffisants, il combla le déficit avec des activités plus rentables, quoique moins recommandables : fraudes, vols, contrefaçon. Il fut renvoyé en prison pour possession d'arme. Ce deuxième séjour derrière les barreaux marqua un tournant dans sa carrière. « J'ai rencontré un certain Raffaele Cutolo », se rappela-t-il. Surnommé « Il Professore » en raison de son ton doctoral et de sa passion pour l'enseignement de combines criminelles, Cutolo purgeait une peine d'emprisonnement à vie pour meurtre au premier degré. De sa cellule, il s'employait à faire renaître la Camorra, l'équivalent napolitain de la mafia. Il recrutait des candidats dans la prison et leur faisait prêter serment à la Nouvelle organisation de la Camorra, au cours d'un rite d'initiation qui consistait à extraire une goutte de sang de leurs poignets.

Cutolo aida financièrement Pagano et sa famille, et ce dernier voua envers son protecteur une éternelle reconnaissance – celle d'un épagneul sans collier recueilli par une âme compatissante. Lorsqu'il recouvra la liberté, il donna vêtements, nourriture et argent à la sœur et fidèle complice de Cutolo, Rosetta, dite « Les yeux de glace », une criminelle endurcie qui avait essayé de faire sauter le poste de police de Naples. Rosetta remettait les dons à son frère emprisonné. En 1978, ce dernier s'évada. « Il m'a appelé et m'a dit d'aller à Naples, se remémora Pagano. Il voulait me parler. » Le fugitif lui demanda de l'héberger à Brescia. Pagano accepta avec enthousiasme. Un soir, il prit congé du chef de la Nouvelle organisation de la Camorra pour se rendre dans une maison de jeux milanaise. Parmi les joueurs de cartes se trouvaient des hommes d'honneur haut placés dans la mafia sicilienne, dont Alfredo Bono. «Cette nuit-là fut une nuit chanceuse et malchanceuse», raconta Pagano. Avant l'aube, il avait battu Bono aux cartes. Ce dernier régla sa dette de jeu avec des billets à ordre, que Pagano donna à Cutolo, qui retourna secrètement à Naples.

Le chef de la Nouvelle organisation de la Camorra fut arrêté, et les lettres de change découvertes. Comme elles portaient la signature de Pagano, la police détenait une preuve de sa complicité dans l'évasion de Cutolo. Il passa deux ans à l'ombre. Dès qu'il put évoluer librement sous le soleil, il replongea dans le trafic de drogue, ce qui le ramena en prison. Sa vie devint un éternel aller-retour entre la prison et la liberté. Au bout de cinq ans, avant la Noël 1988, les autorités carcérales lui octroyèrent une autorisation de sortie de quelques jours. Lorsqu'il vit ses enfants, il fut si bouleversé par leur pauvreté qu'il décida de ne pas retourner en prison. Il allait gagner beaucoup d'argent et sortir sa famille de la misère. Il fuit à l'étranger. «C'est à cette période que je me suis vraiment lancé dans le trafic de drogue, raconta-t-il. Je n'ai jamais abandonné ma famille.»

Pagano commença par expédier quelques kilos de cocaïne en Italie, d'abord de l'Espagne, puis du Venezuela. En 1991, un trafiquant sicilien en cavale comme lui le présenta à Alfonso Caruana. Au cours d'un dîner à l'île de Margarita, destination touristique bien connue au Venezuela, Caruana lui demanda s'il avait les contacts nécessaires pour lui procurer d'énormes quantités de cocaïne. Pagano avait les contacts, Caruana avait l'argent, beaucoup d'argent. Ce fut le début d'une fructueuse collaboration. «Enfin, je pouvais envisager l'avenir avec optimisme, expliqua Pagano. Désormais, je pouvais m'extraire de la pauvreté.» Il connaissait bien la réputation des Cuntrera et des Caruana qui, affirmait-il avec raison, ne formaient qu'une seule grande famille. «Ce sont des descendants de la mafia. Le grand-père (d'Alfonso Caruana) était un mafioso. Son père était un mafioso. Ses oncles sont des mafiosi.»

Il subsistait néanmoins une petite nostalgie dans le cœur de Pagano. Lors de ses longs interrogatoires par la GRC, il répéta à plusieurs reprises qu'il était né dans une famille honnête et que seule une conjonction de circonstances malheureuses l'avait poussé vers le crime. «Mon père était un travailleur humble et honnête... Ma mère était une ménagère, très honnête... Aucun membre de ma famille n'est jamais allé en prison... Si j'avais vu le jour au Canada, je n'aurais jamais été accusé de quoi que ce soit... La législation canadienne est juste: avant d'arrêter une personne et de la jeter en prison, vous avez besoin de preuves concrètes. C'est pourquoi je dis que si j'étais né au Canada, je n'aurais jamais été condamné. »

Pagano atteint son objectif: il sortit bel et bien de la pauvreté. Après quelques années de trafic, il put afficher les signes ostentatoires de la richesse. Une montre Rolex en or étincelait à son poignet. Il portait des bijoux hors de prix et possédait des maisons valant des millions de dollars en Amérique latine, en Italie et en Floride. C'était un joueur de baccarat invétéré. C'est du reste ce qui permit aux policiers d'élucider les codes des numéros de téléphone qu'il utilisait pour communiquer avec ses complices. Il fallait ajouter ou retrancher le 9 pour connaître le bon numéro, le chiffre 9 étant le numéro le plus important au baccarat.

La GRC le garda sur son écran radar tout au long du projet Omertà. Au printemps 1998, Pagano œuvrait à partir des bureaux de son agence immobilière à Cancún, au Mexique. Il organisa la livraison de 200 kilos de cocaïne, qui devaient être remis à son contact au Texas. De son côté, Caruana fit appel à des membres de son réseau à Montréal : il leur demanda de trouver des coursiers pour aller chercher la drogue. Le 21 avril, à 12 h 48, la GRC intercepta une conversation entre les deux hommes. Pagano parlait de « quelque chose » qui était caché et qui ne pouvait pas être déplacé immédiatement. « On va attendre une semaine avant de bouger », dit-il. Puis il demanda combien Caruana lui avait envoyé. Réponse de Caruana : « 1,4 et 250. » Autrement dit, 1,4 million de dollars canadiens et 250 000 dollars américains.

Le frère d'Alfonso Caruana, Gerlando, faisait affaire avec un dénommé Nunzio LaRosa, 50 ans. Ce dernier engagea deux jeunes camionneurs qui avaient déjà traversé les frontières avec de la drogue, John Curtis Hill, 29 ans, de Sault Sainte-Marie, et Richard Court, 31 ans, de Saint-Laurent. Les deux hommes rejoignirent LaRosa à Houston, au Texas. LaRosa était censé cacher les 200 kilos de cocaïne sous un faux plancher, dans une camionnette. Mais il était nerveux, il avait hâte que la cargaison arrive à Montréal. Il répartit les briques de drogue dans 11 gros sacs à ordure en plastique noir, qu'il jeta pêle-mêle derrière le siège du conducteur et du passager. Il recouvrit le tout d'un sac de couchage. Les policiers américains, alertés par la GRC, surveillaient la scène, qui se déroulait dans une station-service Shamrock.

Le samedi 16 mai, Hill prit le volant, accompagné de Court. LaRosa suivait la camionnette avec son complice, Marcel Bureau, 51 ans, de Montréal. Une heure après avoir quitté Houston, Hill omit d'actionner le clignotant avant de changer de voie sur l'autoroute 59.

C'était le prétexte qu'attendaient les agents C. E. Kibble et John Hart, du Département de la sécurité publique du Texas, pour intercepter la camionnette. Le prétexte de l'arrestation était cousu de fil blanc, mais les deux coursiers n'y virent que du feu. Les patrouilleurs fouillèrent le véhicule, découvrirent la drogue, menottèrent Hill et Court et les amenèrent au poste. Les enquêteurs laissèrent filer Nunzio LaRosa et Marcel Bureau : ils voulaient que ces derniers croient que la saisie était le fruit du hasard, et non d'une enquête transfrontalière.

La GRC resserra son filet. Alfonso Caruana se savait surveillé. Même ses voisins s'en doutaient : cela faisait des mois qu'ils voyaient des voitures banalisées de la police rôder dans le quartier. L'équipe du projet Omertà planifia les arrestations pour le 15 juillet à l'aube. Elle détenait enfin les preuves nécessaires pour décimer le clan Caruana : une cargaison de drogue et des centaines d'heures d'écoute électronique portant sur des transactions d'argent et de stupéfiants.

Quelque 80 policiers furent placés en état d'alerte à Montréal, une cinquantaine d'autres à Toronto. Deux agents de la GRC se rendirent à Mexico. Les enquêteurs canadiens demandèrent à leurs homologues mexicains de procéder à l'arrestation d'Oreste Pagano le 15 juillet, jour de son anniversaire. Les policiers mexicains n'attendirent pas l'heure convenue, 7 h du matin (heure de Toronto) pour passer à l'offensive. Des dizaines d'hommes armés défoncèrent le porte de la maison d'Oreste à 2 h du matin.

« Oreste, Oreste, comment vas-tu ? demanda un officier. Joyeux anniversaire ! » Mal réveillé, Oreste se frottait les yeux. Des voitures de police encerclaient la maison. Les pales des hélicoptères fouettaient l'air au-dessus du toit. Pagano et son gendre, Alberto Minelli, qui s'occupait de blanchir l'argent du narcotrafic, furent menottés, transportés dans une prison militaire, photographiés et conduits à un petit aéroport. Puis on les embarqua dans un petit avion à destination de Mexico, d'où on les expédia à Toronto à bord d'un Gulf Stream bondé de soldats.

Comme le pilote mexicain avait décidé de traverser les États-Unis sans s'arrêter pour faire le plein, l'appareil pénétra beaucoup plus tôt que prévu dans l'espace aérien canadien. N'ayant reçu aucun plan de vol, les contrôleurs sursautèrent lorsque le pilote demanda l'autorisation d'atterrir. Les enregistrements reflètent bien la confusion qui régnait à la tour de contrôle : « D'où sort ce satané avion militaire mexicain ? » disait un contrôleur à un collègue. « Que faites-vous ici ? demandait-il au pilote. Pouvez-vous, s'il vous plaît, vous identifier ? »

Telle était la piquante recette mexicaine pour se débarrasser d'indésirables. En comparaison, la méthode canadienne était, comme à l'habitude, bien fade. Les policiers canadiens sonnèrent aux portes, présentèrent les mandats d'arrestation et aidèrent les prévenus à prendre place dans les autos patrouille. Ils arrêtèrent neuf personnes à Montréal et à Toronto, dont Alfonso Caruana, ses frères Gerlando et Pasquale, et son neveu Giovanni Caruana.

« Ces arrestations marquent le point culminant d'une enquête de deux ans, qui a démantelé dans les faits une famille présumée de la mafia, le groupe Cuntrera-Caruana », déclara, non sans emphase, l'inspecteur de la GRC Ben Soave, directeur du Combined Forces Special Enforcement Unit. La police exagère souvent la portée de ses opérations, mais dans ce cas, Soave n'avait pas tort. Les Italiens avaient pu mettre les Cuntrera sous les verrous et, maintenant, les Canadiens envoyaient les Caruana à l'ombre.

En passant la maison d'Alfonso Caruana au peigne fin, les policiers trouvèrent 40 000 $ en liquide et des bijoux d'une valeur de 304 229 $ cachés dans un compartiment secret. Ils inspectèrent le bureau de Giuseppe Cuntrera (le fils de feu Liborio Cuntrera) à Toronto. Une valise avait été glissée dans le faux plafond. Elle contenait 200 000 $ en billets de 20 $. Par la suite, Oreste Pagano confirma que la somme devait couvrir en partie les frais d'une nouvelle cargaison de drogue. Les limiers visitèrent le bureau d'un autre Giuseppe Cuntrera, fils de Paolo Cuntrera. Les clés de deux coffrets de sûreté attirèrent leur attention. Ils ouvrirent les coffrets et y trouvèrent plus de 390 000 dollars canadiens, plus de 11 000 dollars américains, des bijoux et des pièces de monnaie d'une valeur supérieure à 310 000 $.

Trois mois plus tard, les autorités du Venezuela saisissaient 400 000 hectares de terres dans l'État de Bolivar, six appartements, une douzaine d'automobiles de luxe, deux yachts et plusieurs comptes en banque contenant 14 millions de dollars américains. Dans la région métropolitaine de Toronto, la GRC identifia 11 immeubles et 18 compagnies associées au clan Cuntrera-Caruana : un gymnase, un nightclub, un restaurant, un supermarché, un salon de bronzage, un lave-auto, une salle de billard, une agence de voyages, une compagnie d'emballage de viande, une entreprise de gestion d'hôtel, une firme d'import-export, et plusieurs coquilles vides – holdings et sociétés à numéro sans réelle activité et gardées en réserve pour des opérations de blanchiment d'argent. Des millions de dollars en liquide transitaient chaque année dans le compte d'une société qui affichait officiellement un revenu annuel inférieur à 10 000 $.

Au moment de son arrestation, Alfonso Caruana se préparait à retourner au Venezuela, tandis que son frère Gerlando était en train de créer un holding de compagnies afin de cacher l'argent qu'il tirait à Montréal de ses activités licites et illicites. En compagnie de son amie de cœur, il espérait un jour se retirer au Belize, petit pays d'Amérique du Sud situé près du Yucatán.

En attendant leur procès pour trafic de drogue et blanchiment d'argent, Oreste Pagano, Alfonso Caruana et les membres de son réseau gonflèrent les rangs des pensionnaires du Centre de détention de l'est de Toronto. Pagano était considéré comme l'un des chefs de la Camorra napolitaine, mais cela ne lui donnait pas pour autant des lettres de créance auprès des dirigeants de la mafia sicilienne. Il n'était pas des leurs. Il avait été utile aux Caruana, mais il ne leur servait plus à rien. Les Caruana lui devaient beaucoup d'argent, entre autres pour une cargaison de 500 kilos de cocaïne arrivée à destination à Montréal, mais ils refusèrent de le payer. Pagano n'avait même pas la somme nécessaire pour embaucher un avocat, car les biens qu'il possédait un peu partout dans le monde avaient été gelés.

Un jour, Pagano s'approcha d'Alfonso Caruana dans le préau de la prison où les détenus se déliaient les jambes. Caruana l'évita ostensiblement. Cette rebuffade humiliante amena Pagano à retourner sa veste. Il fit savoir aux autorités carcérales qu'il voulait parler à la police. La première entrevue se déroula au centre de détention. Pagano fit miroiter à ses interlocuteurs sa capacité de leur fournir des munitions supplémentaires non seulement contre les Caruana, mais contre d'autres têtes dirigeantes du réseau, dont les Rizzuto. En échange, il exigea la lune : une nouvelle identité et un endroit où il pourrait vivre avec sa famille, l'argent et les biens confisqués par la police mexicaine, la libération de sa concubine détenue au Venezuela, et son transport hors du pays, sous protection, etc. Il fut transféré dans un autre établissement pénitentiaire. Les négociations durèrent des mois. Les avocats du gouvernement canadien firent quelques concessions. Ils tentèrent de récupérer les deux millions de dollars que Pagano avait entreposés dans son coffre-fort de Cancún… mais l'argent s'était volatilisé lors du passage des policiers venus l'arrêter. Au bout du compte, il reçut des fonds pour se faire représenter par un avocat.

Une fois le marché conclu, Pagano se confia sans réserve. Ses déclarations furent filmées et enregistrées sur vidéo pendant 26 heures. Un premier interrogatoire se déroula à Sudbury, dans le nord de l'Ontario, en juillet 1998. Il fit ses déclarations dans une suite de l'hôtel Travelodge, loin des regards indiscrets de membres du milieu interlope. Il affirma qu'il avait organisé, en 1991, huit livraisons de cocaïne après avoir rencontré Alfonso Caruana à l'île de Margarita. Il demanda un crayon et du papier et se mit à griffonner des chiffres, puis fit une addition. Le total s'élevait à 3500 kilos. Les cargaisons destinées au Canada étaient toujours envoyées à Montréal, surtout par mer, parfois par la route. Au détail, la drogue se vendait entre 30 000 $ et 50 000 $ le kilo. Certaines livraisons échouaient. Des cargaisons étaient parfois saisies. C'est ce qui était arrivé, entre autres, à Porto Cavello, au Venezuela, et à Houston, au Texas. C'était les risques du métier. Mais la colonne des profits était bien plus importante que celle des pertes.

Alfonso Caruana lui donnait 28 000 $ par kilo de drogue. Pagano reprit le crayon et calcula que Caruana avait engrangé environ 36 millions de dollars grâce à sa collaboration. Il arriva à ce chiffre après avoir soustrait sa commission et le coût de l'achat aux fournisseurs colombiens. Caruana ne lui avait jamais révélé combien le trafic lui rapportait. « Il ne me l'a jamais dit exactement, souligna Pagano. Je ne lui ai jamais demandé non plus. Ces questions auraient été déplacées. »

Les livraisons reprirent de plus belle après la saisie des 200 kilos de coke près de Houston, en mai 1998, raconta Pagano. Quelques semaines plus tard, plus précisément le 3 juin, un bateau chargé de 500 kilos de drogue quittait le Venezuela en direction de Montréal. Un dénommé Yvon, qui se présentait comme l'honnête exploitant d'une ferme d'élevage de truites, devait prendre livraison du chargement sur son voilier. À Cancún, Pagano devait s'assurer que la cargaison arrivait à bon port.

« Le 14 juillet, je n'avais aucune nouvelle, raconta Pagano lors de son interrogatoire. Alors, j'ai téléphoné à l'avocat de Gerlando, à Montréal, afin de savoir si quelque chose était arrivé à Alfonso (Caruana). Celui-ci a dit que rien n'était arrivé. Je lui ai donc demandé le numéro de téléphone de Gerlando (Caruana, le frère d'Alfonso, qui vivait à Montréal) et je l'ai appelé. J'ai demandé à Gerlando si tout était correct, si Alfonso allait bien et si la cargaison était arrivée. Il m'a dit que la cargaison était arrivée... Puis, le soir même, je fus arrêté.

— Pourquoi avez-vous appelé l'avocat ? demanda l'enquêteur.

— Parce que je n'avais pas le numéro de Gerlando et j'étais sûr que son avocat l'aurait. »

Montréal était seulement un des points de chute de la cocaïne. Le clan Caruana organisait également plusieurs livraisons en Europe. Le chef de l'opération Omertà, l'inspecteur Ben Soave, estima que le clan envoyait, tous les 20 jours, entre 200 et 500 kilos de coke dans l'un ou l'autre coin du monde. Selon lui, il avait déjà été impliqué, en Italie, pour des envois totalisant 11 tonnes métriques. Les saisies ne contrariaient pas beaucoup le groupe criminel. L'écoute électronique révélait que les frères Caruana et leurs complices considéraient la saisie des 200 kilos près de Houston comme «le prix pour faire des affaires», expliqua l'inspecteur Soave. «Ils ont discuté de cette perte de six millions de dollars (la valeur approximative du chargement) pendant à peu près deux minutes et sont ensuite passés aux autres livraisons qui attendaient. Bien des entreprises canadiennes ne pourraient plus être dans les affaires si elles devaient essuyer une perte de six millions de dollars, mais pour eux, la chose ne valait que quelques minutes de discussion. Je suis sûr qu'ils s'interrogeaient sur ce qui avait pu mal tourner, mais la vie continuait.»

«Si le crime organisé était une équipe de hockey, (Alfonso) Caruana serait Wayne Gretzky», conclut Ben Soave.

Pagano rencontra des policiers et un procureur du gouvernement fédéral le 21 septembre 1999 à Markham, au nord de Toronto. La rencontre se déroula, dans le plus grand secret, à l'Embassy Suites Hotel, chambre 925. Pagano avait côtoyé les frères Cuntrera au Venezuela avant leur extradition en Italie, ainsi qu'Alfonso Caruana avant que celui-ci ne retourne au Canada. Selon lui, le clan dissimulait souvent la cocaïne dans des barils de goudron et organisait plusieurs livraisons dans le port de Gênes, en Italie.

L'approvisionnement en drogue ne posait aucun problème. Les exportateurs colombiens se comptaient par centaines. La plupart d'entre eux étaient reliés aux révolutionnaires et à la guérilla, affirmait Pagano. «Je voudrais vous dire… le trafic de drogue ne cessera jamais.» Il ridiculisa les efforts des gouvernements occidentaux pour y mettre fin. Selon lui, les millions de dollars donnés aux gouvernements de Colombie ou du Pérou pour contribuer à la lutte antidrogue étaient détournés. La production de cocaïne avait doublé au cours des années précédentes, malgré l'accroissement de cette aide. «Tout l'argent qui est envoyé à ces gouvernements sert seulement à l'achat d'armes», affirmait-il.

Ce n'était qu'une question de temps avant que tout le monde apprenne que Pagano collaborait avec les autorités, prédit-il nerveusement. Les vieux contacts d'affaires se bousculeraient pour l'assassiner. «J'ai plusieurs ennemis qui veulent me tuer. Ils rêvent de me couper en petits morceaux… J'ai besoin de sécurité, pour moi et pour mes enfants.»

Maintenant qu'Alfonso Caruana était en prison, un successeur serait certainement nommé pour diriger la famille Cuntrera-Caruana.

Qui prendrait la décision ? demandèrent les policiers. Pagano leur rappela qu'il était considéré comme un étranger dans la mafia. « J'imagine que la décision sera prise en Sicile, dit-il. Je ne sais pas... Ils sont siciliens. Je ne suis pas sicilien.

— Il faut être sicilien pour connaître ces secrets ? demanda un policier.

— Exactement », répondit Pagano.

Le 18 novembre 1999, Pagano fut amené à nouveau à l'Embassy Suites Hotel pour y être interrogé. Il raconta qu'Alfonso Caruana et Vito Rizzuto s'étaient sentis trahis par des hauts placés dans le gouvernement vénézuélien : ils les avaient payés, mais ils n'avaient rien obtenu en retour, bien au contraire.

Alfonso Caruana était devenu enragé quand le Venezuela avait arrêté les trois frères Cuntrera, saisi leurs hôtels et ouvert leurs coffrets de sûreté, dit-il. Les membres du clan avaient eu l'impression d'avoir été victimes d'un complot. Aux yeux d'Alfonso Caruana, le complot avait été ourdi par le gouvernement américain. Caruana croyait que des agents du gouvernement américain avaient soudoyé des Vénézuéliens pour les convaincre d'exécuter ces basses œuvres. Il citait un proverbe sicilien : « Celui qui a l'argent et les contacts peut corrompre la justice. »

Alfonso Caruana avait caressé le rêve d'assassiner le ministre de l'Intérieur du Venezuela, révéla Pagano. Mais il avait d'abord pensé à sauver sa peau. « Alfonso a quitté la ville (Caracas) et est venu ici au Canada... Il se sent en sécurité au Canada... Il sait que, étant citoyen canadien, il redeviendra un homme complètement libre quand il sortira de prison. » Caruana lui avait dit qu'il ne resterait pas plus de cinq ans derrière les barreaux, dans le pire des cas. « Il m'a dit que, même s'il était condamné à 25 ans de pénitencier, ce qui est la condamnation maximale... il ne purgerait qu'une peine de cinq ans. »

Caruana ne se trompait qu'à moitié. En février 2000, accablé par la trahison de Pagano et les milliers de pages de transcriptions de ses conversations téléphoniques, il plaida coupable aux accusations d'importation et de trafic de drogue. La Cour supérieure de l'Ontario le condamna à 18 ans de prison. Il fut libéré... au bout de trois ans, en avril 2003. Mais il ne profita pas une seconde de cette libération. Munis d'un mandat d'arrestation en vue de son extradition en Italie, les policiers ontariens le gardèrent en détention. Il avait été condamné *in absentia* lors d'un procès à Palerme. La sentence était sévère : 22 ans d'emprisonnement, qui seraient purgés pour son rôle dans l'importation massive de cocaïne.

Caruana entreprit une longue bataille pour contester l'extradition. En novembre 2004, un tribunal de première instance décida de le renvoyer en Italie. La Cour d'appel de l'Ontario maintint la décision. La Cour suprême du Canada refusa d'entendre son nouveau pourvoi en appel. Il fut extradé le 29 janvier 2008. Ses frères Gerlando et Pasquale Caruana furent condamnés respectivement à 18 et 10 ans de prison. Pagano plaida coupable le 7 décembre 1999 ; il fut immédiatement expulsé en Italie. En échange de sa collaboration, il obtint la protection pour sa famille, un montant de 100 000 $ et l'assurance qu'il bénéficierait du programme italien de protection des témoins. Le 17 novembre 2004, il décrivit en détail ses relations avec Vito Rizzuto.

« Je connais Vito Rizzuto, car j'ai eu l'occasion de travailler avec lui dans les années 1990, déclara-t-il aux enquêteurs italiens. J'ai plus particulièrement entendu parler de lui au Venezuela quand j'ai séjourné à l'Hôtel Royal, propriété de Pasquale Cuntrera. Umberto Naviglia m'a montré Vito du doigt en me disant qu'il était le chef de la mafia au Canada, en lien avec la Cosa Nostra sicilienne. C'est en 1993 qu'Alfonso Caruana me l'a présenté. La rencontre a eu lieu dans un hôtel de Montréal où on avait loué des chambres, Caruana et moi. Vito Rizzuto s'est joint à nous dans l'après-midi, après sa partie de golf. À ce moment, j'avais un faux passeport. Je vivais sous le nom de Cesare Petruziello. C'est là que j'ai appris que Vito était un mordu du golf.

« Je l'ai ensuite revu au mariage de la fille d'Alfonso Caruana, à Toronto. C'est à ce moment que Vito m'a proposé pour la première fois de participer à une importation de cocaïne en partance du Venezuela. Je devais livrer la cocaïne à un intermédiaire en qui il avait confiance. C'était un Canadien qui possédait une mine au Venezuela… L'affaire a bien marché, je le sais, parce que j'y étais impliqué. Je sais que c'est Vito Rizzuto qui a tout coordonné. »

Tous les mois, le propriétaire de la mine, dans l'État de Bolivar, envoyait du minerai au Canada. Pagano utilisa cette filière pour envoyer une première cargaison de 100 kilos de cocaïne. D'autres suivirent.

« Dans les années 1990, Vito m'a aussi demandé de lui rendre un service en faisant tuer un avocat du Venezuela, poursuivit Pagano. L'avocat avait défendu son père (trouvé en possession de cocaïne). Il avait exigé des honoraires de 500 000 $, en promettant de le faire acquitter et libérer sur-le-champ. Mais il avait échoué, et son père avait été condamné… À ce moment, je vivais au Venezuela, mais je sentais que je ne pouvais pas faire le coup. J'ai essayé de trouver une raison pour reporter l'affaire. Un refus clair et net aurait compromis mes

CATTOLICA ERACLEA

Construite au 17e siècle, l'église Chiesa Madre dresse son unique clocher au-dessus de Cattolica Eraclea.

Juchée sur une petite colline, Cattolica Eraclea était jadis une commune agricole prospère.

Avant d'immigrer à Montréal, en 1954, Nicolò Rizzuto et sa famille habitaient cette maison de Cattolica Eraclea.

La maison d'Antonino Manno, beau-père de Nicolò Rizzuto.

Les rues de Cattolica Eraclea sont très peu achalandées.

LA FAMILLE RIZZUTO : UNE LONGUE HISTOIRE

Nicolò Rizzuto et Libertina Manno se sont mariés en 1945. Il avait 21 ans et elle, 18 ans.

Le certificat de mariage de Nicolò Rizzuto et de Libertina Manno se trouvait dans les archives de Cattolica Eraclea.

ATTI DI MATRIMONIO   Parte II · Serie A

L'anno millenovecento *quarantacinque*

di *Marzo* alle ore *nove* e minuti *venti* nella Casa Comunale
di *Cattolica Eraclea*

Numero *22*

Rizzuto
Nicolò
Manno
Libertina

io *Amico Gaspare, Sindaco* ed . Ufficiale dello stato civile del Comune di *Cattolica Eraclea* (1)

ho ricevuto da (2) *Monsignor Arciprete Giuseppe Evangelista Parroco della Chiesa Madre*

l'originale di atto di matrimonio, da cui risulta quanto appresso:

L'anno millenovecento *quarantacinque* addi *diciotto* del mese

di *Marzo* alle ore *dieci* e minuti *quarantacinque* in

(3) *Cattolica Eraclea* nella (4) *Chiesa Madre*

sono stati uniti in matrimonio, secondo il rito (5) *Cattolico (Santa Romana Chiesa)*

Oggi *venti Marzo*
millenovecento *quarantacinque*

la notizia della trascrizione è stata trasmessa al (1. *Parroco della Chiesa Madre*

(6) *Rizzuto Nicolò*
celibe
di anni *venti*
(8) *agricoltore*
nato in *Cattolica Eraclea*
residente in *Cattolica Eraclea*

(7) *Manno Libertina*
nubile
di anni *diciotto*
(8) *casalinga*
nata in *Cattolica Eraclea*
residente in *Cattolica Eraclea*

L'Ufficiale dello stato civ

(15)

Nicolò Rizzuto venait tout juste d'avoir 30 ans quand il est arrivé à Montréal avec sa femme et ses deux enfants, en 1954.

Photos pêle-mêle des membres des familles Rizzuto et Manno.

Vito Rizzuto et sa sœur Maria sont nés à Cattolica Eraclea.

Vito Rizzuto a quitté l'école en 9e année. Il est photographié en compagnie d'étudiants de l'école St Pius X, dans le nord de Montréal.

Un autre mafieux notoire, Antonio « Tony » Volpato, a fréquenté l'école St Pius X, avenue Papineau.

LES DÉBUTS À MONTRÉAL

Le 26 novembre 1966, Vito Rizzuto unissait sa destinée à Giovanna Cammalleri, à Toronto. Le jeune couple est entouré des parents de Vito, Nicolò Rizzuto et Libertina Manno.

Nicolò Rizzuto et Libertina Manno.

Dans l'ordre, Giovanna Cammalleri et Vito Rizzuto; Libertina Manno et Nicolò Rizzuto, aux noces de Maria Rizzuto et de Paolo Renda, à Montréal.

Nicolò Rizzuto et sa femme Libertina,
lors d'un voyage à Milan, en Italie.

Lentement mais sûrement, Nicolò Rizzuto (la photo) et
son fils Vito ont érigé un véritable empire criminel et financier.

Le 28 novembre 1966, Salvatore Bonanno (deuxième à gauche
sur la photo) et cinq autres mafiosi américains étaient interpellés
à Montréal, en possession d'armes à feu. Ils étaient à bord d'une
voiture, en compagnie de Luigi Greco (à l'extrême gauche),
représentant du clan sicilien au sein de la famille Cotroni.

Photographe : François Roy
© Archives *La Presse*

LA GUERRE DES CLANS 1976 À 1981

Dans les années 1970, Nicolò Rizzuto a été vu sortant du Reggio Bar, quartier général du ponte calabrais Paolo Violi.

© Archives *La Presse*

© Archives *La Presse*

«La mafia, je ne connais pas. C'est quoi ça, la mafia?» avait répondu laconiquement Pietro Sciara aux commissaires de la CECO, en 1975. Quelques mois plus tard, il était abattu à la sortie d'un cinéma du nord de Montréal. Bien que sicilien, il était le conseiller des chefs calabrais Paolo Violi et Vincenzo Cotroni.

© Archives *La Presse*

Le chef de la famille Bonanno, Carmine Galante, a été assassiné en 1979 sur la terrasse du restaurant Joe and Mary's, à New York.

Photographe : André Tremblay
© Archives *La Presse*

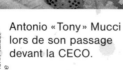

Antonio «Tony» Mucci lors de son passage devant la CECO.

Photographe : Paul-Henri Talbot
© Archives *La Presse*

L'agent double Robert Ménard, de la police de Montréal, a espionné Paolo Violi pendant plusieurs années.

Conseiller financier de la mafia, Michel Pozza a été éliminé en 1982, à la demande de Frank Cotroni.

Paolo Violi a refusé de témoigner devant la CECO.

© Archives *La Presse*

Gracieuseté de Michel Auger

Paolo Violi a été abattu à l'intérieur du Reggio Bar, le 22 février 1978.

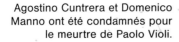

Agostino Cuntrera et Domenico Manno ont été condamnés pour le meurtre de Paolo Violi.

LE CLAN SICILIEN AU POUVOIR

Le 16 novembre 1980, Vito Rizzuto, accompagné de sa femme Giovanna Cammalleri, a assisté à la somptueuse noce du chef mafieux Giuseppe Bono, à New York.

Giuseppe Bono

Antonina Albino

Victor Rizzuto

Victor Rizzuto

Giuseppe LoPresti

Gerlando Sciascia

Nouvellement au pouvoir à Montréal, le clan sicilien était bien représenté à la fête organisée au chic Hôtel Pierre, à New York. Outre Vito Rizzuto et trois de ses sbires, il y avait Giuseppe LoPresti et Gerlando Sciascia.

Vincent Basciano

Philip Giaccone

Frank Lino

Anthony "Bruno" Indelicato

J.B. Indelicato

Joseph Benanti

Dominick Trinchera

Quelques mois avant d'être assassinés, les trois capitaines rebelles de la famille Bonanno, Philip Giaccone, Dominick Trinchera et Anthony Indelicato étaient également à la noce de Giuseppe Bono.

Droits réservés

Les ossements des corps de deux des trois capitaines de la famille Bonanno ont été trouvés en 2004 dans Ozone Park, à New York, tout près du terrain vague où des enfants avaient découvert, 23 ans plus tôt, le cadavre encore frais d'Alphonse « Sonny Red » Indelicato.

Le lendemain du meurtre des trois capitaines, le 5 mai 1981, Vito Rizzuto et Gerlando Sciascia ont été photographiés par la police en train de quitter le Capri Motor Lodge, dans le Bronx. Ils étaient en compagnie de Joseph Massino et de Giovanni Ligamarri, de la famille Bonanno.

Photographe : Rémi Lemée © Archives *La Presse*

Au début des années 1980, Vito Rizzuto a emménagé dans cette superbe résidence du quartier Saraguay, à Montréal.

Photographe : Robert Nadon © Archives *La Presse*

À son retour du Venezuela, Nicolò Rizzuto s'est lui aussi fait construire une maison dans l'avenue Antoine-Berthelet.

Décrits comme les «banquiers de la mafia sicilienne», Pasquale Cuntrera (ci-contre) et ses frères Gaspare (en haut à droite), Paolo (en haut à gauche) et Liborio ont longtemps vécu à Montréal avant de s'installer au Venezuela, où ils ont établi les bases de leur gigantesque réseau de contrebande de drogue et de blanchiment d'argent. Avec l'aide de Nicolò Rizzuto et de son fils Vito, ainsi que leurs alliés siciliens de la famille Caruana, ils ont déversé des quantités industrielles d'héroïne, de cocaïne et de haschisch en Amérique du Nord et en Europe. À la fin des années 1980, le FBI estimait leur fortune à quelque 500 millions de dollars. À lui seul, Pasquale Cuntrera possédait au moins 100 millions. Ses frères Gaspare et Paolo étaient aussi très riches. À la suite de leur expulsion, puis de leur incarcération en Italie en 1997, ils ont tous trois perdu une grande partie de leur patrimoine.

ANGLETERRE

Le mafioso sicilien Francesco Di Carlo travaillait main dans la main avec le clan Caruana-Cuntrera avant d'être arrêté en Angleterre, en 1985. Il est devenu délateur en 1996.

Droits réservés

ITALIE

Le juge Giovanni Falcone est venu faire enquête à quelques reprises à Montréal avant d'être assassiné, en 1992. L'assassinat du juge Giovanni Falcone, symbole de la lutte antimafia, a soulevé l'indignation de la population, en Italie.

Le juge Ottavio Sferlazza, de la Cour d'assises de Caltanissetta, en Sicile, a ouvert le procès des assassins de son ancien collègue Giovanni Falcone. Il est lui aussi déjà venu à Montréal.

Photographe : Bernard Brault © Archives La Presse

© Agence de presse Mondial

«Tommaso Buscetta restera celui qui aura décrit le mieux les mœurs et la structure de la mafia», a déclaré le juge Giovanni Falcone.

Le juge Giovanni Falcone a été tué à bord de cette voiture blanche qui a été pulvérisée par l'explosion d'une bombe, près de Palerme, en 1992. Sa femme et ses trois gardes du corps ont également péri dans cet attentat attribué à la mafia.

EXPLOSION DU TRAFIC 1980

© Archives La Presse

Photographe : Robert Mailloux.©Archives La Presse

Photographe : Paul-Henri Talbot © Archives La Presse

Le 22 février 1994, la GRC a effectué une saisie record de 5419 kilos de cocaïne dans la cale du *Lady Teri-Anne,* à Shelburne, en Nouvelle-Écosse.

Les grands arrivages de cocaïne ont commencé à la fin des années 1980.

Le *Pacific Tide* avait transporté les 273 barils contenant 15 tonnes de haschisch découverts au large de Mingan, en juillet 1991. Le capitaine et les 15 membres d'équipage avaient été arrêtés.

En ouvrant ces deux boules de quille saisies à Montréal en 1990, les policiers de la GRC ont découvert 8 kilos de cocaïne colombienne.

Des policiers de la GRC exhibent fièrement la plus grosse saisie de haschisch de l'année 1981, d'une valeur de 22 millions de dollars sur le marché noir. Dans l'ordre, le gendarme Randy Walsh, l'inspecteur Al Breau, le caporal Jacques Lamy et le gendarme Jean Brisebois.

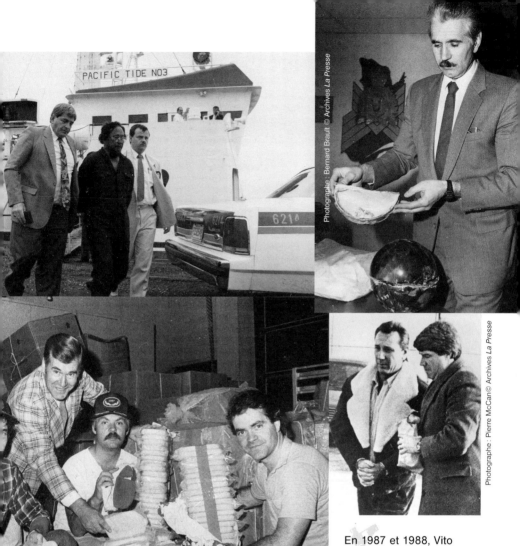

Photographe : Bernard Brault © Archives *La Presse*

Photographe : Pierre McCan © Archives *La Presse*

Photographe : Renée Picard © Archives *La Presse*

En 1987 et 1988, Vito
Rizzuto a été arrêté à deux
reprises pour des affaires
de contrebande totalisant
48 tonnes de haschisch.
Chaque fois, il s'en est tiré
devant le tribunal.

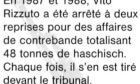

Chacun à leur manière, de près ou de loin,
ces narcotrafiquants ont collaboré au cours
des années avec la mafia montréalaise. Il s'agit
dans l'ordre de : Sylvio Polifroni, Dima Messina,
Christian Deschênes, Jairo Garcia, Raynald
Desjardins et, bien sûr, du parrain montréalais
Vito Rizzuto.

OPÉRATION COMPOTE 1990-1994

Recyclé dans le blanchiment d'argent, l'ancien avocat Jean-Pierre Renault rencontrait le narcotrafiquant Serge Blais dans le stationnement d'un centre sportif situé en banlieue de Montréal.

Associé de longue date du clan Cotroni, Giovanni Marra (1) connaissait lui aussi l'existence du bureau de change.

Les avocats Vincent Vecchio, Richard Judd et Joseph Lagana étaient de fidèles clients du bureau de change que la GRC a tenu secrètement dans le centre-ville de Montréal, de 1990 à 1994.

Valentino Morielli   Jimmy Di Maulo   Luis Cantieri   Joseph Lagana

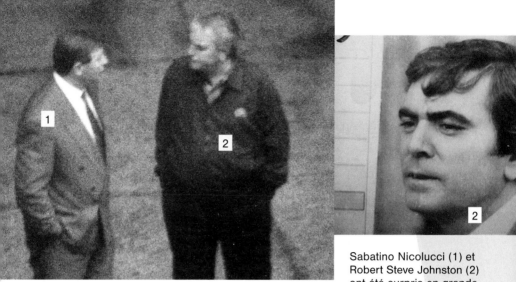

Sabatino Nicolucci (1) et Robert Steve Johnston (2) ont été surpris en grande conversation durant l'enquête Colisée. Un membre en vue du Gang de l'ouest, Robert Steve Johnston, cherchait à rapatrier de 30 à 40 millions de dollars qui dormaient au Liechtenstein.

La spécialité de Domenico Tozzi (à gauche sur la photo) était de «faire bouger l'argent à travers le monde», a déclaré un procureur fédéral.

Domenico Tozzi cultivait de nombreux contacts en Afrique. Il souhaitait devenir consul honoraire du Nigeria.

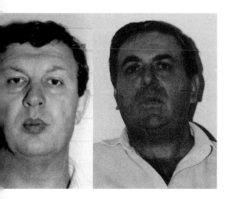

Sabatino Nicolucci   Domenico Tozzi

OPÉRATION OMERTÀ 1996-1998

Alfonso Caruana avait les cheveux teints en noir quand la police
l'a filmé lors du mariage de sa fille à Toronto, le 29 avril 1995.

Photographe : Rémi Lemée © Archives *La Presse*

Droits réservés

Photographe : Hamilton Spectator–John Rennison

Dominic Rossi
a été arrêté à
sa résidence de
Guelph, en Ontario.

Alfonso Caruana a dû se défendre contre
le fisc, lors de son passage au palais de
justice de Montréal en 1997.

L'un des pontes de
la famille Siculiana,
Alfonso Caruana a
été arrêté en 1998 à
Toronto. Il a plus tard
été extradé en Italie.

Droits réservés

Photographe : Rémi Lemée © Archives *La Presse*

Giuseppe Caruana a
été arrêté pour avoir
transporté l'argent
destiné à payer les
centaines de kilos de
cocaïne colombienne
que son père Gerlando
et ses deux oncles
importaient au Canada.

Gerlando Caruana   Alfonso Caruana   Pasquale Caru

En 2008, le mafioso Gerlando Caruana a reconnu qu'il était un
« homme d'honneur ». Il a également admis qu'il était à la tête du
clan Caruana-Cuntrera, avec son frère Alfonso.
Son fils Giuseppe et son frère Pasquale ont aussi été
condamnés en marge de l'opération Omertà.

GIGANTESQUE SAISIE À CASEY

Photographe : Robert Nadon © Archives *La Presse*

Photographe : Paul Chiasson© La Presse Canadienne

Lors de sa comparution au palais de justice de La Tuque, l'intrépide Raymond Boulanger adressa un clin d'œil canaille aux journalistes, qui l'avaient surnommé «le pilote de Casey».

Le 18 novembre 1992, après 10 heures de vol ininterrompu depuis la Colombie, le Convair 580 transportant 3919 kilos de cocaïne s'est posé sur une piste abandonnée de Casey, près de La Tuque.

Christian Deschênes, un proche du clan sicilien, a été arrêté au moment où il allait récupérer l'imposante cargaison de cocaïne colombienne saisie à Casey.

Nunzio LaRoza   Richard Court   John Curtis Hill   Nicola Genua

GUERRE DES MOTARDS 1994-2002

Photographe : Robert Skinner © Archives *La Presse*

Photographe : Rémi Lemée © Archives *La Presse*

En 2002, au terme d'un second procès, Maurice Boucher a écopé de l'emprisonnement à perpétuité pour les meurtres de deux gardiens de prison.

En 1998, à la suite de son acquittement pour avoir commandé les meurtres de deux gardiens de prison, le chef des Hells Angels Nomads Maurice Boucher (à gauche) est sorti en trombe du palais de justice de Montréal, entourés de ses sbires, dont Normand Robitaille (centre) et son fils, Francis Boucher (à droite).

Deux photos de l'ancien chef des Rock Machine, Salvatore Cazzetta, l'un des hommes les plus influents du crime organisé à Montréal.

Photographe : Michel Gravel
© Archives *La Presse*

Normand Marvin «Casper» Ouimet et Mario Brouillette font partie de la nouvelle génération «affairiste» des Hells Angels.

L'explosion de la Jeep qui a tué le jeune Daniel Desrochers, en 1995, a incité le gouvernement à créer l'escouade antimotard Carcajou.

Photographe : Bernard Brault © Archives *La Presse*

La tentative de meurtre dont a été victime le journaliste Michel Auger, en septembre 2000, a dressé l'opinion publique contre les motards.

Photographe : Pierre McCann © Archives *La Presse*

Photographe : Michel Tremblay

Le Hells Angels Nomads Normand Robitaille avait négocié le prix de vente de la cocaïne avec la mafia montréalaise.

Les Hells Angels et les Rock Machine se sont réunis pour faire la paix, à l'automne 2000.

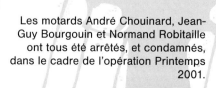

Les motards André Chouinard, Jean-Guy Bourgouin et Normand Robitaille ont tous été arrêtés, et condamnés, dans le cadre de l'opération Printemps 2001.

FAMILLE COTRONI

Vincenzo « Vic » Cotroni

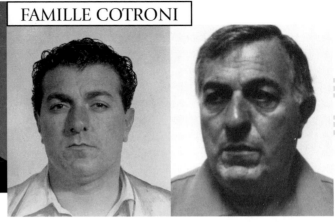

Frank Cotroni

Un des précurseurs de la French Connection, Giuseppe « Pep » Cotroni, a été arrêté pour trafic d'héroïne, en 1959. Il est mort 20 ans plus tard, à la suite d'une longue maladie.

Vincenzo Cotroni (le deuxième à gauche) était assis à la table d'honneur au baptême d'un des fils de Paolo Violi (le premier à gauche).

© Archives La Presse

Photographe : Michel Gravel © Archives La Presse

En juillet 1974, Vincenzo Cotroni a écopé de un an de prison pour avoir refusé de témoigner devant la CECO.

Gracieuseté de Michel Auger

En février 1970, Vincenzo Cotroni, son frère Frank et des proches associés se sont rendus à Acapulco, au Mexique, afin d'y rencontrer le fameux gangster américain Meyer Lansky. Les mafiosi montréalais l'avaient consulté parce que les gouvernements provincial et municipal songeaient à ouvrir un casino à Montréal, en vue d'éponger le déficit d'Expo 67.

Gracieuseté de Michel Auger

Frank Cotroni, au moment de l'une de ses nombreuses arrestations.

Frank Cotroni et son fils Paul, assassiné en 1998 alors qu'il se trouvait dans le stationnement de sa résidence de Repentigny.

ohe : André Pichette© Archives *La Presse*

Photographe : André Pichette© Archives *La Presse*

Photographe : André Pichette© Archives *La Presse*

Le célèbre chef mafieux calabrais Frank Cotroni a eu droit à d'imposantes funérailles, en 2004. Il avait 73 ans.

Nicodemo et Francesco Cotroni, deux des fils du chef mafieux.

Réunis sur le parvis de l'église, les membres de la famille Cotroni ont rendu un dernier hommage à Frank Cotroni en lâchant 72 colombes dans le ciel de la Petite-Italie.

Comme ce semble la règle dans le milieu interlope, Vito Rizzuto profitait des galas de boxe pour resserrer ses liens avec d'autres criminels.

Vito Rizzuto, en compagnie de son aîné Nicolò, assassiné en décembre 2009, et de son autre fils Leonardo.

Vito Rizzuto et sa femme Giovanna Cammalleri.

Vito Rizzuto a souvent joué au golf au fameux complexe Casa de Campo, en République dominicaine.

Les mafiosi profitent généralement de funérailles et de réceptions de mariage pour parler «business». Sur cette photo, Vito Rizzuto discute fermement avec le caïd calabrais Moreno Gallo. On aperçoit également, vêtu de blanc, Giuseppe Triassi, l'usurier du clan au casino, ainsi que Rocco Sollecito, ancien gérant du club social Consenza.

Conduit sous forte escorte à l'aéroport Montréal-Trudeau, Vito Rizzuto a vraiment réalisé qu'il était extradé en apercevant le jet du FBI sur la piste, prêt à décoller vers les États-Unis.

Les membres de la famille de Vito Rizzuto ont suivi de près le processus d'extradition au palais de justice de Montréal. Dans l'ordre sur la photo : sa fille Libertina, son fils Nicolò et sa sœur Maria.

Photographe : André Tremblay © Archives *La Presse*

Vito Rizzuto a été trahi par le chef de la famille Bonanno de New York, Joseph Massino, et son bras droit, Salvatore Vitale.

FUNÉRAILLES DE DOMENICO MACRI AOÛT 2005

Domenico Macri était l'une des étoiles montantes de la mafia montréalaise quand il a été abattu par balles, en août 2005.

Francesco Del Balso a été particulièrement affecté par l'assassinat de Domenico Macri, qu'il considérait comme son propre frère.

Vito Rizzuto était emprisonné quand Domenico Macri a été tué.

L'assassinat de Nicolò Rizzuto jr (1) et l'enlèvement de Paolo Renda (2), à quelques mois d'intervalle, ont été des coups durs pour le clan sicilien.

Les funérailles de Domenico Macri ont donné aux membres du clan Rizzuto et à leurs proches l'occasion de se retrouver. La police a notamment observé la présence de Carmelo Cannistraro (1), responsable des opérations de bookmaking, de Salvatore Scali (2), proche du clan sicilien, de Francesco Cotroni (3), du clan calabrais, et de Carlo Sciaraffa (4), cousin du trafiquant Giuseppe Torre.

FUNERAILLES de MACRI, Domenico (DDN:1970-09-20)
Eglise Maria Auxiliatrice, Montréal - 2006-09-05)
#1: CANNISTRARO, Carmelo (DDN:1970-04-29)
#2: SCALI, Salvatore (DDN: 1955-10-26)
#3: COTRONI, Frank Jr (DDN: 1960-07-10)
#4: SCIARAFFA, Carlo (DDN: 1968-12-02)
#5: MNI

Calogero «Charlie» Renda (1), son père Paolo (3) ainsi que Rocco Sollecito (2) ont assisté aux funérailles de Macri.

Également présents aux funérailles, Anthony Capitanio (1), Angello Follano (2), Carlos Narvaez Orellana (3) et Franco Pellegrino (4) ont plus tard été arrêtés en marge de l'opération Colisée.

OPÉRATION COLISÉE 2001-2006

Entre le 2 février 2004 et le 31 août 2006, à l'aide d'une caméra soigneusement dissimulée, la police a capté 192 transactions dans la pièce arrière du club social Consenza, rue Jarry. Des hommes apportaient des liasses de billets de banque dans des sacs en plastique ou des boîtes. Les billets étaient déposés sur une table ronde et répartis en piles, à l'intention des cinq principaux dirigeants du clan: Nicolò Rizzuto et son fils Vito, Paolo Renda, Rocco Sollecito et Francesco Arcadi.

Photographe : Paul Chiasson © Archives *La Presse*

Francesco Arcadi allait partir pour la chasse quand il a été arrêté dans la région d'Hemmingford, à une soixantaine de kilomètres au sud de Montréal.

Lorenzo Giordano, avant et après sa fuite en Ontario.

Le club social Consenza servait de quartier général à la mafia sicilienne depuis au moins 30 ans. Le Bar Laennec, à Laval, accueillait la nouvelle génération de mafieux du clan Rizzuto/ Arcadi.

Photographe : François Roy © Archives *La Presse*

Photographe : Ivanoh Demers © Archives *La Presse*

Cette photo de l'arrestation de Nicolò Rizzuto, affichant un large sourire et coiffé d'un feutre lui donnant les airs d'un gangster des années 1940, a été publiée dans plusieurs pays.

Une maquette du pont de Messine que le clan Rizzuto voulait construire en partenariat public privé (PPP) avec l'assentiment du gouvernement italien.

Le vieux parrain Nicolò Rizzuto, à son arrivée au quartier général de la GRC, boulevard René-Lévesque, à Montréal.

Photographe : François Roy © Archives *La Presse*

Photographe : François Roy © Archives *La Presse*

Francesco Del Balso s'occupait des sales besognes au sein du clan Rizzuto.

À l'instar d'autres dirigeants du clan, Rocco Sollecito a été conduit au quartier général de la GRC.

Nicolò Rizzuto   Vito Rizzuto   Paolo Renda   Rocco Sollecito   Francesco Arcadi

LE CLAN SICILIEN DÉCIMÉ

FUNERAILLES de MACRI, Domenico (DDN:1970-09-20)
Eglise Maria Auxiliatrice, Montréal - 2006-09-05
#1: CUNTRERA, Agostino (DDN:1944-08-19)
#2: COTRONI, Francesco Jr (DDN:1960-07-10)
#3: MNI
#4: VELENOSI, Domenico (DDN:1966-02-25)

Désigné pour prendre la tête du clan sicilien, Agostino Cuntrera a été assassiné en plein jour, le 29 juin 2010.

Photographe : Robert Mailloux © Archives *La Presse*

Photographe : Robert Mailloux © Archives *La Presse*

Le restaurateur Federico Delpeschio est tombé sous les balles de tueurs, à la fin de l'été 2009.

Avant d'être éliminé à son tour en décembre 2009, Nicolò Rizzuto jr avait assisté aux funérailles de Federico Delpeschio.

Photographe : Robert Mailloux © Archives *La Presse*

Libertina Rizzuto était secouée par l'assassinat de Federico Delpeschio, ami et associé de longue date de son mari Nicolò et de son fils Vito.

Photographe : Patrick Sanfaçon © Archives *La Presse*

Le vieux Nicolò Rizzuto, sa femme Libertina et sa fille Maria étaient atterrés par la mort brutale du jeune Nicolò.

Photographe : David Boily © Archives *La Presse*

Photographe : David Boily © Archives *La Presse*

Après la cérémonie, huit porteurs soulevèrent le cercueil de Nicolò Rizzuto jr et le déposèrent dans le corbillard.
Il avait 42 ans.

Photographe : Robert Mailloux © Archives *La Presse*

Leonardo Rizzuto, le frère du défunt, semblait à la fois triste et songeur à la sortie de l'église.

PERSONNAGES

Joseph «Jos» Bonanno
Premier parrain du clan Bonanno, l'une des cinq grandes familles mafieuses de New York.

Maurice «Mom» Boucher
Principal leader des Hells Angels, à Montréal. Il a commandé les meurtres de gardiens de prison, de juges et d'avocats en vue de déstabiliser le système judiciaire.

Donnie Brasco
Enquêteur du FBI qui a infiltré le clan Bonanno. Son vrai nom est Joseph Pistone.

Alfonso Caruana
Un des chefs de la famille Cuntrera-Caruana, aussi appelée famille de Siculiana, il fut arrêté à Toronto en 1998, emprisonné puis extradé en Italie.

Giuseppe Caruana
Né en 1910, il était l'oncle d'Alfonso, Gerlando et Pasquale Caruana, qui vivent à Montréal et à Toronto. À l'âge de 20 ans, il était déjà reconnu comme un mafioso, en Sicile. Avec son frère Leonardo et un cousin, il contrôlait à peu près tous les rackets qui sévissaient dans le village de Siculiana et les alentours.

Frank Cotroni
Sans doute le mafieux le plus connu à Montréal. Il a passé presque la moitié de sa vie en prison.

Vincenzo «Vic» Cotroni
D'origine calabraise, il a dominé la mafia montréalaise jusqu'au début des années 1980.

Agostino Cuntrera
Surnommé le «seigneur de Saint-Léonard», il a participé au meurtre du chef désigné du clan calabrais, Paolo Violi. Il est le cousin des frères Pasquale, Liborio, Gaspare et Paolo Cuntrera.

Joseph «Jos» Bonanno

Photographie: Rémi Lemée © Archives La Presse

Maurice «Mom» Boucher

Photographie: Rémi Lemée © Archives La Presse

Alfonso Caruana

Frank Cotroni

Vincenzo «Vic» Cotroni

Pasquale Cuntrera
Fils de mafieux, il s'est établi à Montréal dans les années 1950, avant d'aller vivre au Venezuela, où il a jeté les bases d'un vaste réseau de contrebande de drogue et de blanchiment d'argent.

Juge Giovanni Falcone
Magistrat italien qui a payé de sa vie sa lutte acharnée contre la Cosa Nostra, en Sicile. Il a mis au jour les alliances entre la mafia sicilienne et les cartels colombiens. Il a dénoncé le rôle majeur du Canada, et de Montréal en particulier, dans le blanchiment d'argent.

Agostino Cuntrera

Carmine Galante
Membre influent du clan Bonanno, il a donné un nouvel élan à la mafia montréalaise, au début des années 1950.

Luigi Greco
Jusqu'à sa mort le 7 décembre 1972, il a été le représentant de la faction sicilienne au sein du clan Cotroni.

Giuseppe «Joe» LoPresti
Il agissait comme intermédiaire entre la mafia montréalaise et la Cosa Nostra de New York.

Antonino Manno
Beau-père de Nick Rizzuto, il était un mafieux influent de la région d'Agrigente, en Sicile.

Pasquale Cuntrera

Domenico Manno
Oncle de Vito Rizzuto.

Joseph Massino
À la tête de la famille Bonanno jusqu'au début des années 2000. Il est le premier chef de la Cosa Nostra américaine à avoir retourné sa veste.

Libertina Rizzuto
Femme de Nick Rizzuto.

Juge Giovani Falcone

Giuseppe «Joe» LoPresti   Luigi Greco   Carmine Galante

Nicolò «Nick» Rizzuto
Père de Vito Rizzuto et haut dirigeant de la mafia montréalaise.

Vito Rizzuto
Considéré comme le principal chef mafieux canadien.

Gerlando Sciascia
Membre influent de la famille Bonanno, il faisait le lien avec le clan sicilien de Montréal. Ses amis mafieux de New York l'appelaient «George from Canada».

Paolo Violi
Successeur de Vic Cotroni à la tête du clan calabrais, à la fin des années 1970. Il sera vite détrôné par le gang sicilien des Rizzuto.

Salvatore «Sal» Vitale
Homme de confiance et beau-frère de Joseph Massino, il sera le premier des deux à devenir délateur, à New York.

Domenico Manno

Joseph Massino

Photographe : David Boily © Archives *La Presse*

Vito Rizzuto

Libertina Rizzuto

Nicolò «Nick» Rizzuto

Salvatore «Sal» Vitale

Gerlando Sciascia

Paolo Violi

relations avec Vito. Ç'aurait pu être dangereux pour ma vie. J'ai fait remettre l'exécution à plus tard sous toutes sortes de prétextes.

« À la fin de 1994, nous avons organisé une autre importation de 500 kilos, en utilisant les mêmes routes. Cette importation a mal tourné. La drogue a été saisie au Venezuela. Plusieurs personnes ont été arrêtées, dont le fils du propriétaire de la mine. À la suite de la saisie, j'ai manifesté ma déception à Vito. Il m'a dit qu'il chercherait à savoir si quelqu'un avait commis une erreur. En tel cas, m'a-t-il assuré, la personne allait payer pour cette bévue. Il a promis de m'apporter la tête du gaffeur sur un plateau d'argent. Tel que nous l'avions convenu avant la saisie de la cocaïne, il a remboursé mon investissement.

« Je l'ai rencontré quelques mois plus tard lors du mariage de son fils Nicolo junior (le 3 juin 1995). J'y suis allé en compagnie d'Alfonso Caruana et de sa femme. À un moment donné, j'ai cru reconnaître quelqu'un. J'ai demandé le nom à Alfonso. Il m'a répondu que c'était Salvatore Scotto, de la famille Bono d'Italie. Même s'il était recherché pour le meurtre d'un agent de police et de sa femme enceinte, il avait tenu à venir au Canada pour représenter son clan aux noces. Il y avait près de 600 personnes au mariage. On y comptait des représentants des familles de New York et de Sicile. Je n'ai pas demandé lesquelles[*]. »

Pagano profita de sa présence aux noces pour planifier des importations massives de cocaïne avec Vito Rizzuto. Le parrain montréalais évoqua la possibilité d'importer jusqu'à 10 000 kilos au Canada. Pagano était responsable de l'embarquement de la drogue sur un bateau canadien au Venezuela. Une fois dans les eaux internationales, la cargaison serait transbordée dans un autre bateau. « C'est ainsi qu'on échappait aux douaniers », expliqua-t-il aux policiers italiens.

Lors de ses interrogatoires au Canada, Pagano avait affirmé aux agents de la GRC que les Rizzuto et les Caruana avaient une relation symbiotique. « Quand j'ai rencontré Vito, j'ai tout de suite réalisé la confiance qu'il avait envers les Caruana. J'avais l'impression qu'ils étaient de la même organisation… Ils ne sont ni des rivaux ni des compétiteurs. Ils s'entraident beaucoup… Vito Rizzuto est à la tête de la mafia au Canada. Il est une sorte de gérant… Il fait appel à des individus qui ne sont pas membres de la famille pour faire le sale boulot. En Italie, tout reste entre les mains de l'organisation. On n'utilise personne de l'extérieur. »

---

[*]   Scotto fut arrêté en Italie en 2001, après huit ans de cavale. Il fut condamné à perpétuité pour l'attentat qui avait coûté la vie au juge Paolo Borsellino et aux cinq policiers qui l'escortaient à Palerme

* * *

Un mois avant l'arrestation d'Oreste Pagano, un événement en apparence anodin confirma le rôle de «gérant» de Vito Rizzuto, ainsi que l'ascendant qu'il exerçait, non seulement sur les membres de la mafia, mais sur une bonne partie du milieu criminel montréalais. En véritable parrain, il arbitrait les conflits.

Le lundi 15 juin 1998, les corridors du palais de justice de Montréal étaient presque déserts. Aucun procès ne semblait digne d'attention. Les journalistes se racontaient leur week-end et blaguaient avec les avocats. À tout hasard, un reporter de *La Presse* se rendit à la salle 3.08, où se déroulait l'enquête préliminaire de Glen Cameron, un trafiquant de drogue de l'Ontario. La possibilité d'écrire un article intéressant lui paraissait bien mince : l'enquête était frappée d'une ordonnance de non-publication. Il prit quelques notes, rangea son calepin dans la poche arrière de son pantalon et sortit dans le couloir. Tout à coup, le troisième étage s'anima. Vito Rizzuto sortait d'un petit parloir utilisé par les avocats pour s'entretenir avec leurs clients. Il s'adossa au mur et discuta avec le sien, Me Jean Salois.

Le reporter téléphona à un photographe, qui accourut. La présence du parrain au palais de justice était un phénomène inhabituel. Le photographe entreprit de le mitrailler. Rizzuto se glissa derrière son avocat, dans une tentative bien vaine de se dérober à l'objectif. Puis, agacé, il apostropha les deux représentants de *La Presse* : « Il me semble que vous avez pris assez de photos », dit-il en anglais, d'un ton ferme, mais poli.

Rizzuto devait témoigner à l'enquête préliminaire de Glen Cameron, à la demande du procureur de la poursuite. Son témoignage fut reporté. Onze jours plus tard, le 26 juin, il prenait place dans le box des témoins.

Cameron était accusé d'avoir blanchi trois millions de dollars provenant du trafic de drogue. Trafiquant indépendant, il approvisionnait en haschisch liquide les Rock Machine, à Montréal, ainsi que des motards de Kingston, de Sudbury et de Toronto, territoires convoités par les Hells Angels.

Dès le début de la guerre des motards, en 1994, les Hells Angels sommèrent Cameron de cesser de faire affaire avec les Rock Machine. Il les envoya paître, ce qui lui valut un second avertissement en forme d'attaque à main armée. Une blessure à la jambe le condamna à boiter pour le restant de ses jours. Il aurait pu être tué, mais l'arme de l'agresseur s'était enrayée à deux reprises. «Pourquoi tu me fais ça?» avait-il grommelé, couvert de sueur, lorsque le tueur avait pointé le canon de son arme sur sa tempe. Après neuf mois d'inactivité, il recommença à fournir du haschisch aux uns et aux autres. Quelques années plus tard, un policier de Montréal l'informa que les Hells Angels cherchaient toujours à lui faire la peau.

Cameron se tourna vers Vito Rizzuto afin qu'il intercède auprès de Maurice «Mom» Boucher. Il offrit au moins 50 000 $ au parrain de la mafia pour sa médiation. Rizzuto confirma au tribunal qu'il avait rencontré Cameron à deux reprises dans un restaurant de fruits de mer du marché de la Tour, à Saint-Léonard. Il avait accepté d'intervenir pour rendre service à un ami, Juan Ramon Fernandez.

Fernandez, loyal soldat de Rizzuto, était en prison quand il avait fait la connaissance de Cameron. Ce dernier était venu le visiter en compagnie d'un autre trafiquant de son organisation, Luis Lopes. Par la suite, grâce à ses contacts à l'extérieur des murs, Fernandez avait aidé Cameron et Lopes à importer du haschisch liquide de la Jamaïque.

Lors de la première rencontre à Saint-Léonard, Rizzuto discuta avec Cameron et deux amis à l'arrière du restaurant du marché de la Tour, puis en tête-à-tête avec Cameron pendant une dizaine de minutes. «Cameron était prêt à faire n'importe quoi pour que ça s'arrange», déclara Vito au juge Jean-Pierre Bonin. Au moment de prendre congé, le parrain lui avait dit: «Laisse-moi voir ce que je peux faire pour toi.» Lors de la deuxième rencontre, il l'informa qu'il avait rencontré les Hells et qu'il n'avait plus rien à craindre.

Lors d'une perquisition chez Cameron, dans la petite communauté de Glenroy, en Ontario, la police saisit un agenda de 1997. Cameron y avait écrit, sur deux pages, le chiffre «50 000» et «Vito». Pressé de questions par le procureur de la poursuite, Rizzuto reconnut que Cameron avait voulu le payer. Mais il avait refusé, affirma-t-il. Il soutint avoir seulement exhorté Cameron à rendre service à Fernandez si l'occasion se présentait un jour.

En 2000, les astres semblaient vraiment alignés pour assurer la victoire des Hells Angels contre les Rock Machine. Vito Rizzuto s'était associé avec les plus forts. Jusqu'alors, sa collaboration avec Mom Boucher, le leader des Nomads, club élite des Hells, s'était limitée à des projets ponctuels. Il s'employa à formaliser l'entente. En avril, il délégua son fils Nicolò à une série de rencontres exploratoires avec Normand Robitaille, membre des Nomads et favori de Mom Boucher. Le but: établir les territoires et fixer le prix de la cocaïne.

Les négociations se tinrent en secret. Les membres en règle et les auxiliaires de la mafia n'étaient au courant de rien. Quand certains d'entre eux apprirent qu'il y avait eu rencontre, ils ne changèrent rien à leurs habitudes, continuant de traficoter avec les Rock Machine. C'était le cas de Salvatore Gervasi, un colosse de 31 ans. Son père, Paolo Gervasi, était un vieux mafioso lié aux Rizzuto depuis des années. Vito allait souvent dans sa boîte de danseuses nues de Saint-Léonard, le Castel Tina; il montait parfois dans un bureau, à l'étage, où il multipliait les coups de téléphone. Les portiers laissaient entrer les Rock Machine dans le cabaret, malgré leur emblème bien en vue sur leurs vestes de cuir. Ils disposaient même d'une table réservée.

Salvatore Gervasi côtoyait les Rock Machine. Il fréquentait plus particulièrement le bedonnant Tony Plescio, que son père avait également en haute estime, et des membres du Dark Circle, considéré comme le «commando de la mort» du club de motards, et l'équivalent des Nomads pour les Hells. Vito et Francesco Arcadi demandèrent à maintes reprises à Paolo Gervasi de dire à son fils de cesser de fréquenter les Rock Machine, mais sans succès.

Le 20 avril 2000, Salvatore Gervasi était abattu d'une balle dans la nuque. Les tueurs enveloppèrent sa tête dans un sac de plastique, roulèrent son corps dans une toile et le placèrent dans le coffre de sa Porsche. Puis ils garèrent la décapotable à l'angle des rues Couture et Belmont, à Saint-Léonard, tout près de la maison de ses parents, où il habitait toujours. Des passants trouvèrent curieux de voir cette voiture de luxe abandonnée dans la rue, toit ouvert. Ils alertèrent les policiers. Les détectives parlèrent d'un «crime propre», typiquement mafieux.

Hanté par l'assassinat de son fils, Paolo Gervasi multiplia les démarches pour identifier les tueurs. Il rencontra Vito Rizzuto à quelques reprises, embaucha un détective privé et se rendit en Italie pour approfondir son enquête. Il offrit une récompense de 400 000 $ à celui qui dénoncerait les auteurs du meurtre et dressa une liste noire comprenant le nom de 12 suspects. Furieux, il livra le Castel Tina au pic des démolisseurs.

Francesco Arcadi, le lieutenant de Vito, rencontra Paolo Gervasi dans un resto-bar, mais la police ignore ce qu'il lui dit. Quelques jours plus tard, le 14 août 2000, un homme abordait Gervasi à la sortie d'une banque, rue Jean-Talon. Il parla avec lui pendant quelques instants, puis il brandit un revolver et tira. Gravement blessé, Gervasi fut transporté à l'hôpital.

Deux jours après l'attentat, Arcadi eut un conciliabule avec Vito dans la petite ruelle située à l'arrière du Consenza, à Saint-Léonard. Les policiers trouvèrent le moyen d'écouter leur conversation sans être vus, mais ils n'en saisirent que quelques bribes. «Il y a juste une manière, c'est une balle dans la tête», disait l'un des deux mafieux. Parlaient-ils de la nécessité de liquider Gervasi? Impossible à dire.

Quoi qu'il en soit, une bombe fut placée sous sa Jeep Cherokee le jour même où il sortait de l'hôpital. La police reçut un appel anonyme indiquant qu'un colis suspect se trouvait sous le châssis du véhicule, garé devant le Consenza. Une dizaine de bâtons de dynamite, plus précisément du Magnafrac, étaient reliés à un dispositif de mise à feu télécommandé. L'explosion aurait pu provoquer un carnage: le Consenza était situé au milieu d'un petit centre commercial. Les policiers évacuèrent immédiatement les commerces et les résidences, dans un large périmètre. Suivant la consigne du personnel, les enfants d'une garderie trouvèrent refuge dans un autobus réquisitionné pour l'occasion. Sitôt la portière fermée, le chauffeur démarra sur les chapeaux de roue.

Il n'y eut pas d'autre avertissement. Gervasi venait tout juste de quitter une pâtisserie de la rue Jean-Talon et de s'asseoir derrière le volant de sa Jeep, le 19 janvier 2004, quand un tueur déchargea son arme dans sa direction. Les balles fracassèrent la vitre latérale. Il mourut sur le coup. Il avait 62 ans. Cela faisait quatre ans qu'il cherchait à identifier les assassins de son fils.

* * *

En juin 2000, après les rencontres exploratoires de Nicolo Rizzuto junior et Normand Robitaille, Vito décida de se déplacer en personne pour conclure une entente avec les Hells Angels. Il se fit accompagner par trois autres mafiosi, dont Tony Mucci, celui qui avait tiré trois coups de feu sur le journaliste Jean-Pierre Charbonneau dans la salle de rédaction du journal *Le Devoir* en 1973. La conférence au sommet se déroula au TOPS Resto-bar, propriété de l'homme d'affaires Antonio Accurso. Normand Robitaille dirigeait la délégation des Hells, appuyé par Michel Rose et André Chouinard. Mom Boucher téléphona à Chouinard pour le prévenir de son arrivée, mais, pour une raison inconnue, il se ravisa et ne se présenta pas.

Le groupe fixa le prix de la cocaïne à 50 000 $ le kilo, soit le prix le plus élevé au Canada – et dans toutes les Amériques. Il décida également de se partager le territoire montréalais. La mafia pouvait distribuer la drogue dans le nord et le nord-est de la ville, à Saint-Léonard, Anjou, Rivière-des-Prairies, ainsi que dans la Petite-Italie. Elle gardait le monopole de la distribution dans les bars les plus chics du boulevard Saint-Laurent, de la rue Crescent et d'autres parties du centre-ville.

Tout le reste appartenait aux Hells. En apparence, l'entente semblait marquer une importante concession de la part de la mafia. En réalité, celle-ci ne renonçait à aucun de ses privilèges. La mafia se spécialisait dans la vente en gros, non dans la vente au détail. C'était un bon calcul de la part de Vito que de s'assurer l'appui des Hells pour imposer le prix outrageusement élevé qui allait inexorablement grossir les profits du trafic de coke.

D'autres rencontres eurent lieu. Les 17 et 31 juillet 2000, Nicolo Rizzuto junior et son associé, Miguel Torres, discutèrent du commerce de la cocaïne avec Normand Robitaille dans un restaurant italien du boulevard Saint-Laurent. Cet été-là, il se vendait en moyenne 250 kilos de coke à Montréal chaque semaine. La police se trouvait aux premières loges pour épier les faits et gestes des trafiquants. Le garde du corps de Robitaille, Dany Kane, était très actif. Informateur de police, il enregistrait régulièrement des conversations. À l'issue de l'une d'elles, Robitaille lui fit ce commentaire : « Les Italiens sont très forts. Si on entre en guerre avec eux, on va avoir plus de misère qu'avec les Rock Machine. » Robitaille était impressionné par le *fair-play* de Vito : « Il est très correct », dit-il à Kane.

L'entente ne pouvait qu'exacerber les tensions entre les clubs rivaux de motards. Les Rock Machine, créés une quinzaine d'années plus tôt par Salvatore Cazzetta, étaient évidemment exclus de l'accord qui avait été pris. De juillet 1994 à juin 2002, leur guerre avec les Hells fit plus de 160 morts au Québec, dont plusieurs victimes innocentes. En 1995, un garçon de 11 ans, Daniel Desrochers, avait été tué par un débris de métal provenant d'une voiture qui avait explosé, rue Adam, dans le quartier populaire d'Hochelaga-Maisonneuve. Cette tragédie provoqua la fureur populaire et fut à l'origine de la création de l'escouade anti-motards Carcajou. Deux gardiens de prison, Diane Lavigne et Pierre Rondeau, furent abattus en 1997. Le 26 août 1999, Serge Hervieux, père de deux enfants, fut tué à coups de .357 Magnum dans un garage de banlieue : ses assassins l'avaient pris, à tort, pour Serge Bruneau, un gros fournisseur de cocaïne des Rock Machine.

Le 7 juillet 2000, Hélène Brunet, une serveuse de 31 ans, fut gravement blessée par une rafale de coups de feu. Elle servait à déjeuner à deux associés des Hells dans un café de Montréal-Nord quand deux cagoulards firent irruption. Un des Hells se servit d'elle comme d'un bouclier humain ; l'autre fut tué. Le 13 septembre 2000, c'était au tour du reporter Michel Auger de s'écrouler sous les balles dans le stationnement du *Journal de Montréal*. Auger s'en tira miraculeusement, mais l'attentat provoqua un autre sursaut de colère dans la population. Les corps policiers du Québec concentrèrent toutes leurs énergies afin de mettre les motards hors d'état de nuire.

D'un côté, cette situation avantageait la mafia. Les policiers n'avaient pas les effectifs nécessaires pour mener la lutte sur tous les fronts. En pourchassant les motards, ils desserraient l'étau autour du crime organisé italien. D'un autre côté, la pression publique était telle que le gouvernement fédéral se vit contraint de renforcer sa loi anti-gang. Tous les groupes risquaient d'écoper. La police aurait davantage de pouvoir et, dès que la preuve serait faite que les inculpés étaient liés au crime organisé, les sentences d'emprisonnement seraient plus lourdes. Vito Rizzuto et d'autres membres influents de la mafia montréalaise se dirent qu'il était temps de mettre fin à la guerre.

Des analystes, dont Guy Ouellette, de la Sûreté du Québec, et Jean-Pierre Lévesque, du Service canadien de renseignements criminels (SCRC), estimaient que la mafia avait joué un rôle dans les négociations entre les Hells Angels et les Rock Machine. Le 26 septembre 2000, trois semaines après l'attentat contre le reporter Michel Auger, Mom Boucher rencontrait le leader des Rock Machine, Fred Faucher, dans une salle du palais de justice de Québec. Un accord de paix fut conclu le 8 octobre au Bleu Marin, restaurant italien de la rue Crescent à Montréal. Un photographe du tabloïd *Allo Police* reçut un appel sur son téléavertisseur : il était invité à immortaliser la scène. Il s'agissait d'un bon coup de marketing : les photos des deux frères ennemis décrétant la trêve, entourés de quelques sbires, firent sensation.

« Avant qu'ils en subissent tous les conséquences, les représentants des différentes familles du crime organisé ont exercé des pressions pour qu'ils en viennent à une entente, commenta Jean-Pierre Lévesque, du SCRC. Au premier plan de ceux qui ont élevé la voix se trouvent les chefs de la mafia italienne... Les motards face à la mafia italienne, c'est un peu comme comparer Marty McSorley à Mario Lemieux. » (McSorley, un joueur des Bruins de Boston, venait d'être condamné pour avoir frappé un adversaire avec son bâton de hockey, alors que Lemieux avait été intronisé au Temple de la renommée du hockey.)

L'opération de relations publiques des motards se révéla plus ou moins futile. Le 10 octobre, Boucher était arrêté : la Cour d'appel ordonnait un nouveau procès pour les meurtres des gardiens de prison Diane Lavigne et Pierre Rondeau. Le 6 décembre, Fred Faucher et 14 membres des Rock Machine, qui venaient de se joindre aux Bandidos, un puissant groupe de motards des États-Unis et d'Europe, prenaient à leur tour le chemin de la prison. Les policiers préparaient des arrestations massives. En attendant, le sang continuait de couler. La trêve était bidon.

Trois membres des Rowdy Crew, une bande affiliée aux Hells Angels, s'attaquèrent à Francis Laforest en plein jour, devant chez lui. Ils battirent le jeune homme de 29 ans avec des battes de baseball, jusqu'à ce que mort s'ensuive. Trois semaines plus tôt, Laforest avait refusé de laisser les motards vendre de la drogue dans son bar, à Terrebonne.

En décembre 2000, l'intégration des Rock Machine aux Bandidos permit à ces derniers de s'enraciner en Ontario. Les Hells Angels réagirent en incorporant tous les membres des clubs ontariens : Satan's Choice, Last Chance, Lobos et Para-Dice Riders, ainsi qu'une poignée de Rock Machine dissidents et de Outlaws. Lors d'une cérémonie à Sorel, le 29 décembre, 179 motards ontariens devinrent des membres *full patch* des Hells, et 11 autres accédèrent au rang de prospect.

L'Ontario devenait un nouveau champ de bataille. La province la plus populeuse et la plus riche du Canada constituait un marché de taille pour la vente de stupéfiants et les rackets en tout genre.

Dirigée d'une main de fer par Vito Rizzuto, la mafia sicilienne de Montréal veillait au grain depuis longtemps.

CHAPITRE DOUZE

La conquête de l'Ontario

Le jour même où Mom Boucher se faisait arrêter, le 10 octobre 2000, Vito Rizzuto gravissait les marches d'un salon funéraire de Toronto. Il offrit ses sympathies à la famille éplorée de l'un de ses principaux collaborateurs en Ontario, Gaetano « Guy » Panepinto, assassiné une semaine plus tôt, à 41 ans. Trois de ses hauts gradés l'accompagnaient : Paolo Renda, son beau-frère et *consigliere* de la famille ; Rocco Sollecito, l'ex-gérant du café Consenza ; et Francesco Arcadi, son lieutenant calabrais.

La Harley Davidson rouge vif du défunt trônait devant le bâtiment. Panepinto l'avait assemblée minutieusement avec les pièces de deux motocyclettes d'occasion. Lorsque les croque-morts sortirent le cercueil du funérarium, une cinquantaine de motards, blason de leur club brodé en ogive sur leur veste, enfourchèrent leur propre monture. À cette époque, ils appartenaient encore aux Para Dice Riders, aux Last Chance ou à d'autres clubs indépendants, mais ils seraient bientôt avalés par les Hells Angels. Le moteur pétaradant, ils suivirent le corbillard de Panepinto jusqu'à l'église St Clare.

Les funérailles soulignaient l'importance que la mafia montréalaise accordait à l'Ontario et, dans une moindre mesure, son apparente tolérance envers les motards, ces criminels bruyants et parfois encombrants.

Gaetano « Guy » Panepinto était lui-même dans le business de la mort. Il était copropriétaire de la filiale canadienne de Casket Royale, une compagnie américaine qui vendait des cercueils, des urnes funéraires et des cartes de sympathie à des prix défiant toute concurrence. La finalité de l'entreprise semblait empreinte de compassion : il ne fallait pas accabler financièrement les familles endeuillées et profiter de leur vulnérabilité. Le commerce de Panepinto, situé avenue St Clair Ouest, dans la Petite-Italie de Toronto, affichait des prix plus que raisonnables. La plupart de ses cercueils coûtaient entre 1800 $ et 2000 $, soit la moitié de ce que demandaient les complexes funéraires traditionnels. Le moins cher ne coûtait que 295 $. Ce type de cercueil, un modèle appelé « George », était en bois pressé et recouvert de simili-peau de daim. Les propriétaires de Casket Royale ne réclamaient rien pour les petits cercueils d'enfants. « Ne transformons pas la douleur en perte financière », telle était leur devise.

Comme bien des mafieux, qui rachetaient leurs péchés en contribuant aux fondations d'hôpitaux et aux œuvres charitables, Panepinto avait la double personnalité du bon docteur Jekill se transformant, la nuit tombée, en abominable Monsieur Hyde. Son associé de Casket Royale avait eu la moitié du bras arrachée quand l'explosif qu'il transportait avait explosé dans ses mains. La bombe était destinée à un trafiquant de drogue rival soupçonné d'avoir abattu l'ancien boxeur Eddie Melo, qui servait de garde du corps au caïd Frank Cotroni lors de ses visites en Ontario. Le tribunal établit que Panepinto avait trempé dans l'attentat raté de son associé.

Le jour, Panepinto vendait des cercueils à bas prix; le soir, il exploitait un tripot; la nuit, il volait des chaînes stéréo dans des entrepôts. D'origine sicilienne, il était l'homme de confiance de Vito Rizzuto en Ontario. Dans la nuit du 23 octobre 1997, les policiers le virent en compagnie du parrain montréalais et d'un membre notoire de la mafia ontarienne, Pat Anthony Musitano, dans un restaurant italien de Hamilton, la ville de l'acier. La rencontre aurait pu paraître banale aux yeux d'observateurs non avertis. Après tout, Vito n'avait rien d'un ermite ; il était normal qu'il partage ses repas avec des amis. Mais la rencontre d'octobre 1997 prit une tout autre signification lorsque les policiers apprirent que Pat Musitano avait commandé les meurtres de dirigeants de la mafia ontarienne. Ils crurent voir planer l'ombre noire du parrain montréalais dans ces exécutions.

La domination des Rizzuto père et fils sur le Québec était incontestable. En revanche, leur mainmise sur l'Ontario était loin d'être entière. Le paysage du crime organisé, dans cette province, était assez éclaté. Tout portait à croire que Vito voulait y faire le ménage, comme son père l'avait fait 20 ans plus tôt au Québec en éliminant Paolo Violi et ses frères.

En compulsant leurs dossiers, les enquêteurs constatèrent que Vito s'était rendu en Ontario avant et après chaque meurtre.

On se souvient qu'en créant la Commission, en 1931, la mafia américaine avait donné le Québec à la famille Bonanno, de New York, et l'Ontario à la famille Magaddino, de Buffalo. Joe Bonanno et Stefano Magaddino étaient cousins et originaires de la même petite ville sicilienne de Castellammare del Golfo. Les deux parrains avaient eu leur lot de conflits : Magaddino avait fait kidnapper Bonanno lorsque ce dernier avait voulu étendre ses tentacules hors de son territoire. Au bout du compte, chaque famille avait respecté ses frontières. Le sud de l'Ontario demeura la chasse gardée de la famille de Buffalo jusqu'à la mort de Magaddino, en 1974, mais ses successeurs avaient pas mal de difficultés pour y faire régner l'ordre.

Giacomo Luppino avait représenté la famille de Buffalo en Ontario pendant plusieurs années. Le pouvoir nécessaire pour répliquer à l'assassinat de son gendre, Paolo Violi, tué par le clan Rizzuto, lui avait fait défaut. Il s'éteignit à l'âge vénérable de 88 ans, en 1987, et fut remplacé par Johnny « Pops » Papalia, qui ne réussit pas davantage à imposer son hégémonie sur son territoire, soit les villes de Toronto et de Hamilton, et la péninsule du Niagara. À Hamilton, qui était pourtant sa base principale, Papalia devait continuer à partager le pouvoir avec les Luppino et, surtout, avec les Musitano.

Ces trois familles, Papalia, Luppino et Musitano, étaient d'origine calabraise, mais cela n'empêchait pas les dissensions.

En 1929, Angelo Musitano, le patriarche, avait assassiné sa sœur, en Italie, parce qu'elle était tombée enceinte en dehors du mariage. Empoignant le cadavre de la malheureuse par les cheveux, il l'avait traîné jusqu'à la maison de l'amant, puis avait tiré deux coups de feu sur le jeune homme. Ce dernier survécut et le dénonça. Musitano s'enfuit d'abord en France, puis se réfugia au Canada sous un faux nom. La police le retraça 36 ans plus tard et l'expulsa en Italie, où il purgea sa peine d'emprisonnement. Son fils Domenic se lia à Johnny « Pops » Papalia, mais son petit-fils, Pat Musitano, s'associa à Vito Rizzuto.

Vito avait d'autres alliés en Ontario, à commencer par les Caruana et les Cammalleri, originaires comme lui de la province d'Agrigente, en Sicile. Leonardo Cammalleri, le père de sa femme, n'avait jamais été inquiété par les autorités canadiennes pour l'assassinat du syndicaliste Giuseppe Spagnolo à Cattolica Eraclea, en 1955, et il n'avait pas été inquiété non plus pour le meurtre de Rosario Gurreri à Montréal, en 1972, même s'il était considéré comme suspect. Son frère, Antonio Cammalleri, avait pris la direction des activités mafieuses de la famille en Ontario. Vito pouvait également compter sur le soutien d'un autre natif de Cattolica Eraclea, Giacinto Arcuri. La stratégie de Rizutto consistait à se débarrasser d'abord du clan de Johnny « Pops » Papalia qui, dans les années 1990, était le principal chef mafieux ontarien. Papalia avait deux lieutenants : Enio Mora, à Hamilton, et Carmen Barillaro, à Niagara Falls.

Mora fut le premier à tomber. Ce mastodonte de 260 livres avait perdu l'usage d'une jambe quand des cambrioleurs avaient tiré sur lui dans une maison de jeux qu'il « protégeait ». Il identifia l'un d'eux. Quand une prothèse lui permit de marcher à nouveau, il rechercha son agresseur – et le cribla mortellement de balles. On raconte qu'il aspergea un jour d'essence un homme qui tardait à payer ses dettes à Papalia. Puis il le poussa devant Papalia, qui lui coinça une cigarette entre les dents et se mit à jouer avec son briquet...

Dans les années 1990, Mora emprunta 7,2 millions de dollars à Vito Rizzuto. Il remit une grosse partie de l'argent à Papalia et à Carmen Barillaro. Papalia ouvrit un luxueux restaurant dans Avenue Road, à Toronto, et un night-club tape-à-l'œil dans l'ouest de la ville. Le reste de l'argent se volatilisa. Le clan Rizzuto réclama ses millions, mais en vain. « Ils sont incapables de nous toucher », se vanta Barillaro. Erreur.

Le 11 septembre 1996, alors que Mora garait sa Cadillac dorée dans l'entrée d'une ferme, à Vaughan, au nord de Toronto, un tueur lui tira quatre balles dans la tête, à bout portant. Il hissa ensuite l'énorme cadavre dans le coffre de la Cadillac, roula quelques kilomètres, puis abandonna la voiture à l'intersection de deux routes. Mora avait 52 ans. Giacinto Arcuri fut arrêté, accusé, et finalement acquitté faute de preuves.

Ce fut ensuite au tour de Papalia de tomber. Son père était un contrebandier connu en Ontario. Johnny « Pops » en parlait avec fierté : « J'ai grandi dans les années 1930 et vous pouviez voir un homme qui ne savait ni lire ni écrire, mais qui avait une voiture et qui mettait de la nourriture sur la table. Il était un contrebandier et vous pouviez l'admirer », déclara-t-il lors d'une unique entrevue accordée au journaliste Peter Mohon du *Globe and Mail*. Il fit son apprentissage mafieux à Montréal, aux côtés des caïds siciliens Luigi Greco et Carmine Galante. Membre officiel de la Cosa Nostra, il participa à la création de la French Connection, ce qui lui valut un séjour de cinq ans à la prison de Lewisburg, en Pennsylvanie. Après sa libération, il retourna à Hamilton et se plaça sous les ordres de Giacomo Luppino, alors le fondé de pouvoir de la famille de Buffalo en Ontario.

Papalia et ses frères firent fortune dans le jeu et le trafic de drogue. Ils louaient plus de 2000 machines à sous et pouvaient se targuer de figurer parmi les principaux distributeurs de bière en Ontario. Papalia ne manquait pas d'humour. Lorsque Mohon lui demanda d'où il tirait ses revenus, il répondit : « Je vais dans un bar et je leur dis mon nom et j'intimide les gens pour qu'ils prennent mes machines. C'est ce que la police vous dit, n'est-ce pas? Écoutez, je suis chanceux d'avoir une couple de bons frères qui prennent soin de moi.» Quand Mohon suggéra qu'il essayait de prendre le contrôle du crime organisé en Ontario, après la mort de Luppino, il s'exclama: «Qu'est-ce que le crime organisé? Écoutez, j'ai 62 ans, je suis fatigué et, chaque matin, il faut que je rampe dans mon lit pour me lever.»

Le samedi 31 mai 1997, vers 13 h 30, un jeune homme appelé Kenneth James Murdock se présenta dans les locaux de l'entreprise de machines distributrices de Papalia, la Galaxy Vending, rue Railway, à Hamilton. «Puis-je vous parler quelques minutes à l'extérieur?» lui demanda-t-il. Papalia le connaissait. Il accepta l'invitation, le suivit hors du bâtiment et lui offrit une cigarette. Les deux hommes marchèrent lentement et s'arrêtèrent dans le stationnement de l'entreprise. Murdock dit à Papalia qu'il avait connu son père en prison, puis il se plaignit que les Musitano lui devaient de l'argent. Il lui demanda s'il pouvait l'aider à récupérer ses dettes. Tout ça n'était que verbiage, sans aucun rapport avec la réalité. Après une vingtaine de minutes de conversation, Papalia lui dit: «Faites ce que vous voulez, je ne m'impliquerai pas.» Il tourna les talons. Deux témoins virent Murdock brandir une arme de petit calibre, lui tirer une balle dans la tête et s'enfuir dans une camionnette verte. Ils accoururent au secours de Papalia. Il fut transporté d'urgence à l'Hôpital Général de Hamiton: sa mort fut prononcée une heure plus tard. Il avait 73 ans.

En fin d'après-midi, Murdock rencontra Pat Musitano dans son restaurant, le Gathering Spot, rue James Nord, à cinq minutes de la Galaxy Vending. Normalement, les funérailles du parrain ontarien auraient dû attirer les gros caïds de Toronto, de Buffalo et de Montréal. Ils furent cependant peu nombreux à assister à la cérémonie. Compte tenu du contexte, la présence la plus notoire fut celle de Pat Musitano, l'homme qui avait demandé à Murdock d'exécuter Papalia. Caché derrière ses lunettes de soleil, veston noir ouvert sur son ventre proéminent, Musitano fut accueilli avec les égards dus à son rang. Sur des photos prises à son insu par la police, il a l'air conquérant, tandis que des compárses l'embrassent sur les joues.

Le meurtre du parrain ontarien causa un choc à Buffalo. Une réunion au sommet fut convoquée dans cette ville du nord de l'État de New York. Le lieutenant de Papalia à Niagara Falls, Carmen Barillaro, s'y rendit et fit part à l'assemblée du désir de vengeance de son patron. «Je vais m'occuper moi-même de ce gros tas de lard», déclara-t-il, en parlant de Pat Musitano, selon ce que rapportèrent des témoins. Un haut gradé de la famille de Buffalo en informa Musitano. Celui-ci décida de faire une frappe préventive.

Son frère Angelo Musitano et Ken Murdock se dirigèrent en voiture vers Niagara Falls le 23 juillet 1997. Barillaro était seul dans sa grande maison de l'avenue Corwin. Sa femme et ses filles étaient sorties : elles préparaient une fête en prévision de son 53ᵉ anniversaire. Angelo Musitano se gara non loin de la maison. Murdock frappa à la porte. Lorsque Barillaro ouvrit, il lui demanda si la rutilante Corvette rouge stationnée dans l'entrée était à vendre. Cela ressemblait à une blague stupide. Barillaro voulut claquer la porte, mais Murdock l'en empêcha. Il pointa un pistolet 9 mm dans sa direction et lui lança : « Ceci est un message de Pat (Musitano). » Barillaro se précipita dans une autre pièce, puis se retourna vers Murdock et bondit sur lui. C'était toute une pièce d'homme : depuis des années, il faisait gonfler ses muscles en soulevant poids et haltères. Murdock tira deux balles. Barillaro s'effondra. Son cadavre fut découvert par sa femme et ses filles.

Trois jours plus tard, Pat Musitano faisait la fête au Gathering Spot. Des mafiosi lui apportèrent des cadeaux. L'un d'eux l'appela et lui dit, riant : « Je suis là dans 10 minutes, débouchez une bonne bouteille de vin et laissez-la respirer ! »

Il fallut plus d'un an aux policiers pour éclaircir les meurtres de Papalia et de Barillaro. L'année suivante, ils arrêtaient Ken Murdock pour extorsion. Une fois ce dernier coffré, les policiers lui firent écouter un enregistrement : les Musitano menaçaient de le liquider. Murdock signa une entente de collaboration avec la police. En échange de sa protection, il révéla que les meurtres de Papalia et de Barillaro avaient été ordonnés par les frères Musitano, puis il accepta de témoigner contre eux au tribunal. « J'ai tué Papalia pour 2000 $ et 40 grammes de cocaïne, puis j'ai tué Barillaro », dit-il au juge en 1999.

Les services de renseignement des différents corps de police acquirent la conviction que les Musitano n'avaient pas pris seuls l'initiative de se débarrasser de Johnny Papalia et de ses lieutenants Enio Mora et Carmen Barillaro.

Selon Ken Murdock, il y avait longtemps que les mafiosi de la région de Niagara Falls en avaient assez d'être une simple antenne de la famille de Buffalo, qu'ils jugeaient amorphe et sans envergure. « Ils préféraient s'associer aux gars de Toronto et de Montréal, expliqua-t-il lors de ses confessions. Ils ne voulaient plus payer de tribut aux Américains. » Murdock raconta aux policiers qu'il attendait un ordre de Pat Musitano pour éliminer Natale et Vincenzo Luppino, fils du défunt

Giacomo Luppino. Selon lui, il était également question d'éliminer les fils de Paolo Violi, Domenic et Giuseppe.

* * *

Pat Musitano avait rencontré l'associé de Vito Rizzuto, Gaetano Panepinto, en avril 1997, un mois avant le meurtre de Papalia et trois mois avant celui de Barillaro. La rencontre s'était déroulée au chic restaurant méditerranéen du casino Niagara, à Niagara Falls. Les deux hommes avaient parlé des projets d'investissement de Vito Rizzuto en Ontario. Dans la nuit du 22 au 23 octobre 1997, après les meurtres, Musitano avait rencontré Rizzuto en compagnie de Panepinto dans un restaurant de Hamilton. Deux jours plus tard, Musitano téléphonait à Panepinto. Il lui demanda si Rizzuto était satisfait de la rencontre. « Ç'a bien été, répondit Panepinto. Il est très content… il nous a donné quelques conseils avant de retourner à Montréal. »

Vito Rizzuto n'avait peut-être pas pris la meilleure décision en déléguant la direction de ses opérations en Ontario à un homme aussi imprévisible que Gaetano Panepinto. Le propriétaire du Casket Royale avait la carrure d'un gorille, mais guère plus de jugement qu'un dindon. Son étroite collaboration avec le puissant parrain montréalais lui donnait un sentiment d'impunité. Il ne pouvait tolérer la moindre concurrence. Un beau jour, deux fripouilles qui avaient fui l'Italie, Domenic Napoli et Antonio Oppedisano, apparemment cousins, installèrent sans lui demander son autorisation des appareils de jeu dans des bars se trouvant sur son territoire. Les appareils remettaient de l'argent aux vainqueurs, alors que les machines de Panepinto se contentaient d'offrir des parties gratuites.

Panepinto se plaignit formellement de cet affront. Mais personne ne semblait vouloir rappeler à l'ordre les deux fugitifs italiens. Napoli et Oppedisano étaient membres de la 'Ndrangheta, l'équivalent de la mafia en Calabre. En Ontario, ils étaient protégés par le chef de la branche locale 'ndranghetiste, Antonio Commisso, un résident de Hollywood Hills Circle, à Woodbridge, en banlieue de Toronto.

En mars 2000, les deux cousins disparurent après s'être querellés avec Panepinto. Peu après, la rumeur courut qu'on ne les retrouverait jamais vivants. On disait que Panetinto les avait tués, puis démembrés dans le sous-sol de son commerce de cercueils. Les cadavres auraient été incinérés morceau par morceau.

Leur disparition inquiéta les familles calabraises jusqu'en Italie. Connaissant les relations étroites qui liaient Panepinto à Rizzuto, des associés du clan Commisso du sud de la Calabre débarquèrent à Montréal pour mener leur enquête. Vito savait-il quelque chose à propos des deux disparus ? Avait-il commandé les meurtres ? Vito répondit qu'il n'avait rien à voir dans cette affaire. Tout portait à croire qu'il disait la vérité. Le parrain était contrarié à l'idée que son homme de main en Ontario avait commis des meurtres sans avoir obtenu au préalable son autorisation, comme l'exigeait le protocole mafieux. Lâché par son protecteur, Panepinto savait que sa vie ne tenait qu'à un fil. Il se terra à Montréal. Un de ses proches l'informa, à tort, qu'il ne courait plus de danger et qu'il pouvait rentrer à Toronto.

Le 3 octobre 2000, bien calé sur le siège en cuir de sa Cadillac bourgogne, Panepinto attendait de traverser une intersection, un peu à l'ouest de l'autoroute 427, à Etobicoke, en banlieue de Toronto. Une fourgonnette argentée, vitre baissée du côté du passager, se rangea à sa gauche. Six balles jaillirent du véhicule et lui transpercèrent l'épaule, la poitrine et le ventre. La Cadillac roula lentement dans la rue et s'échoua contre la véranda d'une maison vide. Les tueurs firent crisser les pneus de leur fourgonnette et filèrent à toute allure dans Bloor Street Ouest.

Alertés par le bruit, des gens se précipitèrent vers la Cadillac et virent la tête du quadragénaire sur le volant. «C'est le genre de scène qu'on voit à la télé et vous pensez que c'est irréel, mais je constate que c'est parfois réel», commenta une résidente, qui se félicitait du fait que ses enfants avaient fini de jouer dans la rue lorsque la fusillade avait éclaté. L'associé de Rizzuto avait trouvé la mort à quelques minutes de sa maison de 500 000 $, située dans Sherwood Road, une rue tranquille et arborée_où il vivait derrière une haute clôture de fer avec Anita, sa femme depuis 17 ans, et ses trois fils.

Sur un siège de la Cadillac, la police découvrit les plans du Jam Billiards & Lounge, un night-club de Barrie, une ville au nord de Toronto. Le propriétaire de la boîte de nuit assista aux obsèques de Panepinto. Les enquêteurs notèrent qu'il avait reçu un prêt de 200 000 $ d'une société à numéro appartenant aux frères Cuntrera. Malgré les protestations de la police, la Régie des alcools et des jeux de l'Ontario octroya un permis de vente d'alcool au night-club.

Les détectives fouillèrent de fond en comble le commerce de cercueils de la rue St Clair et, au bout de trois heures, en sortirent avec un sac de plastique et un sac en papier. Mais il semble qu'ils ne découvrirent jamais les restes des cadavres des deux Calabrais que Panepinto avait fait disparaître. En revanche, dans un rapport daté du 23 juin 2009, la GRC affirma que Vincenzo «Jimmy» DeMaria, un membre de la direction de la mafia calabraise à Toronto alors emprisonné pour un autre meurtre, avait été l'un des complices dans l'assassinat de Panepinto. La Commission nationale des libérations conditionnelles souligna que l'affirmation n'était pas prouvée et ordonna la libération du prisonnier.

L'épisode Panepinto avait prouvé à Vito Rizzuto qu'il n'était pas aisé de prendre de l'expansion en Ontario. La mafia calabraise y était bien implantée. Quand elle avait décidé d'éliminer le principal collaborateur du parrain montréalais sur son territoire, Vito n'avait eu d'autre choix que de se résigner. Il n'était décidément pas roi et maître en Ontario.

Une mauvaise nouvelle ne vient jamais seule. En avril 2001, une enquête déclenchée par l'OPP, la police provinciale de l'Ontario, et appuyée par la GRC et la Sûreté du Québec, aboutit à l'arrestation de 54 personnes qui exploitaient un vaste réseau de pari illégal dirigé par Vito, et actif surtout en Ontario. Parmi eux : Joe Renda, 42 ans, un proche de la famille Rizzuto qui venait de déménager de Montréal à Toronto, et Stefano Sollecito, le fils de Rocco Sollecito, un associé de longue date et ami intime de la famille.

Le réseau s'étendait de Montréal à Toronto, Hamilton, Ottawa et d'autres villes ontariennes. Les bookmakers et les agents de recouvrement utilisaient l'Internet, des téléphones cellulaires, des ordinateurs de poche et divers appareils électroniques sans fil pour accepter des paris sur la plupart des grands événements sportifs en Amérique du Nord : matchs de football, de basketball, de hockey, courses de chevaux et matchs de collèges américains. Le montant des paris s'élevait à 200 millions de dollars par année. Un seul homme avait pris un pari de 100 000 $ sur un seul match de football.

Les perquisitions, effectuées dans 31 maisons et 7 commerces, aboutirent à la saisie d'armes, de munitions, de drogue et de gilets pare-balles volés à la police, ainsi que de cagoules de ski et de 245 000 $ en argent liquide. « C'est une enquête sur le trafic de drogue qui a mis l'OPP sur la piste, expliqua le sergent Robert Thibault, de la SQ, lors d'une conférence de presse à Montréal. Les réseaux de jeux ne réalisent pas seulement leurs profits en prenant une cote sur les paris, mais en faisant du prêt usuraire et en poussant les mauvais payeurs à transporter de la drogue.

« Le client potentiel doit être introduit par un client connu, ajouta Thibault. C'est un moyen de se prémunir contre les infiltrations par la police. Les preneurs aux livres fixent des cotes en analysant la performance des diverses équipes sportives. Par exemple, ils établissent que les Maple Leafs de Toronto ont deux fois plus de chances de gagner un match que le Canadien de Montréal. La cote est donc de deux pour un. Mais le bookmaker se prend une marge de profit et baisse la cote à 1,5 pour un, par exemple. Le joueur qui aura parié 100 $ sur la victoire du Canadien empoche ainsi 150 $ si son équipe gagne, et le bookmaker fait 50 $. Le perdant, de son côté, doit payer sa dette rapidement. S'il ne peut pas, on lui fait crédit, mais à des taux exorbitants, souvent de deux pour cent par semaine, ou 104 % par an. Si le parieur est incapable de rembourser capital et intérêts, il reçoit la visite d'un fier-à-bras, qui l'intimide, le blesse ou éventuellement le tue. Mais souvent, le réseau va exiger que le débiteur paie ses dettes en transportant de la drogue. L'idée, c'est de faire de l'argent par tous les moyens. »

Les bookmakers plaidèrent coupable, évitant ainsi des procès qui auraient pu dévoiler au grand public leurs astuces et leurs stratagèmes. Les autorités s'approprièrent la Lincoln Navigator de Joe Renda, d'une valeur de 50 000 $. Dépité, son propriétaire décida de revenir à Montréal, une ville qu'il connaissait bien et où il serait plus à l'aise maintenant qu'il avait été démasqué.

* * *

Vito ne déclara pas forfait. Il remplaça Panepinto par un nouvel émissaire dans la Ville Reine, un homme à la fois brillant et sanguinaire. Citoyen espagnol, Juan Ramon Fernandez n'avait jamais été intronisé dans la mafia sicilienne, mais ses faits d'armes lui avaient valu l'estime du parrain. Au cours de sa carrière, ponctuée de longues années d'incarcération, il avait multiplié les contacts parmi les Colombiens, les Calabrais, les Hells Angels, le Gang de l'ouest et d'autres groupes criminels. Ces relations pouvaient s'avérer un atout dans une province aussi disparate que l'Ontario.

Bel homme tout en muscles, cheveux et yeux noirs, regard ténébreux de toréador, Fernandez faisait tourner bien des têtes. D'une loyauté sans faille envers Rizzuto, il semait la terreur dans son entourage. Un jour où il roulait près du Kensington Market, à Toronto, en compagnie d'un dirigeant des Hells Angels, il aperçut un immigrant sri-lankais qui lui devait de l'argent : « L'enfant de chienne de Tamoul, dit-il à son compagnon, sans savoir qu'un micro dissimulé dans la voiture captait ses paroles. Tu aurais dû le voir la dernière fois que je l'ai frappé. Le sang giclait partout. » Un autre jour, des policiers constatèrent qu'un gangster, pourtant bien baraqué, tremblait en sa présence, au point de faire tinter sa tasse de café dans sa soucoupe.

Fernandez était né le 23 décembre 1956 en Espagne et avait immigré avec ses parents à Montréal à l'âge de cinq ans. Il ne demanda jamais sa naturalisation, ce qui lui valut d'être expulsé du Canada à deux reprises. Il commença à s'entraîner dans des gymnases dès l'adolescence et devint un virtuose des arts martiaux. Il mit ses aptitudes physiques à contribution pour multiplier les entrées par effraction dans des domiciles et y dérober argent, bijoux et cartes de crédit. Des années plus tard, il admit qu'il était à cette époque une tête brûlée, un rebelle sans foi ni loi. Un trait de caractère qu'il conserva à l'âge adulte. De méfait en délit, il entra en contact avec la mafia montréalaise et fut embauché par Frank Cotroni comme chauffeur et garde du corps.

À l'âge de 22 ans, Juan Ramon Fernandez demanda à sa copine, une danseuse exotique âgée de 17 ans, d'avoir une relation sexuelle avec un de ses associés. Elle refusa. Il la rua de coups. Elle mourut à l'hôpital. Il plaida coupable à une accusation d'homicide involontaire et fut condamné à 12 ans de prison. Les autorités carcérales remarquèrent très vite qu'il n'hésitait pas à proférer des menaces contre les détenus qui le contrariaient. Sitôt libéré, il reçut un ordre d'expulsion vers l'Espagne, qu'il réussit à contester pendant 12 ans. Le jour, il était vendeur chez un concessionnaire de voitures du boulevard Métropolitain, à Saint-Léonard. Le soir, il travaillait dans une boîte de nuit contrôlée par le clan Rizzuto.

Le 12 février 1991, fort avant dans la nuit, une bombe explosait derrière le restaurant Pizza Hut, rue Jean-Talon, à Saint-Léonard. La société Pizza Hut appartenait à Pepsico. La multinationale américaine souhaitait implanter sa chaîne de restaurants à Montréal en commençant par un secteur habité par une forte communauté italienne susceptible d'apprécier ses pizzas. Le passé étant garant de l'avenir, les propriétaires auraient dû savoir que l'ouverture de commerces visant une clientèle italienne pouvait s'avérer hasardeuse dans cette partie de la ville : le territoire était déjà occupé par des personnes qui n'aimaient pas trop la concurrence. C'était le cas d'Agostino Cuntrera, un membre notoire de la mafia sicilienne qui avait été condamné pour son rôle dans l'assassinat de Paolo Violi, en 1978. Cuntrera vendait lui-même des pizzas à quelques dizaines de mètres de là, dans un restaurant Mike's Submarine.

Avant l'explosion, des inconnus avaient déjà brûlé l'enseigne du Pizza Hut, alors en construction, et tenté de mettre le feu au bâtiment. Après l'explosion, le propriétaire reprit les travaux. La police de Montréal menait son enquête. Elle plaça le téléphone du Mike's Submarine sur écoute. Le 26 février, les policiers entendirent la fille de Cuntrera dire à sa mère que le propriétaire du Pizza Hut «ne (voulait) pas comprendre» et qu'il «(attendait) peut-être de mourir». La police acquit la conviction que Juan Fernandez avait joué un rôle dans les attentats contre le restaurant, ainsi que dans une autre agression contre une usine de placage de métaux qui portait ombrage à une entreprise contrôlée par la mafia. Selon les policiers, Fernandez avait demandé à un membre des Hells Angels de Halifax, Patrick Guernier, de placer les charges d'explosifs aux deux endroits.

Fernandez était ce qu'on appelle un «contrôleur d'exécutants», soit «l'exemple type de l'homme de main utilisé par la Cosa Nostra», affirmait un rapport de police. Fernandez est «un fournisseur de drogue de type mobile, c'est-à-dire qu'il opère à partir de son véhicule et qu'il se déplace continuellement, utilisant cellulaires et téléavertisseurs pour entrer en contact avec ses clients», indiquait un autre rapport. Les analystes soutenaient qu'il travaillait directement pour Raynald Desjardins, l'un des rares Canadiens français à jouir de la confiance de Vito Rizzuto. La police le photographia à son insu avec Vito: plus petit, mais plus costaud que le parrain montréalais, l'Espagnol marchait derrière lui, en bon subalterne.

Les policiers saisirent trois kilos de cocaïne dans le coffre d'une Jaguar que Fernandez avait empruntée au concessionnaire de voitures chez qui il travaillait, ainsi que 32 000 $ en liquide. Renvoyé en prison pour 42 mois, il se fit élire au comité des détenus du pénitencier Archambault, à Sainte-Anne-des-Plaines, au nord de Montréal. Le 10 avril 1992, il se mariait dans la chapelle de l'établissement. Il eut la permission d'inviter les frères Raynald et Jacques Desjardins, ainsi que leurs femmes et quelques compagnons de cellule. Les autorités carcérales refusèrent toutefois la visite de Vito.

À l'intérieur des murs, Fernandez côtoyait William McAllister, du Gang de l'ouest, et Patrick Guernier, le Hells Angels soupçonné d'avoir posé les charges d'explosifs au Pizza Hut et à l'usine de placage de métaux. La direction du pénitencier lui octroyait facilement des permissions de sortie. Alors qu'il était censé aller voir sa mère, Fernandez assistait à des réunions de la mafia ou rendait visite à Raynald Desjardins dans sa belle demeure du boulevard Gouin Ouest, dans le quartier Saraguay où vivait Vito Rizzuto. La police était furieuse. «Il a fallu mettre le poing sur la table pour faire cesser les permissions», raconte un policier. Dans un accès de colère, Fernandez brisa des équipements informatiques de la prison.

Les autorités carcérales décidèrent de le transférer. La direction de l'Établissement Leclerc, à Laval, refusa de l'accueillir. Un représentant du syndicat fit valoir que les employés craignaient que Fernandez n'instaure un climat de violence dans les locaux. Il fut envoyé à l'Établissement Donnacona, pénitencier à sécurité maximale de la banlieue de Québec. Il y organisa, à ses frais, un spectacle de danseuses nues. La femme de Raynald Desjardins faisait régulièrement les 220 kilomètres qui séparaient son domicile de la prison pour venir le voir. La cousine de cette dernière, Carole Jacques, une avocate qui avait été députée du Parti progressiste-conservateur de 1984 à 1993, lui rendait visite presque aussi souvent. (Quelques années plus tard, Mme Jacques et son conseiller politique, Jean-Yves Pantaloni, furent reconnus coupables d'accusations reliées au trafic d'influence pour avoir tenté de soutirer des sommes d'argent à deux hommes d'affaires qui souhaitaient obtenir une aide financière du gouvernement pour leurs projets industriels. À la suite d'une enquête de la GRC, Carole Jacques fut également soupçonnée d'avoir refilé le dossier de Raynald Desjardins, alors condamné en relation à une importation de 740 kilos de cocaïne, à un agent de libération conditionnelle corrompu. Seul le fonctionnaire fédéral avait été accusé et condamné dans cette affaire.)

De sa cellule, Fernandez participa à un complot d'importation de haschisch avec Glen Cameron, l'un des fournisseurs de drogue des Rock Machine. Il recrutait des prisonniers et les convainquait de faire passer de la drogue depuis la Jamaïque lorsqu'ils seraient libérés. Lui-même obtint sa libération conditionnelle en 1999. Il fut immédiatement expulsé en Espagne, son pays natal. Mais il trouva le moyen de retraverser l'Atlantique. Il s'installa en Floride dans un appartement appartenant à son avocat, Carmine Iacono, un militant du Parti progressiste-conservateur qui se présenterait sous cette bannière aux élections provinciales dans la circonscription électorale de Vaughan, en banlieue nord de Toronto. Enfin, Fernandez emménagea en Ontario sous le nom de « Jos Bravo » et se plaça sous les ordres de Gaetano Panepinto, alors le représentant de Vito Rizzuto.

Le 3 octobre 2000, Panepinto était assassiné au volant de sa Cadillac. Fernandez prit discrètement la relève. Le meurtre de Panepinto incita la police de York, un district de Toronto, à lancer l'opération R.I.P. (*Restat in Pace*), une appellation qui se voulait un clin d'œil aux anciennes activités funéraires de Panepinto. Elle se mit à enquêter à fond sur le réseau du défunt et ne tarda pas à épingler Juan Fernandez, alias « Jos Bravo » ou « Johnny Bravo », dans un café de Woodbridge, un quartier de la ville de Vaughan habité par d'honnêtes citoyens d'origine italienne, mais aussi par de nombreux mafieux.

Le 3 avril 2001, Fernandez fut de nouveau refoulé en Espagne... et revint de nouveau au Canada. Cette fois, il avait usurpé l'identité de James Gordon Shaddock, un petit garçon né le 26 mai 1956 au Women's College Hospital de Toronto et décédé à l'âge de 12 ans. Les policiers détectèrent vite la présence du truand, mais ils décidèrent de le filer plutôt que de l'arrêter et de l'expulser une troisième fois. Ils placèrent sa ligne téléphonique sur écoute. Son délire de consommation les sidérait. Fernandez avait emménagé avec sa copine, Lori Ploianu, dans un appartement luxueux sis au 17ᵉ étage d'un immeuble de Mississauga, au 4450, Tucana Crescent.

Utilisant des cartes de crédit et de débit au nom de Shaddock, le gangster acheta trois écrans géants au magasin The Brick, à Rexdale, en banlieue de Toronto : deux téléviseurs de 51 pouces de marque Panasonic au prix de 2898 $ et de 3198 $, et un téléviseur de 53 pouces de marque Sony au prix de 2488 $. Quand il parla de ces achats à un ami nommé Danny, celui-ci se montra très excité.

« Est-ce que je peux me procurer quelques trucs moi aussi ? demanda Danny.

— Qui ça ? s'informa Fernandez.

— Moi ! lança Danny.

— Bien sûr. Tu peux t'acheter quelques trucs.

— Oh oui ?

— Oui, tu peux avoir ce que tu veux, des téléviseurs, tout ce que tu veux.

— OK.

— Prends-en pour ton père, prends-en pour Frank, il n'y a pas de problème, suggéra Fernandez.

— C'est merveilleux ! » s'exclama son interlocuteur.

Fernandez avait si bien orchestré ses magouilles qu'il avait accès à un crédit de 3,8 millions de dollars, tout cela au nom du petit garçon décédé à l'âge de 12 ans. Il « dépensa » 19 000 $ pour offrir à sa dulcinée Lori Ploianu un diamant serti sur un anneau en or blanc. Il s'offrit une chaîne en or de 3187 $, ainsi qu'une veste de cuir, des téléphones portables, des souliers de course high-tech, des canapés en cuir et du matériel informatique. Certaines acquisitions étaient revendues. La police capta une autre conversation : Ploianu consultait Fernandez sur le prix qu'elle devait demander à son amie Andrea.

« Andrea souhaite acheter mes canapés, lui dit-elle. Il n'y a pas de raison de les donner pour rien.

— Non... si elle les achète, ainsi que les tables, c'est parfait, répliqua Fernandez.

— Oui… Qu'est-ce que tu en penses ? Mille dollars, ce serait bien ?

— Oui, oui.

— Je lui ai demandé si elle voulait les acheter et elle a dit… je lui ai dit : "Écoute, tu n'es pas obligée de payer d'un seul coup. Tu peux payer lentement si tu veux."

— Oui.

— Par exemple 300 $ ou 400 $ par semaine. »

Ces scènes de la vie conjugale d'un gangster sans scrupule avaient de quoi distraire les policiers, mais ce n'étaient que des amuse-gueule. Ils allaient bientôt se mettre des informations plus sérieuses sous la dent : Fernandez et ses acolytes préparaient des importations massives de drogue.

Les policiers de York partagèrent les fruits de leur enquête avec la GRC. L'opération Calamus était lancée. Le but, encore une fois, était d'épingler Vito Rizzuto. Après avoir décimé, au printemps 2001, les Nomads, le club d'élite des Hells Angels, et les Rockers, leur club-école, les policiers québécois pouvaient enfin consacrer leurs énergies à s'attaquer à la mafia.

Un camionneur d'origine portugaise, qui avait souvent transporté des narcotiques, accepta de collaborer avec la police moyennant 300 000 $ et la promesse que l'on ne porterait pas d'accusations contre lui. Il avait déjà passé de la drogue en contrebande pour Abraham Nasser, dit « le Turc », un fournisseur de cocaïne colombien. Le principal représentant du « Turc » à Montréal s'appelait Rodolfo Rojas.

Le camionneur informa la police qu'un avocat, Me Jose Guede, avait présenté Juan Ramon Fernandez à Rodolfo Rojas. Il s'était porté garant de Fernandez en raison de sa loyauté envers Vito Rizzuto et de son expérience dans le narcotrafic. Me Guede travaillait dans le cabinet du criminaliste Loris Cavaliere, un des principaux avocats de Vito et de sa famille. (Deux des trois enfants de Vito, Me Libertina Rizzuto et Me Leonardo Rizzuto, étaient avocats dans le même cabinet.).

À la mi-décembre 2001, Fernandez se pointa au Centre Callego, un club social espagnol du boulevard Saint-Laurent, à Montréal. À sa table se trouvaient le fournisseur colombien Abraham Nasser, alias « le Turc », son représentant Rodolfo Rojas, l'avocat Jose Guede, et le camionneur portugais qui portait un mouchard pour enregistrer les conversations. Au cœur des discussions : l'importation de 1000 kilos de cocaïne qui devaient être écoulés à Toronto.

Si la distribution se déroulait comme ils le souhaitaient, les trafiquants projetaient d'importer d'autres cargaisons et de les refiler à Antonio Pietrantonio, surnommé « Tony Suzuki » en raison de ses intérêts dans une concession de voitures Suzuki du quartier Hochelaga-Maisonneuve à Montréal. Pietrantonio ne serait pas accusé dans cette affaire, mais il avait déjà été condamné pour trafic de stupéfiants.

Fernandez et le Turc se rencontrèrent ou se parlèrent au téléphone presque tous les jours pendant le reste du mois. Le Turc n'arrivait pas à décider s'il transporterait la cocaïne en utilisant une compagnie de distribution de poissons, de textiles ou de fruits. Depuis les attentats du 11 septembre 2001 à New York, les douaniers étaient en alerte. Ils examinaient avec un zèle inégalé les cargaisons qui entraient au pays. Les trafiquants avaient tout intérêt à bien dissimuler les stupéfiants dans des marchandises insoupçonnables. Le 30 décembre, le camionneur informateur portugais annonça à Fernandez que le Turc avait fini par se décider.

« Bonne nouvelle, dit-il. Notre ami a arrêté son choix sur un commerce de fruits… Ouais, il a des mangues à vendre et tout le tralala.

— Formidable ! » s'exclama Fernandez.

Les trafiquants décidèrent d'utiliser également un commerce de fruits à Toronto, et un autre au Venezuela ou au Paraguay. Il restait à trouver une raison sociale, à remplir la paperasse et à dessiner un logo. C'était la partie amusante du travail.

Il était beaucoup plus ardu de s'entendre sur le partage des profits. De retour de Colombie, le Turc réclama 20 %. Le problème, c'était qu'il basait ce pourcentage sur le prix élevé de la cocaïne à Montréal. L'année précédente, Vito Rizzuto et les Hells Angels avaient fixé le prix minimum à 50 000 $ le kilo pour les ventes en gros. Directement branché sur la mafia et les Hells, Fernandez connaissait très bien cette entente, et il n'avait jamais protesté. Mais voilà qu'il en pâtissait. Il argumenta, expliquant qu'il s'agissait davantage d'une recommandation que d'une directive. Il ajouta que le prix élevé de la drogue à Montréal ne pouvait être exigé à Toronto, une ville soumise selon lui aux fluctuations du marché.

Au début de 2002, le litige n'était toujours pas réglé. Le secret entourant le double jeu du camionneur indicateur n'avait pas été éventé, mais le Turc sentait que quelque chose ne tournait pas rond. Il confia à l'informateur qu'il devait entrer dans la clandestinité. Un policier de Bogota l'avait informé que la GRC enquêtait à son sujet.

Fernandez se morfondait. L'absence des chefs de file des Hells Angels du Québec le rendait nostalgique. Au cours d'un entretien avec un dénommé « Jay », il déclara qu'il avait l'habitude de brasser des affaires avec les membres des Nomads et des Rockers, les deux clubs les plus actifs des Hells. Mais ils étaient tous en prison. « J'étais avec un des principaux gars à Montréal, dit-il. Mais ils sont foutus… ils sont tous en dedans… tous les Nomads sont en dedans, les Rockers sont en dedans. » Le soir du 29 janvier 2002, un micro dissimulé dans sa voiture capta sa conversation avec Steven «Tiger» Lindsay, un membre du chapitre des Hells Angels basé à Woodbridge, en banlieue de Toronto. Il se plaignait du fait que Vito Rizzuto n'avait pas réussi à temps à imposer une trêve entre les Hells Angels et les Rock Machine.

«Mon partenaire (Vito) leur a dit… il a dit aux foutus Rock Machine, il a dit aux Angels d'essayer de… il a parlé à Mom (Boucher). Puis Mom a essayé d'arranger les choses, mais il était trop tard. Il (Vito) leur avait dit… Il leur avait dit depuis longtemps. Il avait dit : "Mom, Mom, ils (les policiers) vont faire quelque chose. Tu vas voir, ils vont te ruiner, Mom." Puis Mom a dit : "Ouais, tu as raison, arrangeons les affaires." Mais il était trop tard. Ils ont ouvert leurs portes aux foutus flics. Ils leur ont donné le pouvoir… »

Steven «Tiger» Lindsay parla à Fernandez de la présence du maire de Toronto, Mel Lastman, au rassemblement, deux semaines plus tôt, de plus de 200 Hells Angels dans un hôtel du quartier des spectacles de Toronto. Le *Toronto Sun* avait publié en première page une photo du maire en train de serrer la main d'un motard. Il avait accepté un t-shirt portant leur sigle : un crâne surmonté d'un casque ailé. Interrogé par le journal, Lastman s'était dit enchanté de cette brève rencontre. «C'était formidable. Je marchais dans le secteur et ils criaient : "Hé, Mel ! Hé, Mel !" » Selon lui, les Hells cherchaient seulement à avoir du plaisir à Toronto et à y dépenser leur argent. La photo en avait scandalisé plus d'un, entre autres au Québec. «Je demande aux politiciens de Toronto de demander aux motards comment ils ont gagné cet argent, déclara le ministre québécois de la Sécurité publique Serge Ménard. Si les Hells Angels visitent leur ville pour dépenser de l'argent, ils y sont aussi probablement pour en faire un peu. Et si des gens à Toronto veulent savoir comment les motards gagnent leur argent, nous serons heureux de le leur expliquer. » Les policiers de Toronto crièrent leur indignation. Le tollé fut tel que Lastman finit par jeter le t-shirt à la poubelle, devant les caméras.

«Quel trou de cul ! commenta Steven Lindsay tandis que Fernandez tournait à un coin de rue. On est des électeurs, non ? Il (Mel Lastman) aurait dû dire à ces chiens sales de policiers : "Allez vous faire foutre, je suis votre maire et j'ai engrangé 200 votes."

— Ouais, quel imbécile, opina Fernandez. Ces gens-là ont ri de lui. »

Passant du coq à l'âne, Lindsay raconta qu'il avait battu un homme qui lui devait de l'argent. Ce tabassage ne l'avait pas soulagé. Fernandez lui expliqua qu'il avait un problème similaire avec Constantin «Gros Gus» Alevizos, un partenaire de feu Gaetano Panepinto. «Gros Gus» portait bien son surnom : il mesurait six pieds six pouces et pesait plus de 250 livres. Fernandez le soupçonnait d'avoir volé 600 000 $ à Vito Rizzuto. Certains pensaient qu'il avait remis une partie de l'argent à une bonne amie de Panepinto qui, depuis, roulait en Maserati. Fernandez songeait à la possibilité de le tuer ou de demander à un de ses partenaires, Pietro Scarcella, de faire le travail.

Le 13 février 2002, la police intercepta un entretien entre Fernandez et le camionneur indicateur portugais. Fernandez disait qu'il avait importé une grosse cargaison de cocaïne avec Vito Rizzuto. Ils avaient dissimulé la drogue dans des cargaisons d'aliments, en collaboration avec un importateur de Toronto nommé Jimmy. Mais Rizzuto, que Fernandez appelait indifféremment «The old man», «V», ou «Mon partenaire», était nerveux. «Ce type que nous avons, dans l'épicerie, le old man ne veut plus faire affaire avec lui. Il (Vito) est rendu paranoïaque avec cette histoire du 11 (septembre 2001). Je suis allé voir Jimmy, tout passe dans des grosses machines avec des rayons X, des chiens... Mon partenaire, le Colombien, à Cali... il est prêt à nous donner autant qu'on en veut, mais transporter ça ici, c'est presque impossible. Tout est passé aux rayons X, tout... Ils disent que c'est à cause des attentats terroristes. À Toronto, ils deviennent fous avec les États-Unis. Ils fouillent les Arabes, les Iraniens, tout le monde. Ça va vraiment mal.» Fernandez rappela à l'indicateur que lui-même et Rizzuto avaient eu beaucoup de succès quand ils avaient importé de la drogue dans des bateaux de pêche aux homards sur la côte Est.

Le 20 mars, un de ses interlocuteurs, Frank Campoli, lui passa Rizzuto au téléphone. Comme d'habitude, le parrain parlait de façon sibylline.

«Hé! dit Vito. Qu'est-ce qui t'arrive? Tu t'es perdu, tu ne peux plus retrouver ton chemin?

— Ouais! s'esclaffa Fernandez. Écoute... Je vais descendre te voir, il faut que je te voie.

— Alors, fais attention à toi, lui conseilla Vito. La semaine prochaine... Mais fais attention.»

Trois jours plus tard, le 23 mars, Fernandez rencontrait l'indicateur de la GRC dans un restaurant de l'avenue Steeles, à Toronto. Il se plaignit une fois de plus de «Gros Gus» Alevizos, qu'il appelait «le gros bâtard de propriétaire de gym». Il répéta que «Gros Gus» lui devait toujours 600 000 $. «Je veux qu'il...» commença-t-il, mais il se tut et pointa l'index sur sa tempe en faisant mine d'appuyer sur une gâchette.

Il dit à l'indicateur qu'il allait lui remettre un revolver Ruger .357 magnum et une carabine de .12 mm pour faire le travail.

Deux mois plus tard, au mois de mai, Fernandez remettait à l'indicateur une chaussette sale contenant un revolver et des balles. Puis il lui ordonna d'abattre «Gros Gus». Ce mandat plaçait la police dans une situation intenable. Retirer son indicateur équivaudrait à dévoiler son statut de taupe, et rien ne disait que Fernandez n'allait pas donner le contrat à un autre tueur. Il fallait donc arrêter l'Espagnol au plus vite, quitte à mettre en péril l'enquête sur le complot d'importation de cocaïne.

Les policiers barrèrent l'autoroute 417, au nord de Toronto, et arrêtèrent le véhicule de Fernandez, où se dissimulait toujours un micro. «Les mains en l'air! cria un agent. En l'air! Mettez les mains en l'air!» La copine du truand était morte de peur. Aussi calme qu'à l'habitude, Fernandez la rassura: «C'est juste des flics, bébé: détends-toi.» Il fut accusé d'avoir commandé un meurtre.

Le reste de la bande, 31 personnes en tout, fut arrêté le 18 septembre suivant lors de descentes policières en Ontario, au Québec, au Nouveau-Brunswick et au New Jersey. Parmi eux figurait Constantin «Gros Gus» Alevizos, 39 ans, un important commerçant canadien en ecstasy, une amphétamine alors populaire dans les night-clubs et les partys rave.

L'enquête, qui avait duré deux ans, permit aux policiers de multiplier les découvertes, notamment celle d'une grosse presse à Sainte-Agathe-des-Monts, dans les Laurentides, qui crachait des comprimés colorés d'ecstasy à la pelle. Ils mirent la main sur 10 litres de GHB, un psychotrope provoquant un état euphorique, appelé aussi «drogue de l'amour»; des stéroïdes anabolisants; des champignons magiques; des analgésiques volés dans une pharmacie; de la marijuana cachée dans la roue de secours d'une voiture qui franchissait la frontière américaine; des cartes de crédit contrefaites grâce à des machines pouvant décrypter les bandes magnétiques de cartes originales; des bâtons de dynamite; des pistolets mitrailleurs Uzi munis de silencieux; des passeports contrefaits… et plus de 10 millions de dollars en liquide.

«Gros Gus» fut accusé de trafic de drogue. Si Gaetano Panepinto avait été vivant, il aurait été arrêté, expliqua Paul Sorel, chef de service à la police de York. Le successeur de Panepinto à la tête de la bande, Juan Ramon Fernandez, dut répondre à de nouvelles accusations de trafic, en plus de celle de complot pour meurtre. La police savait qu'il avait organisé l'importation d'au moins 100 kilos de cocaïne, mais elle avait perdu la trace de la drogue lorsqu'elle avait arrêté l'Espagnol quatre mois plus tôt pour empêcher l'assassinat de «Gros Gus». Cette dernière précaution s'avéra inutile. «Gros Gus» fut abattu, en 2008, devant une maison de transition, à Brampton, en banlieue de Toronto.

L'avocat Jose Guede, 35 ans, fut arrêté une semaine plus tard, le 25 septembre 2002. La dénonciation déposée au palais de justice de Montréal décrivait Vito Rizzuto comme coconspirateur, mais, comme à l'habitude, la police manquait de preuves pour accuser le parrain de la mafia. Les documents de cour soutenaient que Me Guede s'était mis au service des trafiquants colombiens, de Juan Fernandez et de Steven Bertrand, un gros distributeur de cocaïne à la solde des Hells Angels. Le complot d'importation de cocaïne, expliquait la police, aurait alimenté les projets d'expansion de la mafia montréalaise en Ontario et soudé son alliance avec les Hells.

La poursuite pensait avoir un dossier très solide pour faire condamner Me Guede. L'indicateur de la GRC, le camionneur portugais identifié sous le nom de code C-4087, donna un véritable cour de trafic de drogue au tribunal. Il expliqua que le prix de vente en gros fluctuait tant que les cargaisons n'étaient pas arrivées à destination, et expliqua de quelle manière les pertes étaient épongées. Il indiqua que le prix de la cocaïne montait au fur et à mesure que les cargaisons se rapprochaient du nord du continent. En Colombie, son point d'origine, la cocaïne pouvait se vendre pour aussi peu que 2000 $ le kilo. Elle valait 7000 $ à Mexico et 14 000 $ au Texas. À Montréal, elle atteignait 50 000 $ parce que la mafia et les Hells Angels avaient formé un cartel et éliminé la concurrence.

C-4087, qui avait rencontré Juan Ramon Fernandez et Me Jose Guede en compagnie d'Abraham «le Turc» Nasser, le fournisseur colombien, déclara que la création d'une entreprise d'exportation de fruits pour transporter la drogue n'avait rien de bien original. Les trafiquants sud-américains recouraient souvent à cette méthode. Dans le cas présent, l'entreprise exportait des mangues.

Le dossier de la poursuite commença toutefois à s'effriter lors du contre-interrogatoire. Au procès, le camionneur devenu informateur affirma que la drogue était destinée à Tony Pietrantonio, qui lui avait été référé par Me Guede. Or, lors de l'enquête préliminaire, il n'avait pas évoqué le nom de l'avocat, mais celui de Steven Bertrand, un proche des Hells Angels. L'agent qui le contrôlait à la GRC tenta de sauver les meubles, mais, selon le juge, il s'était parjuré. «Il (l'agent de la GRC) a voulu rehausser la crédibilité de l'agent source (C-4087) en faussant les règles du jeu, trancha le juge Jean-Pierre Dumais, de la Cour du Québec. Son inconduite est d'un degré tel qu'elle est contraire à l'intérêt supérieur de la justice. Aux manquements les plus graves, le tribunal doit appliquer la sanction la plus grave, et elle ordonne l'arrêt des procédures.» La Cour d'appel a plus tard entériné cette décision.

La poursuite eut plus de facilité à faire aboutir la cause de Juan Ramon Fernandez. Le bel Espagnol afficha une mine pitoyable quand il entra dans la salle d'audience du palais de justice de Newmarket, au nord de Toronto, le 29 juin 2004. Peut-être avait-il mal dormi. Dans un geste fraternel, un gardien de la prison lui avait fourni un oreiller particulièrement confortable, mais un gardien moins charitable le lui avait confisqué. Le juge Joseph Kenkel annonça la sentence : 12 ans de prison, pour une brochette d'accusations liées au gangstérisme.

«L'accusé a démontré un haut niveau de sophistication dans l'accomplissement de ses activités criminelles», martela le juge. Fernandez ne se plaignit pas de la sentence, ni de l'ordre d'expulsion en Espagne qui devait être exécuté après sa libération, mais il se montra outré de ne pas pouvoir récupérer ses bijoux, soit des montres, des bracelets et, surtout, une chaîne en or à laquelle pendait une petite croix. «Ce n'est pas seulement un bijou, c'est un souvenir auquel je suis profondément attaché», geignit-il dans le micro installé dans la cage de plexiglas réservée aux prisonniers. L'audience fut levée et le condamné reprit le chemin de sa cellule, menottes aux poings et entraves aux chevilles, sans avoir eu gain de cause.

Fernandez fut incarcéré dans un pénitencier à haute sécurité et continua d'en faire voir de toutes les couleurs aux autorités carcérales. Il orchestra une attaque sauvage contre un codétenu. En 2009, la Commission nationale des libérations conditionnelles refusa de le libérer. Il était considéré comme une «personne d'intérêt» dans le meurtre de Constantin «Gros Gus» Alevizos survenu l'année précédente. La commission l'avait étiqueté comme «un égocentrique endurci souffrant de narcissisme, de folie des grandeurs, et ayant des tendances psychopathes».

De Gaetano Panepinto à Juan Ramon Fernandez en passant par «Gros Gus» Alevizos, Vito Rizzuto s'était décidément entouré de curieux pirates pour s'emparer de l'Ontario. Tout espoir n'était pas perdu, mais la province la plus riche du Canada se révélait aussi difficile à dompter qu'un vaisseau sans gouvernail.

CHAPITRE TREIZE

Mafia inc.

Au début des années 2000, malgré ses revers en Ontario, Vito Rizzuto apparaissait comme un homme serein. Aucun déboire ne semblait l'atteindre. Il dépassait la plupart des criminels de Montréal, au propre et au figuré. Sa silhouette élancée tranchait avantageusement avec le profil ventripotent de plusieurs mafieux et de bien des motards. D'un naturel réservé, il prenait un plaisir évident aux conversations, à condition bien sûr de faire confiance à ses interlocuteurs. Lorsqu'il était contrarié, il pouvait lancer un regard aussi glacial que le canon d'acier d'un revolver : il fallait alors tendre l'oreille pour saisir les mots qu'il prononçait d'une voix sépulcrale. Mais l'un dans l'autre, il projetait l'image d'un homme calme et efficace.

Il se montra volubile, pour une rare fois, dans les jours qui suivirent son 55e anniversaire, en février 2001, alors qu'il était au sommet de sa puissance. Attablé à La Cantina, le restaurant de son ami Federico Del Peschio, boulevard Saint-Laurent, Vito parla avec fierté de la richesse accumulée par sa famille depuis son arrivée à Montréal en 1954. Il raconta à la dizaine de convives qu'il était arrivé au Canada la même année que le sénateur Pietro Rizzuto, originaire comme lui de Cattolica Eraclea. Il s'agissait de deux branches bien différentes de Rizzuto, qui étaient unies par des liens de parenté très éloignés. Mais, manifestement, Vito se sentait sur le même niveau que le sénateur libéral, décédé trois ans plus tôt. Il affirma à la tablée que sa famille jouissait d'une encore plus grande renommée dans son village natal. En véritable noctambule, il termina cette soirée déjà bien arrosée dans un autre bar de la ville.

Comme à l'habitude, il se levait rarement avant 10 ou 11 h. Sa femme Giovanna suivait les cours de la Bourse sur son ordinateur. Vito, lui, commençait ses journées en lisant les nouvelles sur ganglandnews.com, un site recensant les actions de la mafia américaine et alimenté par le reporter Jerry Capeci, auteur de *The Complete Idiot's Guide to the Mafia* («Guide complet sur la mafia pour les nuls»), un livre à succès. Il n'était pas un crack de l'Internet, mais il était curieux de savoir ce que Capecci avait à dire sur les Bonanno de New York.

Depuis qu'il en avait pris la tête, Joe Massino avait mis fin à l'érosion de la famille et discipliné ses troupes. Il n'y avait pas si longtemps, l'organisation était considérée, parmi les Cinq familles, comme le vilain petit canard, mais au tournant du 21e siècle elle était devenue la plus dynamique. Les Bonanno avaient récupéré leur siège à la Commission qui régentait la mafia new-yorkaise. Cependant, les enquêtes du FBI commençaient à faire mal : les arrestations et les accusations pleuvaient. Le 8 novembre 1999, *La Presse* révéla que Rizzuto était soupçonné par le FBI d'avoir participé au massacre de trois capitaines rebelles commis 18 ans plus tôt à la demande de Joe Massino. Il estimait, à tort, que les Américains n'auraient jamais les preuves nécessaires pour porter des accusations formelles.

Vito Rizzuto passait souvent ses jeudis au club social Consenza, coincé entre une fromagerie et un salon de bronzage de la rue Jarry. Officiellement, l'établissement était ouvert à tous, mais c'est dans un silence glacial que les habitués accueillaient les clients inconnus. Ils braquaient sur eux un regard noir, leur faisant comprendre qu'ils avaient tout intérêt à aller prendre une consommation ailleurs. Le Cosenza est l'une des cinq provinces de la Calabre, dans le sud de l'Italie. Mal épelé, le mot *Consenza* semblait bizarrement choisi pour nommer le quartier général de la mafia sicilienne de Montréal, qui avait soumis la faction calabraise par les armes quelques années plus tôt. Peu importe, Vito et son père Nicolò s'y sentaient à l'aise. Lorsqu'ils étaient nostalgiques, ils pouvaient contempler une photo de Cattolica Eraclea punaisée sur un mur. L'endroit était communément appelé le « Cos » : Vito s'y rendait pour y rencontrer ses principaux lieutenants, comme Francesco Arcadi, et prendre conseil auprès de son père et de Paolo Renda, considéré comme le *consigliere* de la famille.

Tout dirigeant d'entreprise doit apprendre à vivre avec le stress. Ce prérequis s'impose davantage lorsque l'entreprise est criminelle. Le siège social de Mafia inc. pouvait à tout moment devenir la cible de truands désireux d'en découdre. Vito pouvait difficilement ignorer les risques du métier. Le vendredi 13 juillet 2001, un incident le lui rappela.

Ce jour-là, la Sûreté du Québec arrêta deux gangsters qui se dirigeaient vers le Consenza dans l'intention de kidnapper Francesco Arcadi, 47 ans, et un autre client, Frank Martorana, 42 ans, spécialisé dans le truquage d'odomètres. Les enlèvements n'étaient pas des événements inusités dans le milieu, mais dans ce cas, un fait semblait insolite : le responsable du complot n'était nul autre que Christian

Deschênes, qui avait longtemps été un proche collaborateur de Vito. Jadis, le parrain montréalais avait assisté au baptême d'un de ses fils et, surtout, il l'avait aidé à importer des tonnes de haschisch.

Deschênes, alors âgé de 44 ans et habitant Lorraine, au nord de Montréal, voulait récupérer les 800 000 $ que lui devaient Arcadi et Martorana depuis une dizaine d'années. Il passa à l'action avec le cousin de sa conjointe, Denis Rolland Girouard, 50 ans, de Saint-Sauveur, dans les Laurentides.

Deschênes avait purgé une longue peine de prison après la saisie, en 1992, de quelque 4000 kilos de cocaïne dans un avion Convair qui, au terme d'un voyage depuis la Colombie, avait atterri sur une piste désaffectée en pleine forêt boréale de la région de La Tuque, à 400 kilomètres au nord de Montréal. Apparemment, il s'était bien comporté pendant sa détention. Un psychologue procéda à son évaluation et affirma qu'il était doté d'une intelligence supérieure à la moyenne et d'une bonne capacité d'introspection. La Commission nationale des libérations conditionnelles ajouta qu'il semblait être « au tournant de sa vie criminelle » et le crut sur parole quand il affirma qu'il voulait désormais marcher dans le droit chemin.

Sitôt transféré dans une maison de transition, en octobre 2000, il essaya d'accumuler la somme nécessaire à l'achat, l'importation et la revente d'une autre cargaison de drogue. Quatre mois plus tard, par un bel après-midi de février, il orchestra un braquage spectaculaire au Marché central de Montréal, gigantesque centre commercial situé près de l'autoroute métropolitaine. Avec quatre complices, il épia les mouvements d'un fourgon blindé de la société Secur, spécialisée dans le transport d'argent. Lorsque les deux convoyeurs de Secur entrèrent dans un magasin Costco par la porte arrière pour aller chercher les recettes du week-end, les gangsters bloquèrent la porte avec une camionnette volée. Puis ils éventrèrent le fourgon avec un tracteur routier. Ils firent main basse sur 1,1 million de dollars et mirent le feu à la camionnette et au tracteur. Ils s'enfuirent à bord d'une fourgonnette Dodge Caravan, qu'ils abandonnèrent un peu plus loin, non sans l'incendier au préalable. Deschênes toucha sa part de magot, 200 000 $, et la déposa dans une banque aux Bahamas.

Cette somme lui paraissant sans doute insuffisante, il planifia un deuxième coup de force afin de récupérer les 800 000 $ que lui devaient Francesco Arcadi et Frank Martonara. Il ignorait que son complice, Denis Rolland Girouard, racontait tous ses faits et gestes à la police de Montréal, qui transmettait les informations à la Sûreté du Québec. Deschênes et Girouard avaient l'intention d'entrer au Consenza l'arme au poing et d'obliger Arcadi et Martonara à monter dans leur véhicule. Leur plan consistait à les enfermer ensuite dans une cage en fer au sous-sol d'une maison de Saint-Liguori, près de Joliette, à 70 kilomètres au nord-est de Montréal. Deschênes était déterminé à abattre tous les clients du Consenza qui leur résisteraient, y compris Vito Rizzuto. « Si Rizzuto est là et qu'il intervient, je vais le descendre lui aussi », avait-il déclaré.

Quand les agents de la Sûreté du Québec virent Deschênes et Girouard rouler vers le petit café de la rue Jarry, ils craignirent que la tentative de rapt ne dégénère en une explosion de violence. Ils les arrêtèrent et fouillèrent leur véhicule. Ils ne trouvèrent rien. Des perquisitions subséquentes se révélèrent plus fructueuses. Dans la maison de la conjointe de Deschênes, à Lorraine, au nord de Montréal, ils saisirent un fusil mitrailleur AK-47, deux pistolets 9 mm, un Magnum .357, deux vestes pare-balles, des munitions et des walkies-talkies. Peu après, dans la partie arrière d'un garage de Saint-Léonard, ils découvrirent une autre cache d'armes, contenant neuf bâtons de dynamite et cinq mitraillettes.

* * *

Vito fut informé du complot, mais il avait mieux à faire que de se ronger les sangs avec de telles pantalonnades. L'été ne dure pas longtemps au Québec et, bon an mal an, il tenait à en profiter pour jouer au golf. Il arpentait les plus beaux parcours, notamment ceux du Mirage, à Terrebonne, propriété de la chanteuse Céline Dion et de son impresario et mari René Angelil.

Le soir, il fréquentait les meilleurs restaurants, où les repas étaient arrosés de bons vins. Des clients ordinaires seraient morts d'apoplexie en recevant l'addition, mais Vito n'était pas un client ordinaire. Plus souvent qu'autrement, les plats et les vins lui étaient offerts gracieusement. Nul n'ignorait qu'à l'instar d'un seigneur de l'époque féodale, il détenait le pouvoir d'enrichir ceux qui avaient gagné ses faveurs ou de condamner ceux qui les avaient perdues. Le cadeau d'un millésime prestigieux représentait une dépense négligeable pour les membres de sa cour désireux de gravir les échelons de Mafia inc. ou de s'assurer contre de fâcheux imprévus. Vito était secrètement propriétaire de certains établissements, en tout ou en partie, et lorsque c'était le cas, il n'avait bien entendu rien à débourser.

Le printemps suivant, une soirée trop arrosée se termina plutôt mal pour lui. Le 30 mai 2002, après avoir vidé plusieurs verres avec des amis, il prit le volant de la Jeep Cherokee bleue aux sièges beiges qu'il conduisait depuis deux ans. À 3 h 45 du matin, il enfila le boulevard de Maisonneuve vers l'ouest et, apparemment, se mit à zigzaguer entre les lignes pointillées. C'est du moins ce que perçut un policier, qui l'intercepta. Quand Rizzuto baissa sa vitre, il exhala une haleine fortement alcoolisée. Le policier l'emmena au poste. Vito affirma d'une voix pâteuse qu'il était un « homme d'affaires », et refusa de souffler dans l'éthylomètre. Il fut libéré contre la promesse de se présenter à la Cour municipale de Montréal afin d'y répondre à une accusation de conduite avec facultés affaiblies.

Les policiers notèrent que la Jeep était immatriculée en Ontario. En consultant leur banque de données, ils constatèrent que le véhicule appartenait à la société ontarienne OMG Media Group, de Vaughan, en banlieue nord de Toronto.

La cause fut reportée deux fois à la Cour municipale et finalement fixée au 12 février 2003. Des journalistes de *La Presse* prirent connaissance de l'accusation quelque temps avant la comparution de Rizzuto, firent enquête sur OMG et rapportèrent les faits dans le journal. L'affaire, curieuse à plus d'un égard, provoqua un scandale. Que Vito fût accusé d'ivresse au volant constituait un incident banal, mais son association avec la société OMG l'était beaucoup moins. Cette compagnie avait signé des contrats avec de nombreuses villes, dont Montréal, en suivant un cheminement parfois obscur qui pouvait signaler un cas typique d'infiltration de la mafia dans l'économie légale et les instances municipales.

OMG Media Group prétendait offrir aux municipalités une combinaison gagnante : accroître à la fois leurs revenus et le recyclage de journaux et des canettes qui jonchaient trop souvent les trottoirs. L'idée consistait à installer des récipients le long des artères les plus passantes. Les poubelles, fabriquées en plastique au Québec et en acier inoxydable en Ontario, étaient divisées en trois compartiments : l'un pour les ordures, les autres pour le recyclage de diverses matières, papier, verre, aluminium, etc. OMG promettait de s'occuper de tout : l'achat, l'installation et l'entretien des récipients, la récupération du contenu des bacs et le transport de ces derniers vers des centres de tri. Elle financerait ses opérations grâce aux annonces publicitaires placardées sur les poubelles. Les municipalités étaient censées gagner sur tous les plans : leurs employés n'auraient plus à ramasser les vieux journaux ; un espace serait mis à leur disposition pour afficher des messages d'intérêt public ; et OMG leur verserait des redevances tirées des revenus publicitaires.

OMG, qui porta d'abord le nom d'Olifas Marketing Group, fut fondée en 1996 par Salvatore Oliveti, qui habitait le quartier de

Woodbridge, en banlieue de Toronto. Oliveti était un homme en vue à Woodbridge, où se concentraient de nombreux descendants d'immigrants italiens : il avait déjà animé une populaire émission de la télévision communautaire italienne. Giancarlo Serpe, un homme qui avait côtoyé le boxeur mafieux Enio Mora jusqu'à son assassinat à Vaughan, en 1996, siégeait au conseil d'administration de l'entreprise avec Oliveti et sa femme. Selon la police, Serpe était le dernier témoin à avoir vu Mora vivant. La compagnie employait également Frank Campoli. Cousin de la femme de Vito, ce dernier avait assisté au mariage de leur fils Nicolò à Montréal, en 1995. Lors du procès de l'affaire Penway – entreprise bidon d'exploration minière – Campoli avait été décrit comme étant l'homme de Vito en Ontario. Les deux hommes avaient été photographiés en compagnie de Juan Ramon Fernandez, qui disait à tout vent qu'il avait lui aussi des actions dans la compagnie.

En 1997, OMG signa son premier contrat avec la ville d'Etobicoke, qui fut par la suite fusionnée à Toronto. Puis elle en conclut d'autres avec des villes ontariennes, Ottawa, Hamilton, London, Markham, Windor, St Catharines, ainsi qu'avec des universités et des commissions scolaires. Elle entreprit des démarches pour prendre de l'expansion à l'étranger, en Italie, en Europe de l'Est et dans les Antilles. La Commission scolaire de New York lui attribua un contrat visant le placement de 2700 récipients sur ses terrains.

En 1999, Salvatore Oliveti ouvrit une filiale à Montréal avec Michael Strizzi, un ami de Vito Rizzuto. La firme s'établit d'abord à Saint-Léonard puis déménagea à LaSalle, en banlieue ouest de Montréal. Strizzi dirigeait en même temps une autre compagnie, Techno-Select, spécialisée dans le recyclage d'hydrocarbures. Selon les déclarations d'un des cadres montréalais d'OMG, la société approcha « des relations » à l'hôtel de ville de Montréal.

La Ville lança un appel d'offres, auquel répondirent sept compagnies. Le soumissionnaire gagnant n'était pas OMG mais, pour des raisons inconnues, il se montra incapable d'honorer les termes du contrat. L'administration municipale évoqua alors une situation de catastrophe appréhendée : il y avait péril en la demeure, il était soudain impérieux de placer des poubelles publicitaires sur les trottoirs de la métropole. Un document officiel de la Ville évoquait « l'urgence d'acquérir des paniers pour améliorer la propreté des secteurs commerciaux et des artères de Montréal ».

Le service de police prévint l'administration de la ville des liens possibles entre OMG et la mafia. Interrogé par la suite, le maire Pierre Bourque affirma qu'il ne se souvenait pas d'avoir entendu cet avertissement. De son côté, Jean Fortier, président du comité exécutif et occupant, à ce titre, le poste le plus important dans l'administration après le maire, eut vent des mêmes allégations, mais venant d'une autre source – plus précisément du soumissionnaire gagnant qui avait fini par se désister.

Jean Fortier exigea le huis clos à la réunion du comité exécutif. Les fonctionnaires quittèrent la salle. « Je crois que nous sommes en train d'octroyer un contrat à une entreprise liée à la mafia », dit Fortier. Les autres membres du comité exécutif éclatèrent de rire. Fortier manquait de preuves. Ses collègues l'accusèrent gentiment d'accorder foi à des racontars. Le contrat fut signé. Les premières poubelles firent leur apparition. Les cinémas Guzzo, appartenant à la famille éponyme, furent l'une des rares entreprises montréalaises à recourir à ce nouveau médium publicitaire.

Pendant leur enquête, les journalistes de La Presse avaient laissé des messages au domicile de Rizzuto et au cabinet de son avocat Loris Cavaliere, mais le parrain ne rappelait pas. Ils voulaient en savoir davantage sur ses relations avec OMG. Agacé, Rizzuto laissa éclater son irritation lors d'un souper à La Cantina. « Qu'on me laisse tranquille ! » déclara-t-il à Federico Del Peschio, le propriétaire de l'établissement. Un chroniqueur sportif de La Presse, Réjean Tremblay, se trouvait par hasard dans la salle avec des amis. Del Peschio lui présenta Vito. « Pourquoi les journalistes font-ils un plat avec ça ? se plaignit Rizzuto à Tremblay. Après tout, j'ai le droit de manger trois fois par jour comme tout le monde ! »

Le président d'OMG, Salvatore Oliveti, poussa de hauts cris lorsque l'article fut publié. Il affirma dur comme fer qu'il ne connaissait pas Vito. C'est à peine s'il l'avait croisé lors d'une réception organisée par son ancienne station de télévision communautaire. Mais comment expliquer que Vito conduisait une Jeep de la compagnie ? Oliveti soutint que le véhicule avait été prêté à Michael Strizzi, le directeur de la filiale québécoise. Il émit l'hypothèse que Strizzi l'avait ensuite prêté à Vito. « Je pense vraiment que toute cette histoire est montée en épingle parce que je suis italien et parce que je parle avec un accent prononcé », lança-t-il à un journaliste de Toronto.

Le directeur des travaux publics de Toronto, Brad Duguid, rétorqua que l'origine ethnique des dirigeants d'OMG ne l'intéressait pas. Ce qui l'inquiétait, c'était bel et bien les liens avec la mafia. Il demanda à la police de faire enquête. « Si on nous présente des faits qui suggèrent que n'importe quelle compagnie avec laquelle nous faisons affaire a des relations avec le crime organisé, dit-il, nous allons faire tout ce qui est en notre pouvoir pour rompre notre association avec cette compagnie. »

Salvatore Oliveti prit la menace au sérieux. Par mesure préventive, il congédia Michael Strizzi, le directeur de la filiale québécoise d'OMG, pour avoir prêté la Jeep à Rizzuto. Ce geste ostentatoire avait manifestement pour but de prouver l'absence de tout lien entre la compagnie et le chef de la mafia. Certaines personnes, à l'hôtel de ville de Montréal, semblèrent avaler la couleuvre. Aucun haut fonctionnaire municipal ne voulut faire de commentaire. Le successeur de Pierre Bourque à la mairie, Gérald Tremblay, refusa lui aussi de se prononcer. Il demanda à ses services juridiques de procéder à des vérifications. Le contrat ne fut pas annulé.

La réalité finit toujours par l'emporter sur l'illusion. OMG se moquait éperdument de la propreté et ne comptait pas verser de redevances à la ville. Les conseillers municipaux constatèrent que la compagnie n'installait pas les nouveaux récipients aux endroits autorisés, qu'elle en négligeait l'entretien et que la collecte des matières recyclables était bâclée. Quatre ans après la signature du contrat, l'arrondissement Ville-Marie, qui couvre le centre-ville, n'avait reçu que 5000 $ en redevances, plutôt que les 170 000 $ escomptés. La municipalité dut se rendre à l'évidence et demander à son partenaire de retirer les fameuses poubelles. OMG, ou ce qu'il en restait, fut vendue à une firme mexicaine et changea de nom.

Entre-temps, la police poursuivait son enquête et fut bientôt rejointe par les inspecteurs du fisc. Sur écoute électronique, le truand espagnol Juan Ramon Fernandez, principal représentant de Vito Rizzuto en Ontario, confia à l'un de ses interlocuteurs qu'il avait des intérêts dans OMG. Cette information rebondit lors de son procès, tenu en 2004 à Toronto. Fernandez était accusé de divers trafics et du complot en vue d'assassiner Constantin « Gros Gus » Alevizos. Le procureur fédéral déclara au tribunal qu'il était un actionnaire d'OMG.

Au cours d'une conversation sur écoute, Frank Campoli disait à Fernandez qu'il pourrait emprunter des camions d'OMG pour transporter une importante cargaison de tuiles. Un jour, la conjointe de Fernandez se plaignit de manquer d'argent. « Ne t'en fais pas, on ne va pas crever de faim, lui répondit Fernandez. Ne t'en fais pas. Il y a l'entente avec OMG qui s'en vient. » Deux mois plus tard, Fernandez disait à un membre du milieu interlope : « On travaille pour que les choses avancent. On a eu ces Espagnols, ces gens qui sont venus d'Espagne, pour notre projet avec OMG et si ça fonctionne, eh bien, il y aura beaucoup, beaucoup, beaucoup d'argent pour moi dans cette affaire. »

En février 2010, les enquêteurs de Revenu Canada déposèrent des documents à la Cour de l'impôt dans lesquels ils affirmaient que la femme et les trois enfants de Vito Rizzuto avaient détenu des actions d'une valeur de 1,6 million de dollars dans OMG. Trois semaines après que *La Presse* eut révélé les liens entre la compagnie et le parrain de la mafia, les Rizzuto avaient vendu leurs 10 500 actions à Salvatore Oliveti. Pourtant, ce dernier avait juré qu'il ne connaissait pas Vito et crié au racisme anti-italien lorsque sa parole avait été mise en doute…

Selon les documents déposés à la Cour de l'impôt, chacun des membres de la famille Rizutto avait déclaré une transaction de 419 000 $. Le fisc estimait qu'une partie de ces revenus lui revenait. Les quatre membres de la famille étaient Giovanna Rizzuto, la femme de Vito, et leurs trois enfants : Nicolò, l'aîné, ainsi que Leonardo et Libertina, tous deux avocats.

* * *

Le 13 juillet 2002, un mois et demi après s'être fait arrêter pour ivresse au volant, Vito Rizzuto franchissait la grande porte de la basilique Notre-Dame, dans le Vieux-Montréal, avec quelque 300 autres personnes. L'église la plus connue de la ville fait face à la Place d'Armes, joli square entouré de hauts édifices. Le square offre un espace dégagé permettant la prise de photos à distance. La participation scrupuleuse aux rites religieux semble inscrite dans le code génétique des membres de la mafia. Peut-être espèrent-ils bénéficier ainsi d'une forme de rédemption pour leurs âmes maculées par le péché… Toujours est-il que cette ferveur réjouit les policiers, ainsi que les prêtres à qui ils versent de généreuses oboles. Bien dissimulés, les photographes de la police firent cliqueter leurs appareils, tant devant la basilique que, plus tard, devant l'hôtel Sheraton, à Laval, où se déroula la réception. Outre Vito et son père Nicolò, ils croquèrent les portraits de Paolo Renda, un des principaux conseillers de la famille, et d'Agostino Cuntrera, jadis condamné pour complicité dans le meurtre du Calabrais Paolo Violi. Ces augustes personnages étaient venus célébrer le mariage du fils d'Emanuele Ragusa, Pat, avec Elena Tortorici, dont la famille était originaire de Cattolica Eraclea.

Emanuele Ragusa était présent, mais il s'efforçait d'éviter les photographes. Un observateur non averti s'en serait étonné : normalement, un père veut être vu et admiré aux côtés de son fils le jour de son mariage. Le problème, c'est que Ragusa n'avait pas le droit d'être à l'église, et encore moins dans une salle de réception en compagnie de membres du crime organisé. Il était détenu pour trafic de drogue et, s'il avait obtenu une permission spéciale pour sortir du pénitencier pendant 24 heures, c'était uniquement pour se rendre à son domicile et y rester. Son incartade allait lui causer de gros soucis et l'amener à faire une déclaration candide sur la mafia.

Alors âgé de 62 ans, Ragusa était l'un des pontes de la mafia montréalaise. Il vit le jour le 20 octobre 1939 à Cattolica Eraclea. Il franchit l'Atlantique à l'âge de 19 ans et vécut à New York avant de s'établir à Montréal. Jeune homme, il prenait ses vacances dans sa Sicile natale. « C'est tellement beau, dit-il, ému, lors d'une de ses comparutions devant la Commission nationale des libérations conditionnelles. Mais, surtout, mon père et ma mère étaient là-bas. » L'amour qu'il éprouvait pour une très jeune fille se greffa bientôt à cette tendresse filiale. Tout comme la femme de Vito Rizzuto, la dulcinée appartenait à la famille Cammalleri. Elle s'appelait Angela et n'avait que 16 ans quand il l'épousa. De son côté, la sœur d'Emanuele épousa un homme portant le nom de famille de Sciascia, comme Gerlando Sciascia, « George from Canada », l'agent de liaison de la famille Bonanno à Montréal, assassiné en 1999.

Dès le début des années 1970, bien avant que le nom de Vito ne fût connu, celui de Ragusa fit surface dans les enquêtes criminelles. Placé officiellement sous les ordres des Calabrais Vic Cotroni et Paolo Violi, Ragusa faisait partie intégrante de la faction sicilienne. Il fut l'un des pivots de la French Connection à Montréal. Lorsque la Filière française du trafic de l'héroïne fut démantelée, les laboratoires siciliens prirent la relève : Ragusa figura parmi leurs clients privilégiés. Un de ses partenaires était un homme d'honneur fiché par la police en Sicile, un gros trafiquant qui finit par se faire descendre. Ce commerce très lucratif valut à Ragusa d'être condamné *in absentia* en Italie.

Depuis le début des années 1980, les autorités italiennes le voyaient sans cesse surgir sur leur écran radar. Il rendait visite à Giuseppe Cuffaro, qui blanchissait l'argent des Cuntrera-Caruana, ou prêtait son téléphone portable à Alfonso Caruana, qui assuma pendant quelques années la direction du clan. Le nom de Ragusa apparaissait dans la longue liste des mafieux ciblés par le juge Giovanni Falcone au méga-procès de Palerme. Les autorités italiennes demandèrent son extradition au gouvernement canadien. Elles l'accusaient d'association mafieuse, mais au Canada, cela ne constituait pas un crime. Si bien que la demande fut rejetée.

En août 1994, Ragusa était arrêté et inculpé pour trafic de drogue dans le cadre de l'opération Compote, cette enquête qui avait tourné autour du faux bureau de change de la GRC, dans le centre-ville de Montréal. Il fut libéré sous caution en attendant son procès, ce qui lui permit d'assister au mariage de sa fille Eleonora avec le fils aîné de Vito, Nicolò. La cérémonie, célébrée au Centre Sheraton, à Montréal, attira non seulement Vito et Agostino Cuntrera, mais Domenico Manno, un des trois complices dans le meurtre de Paolo Violi; Francesco Arcadi, le lieutenant calabrais de Vito qui avait échappé de peu à un projet de kidnapping; Frank Campoli, le type des poubelles publicitaires OMG et cousin par alliance de la femme de Vito; et Oreste Pagano, le collaborateur malheureux d'Alfonso Caruana et futur délateur. Bref, une bonne partie du gratin habituel. Une autre fille de Ragusa, Antonia, avait épousé Luigi Vella, trafiquant de drogue et cousin d'Alfonso Caruana. Dans la famille Ragusa, on ne se mariait qu'avec des garçons et des filles de familles siciliennes, toutes originaires de la province d'Agrigente et autant que possible de Cattolica Eraclea: les Cammalleri, Sciascia, Vella, Rizzuto, Tortorici...

Toujours en attente de son procès à la suite de l'enquête du bureau de change de la GRC, Ragusa fut arrêté pour une autre affaire de stupéfiants, avec une douzaine d'hommes. L'enquête, menée par la Sûreté du Québec, la police de l'État de New York et la Drug Enforcement Administration, aboutit à la saisie de 75 kilos de cocaïne à New York. Cette fois, le complice de Ragusa était Steve Zbikowski, un ingénieur minier québécois dont l'entreprise brassait des affaires pas toujours très nettes au Venezuela.

En 1996, la participation de Ragusa à la première importation de drogue, celle qui avait été mise au jour par l'enquête du bureau de change, lui valut une condamnation à 12 ans de pénitencier. Pendant sa détention, le gouvernement américain réclama son extradition pour l'autre projet d'importation. Mais une personnalité du gouvernement canadien estima que les preuves américaines étaient infondées, et la demande d'extradition fut rejetée, tout comme l'avait été la demande déposée par les Italiens. Le Canada était décidément un pays où il faisait bon vivre pour les criminels internationaux de la trempe de Ragusa. Profitant de la nouvelle politique de libération au sixième de la peine accordée aux criminels non violents, il put quitter la prison deux ans après son incarcération.

Logeant dans une maison de transition, il devait rendre de menus services quelques heures par jour à la Mission Bon Accueil, un foyer pour itinérants de Saint-Henri, dans le sud-ouest de Montréal. L'objectif consistait à le sensibiliser à la misère des moins bien nantis de la société. Cette « thérapie » échoua lamentablement. Un jour, des surveillants fouillèrent son sac et y trouvèrent deux tranches de steak. Ils le prièrent de ne plus revenir au foyer et le dénoncèrent. Ragusa fut ramené dare-dare devant la Commission nationale des libérations conditionnelles.

« Quand j'ai vu les steaks à la cuisine, je n'ai pu résister, expliqua Ragusa aux commissaires sur un ton piteux. Il y avait tellement long-temps que je n'en avais pas mangé. » Il reconnut avoir « profité de la situation ». « C'était pas bien », marmonna-t-il, comme un enfant grondé par ses parents. Il ne fut guère plus loquace lorsqu'on lui de-manda de décrire son sens des valeurs. « J'ai de l'amour pour ma femme, mon fils et mes deux filles, répondit-il. Et j'ai travaillé toute ma vie ! » Il avait soi-disant dirigé une entreprise de construction, mais celle-ci avait fait faillite. Quelles valeurs avez-vous inculquées à vos enfants, puisque vos deux filles sont mariées à des mafiosi ? demanda l'un des commissaires. « C'est leur décision, répondit-il. Ils vont bien ensemble. Écoutez, je suis ici depuis 1958 et j'ai toujours vécu avec des Italiens. » Sa libération fut révoquée. Les commissaires ordonnèrent qu'il reste en prison.

En 2000, Ragusa demanda une autorisation de sortie pour assister au baptême de son petit-fils, l'enfant de sa fille et du fils de Vito Rizzuto. La permission lui fut refusée, car, justement, Vito devait assis-ter à la cérémonie. Deux ans plus tard, il fit une nouvelle demande, mais cette fois en omettant de mentionner qu'il voulait assister au mariage de son fils Pat, le 12 juillet à la basilique Notre-Dame, ainsi qu'à la somptueuse réception qui suivrait au Sheraton de Laval. Il as-sura les autorités du pénitencier qu'il voulait simplement visiter sa famille, et qu'il resterait chez lui.

Lorsque les policiers aperçurent Ragusa devant la grande église dans une limousine aux vitres teintées, ils constatèrent qu'il avait violé son engagement. Mais peut-être s'était-il contenté de faire acte de pré-sence ? Peut-être était-il retourné sagement chez lui ? Ils se rendirent à son domicile, la nuit, mais ils eurent beau frapper à la porte, personne ne répondit. De retour au pénitencier, Ragusa avoua avoir menti quand il avait demandé de s'absenter pour le week-end.

Emanuele Ragusa craignait qu'on lui refuse de voir son fils le jour de son mariage, tout comme on lui avait interdit d'assister au baptême de son petit-fils, expliqua-t-il, repentant. « J'avais peur qu'on me dise non encore une fois. J'ai mal agi. C'est une erreur de jugement, et je ne recommencerai plus. » Il maintint qu'il n'avait été ni à l'église ni à la fête, ce qui paraissait invraisemblable, la police ayant la preuve du contraire. « Je suis resté chez moi. Tout ce que je voulais, c'était de me faire photo-graphier avec mon fils la journée de son mariage. Comme j'étais seul à la maison, ma femme a même quitté la réception pour venir me porter de la nourriture. » Le vieux mafioso jura n'avoir côtoyé aucun criminel ce soir-là. Le mensonge était criant. Il demeura incarcéré.

Ragusa obtint une nouvelle audience à la Commission nationale des libérations conditionnelles en février 2003. Les commissaires avaient pris le temps de consulter un épais dossier à son sujet. Le mot mafia revenait à chaque page. L'Italie avait vainement réclamé son extradition pour association avec la mafia. La GRC le décrivait comme un personnage influent du clan sicilien à Montréal. Mais qu'est-ce que la mafia? demanda l'un des commissaires. En général, qu'ils soient en Sicile, aux États-Unis ou au Canada, les mafiosi affirment que cette organisation n'existe pas, qu'il s'agit là d'une lubie de journalistes en mal de copie ou de policiers en mal de preuves et désireux d'arrêter de pauvres citoyens honnêtes. Même entre eux, les mafieux n'emploient pas ce terme. Tout au plus parlent-ils de Cosa Nostra.

« Je ne crois pas qu'il existe une telle chose que la mafia, répondit un jour Joe Massino à un journaliste curieux. Une bande de gars italiens vont manger ensemble, et ils disent que c'est la mafia. » Les commissaires Renaud Dutil et Pierre Cadieux pouvaient s'attendre à une réponse semblable de la part de Ragusa. Mais, ô surprise, ce dernier ne nia pas l'existence de la mafia. Sa franchise étonna tout le monde, y compris son avocate, Me Ginette Gravel. « En Italie, je pense, la mafia est une organisation… une bonne organisation, s'empressa-t-il d'ajouter. N'importe qui peut se faire appeler mafioso. Ça vient de la Sicile. Ici, ce sont des paysans (*paesani*) venus d'un même village, peut-être 15 ou 20 personnes. »

Un homme assez candide pour avouer qu'il avait volé des steaks parce qu'il en bavait d'envie et assez candide pour reconnaître qu'il avait trompé les autorités carcérales parce qu'il voulait assister au mariage de son fils était, au bout du compte, assez naïf pour dire que la mafia existait. Du même coup, il confirmait qu'à Montréal, elle gravitait autour d'un noyau d'une vingtaine d'hommes d'honneur originaires d'un même patelin, en l'occurrence de Cattolica Eraclea, auquel il fallait ajouter d'autres petits villages de la province d'Agrigente, comme Siculiana.

D'autres Siciliens faisaient partie de la mafia montréalaise, ainsi que des Calabrais, comme Francesco Arcadi, mais le cœur était bel et bien composé de *paesani* originaires de Cattolica Eraclea et de Siculiana. Au-delà de ce premier cercle, très restreint, tournaient de 400 à 500 collaborateurs, pour la plupart d'origine italienne.

Dans leur immense majorité, les Montréalais d'origine italienne n'ont rien à voir avec la mafia. C'est à juste titre qu'ils se hérissent lorsque les Québécois associent les mots « italien » et « mafia ». Mais ceux qui sont vraiment membres de la mafia tentent d'utiliser à leur avantage le soi-disant racisme anti-italien. « Voyez! clament-ils haut et fort quand ils font les manchettes : On dit que nous sommes mafieux simplement parce que nous sommes d'origine italienne ! »

Ragusa tint précisément ce discours devant les commissaires. « De toute façon, n'importe où, à Montréal ou ailleurs, qu'on soit sicilien ou italien, dans la tête des gens, on est dans la mafia », leur dit-il. Puis, dans un ballet étourdissant où alternaient aveux et dénis, il ajouta : « À partir de maintenant, c'est fini la mafia, c'est fini mes crimes, je veux vivre avec ma femme et mes petits-enfants. »

Très bien, répondirent les commissaires. Mais qu'en est-il de vos relations avec Vito Rizzuto ? Il affirma qu'il ne l'avait jamais rencontré avant que sa fille Leonora ne commence à fréquenter son fils Nicolò. Une affirmation difficilement crédible. « Je sais qu'il vient de Cattolica Eraclea lui aussi, mais je ne l'ai jamais rencontré pendant 30 ans, répéta-t-il. Maintenant, je le connais : il est le père de mon gendre, Nicky Rizzuto. »

Devant le regard dubitatif des commissaires, Ragusa nuança ses propos : « J'ai frayé dans le milieu associé au clan Rizzuto, admit-il. Mais je n'ai jamais fait des affaires avec lui. La mafia, c'est des clans. »

« Vito Rizzuto est bien le parrain de la mafia au Canada, n'est-ce pas ? » insista un commissaire.

Ragusa répondit à la question en esquissant un léger sourire.

« Et qu'en est-il de vos relations avec votre autre gendre, Luigi Vella, également emprisonné pour trafic de drogue ? demanda l'autre commissaire.

— Ça, c'est un autre groupe, dit le prisonnier. Il n'est pas avec moi.

— Comment expliquez-vous que vous n'avez pas été extradé en Italie ? lui demanda-t-on encore, bien que la question eut dû être posée aux hautes instances du gouvernement canadien.

— Ce sont des crimes par association, expliqua Ragusa. Ceux-là sont considérés comme des crimes en Italie, mais pas ici. »

C'était bien vrai. Mais, malgré ces propos ingénus, le prisonnier fut considéré comme un cachottier. On décida de le garder en prison.

La question la plus importante ne fut pas formulée, fort probablement parce que les commissaires ignoraient cet aspect du dossier : Emanuele Ragusa avait-il participé au meurtre des trois capitaines rebelles de la famille Bonanno en 1981, en compagnie de Vito Rizzuto et du « old man » ?

Un rapport de police américain qui s'appuie sur les confessions de Salvatore Vitale soutient que Ragusa était l'un des tueurs. Sa participation est écrite en toutes lettres dans de nombreux récits du massacre. Son nom est parfois mal orthographié. Dans son livre, *Five Families*, Selwyn Raab, journaliste au *New York Times*, évoque la présence d'Emanuele « Raguso » : « Quatre hommes, armés d'un fusil au canon tronçonné, de pistolets et d'une mitraillette, avaient été désignés pour servir de tueurs, raconte-t-il. Trois d'entre eux étaient des Zips (des Siciliens) canadiens : Vito Rizzuto, Emanuel Ragusa et un gangster que Vitale et Massino connaissaient seulement par le surnom de Old man (…) Selon ce qui était prévu, Rizzuto et Ragusa devaient faucher les victimes, si possible contre le mur. »

Dans son anthologie sur le crime organisé canadien, *Iced : the Story of Organized Crime in Canada*, Stephen Schneider relate les mêmes détails. Joe Massino et Salvatore Vitale avaient fait venir les tueurs du Canada afin d'éviter qu'ils puissent être identifiés par les autres participants au massacre. « Parmi les tueurs se trouvaient Rizzuto, un autre homme soupçonné d'appartenir à la mafia montréalaise nommé Emanuele Ragusa, et un homme aux cheveux argentés simplement surnommé The old man (son identité n'a jamais été révélée, mais il était possiblement un associé de Nick Rizzuto senior) (…) Selon les ordres de Massino, Rizzuto et Ragusa étaient les tueurs principaux, tandis que Vitale et The old man gardaient les sorties. »

Ragusa ne fut jamais accusé, ni même inquiété pour ces meurtres. Il fut libéré en 2004 après avoir purgé les deux tiers de sa peine relativement à sa condamnation pour trafic de drogue.

Vito Rizzuto allait connaître un tout autre sort.

* * *

On dit que le battement d'aile d'un papillon en Amérique peut déclencher une succession d'événements et provoquer une tempête en Afrique. La chute de Vito Rizzuto, elle, fut amorcée par le travail ingrat de deux jeunes juricomptables américains qui n'avaient probablement jamais entendu parler de lui. À l'instar de la figure la plus connue de la Cosa Nostra, Al Capone, les déboires du parrain montréalais commencèrent par une enquête fiscale. Elle fut menée à plus de 500 kilomètres de chez lui et ne le concernait en rien. Mais la culbute d'un premier fraudeur entraîna une débâcle généralisée du clan Bonanno. Vito fut l'un des derniers à tomber dans ce vaste jeu de dominos.

À la fin de l'année 1998, Jeffrey Sallet, jeune homme de 29 ans doté d'une mémoire photographique pour les détails, plongea avec ardeur dans l'enquête sur Joe Massino. Il faisait partie de l'Escouade C-10 du FBI à New York. Il fut rejoint l'année suivante par Kimberly McCaffrey, 26 ans, une gymnaste couverte de médailles doublée d'une bûcheuse infatigable. La jeune fille ne passait pas inaperçue : mesurant à peine cinq pieds, elle portait sur la tête une sorte de houppe ressemblant à l'aigrette d'un pivert. « Les mafieux peuvent mentir et tricher, mais les relevés bancaires, eux, ne changent pas », aimait déclarer leur patron, Jack Stubbing, un policier reconnu pour sa ténacité. Stubbing demanda aux deux jeunes agents d'éplucher systématiquement les relevés bancaires et les déclarations fiscales des dirigeants de la famille Bonanno.

De 1996 à 2001, les revenus annuels bruts de Joe Massino et de sa femme Josie avaient fluctué entre 373 000 $ et 590 000 $. Année après année, ils déclaraient des gains faramineux grâce aux billets de loterie. Une chance invraisemblable. Mais prouver que ces gains étaient fictifs était une tâche ardue. Les déclarations fiscales des couples Massino et Vitale faisaient aussi état de revenus provenant de l'exploitation de terrains de stationnement.

Sallet et McCaffrey découvrirent des chèques signés par les femmes de Massino et de Vitale à l'attention d'un dénommé Barry Weinberg, représentant leur participation financière dans les parcs de stationnement. La femme d'un capitaine de la famille Bonanno, Richard Cantarella, était également actionnaire de compagnies administrant des parkings. Les deux juricomptables scrutèrent toutes les transactions de Weinberg. À leur suggestion, d'autres membres du C-10 épièrent ses moindres faits et gestes. Les limiers constatèrent qu'il rencontrait souvent Richard Cantarella et son escorte de mafieux.

De prime abord, l'association de ces deux individus semblait contre nature. Le premier était un homme d'affaires en mal de sensations fortes, alors que le deuxième était un meurtrier au lourd passé qui avait planifié l'assassinat de son oncle parce qu'il retardait son intronisation dans la mafia.

Élevé dans une famille juive de Brooklyn, Barry Weinberg gérait des parcs de stationnement. Il s'était enrichi plus particulièrement en signant des baux de location, puis en les cédant à des tiers avec profit. Cette activité avait beau être lucrative, elle ne lui procurait pas une carte de visite très excitante. Weinberg était persuadé que son association avec la mafia pouvait accroître son sex-appeal. Depuis sa tendre jeunesse, il était obnubilé par les mythes entourant la vie trépidante et dangereuse des gangsters. Il était attiré par leur aura comme un papillon de nuit par une lanterne. Il n'avait pas lui-même la fibre d'un truand et ne souhaitait pas assumer les risques du métier – par exemple se faire trouer la peau ou finir sa vie en prison – mais il était persuadé qu'il pourrait profiter de la chaleur du milieu interlope sans se brûler les ailes.

L'occasion se présenta à lui sous la personne de Richard Cantarella. Encore adolescent, Cantarella avait été introduit par son oncle dans les cercles secrets de la mafia. Il avait fait preuve d'une grande capacité d'apprentissage. Entrant à peine dans l'âge adulte, il avait soudoyé un fonctionnaire municipal pour obtenir l'autorisation d'exploiter des kiosques à journaux et des casse-croûte aux ports d'embarquement du traversier de Staten Island, puis il y avait installé des guichets de pari illégal. Son oncle Al Walker Embarrato lui avait dégoté un faux emploi d'assistant à la distribution du *New York Post*. Ce poste syndiqué lui rapportait 800 $ par semaine, mais il donnait 300 $ à un pauvre type pour faire le travail à sa place. Son oncle Al le prit en grippe : il trouvait qu'il brassait trop d'affaires avec un soldat de la famille Gambino. Il s'opposa à son intronisation dans la famille Bonanno. Cantarella envisagea de le tuer. Massino résolut le litige : il le prit dans ses rangs.

Robert Perrino, le responsable de la distribution du *New York Post*, était un associé de la famille Bonanno. Lorsque la justice se mit à enquêter sur le racket des faux emplois, il s'attendit à être accusé, mais il fit savoir qu'il ne payerait pas pour les autres. Sal Vitale déclara à Cantarella qu'il constituait un danger et qu'il devait être éliminé. Quelque temps après, Perrino disparut. Son corps fut retrouvé 11 ans plus tard sous une dalle de ciment dans un atelier de réparation de voitures de Staten Island.

Cantarella servit de chauffeur lors de l'assassinat de son cousin Tony Mirra, un soldat de la famille Bonanno qui avait commis la grave erreur de s'associer à l'agent du FBI Joe Pistone, alias Donnie Brasco. Quatre ans plus tard, de crainte qu'il ne le dénonce, il exécutait le fonctionnaire municipal qu'il avait soudoyé pour faire main basse sur les kiosques à journaux.

Les mafieux adorent affubler leurs pairs de surnoms généralement moqueurs. Celui de «Shellackhead», ou «Le Gominé», atterrit sur la tête de Cantarella en raison de sa propension à se lisser les cheveux avec une pommade bien grasse. Sa rencontre avec Barry Weinberg fut providentielle. Weinberg lui apprit à faire fortune grâce à l'exploitation de parkings. Il suffisait de facturer les taxes, mais sans les déclarer. Il s'agissait d'une opération assez facile : lorsqu'ils récupéraient leur voiture, les clients payaient en liquide. Suivant les bons conseils de Weinberg, «Shellackhead» se lança dans ce business en y ajoutant sa touche personnelle : il envoyait des fiers-à-bras pour obliger ses compétiteurs à lui payer un bakchich, ou à fermer boutique. Sa femme et son fils investirent dans le négoce. Soucieux de plaire à ses supérieurs, Cantarella

en fit profiter Joe Massino et Sal Vitale. Il gravit rapidement les échelons hiérarchiques de la famille Bonanno. Nommé capitaine, il devint
l'un des confidents de Massino. Le boss lui révéla une foule de secrets
de famille. Il lui parla entre autres du massacre des trois capitaines
rebelles effectué sous ses ordres, en 1981, par Vito Rizzuto, Emanuele
Ragusa et un «old man» venu également du Canada.

Weinberg profitait de sa collaboration avec son nouvel ami gangster.
Les compétiteurs le craignaient, ce qui lui permettait d'étendre ses affaires.
Il roulait en Rolls-Royce, en Bentley ou en Mercedes et se promenait
souvent avec 60 000 $ en liquide. Cantarella prit note de cette tapageuse
abondance. Il estimait y être pour quelque chose, ce qui n'était pas faux.
Il exigea un tribut. Un beau jour, il balança son poing au visage de
Weinberg parce que ce dernier s'était plaint de lui auprès d'autres mafieux. «Tu me dois tout», lui dit-il après l'avoir jeté sur le trottoir. Il lui
siphonna alors plus de 800 000 $. Un autre capitaine de la famille Bo-
nanno, Frank Coppa, s'associa à Weinberg dans le racket des parkings,
et lui extorqua plus de 85 000 $.

Pendant un an, Salley et McCaffrey décortiquèrent les déclarations
fiscales, les relevés bancaires et toute la paperasse comptable de Weinberg.
Leur intuition les avait bien guidés : ils constatèrent qu'il avait omis de
déclarer des revenus de 14 millions de dollars et fraudé le fisc d'un
million de dollars. Le matin du 9 janvier 2001, Weinberg conduisait
une nouvelle Mercedes de 90 000 $ lorsqu'un policier lui demanda de
se ranger au bord du trottoir pour violation du Code de la route. Sitôt
arrêté, on le fit entrer dans une fourgonnette banalisée, où attendaient
Salley et McCaffrey. Ces derniers lui présentèrent une seule alternative :
être jeté en prison pour fraude fiscale ou enregistrer secrètement ses
conversations avec Cantarella. Il avait 15 minutes pour se décider.

Pour Weinberg, la vie de groupie de la mafia était terminée. Il ne
lui fallut pas 15 minutes pour accepter de collaborer avec les autorités.
Il fut invité à faire une confession complète le jour même. Il devait
tout déballer, sans quoi les procureurs refuseraient de conclure une
entente. Il avait beaucoup à dire, pas seulement sur ses propres crimes,
mais sur les gestes et les confidences de Richard «Shellackhead»
Cantarella et de Frank Coppa. Il leur parla aussi d'un autre groupie,
Augustino Scozzari. Salley et McCaffrey eurent tôt fait d'enrôler ce
dernier comme informateur.

Weinberg et Scozzari enregistrèrent plus de 100 conversations incriminantes avec Cantarella et son équipe de soldats. En octobre 2002,
Salley et McCaffrey frappaient à la porte de la maison de «Shellackhead»,
un petit manoir valant plus de deux millions de dollars. Le truand fut

accusé de racketeering et de meurtre. Recoupant les informations, les deux jeunes agents du FBI avaient accumulé assez de preuves pour l'accuser de complot dans l'assassinat de Robert Perrino, le complice de la famille Bonanno au *New York Post*, commis 10 ans plus tôt. Ils arrêtèrent aussi sa femme et son fils pour leur complicité dans des cas de fraude, de cambriolage et de kidnapping.

Vingt autres membres ou associés des Bonanno furent accusés. Parmi eux : Frank Coppa. Ce capitaine, qui avait déjà eu Cantarella dans son équipe, était en prison depuis quatre mois. Il purgeait une peine de cinq ans pour tripotage de titres boursiers. Il avait entamé ce second séjour en prison en éclatant en sanglots devant les autres détenus. Un signe de fragilité psychologique qui provoqua la risée dans son entourage et qu'espérait exploiter le FBI. Cet espoir ne fut pas déçu.

Alors âgé de 61 ans, Coppa savait ce que signifiait cette troisième série d'accusations : il finirait ses jours derrière les barreaux. Un mois plus tard, il fit ce qu'aucun Bonanno n'avait osé faire depuis la fondation de la famille 70 ans plus tôt. Il accepta de témoigner pour le gouvernement. Il devint ce que la mafia américaine appelle avec dégoût un « rat », terme dont l'équivalent français est « cafard ». En échange d'une réduction de peine, il fournit à la police un premier lot de munitions pour faire coffrer Massino, Vitale, Cantarella et tous ceux qu'il avait vus commettre des crimes. « J'en ai soupé de la prison », dit-il aux policiers et aux procureurs.

Coppa avait assisté à l'assassinat de Sonny Black Napolitano, en 1981. C'est ce dernier qui avait intégré Joe Pistone, alias Donnie Brasco, dans son équipe et qui, sans le savoir, lui avait permis d'espionner la famille Bonanno pendant des années. Lorsque Massino apprit que Donnie Brasco était un agent infiltré du FBI, il avait exigé la mort de Sonny Black. Frank Coppa était sur place, dans une maison de Staten Island, lorsque Frank « Curly » Lino avait poussé Sonny Black dans l'escalier de la cave. Sonny Black s'était agenouillé, prêt à recevoir des balles dans la tête. Massino attendait à l'extérieur. Coppa avait tout vu.

Il raconta aux enquêteurs que Cantarella lui avait confié avoir aidé Salvatore Vitale à liquider Robert Perrino, le complice de la famille Bonanno au *New York Post*. Il ajouta que Cantarella lui avait dit qu'il avait conduit son cousin Tony Mirra vers le lieu de son exécution. À partir de ce moment, les événements se bousculèrent à un rythme fulgurant.

Lorsque Cantarella apprit que Coppa était passé dans le camp de la police, il comprit que le témoignage de son ancien capitaine risquait de lui valoir des accusations supplémentaires de meurtre. Un mois après la défection de Coppa, Cantarella, sa femme et son fils acceptèrent de devenir témoins à charge pour le gouvernement. Les agents Kim McCaffrey et Jeff Sallet avaient maintenant assez de preuves pour porter un grand coup.

Le 9 janvier 2003, à 6 h du matin, McCaffrey et Sallet arrêtèrent Joe Massino dans sa maison de Howard Beach, qu'il avait entourée de caméras. Il était déjà debout, en vêtements de coton ouaté confortables et bon marché. Il n'avait pas de montre au poignet, ni argent dans les poches. Massino savait qu'il allait être arrêté et qu'il serait dépouillé de tous les objets en sa possession avant d'être jeté en prison. Échangeant des blagues avec les agents, il tendit les mains pour recevoir les menottes.

Son beau-frère Salvatore Vitale fut arrêté le même jour et amené au 26e étage de l'édifice du FBI à New York. McCaffrey et Sallet allèrent le saluer. Ils lui dirent que les procureurs avaient la preuve que Massino était prêt à le tuer parce qu'il croyait qu'il s'était lui aussi métamorphosé en cafard. Cette révélation lui fit l'effet d'un coup de poignard dans le ventre. Vitale se sentait mis à l'écart par Massino depuis des mois. Il s'était souvent plaint de son hostilité à son égard. Il pensa tout naturellement que les agents bluffaient dans l'espoir de l'amener à témoigner lui aussi, mais il n'écarta pas l'idée qu'ils disaient peut-être la vérité. En tout cas, ils avaient instillé un doute oppressant dans son esprit.

Un mois après leur arrestation pour meurtres et racketeering, Massino et Vitale furent placés côte à côte dans la salle du tribunal pour assister à une audience préliminaire. Le procureur en chef, Greg Andres, indiqua au juge qu'ils étaient détenus dans des prisons différentes. Il y avait une bonne raison pour cela, ajouta-t-il : selon des informations fiables, Massino avait évoqué la possibilité de « nuire » à Vitale. Tous comprirent que le procureur utilisait un euphémisme, nuire signifiant bien évidemment « tuer ». Andres ne révéla pas que les informations provenaient de sources sûres, notamment de Coppa et Cantarella.

Deux semaines après cette audience, les soupçons de Massino se concrétisèrent : Vitale accepta à son tour de témoigner.

La trahison du capitaine Frank Coppa était exceptionnelle. Celle de Vitale, le lieutenant du chef de la famille Bonanno, était dévastatrice. Il allait devenir le premier *underboss* d'une famille de la Cosa Nostra new-yorkaise à témoigner contre son boss, depuis février 1992, lorsque Sammy Gravano s'était retourné contre John Gotti, le chef de la famille Gambino. Comme l'écrivait le journaliste Jerry Capeci dans le *New York Sun*, le témoignage de Vitale allait se révéler encore plus déterminant que celui de Gravano, car Vitale avait été beaucoup plus proche de Massino que Gravano ne l'avait été de John Gotti.

Désormais, Vitale serait surnommé « Good-Looking Rat » plutôt que « Good-Looking Sal ». Comme tous les témoins qui réclamaient une réduction de sentence, il dut déballer tout son sac. Et ce sac était rempli à ras bord. Il fournit tous les détails de ses propres crimes et des crimes des autres membres de la famille dont il avait eu connaissance. Il s'avoua coupable d'avoir participé à 11 meurtres.

Les avocats de la défense se rendirent à la prison de Brooklyn et informèrent Massino et Frank Lino de la défection de Vitale. Massino resta impassible : il s'y attendait depuis longtemps. Lino fut dévasté. Jusqu'alors, seul Frank Coppa pouvait l'impliquer dans le meurtre de Sonny Black Napolitano. Un bon avocat aurait peut-être réussi à discréditer Coppa et à convaincre le jury qu'il racontait n'importe quoi pour recouvrer sa liberté, mais voici que Vitale se préparait à corroborer le témoignage de Coppa. Lino ne montra aucun signe de faiblesse devant Massino, mais une fois à l'écart, il décida à son tour de témoigner pour le gouvernement.

La désertion de Salvatore Vitale et de Frank Lino allait provoquer la chute d'un homme se trouvant à plus de 500 kilomètres au nord : Vito Rizzuto. Tant Vitale que Lino avaient vu Rizzuto lors du massacre des trois capitaines rebelles de la famille Bonanno, en 1981 ; ils pouvaient témoigner qu'il était le principal tueur. Le lendemain de la tuerie, le FBI avait photographié Vito Rizzuto, Joe Massino, Gerlando Sciascia et un trafiquant d'héroïne sicilien nommé Giovanni Ligamarri, qui fut plus tard retrouvé pendu dans le sous-sol de sa maison : les quatre hommes quittaient un motel du Bronx. La photo alimentait les soupçons de la police, mais elle ne constituait pas une preuve de la participation de Rizzuto dans le triple meurtre.

Désormais, les autorités américaines détenaient cette preuve sous la forme de déclarations assermentées de Vitale et de Lino. Les Américains se préparèrent à réclamer son extradition en vertu du RICO Act. Comme cette loi sur le gangstérisme ne prévoyait pas de condamnation à mort, la collaboration des autorités canadiennes ne poserait aucun problème.

De sa prison de Brooklyn, Massino réussit à envoyer un message à un homme de confiance. Il lui demandait d'aller au Canada pour informer Vito de la trahison de Vitale. C'est finalement un membre de la famille Gambino qui se chargea de cette mission. La rencontre se tint dans le restaurant d'un centre commercial de Longueuil. Craignant une arrestation imminente, Vito quitta le pays deux semaines plus tard avec sa femme Giovanna. Ils passèrent les mois de mars, d'avril et de mai 2003 à Cuba et en République dominicaine. Leur fils Leonardo les conduisit à l'aéroport Montréal-Trudeau. Le commandant Mario Plante, responsable de la lutte contre le crime organisé à la police de Montréal, était nerveux : il craignait que le parrain de la mafia canadienne ne disparaisse quelque part sur la planète.

Mais Vito revint à Montréal. Il se fit très discret. Il évita de fréquenter le Consenza, où il avait l'habitude de rejoindre les quatre autres hommes forts du clan : son père Nicolò, Paolo Renda, Rocco Sollecito et Francesco Arcadi.

Au cours des années précédentes, les Hells Angels et les autres bandes de motards avaient été perçus comme les organisations criminelles les plus dangereuses au pays. Mais en 2003, le Service canadien de renseignements criminels (SCRC) notait que la mafia italienne avait regagné la première position au palmarès du crime en raison de la stabilité de son organisation, de sa discrétion et de son association avec presque tous les autres gangs. Le SCRC identifiait Vito comme « le parrain numéro Un au pays », une étiquette qui se trouvait déjà dans un document de Revenu Canada.

Le principal intéressé eut l'occasion de se prononcer sur le sujet lorsqu'il se présenta une nouvelle fois à la Cour municipale de Montréal pour répondre à l'accusation de conduite avec facultés affaiblies à la suite de son arrestation au volant de la Jeep de la compagnie OMG en mai 2002. Paul Cherry, journaliste à *The Gazette*, l'approcha pendant la pause et lui demanda ses commentaires. « Il ne s'agit là que d'allégations, dit-il. Je nie tout ce qu'ils disent. » Cherry lui demanda comment il se décrirait lui-même, sur un plan professionnel. Rizutto sourit et répondit : « I'm a jack of all trades », un homme touchant à tout, mais ne se spécialisant dans rien.

Ce jour gris de décembre 2003, à la Cour municipale, Vito fit semblant d'être insouciant. Il dit aux nombreux reporters qu'il ne comprenait pas pourquoi il attirait autant de spectateurs. Blaguant avec les caméramans, il couvrit son visage de son manteau noir, fit mine de foncer sur eux et leur dit qu'il se sentait comme un taureau dans l'arène.

Le taureau crânait, mais il était blessé. Comme des picadors, les transfuges de la famille Bonanno avaient enfoncé leurs lances dans son échine. Bientôt, la longue épée de la justice allait pointer sur son front. Il ne lui restait plus qu'un mois de liberté.

CHAPITRE QUATORZE

Le parrain sous écrou

Pour le commandant Mario Plante, la période des Fêtes fut loin d'être un moment de détente. La perspective de voir Vito Rizzuto lui filer entre les doigts ne cessait de le tarauder. Dès son retour au quartier général de la police de Montréal, en janvier 2004, il suggéra que l'on mit sur pied une opération de surveillance permanente. Les sergents détectives Nicodemo Milano et Pietro Poletti furent chargés de superviser trois équipes de filature. Relevant de la GRC, de la Sûreté du Québec et de la police de Montréal, les équipes se relayèrent pendant trois semaines pour suivre Rizzuto à la trace, 24 heures sur 24, 7 jours sur 7.

Milano et Poletti étudièrent dans le plus grand secret les documents d'extradition que leur avait soumis Me Ginette Gobeil, du ministère fédéral de la Justice. Ces documents décrivaient en détail le rôle de Rizzuto dans le massacre des trois capitaines. Pendant ce temps, les agents Yves Messier, de la SQ, et Patrick Franc Guimond, de la police de Montréal, compulsaient les dossiers d'archives afin de brosser un portrait complet du parrain de la mafia canadienne avant sa comparution devant le tribunal.

Plante se fit encore plus de mauvais sang lorsque parut un article de Jerry Capeci, le 15 janvier, dans ganglandnews.com, un site associé au *New York Sun*. « Des sources soutiennent que Rizzuto, 57 ans, était l'un des membres de l'équipe de tueurs qui a éliminé les capitaines Anthony "Sonny Red" Indelicato, Philip "Philly Lucky" Giaccone et Dominick "Big Trin" Trinchera dans un club social de Brooklyn », écrivait le réputé spécialiste new-yorkais de la mafia. Le reporter ajoutait que le nom de Rizzuto avait été mentionné par un délateur de haut rang dans la mafia, sans toutefois préciser qu'il s'agissait de Salvatore Vitale.

« Le fait que Vito Rizzuto, le fils de Nick Rizzuto, soit soupçonné d'avoir été impliqué dans ces meurtres est significatif, commentait Capeci. Cette information donne du poids à la thèse selon laquelle les factions siciliennes des Bonanno (à New York) et de Montréal sont associées. »

Interrogés, les policiers canadiens firent semblant de ne rien savoir. « Je ne suis pas au courant de cette information, autrement que par ce que j'en ai lu dans l'article de Jerry Capeci, mais si elle est vraie, on va assister à un coup sévère contre le crime organisé », déclara le superintendant Ben Soave, chef d'une section antimafia de la GRC à Toronto. Rizzuto, de son côté, continua de simuler l'indifférence. Au grand soulagement du commandant Mario Plante, il ne changea rien à sa routine. Suivant ses vieilles habitudes, il rencontrait ses amis et ses collaborateurs dans les restaurants de la Petite-Italie et rentrait aux petites heures dans sa demeure du quartier Saraguay pour y retrouver sa femme Giovanna. Celle-ci le mettait souvent en garde contre ses excès d'alcool.

* * *

Le 20 janvier, à 6 h 20, Vito Rizzuto dormait à poings fermés lorsque Milano et Poletti frappèrent à sa porte. Les deux sergents détectives étaient accompagnés par les membres d'une escouade spécialisée d'intervention dirigée par le sergent Gino Amorelli. Le soleil n'était pas encore levé. Les yeux plein de sommeil, Giovanna ouvrit la porte. Bientôt, la grande silhouette de Vito apparut, comme un spectre, en haut de l'escalier de marbre. Il portait un peignoir blanc et clignait des yeux. Le lustre imposant suspendu au plafond l'empêchait de voir le nombre de policiers qui l'attendaient dans le vestibule. Lorsqu'il descendit enfin l'escalier, les enquêteurs sentirent que son haleine était chargée d'alcool. Planté au milieu du salon, Milano lui annonça qu'il venait l'arrêter.

Comme s'il redoutait ce moment depuis un quart de siècle, Rizzuto demanda : « Est-ce pour cette affaire à New York ? » Les enquêteurs lui lurent ses droits en italien, puis l'invitèrent à s'habiller. Ils l'accompagnèrent jusque dans sa penderie. Vito enfila un pull noir à col roulé, puis fit glisser les cintres et choisit un veston et un pantalon chics, coupés dans des étoffes assorties. Menottes aux poignets, encadré par les policiers, il sortit dans le petit matin froid de janvier. Au bas de l'escalier extérieur, encore somnolent, il perdit pied sur une mince couche de glace. Un agent le retint par le bras pour l'empêcher de s'affaler sur le trottoir.

Giovanna le suivit du regard jusqu'à ce qu'il monte à l'arrière d'une voiture de police banalisée. Comme si elle pressentait qu'elle ne le reverrait pas de sitôt, elle attendit que le convoi s'ébranle et disparaisse dans l'aube blanchâtre avant de refermer lentement la porte. Les voitures quittèrent l'avenue Antoine-Berthelet et s'engagèrent dans le boulevard Gouin, le long de la rivière des Prairies. Vito, maintenant bien réveillé, se mit à questionner les deux agents qui l'entouraient. Il voulait savoir de quelle région d'Italie Milano et Poletti étaient originaires. Il demanda qui dirigeait l'opération policière. Il semblait calme, en parfaite maîtrise de ses gestes et de ses émotions.

Aussitôt arrivé au poste de la région nord de la police de Montréal, il téléphona à son avocat, Loris Cavaliere, qui s'empressa de venir le rejoindre. Cavaliere ne voulait pas prendre les instructions de son client au téléphone: il voulait lui parler en personne. À son arrivée au poste, les policiers lui tendirent des documents. Il les examina rapidement et s'enferma dans une petite pièce avec Rizzuto.

Après ce conciliabule, Vito passa le reste de la matinée dans sa cellule. En début d'après-midi, il fut emmené au palais de justice. Il avait les traits tirés, semblait fatigué et inquiet. Il inclina la tête lorsque le juge Réjean Paul, qui siégeait à la Cour supérieure pour sa comparution, résuma les graves accusations qui pesaient sur lui aux États-Unis. Son nom figurait sur une liste d'accusés en compagnie de 26 hommes aux surnoms aussi peu engageants que «Patty Muscles», «Mickey Bats» et «Joe Shakes» – tous membres de la famille Bonanno inculpés sous des chefs les plus divers, allant de la tricherie au baccara jusqu'aux assassinats.

Le secret qui avait entouré le massacre des trois capitaines pendant plus de deux décennies était finalement éventé. «Vito Rizzuto, soldat de la famille Bonanno, est accusé de meurtres multiples (…) plus spécifiquement de conspiration de meurtre, et des meurtres des capitaines de la famille Bonanno Alfonse "Sonny Red" Indelicato, Philip "Phil Lucky" Giaccone et Dominick "Big Trin" Trinchera», indiquait le document de 21 pages.

L'acte d'accusation décrivait les Bonanno comme «l'unique famille de la Cosa Nostra ayant une présence significative au Canada» et ajoutait que Vito Rizzuto était son représentant canadien «le plus influent». Cette fois, Vito n'était pas là pour répondre à une banale accusation d'ivresse au volant: il était passible d'une peine de 20 ans de prison pour meurtre et d'une amende de 250 000 $.

À en juger par l'ampleur des accusations, il était clair que la maison Bonanno était envahie par les traîtres. Un vent de panique faisait trembler ses murs. Quelques mois plus tôt, le FBI avait enregistré des propos particulièrement inquiétants à New York: Anthony Urso, alors *consigliere* et chef suppléant de la famille, évoquait la possibilité d'assassiner les enfants et les proches des délateurs. Il estimait que c'était le meilleur moyen de contrer la vague de trahison. Surnommé «Tony

Green», Urso avait escaladé tous les échelons hiérarchiques et gagné la confiance de Joe Massino. C'était lui que le parrain avait envoyé à Montréal, avec Salvatore Vitale, après le meurtre de Gerlando Sciascia, dit «George from. Canada». Urso et Vitale avaient proposé à Rizzuto de remplacer Sciascia au poste de capitaine responsable de la faction canadienne, mais il avait décliné l'offre.

«Vous devez jeter quelqu'un dans la rue, il faut que cela cesse, avait dit Urso à des membres de la famille Bonanno après l'arrestation de Joe Massino, en 2003. Tu as tourné ta veste, nous éliminons ta famille (…) Pourquoi les enfants des traîtres devraient-ils être heureux, alors que mes enfants ou vos enfants souffrent parce que je suis en taule pour la vie? (…) Tu vois, Louie, si tu prends un enfant, je déteste dire ça, mais si tu fais ce que tu as à faire, ils vont foutrement y penser à deux fois.»

Urso ignorait que ses paroles étaient enregistrées par Big Louie Tartaglione, qui avait accepté de porter un mouchard. Il fut arrêté le même jour que Vito Rizzuto, ainsi que son lieutenant, Joseph «Joe Sanders» Cammarano, sept capitaines ou anciens capitaines, et plusieurs soldats. Un procureur américain déclara que les arrestations étaient le résultat de «la plus vaste et la plus profonde infiltration policière dans une famille du crime organisé de New York».

Le vent de panique soufflait aussi à Montréal. Avenue Antoine-Berthelet, c'était le branle-bas de combat. Giovanna Rizzuto et les autres membres de sa famille tenaient réunion sur réunion pour préparer la défense de Vito et prendre la relève. Frank Campoli, le type d'OMG et cousin de Giovanna Rizzuto-Cammalleri, un des principaux associés de Vito en Ontario, fit le voyage depuis Toronto à quelques reprises pour participer aux délibérations.

Vito Rizzuto s'était déjà vanté auprès de Michel Auger, le vétéran des dossiers criminels au *Journal de Montréal*, d'être un homme qui faisait la paix, pas le trouble. «Je suis un médiateur, avait-il dit. Les gens viennent vers moi pour résoudre des conflits parce qu'ils croient en moi. Ils me respectent.» Il estimait qu'il avait le pouvoir de garder les rivaux à l'écart et de dissuader les criminels de multiplier les actes de violence dans les rues de Montréal.

Il n'avait pas complètement tort. Après l'arrestation de Rizzuto, le milieu interlope de la ville fut marqué par des incidents pour le moins déraisonnables. Des vendeurs de drogue indépendants se mirent à écouler leur camelote à tout vent, sans tenir compte des territoires sous le contrôle des différentes organisations criminelles, comme la mafia et les Hells Angels. C'était le cas d'Essy Navad Noroozi, alias Javad Mohammed Nozarian. Né en Iran, le truand importait de l'héroïne brune et bon marché depuis son pays natal ou depuis l'Afghanistan, ce qui lui avait déjà valu quelques séjours derrière les barreaux. Le 18 avril 2004, le caïd Lorenzo « Skunk » Giordano l'aperçut au Globe, un chic restaurant du boulevard Saint-Laurent. Il entreprit de le battre sur place, mais Nozarian sortit un revolver. Pendant que Giordanno lui assénait des coups de couteau à la tête et qu'un de ses acolytes tentait de l'immobiliser, un coup de feu partit, atteignant le trafiquant iranien dans les testicules. Deux enquêteurs, un de la GRC, l'autre de la police de Montréal, rendirent visite au blessé à l'hôpital, mais il refusa d'identifier son assaillant. Inquiets de cette montée de violence, les policiers rencontrèrent également Loris Cavaliere : l'avocat de Vito les assura qu'il allait faire part de leur inquiétude à qui de droit et affirma que les responsables de l'attaque allaient « arrêter de boire et de faire du trouble ». Une conversation captée grâce aux micros de la police placés dans les murs du Consenza laissa entendre que le message avait été transmis : Paolo Renda, le beau-frère de Vito, recommandait à Giordano de ne pas trop boire et de ne pas déclencher des fusillades qui risquaient « d'attirer l'attention ».

Giordano, 42 ans, et Francesco Del Balso, 36 ans, un autre matamore au sang chaud, fréquentaient Francesco Arcadi au Bar Laennec à Laval. La police avait caché des micros et des caméras dans ce lieu de rendez-vous de la nouvelle génération de mafieux siciliens. Le groupe d'Arcadi relevait du clan Rizzuto, mais la plupart des jeunes mafiosi qui le composaient n'avaient pas la sagesse des vieux loups comme le père de Vito ou Paolo Renda. Agressifs et irréfléchis, ils ne se souciaient guère des conséquences de leurs actes. Arcadi côtoyait les Syndicates, des subalternes des Rockers, le club-école des Hells Angels, et avait le caractère fougueux des motards. Il était endurci, mais il n'avait ni le charisme, ni la finesse, ni les qualités de leadership de Vito, ce qui allait provoquer bien des antagonismes tant à l'intérieur qu'à l'extérieur de la famille.

* * *

Des témoins vedettes étaient attendus au procès de Joe Massino, qui se tint pendant l'été 2004. Le chef de la famille Bonanno faisait face à une panoplie d'accusations de racketeering, incluant le prêt usuraire, le blanchiment d'argent, le pari illégal, les incendies criminels et les meurtres.

Un des témoins de la poursuite était un associé des Bonanno. Son absence de sang italien détonait. Duane « Goldie » Leisenheimer était de descendance allemande et irlandaise. Couvrant en partie ses oreilles et son front, son épaisse chevelure blonde rappelait la mode des premiers jours des Beatles. Massino, qui avait 14 ans de plus que lui, l'avait remarqué parmi les adolescents paumés de Maspeth, un quartier de Queens, et l'avait pris sous son aile. Il l'avait embauché comme assistant dans sa camionnette de vendeur ambulant. Massino ne se contentait pas d'offrir du café aux travailleurs du quartier. Sa camionnette servait de comptoir pour des trafics en tout genre. La tâche de Goldie consistait à le prévenir de l'arrivée des «mauvaises voitures», c'est-à-dire les voitures de patrouille de la police. Une confiance mutuelle s'installa petit à petit entre les deux hommes, si bien que Massino enrôla son protégé pour une mission délicate: l'aider à commettre son premier meurtre mafieux. Il voulait s'attirer la faveur du chef des Gambino, Paul Castellano. L'occasion se présenta en 1975. Surnommé le «Pape», Castellano avait été furieux lorsqu'il avait appris qu'un blanc-bec qui fréquentait sa fille disait qu'il ressemblait à un poulet. Dans un monde où l'orgueil règne en maître, le jeune insolent avait signé son arrêt de mort. Massino offrit son cadavre à Castellano en gage d'amitié.

Malgré ces nombreuses années de camaraderie, Goldie Leisenheimer savait que son absence de sang italien l'empêchait d'être intronisé en tant que membre à part entière de la famille, et qu'il était condamné à végéter dans l'ombre. Se détachant tranquillement des Bonanno, il ne se tourmenta pas outre mesure lorsque les autorités l'accusèrent de racketeering et lui proposèrent d'éviter la prison en témoignant contre son ancien mentor. Il accepta l'offre d'emblée.

Goldie raconta au procès de Massino ce qu'il savait du massacre des trois capitaines. Il déclara qu'il inspirait de la méfiance à Gerlando Sciascia, alors un des bras droits de Massino et officiellement capitaine de la faction montréalaise des Bonanno. C'était vrai. George from Canada n'était pas tranquille: il hésitait à commettre un meurtre d'une telle envergure avec un type aux cheveux blonds et aux yeux bleus. Massino avait pourtant réussi à le rassurer quant à la loyauté de son protégé. Sciascia avait accepté que Goldie conduise la voiture qui le mènerait, avec Vito Rizzuto et un autre Montréalais, jusqu'au club social de la 13e Avenue, dans Brooklyn, le lieu prévu pour le triple assassinat. Pendant que les balles sifflaient, Leisenheimer montait la garde dans sa voiture, à quelques pâtés de maisons du club, prêt à alerter l'équipe de Massino par walkie-talkie si des policiers se pointaient.

Josephine Massino assistait, impuissante, au procès de son mari. Tout ce qu'elle pouvait faire pour lui, c'était lui apporter des petits plats, des complets fraîchement repassés et des nouvelles sur les succès de sa petite-fille au softball. Elle achetait les plats au restaurant ou les préparait elle-même. Après tout, elle travaillait dans le domaine de la restauration avec Big Joey depuis plus de 40 ans. Le couple exploitait, dans la 60ᵉ Avenue, à Maspeth, le restaurant CasaBlanca, un établissement familial orné d'enseignes annonçant en lettres capitales les pâtes et les pizzas cuites au four de briques. La lumière tamisée se reflétait dans les miroirs recouverts d'une fine couche de bronze. Les serveuses étalaient les napperons sur les tables où trônaient des bouquets de fleurs en plastique. Les clients arrêtaient difficilement leur choix parmi les antipasti, les crevettes à l'origan, les escalopes de veau, les linguine au piment rôti et les desserts typiquement italiens, comme les sfogliatelle. « Le CasaBlanca : où vous êtes traités comme notre famille », pouvait-on lire sur la carte. Les murs étaient décorés de photos de comédiens qui avaient joué des rôles de gangsters au cinéma et qui avaient mangé au restaurant, comme Hugh Grant (*Mickey Blue Eyes*), James Caan (*The Godfather*) et même Johnny Depp (*Donnie Brasco*). Lorsque le pianiste ne jouait pas des morceaux choisis de Frank Sinatra, les hôtes inséraient des disques dans le lecteur et agrémentaient l'ambiance avec la trame sonore de *Godfather*.

Joe Massino était lui-même un excellent chef, qui aimait autant déguster que cuisiner. Il avait perdu beaucoup de poids, mais il se maintenait tout de même dans les 300 livres et la nourriture restait pour lui une source inépuisable de plaisir. Josephine s'assurait qu'il avait toujours un petit en-cas à avaler pendant les pauses au tribunal. Le boss de la famille Bonanno risquait de finir ses jours en prison. Il était aussi en attente d'un autre procès, pour le meurtre de Gerlando Sciascia, et celui-ci risquait de se terminer par une injection létale dans les veines. S'il y avait bien un homme qui avait besoin de nourriture réconfortante, c'était Big Joey Massino.

Josephine savait que le cœur de son mari saignait chaque fois qu'un ancien associé l'accablait avec un nouveau témoignage, comme Frank « Curly » Lino, par exemple. Lino expliqua à la cour les règles de l'appartenance à la mafia en Amérique du Nord.

« Bien, une fois que vous êtes un membre à part entière, vous n'avez pas le droit de manquer de respect à l'égard de la femme ou de la fille d'un autre membre. Vous n'avez pas le droit de collaborer avec le gouvernement. Et si vous êtes convoqué à une réunion, vous n'avez pas le droit de porter une arme.

— Qu'arrive-t-il si vous êtes convoqué à une réunion et que vous décidez de ne pas vous y rendre ? demanda le procureur Greg Andres.

— Vous êtes parti, répondit Lino.

— Que voulez-vous dire par "Vous êtes parti" ?

— Vous êtes mort. »

Le procès était déjà une épreuve pour Josephine, mais il se transforma en véritable calamité lorsque Salvatore Vitale commença à révéler tout ce qu'il savait sur son mari. Les deux hommes étaient des amis d'enfance. Massino lui avait appris à nager. C'est lui qui avait dirigé la cérémonie au cours de laquelle il avait été intronisé dans la mafia. Vitale avait été témoin à son mariage. Pis encore, Vitale était le jeune frère de Josephine.

Elle refusa de se lever lorsque le juge et Good-Looking Sal entrèrent dans la salle du tribunal. Elle resta assise, le visage fermé, dans la première rangée, avec ses deux filles, et s'arma de courage. Un peu plus tôt, elle avait confié à Kati Cornell Smith, du *New York Post*, que ses sentiments oscillaient entre l'amertume et l'incrédulité. « Il veut accabler Joe parce qu'il veut sauver sa peau », avait-elle dit à la journaliste, précisant que Sal Vitale avait conclu une entente avec les procureurs après avoir plaidé coupable à 11 meurtres. Elle ne comprenait pas que son frère soit tombé aussi bas. « C'est trop douloureux, dit-elle._ C'est une charge trop lourde à porter pour ma famille. »

Mais si sa sœur était anéantie, Good-Looking Sal, lui, ne paraissait nullement troublé lorsqu'il prit place dans le box des témoins. Suivant ses vieilles habitudes, il avait pris soin de bien peigner ses cheveux poivre et sel et d'enfiler un complet-veston fraîchement repassé. Les journalistes étaient assis trop loin pour savoir s'il s'était aspergé ou non de Boss, son eau de Cologne préférée, mais ils étaient assez près pour constater qu'il avait soigné son allure. Un membre de l'Associated Press écrivit qu'il était une « pâle version de George Hamilton », un comédien qui avait joué dans le *Parrain III*. Les enquêteurs antimafia estimaient que Good-Looking Sal ressemblait plutôt à une figurine tombée en bas d'un gâteau de mariage.

Sal ne prit pas de gants blancs pour exposer les secrets de la famille. « J'étais officiellement l'*underboss* de la famille criminelle Bonanno », annonça-t-il avec grandiloquence lorsque Greg Andres, le chef procureur, entama l'interrogatoire. Andres n'avait pas son pareil pour poser des questions directes. D'entrée de jeu, il demanda à Vitale s'il avait commis des crimes pour Massino.

« J'ai tué pour lui, répondit Vitale sans daigner jeter un regard à son imposant beau-frère. J'ai commis beaucoup de meurtres pour M. Massino (…) Chaque dollar que je gagnais, je le partageais avec lui. Il ne m'obligeait pas à le faire. Il a fait de moi ce que je suis. Il a fait de moi un *goodfella* (un mafioso). »

Il déclara à la cour qu'il avait été personnellement impliqué dans « des incendies criminels, des braquages de camions, des entrées par effraction, de l'extorsion et du prêt usuraire». Un reporter du *New York Times* nota qu'il «décrivait les assassinats, les combines et les complots comme un comptable énumère les profits et les pertes». Néanmoins, Vitale s'embrouilla lorsqu'il tenta de se souvenir des noms de toutes les victimes des meurtres auxquels il avait participé. Non pas qu'il cherchât à dissimuler la vérité. Le motif était plus trivial : les victimes étaient tout simplement trop nombreuses.

C'est sans bafouiller qu'il expliqua pourquoi il se retournait contre son beau-frère et meilleur ami. Il affirma que Joe Massino avait été le premier à le trahir : il l'avait mis à l'écart, alors qu'il détenait le titre d'*underboss*. Lorsque Massino avait été jeté en prison, Vitale avait goûté brièvement au pouvoir en le remplaçant à la tête de la famille Bonanno. Mais après sa libération, Massino avait changé la structure de la famille et fait en sorte qu'aucun capitaine ne soit désormais tenu de se rapporter à Vitale. Dans les faits, Good-Looking Sal fut privé de tout pouvoir. La chute s'annonça brutale quand Massino lui interdit d'accepter les cadeaux que lui offraient traditionnellement les capitaines à Noël.

«Vous êtes plus ou moins mis de côté, dit-il à la cour. Vous avez le titre, mais vous ne faites rien (…) J'ai eu l'impression que personne ne subviendrait aux besoins de ma femme et de mes enfants (pendant qu'il était en prison). C'est pourquoi j'ai décidé de faire ce que je fais aujourd'hui.»

Sa sœur et ses nièces frémirent en entendant ces allusions à la vie de la famille. Vitale poursuivit sur la même lancée et déclara que, contrairement à son beau-frère, il avait pris soin de sa sœur Josephine lorsque Big Joey était en prison. Assis dans le box des accusés, ce dernier ne broncha pas. Mais c'en était trop pour sa fille, Joanne, 37 ans : elle se leva d'un bond et quitta la salle d'audience.

Quelques mois plus tôt, la divulgation d'un tel amalgame d'histoires familiales et mafieuses aurait été impensable. Mais ce jour-là, plus rien ne pouvait empêcher Vitale de déballer son sac. Il leva le voile sur les secrets que les *goodfellas* avaient dissimulés jusque-là, et sur les derniers moments de leurs victimes. En plus d'avouer ses propres crimes, il décrivit en détail ceux des autres associés de Big Joey, aux surnoms aussi saugrenus que «Dirty Danny», «Louie Bagel» et «Monkey Man». On tuait pour tout et pour rien chez les Bonanno. On assassinait pour des raisons aussi futiles que la vente d'une Rolex contrefaite à un capitaine de la famille. Ou pour des raisons sérieuses : c'était bel et bien pour consolider le pouvoir de Joe Massino que les trois capitaines rebelles avaient été liquidés en 1981, expliqua Vitale. L'exécution de Dominick «Sonny Black» Napolitano répondait à un autre motif : dans son cas, la peine de mort avait été promulguée parce qu'il avait introduit l'agent du FBI Donnie Brasco dans les rangs de la famille.

Joe Massino, qui était diabétique, tentait d'éteindre le volcan qui bouillait en lui en léchant des sucettes. Aiguillonné par les questions pointues de Greg Andres, Good-Looking Sal décortiquait tous les crimes, des plus petits aux plus importants. Il raconta comment des tapis persans étaient passés en contrebande au Canada, ou comment l'argent était prêté dans les rues de New York à un taux annuel de 75 %. Il se transforma malgré lui en professeur de linguistique : l'assistance apprit quel était le sens exact des nombreux euphémismes qui émaillent le jargon de la Cosa Nostra. On ne tuait pas les victimes, on les « conditionnait ». Et comment se faisait ce « packaging » ? demanda Andres. Vitale se souvenait d'avoir mis fin à la vie de deux individus en leur tirant des balles à l'arrière de la tête, mais il ne se rappelait pas d'avoir visé entre les deux yeux d'une victime, ni de l'avoir abattue de face.

L'avocat de Joe Massino, David Breitbart, l'accusa de mentir pour éviter la peine de mort et affirma qu'il utilisait Andres et son équipe de procureurs pour faire culbuter Massino. Breitbard ajouta que Vitale avait planifié l'assassinat de son client avec John Gotti, voisin et soidisant ami de Massino.

Nullement troublé, Vitale aborda des sujets très personnels. Il parla des problèmes de son fils et des séances de thérapie familiale. Un jour, raconta-t-il, son garçon revint à la maison avec des balafres au visage. Il affirmait avoir été attaqué par un sans-abri. Fou de rage, Vitale demanda l'aide de deux partenaires pour retrouver le coupable. La chasse dura deux mois. Ils crurent identifier le sans-abri et décidèrent de lui faire la peau avec un pic à glace. Le pauvre homme réussit à se sauver lorsque le pic s'empêtra dans ses haillons. La vérité éclata un peu plus tard. « Mon fils avait lui-même entaillé son visage, expliqua Vitale. Il l'a avoué durant une séance de thérapie. »

Nul besoin d'être psychologue pour deviner d'où provenait le comportement erratique du fils. Au début des années 1990, lorsqu'un simple soldat de la famille Bonanno pensa bien faire en lui offrant un faux emploi à la distribution du *New York Post*, Vitale eut un de ces accès de colère dont il avait le secret. Il refusait que son fils soit payé à ne rien faire. Il voulait qu'il retourne au collège. « J'ai bondi au-dessus de la table à café et j'ai pris mon fils par la gorge, raconta-t-il au tribunal. Je lui ai crié de ne jamais retourner au *New York Post*. »

Pour Josephine Massino, le témoignage de son frère était une pénible expérience quotidienne. Le quatrième jour, le dégoût qu'il lui inspirait atteignit son paroxysme. Good-Looking Sal révéla que Joe Massino avait outrepassé ses pouvoirs lorsqu'il l'avait intégré dans la famille Bonanno en raison de leur amitié et de leurs liens familiaux. Les vieilles règles de la Cosa Nostra interdisaient l'intronisation de tout membre qui avait déjà travaillé dans les services correctionnels de l'État. Or, Sal avait touché un salaire pendant un an en tant que gardien de prison dans le Queens.

« M. Massino savait-il que vous aviez été un agent correctionnel ? demanda Andres.

— Il savait », répondit Vitale.

Après ce témoignage, Josephine se vida le cœur devant John Marzulli, journaliste au *New York Daily News*. « Je ne veux plus jamais le voir, lui dit-elle. Il est ma chair et mon sang, mais comment pourrais-je lui pardonner non seulement pour ce qu'il m'a fait, mais pour ce qu'il a fait à mon mari et au père de mes enfants ? » Elle avait remarqué que son frère ne l'avait pas regardée une seule fois pendant cette quatrième journée de témoignage, alors qu'elle était assise à la première rangée. Après la pause, elle avait eu l'impression qu'il faisait exprès de tourner le fer dans la plaie. Vitale disait qu'il avait été envahi par un sentiment de mépris envers son beau-frère lorsqu'il avait été arrêté avec lui. « Je me suis dit qu'il ne méritait pas l'honneur de s'asseoir à côté de moi, déclara-t-il. J'ai repensé au fait que M. Massino avait éloigné de moi sa femme et ses enfants. »

Breitbart voulait savoir comment Good-Looking Sal pouvait se souvenir de la date exacte du massacre des trois capitaines, plus de deux décennies après le triple assassinat. « Mes fils sont nés le 3 mai et le 5 mai, alors je ne pourrai jamais oublier qu'il s'agissait du 5 mai », répondit-il. Il répéta que Vito Rizzuto avait été le principal tueur, et que le signal du massacre avait été donné par Gerlando Sciascia lorsqu'il s'était passé la main dans les cheveux.

Le jury ne prit que quatre jours pour déterminer le sort de Joe Massino. Le 30 juillet 2004, la présidente du jury lut pendant 10 minutes toutes les accusations portées contre lui. Elle terminait la lecture de chaque accusation en levant la tête et en prononçant le mot fatidique : coupable. Big Joey était coupable de racketeering, de complot pour prêt usuraire, de complot pour incendie criminel, des meurtres de Philip Giaccone, Dominick Trinchera, Alphonse Indelicato, Dominick « Sonny Black » Napolitano, Anthony Mira, Cesare « Tall Guy » Bonventre et Gabriel Infanti, de tentative de meurtre sur l'agent syndical Anthony Giliberti, de complot d'extorsion, de blanchiment d'argent, de paris sportifs illégaux, etc. Le jury ne l'acquittait d'aucun chef d'accusation. Il regarda sa femme et haussa les épaules. Josephine garda son calme. Pendant la lecture des conclusions du jury, elle fixa le sol, jetant de temps à autre un coup d'œil à Adeline, sa fille de 43 ans. «On n'a pas eu un seul acquittement», murmura Adeline.

Les autorités gouvernementales voulant récupérer quelque 10 millions de dollars mal acquis, la famille Massino risquait de perdre sa maison et le CasaBlanca. Aux journalistes qui la questionnaient à la sortie de la salle d'audience, Josephine répondit sèchement: «Je n'ai rien à dire.» Sa fille Joanne, qui était restée chez elle pendant le prononcé du verdict, se montra moins avare de paroles. «Je ne comprends pas, déclara-t-elle au *Newsday*. Je ne comprends pas les contradictions de ces délateurs. C'est vraiment dégoûtant. J'espère que mon oncle (Vitale) va tomber raide mort, je l'espère vraiment.»

Il n'y avait pas si longtemps, Joe Massino s'était félicité qu'aucun membre de la famille Bonanno ne fut devenu un témoin à charge pour le gouvernement. Mais dans son seul procès, il en avait vu sept. Sept hommes en qui il avait confiance. Par leur faute, il risquait d'écoper d'une peine d'emprisonnement à perpétuité, ou pis encore. Il lui restait encore à subir un procès pour le meurtre de Gerlando Sciascia, alias «George from Canada». Il était accusé d'avoir commis ce meurtre dans un dessein de racketeering, crime punissable de la peine capitale. Big Joey risquait d'avoir l'insigne honneur d'être le premier chef mafieux américain à être exécuté depuis des décennies, et cela pour avoir dit trois petits mots à Good-Looking Sal Vitale: «George doit partir.»

* * *

En prison depuis janvier, Vito Rizzuto essayait désespérément d'obtenir une libération sous caution. Sa première requête avait été rejetée par la Cour supérieure. Il s'adressa à la Cour d'appel: le juge François Doyon fit connaître sa décision en août 2004, une semaine après la condamnation de Massino à New York. Il rejetait le pourvoi en cassation et ordonnait que Rizzuto demeure incarcéré jusqu'à ce que la cour se prononce sur son extradition aux États-Unis.

Les observateurs s'interrogèrent sur la stratégie adoptée par les avocats de Rizzuto. Ils avaient encouragé leur client à faire de nombreux aveux dans une déclaration écrite, qu'ils avaient ensuite annexée à son pourvoi. En faisant ces aveux, croyaient-ils, ils empêcheraient l'enquête sur caution de s'éterniser et, surtout, ils éviteraient que des policiers viennent l'accabler davantage. D'autres membres du clan auraient alors risqué de se trouver dans l'embarras. Mais, aveux ou pas, la police remit un rapport très incriminant au juge Doyon.

Dans son pourvoi en cassation, Vito admettait être resté membre de la mafia depuis 1981, l'année du meurtre des trois capitaines. Il reconnaissait qu'une promotion au sein de la famille Bonanno lui avait été proposée en 1999. Il disait avoir eu «des fréquentations constantes avec des gens pourvus de lourds casiers judiciaires ou œuvrant dans les hautes sphères du crime organisé, notamment dans le trafic de stupéfiants et dans le blanchiment d'argent». Certains le décrivaient comme «le chef, le patron, ou celui qui met les gens en place». Il ne le niait pas. Il reconnaissait enfin qu'il s'était comporté comme «un homme d'influence au sein du crime organisé».

Cette confession ne lui fut d'aucune utilité. Le juge François Doyon s'attarda sur les détails que l'accusé avait passés sous silence, et qui étaient consignés dans le rapport rédigé par le sergent-détective Nicodemo Milano. Quelque chose clochait dans le bilan des revenus et des dépenses du parrain montréalais. Rizzuto n'avait pas d'emploi connu autre que celui qu'il prétendait occuper chez Construction Renda. Cette société avait déclaré des revenus de 8031 $ en 2002 et de 34 032 $ en 2003. Rien qui puisse expliquer son train de vie.

Rizzuto se présentait comme un homme d'affaires, mais, curieusement, il n'avait ni cartes de crédit ni comptes en banque, hormis un compte conjoint avec sa femme. Par contre, de 1980 à 1985, il avait eu des procurations sur des comptes suisses pour des membres de sa famille. Depuis 2001, Rizzuto avait effectué des voyages dans huit pays, notamment au Mexique (à Acapulco), à Cuba, à Saint-Christophe (une petite île des Antilles mieux connue sous nom anglais de St. Kitts), aux Bahamas et en République dominicaine. Aucune voiture n'était immatriculée à son nom. Pourtant, il avait souvent été vu au volant d'une fourgonnette ou de luxueuses voitures sport, indiquait le rapport de police.

Rizzuto avait passé sous silence un autre fait, à savoir qu'il s'était enrichi notamment grâce au prêt usuraire. Feignant d'être un gros parieur, le policier Nicodemo Milano avait rencontré un certain Giuseppe Triassi au bar Le Cheval, un établissement du Casino de Montréal. Originaire de Sicile, Triassi lui avait confié qu'il travaillait pour Vito depuis au moins 20 ans. Il lui avait précisé du même souffle qu'il prêtait de l'argent à un taux d'intérêt de 10%… par trois jours. À plusieurs reprises, la police avait vu Triassi apporter les bénéfices au Consenza.

Rizzuto avait été aperçu en compagnie de criminels dans des hôtels, des restaurants, des terrains de golf, et lors de matchs de boxe à Montréal et à Cornwall. Le rapport dressait une liste d'une cinquantaine de mafiosi qu'il avait côtoyés à diverses occasions à Montréal,

Toronto, New York et ailleurs, souvent lors d'événements sociaux, mariages, fêtes d'anniversaire et funérailles.

« Ce rapport, et la preuve dans son ensemble, révèle que l'appelant a passé à tout le moins les 25 dernières années dans un environnement hautement criminalisé, conclut le juge Doyon. De fait, dans le cadre de cette audience, les parties ont admis qu'il était un membre de la mafia depuis 1981. La participation du défendeur dans les activités criminelles de la famille Bonanno et, plus généralement, dans la mafia depuis bon nombre d'années, ainsi que l'importance de son rôle et le respect dont il jouit dans l'organisation, lui donnent accès à diverses ressources. » Bref, le juge estimait que Vito Rizzuto avait les ressources nécessaires pour disparaître s'il était libéré.

Ce même mois, Frank Cotroni fut emporté par un cancer, à l'âge de 72 ans. À supposer que la vie éternelle existe, il rejoignait en enfer ou au paradis le vieux Joseph Bonanno, mort deux ans avant lui à l'âge vénérable de 97 ans. Une page était tournée dans l'histoire de la mafia nord-américaine et montréalaise. Fondateur de la famille éponyme, Bonanno avait côtoyé les personnages mythiques du crime organisé des États-Unis, comme Lucky Luciano et Al Capone. C'est lui qui avait envoyé Carmine Galante à Montréal avec le mandat d'y moderniser la pègre. De pair avec son cousin Stefano Magaddino, qui régnait sur l'Ontario depuis Buffalo, il pouvait être crédité pour avoir été un des parrains de la mafia canadienne. Dans un milieu où les hommes tombent souvent à la fleur de l'âge, fauchés par les balles, Cotroni et Bonanno avaient ceci en commun qu'ils quittaient ce monde comme la plupart des mortels, des suites d'une maladie et de la vieillesse. Joe Bonanno rendit l'âme le 10 mai 2002 dans sa retraite de l'Arizona. Depuis qu'il avait révélé certains secrets dans son autobiographie, ses successeurs le considéraient comme un renégat. Aucun soldat de la famille Bonanno, rebaptisée famille Massino par Joe Massino, ne se déplaça pour ses funérailles.

En revanche, Nicolò Rizzuto, le père de Vito, alla rendre hommage à Frank Cotroni au salon funéraire Loreto et à l'église Notre-Dame-de-la-Défense, rue Dante. Les Siciliens se tinrent à l'écart pendant que des proches du défunt lâchaient 72 colombes blanches dans le ciel de la Petite-Italie pour saluer les 72 années pourtant pas particulièrement pacifiques passées sur terre par le disparu.

* * *

En octobre 2004, soit neuf mois après son emprisonnement, Vito dut se demander combien de « rats » couraient dans la maison Bonanno, à New York. Les nouvelles circulent vite dans le monde interlope et traversent sans peine les murs des prisons. Les dernières en date n'avaient rien pour le rassurer.

Groupés autour d'une excavatrice et armés de pelles, une douzaine d'agents du FBI et d'autres policiers remuaient la boue d'un terrain marécageux au sud d'Ozone Park, aux limites des districts de Queens et de Brooklyn, non loin de l'endroit où, 23 ans plus tôt, des enfants avaient vu émerger la main de Sonny Red Indelicato. Après avoir percé des dalles de ciment, les policiers exhumèrent les restes des corps de Dominick « Big Trin » Trinchera et de Philip « Philly Lucky » Giacone.

Le marécage était connu comme le cimetière clandestin de la famille la plus puissante de New York, celle des Gambino. Ces derniers avaient gracieusement cédé des parcelles aux fossoyeurs des Bonanno. Tant qu'à creuser, les agents du FBI espéraient moissonner d'autres macchabées. Ils se disaient qu'avec un peu de chance, ils pourraient déterrer le corps de John Favara, un ancien voisin de John Gotti, le chef des Gambino.

En mars 1980, le deuxième fils de Gotti, Frank, âgé de 12 ans, roulait dans la rue sur son petit cyclomoteur. Favara, qui arrivait en voiture, le renversa et le blessa mortellement. L'enquête prouva qu'il s'agissait d'un accident. Favara connaissait bien le petit garçon : ses propres enfants avaient l'habitude de jouer avec lui. Quand il voulut présenter ses excuses et offrir ses sympathies, la femme de Gotti brandit une batte de baseball. Des menaces de mort furent déposées dans sa boîte aux lettres. Quelqu'un écrivit le mot « assassin » sur sa voiture avec une bombe de peinture.

Favara avait décidé de quitter le quartier. Quatre mois après l'accident, il traversait le parking du magasin de meubles où il travaillait lorsque, selon des témoins, un homme l'assomma avec un bâton. Des complices l'aidèrent à le jeter dans une fourgonnette. On ne le revit plus jamais.

Les policiers se demandaient aussi s'ils ne trouveraient pas les restes de Tommy DeSimone, qui avait été exécuté tout juste après Noël 1978 parce qu'il avait tué deux hommes de Gotti. DeSimone fut en quelque sorte immortalisé lorsque le comédien Joe Pesci joua son rôle dans *Goodfellas*, un film à succès. Les espoirs de retrouver Favara ou DeSimone furent déçus. En contre-partie, il était évident que le FBI savait exactement où récupérer les corps de Trinchera et de Giaccone. Un délateur avait éventé le secret. Mais qui était cet homme ?

Les soupçons se tournèrent vers le plus improbable des délateurs : Joseph Massino en personne.

La nouvelle tomba en janvier 2005. Les détails furent publiés sous les manchettes des tabloïds. « *Mob Boss a Rat* » (Un boss de la maf est un traître), titrait le *New York Daily News* en grosses lettres criardes. «*Canary on Top Perch – Godfather Turncoat*» (Un canari au haut du perchoir – Un parrain retourne sa veste), titrait le *Post*.

Personne ne pouvait être aussi frappé de stupeur que Josephine Massino. Née en Sicile et élevée dans le Queens, elle s'était liée à Joe dès qu'elle l'avait rencontré à l'âge de 13 ans. Ils avaient tous les deux 17 ans lorsqu'ils s'étaient mariés. Elle l'avait soutenu dans toutes ses épreuves, quand il subissait des procès ou quand il était jeté en prison. Le fait que son mari soit devenu une barrique débordant de graisse n'avait pas altéré son amour, et elle lui était même restée fidèle lorsqu'il avait pris une maîtresse dans les montagnes Poconos, en Pennsylvanie, où il se cachait de la police. Elle s'était résignée à l'idée de quitter sa vaste demeure de Howard Beach, d'évincer sa belle-mère de sa maison de Maspeth, d'abandonner son restaurant et de vendre toutes les propriétés familiales afin de payer l'amende de 10 millions de dollars imposée par le gouvernement. Mais rien ne la préparait à une nouvelle aussi choquante. Ce qu'elle lut ce jour-là dans les tabloïds dépassait l'entendement. Son mari était coupable de quelque chose d'encore plus répréhensible que l'infidélité ou le meurtre.

Les articles précisaient que Joe Massino avait décidé de collaborer avec le gouvernement fédéral peu après sa condamnation pour racketeering, en août précédent. Ainsi, l'homme qui avait interdit aux membres de la famille Bonanno de prononcer son nom coopérait depuis six mois avec le FBI. Il avait porté un mouchard pour enregistrer ses conversations avec des membres des Bonanno qui se trouvaient dans la même prison que lui, mais qui n'avaient pas trahi l'organisation.

Vincent Basciano était l'un de ceux-là. Massino l'avait hissé au poste suprême, celui de chef suppléant, avec la mission de diriger les opérations dans la rue. Surnommé «Vinny Gorgeous», Basciano avait rejoint Big Joey au Centre métropolitain de Brooklyn en novembre. Ne sachant pas qu'il était enregistré, il avait consulté Massino sur son projet : faire descendre le zélé procureur Greg Andres. Big Joey avait gardé précieusement l'enregistrement. Il avait désormais une carte maîtresse dans son jeu. En refilant l'information au FBI, il sauvait la peau d'Andres. En échange, il voulait qu'on sauve la sienne. Il offrit de témoigner contre Basciano.

Le gouvernement acceptait de lui épargner l'exécution pour sa responsabilité dans le meurtre de Sciascia, et acceptait aussi d'oublier une bonne partie de l'amende de 10 millions de dollars. La femme et la mère de Joe Massino pourraient garder leurs maisons. Malgré cela, Josephine Massino avait l'impression que le rocher de Gibraltar s'écroulait sous ses pieds. Il n'y avait pas si longtemps, les journaux de New York soulignaient que son mari était « le dernier des parrains », les chefs des autres familles étant tous en prison. Maintenant, elle se retrouvait dans une zone ignominieuse de l'histoire de la mafia : elle devenait la femme du premier chef mafieux de New York à collaborer avec la police. Elle et sa famille avaient été considérées comme des aristocrates de la Cosa Nostra. Désormais, elles étaient perçues comme des lépreuses.

Les secousses sismiques provoquées par la trahison de Massino ébranlèrent non seulement les Bonanno, mais aussi les Gambino. En raison de son amitié avec son chef John Gotti, Massino connaissait beaucoup de secrets sur la principale famille mafieuse de New York. La peur étreignit aussi les Genovese, les Colombo et les Lucchese. Dans les mois suivants, plusieurs Bonanno qui avaient eu des responsabilités élevées plaidèrent coupable aux accusations de racketeering et de meurtre, notamment Anthony « Tony Green » Urso, ancien *consigliere*, puis chef suppléant ; Joseph Cammarano, qui avait déjà été *underboss* ; et le soldat Louis Restivo. Les plaidoyers de culpabilité épargnaient d'importants coûts juridiques à leurs familles et leur évitaient de voir tous leurs biens saisis. Leur patron étant passé dans le camp adverse, ils savaient qu'ils n'avaient aucune chance d'être acquittés.

Même les femmes des victimes de Big Joey crachèrent leur mépris envers Massino. « À mes yeux, ce type est une mauviette », déclara Donna Trinchera, la veuve du capitaine Dominick « Big Trin » Trinchera, au journaliste John Marzulli du *Daily News*. Les filles de Big Joey, qui avaient vaillamment assisté au procès, ne cachèrent pas l'écœurement que leur inspirait leur père. « Je ne veux plus rien savoir de lui, j'ai honte qu'il soit mon père », dit Joanne Massino, 37 ans. Adeline, sa sœur aînée, ajouta qu'elle ne comprenait pas que son père ait pu faire une telle chose. « Nous avons soutenu papa pendant le procès, mais, désormais, il nous est impossible de le soutenir et de l'approuver », écrivit-elle dans un courriel adressé à un journaliste.

Josephine refusa d'assister au prononcé de la sentence. Quelques minutes plus tôt, Massino fit cette confession : « En tant que chef de la famille Bonanno, j'ai donné l'ordre (…) de tuer George from Canada (Gerlando Sciascia) ». Quelques minutes plus tard, il était condamné à la prison à perpétuité.

La défection de son chef ne pouvait survenir à un moment plus dramatique pour Vito Rizzuto, qui combattait avec l'énergie du désespoir son extradition aux États-Unis pour le massacre des trois capitaines.

CHAPITRE QUINZE

Les relations exquises

Les révélations qui tombaient en rafale à New York n'inquiétaient pas seulement Vito Rizzuto, elles donnaient des sueurs froides à un Canadien beaucoup plus connu du public : Alfonso Gagliano, député fédéral de Saint-Léonard de 1984 à 2002, grand responsable du Parti libéral du Canada au Québec, ministre du Travail, puis des Travaux publics dans le gouvernement de Jean Chrétien, et ambassadeur au Danemark jusqu'à son rapatriement forcé en février 2004.

Depuis plusieurs années, le parlement canadien bruissait de mille et une rumeurs sur ses liaisons présumées avec la mafia. Une toile de soupçons enveloppait le puissant ministre. Il avait tenté de s'en dépêtrer à plus d'une reprise. Les séances d'explications étaient parfois pénibles. Un député de l'opposition avait déjà fredonné le thème musical du film *Le Parrain* en pleine Chambre des communes.

Jusqu'alors, Gagliano avait dû répondre à des questions sur ses fréquentations et sur les raisons qui l'avaient amené à rendre service à des individus peu recommandables. Le 17 novembre 2004, le *New York Daily News* publiait des allégations bien plus graves. Frank «Curly» Lino, l'ex-capitaine de la famille Bonanno devenu informateur pour le FBI, affirmait que Gagliano était un membre en règle de la mafia. Lino était ce *capo* qui avait assisté bien malgré lui au massacre des trois capitaines. C'était lui qui avait poussé Sonny Black Napolitano en bas d'un escalier, sur les lieux de son exécution, parce qu'il avait permis à l'agent Joe Pistone de s'infiltrer dans la famille Bonanno sous le nom de Donnie Brasco. Retournant sa veste, Curly Lino avait témoigné contre Joe Massino au printemps 2004.

Dans sa déposition au FBI, Lino affirmait avoir rencontré Gagliano dans une salle de réception de Saint-Léonard au début des années 1990. Il accompagnait des leaders de la famille Bonanno. Le chef des Bonanno, Philip Rastelli, étant mort des suites d'un cancer du foie, la délégation new-yorkaise venait annoncer à la faction montréalaise que Joe Massino lui succédait à la tête de la famille. Les agents du FBI

Christine Grubert et Jay Kramer notèrent dans leur rapport que, par la même occasion, Anthony Spero avait été présenté aux Montréalais comme le nouveau *consigliere*. Spero était accompagné de Frank Lino, Frank Porco, Anthony Canale, Anthony Basile et Gerlando Sciascia, l'ambassadeur des Américains auprès des Canadiens. Seuls les membres en règle étaient autorisés à participer au repas. Les associés n'étaient pas admis.

Selon le résumé que fit le FBI lors de la déposition de Frank Lino, Giuseppe LoPresti présenta Alfonso Gagliano aux Américains. Comme toute société secrète, la mafia avait instauré de strictes règles de sécurité. L'un des plus importants interdits est qu'un membre «établi» ne peut divulguer son appartenance à l'organisation. Les présentations entre deux membres doivent être faites par l'intermédiaire d'un membre connu des deux premiers. Né à Cattolica Eraclea comme Vito Rizzuto, LoPresti était l'ambassadeur de la faction montréalaise auprès de la famille Bonanno. «J'ai socialisé avec Gagliano pendant cette rencontre avec Vito Rizzutto (sic)», déclara Frank Lino au FBI (qui fit une faute en transcrivant le nom de Rizzuto). Frank «Curly» avait reconnu Gagliano sur une photo que lui avaient montrée les enquêteurs au cours de l'interrogatoire. Il ajouta qu'il le vit à d'autres occasions.

Les délégués de la famille Bonanno profitèrent de leur visite à Montréal pour assister à un match de baseball entre les Expos et les Mets de New York. Les billets leur avaient été fournis par John Franco, l'un des meilleurs lanceurs de relève des Mets. Le lanceur gaucher était une bonne connaissance de Frank Lino. Son frère, James Franco, qui travaillait au Shea Stadium, dans le district de Queens, fréquentait des membres de la mafia. Il avait offert des billets à plus d'une reprise à Lino et à d'autres membres de la famille Bonanno, et il les invitait souvent à fraterniser avec les Mets après les matchs.

Après le match au Stade Olympique, les Bonanno se rendirent au vestiaire des Mets et passèrent le reste de la soirée avec certains d'entre eux. La nuit tombée, ils firent une tournée des boîtes de nuit de Montréal avec Rizzuto et LoPresti.

Les informations sur cette fameuse journée commencèrent à filtrer dans les quotidiens new-yorkais en octobre 2004. Le lanceur John Franco fut le premier à devoir se défendre: les Mets et les officiels des ligues majeures du baseball avaient exigé qu'il s'explique. Ils mettaient régulièrement les joueurs en garde contre de mauvaises fréquentations susceptibles de ternir leur réputation. Qu'une amitié aussi trouble fut exposée en long et en large dans les pages sportives des journaux n'avait rien pour leur plaire. Né à Brooklyn dans la communauté italienne, Franco publia un bref communiqué. Il ne nia rien : « Je suis fier d'être un Italo-Américain et d'avoir toujours vécu de façon respectable », écrivit-il. Âgé de 44 ans, le releveur voyait déjà sa carrière décliner. Les Mets ne renouvelèrent pas son contrat et il sombra bientôt dans l'oubli. Le scandale qui allait exploser quelques semaines plus tard au nord du 45e parallèle eut une tout autre envergure : il éclaboussa un des personnages politiques canadiens les plus influents.

Frank Lino ne se souvenait pas de la date de la rencontre à Montréal. On peut déduire de ses propos qu'elle eut lieu entre le 24 juin 1991, jour de la mort de Phillip Rastelli, et le 29 avril 1992, jour de l'assassinat de Joe LoPresti. À cette époque, les Mets disputèrent deux séries de matchs au Stade Olympique, la première entre le 1er et le 4 juillet 1991, la deuxième entre le 17 et le 19 avril 1992. Joe Massino n'aurait pas attendu presque un an après la mort de Rastelli pour annoncer son couronnement à la faction montréalaise. Selon toute vraisemblance, il le fit dans les jours suivants, soit en juillet 1991.

L'article du 17 novembre 2004 qui laissait entendre que Gagliano était un membre en règle de la mafia fit l'effet d'une bombe à Ottawa. Stephen Harper, alors chef de l'opposition et futur premier ministre conservateur, pressa le premier ministre Paul Martin de donner des explications. « Selon un rapport publié dans le *Daily News* de New York, le FBI a lié l'ancien ministre libéral Alfonso Gagliano à la famille criminelle Bonanno, déclara Harper en Chambre. Selon le rapport, il était l'homme de main de cette organisation criminelle pendant les années 1990. Ma question est très simple. Quand le gouvernement a-t-il pris connaissance de ces informations ? »

Jean Chrétien était très proche de Gagliano, qui l'avait aidé à se hisser à la tête du Parti libéral. Son successeur, Paul Martin, opta pour la prudence, même s'il n'avait aucun atome crochu avec l'ancien ministre. « Je n'ai pas vu le rapport, répondit-il. Cela étant dit, ce sont des allégations très sérieuses. Je pense qu'on ne doit pas répéter ou accepter des allégations d'une telle nature de façon prématurée. On devrait attendre d'avoir les faits. »

Harper revint à la charge. « Je conviens que nous devrions recueillir les faits, dit-il. Selon des documents du FBI, l'ancien ministre libéral et ambassadeur Alfonso Gagliano aurait entretenu des liens avec le crime organisé. Dans les années 1990, il aurait été un membre en règle (*made man*) de la famille criminelle Bonanno, de Brooklyn. Ma question est simple. Étant donné que M. Gagliano a été ministre puis ambassadeur au cours de ces années-là, le gouvernement était-il au courant de ces faits, et quand a-t-il pris connaissance de ces allégations ? »

Paul Martin répéta qu'il n'était au courant de rien, et qu'il fallait rester prudent. Il était difficile de vérifier la crédibilité du dénonciateur. Curly Lino, un vieux renard de 66 ans, n'était pas à proprement parler un enfant de chœur. Pendant que les débats se déroulaient à la Chambre des communes, il se préparait à témoigner dans d'autres procès, y compris pour le massacre des trois capitaines. En contrepartie, il bénéficiait de la clémence des autorités pour son rôle dans six meurtres, dont celui de Sonny Black Napolitano. Il avait fait partie du peloton de cavalerie lors de la charge des Bonanno dans Wall Street, un assaut qui lui avait valu d'être condamné pour une fraude boursière de trois millions de dollars. La transcription de sa confession au FBI remplissait 200 pages ; seul un résumé avait coulé dans les médias. Lino avait dénoncé sans aucun scrupule son propre fils, Joseph, ainsi que plusieurs cousins et des douzaines de copains.

On peut se demander quel intérêt il aurait eu à inventer cette histoire sur Gagliano. Son témoignage sur un homme politique canadien ne lui apportait aucun avantage. Selon toute probabilité, les enquêteurs du FBI lui avaient demandé qui avait participé à la fameuse rencontre et il avait simplement répondu à cette question. Cela dit, il n'était pas impossible que cette partie de son récit fût le fruit d'une imagination débridée.

En tout cas, c'est ce que le premier intéressé martela sur toutes les tribunes. Gagliano opposa un démenti catégorique. « C'est totalement faux ! dit-il à *La Presse*. Je n'ai aucun lien avec aucune famille (mafieuse). Je ne connais personne qui soit mentionné dans l'article (celui du *New York Daily News*). Je ne sais même pas qui sont ces gens-là. Je ne les ai jamais vus. Ce n'est pas parce que ça vient du FBI que c'est la vérité. Ce n'est pas la première ni la dernière fois qu'ils se trompent. »

L'avocat de Gagliano, Pierre Fournier, publia un communiqué. « Si Frank Lino a identifié M. Gagliano, ça ne peut être que par erreur, étant donné qu'il n'a certainement jamais participé à un tel repas, ni à Montréal ni ailleurs, écrivit-il. M. Gagliano essaie maintenant d'en savoir plus que ce qui est publié dans l'article du *New York Daily News*, afin de réfuter cette information. Mais sans la date précise de ce repas présumé, il lui est très difficile de dire avec précision ce qu'il faisait ce jour-là. Dès qu'il aura plus d'informations, il a l'intention de présenter tous les faits disponibles. Mais il le répète : il n'a jamais participé à un repas de la famille Bonanno, il n'a jamais été impliqué avec cette famille, et tout ce qu'il en connaît est ce que n'importe qui peut lire de temps en temps dans les journaux. »

Jean Chrétien vola au secours de son ancien ministre. De Little Rock, en Arkansas, où il assistait à l'inauguration de la bibliothèque de l'ex-président Bill Clinton, il déclara de façon laconique : « Je n'en crois rien. » Il ajouta que tous les députés fédéraux faisaient l'objet d'une enquête de sécurité avant d'être nommés au Conseil des ministres et qu'à l'époque, le dossier de Gagliano était vierge... ce qui n'était pas tout à fait exact. Les responsables de l'enquête de sécurité « ne m'ont jamais mentionné qu'il avait des problèmes de cette nature », déclara-t-il à la chaîne RDI de Radio-Canada. « S'il y en avait eu, il n'aurait pas été nommé ministre. »

L'avocat de Joseph Massino à New York, David Breitbart, prit prétexte de cette affaire pour dénigrer Frank Lino. Le témoignage dévastateur de Curly au procès de son client, six mois plus tôt, était encore frais à sa mémoire. En novembre 2004, Breitbart ignorait que Massino venait d'avouer tous ses crimes au FBI et de décider de collaborer avec les autorités afin d'éviter la peine capitale pour le meurtre de Gerlando Sciascia. La nouvelle de sa désertion ne serait révélée que deux mois plus tard. Bien connu pour son style coloré, Breitbart déversa son fiel sur Lino. Il le couvrit d'insultes et affirma que personne ne devait croire un mot de ce qu'il disait. Ce délateur, affirmait-il, était un tueur en série, un pauvre type qui avait fui l'école en sixième année, un trafiquant de drogue, un toxicomane, un extorqueur, un joueur impulsif et « une des pires ordures qui aient jamais marché sur la terre ». Rien de moins.

Quelques jours après son démenti, Gagliano apporta des nuances à ses déclarations. Il n'était pas impossible qu'il ait déjà croisé des membres de la mafia pendant sa longue carrière politique, disait-il. Ses activités de député, de ministre et de personnage en vue de la communauté italienne de Montréal l'amenaient à rencontrer toutes sortes de personnes provenant de tous les milieux. Néanmoins, il continua de nier qu'il avait déjà eu des liens personnels avec le crime organisé. Il ajouta qu'il était impossible qu'il ait rencontré Lino et les représentants de la famille Bonanno à Montréal. « Je n'étais même pas à Montréal, alors comment aurais-je pu assister à cette réunion ? » dit-il au *Globe and Mail*, en précisant qu'il se trouvait dans un appartement de Daytona Beach, en Floride, au moment où les Bonanno se réunissaient à Montréal. Apparemment, il connaissait la date de la rencontre.

Alfonso Gagliano vit le jour en 1942 à Siculiana, berceau du clan Cuntrera-Caruana dans la province d'Agrigente. La moitié de la population de cette ville a émigré en Amérique du Nord après la Deuxième Guerre mondiale ; certains soutiennent qu'il y a plus de Siculianais à Montréal qu'à Siculiana. Le jeune Alfonso débarqua au Québec en 1958, la même année que la famille de Calogero Renda et de son fils Paolo, qui allait devenir *consigliere* du clan Rizzuto. Il apparaissait en effet inévitable qu'il croisât parfois des mafieux originaires de sa province natale.

Après avoir acquis une formation de comptable, Gagliano fut élu à la tête de la Commission scolaire Jérôme-Le-Royer, dans l'est de Montréal, puis, en 1984, à la Chambre des communes en tant député libéral de la circonscription de Saint-Léonard/Anjou. Sa victoire fut remarquée, car il s'agissait d'un des rares sièges sauvegardés par les libéraux dans un raz-de-marée conservateur. Jean Chrétien abandonna son siège de député l'année suivante et entreprit une longue bataille pour ravir la direction du Parti libéral du Canada à John Turner. Il put compter sur l'appui dynamique de Gagliano et du sénateur Pietro Rizzuto, fondateur de l'entreprise de travaux publics Inter State Paving et lui aussi originaire de la province d'Agrigente, plus précisément de Cattolica Eraclea, comme Nicolò et Vito Rizzuto, avec qui il avait des liens de parenté éloignés.

Le tandem Gagliano/Rizzuto joua un rôle clé dans le financement et l'organisation de la campagne au leadership de Chrétien. La communauté italienne de Montréal se réjouit de voir deux de ses plus illustres représentants prendre une part active dans la vie politique du pays. Plusieurs réunions de stratégie se déroulèrent dans la luxueuse maison de Pietro Rizzuto à Puerto Vallarta, au Mexique. Après une nouvelle défaite des libéraux, en 1988, le sénateur et le député de Saint-Léonard orchestrèrent une rébellion contre Turner. Leur travail de sape fut d'une redoutable efficacité. Ils réussirent à miner la confiance des militants libéraux envers leur chef et à obtenir sa démission. Mobilisant leur réseau pour la convention du parti à Calgary, ils obtinrent l'appui d'une majorité de délégués du Québec pour la candidature de Chrétien. Son rival, Paul Martin, mordit la poussière.

Les libéraux renversèrent les conservateurs de Brian Mulroney en 1993. Chrétien réalisa son rêve : il devint le 20ᵉ premier ministre du Canada et dirigea le pays pendant 10 ans. Il devait une partie de son succès au sénateur Rizzuto et au député Gagliano, qu'il qualifiait régulièrement de «grands amis». Les observateurs s'étonnèrent de ne pas voir accéder le député de Saint-Léonard au Conseil des ministres. Chrétien le nomma simplement whip en chef, poste consistant à rameuter les députés de la majorité lors de votes importants au parlement.

Il y avait une raison à cela, mais les Canadiens l'ignoraient. Ils l'apprirent l'année suivante grâce à une enquête de *La Presse*. «Le whip en chef du gouvernement libéral à Ottawa et député de Saint-Léonard, Alfonso Gagliano, fait affaire depuis quelques années avec au moins un membre important de la mafia sicilienne à Montréal, Agostino Cuntrera, révélait le journal en avril 1994. La Gendarmerie royale du Canada en a informé le bureau du premier ministre Jean Chrétien, au moment où celui-ci s'apprêtait à former son cabinet, en novembre (1993). Selon une pratique habituelle, la GRC fait des enquêtes, à la demande du premier ministre, sur des députés susceptibles d'être nommés ministres. La GRC a émis un signal négatif quant à la candidature de M. Gagliano (…) Les policiers fédéraux ont indiqué qu'ils n'avaient aucun crime à reprocher à M. Gagliano. Mais ils ont fait état de certaines relations qu'ils jugeaient pour le moins troublantes.»

Au printemps 1985, les enquêteurs de la GRC menaient une enquête avec la police britannique sur un complot d'importation de stupéfiants dirigé par le clan Cuntrera-Caruana. La drogue, dissimulée dans des tables en teck, quittait la Thaïlande et transitait par la Grande-Bretagne avant d'arriver au port de Montréal. Un examen minutieux des meubles sur les quais de Felixtowe et de Southhampton, en Angleterre, avait révélé la présence de paquets d'héroïne. Les tables étaient destinées à une compagnie d'import-export de Montréal dirigée par Antonio Zambito et fondée par Pasquale Caruana et ses frères.

Le matin du 4 juin, les agents de la GRC suivirent discrètement un des trafiquants, Filippo Vaccarello, et une personne non identifiée. Ils eurent la surprise de voir leur voiture s'arrêter devant la demeure d'Alfonso Gagliano, élu député un an plus tôt. Vaccarello descendit de l'auto et se dirigea vers le sous-sol, qui abritait le bureau de comptables appartenant à parts égales à Gagliano et à sa femme Ersilia. Le trafiquant en ressortit une vingtaine de minutes plus tard. Il fut arrêté le mois suivant avec Luciano Zambito et Pasquale Caruana, et condamné à 20 ans de prison.

Un autre individu, Dima Messina, conseiller financier de Vito Rizzuto, fut également aperçu au bureau de comptables, place Saint-Zotique à Saint-Léonard, à la fin des années 1980. Messina fut impliqué dans une affaire de blanchiment de 24 millions de dollars. La police ignorait pourquoi Vaccarello et Messina s'étaient rendus chez Gagliano. Lui-même se souvenait à peine d'eux lorsque *La Presse* le questionna à ce sujet.

«Des noms italiens, ça sonne à l'oreille… mais non, dit-il. Ils ne sont pas des clients. J'ai vérifié avec ma femme. Vaccarello, ça ne me dit absolument rien. Il y a eu des renseignements (de la GRC) comme quoi Messina s'est retrouvé dans mon bureau de comptables… vraiment, je ne sais pas. C'est le mystère. Mon bureau est un endroit public: si un client envoie quelqu'un chercher une enveloppe ou un document, on le donne, on ne pose pas de questions.»

Le bureau de comptables de Gagliano tenait les livres de deux compagnies appartenant à Agostino Cuntrera : l'entreprise de distribution de produits alimentaires John and Dino, et la société 115685 Canada Ltée. Le bureau servait aussi d'adresse postale à cette société à numéros, qui gérait un restaurant Mike's Submarine, boulevard Pie-IX. La société avait été constituée par Cuntrera et son beau-frère Giovanni DiMora peu après leur sortie de prison. Quatre ans auparavant, les deux hommes avaient plaidé coupable à des accusations de complot pour tuer Paolo Violi, avec leur comparse Domenico Manno, beau-frère de Nicolò Rizzuto.

En 1990 et 1991, la police de Montréal enquêtait sur des incendies criminels et un attentat à la bombe au restaurant Pizza Hut, situé rue Jean-Talon, à quelques centaines de mètres du restaurant Mike's. Les enquêteurs soupçonnaient Cuntrera de vouloir éliminer son concurrent. Le 19 novembre 1990, la police obtint un mandat pour placer ses lignes téléphoniques sur écoute. Une bombe éclata devant le Pizza Hut le 12 février 1991. Le 26 février, la fille de Cuntrera disait à sa mère que le propriétaire du Pizza Hut « ne veut pas comprendre » et qu'il « attend peut-être de mourir ». Forts de ces informations, les policiers perquisitionnèrent le restaurant afin d'y trouver ses bilans financiers. Mais la femme de Cuntrera informa la police que les documents se trouvaient au bureau de leur comptable, Alfonso Gagliano.

Dans la matinée du 3 mai 1991, les policiers se rendirent au bureau de Gagliano. Ils furent reçus par son fils, Vincenzo, qui téléphona en Floride pour parler à son père. Gagliano lui dit de leur donner les bilans. Les policiers repartirent avec des relevés de compte, deux états financiers de la société 115685 Canada et les rapports hebdomadaires des ventes du restaurant Mike's. Aucune accusation ne fut portée. Ces événements se déroulaient deux mois avant la première série de matchs entre les Mets et les Expos et la rencontre présumée du député avec des membres de la famille Bonanno.

Alfonso Gagliano et Agostino Cuntrera avaient tous deux été présidents de l'Association de Siciliana de Montréal. Cet organisme à but non lucratif regroupait quelque 300 ressortissants montréalais natifs de Siciliana. Ses locaux se trouvaient rue Chamilly, à Saint-Léonard, dans un édifice appartenant à Gagliano et à son beau-frère Mario Gidaro. Gagliano avait fondé l'association en 1979 et l'avait présidée durant les premières années. Cuntrera en devint le président en 1990.

Au cours de son entrevue avec *La Presse*, le député admit qu'il connaissait le caïd. « M. Cuntrera est une connaissance, dit-il. On vient tous les deux de Siciliana, qui compte 5000 habitants. Il est arrivé à

Montréal après moi. Je l'ai rencontré à l'église dans un cours prémarital. Il est revenu me voir dans les années 1970 pour que je fasse la comptabilité de son restaurant. Il nous est arrivé de nous revoir dans les mariages et les activités de l'Association de Siculiana.»

Il ajouta que les sociétés de Cuntrera étaient des «compagnies légitimes». «Maintenant, s'il y a des choses à soulever, je ne suis ni juge ni policier», expliqua Gagliano. N'était-il pas embarrassé d'avoir un client impliqué dans le meurtre de Paolo Violi? Il était client avant le meurtre, répondit-il. «Après, on s'est posé la question... En réalité, M. Cuntrera n'a jamais été trouvé coupable. Il a fait une entente avec le ministre de la Justice pour arrêter le procès. Il s'en est sorti avec quelques années (de prison). Nous, on s'est dit: on va s'en tenir à l'activité commerciale, tout à fait légitime.»

Tout au long de sa carrière, et même après sa retraite, Gagliano soutint que ses rencontres avec des membres de la mafia étaient fortuites. Mais les événements inopinés étaient vraiment fort nombreux. La police italienne trouva le numéro de téléphone de son bureau de circonscription dans les poches d'un certain Ezio Antonio Salvo, abattu à la lupara à Cattolica Eraclea le 14 décembre 1991. Âgé de 34 ans, Salvo avait vécu quelques années à Laval et à Saint-Léonard. Pendant son séjour au Québec, il travaillait dans la construction. Avant d'être renvoyé en Sicile, il avait demandé à son député de dire un bon mot pour lui aux autorités d'Immigration Canada.

Dès qu'il fut élu premier ministre, en 1993, Jean Chrétien voulut nommer son fidèle supporter au cabinet. La GRC fit son enquête de routine. Les agents, bien au fait des curieuses relations du député de Saint-Léonard, émirent l'idée qu'il était probablement approprié de lui poser quelques questions. La haute direction de la GRC s'opposa à cette entrevue, mais le grand responsable des enquêtes à Montréal, Rowland Sugrue, donna le feu vert. L'entrevue fut réalisée par les agents Yvon Thibault, de la GRC, et Michel Gagné, de la police de Montréal. Ni la police ni le Conseil privé n'acceptèrent de divulguer leur rapport.

Les journalistes de *La Presse* demandèrent donc à Gagliano pourquoi, selon lui, il n'avait pas été nommé ministre. «Bien, disons, il y avait certaines choses, répondit-il. M. Chrétien m'a dit qu'il y avait des doutes. Mais tout ça a été clarifié. La nomination au cabinet se fait à toute vitesse et on n'a pas eu le temps de tout clarifier avant l'assermentation. J'ai dit à M. Chrétien: "En attendant, c'est mieux que je reste whip". Comme le premier ministre m'a nommé whip, ça signifie qu'il avait confiance en moi. À la fin janvier (1994), j'ai été informé par le chef de cabinet, Jean Pelletier, que le premier ministre avait reçu un nouveau rapport et qu'il n'y avait plus aucun empêchement à ce que je puisse éventuellement devenir ministre.»

Un mois plus tard, en février 1994, des policiers américains examinèrent des notes et des documents oubliés par un homme sous enquête dans une chambre d'hôtel de San Diego, en Californie. Le jeune homme, un résidant de Saint-Léonard, avait laissé derrière lui des relevés de transactions mobilières et immobilières d'une valeur de 342 millions de dollars, ainsi que des documents se rapportant à la banque du Vatican. Le nom de Gagliano figurait sur une note manuscrite, à côté de celui de quatre chefs connus du crime organisé. «Alfonso Gagliano, ami. Whip et ministre des Finances du Canada», indiquait la note. Les policiers américains transmirent l'information à leurs homologues canadiens. Le jeune homme réapparut par la suite à Montréal. La police ne divulgua pas son nom. Il fut impossible d'en apprendre davantage sur cette mystérieuse découverte.

Gagliano ne fut jamais ministre des Finances, mais, après un purgatoire de deux ans comme whip en chef, Chrétien le nomma successivement titulaire du ministère du Travail, responsable de la Société immobilière du Canada, responsable de Communications Canada et, enfin, ministre des Travaux publics. Les promotions ne mirent pas un terme aux controverses.

En février 2001, *La Presse* révélait que le bureau du député Gagliano à Saint-Léonard avait envoyé une lettre à Citoyenneté et Immigration Canada pour savoir où en était la requête de résidence permanente déposée par la femme d'un tueur sicilien, Gaetano Amodeo.

Même si son nom figurait sur la liste des 500 fugitifs les plus recherchés par Interpol, Amodeo avait pu débarquer avec femme et enfants au Canada quelques années plus tôt et vivait bien peinard à Saint-Léonard, où il avait acheté une bijouterie. Membre notoire de la mafia à Cattolica Eraclea, il était recherché pour deux meurtres, l'un en Italie, l'autre en Allemagne. Il était également soupçonné d'avoir participé au complot d'assassinat contre le maréchal Giuliano Guazzelli. À la tête d'une équipe de carabiniers chargés de la lutte antimafia, l'officier avait été abattu en pleine rue par des rafales de mitraillettes. Cédant enfin aux pressions du gouvernement italien, la GRC et Immigration Canada finirent par arrêter Amodeo dans l'est de Montréal et entreprirent les procédures d'extradition. L'affaire rebondit à la Chambre des communes: les membres de l'opposition demandèrent pourquoi il avait fallu tant d'années pour mettre la main au collet d'un caïd accusé de meurtre dans son pays.

Quelques jours plus tard, *La Presse* révélait le contenu de la lettre adressée en mai 2000 par le bureau de circonscription de M. Gagliano au service à la clientèle d'Immigration Canada. L'auteur de la lettre demandait «où (en) est rendu le dossier de résidence permanente» de Maria Sicurella di Amodeo, la femme du tueur. «Je sais que le certificat de sélection du gouvernement du Québec est valide jusqu'en juin 2000, et que le visa de visiteur est bon jusqu'en 2001, ajoutait l'auteur de la lettre, qui portait l'en-tête du député. Est-ce que les vérifications sont rentrées, et les résultats médicaux? Voyez-vous (sic) que les visas sont pour être émis bientôt? Vous remerciant pour votre bonne collaboration.»

On ignore si cette demande d'information eut une suite quelconque. Toujours est-il que Maria Sicurella di Amodeo et ses deux enfants obtinrent leur résidence permanente en juillet 2000. La publication des extraits de la lettre provoqua de nouveaux remous à la Chambre des communes. C'est à cette occasion qu'un député de l'opposition fredonna l'air du *Parrain*. Gagliano s'emporta. Il se dit victime «d'attaques et d'insinuations fausses et vicieuses» de la part de *La Presse* et de l'opposition, en raison de ses origines siciliennes. «Si mon nom était Lapierre ou Arcand, ce genre de choses n'arriverait pas», ajoutait-il. Selon lui, la démarche entreprise par son bureau auprès d'Immigration Canada était tout à fait normale.

Amodeo fut expulsé en Italie et condamné à la prison à perpétuité. Il mourut quelques années plus tard. Malgré toutes les cachotteries faites à Immigration Canada, sa femme put demeurer à Montréal.

Les insinuations «fausses et vicieuses» ne cessèrent pas pour autant. Le trafiquant de drogue Oreste Pagano, qui avait été inculpé en même temps qu'Alfonso Caruana, fit de troublantes révélations lorsqu'il accepta de répondre à toutes les questions des enquêteurs de la GRC. Il souligna que la mafia, en Italie, entretenait des relations privilégiées avec de puissants hommes politiques, notamment pour obtenir de juteux contrats de travaux publics. Un officier de la GRC lui demanda si, à sa connaissance, la mafia avait des relations semblables au Canada. Alfonso Caruana lui en avait-il déjà parlé? «Nous en avons parlé une fois, répondit-il. Il y avait une personne qui entrait au gouvernement (canadien) et qui était du même village qu'Alfonso (Caruana)… Je ne connais pas cette personne.»

Le nom de Gagliano fut par la suite étroitement lié au scandale des commandites. Au départ, le programme de commandites visait à contrer le mouvement souverainiste québécois par une subtile propagande faisant l'éloge du Canada. Gagliano en était le grand patron, en tant que ministre responsable du Québec et titulaire du ministère des Travaux publics. Le gouvernement fédéral se mit à parrainer une foule d'activités culturelles, économiques et sociales visant à tapisser le Québec d'unifoliés et à convaincre les Québécois des avantages de l'appartenance à la Confédération canadienne. Plus de 300 millions de dollars furent saupoudrés dans des agences de publicité dont les dirigeants, comme par hasard, contribuaient grassement à la caisse électorale du Parti libéral. La vérificatrice générale du Canada, Sheila Fraser, révéla qu'une centaine de millions avaient été alloués pour des prestations nulles, ou presque nulles. Dans l'un des cas, le gouvernement paya une agence publicitaire à trois reprises pour des études identiques.

L'affaire vira au scandale. Alfonso Gagliano perdit son ministère. Il convoita alors le poste d'ambassadeur au Vatican, mais il fut envoyé au Danemark, où les quotidiens prirent un malin plaisir à faire connaître les déboires du nouvel ambassadeur à leurs lecteurs. Le successeur de Jean Chrétien, Paul Martin, demanda au juge John Gomery de diriger une commission d'enquête et démit Gagliano de ses fonctions. La GRC entreprit de nouvelles enquêtes. Le scandale des commandites fut pour une bonne part responsable de la chute du gouvernement libéral, en janvier 2006, et de l'élection du gouvernement minoritaire de Stephen Harper. Gagliano déposa une poursuite civile contre le gouvernement et se transforma en vigneron dans les Cantons-de-l'Est. Les lecteurs de *La Presse* proposèrent plusieurs noms pour son nouveau vin : « Le Puy sans Fonds », « Les Raisins de la Colère », « le Clos du Scandale », la « Cuvée Commandito » ou le « Pot-de-vin ». Le propriétaire ne retint pas les suggestions et l'appela simplement… Gagliano.

* * *

Rien ne prouve qu'Alfonso Gagliano fut un collaborateur de la mafia sicilienne, et encore moins un membre en règle de la famille Bonanno. Il y a cependant une leçon à tirer des multiples incidents qui émaillèrent sa longue carrière politique : au Canada comme ailleurs, la mafia cherche à étendre son influence parmi les politiciens et les hommes d'affaires. Elle échoue ou elle réussit, mais une chose est sûre : elle ne lâche pas prise. Souvent, des députés honnêtes et naïfs tombent dans le panneau. Ils croient qu'ils ne risquent pas de se salir les mains en serrant celles des caïds. Selon Gagliano, Agostino Cuntrera avait payé ses dettes à la société après le meurtre de Paolo Violi, il était donc un homme d'affaires comme les autres, si bien qu'il n'y avait rien de répréhensible à lui rendre un petit service, en l'occurrence à faire sa comptabilité. Un tel raisonnement ne tient pas la route. Sauf exception, il n'existe que deux façons de quitter la mafia : en se couchant dans un cercueil ou en modifiant son identité pour celle d'un délateur. Gagliano pensait-il vraiment que Cuntrera s'était repenti après ses années de prison et qu'il avait quitté l'honorable société ? Peut-être, mais une telle certitude témoigne d'une piètre connaissance de la culture mafieuse.

Les esprits curieux n'ont qu'à braquer leurs yeux vers l'Italie pour comprendre comment cette culture fonctionne. S'il y a bien un pays où la mafia exerce une réelle influence politique, c'est dans sa mère patrie. Depuis des décennies, elle y entretient un réseau de « relations exquises » avec des politiciens, des fonctionnaires, des juges et des policiers, en passant ou non par des intermédiaires. Là mieux que partout, elle combat l'État et le siphonne avec une efficacité redoutable. À l'instar d'une armée, elle compte sur ses services d'espionnage et de contre-espionnage pour la renseigner sur les mouvements de l'ennemi. L'assassinat des juges Falcone et Borsellino a démontré de façon implacable qu'elle connaissait les habitudes de ses adversaires. La bête savait où et quand frapper.

Elle sait également où se nourrir. Or, aucun garde-manger n'est aussi bien garni que les marchés publics. Qu'il s'agisse de la Camorra napolitaine, de la 'Ndrangheta calabraise ou de la Cosa Nostra sicilienne, la mafia italienne déploie des trésors d'imagination quand il s'agit de faire main basse sur cette source inépuisable de revenus – qui lui offre de surcroît une voie royale pour blanchir ses monceaux d'argent sale.

Un projet, en particulier, la fait saliver, celui d'un pont entre la péninsule italienne et la Sicile, au-dessus du détroit de Messine. Ce projet pharaonique avait déjà éveillé l'appétit d'un Italo-Canadien célèbre, Vito Rizzuto. En 2005, par un cruel retournement de situation, il vint le tourmenter en prison.

Dans l'Antiquité, les marins qui devaient franchir le détroit de Messine craignaient de tomber de Charybde en Scylla, autrement dit, de quitter un danger pour un danger plus grand. Dans L'Odyssée d'Homère, six membres de l'équipage d'Ulysse sont dévorés par Scylla, une nymphe métamorphosée en monstre. De l'autre côté du détroit où vit la terrible nymphe habite Charybde, la fille de Poséidon et de Gaïa, que Zeus a foudroyée et changée en gouffre aqueux qui avale puis régurgite navires et poissons.

Il y a 2000 ans, les Romains conçurent l'idée de construire un pont de bateaux en les fixant les uns aux autres avec des cordages. La force des courants eut tôt fait de les dissuader d'entreprendre un ouvrage aussi audacieux. Avant la Deuxième Guerre mondiale, Benito Mussolini agita le projet de pont comme une carotte pour séduire les Siciliens, tout en brandissant son bâton pour réprimer tous ceux qui s'opposaient à son régime. Une fois la guerre finie, et le Cavaliere pendu par les pieds, le projet se transforma en chimère électorale.

Il fallut attendre l'arrivée d'un homme politique aussi désopilant que le premier ministre Silvio Berlusconi pour lui redonner vie. Il insista sur la nécessité de désenclaver la Sicile, une province agricole handicapée par la faiblesse de ses infrastructures. Son gouvernement fit valoir, non sans raison, que la lenteur du service de ferries nuisait au commerce et au tourisme. Chaque été, des milliers de passagers devaient, et doivent encore, poireauter sur les quais, parfois pendant 10 heures, avant d'entreprendre la courte traversée. Le ministre des Transports, Pietro Lunardi, présenta les plans. L'ouvrage serait le plus grand pont suspendu au monde, avec une portée centrale de 3360 mètres à 64 mètres au-dessus de la mer, pour une longueur totale de 3690 mètres. Il supporterait une autoroute à quatre voies, ainsi que deux voies de chemin de fer, et serait pourvu de part et d'autre d'infrastructures ferroviaires, routières et portuaires. Les prévisions donnaient le vertige : 100 000 autos et 200 trains emprunteraient quotidiennement le pont. Des études effectuées en 2001 estimèrent le coût de l'ouvrage à 5,6 milliards d'euros, soit plus de sept milliards de dollars canadiens. Ce n'était là que des chiffres préliminaires ; un montant de 6,5 milliards d'euros fut évoqué par la suite. Il était prévu que les deux tiers des travaux seraient payés par l'État, et que l'autre tiers serait confié à des entreprises italiennes et européennes selon le mode PPP, ou partenariat public-privé. Les entrepreneurs privés amortiraient leur investissement avec les revenus du péage. Un maître d'œuvre était censé être désigné au printemps 2005. Les travaux devaient débuter à la fin de cette année-là, pour se terminer en 2011.

Espérant couper court à la polémique, le ministre des Transports reconnut qu'il serait sans doute impossible d'écarter la mafia d'un projet aussi vaste. Le pont ne fut pas construit, mais la prédiction du ministre se réalisa bel et bien.

Le 11 février 2005, la police italienne appréhendait l'ingénieur Giuseppe Zappia, 80 ans, dans sa luxueuse villa de Rome, et l'accusait d'avoir tenté d'obtenir les travaux de construction du pont pour le compte de Vito Rizzuto. La Direzione Investigativa Antimafia annonça l'émission de quatre autres mandats d'arrêt. Le premier visait Rizzuto, 58 ans – mais il était déjà incarcéré, à Laval, et attendait son extradition aux États-Unis. Les autres ciblaient trois intermédiaires : Filippo Ranieri, 68 ans, décrit comme un gestionnaire d'immeubles au centre-ville de Montréal ; Hakim Hammoudi, 42 ans, vivant à Paris et accusé d'avoir servi d'agent de liaison entre Zappia et Rizzuto; et Sivalingam Sivabavanandan, 52 ans, un homme d'affaires sri-lankais vivant à Londres.

Le colonel Paolo La Forgia déclara lors d'une conférence de presse à Rome que le groupe avait eu l'intention de blanchir des milliards de dollars. Quelques mois plus tôt, les conspirateurs avaient pris part à un appel d'offres préliminaire par l'entremise de la Zappia International. Cette firme paravent avait fait part de son intérêt à la Stretto di Messina, société publique chargée de superviser le projet. Selon La Forgia, le groupe avait déjà investi quelque 6,4 millions de dollars dans l'aventure. « L'enquête de la police antimafia confirme ce que nous affirmons depuis longtemps : le pont sur le détroit de Messine est un aimant pour la mafia et le crime organisé », commenta Alfonso Pecoraro Scanio, président des Verts italiens, qui s'opposaient au projet pour des raisons environnementales. « Passer de la drogue au pont ne représente qu'un tout petit pas pour la mafia », renchérit Claudio Fava, un député du Parti démocrate de gauche au parlement européen.

La plupart des Québécois connaissaient bien le nom de Vito Rizzuto, qui faisait les manchettes depuis quelques mois. Mais ils avaient oublié celui de Giuseppe « Joseph » Zappia. Les plus vieux d'entre eux se souvenaient vaguement d'avoir entendu son nom lors du scandale des Jeux olympiques de Montréal de 1976, qui grevèrent le budget de la province pendant des années. L'ingénieur était né à Marseille de parents calabrais et avait émigré au Canada. Beau parleur, il avait roulé le maire Jean Drapeau dans la farine, l'assurant qu'il pouvait construire en un rien de temps les immeubles destinés à loger les 9500 athlètes, accompagnateurs et délégués attendus pour les Jeux, et cela à un prix défiant toute concurrence. S'inspirant d'un dépliant publicitaire de la marina Baie des Anges, près de Nice, ses esquisses rappelaient les pyramides d'Égypte. Le maire tomba sous le charme. Il dédaigna l'avis des services municipaux, inquiets de l'absence de discussions sur le financement du projet, et adjugea le contrat à l'entreprise de Zappia, les Terrasses Zarolega, sans lancer d'appel d'offres.

En novembre 1974, moins de deux ans avant les Jeux, les travaux n'avaient toujours pas commencé. Tout comme le stade, le projet de Village olympique voguait à la dérive. Appréhendant le désastre, le gouvernement créa le Comité organisateur des Jeux olympiques (COJO) pour prendre la relève de la Ville, qui s'était retirée. Les pyramides olympiques finirent par coûter près de 100 millions de dollars, soit trois fois plus que l'estimation initiale.

Zappia quitta discrètement le Canada. La police fit enquête et la justice déposa 26 accusations de fraude, d'extorsion et de commissions secrètes faites au détriment du COJO et de plusieurs entrepreneurs. Un mandat d'arrêt international fut lancé. Arrêté en Suisse en 1985, l'ingénieur globe-trotter passa deux mois en prison, jusqu'à ce qu'un agent de la Sûreté du Québec aille le chercher et le ramène à Montréal. Deux témoins clés décédèrent avant la phase finale de son procès. Zappia fut acquitté en 1988, au terme d'un feuilleton judiciaire de 12 ans.

Entre-temps, Zappia acquit les droits de tourner un film d'après le roman de Karol Wojtyla, *La boutique du bijoutier*, une œuvre qui était passée totalement inaperçue jusqu'à ce que son auteur se fasse connaître sous le nom de Jean-Paul II, premier pape non italien depuis Adrien VI en 1520. Pour l'une ou l'autre raison, les ambitions cinématographiques de l'ingénieur tournèrent court. Zappia concentra alors ses énergies sur un secteur d'activité qu'il maîtrisait un peu mieux, la construction. Il brassa des affaires au Moyen-Orient, mais il semblait avoir le don de s'attirer des ennuis. Le gouvernement d'Abou Dhabi saisit son passeport – une façon comme une autre de l'obliger à finir les travaux qu'il avait entrepris dans le riche émirat pétrolier et qui devaient lui rapporter un milliard de dollars. Le promoteur se targuait par ailleurs d'avoir complété des ensembles domiciliaires en Arabie Saoudite, en Libye et au Koweït.

En 2001, Alexander Norris, journaliste à *The Gazette*, dénicha son numéro de téléphone et le contacta dans sa retraite romaine. Zappia lui confia que, depuis un certain temps, il avait un nouvel ami en la personne du premier ministre et baron de la presse Silvio Berlusconi, un politicien qui avait lui-même fait l'objet d'enquêtes pour évasion fiscale, blanchiment d'argent et corruption.

«Vous connaissez M. Berlusconi? lui fit répéter le reporter.

— Mmm... murmura Zappia.

— Vraiment? s'exclama Norris, un tantinet incrédule. Vous êtes de bons amis ou...?

— Non.

— Quelle est votre relation avec lui?

— Eh bien, je le connais.

— Vous le connaissez?

— Oui.

— Depuis combien de temps le connaissez-vous?

— Depuis un certain temps.

— Mmm... Vous avez une relation d'affaires avec lui, ou vous êtes simplement amis?

— Non, non, non. Ce n'est pas comme ça. C'est une situation où je le rencontre et où nous discutons de choses ensemble, répondit

Zappia, toujours aussi énigmatique. Nous avons développé une certaine amitié.»

Le promoteur était bien branché avec le premier ministre. Il l'était également, mais à son insu, avec la Direzione Investigativa Antimafia. Prenant au sérieux l'avertissement du ministre des Transports, la DIA était persuadée que la mafia allait mettre ses sales pattes sur le projet de pont. Elle avait placé le téléphone de Zappia sur table d'écoute. Le 13 juin 2003, elle capta une de ses conversations avec un avocat. Il parlait de son rêve de devenir l'ingénieur capable de construire le plus long pont suspendu du monde. Il pourrait enfin réaliser ce rêve non seulement grâce à son génie, mais grâce à son accès à des milliards de dollars. «Vous savez que je veux faire le pont de Messine, et si je fais le pont de Messine, je ne l'aurai pas fait à cause des politiciens, dit-il. Je le ferai parce que j'ai cinq milliards d'euros.»

Le 1er août 2003, la police intercepta un entretien entre Zappia et Filippo Ranieri, décrit par la police comme un intermédiaire de Vito Rizzuto à Montréal. «Nous pouvons faire ce pont, répéta Zappia. Je vais faire ce pont et tu sais que je peux le faire.»

Des perspectives de retombées colossales crépitaient dans le firmament mafieux. Il y avait là assez d'argent pour assouvir la faim des uns et des autres. Tels Charybde et Scylla, la 'Ndrangheta calabraise et la Cosa Nostra sicilienne guettaient le passage des vaisseaux dans le détroit de Messine pour fondre sur leurs coffres remplis d'or. Les deux groupes criminels avaient infiltré depuis longtemps l'industrie de la construction. Ils étaient passés maîtres dans l'art de corrompre les fonctionnaires, de menacer les concurrents, de terroriser les chantiers, d'accaparer les contrats, de faire exploser les prix et d'engranger les profits. Que le Québécois Vito Rizzuto fut le général en chef dans cette guerre titanesque visant à spolier l'État italien et les programmes de subventions de la communauté européenne en disait long sur sa puissance de feu. Une puissance que les dirigeants des Cinq familles new-yorkaises n'avaient même jamais envisagé de posséder. En 2003, à l'époque où Zappia, son fondé de pouvoir romain, tissait la trame du complot, Rizzuto pouvait escompter le succès et imaginer son retour triomphant dans sa Sicile natale. Le richissime seigneur fuirait les froids hivers montréalais et les tracas causés par les défections en rafale de la famille Bonanno. Par personne interposée, Zappia lui faisait miroiter la possibilité de prendre une retraite paisible dans un climat méditerranéen, où il pourrait jouer au golf à longueur d'année.

«Si tout va bien, disait Zappia à Ranieri, je vais construire le pont et quand tout sera fini, notre ami pourra revenir en Italie (…) D'un côté, il y a la mafia, de l'autre côté se trouve la 'Ndrangheta. Nous allons les rendre tous les deux heureux et nous allons faire ce pont.»

Quatre jours plus tard, la police capta un nouvel appel outre-mer. Filippo Ranieri faisait le compte rendu d'une réunion qui s'était déroulée dans un restaurant de Montréal. Il disait à Zappia que Rizzuto était préoccupé par la santé du prince arabe Zayed Ben Fultan Al Nahayan. Son inquiétude n'avait rien à voir avec une improbable amitié, mais bien avec l'argent. Le prince devait beaucoup d'argent à Zappia et Rizzuto comptait sur cette somme pour l'investir dans la construction du pont. Ranieri rapporta les propos de Vito à Zappia: «S'il meurt, nous aurons un problème. Nous espérons que le vieil homme ne mourra pas.» Zappia acquiesça. «En effet, nous allons être dans un foutu pétrin si son fils le remplace, parce qu'il ne veut pas payer.» Le 19 septembre 2003, Zappia demanda à son interlocuteur comment diable ils arriveraient à convaincre le prince de payer les dettes qui, selon eux, leur étaient dues. Il suggéra que Rizzuto dépêche un escadron de motards. «Qu'en est-il de notre ami? demanda-t-il à Ranieri. Je pense que notre ami devrait envoyer quelqu'un pour saisir cet argent. Il devrait envoyer ces gars, là, qui ont des motocyclettes, dit-il en faisant allusion aux Hells Angels. Il doit envoyer ces types qui parlent français et qui roulent en moto.»

La DIA enregistra deux courtes conversations entre Zappia et Rizzuto. Dans la première, Zappia se disait sûr de rafler le contrat du pont. Dans l'autre, Rizzuto conseillait à son agent romain de faire cracher davantage de millions à leurs partenaires arabes.

«J'attends leur coup de téléphone, disait Zappia.

— Ils vont nous donner quelque chose, mais ce n'est pas assez, rétorqua Rizzuto. Je crois qu'on peut demander plus.

— Je suis d'accord», dit Zappia.

Néanmoins, Zappia s'inquiétait. Il craignait que les autorités ne le relient d'une quelconque façon à Rizzuto.

«Nous devons comprendre une chose, dit-il un jour à Ranieri. Je ne peux pas être vu avec lui. Personne ne peut me voir avec lui. Tu comprends?

— Mais il m'a envoyé, répondit Ranieri.

— Je peux aller à Montréal, mais je ne peux pas le voir, poursuivit Zappia. S'ils le voient… s'ils me voient avec lui, ma réputation est finie. Tu comprends?

— Vous savez ce que vous avez à faire, M. Zappia, répliqua Ranieri.

— Oui, je dois faire le pont de Messine», dit Zappia, comme s'il récitait un mantra.

Le 19 janvier 2004, Ranieri transmit une information à Zappia qui lui mit les nerfs à vif.

«As-tu parlé avec notre ami? demanda Zappia.

— Je ne peux pas faire ça. Un journal local publie des informations sur une enquête aux États-Unis à propos de certains meurtres qui se sont produits il y a 15 ans, dit Ranieri, se trompant sur la date du meurtre des trois capitaines rebelles de la famille Bonanno survenu 23 ans plus tôt.

— Tu dois comprendre, si quelque chose arrive, je suis fini», dit Zappia, en avalant sa salive.

Deux jours plus tard, Ranieri rappelait Zappia. Rizzuto venait de se faire arrêter.

«Vous savez, notre ami a été arrêté. À cause des meurtres en 1981. Trois personnes ont été abattues en 1981.

— Je sais, dit Zappia. Je suis au courant.

— Un imbécile a commencé à parler au FBI.

— Ouais, quelques imbéciles.»

La police intercepta peu après une conversation entre Zappia et une femme non identifiée.

«C'est terminé, ils les ont tous arrêtés, disait la femme.

— Oui, ils sont 27, dit Zappia. N'oubliez pas qu'il (Vito Rizzuto) est comme Saddam Hussein. Quand la police l'arrête, c'est la fin du monde.

— Mais s'il était venu en Italie, pensez-vous qu'ils l'auraient arrêté? demanda-t-elle.

— Oui, ils l'auraient arrêté.

— Cette histoire me rend nerveuse.»

Le 30 janvier 2004, Zappia et Ranieri tentaient de mesurer les impacts des arrestations sur leur projet de pont.

«Que se passe-t-il? demanda Zappia.

— Ils essaient d'éviter l'extradition, répondit Ranieri. S'ils l'envoient (aux États-Unis), on ne le reverra plus.»

Malgré tout, les deux hommes ne perdirent pas espoir. Le 26 octobre 2004, Zappia dit à Ranieri de ne pas s'inquiéter: il ne dirait rien de compromettant lors d'une rencontre qui était prévue dans les jours suivants avec des fonctionnaires italiens. «Je ne suis pas assez stupide pour leur dire d'où vient mon argent», dit-il pour rassurer son interlocuteur. Néanmoins, l'argent devint bel et bien un sujet d'inquiétude une semaine plus tard, lorsque le prince arabe mourut. Son héritier était beaucoup plus intéressé par les courses de chameaux que par le remboursement de dettes ou un investissement conjoint avec la mafia.

Le procureur antimafia Adriano Iasillo et l'enquêteur Silvia Franzè accordèrent quelques entrevues à des journalistes après l'arrestation de Zappia et l'émission des mandats d'arrêt contre Rizzuto et ses acolytes, en 2005. Ils ne pouvaient dissimuler leur étonnement devant l'envergure du réseau du clan Rizzuto. « Son organisation peut compter sur ses contacts dans le monde politique comme dans le monde criminel, dit Iasillo à la journaliste de Radio-Canada, Isabelle Richer, venue l'interviewer à Rome. Sans Rizzuto, il aurait été impossible qu'une organisation criminelle de l'extérieur investisse dans un des plus gros projets du siècle. Et ce projet du siècle, c'est ici (en Italie) qu'il devait voir le jour. » Silvia Franzè estimait qu'il était très habile d'utiliser un vieillard comme Zappia pour avancer ses pions : « Il (Zappia) n'était pas suspect parce qu'il s'agit d'un homme de 80 ans et qu'il ne semblait avoir aucun contact avec le crime organisé. Il a la double citoyenneté, italienne et canadienne. Cela faisait de lui l'intermédiaire parfait pour l'organisation. »

Les enquêteurs italiens s'étonnaient de la naïveté des Canadiens. « Les Canadiens nous demandent encore ce qu'il y a d'illégal dans cet investissement d'argent dans le pont de Messine, soupira Iasillo. Eh bien, si le crime organisé injecte des milliards de dollars dans l'économie, on peut dire qu'il a de l'impact, n'est-ce pas ? Surtout quand il a l'approbation des politiciens. »

Sivabavanandan, l'associé sri-lankais, fut arrêté en France puis extradé en Italie. Il plaida coupable pour association avec la mafia et purgea la moitié de sa peine de deux ans. Hammoudi, l'associé algérien qui avait déjà vécu à Montréal, se livra aux autorités italiennes et fut condamné à deux ans de réclusion avec sursis. Ranieri resta dans la ville où il était né, Montréal. Le procès de Zappia s'embourba dans les procédures judiciaires. Quant à Rizzuto, le fait d'avoir à répondre à une accusation des autorités italiennes n'était pas de nature à l'effrayer. Il avait un souci plus immédiat : éviter son extradition aux États-Unis.

En juillet 2005, les juges italiens décrétèrent qu'un collaborateur de Berlusconi, le sénateur Marcello dell'Utri, avait fourni « une contribution concrète, volontaire, consciente, spécifique et précise aux objectifs illicites de la Cosa Nostra, tant économique que politique ». Dell'Utri fut condamné à neuf ans de prison pour association mafieuse. L'année suivante, Berlusconi fut renversé par une coalition centre-gauche. Le projet du pont de Messine fut remisé aux oubliettes. La coalition de Berlusconi reprit le pouvoir en 2008 et relança le projet.

CHAPITRE SEIZE

Opération Colisée

Giuliano Zaccardelli fut un policier controversé. Premier immigrant italien à diriger la GRC, il fut aussi l'un des rares directeurs de ce corps de police à avoir été obligé de démissionner. Il avait vu le jour à Prezza, un village de montagne des Abruzzes, alors que la Deuxième Guerre mondiale venait de prendre fin. Pendant les dernières phases du conflit, les armes avaient résonné souvent dans cette région peu peuplée du centre de l'Italie, située entre Rome et l'Adriatique et entièrement dominée par la chaîne des Apennins. Caché dans les profondes forêts, un groupe de résistants bien organisé avait multiplié les actions d'éclat contre les troupes fascistes de Mussolini et les soldats allemands. Les villages émergèrent de la guerre exsangues ; les habitants survivaient avec la moitié du revenu moyen des Italiens du Nord. La famille Zaccardelli immigra au Canada alors que le petit Giuliano n'avait que sept ans, au milieu des années 1950, à peu près en même temps que la famille de Vito Rizzuto.

Vito et Giuliano, qui avaient presque le même âge, grandirent tous les deux à Saint-Léonard, dans l'est de Montréal. Mais ils suivirent des voies diamétralement opposées. Le premier deviendrait le chef de l'organisation criminelle la plus influente au pays ; le second serait nommé chef du plus important service de police, et l'un des plus redoutables adversaires du crime organisé.

La carrière de Zaccardelli se termina sous un tel déluge de reproches que les gens oublièrent que c'est lui, le fils d'immigrants italiens, qui avait le mieux exposé l'importance des activités illicites du crime organisé et son intrusion dans les milieux d'affaires et les cercles politiques.

Au cours de sa carrière, le policier suscita autant de plaintes que d'éloges. Lorsqu'il joignit la GRC en 1970, il faisait partie de la poignée d'officiers qui détenaient un diplôme universitaire. Il avait décroché le sien, en administration des affaires, au Collège Loyola, qui allait donner naissance à l'Université Concordia, la deuxième université anglophone de Montréal. Zaccardelli grimpa les échelons un à un pendant 30 ans : gendarme en Alberta, enquêteur à la section des crimes commerciaux à Toronto et à Calgary, cadre au quartier général à Ottawa, chef de police au Nouveau-Brunswick, patron des enquêtes au Québec, commandant des opérations en Ontario, sous-commissaire à Ottawa, responsable national de la lutte contre le crime organisé et, à la toute fin, commissaire en chef.

« J'ai une soif insatiable de succès, une soif de bien faire », déclara Zaccardelli un jour au magazine des anciens du Collège Loyola. Son vieil ami Roy Berlinquette, lui-même ancien commissaire adjoint, souligna que Zack avait « commencé au bas de l'échelle et fièrement fait son chemin jusqu'au sommet en tant qu'immigrant ». « Il est l'exemple parfait de l'intégrité, aucun doute là-dessus », ajouta-t-il. Puis il raconta que son ami avait un curieux passe-temps : l'étude de l'histoire de la police montée. Berlinquette estimait que son ami avait une personnalité de type A, soit celle d'un homme nerveux, hautement compétitif, ambitieux, incapable de prendre les choses à la légère. Le principal intéressé ne niait pas ce trait de caractère. « Pour ce que cela veut dire, je reconnais que je suis une personne un peu dysfonctionnelle et obnubilée par le travail, dit-il un jour à un rédacteur du *Concordia Magazine*. Mais si c'est ce que cela prend pour rendre un meilleur service aux Canadiens, je suis prêt à être un peu dysfonctionnel. »

Le mot « dysfonctionnel » aurait certainement sonné comme un euphémisme de mauvais goût aux oreilles de Maher Arar, un autre immigrant qui n'eut pas autant de chance que le commissaire en terre canadienne. Selon son point de vue, le qualificatif d'« inique » aurait était plus adéquat pour qualifier le comportement du grand patron de la GRC. Arar, qui habitait Ottawa, eut le malheur de côtoyer un ingénieur né en Syrie comme lui, qui avait déjà eu une relation d'affaires avec un Canadien d'origine égyptienne étiqueté comme associé d'Oussama Ben Laden. Après les attentats du 11 septembre 2001, une connaissance d'une connaissance d'une connaissance de l'ennemi juré de l'Occident devenait inévitablement un suspect. La GRC plaça Arar sous surveillance et en informa les Américains. En septembre 2002, Arar revenait de Tunisie, où il avait passé des vacances avec sa femme, et fit escale à New York. Les autorités américaines l'arrêtèrent et, malgré sa citoyenneté canadienne, l'expulsèrent en Syrie, un pays qui pratique la torture. Les services de renseignement américains et canadiens espéraient sans doute que le recours à des méthodes fortes obligerait l'ingénieur à divulguer des secrets sur la nébuleuse d'Al-Qaïda. Il n'en connaissait aucun. Son expulsion des États-Unis et ses conditions de détention en Syrie provoquèrent l'indignation des Canadiens. Cédant sous la pression publique, Ottawa le rapatria. Zaccardelli dut comparaître au parlement. Il esquiva les questions, s'embourba dans ses réponses, se contredit, perdit sa crédibilité, puis dut se résoudre à offrir sa démission, que le premier ministre conservateur Stephen Harper, trop heureux de clore le dossier, s'empressa d'accepter.

Le commissaire déchu dut revenir s'expliquer devant un comité parlementaire sur un autre sujet épineux : des officiers de la GRC affirmaient que des fonds de retraite avaient été détournés et que la direction du corps de police avait sciemment fermé les yeux sur une fraude de grande ampleur. Zaccardelli rejeta les accusations avec véhémence, mais il n'y avait pas de doute, sa fameuse réputation d'intégrité faseyait.

Voilà pour le côté sombre de l'homme. Il existait pourtant un autre côté, plus positif et moins connu. Zaccardelli était bien au fait de l'influence de la mafia dans son pays natal et il voulait éviter qu'elle gangrène son pays d'adoption. Il prit cette mission à cœur.

Zaccardelli avait été muté responsable des enquêtes au Québec au moment où la GRC s'apprêtait à mettre fin à la fameuse opération Compote en arrêtant une pléthore de trafiquants de drogue et de blanchisseurs d'argent sale du clan Rizzuto, piégés grâce à son faux bureau de change. Transféré à Ottawa, il étudia tous les rapports d'analyse. Leurs conclusions l'inquiétaient. En 1998, le Service canadien de renseignements criminels (SCRC) tirait une fois de plus la sonnette d'alarme sur l'expansion de la mafia sicilienne. Le SCRC soulignait qu'il s'agissait de l'organisation criminelle la plus puissante au Canada, grâce à ses contacts avec les clans siciliens de tous les pays, au premier chef l'Italie, les États-Unis et le Venezuela, et à ses alliances avec les bandes de motards et les gangs sud-américains, est-européens, asiatiques et autochtones. « On constate moins de violence au sein du clan sicilien, ce qui le distingue nettement des groupes comme les bandes de motards, ajoutait le rapport. Cela indique que cette organisation exerce un contrôle absolu sur son territoire et ses activités criminelles. Elle est parvenue à pleine maturité, sait comment investir dans des entreprises légitimes sa richesse accumulée grâce aux produits de la criminalité, et sait comment s'en servir à des fins de corruption. »

Zaccardelli fut nommé sous-commissaire responsable de la « guerre au crime organisé », un poste qui n'existait pas auparavant. Cela lui valut une invitation au bureau de Jean Chrétien. Le policier se rendit au rendez-vous avec l'enthousiasme d'un boy-scout, confiant que le premier ministre allait lui donner des tapes dans le dos et l'assurer de son soutien. La rencontre dura le temps d'une poignée de main. Chrétien félicita le sous-commissaire pour sa nomination, puis il lui demanda, dans le style relâché qui le caractérisait : « Le crime organisé, ça existe-tu vraiment, ça ? »

« Je suis sorti de son bureau estomaqué, confia Zaccardelli à l'un des auteurs de ce livre. Ça commençait bien mon nouveau mandat ! »

Jean Chrétien se souciait davantage de combattre les « séparatistes » québécois que le crime organisé. Après tout, c'est son gouvernement qui s'était fait tirer l'oreille très longtemps avant de décréter une loi antigang. C'est également son gouvernement qui avait modifié la loi pour permettre aux prisonniers condamnés pour des crimes non violents d'être libérés au sixième de leur peine. Les narcotrafiquants tombés dans les mailles du faux bureau de change furent les premiers à bénéficier de cette mesure providentielle. Mais Zaccardelli pouvait compter sur l'appui de la population pour faire avancer sa cause, en particulier au Québec, où la guerre des motards faisait rage. En 1997, des centaines de citoyens s'étaient massés devant le bunker des Hells Angels à Saint-Nicolas, au sud de Québec. Ils en avaient assez de vivre dans la peur des attentats à la bombe. Pendant des heures, ils avaient marché de long en large devant l'horrible blockhaus entouré d'une clôture et hérissé de caméras de surveillance, scandant des slogans exigeant sa fermeture. Le maire n'était pas du genre à finasser : il envoya des bulldozers. Les bâtiments furent rasés. Quant à la Ville de Montréal, elle chassa les Hells. Les avocats des motards dénoncèrent ces atteintes présumées à la liberté d'association et se lancèrent dans une série de procédures judiciaires.

Les municipalités ripostèrent en se joignant à un vaste mouvement national exigeant le renforcement des dispositions antigang du Code criminel. En avril 2000, la Fédération canadienne des municipalités organisa un colloque sur ce thème à Montréal et invita Zaccardelli à y prononcer un discours. « Les groupes criminels n'ont jamais été si puissants et si sophistiqués, déclara-t-il. Ils constituent une menace réelle pour la démocratie. À l'instar des criminels qui tirent profit de la globalisation des marchés, il nous faut, plus que jamais, travailler main dans la main. Comme eux, il nous faut maximiser l'échange d'informations afin de mieux cibler nos enquêtes. » À cet égard, ajouta-t-il, le Québec faisait figure de pionnier : des escouades régionales mixtes regroupant la GRC, la SQ, la police de Montréal et les corps de police d'autres municipalités venaient d'être mises sur pied pour combattre les motards. Quant à la lutte contre la mafia, elle était dorénavant la responsabilité de l'Unité mixte d'enquête sur le crime organisé (UMECO), chapeautée par la GRC.

Le 2 septembre suivant, Zaccardelli devenait le numéro un de la police fédérale. Une semaine plus tard, il convoquait les journalistes à une conférence de presse et leur faisait part de ses préoccupations. «Pour la première fois dans l'histoire de ce pays, nous voyons les signes avant-coureurs d'organisations criminelles assez sophistiquées pour chercher à déstabiliser le fonctionnement de la société», affirmat-il. Partout au pays, à l'exception du Québec, les éditorialistes le traitèrent d'alarmiste et exigèrent qu'il fournisse des preuves de ce qu'il avançait.

Il n'eut pas besoin de le faire.

Le 13 septembre, le reporter Michel Auger venait de garer sa voiture dans le parking du *Journal de Montréal*, rue Frontenac. Au moment où il se penchait pour prendre son ordinateur portable dans le coffre arrière, un tueur déchargea son arme dans son dos. L'homme prit la fuite dans une voiture. Celle-ci fut retrouvée incendiée à quelques rues de là – une signature claire et nette : l'attentat avait été orchestré par des motards. Gisant sur le sol, Auger garda la tête froide. Il ouvrit son téléphone cellulaire, composa le 911, résuma d'une voix poussive ce qui venait de se passer et donna des instructions précises sur l'endroit où il se trouvait. Les policiers et les ambulanciers arrivèrent en trombe. Le blessé survécut miraculeusement et sans séquelles graves.

Tenter d'abattre un journaliste après avoir tué des gardiens de prison et placé des bombes sous des voitures de police, c'était bel et bien une façon de «déstabiliser le fonctionnement de la société». Des centaines de personnes descendirent dans les rues de Montréal pour crier leur colère. Des amendements furent apportés à la loi antigang afin de faciliter le travail des procureurs : désormais, ils pourraient accuser un individu d'appartenir à une organisation criminelle même si cet individu ne connaissait pas les noms des autres membres. Au printemps 2001, la police arrêta 128 personnes associées aux Hells Angels. Mom Boucher, le chef des Nomads, le club élite des Hells, fut de nouveau traîné en justice pour l'assassinat des gardiens de prison Diane Lavigne et Pierre Rondeau. Acquitté lors d'un premier procès, il fut, cette fois, condamné à une lourde peine de prison.

Les motards étant sérieusement atteints, l'artillerie lourde de la police pouvait concentrer ses tirs sur les autres organisations criminelles. Zaccardelli invita les divisions de la GRC à Montréal, Toronto et Vancouver à dresser un plan d'attaque. À Montréal, siège du quartier général du clan sicilien, la priorité fut rapidement donnée à la mafia. Selon une vieille convention bureaucratique, le nom de code de l'opération de la GRC au Québec devait commencer par la lettre C. Le projet hérita du nom de l'orateur romain Cicéron. Depuis 30 ans, une dizaine d'enquêtes avaient été menées contre la mafia italienne, mais elles s'étaient toutes cassé le nez : aucune n'avait réussi à incriminer son chef, Vito Rizzuto. Cette fois, Zaccardelli espérait que la GRC y parviendrait.

Ses espoirs furent vite déçus. Pendant des mois, une dizaine d'agents suivirent Vito à la trace. Ils le prenaient en filature dès qu'il quittait sa maison de l'avenue Antoine-Berthelet. Ils tentaient de saisir ses moindres paroles, mais l'homme était habile, il ne disait pratiquement rien au téléphone. Il déléguait. Quand il devait intervenir, par exemple pour régler un conflit ou pour approuver une nouvelle importation de drogue, il donnait ses directives de façon furtive, loin des oreilles et des regards indiscrets. Il tenait ses rencontres, de jour, de soir et de nuit, dans des lieux différents – restaurants, cabarets, terrains de golf, dans la rue. La police n'avait ni le temps ni les ressources techniques nécessaires pour mettre tous ces endroits sur écoute.

Loin de baisser les bras, Zaccardelli fit débloquer des fonds pour une opération de plus grande envergure. Utilisant les informations glanées grâce à Cicéron et à des enquêtes effectuées en Ontario, les agents s'attelèrent à la rédaction d'un nouvel affidavit et demandèrent à un juge d'autoriser la mise sur écoute de dizaines de caïds et d'associés. Puisque le renard était insaisissable, les policiers ratisseraient la forêt au grand complet. L'opération Colisée succéda à l'opération Cicéron. Elle culminerait par la mobilisation d'une centaine d'agents et de dizaines de traducteurs, d'analystes et d'employés civils, durerait quatre ans et coûterait près de 35 millions de dollars – ce qui en ferait l'enquête la plus chère de l'histoire de la GRC. Les partenaires de la police au sein de l'UMECO, soit la Sûreté du Québec, la police de Montréal et d'autres organismes comme Revenu Canada, furent mis à contribution.

Le 23 septembre 2002, des techniciens installèrent une caméra en face du club social Le Consenza (le club changerait de nom trois ans après et s'appellerait Associazione Cattolica Eraclea), rue Jarry, à Saint-Léonard. Le 18 juin 2003, ils dissimulèrent des micros à l'intérieur du café et, le 19 janvier 2004, ils y ajoutèrent de microscopiques caméras. Le lendemain, Vito Rizzuto était arrêté chez lui pour le meurtre des trois capitaines de la famille Bonanno. La GRC avait bon espoir de le remettre au FBI, mais cela ne lui suffisait pas : elle voulait décapiter l'organisation et accumuler assez de preuves pour jeter en prison son père Nicolò et toute la direction du clan.

En quatre ans, le vieux Nick se rendit 860 fois au Consenza, c'est-à-dire un jour sur deux. Chauve, bedonnant, toujours bien habillé, Nicolò Rizzuto avait 80 ans en 2004. Son nom avait été mentionné

30 ans plus tôt lors des audiences de la Commission d'enquête sur le crime organisé. Malgré le poste dominant qu'il occupait depuis dans la mafia, il n'avait jamais été condamné au Canada. Lorsqu'il était jeune, en Sicile, il avait la réputation d'être un homme calme et poli. En vieillissant, il s'était aigri : la police l'entendit à plus d'une reprise conseiller à ses adjoints de recourir à la violence pour des vétilles. Il chipotait sur des sommes d'argent, même les plus dérisoires. Il lui arrivait aussi de boire un peu trop. Il fut arrêté à Cartierville, la veille du jour de l'an 2006, pour conduite en état d'ébriété : il avait embouti un camion de pompier au volant de sa Mercedes. Compte tenu de sa notoriété et de ses états de service, tous les membres et associés de la mafia le traitaient avec le plus grand respect. Ils l'appelaient affectueusement Zio Colà (oncle Nicola). Les caméras filmèrent souvent des scènes au cours desquelles des hommes l'embrassaient sur les joues – la marque de respect dû aux hommes d'honneur siciliens.

Paolo Renda, 63 ans, gendre de Nick Rizzuto et *consigliere* de la famille, se rendit au petit café de la rue Jarry 667 fois pendant l'enquête. Bien que profondément impliqué dans les activités du clan, il restait le personnage le plus effacé parmi les quatre membres du « comité de direction » qui prit la relève de Vito Rizzuto après son arrestation en 2004. Il n'avait jamais été condamné pour quoi que ce soit, sauf en 1972, lorsqu'il avait mis le feu à son salon de barbier à Boucherville, apparemment pour toucher les assurances. Il était propriétaire et copropriétaire de deux entreprises : Construction Renda et le salon funéraire Loreto. Agissant tantôt comme arbitre, tantôt comme préfet de discipline, il recevait les doléances des membres et sanctionnait les écarts de conduite. Le Consenza, disait-il en boutade, c'était « la maison des problèmes ». Avant le départ de Vito, il fréquentait davantage les milieux d'affaires que le petit café.

La présence de Rocco Sollecito, 56 ans, fut observée 561 fois dans l'établissement, dont il avait longtemps été le gérant. L'homme avait été mêlé à l'affaire de la Penway, cette petite société minière impliquée dans le traficotage de titres boursiers. Ami de longue date du vieux Nicolò Rizzuto, il s'occupait plus particulièrement de régler les problèmes avec la jeune génération de mafiosi. Au milieu des années 1980, il avait passé quelques années en prison pour une affaire d'immigration illégale. Son nom revenait souvent dans les rapports de police. Son visage apparaissait dans des albums de photos en compagnie de Vito, notamment lors du mariage de la fille d'Alfonso Caruana à Toronto. Comme les Rizzuto et Paolo Renda, il était originaire de Cattolica Eraclea.

Francesco Arcadi, 51 ans, se rendit 616 fois au Consenza. Cet ancien associé des Cotroni était calabrais, mais cela ne l'avait pas empêché de devenir un membre très actif au sein de la mafia sicilienne. Lorsque Vito fut arrêté, les policiers se demandèrent s'il n'allait pas lui succéder. Dirigeant les opérations de la rue, il était en contact avec les motards et les gangs de rue. Il avait sous ses ordres immédiats Lorenzo Giordano, 41 ans, lui-même associé de Francesco Del Balso, 34 ans.

Tout comme Arcadi, ces deux caïds extrêmement agressifs dirigeaient des réseaux de trafiquants de drogue, de bookmakers et de fiers-à-bras. Ils se rapportaient régulièrement à Arcadi, au Consenza, mais ils avaient leur propre quartier général au Bar Laennec à Laval. Le 2 novembre 2004, la GRC plaça une caméra à l'extérieur de ce petit lieu de rendez-vous mafieux situé près de la Cité de la Santé. Elle procéda à la même installation à l'intérieur de l'établissement dans la nuit de la Saint-Valentin, le 14 février 2005. En deux ans, Giordano entra 221 fois au Bar Laennec, et Del Balso 541 fois – soit presque tous les jours.

Des caméras et des micros furent disposés en plusieurs autres endroits. Les installer n'était pas de tout repos. Un homme embauché par le clan veillait au Consenza jusqu'aux petites heures du matin, sept jours sur sept. Les techniciens de la GRC n'avaient que quelques heures pour dissimuler leurs gadgets. Ces derniers tombaient régulièrement en panne. Il fallait changer l'angle des caméras, les retirer avant des rénovations majeures puis les poser à nouveau. Les techniciens durent répéter leurs visites nocturnes au Consenza à 34 reprises. Chaque installation ou réparation coûtait en moyenne 80 000 $. Une armada d'agents en civil épaulait les équipes techniques. Tapis dans l'ombre ou circulant dans des voitures banalisées, des policiers surveillaient les abords du « Cos » afin de détecter toute présence suspecte à proximité du 4891 Est de la rue Jarry. Ils sonnaient l'alerte dès qu'il y avait danger. Au besoin, d'autres gardaient à l'œil les résidences des personnes sous enquête et s'assuraient qu'elles restaient bien chez elles.

Jour après jour, des traducteurs transcrivaient des heures et des heures d'écoute électronique ; des analystes visionnaient les bandes vidéo ; des agents de liaison échangeaient des informations avec leurs homologues italiens et américains. S'il le fallait, les policiers épiaient leurs cibles jusque dans les bars, les restaurants et même au Casino de Montréal, un lieu de blanchiment d'argent prisé des jeunes mafiosi. L'opération Colisée visait toutes leurs activités : importation de drogue, paris sportifs illégaux, vente de marijuana aux États-Unis, au Nouveau-Brunswick et en Ontario, prêts usuraires, corruption, mainmise sur des contrats de travaux publics, blanchiment d'argent, extorsion, voies de fait, kidnappings, meurtres.

Pendant l'enquête, 80 % des 125 personnes qui se présentèrent au Consenza et que la police put identifier étaient fichées ou avaient un casier judiciaire.

C'était dans ce café peu invitant, considéré depuis des décennies comme le quartier général du clan sicilien, qu'aboutissaient les profits de l'organisation. Des soldats de la famille Rizzuto venaient y déposer les recettes semaine après semaine. Des hommes d'affaires, victimes ou complices, y apportaient leur commission ou y acquittaient leurs factures. Entre le 2 février 2004 et le 31 août 2006, une caméra capta 192 transactions dans la pièce arrière du club social. Dans un style direct et très peu littéraire, un analyste de la police rédigea ce compte rendu, parmi des milliers d'autres : « Les têtes dirigeantes de l'organisation, les récipiendaires de cet argent, étaient présentes pour la plupart des transactions (…) Le 1er avril 2004, Rocco Sollecito et Nicolò Rizzuto sont observés comptant de l'argent dans le petit bureau arrière du Consenza. Quelques instants plus tard, Rizzuto est vu prendre cet argent et en mettre dans sa chaussette droite et dans les poches de son veston. »

Des hommes apportaient des liasses de billets de banque dans des sacs de plastique ou dans des boîtes. Les billets étaient déposés sur une table ronde, au milieu du « bureau », et répartis en piles.

« *Sette, otto, venticinque,* comptait Rizutto.

— *Uno, due, tre, quattro, cinque, sei, sette,* disait le visiteur. *Otto, duecento…*

— 12 et 12 font bien 24, n'est-ce pas ? demandait Rizzuto.

— Oui, répondait le visiteur, qui se remettait à compter : *dieci, undici, dodici, tredici… trenta quattro,* 34 pour vous.

— 3000 $ », concluait Rizzuto.

Le 23 mai 2005, vers 9 h 55, Rocco Sollecito recevait dans le bureau Beniamino Zappia, un vieil ami de la famille qui vivait à Milan. Quelques années plus tard, l'homme (à ne pas confondre avec l'ingénieur Giuseppe Zappia du pont de Messine) serait arrêté en Italie pour sa participation à une histoire de blanchiment d'argent en lien avec les hauts placés du clan Rizzuto. Sollecito expliqua à son visiteur comment les affaires fonctionnaient. Chaque fois que des membres de l'organisation gagnaient de l'argent, ils devaient en donner une partie aux dirigeants.

« Chaque fois qu'ils font quelque chose, ils apportent quelque chose et nous le partageons entre nous cinq, moi, Vito, Nicola (Nick) et Paolo (Renda) », dit-il, oubliant de mentionner le nom de Francesco

Arcadi. Quand nous voyons qu'ils font quelque chose de gros, on participe.

— Comment vois-tu les affaires, qu'est-ce que tu en penses ? demanda un Zappia très intéressé.

— Tito, je te l'ai dit, répondit Sollecito. Tu dois regarder ça du bon côté, parce que nous partageons en cinq, et il est juste que nous partagions. »

Zappia lui dit qu'il comprenait.

Parfois, une partie des recettes était remise à des lieutenants, comme Lorenzo Giordano et Francesco Del Balso. Le 12 avril 2006, à 14 h 26, Francesco Arcadi divisait ainsi l'argent en compagnie de Paolo Renda. « Arcadi prend une des trois liasses et Renda les deux autres, qu'il entoure d'un élastique, pouvait-on lire dans le compte rendu de la police. Pendant cet exercice, Arcadi déclare, en comptant : "Ceci est pour le *compare* Rocco (Sollecito) et pour Lorenzo (Giordano)." Plus tard, Arcadi mentionne à Renda qu'aujourd'hui Moreno (Gallo) lui a donné cet argent et qu'ils ont convenu de ne jamais en parler à personne. » (Moreno Gallo, en libération conditionnelle après avoir purgé des années de prison pour meurtre, rendait régulièrement visite à ses compères du Consenza, violant ainsi les conditions de sa libération.)

Ces fortunes – car il s'agissait bien de fortunes –, Lorenzo Giordano, Francesco Del Balso et les autres nouveaux riches de Laval les dilapidaient allègrement. Plusieurs d'entre eux étaient dévorés par la passion du jeu.

Giordano et Del Balso étaient responsables d'un site internet de paris sportifs, worldsportcenter.com. Les joueurs prenaient les paris en ligne, ou par téléphone auprès d'un employé d'un centre d'appels grâce à un numéro 1-800. Chaque joueur se voyait attribuer un numéro de compte et un mot de passe lui permettant d'inscrire ou de faire inscrire ses paris. L'entreprise, d'abord située à Montréal, rue Fleury, puis à Laval, rue Bergar, et enfin boulevard des Laurentides, employait entre 34 et 58 agents. Le site internet fut hébergé dans des serveurs au Belize jusqu'à ce qu'il puisse déménager dans la réserve mohawk de Kahnawake, grâce à l'obtention d'une licence de jeu de la Kahnawake Gaming Commission. La GRC demanda à un expert en bookmaking d'analyser les recettes sur une période de 18 mois. En un an et demi, 1609 joueurs avaient pris plus de 820 000 paris, ce qui avait permis au clan d'empocher des profits bruts de 26,8 millions de dollars. « Et ce malgré la grève des joueurs de la Ligue nationale de hockey (LNH) », notaient à la blague les policiers. Le groupe opérait aussi à Ottawa et à Toronto.

Francesco Del Balso s'enrichit à la vitesse grand V. Pour sa part, il préférait jouer au Casino de Montréal plutôt que devant un écran d'ordinateur sur son propre site internet. Il était inscrit au club des joueurs à vie de l'établissement d'État sous le numéro 71351. Il lançait souvent des jetons de 5000 $ sur les tables de jeu, et il lui arrivait de flamber des dizaines de milliers de dollars dans la même soirée.

Bien entendu, comme tous les gros joueurs, Del Balso perdait beaucoup plus d'argent qu'il n'en gagnait. Entre 2001 et 2003, il avait joué 7,6 millions de dollars et récupéré 2,5 millions seulement. Un joueur normal aurait sombré dans la dépression après avoir essuyé cette perte de 5,1 millions de dollars, mais Del Balso avait une autre priorité que de gagner : blanchir son argent sale. Si jamais les inspecteurs du fisc se montraient suspicieux et lui demandaient de justifier ses revenus, il pourrait prétendre avoir la chance pour lui et leur présenter des chèques de 100 000 $, de 150 000 $ et même de 200 000 $ portant le tampon du Casino.

Outre Giordano, né en 1963, et Del Balso, né en 1970, l'aile jeunesse du clan Rizzuto comptait un autre abonné d'importance au Casino. Giuseppe Torre, 33 ans, appelé indifféremment « Pep » ou « Joe », s'était enrichi en faisant entrer de la cocaïne à pleine porte à l'aéroport Montréal-Trudeau, où il avait déjà travaillé. Il ne lançait pas les jetons au rythme effréné de Del Balso, mais il était très friand de poker. Il pariait également des montants impressionnants sur les parties de football américain. Il pouvait gagner 10 000 $ et en perdre 15 000 $ dans la même semaine.

Sa femme Polisena, une ancienne agente de bord d'Air Canada, n'aimait pas du tout que son époux passe autant de temps hors de la maison. La police l'entendit se plaindre à une amie. « Il n'est jamais à la maison, soupirait la mère de deux jeunes enfants. C'est un animal. Je vais m'offrir un beau cadeau d'anniversaire en me dénichant un avocat pour un divorce. »

Mises à part les frustrations habituelles, le mariage rapportait quelques bénéfices à l'épouse du truand. Elle raconta à son amie qu'elle possédait une bague en or ornée d'un diamant et valant 60 000 $, un bracelet en diamant de 56 000 $ et deux autres diamants valant 12 000 $ chacun. Sa fille de huit ans avait déjà fait une cinquantaine de voyages en famille. Les trois enfants du couple, habillés à la dernière mode, étaient gardés par une nanny philippine vivant à la maison et chichement payée, 300 $ par semaine. En revanche, Mme Torre n'hésitait pas à débourser 3000 $ pour une paire de bottes. Giuseppe

Torre, qui souffrait de calvitie précoce, dépensa une somme identique pour entretenir son allure de jeune homme : il endura 1050 douloureuses greffes de cheveux.

Pour se conformer à ce train de vie digne du jet-set international, le couple acheta des billets à 5000 $ pour assister à la Coupe du monde de soccer, dans la deuxième rangée, au stade de Hambourg en Allemagne. En moins de 10 ans, le jeune couple avait eu une vingtaine de voitures : notamment une Ferrari, une Land Rover, une Mercedes, une Infiniti, une Jeep Grand Cherokee, deux Jeep sport TJ, une moto Harley-Davidson et un scooter Vespa. Le 29 mai 2006, Torre compléta sa collection avec un Hummer et offrit une BMW M3 à sa femme. Elle bouda : elle voulait une Porsche 911, une voiture qu'elle trouvait plus nerveuse. Incapable de ruminer sa peine en silence, elle décrocha le téléphone et s'épancha une fois de plus auprès de son amie : « Il m'a donné une M3. Ce n'est pas ce que je voulais. Je voulais une 911. Je lui ai donné de la merde. Je voulais un intérieur rouge, et il est gris. »

Torre n'était pas mieux préparé qu'elle à subir la misère des riches. Il s'emporta un jour contre un concessionnaire de Land Rover : « Écoute-moi bien, Ben. Ton citron de 100 000 $, il ne roule pas. » Puis il expliqua au marchand qu'il était gênant « d'avoir une Land Rover inutilisable devant une maison d'un million de dollars ».

Lorenzo Giordano et sa femme vivaient eux aussi dans une maison évaluée à plus d'un million, à Laval, dans le quartier Vimont. Giordano roulait en Porsche Cayenne et possédait une BMW Z8 Roadster valant 190 000 $ ainsi qu'une Ferrari 550 Maranello, qu'il exhibait chaque été dans les rues du centre-ville lors du Grand Prix de Formule 1. Sa femme se contentait d'une Mercedes-Benz décapotable. Le couple était propriétaire d'un grand terrain dans les Laurentides et avait des centaines de milliers de dollars placés à gauche et à droite ou déposés dans divers comptes de banque.

Des mèches blanches striaient la chevelure noire de Giordano, d'où son surnom de « Skunk ». Mais si sa tignasse rappelait la tête d'une mouffette, il n'avait pas le caractère pacifique du petit mammifère. Ses frasques lui avaient valu les remontrances du *consigliere* Paolo Renda, surtout lorsqu'il avait battu un trafiquant d'héroïne iranien au Globe, chic restaurant italien du boulevard Saint-Laurent. Il récidiva un soir d'été, cette fois devant le Cavalli, un autre restaurant italien branché.

Giordano prenait un verre avec Del Balso, quand une querelle éclata. Pendant un court instant, Charles Huneault, proche des Hells Angels, saisit Del Balso à la gorge. Hors de lui, Giordano sortit du restaurant, aperçut Huneault dans sa Porsche garée non loin de là, pointa son revolver sur l'aile arrière et la troua de balles devant les passants éberlués. Les policiers arrivèrent aussitôt sur les lieux. Pendant qu'ils récoltaient les douilles et interrogeaient les témoins, Del Balso téléphonait à son grand ami Domenico Macri. « Comment ce salaud a-t-il pu avoir l'honneur de me toucher le cou ? » hurlait-il, puis il lui donna des ordres contradictoires. « Viens me soutenir, apporte ton jouet (son arme). » Il se ravisa et lui annonça qu'il allait régler ses problèmes tout seul. « Merde, tu vas voir ce que je suis capable de faire, cracha-t-il dans son cellulaire. Je suis capable de le faire devant ces foutus flics. Je vais tirer dans le tas. » Giordano fut accusé de possession d'arme dans un dessein dangereux.

Des accusations bien plus graves l'attendaient.

*   *   *

Le jeu finit par engendrer dettes et violence aussi sûrement que le ciel se couvre de nuages avant l'orage. Les policiers étaient aux premières loges pour assister aux événements. À partir du mois de novembre 2004, ils suivirent les péripéties de Frank Faustini, un joueur compulsif, ancien bagagiste d'Air Canada et trafiquant de drogue à ses heures. Âgé de 37 ans, il avait accumulé une dette de 823 000 $ envers la mafia après avoir perdu des paris sportifs sur le site internet exploité par le clan Rizzuto. Après maints avertissements, Francesco Del Balso lui accorda un mois, soit jusqu'au 8 décembre, pour s'acquitter de sa dette. Une fois le délai passé, il téléphona à l'agent du site internet qui avait recruté Faustini et lui demanda de prévenir l'imprudent flambeur qu'il pouvait « s'attendre à recevoir toute une raclée s'il ne payait pas ».

Sept jours plus tard, Faustini fut convoqué au Bar Laennec. Les policiers le virent apparaître sur leur écran. Leur caméra, cachée à l'extérieur, le montrait à travers la vitre de l'établissement se tenant le front avec ses mains et grimaçant de douleur, en présence de Francesco Del Balso, de Lorenzo Giordano et de son bras droit, Mike LaPolla, un costaud au crâne rasé, âgé de 36 ans. Ils aperçurent aussi une tache de sang sur le chandail de Giordano. Sévèrement battu, Faustini réussissait à peine à tenir sur ses jambes. Des hommes durent l'aider à s'asseoir dans sa voiture. Un peu plus tard, Del Balso communiquait avec lui : « S'il te plaît, siffla-t-il, va chercher un peu d'argent. » Faustini l'assura qu'il lui apporterait 200 000 $ dès le lendemain. Giordano « n'avait pas besoin de faire ça », ajouta-t-il, en parlant de la pluie de coups qu'il venait de recevoir. « Maintenant, mon visage est massacré, il a cassé mon foutu nez, mes dents sont tombées… Il va falloir que je montre mon visage à l'hôpital, il est tout ouvert. »

Le litige était à la fois sérieux et complexe ; le résoudre exigerait du doigté. Faustini avait également une importante dette envers un autre créancier, Richard Griffin, 39 ans, associé au Gang de l'ouest.

Griffin et des membres de la mafia avaient planifié l'importation de 1300 kilos de cocaïne depuis le Venezuela, mais le projet avait fini en eau de boudin. À l'automne 2005, un premier envoi de 300 kilos fut dissimulé dans la cale d'un cargo parmi des barils d'huile à moteur. La cargaison fut déchargée dans le port de Newark, où résidait un cousin de Francesco Del Balso, puis acheminée par camion jusqu'au Québec. Griffin avait protesté : depuis les attentats du 11 septembre 2001, les douaniers américains redoublaient de vigilance, faisait-il valoir. Il trouvait l'itinéraire inutilement dangereux. Ses partenaires du Consenza balayèrent ses objections du revers de la main. Au bout du compte, la GRC saisit la drogue dans un entrepôt de Boucherville. Griffin était furieux. Il avait investi 1,5 million dans l'achat et le transport de la coke, et à cause de ces abrutis d'Italiens, il avait tout perdu. Il réclama l'argent de Faustini, qu'il associait à la bande, et qui lui devait 350 000 $. Il déploya toute son énergie pour lui faire cracher l'argent.

Faustini était pris entre deux feux. Il subissait à la fois les pressions du clan Rizzuto et celles de Griffin. Il expliqua aux uns et aux autres qu'un avocat avait placé pour lui 1,2 million de dollars dans un compte aux Bahamas et qu'il l'empêchait de toucher son argent tant que son placement n'arriverait pas à terme. Après des mois de tractations et d'engueulades avec Del Balso, Griffin rencontra le vieux Nicolò Rizzuto au Consenza. Ils voulaient tous les deux être payés en premier.

Griffin ordonna à Faustini de menacer l'avocat qui avait placé son argent dans le paradis fiscal. « Je ne veux pas te dire de le tuer, mais ramène l'argent », martela-t-il. L'avocat autorisa le retrait de 350 000 $ dans le compte des Bahamas. La somme fut remise à Griffin. Le 27 juin 2006, Francesco Del Balso lui téléphona et lui demanda de lui apporter l'argent immédiatement. Griffin l'envoya paître : il affirma qu'il avait une entente avec Rizzuto. Faux, rétorqua Del Balso : il voulait l'argent, et tout de suite. Griffin refusa d'obtempérer. Le 12 juillet, en plein après-midi, il fut abattu de plusieurs balles en face de sa maison de la rue Terrebonne, dans le quartier Notre-Dame-de-Grâce, à Montréal. Une mitraillette fut retrouvée près de son corps et un revolver fut récupéré sur le terrain d'une église voisine. Personne ne fut accusé.

Apparemment, l'affaire se régla peu après. «Après le 20 juillet 2006, l'écoute ne révéla plus rien de la dette de jeu de Faustini à Del Balso et à son organisation», déclara une policière de la GRC au tribunal.

* * *

Faustini avait le don de se mettre dans de sales draps. Il n'était pas le seul.

La mafia avait infiltré l'aéroport Montréal-Trudeau depuis longtemps. Une dizaine de douaniers, de bagagistes, d'employés et d'ex-employés de sociétés présentes à l'aéroport, comme Air Canada, Globe Ground North America et les services alimentaires Cara, participaient au réseau dirigé par Francesco Arcadi pour faire entrer des quantités importantes de drogue.

Giuseppe Torre pouvait utiliser la précieuse «porte», un mot de code désignant le réseau de complices œuvrant à l'aéroport. Mais il devait payer aux têtes dirigeantes de la mafia un tribut équivalent à 3 % du prix au gros pour chaque kilo importé. En janvier 2005, pour éviter de payer cette «taxe», les associés de Torre mentirent au clan quant à la quantité de cocaïne qu'ils avaient l'intention de faire venir par avion depuis Haïti. Ils prétendirent qu'ils n'en recevraient que 120 kilos, alors qu'ils en avaient commandé presque le double.

La GRC avait découvert le complot au cours de son enquête. Lorsque l'avion se posa, les policiers et les douaniers passèrent l'appareil au peigne fin. Même après avoir dévissé les parois intérieures, ils ne découvrirent rien. La drogue était déjà sur le tarmac, cachée dans les faux plafonds de deux conteneurs à bagages. Un complice des trafiquants observa les manœuvres des enquêteurs et poussa de gros amas de neige devant les conteneurs afin de les dérober aux regards. Nerveux et inquiets, les importateurs eurent plusieurs entretiens sur leurs téléphones cellulaires. Ils parlaient d'un numéro de conteneur. La police écoutait. Craignant que la drogue lui file entre les doigts, le sergent Mike Roussy ne dormit pas de la nuit. Il compulsa les registres de tous les conteneurs fraîchement débarqués. Il grimpa dans le véhicule d'un collègue de la GRC affecté à l'aéroport et ratissa les aires réservées au fret. Il vérifia un à un les numéros de chacun des conteneurs, mais en vain. Soudain, il en aperçut deux derrière un amoncellement de neige près d'un quai de chargement. Il enleva la neige et esquissa un large sourire.

Peur après, l'Agence canadienne des douanes publia un communiqué annonçant qu'elle avait saisi 218 kilos de cocaïne.

Giuseppe Torre pressentit que sa vie serait en danger si le clan Rizutto en venait à la conclusion qu'il avait menti en affirmant qu'il avait commandé non pas 218 kilos, mais seulement 120, afin de payer moins de « taxes ». Il demanda alors à son père Gaetano, un vieux routier de la mafia montréalaise, d'intercéder en sa faveur auprès de Francesco Arcadi et d'autres dirigeants du clan. Gaetano Torre affirma à ces derniers que son fils ignorait que la quantité de drogue était deux fois plus importante que prévu. Son fils ne savait pas que ses associés avaient commandé des kilos additionnels, plaida-t-il.

Arcadi restait dubitatif. Il demanda à des hommes de confiance de faire enquête. Un soir, Frank Faustini but un peu trop et révéla qu'il avait déjà fait entrer de la drogue avec ses complices Ray Kahno et Chadi Amja à l'insu des dirigeants de l'organisation. Arcadi trancha : ils furent tous trois condamnés à verser au clan 100 000 $ chacun en guise d'amende. Quant à Torre, il ne toucherait pas de commission sur la prochaine livraison de cocaïne. Dorénavant, il devrait suivre les instructions à la lettre s'il voulait continuer à utiliser la « porte ».

Dès le lendemain de la saisie des 218 kilos, Torre, Kahno et les autres se tournèrent vers la Jamaïque pour importer la coke. Leurs passeurs ne manquaient ni de ressources ni d'imagination. Ne négligeant pas les petites importations, ils bourraient de drogue des contenants de nourriture ou de boisson destinés aux passagers. Des complices les récupéraient à l'aéroport Montréal-Trudeau et les remettaient aux commanditaires.

Travaillant en parallèle, des bagagistes s'emparaient de valises avant qu'elles n'atteignent les carrousels, et qui avaient été identifiées au préalable par les trafiquants. Ils les plaçaient à l'écart et les remettaient à leurs contacts au moment convenu.

Les trafiquants employaient toutes les techniques possibles et imaginables pour corrompre employés et fonctionnaires. Lorsque ces derniers étaient des femmes, ils conseillaient à leurs associés de déployer leurs charmes afin de les séduire.

Marilyn Béliveau, qui avait 25 ans en 2004, travaillait au siège social de l'Agence des douanes rue d'Youville, dans le Vieux-Montréal. Elle était en mesure de dédouaner les conteneurs recelant la drogue afin d'éviter les inspections. Ayant un accès privilégié au système informatique de l'agence, elle pouvait suivre sur son ordinateur le cheminement des conteneurs et connaître leur lieu d'entreposage. Un membre d'un gang dont elle s'était entichée la présenta au réseau de trafiquants. La jeune femme accepta de collaborer. Le jeu était payant, excitant et, croyait-elle, pas trop risqué. « Si ça marche pas, je me mettrai pas à brailler, dit-elle un jour au téléphone, sans savoir qu'elle était sur écoute. J'ai un bac, je me trouverai du travail ailleurs. Si ça marche, eh bien ce sera tant mieux. » Elle qui escomptait gagner 100 000 $ perdit son emploi et se retrouva à procès.

Nancy Cedeno, une mère de famille de Laval âgée de 30 ans, était elle aussi douanière, mais à l'aéroport Montréal-Trudeau. À l'été 2004, elle rencontra Omar Riahi, 29 ans, qui travaillait aux douanes comme stagiaire. Les deux jeunes gens se lièrent d'amitié. Riahi quitta Montréal afin de se lancer dans une carrière de policier militaire à Halifax. Après une séparation de plusieurs mois, elle croisa son ami pendant une pause cigarette à l'aéroport de Montréal. Son couple battait de l'aile, son mari la négligeait, et elle n'était pas insensible aux avances de l'entreprenant militaire. Il la flatta, lui remonta le moral, lui dit qu'elle était belle. « Il me disait tout ce que je voulais entendre, confia-t-elle plus tard à son procès.

— Quelque chose que votre mari ne faisait pas ? lui demanda son avocat.

— Exactement. »

À la fin de l'été 2005, Riahi la convainquit de lui laisser utiliser des déclarations portant le sceau de la douane. Il s'agissait des cartes E-311 que les agents de bord distribuent aux passagers avant l'atterrissage. Les voyageurs y inscrivent les marchandises qu'ils rapportent de l'étranger, et les présentent ensuite à un premier contrôle douanier, en même temps que leurs passeports. Les douaniers peuvent soit tamponner la carte, soit diriger les voyageurs vers un deuxième contrôle, où leurs bagages sont fouillés. Lors de son procès, Cedeno expliqua qu'elle avait demandé à Riahi pourquoi il avait besoin de cartes tamponnées. « Tu n'as pas besoin de le savoir, chérie, lui répondit-il. Le moins tu en sais, le mieux c'est. » Elle crut qu'il aidait quelqu'un à passer des marchandises en contrebande, comme des sacs Gucci, par exemple.

En réalité, Riahi travaillait pour Giuseppe Torre et Ray Kahno, des contrebandiers de drogue du clan Rizzuto. Lorsqu'ils débarquaient à Pierre-Elliott-Trudeau, les coursiers n'avaient qu'à brandir leurs fausses cartes E-311 pour éviter la fouille de leurs bagages. Le 27 septembre

2005, l'un d'eux fut arrêté en embarquant dans l'avion à Haïti. Il transportait neuf kilos de drogue dans ses bagages. En le fouillant, les douaniers trouvèrent une carte tamponnée par Cedeno. Elle l'apprit et fit part de son inquiétude à Riahi un jour où il lui réclamait d'autres cartes. Elle lui demanda s'il les utilisait pour transporter de la drogue. « Voyons, chérie ! lui répondit Riahi. Où vas-tu chercher cette idée ? Tu me connais. Je te mettrais jamais dans ce pétrin. » Cedeno déclara à son procès que Riahi semblait vexé par ses questions. Elle toucha à peine 5000 $ pour ses services.

Le réseau rapportait des masses d'argent, en particulier à Torre et son partenaire Ray Kahno. Le premier détenait la clé de la « porte » de l'aéroport, tandis que le second s'occupait de l'approvisionnement en cocaïne. Âgé de 30 ans, Canadien d'origine libanaise, Kahno parlait anglais, français, italien, arabe et créole. De mèche avec les gangs de rue montréalais, il avait des contacts en Haïti, en Jamaïque, en République dominicaine, au Mexique et en Amérique du Sud. Lors d'une conversation téléphonique enregistrée par les policiers, il soutint avoir déjà payé trois millions de dollars en « taxes » au clan Rizzuto, et ce, en une seule année. « Je fais beaucoup d'argent moi aussi, mais je le brûle au fur et à mesure », confia-t-il un jour.

Kahno avait l'habitude de cacher son magot sous l'escalier du sous-sol de la maison de ses parents, boulevard Pie-IX, à Laval, dans le domaine Val-des-Brises. Il croyait que la cachette était sûre. C'était faire fi de la perspicacité de certains cambrioleurs… surtout lorsque ces cambrioleurs sont des policiers.

L'opération Colisée entamait son sprint final et les enquêteurs craignaient que des preuves ne disparaissent, entre autres les profits du crime, avant qu'ils n'aient eu le temps de procéder aux arrestations. Voilà deux ans qu'ils épiaient Kahno et ses complices. En cette nuit du 15 septembre 2006, ils savaient que la maison était vide et que les parents, en voyage à Las Vegas avec la sœur, la femme et les jeunes enfants de Kahno, ne risquaient pas de surgir à l'improviste. Ils avaient obtenu la permission spéciale d'un juge pour une « entrée par effraction » tout à fait légale.

Les enquêteurs neutralisèrent le système d'alarme et descendirent au sous-sol. Sous une toile de plastique se trouvaient un sac de sport et un caisson en métal utilisé pour le transport de la nourriture dérobé à Air Canada. Ils contenaient 28 794 billets de 100 $. Les liasses étaient roulées et attachées avec des élastiques. Les policiers s'en emparèrent, réarmèrent le système d'alarme, endommagèrent volontairement la porte arrière pour faire croire à un cambriolage et quittèrent les lieux.

À 4 h 41 du matin, un préposé de la société Alarme Sentinelle téléphonait chez Kahno, qui habitait tout près. Ce dernier se précipita chez ses parents, constata la disparition de l'argent et sauta sur le téléphone, au grand plaisir des policiers. Affolé, il commença par appeler sa femme. «Il y a eu un vol chez mes parents! cria-t-il. L'argent n'est plus là, ils ont pris les deux millions (en fait, il y en avait près de trois)!»

Une bonne part du butin appartenait à Giuseppe Torre et Francesco Del Balso. La mort dans l'âme, Kahno se résigna à appeler Torre avant le lever du soleil. L'autre l'écoutait, abasourdi.

«Il n'y avait personne à la maison, des voleurs sont entrés et ils ont tout pris, criait Kahno.

— Ne me dis pas ça, vieux», répondit Torre, furieux. Puis il lui demanda comment il avait pu laisser la maison sans surveillance.

Kahno soupçonnait Alfred, le mari de sa sœur. Nouveau coup de téléphone à Las Vegas. «Les cambrioleurs savaient ce qu'ils cherchaient, dit-il à sa sœur. Ils cherchaient l'argent. Cela veut dire que c'est quelqu'un qui savait qu'il y avait de l'argent ici. Ils sont allés en bas et ils ont tout fouillé. Ils ont tout pris l'argent, mais ils n'ont pas touché à l'or ni à la Rolex dans la chambre de maman. Est-ce qu'Alfred a le numéro du système d'alarme?» Il demanda où Alfred avait passé la nuit.

«Je vais lui tordre le cou! dit-il à Torre, lorsqu'il arriva sur les lieux. Je vais tuer celui qui a fait ça!» Le téléphone n'arrêtait pas de sonner. La mère de Kahno supposait que c'était peut-être ses «amis noirs» ou ses «amis italiens» qui avaient vidé la cache. «Personne n'était au courant qu'il y avait de l'argent en bas», rétorqua Kahno, excédé. Sa femme parla à Torre: elle lui demandait de mettre à l'abri «un gros montant d'argent» caché chez elle et son mari, dans la salle de bain. Elle songeait déjà à mettre en vente sa maison et celle de ses beaux-parents. «Ça vaut au moins deux millions, on ira vivre en appartement», se résignait-elle.

Kahno attrapa un pistolet et partit à la recherche de son beau-frère dans les rues de Montréal. Jusque-là, les agents de la GRC avaient bien rigolé, mais le scénario devenait beaucoup moins drôle: le film risquait de se terminer en meurtre. Ils demandèrent du renfort à la police de Montréal. À 8 h 45, des patrouilleurs interpellaient Kahno à l'intersection des rues Dorchester et Greene, à Westmount. Il était en compagnie de Woodley Zéphir, 30 ans, un membre connu des Crips, un gang de rue. Le pistolet était chargé à bloc. Ils emmenèrent Kahno au poste de police, où des agents fédéraux lui révélèrent le fin mot de l'histoire: «C'est la GRC qui a ton argent.» Le narcotrafiquant examina la carte professionnelle qu'un agent lui tendait. Il le fit répéter, estomaqué : « La GRC ? »

* * *

La présence de Woodley Zéphyr dans la voiture de Ray Kahno n'avait rien d'incongru. Composés en grande partie de jeunes hommes d'origine haïtienne, les gangs de rue étaient de plus en plus actifs dans la région métropolitaine. Leurs membres s'affairaient davantage depuis que les Hells Angels Nomads et leurs sous-fifres les Rockers avaient été jetés en prison, au printemps 2001. Ils jouaient du coude pour s'imposer auprès de la mafia italienne et de ses associés. L'émergence d'un nouveau groupe de joueurs mal organisés et très combatifs, qui n'hésitaient pas à bousculer les règles du milieu, provoquait inévitablement des tensions. Certains mafieux admiraient leur pugnacité et se réjouissaient de l'établissement d'un pipeline de drogue apparemment intarissable en provenance d'Haïti. D'autres exprimaient leurs sentiments racistes à voix haute : ils considéraient les gangsters noirs comme des bêtes sauvages sans foi ni loi.

Toute cette faune se retrouvait souvent dans les mêmes bars et boîtes de nuit, comme le Moomba Superclub. Ce club bien branché était situé au cœur du Centropolis, un pôle d'attraction de Laval groupant restaurants et boutiques de toutes sortes, un « village » de 60 hectares où, selon les promoteurs, il faisait bon « marcher, parler, magasiner et danser », et cela, en toute sécurité. Consacrés aux rythmes latins, les mercredis soirs attiraient les jeunes riches de 25 ans et plus. Le parking, grand comme une mer intérieure, se couvrait alors de Jaguar, de Porsche et de Ferrari.

Dans la nuit du mercredi 9 au jeudi 10 mars 2005, Thierry Beaubrun, un Noir de 28 ans arborant une barbiche de bouc, s'avança sur la piste de danse où se trémoussaient quelque 250 personnes. Son regard belliqueux croisa celui de Mike LaPolla. Ils s'apostrophèrent et en vinrent aux coups. Beaubrun brandit son pistolet, tira sur LaPolla à bout portant et courut vers sa voiture. Des amis de LaPolla le suivirent et l'abattirent de plusieurs balles, au corps et à la tête. À leur arrivée, les policiers et les ambulanciers trouvèrent LaPolla gisant à l'intérieur du bar et Beaubrun allongé dans le parking. Ils furent transportés à l'hôpital du Sacré-Cœur et moururent peu de temps après.

Tous les deux étaient connus de la police. Beaubrun était membre des 67 et des Crack Down Posse (CDP), des gangs de rue très agressifs de la mouvance bleue, qui menaient une guerre impitoyable aux

Bo-Gars et autres «rouges» du nord-est de Montréal. Au moment de la fusillade, Beaubrun faisait face à des accusations de vol à main armée. Les 67 avaient mis un Hummer et une Jaguar à sa disposition, ce qui en disait long sur son rang. Ce gang de jeunes criminels n'avait peur de rien. Ses membres vendaient de la drogue dans des petits cafés italiens en se moquant d'empiéter sur le territoire de la mafia. Il leur était même arrivé de voler des stupéfiants à des mafiosi ou de leur refiler du savon en poudre en prétendant qu'il s'agissait de cocaïne.

Mike LaPolla était un homme de main de la mafia. Propriétaire d'une petite compagnie de transport, il était un proche associé de Lorenzo Giordano. Il avait déjà été condamné pour trafic de drogue. Cinq ans plus tôt, il avait échappé de justesse à une embuscade dans les bureaux d'une compagnie de construction du sud-ouest de Montréal. Moins rapide que lui, son associé Francesco Veltri, beau-frère d'Agostino Cuntrera, avait été tué.

Un membre du clan informa immédiatement Francesco Arcadi du meurtre de LaPolla. Il était 4 h 05 du matin. «Notre Mike?» demanda Arcadi, incrédule. Giordano, qui se trouvait au Moomba lorsque Beaubrun avait tiré sur LaPolla, vint faire son rapport au Consenza l'après-midi même.

Ce drame occupa les esprits pendant plusieurs jours. On ne s'entendait pas sur la marche à suivre. L'absence de Vito Rizzuto se faisait cruellement sentir: Arcadi et ses acolytes ne possédaient pas la science du parrain pour régler les conflits. Arcadi estimait qu'il ne fallait pas réagir en cowboy et attendre plutôt la suite des événements – une approche qui étonnait même la police. Le fils de Rocco Sollecito, Giuseppe, croyait qu'ils devaient au contraire «envoyer un message» aux 67 et les tenir éloignés des cafés italiens. «Du sang sera versé, prédisait-il de façon prémonitoire. Ces gars-là ne sont pas des individus avec qui on peut s'asseoir et raisonner. Ils ne sont pas comme nous. Ce sont des animaux.»

Aux funérailles de Beaubrun, tous les bouquets étaient parés de rubans bleus, la couleur des 67. Même l'eau des vases avait été teintée de bleu. De son côté, la famille LaPolla encourageait les amis du défunt à faire des dons à un hôpital pour enfants, «en mémoire de Mike, qui souhaitait avoir un enfant». «Mike, on se souviendra de toi comme d'un fils loyal, le cadet de ton frère et le modèle de ta sœur, disait la notice nécrologique. On se souviendra de ta joie de vivre et de ton ardent désir de rendre tout le monde heureux et en sécurité autour de toi. Même si ta vie a été courte, tu as réalisé plein de belles choses, autant en affaires que dans le sport. Pour notre plus grand malheur, tu t'es trouvé au mauvais endroit au mauvais moment. Mais c'était dans ta nature, Mike, de chercher à régler un problème, même quand il y avait du danger. »

La direction des services correctionnels craignait que le duel fatal du Moomba n'ait des répercussions au Centre régional de réception de Sainte-Anne-des-Plaines, où logeait le prisonnier le plus célèbre au pays, Vito Rizzuto. Le centre de détention fédéral abritait également des membres de gangs de rue, lesquels risquaient de vouloir venger la mort de Beaubrun et de s'en prendre au parrain de la mafia. Les gardiens de prison placèrent Vito en isolation durant quelques jours, le temps de laisser retomber la poussière.

* * *

Le danger ne venait pas que des gangs de rue. Francesco Arcadi reçut une visite fort désagréable au Consenza. Luigi D'Amico et un de ses fils, Tiziano, vinrent lui faire part de leurs récriminations à propos d'un projet d'exportation de marijuana aux États-Unis, parrainé par les Hells Angels de Sherbrooke. Ils réclamaient 900 000 $ au clan Rizutto. L'affaire dégénéra.

Luigi D'Amico, un vieux routier de la mafia, brassait des affaires dans les Cantons-de-l'Est. Il avait déjà exploité une ferme d'élevage de moutons et de chèvres, ainsi qu'un poulailler, avec l'ancien chef du clan calabrais, Vincenzo Cotroni, puis il avait ouvert un restaurant à Granby, à une heure de route de Montréal.

Arcadi refusa de payer les D'Amico. Il se plaignit par la suite de ce qu'on l'avait menacé de lui « couper la tête ». Les hommes du Consenza décidèrent à leur tour d'intimider les importuns. Ils nolisèrent un hélicoptère et survolèrent leurs maisons. Une voiture fut incendiée.

La riposte ne tarda pas à se manifester. Le soir de l'Halloween 2005, quatre hommes déguisés et armés sonnèrent à la porte de Nicolò Varacalli, un proche d'Arcadi, et le kidnappèrent. Sa femme retrouva une pantoufle de son mari parmi les citrouilles qui décoraient leur maison, dans le nord de Montréal. Les ravisseurs firent comprendre au clan Rizzuto qu'ils n'en voulaient pas particulièrement à Varacalli, mais qu'ils exigeaient le paiement de la dette. Arcadi, dont les subalternes associaient les D'Amico aux *frenchmen* – ils faisaient allusion aux Hells Angels de Sherbrooke – était atterré. Il avoua avoir peur. La police l'entendit dire : « Il n'y a plus d'argent, là. Que des restants. »

Les D'Amico filmèrent et enregistrèrent leur otage et firent circuler la vidéocassette. « On a fait une erreur, il faut trouver un moyen de la réparer, disait Varacalli à la caméra, en s'adressant aux membres du clan Rizzuto. Il faut parler avec eux (les D'Amico). Ne vous croyez pas intouchables. Vous pourriez être surpris, ne les prenez pas pour des fermiers. Ils sont nombreux et capables de vous attraper. »

Peu après, Luca D'Amico, le neveu de Luigi, déposa une lettre au Consenza. Cette lettre, apparemment écrite en italien par son oncle, s'adressait à Nicolò Rizzuto. Arcadi la lut à voix haute dans la pièce arrière : « Cher Zio Nicolà, je ne peux toujours pas pardonner à ceux qui m'ont fait du tort, mais nous devons trouver un terrain d'entente. » Les D'Amico n'avaient aucune confiance en Arcadi et demandaient l'intervention de son patron, Nicolò Rizzuto. Voulant témoigner de leur bonne foi, ils libérèrent Varacalli. Les policiers interrogèrent ce dernier. Il affirma qu'il avait été bien traité par ses ravisseurs et refusa de porter plainte.

Le vieux Nick tergiversait. Les D'Amico décidèrent cette fois de se livrer à une démonstration de force. Patricio D'Amico, un des fils de Luigi, son cousin Luca D'Amico et un de leurs collègues entrèrent au Consenza et lancèrent des regards hostiles aux clients assis au zinc, notamment à Paolo Renda et à Rocco Sollecito. L'un des visiteurs portait une arme. Les trois hommes ressortirent au bout de quelques instants et firent des petits signes. Un cortège de VUS et de Mercedes, huit voitures en tout, les cueillit à la porte du café et quitta lentement le stationnement. Deux heures plus tard, Arcadi donna l'ordre au clan de rassembler des soldats et de faire attention parce que le « gars fou », Patricio D'Amico, rôdait encore dans le quartier.

Arcadi ne sortait plus sans son pistolet à la hanche. Des sentinelles se postèrent à l'intérieur et à l'extérieur du Consenza. De jeunes soldats armés escortaient les dirigeants du clan en permanence. Nicolò Rizzuto fit apparemment venir quatre tueurs expérimentés du Venezuela.

La police observait avec inquiétude les signes d'une violente scission au sein de la mafia montréalaise, ou plutôt son éclatement en plusieurs factions rivales. Loin d'apaiser les tensions, comme l'avait souvent fait Vito Rizzuto dans les années précédentes, Francesco Arcadi les exacerbait.

* * *

Le 11 août 2005, Giovanni « Johnny » Bertolo, âgé de 46 ans, s'apprêtait à monter dans un véhicule utilitaire sport BMW au sortir du gym Metropolis, dans le quartier de Rivière-des-Prairies, lorsqu'il fut fauché par une rafale de mitraillette. Il travaillait à la fois comme représentant du syndicat des peintres et comme prêteur usuraire. C'était un bon ami de Jocelyn Dupuis, le directeur de la FTQ-Construction, et du caïd Raynald Desjardins, un fidèle allié de Vito dans le trafic de drogue. Bertolo avait pris part à un projet d'importation de cocaïne avec trois complices, dont le frère de Desjardins. Après avoir purgé une peine de quatre ans de prison, il avait décidé de reprendre son commerce de vente de stupéfiants sitôt sa période de libération conditionnelle terminée. Mais entre-temps, un membre du clan Arcadi avait pris sa place. Bertolo avait été informé que le terrain était occupé, mais il se croyait protégé en haut lieu. Il ne tint pas compte de l'avertissement et fut éliminé.

Son protecteur, qui était persuadé qu'il avait été exécuté sur les ordres de Francesco Arcadi, mûrit sa vengeance pendant un an. Ses tueurs s'en prirent au neveu d'Arcadi, Domenico Macri, très actif dans les petits cafés du quartier de Rivière-des-Prairies, dans l'extrême est de Montréal. Macri avait déjà été condamné pour trafic d'héroïne. D'après les policiers, il n'est pas impossible que le commanditaire ait demandé aux tueurs de viser Arcadi et que ces derniers se soient trompés de cible.

Le 30 août 2006, vers 15 h, Macri roulait en Cadillac avec Mario Iannitto dans le quartier de Rivière-des-Prairies. Iannitto s'arrêta au feu rouge à l'intersection des boulevards Henri-Bourassa et Rodolphe-Forget. Une motocyclette japonaise chevauchée par deux hommes fonça vers eux à toute vitesse et freina brusquement à leur hauteur. Vêtu de noir et portant un casque et une visière lui dissimulant le visage, le passager de la moto sauta à terre et déchargea son arme sur les occupants de la voiture. Les balles fracassèrent la vitre de la Cadillac, blessant mortellement Domenico Macri. L'attentat dura quelques secondes. Le tueur enfourcha la selle arrière de la moto, le conducteur tourna la manette des gaz au maximum et l'engin disparut dans un vrombissement assourdissant. Bien que blessé, Iannitto réussit à rouler encore, puis il s'arrêta un kilomètre plus loin, tout près de la maison d'Arcadi.

Un appel au 911 fut enregistré à 15 h 19. Les deux victimes furent transportées à l'hôpital ; Iannitto était blessé au cou, mais son état n'inspirait pas d'inquiétude. Les médecins constatèrent la mort de Macri. Il avait 35 ans. À 15 h 36, la sonnerie carillonna sur le Black-Berry de Francesco De Balso, qui était en train de parler avec Giuseppe Torre devant un salon de coiffure à côté du Bar Laennec. La caméra cachée de la police le filma portant le téléphone cellulaire à son oreille.

« Sois prudent, lui dit son interlocuteur, un dénommé Salvatore Scali. Quelque chose de grave vient d'arriver.

— Qui ? demanda Del Balso.

— Domenic.

— Où ?

— Près de la maison du *compare* (Arcadi). Domenic et Mario sont à l'hôpital. »

Del Balso, qui considérait Macri comme son frère, lança son Black-Berry et une chaise vers la fenêtre du bar. Puis il courut vers la Land Rover de Torre. Les deux hommes roulèrent à vive allure vers le lieu du meurtre. En chemin, Del Balso téléphona à son supérieur, Lorenzo Giordano.

« Eh, vieux, ils ont tiré DM (Domenico Macri) ! cria-t-il. Il est mort ! Il est mort près de la maison du *compare* ! Qu'est-ce qu'on fait ?

— Je veux te voir en personne », répondit Giordano.

Torre supposait que les tueurs étaient des membres d'un gang de rue. « Mais ça ne veut rien dire, ajouta-t-il. Maintenant, tout le monde embauche ces gens-là pour exécuter des contrats. »

Le lendemain, c'était le branle-bas de combat au Consenza et au Bar Laennec. Les membres du comité de direction de la mafia, qui avaient si lamentablement failli en tentant de prendre la relève de Vito, s'énervaient, parlaient de contre-attaquer rapidement, mais ils ne savaient pas contre qui, puis ils se ravisaient. Les policiers notèrent la présence de Nicolò Rizzuto, Rocco Sollecito, Paolo Renda, Francesco Arcadi, Lorenzo Giordano, Francesco Del Balso, Moreno Gallo, Tony Mucci. Les conversations étaient décousues.

« Je ne sais vraiment pas ce qui s'est passé », dit Giordano à voix basse, en lançant un juron en italien. Fidèle à sa réputation de dur à cuire, il souhaitait passer à l'action rapidement pour attaquer les coupables. « C'est un des nôtres qui est tombé, ajouta-t-il. On peut pas laisser passer ça. » Il insistait pour que le clan Arcadi et les membres de la « famille » se mobilisent, et parlait d'une faction rivale à Montréal-Nord. « Combien sont-ils, 12, 13, 15 personnes ? » demanda-t-il.

« Quand l'ordre va arriver pour aller avec l'orchestre, ils vont avoir l'instrument dans leurs mains, mais sans savoir comment jouer », pontifia Sollecito, qui pressait Giordano et Del Balso de ne rien précipiter. « Nous commençons à étudier la situation, ajouta-t-il. En ce qui me concerne, c'est de la belle merde.

— *Compare*, je suis d'accord. Nous sommes réunis ici, le Père, le Fils et le Saint-Esprit, déclama Arcadi, faisant mine d'implorer le Ciel de leur venir en aide. Je suis d'accord pour dire que les choses doivent être soupesées, évaluées, mais lorsqu'elles franchissent une certaine limite, et que nous nous trouvons entourés par la stupidité, les discussions doivent être brèves… »

Si Francesco Arcadi s'embourbait dans ses pensées, c'est parce qu'il se doutait bien qu'il était la véritable cible de l'attentat. Il se déplaçait souvent avec Mario Iannitto dans la Cadillac qui s'était transformée en tombeau pour son dauphin Domenico Macri. Quelques minutes avant l'attentat, il avait roulé devant Iannitto et Macri en voiture, son frère Stefano à ses côtés, mais avait eu le temps de traverser au feu de circulation avant eux. Il avait même croisé les deux tueurs, disait-il, et son frère les avait regardés.

« Vous imaginez comment je me suis senti en face de chez moi ? dit-il. Domenic était mort, mort dans l'auto… Mon frère, mon neveu, ma belle-fille, ma femme… J'ai tout de suite pensé mettre nos affaires dans le camion et prendre le chemin de l'aéroport.

— C'est vrai, ça commence à être dangereux, *compare* Franco, approuva Giordano. Tu devrais te réfugier sur une île. Prends ta femme et pars.

— Les autres vont être d'accord, *compare* », renchérit Paolo Renda.

Arcadi ne se le fit pas dire deux fois. Il s'envola vers l'Europe avec sa femme. Ils y passèrent quelques mois. Le couple séjourna d'abord en Italie, puis fit une croisière à Malte, en Tunisie, en Espagne, dans les Baléares et dans les îles Canaries.

Les bonzes de la mafia se recueillirent religieusement autour du corps de Domenico Macri. Pendant deux jours, ils présentèrent leurs condoléances à la famille du défunt, exposé au salon funéraire Loreto appartenant aux familles Renda et Rizzuto, boulevard des Grandes-Prairies. Le 5 septembre 2006, ils prièrent pour le salut de son âme à l'église Marie-Auxiliatrice, située boulevard Maurice-Duplessis, tout près du lieu de l'exécution du disparu. Une dizaine de fiers-à-bras, dont Charles-Édouard Battista et Giuseppe Fetta, montaient la garde autour de l'église. Comme d'habitude, les funérailles donnaient aux membres de la pègre l'occasion de se retrouver. La police observa la présence de Francesco Cotroni, le fils de Frank, mort deux ans plus tôt. Pas très loin se trouvaient Agostino Cuntrera, qui avait participé au meurtre de Paolo Violi en 1978, ainsi que les deux fils de Vito Rizzuto, Nicolo junior et Leonardo, un avocat. Le grand-père Nick était absent, ainsi que Francesco Arcadi. Le bruit courait que ce dernier se terrait quelque part ou avait déjà filé à l'étranger. Les autres caïds du Consenza et du Bar Laennec se rassemblèrent dans l'église avec leurs pères ou leurs fils. Paolo Renda, Rocco Sollecito, Lorenzo Giordano, Francesco Del Balso et Giuseppe Torre étaient présents.

Quelques jours après la cérémonie, Girolamo Del Balso, le père de Francesco, exprima sa tristesse de voir des jeunes gens se laisser entraîner dans des aventures mortelles par appât du gain. «C'est vrai qu'ils ont beaucoup d'argent. Ils ne savent pas où le mettre et on voit ce qui arrive aujourd'hui. C'est le prix à payer pour de l'argent gagné comme ça.» Il posa ensuite une question d'ordre philosophique : «Comment peuvent-ils vivre sereinement quand il leur faut 100 000 $ par jour pour survivre ? C'est un gros problème...»

Son fils avait des préoccupations beaucoup plus terre-à-terre. «Aujourd'hui, c'est lui (Macri). Demain, ça pourrait être moi», s'inquiéta le jeune Del Balso. Il commanda deux voitures blindées à un manufacturier de Toronto déniché sur l'internet. «Je veux ce qu'il y a de plus sécuritaire et j'en ai besoin aujourd'hui», dit-il au représentant qui lui énumérait les modèles en réserve. Il voulait un modèle à l'épreuve des balles d'un fusil-mitrailleur AK-47, avec un plancher capable de résister aux explosifs. Il choisit deux VUS, une Nissan Pathfinder Armada et une Toyota 4-Runner. Au total, les deux véhicules coûtaient 160 000 $, l'informa le vendeur. «Ça n'a pas d'importance, rétorqua Del Balso. Ce qui compte, c'est que je les aie tout de suite.»

Del Balso et ses congénères ne sortaient plus dans la rue sans une arme à la ceinture ou dans un sac en bandoulière. Ils constituèrent un commando de cinq hommes pour escorter les chefs Nick Rizzuto, Paolo Renda et Rocco Sollecito. Des caméras cachées les filmèrent la veille des funérailles de Macri dans un garage appartenant à Del Balso, boulevard Saint-Laurent. Charles-Édouard Battista tendait un fusil-mitrailleur à Giuseppe Fetta, assemblait une autre arme automatique, puis vérifiait le fonctionnement d'un pistolet muni d'un silencieux en tirant un coup de feu dans le plancher. Au cours d'une perquisition, la police découvrit un véritable arsenal : un fusil à canon tronqué, des gilets pare-balles et des munitions.

La police redoutait un bain de sang. Après la fuite de Francesco Arcadi, les enquêteurs craignaient aussi de voir disparaître d'autres suspects. L'opération Colisée durait depuis quatre ans. Vito Rizzuto avait été extradé aux États-Unis le 17 août, deux semaines avant l'assassinat de Domenico Macri. Tout pouvait arriver. Il était temps de frapper.

* * *

Dans la nuit du mercredi 22 novembre 2006, les 700 policiers qui avaient reçu l'ordre de se tenir prêts ignoraient la raison pour laquelle on les faisait se lever à une heure aussi indue. Mais les ordres sont les ordres. Pour des raisons de sécurité, seuls les enquêteurs de l'opération

Colisée savaient ce qui se tramait. Les autres n'apprendraient le but de leur mission que lorsqu'ils arriveraient à leur poste : participer à la plus grande rafle antimafia de l'histoire du pays. Ils enfilèrent leur gilet pare-balles, attachèrent l'étui de leur revolver et se répartirent dans des centaines de véhicules pour aller arrêter 90 personnes et perquisitionner des maisons, des commerces et des bureaux.

À 6 h pile, une dizaine de voitures banalisées suivies de deux fourgonnettes pénétrèrent, tous phares éteints, dans l'avenue Antoine-Berthelet. Les chauffeurs coupèrent le contact, les policiers mirent pied à terre et encerclèrent les imposantes demeures de Nicolò Rizzuto et de Paolo Renda. Les enquêteurs sonnèrent aux portes. La femme de Renda, Maria, leur ouvrit la sienne. Paolo Renda les attendait sur la mezzanine. Il portait un pantalon de travail. L'un des policiers lui dit d'une voix forte : « Vous êtes en état d'arrestation », puis monta l'escalier pour le rejoindre. Une fois Paolo Renda amené au poste, Maria offrit du café aux agents. Elle ne protesta pas lorsqu'ils fouillèrent la maison et les deux Mercedes qui se trouvaient dans le garage. Les policiers saisirent plus plus de 10 000 $, deux fusils, un revolver de collection, des munitions, et des centaines de photos : selon le rapport de perquisition, plusieurs d'entre elles montraient des « sujets connus », en compagnie d'un homme d'affaires tout aussi connu.

Les policiers durent patienter un peu plus longtemps devant la maison des Rizzuto. Ils sonnèrent trois fois, mais personne ne répondait. L'agent Tonino Bianco composa le numéro du couple sur son téléphone portable et demanda à Libertina Rizzuto, en italien, de les laisser entrer. Elle ouvrit lentement la porte flanquée de hautes colonnes blanches. Le sergent Michel Picard demanda à voir son mari. Nicolò Rizzuto sortit de sa chambre en slip et en camisole.

Libertina Rizzuto, qui avait 79 ans, avait du mal à respirer. Une policière tenta de la réconforter. Le vieux Nick, de trois ans son aîné, suggéra qu'on lui donne une pilule pour la calmer. Elle était sujette à des crises d'anxiété, confia-t-il. Les policiers ne voulurent prendre aucun risque et appelèrent une ambulance. Ils demandèrent ensuite à Rizzuto de s'habiller pour les accompagner au poste. Ils lui montrèrent les mandats d'arrestation et de perquisition et entreprirent de lui lire ses droits, en anglais. « Laissez tomber, dit Rizzuto. Un avocat va s'occuper de ça. » Contrairement à sa femme, la visite matinale des agents ne semblait pas le surprendre.

Il pénétra dans son placard à vêtements parfaitement rangé, décrocha un veston brun et un pantalon assorti, ainsi qu'un gilet d'un blanc immaculé. Informée que sa mère avait un malaise, Maria Renda, accourut. Entourée par les ambulanciers, la vieille dame était assise sur une civière, mais elle refusait de quitter sa demeure.

Une fois habillé, Nicolò Rizzuto se cala dans le canapé du rez-de-chaussée. Il avait changé d'idée et voulait lire en détail les mandats d'arrestation et de perquisition. Pendant qu'il tournait les pages, les policiers fouillaient la maison. La perquisition allait durer 11 heures. Les agents notèrent avec quel soin maniaque les propriétaires avaient placé chaque chose. Rien, absolument rien ne traînait. Les vêtements et les souliers s'alignaient dans les placards et sur les tablettes, soigneusement pliés et rangés, comme s'ils étaient exposés dans une boutique de luxe. Les boutons des armoires étaient fraîchement peints et, dans les tiroirs, les chaussettes s'empilaient selon leur couleur. On aurait dit que les propriétaires attendaient la visite d'inspecteurs. Certains psychologues affirment que le chaos représente la vie, et que l'ordre parfait symbolise la mort. Si une telle assertion est fondée, alors la demeure des Rizzuto ressemblait à une crypte. Toutefois, de nombreuses photos de famille égayaient les murs et les meubles de style italien. Le regard des policiers s'attardait sur celles de Vito, le fils bien-aimé du couple, en attente de son procès pour meurtres à Brooklyn. Ils trouvèrent trois cassettes vidéo du 50e anniversaire de mariage de Nicolò et de Libertina, célébré 11 ans plus tôt. Les convives souriaient, insouciants, pendant que la musique du film *Le Parrain* jouait et rejouait dans la somptueuse salle de réception. Manifestement, il y avait eu des périodes plus heureuses dans la vie du couple.

Avant de mettre le pied dehors et d'affronter les caméras et les flashes des appareils photo, le vieil homme enfila un manteau gris et enfonça de biais un feutre marron sur son crâne dégarni. Il semblait sortir tout droit d'un film de gangsters des années 1940. Les policiers parachevèrent cette image en lui passant les menottes. Il se fendit d'un large sourire devant les photographes et les caméramans. L'une des photos fit le tour du monde ; elle fut publiée aux États-Unis, en Allemagne, en Chine et ailleurs.

Une fois dans le bâtiment de la GRC à Westmount, Rizzuto fut escorté vers un gymnase divisé en de nombreux îlots aménagés pour l'interrogatoire des membres et collaborateurs de la mafia qui seraient arrêtés durant la journée. À l'instar d'autres dirigeants du clan, Rizzuto eut droit à une petite séance de cinéma : la vidéo le montrait en train de partager des liasses de billets de banque avec Renda, Sollecito et Arcadi. Puis il fourrait celle qui lui revenait dans ses chaussettes. Après une dizaine de minutes de visionnement, il se leva et demanda qu'on l'emmène dans sa cellule. « Beau travail, dit-il à un enquêteur. On se reverra en cour avec mon avocat. »

Arcadi était revenu de son voyage en Europe. Il fut arrêté le matin même dans la région d'Hemmingford, à une soixantaine de kilomètres au sud de Montréal, près de la frontière américaine. Vêtu d'un treillis de camouflage, il s'apprêtait à partir à la chasse avec un ami. En voyant les policiers arriver en trombe dans le petit chemin menant à sa luxueuse maison de campagne, il perdit la maîtrise de son véhicule, qui glissa dans un fossé. D'une carrure imposante, il avait de si gros poignets que les agents furent incapables de lui passer des menottes en métal et durent utiliser des attaches en plastique. Encore hanté par les menaces des D'Amico, il gardait une panoplie d'armes chez lui.

Cette journée-là, les policiers écrouèrent 73 des 90 suspects, des grosses pointures comme Rocco Sollecito et Francesco Del Balso et des compagnons de route comme la douanière Nancy Cedeno. Dix-sept personnes étaient encore au large. L'autre douanière, Marilyn Béliveau, se trouvait aux États-Unis. Sur le conseil de son avocat, Gary Martin, elle se rendit quelques jours plus tard au poste des douanes canadiennes de Lacolle. Il fallut plus de temps pour mettre le grappin sur Lorenzo Giordano : il ne fut arrêté qu'au bout de six mois, à Toronto, où il s'était réfugié. Pour faire disparaître les mèches blanches qui lui avaient valu le surnom de «Skunk», il avait teint ses cheveux en noir. Il s'était laissé pousser la barbe et l'avait taillée en collier. Il changeait constamment de domicile, mais un appel téléphonique passé à Mont–réal finit par le trahir.

Giordano et quelques acolytes s'attendaient à être arrêtés bien avant la rafle et s'étaient préparés à prendre le large pour le 15 novembre. C'était la date que les responsables de l'enquête avaient fixée pour procéder aux arrestations, mais ils durent la reporter d'une semaine en raison d'une contrainte inattendue : il manquait de juges ce jour-là au palais de justice de Montréal. Ils étaient en réunion.

Le ministère public porta 1179 accusations pour des crimes commis entre 2003 et 2006 relativement au gangstérisme, à l'importation et à l'exportation de marijuana, au jeu illégal, au prêt usuraire, à la corruption de fonctionnaires et à l'évasion fiscale. Presque tous les accusés plaidèrent coupable, ou furent déclarés coupables. Ils furent condamnés à diverses peines d'emprisonnement.

Libertina Rizzuto se plaignit à des amis que sa famille était victime de discrimination. Son fils était en détention aux États-Unis, son mari et son gendre avaient été arrêtés, c'en était trop pour elle. «Ça fait plus de 50 ans qu'on est ici, gémit-elle en italien. On a toujours été bons avec tout le monde. On n'a jamais refusé d'aider personne, et ils mettent mon mari et mon fils en prison. C'est la damnation.»

Le superintendant de la GRC au Québec, Richard Guay, félicita ses hommes. «Grâce à nos enquêteurs, nous avons pénétré le cœur de cette organisation criminelle, dit-il. Les techniques que nous avons pu utiliser nous ont amenés à recueillir des preuves dans des endroits où les membres criminels se croyaient libres de parler et d'agir. Le projet Colisée a dépassé toutes nos attentes.»

«Nous croyons avoir porté un coup très dur au crime organisé italien», ajouta le caporal Luc Bessette.

Le commissaire Giuliano Zaccardelli déclara simplement que «l'une des opérations policières les plus importantes dans l'histoire du Canada» venait de s'achever. Il avait raison, mais personne ne porta attention à ces propos, tellement il était empêtré dans les dossiers de Maher Arar et du régime de retraite des policiers de la GRC. Trois semaines plus tard, il remettait sa démission.

CHAPITRE DIX-SEPT

La pieuvre

Arrêtés en novembre 2006, les dirigeants du clan Rizzuto plaidèrent coupable en septembre 2008. Un volumineux document préparé par les procureurs du gouvernement et résumant la preuve colligée par les enquêteurs devint alors public. Les 400 pages bien tassées regorgeaient d'informations inédites et souvent surprenantes.

Au cours de l'opération Colisée, Francesco Del Balso avait téléphoné à un entrepreneur en construction de la région de Québec parce qu'il avait entendu dire que ce dernier avait été embauché pour poser des dalles de céramiques dans un gros bâtiment en construction dans la région de Montréal.

« T'as fait des travaux de céramique à Montréal ? lui demanda Del Balso avec la voix d'outre-tombe qu'il utilisait pour menacer les joueurs malchanceux qui ne payaient pas leurs dettes à son entreprise de paris sportifs en ligne.

— Oui, répondit l'entrepreneur.

— On aimerait ça que tu viennes plus ici faire des travaux.

— Qui êtes-vous ?

— C'est correct, qui je suis, OK ! siffla Del Balso d'un ton menaçant. Parce que la prochaine fois, tu partiras pas d'ici, OK ! T'as été averti. C'est fini. OK ? »

Ce n'était là qu'un exemple parmi tant d'autres.

Lorsqu'ils avaient dissimulé leurs micros et leurs caméras dans le Consenza et le Bar Laennec, et placé sur écoute les lignes téléphoniques des principales têtes d'affiche du clan Rizzuto, les enquêteurs de la GRC s'attendaient à entendre parler de transactions de drogue, de bookmaking, de prêts usuraires et de blanchiment d'argent. Leur surprise monta d'un cran lorsqu'ils constatèrent l'ampleur d'une autre activité traditionnelle du crime organisé. La mafia se livrait non seulement au racket de l'extorsion, mais elle tentait d'exercer son influence sur des hommes d'affaires au-dessus de tout soupçon. Ce fut sans doute la découverte la plus inquiétante de l'enquête. Elle démontrait que la pieuvre se croyait suffisamment invulnérable pour étendre ses tentacules au-delà de son domaine habituel : elle osait menacer des personnes qui n'avaient rien à voir avec le crime organisé et tentait d'infiltrer leurs entreprises. Bref, elle voulait imposer sa domination dans des secteurs jusque-là hors d'atteinte.

Les exemples abondaient.

Pas moins de 600 commerçants de Saint-Léonard et des autres arrondissements de l'est de Montréal, pour la grande majorité d'origine italienne, payaient leur « pizzo » à la mafia montréalaise. Au cours d'un témoignage qu'il livra en Italie, en 2010, et qui fut filmé par Radio-Canada, le sergent Lorie McDougall, de la GRC, affirma que la mafia contrôlait une partie importante du secteur de la construction dans le sud du Québec. Selon lui, de nombreux entrepreneurs en construction devaient eux aussi payer un « pizzo », soit une commission équivalant à 5 % de la valeur des contrats.

* * *

Francesco Del Balso avait exprimé son intérêt pour la céramique. Son boss, Francesco Arcadi, qui en menait beaucoup plus large depuis l'arrestation de Vito Rizzuto, signala le sien pour le café. Avec tel restaurateur du boulevard Saint-Laurent, « le problème avec le café était réglé », disait-il à ses comparses, mais il fallait tirer l'oreille à d'autres, qui s'entêtaient à ne pas acheter leur propre mouture de café.

« On va envoyer un message de Jarry, annonça Arcadi. ("Jarry", c'était le Consenza, appelé ainsi parce qu'il était situé au 4891, rue Jarry Est.)

— Ouais, moi, je vais aller voir le gars, et il va comprendre assez vite, approuva le mafioso Tony Vanelli.

— Tu lui dis que tu fais ceci et cela, ordonna le boss. Ensuite, tu lui dis que tu peux coller dans son bar 24 heures par jour. Dès que tu vois apparaître un paquet de café différent, tu lui dis que je vais pulvériser son foutu de commerce. »

Le gang du Consenza faisait manifestement la promotion d'une marque de café italien. Lorenzo Giordano se mêla à l'affaire et obligea un certain Rick à acheter cette marque, et aucune autre. Quand les caïds faisaient des menaces, ce n'étaient pas des paroles en l'air ; ils les mettaient à exécution. Trois malabars se pointèrent dans un restaurant de Boucherville. Ils s'assirent au comptoir, allumèrent une cigarette et commandèrent chacun un café. Après avoir trempé leurs lèvres dans leurs tasses, ils appelèrent le serveur. Ils voulaient parler à la direction. Le gérant de l'établissement se dirigea vers eux.

« Ton café est dégueulasse, dit l'un des dégustateurs en faisant rouler ses épaules. Du jus de chaussette. T'aurais pas le goût d'en vendre du bon ?

— C'est pas moi qui choisis la marque, fit le gérant. C'est le propriétaire.

— Appelle-le. Dis-lui de venir ici immédiatement. On a du café à lui vendre. »

Joint au téléphone, le propriétaire refusa de se déplacer. Les fiers-à-bras firent valser leurs tasses, saccagèrent le restaurant, agrippèrent le gérant et lui administrèrent une raclée. Les agents de la GRC prirent connaissance de l'événement en écoutant l'enregistrement d'un coup de téléphone passé trois heures plus tard au Consenza. Une connaissance de Francesco Arcadi, agissant apparemment comme intermédiaire pour le propriétaire du restaurant de Boucherville, voulait savoir si le caïd calabrais connaissait les trois hommes qui avaient ravagé son établissement, ainsi que la marque dont ils faisaient la promotion, le Moka d'Oro.

« C'est des amis à nous », répondit Arcadi. Il demanda qu'on passe un message clair au patron : il devait changer de marque et acheter exclusivement du Moka d'Oro. Sur son site internet, le torréfacteur s'annonçait comme « un leader dans l'industrie du café depuis plus de 40 ans ». Le Moka d'Oro, c'était « il caffe dell'Amore », le café de l'amour.

Les policiers récupérèrent les tasses et les mégots laissés dans le restaurant par les trois fiers-à-bras, prélevèrent des échantillons de salive et les analysèrent. Le profil génétique d'une empreinte correspondait à l'ADN de Leonardo Vanelli, le fils de Tony Vanelli. Selon le document déposé au tribunal par les procureurs, la compagnie qui distribuait à l'époque le café Moka d'Oro était liée à Vanelli et à Nicodemo Cotroni, fils de feu Frank Cotroni. Les locaux du distributeur étaient situés dans un bâtiment de Montréal-Nord appartenant à Vanelli et à Cotroni. Tony Vanelli est un membre influent du clan Cotroni ; des années plus tôt, il avait été trouvé coupable du meurtre d'un vendeur de drogue qui trafiquait sans l'autorisation de la mafia.

Le document judiciaire se lisait comme un manuel de rançonnement. En janvier 2004, Francesco Arcadi convoqua Francesco Del Balso au Consenza. Il lui dit que Zio Colà (Nicolò Rizzuto) souhaitait qu'il appelle le propriétaire d'une petite entreprise de machinerie de Rivière-des-Prairies qui devait 6000 $ à une firme spécialisée dans l'usinage de précision. Il s'agissait d'un litige comme il s'en produit des centaines chaque jour, mais le fournisseur croyait pouvoir le régler plus rapidement en demandant un coup de main à ses amis du

Consenza plutôt qu'à des avocats. Au sein du clan, c'était Del Balso qui était chargé de ce genre de besogne. L'expérience aidant, il avait développé l'art de « parler » aux personnes endettées. Il décrocha le téléphone et appela l'entrepreneur de l'est de Montréal :

« T'as commandé du matériel de précision ?

— Oui.

— Quand est-ce que tu vas payer la facture ?

— Qui êtes-vous ?

— Je suis le gars qui va te faire manger avec une paille pendant six mois si tu paies pas.

— Je vous demande pardon ?

— Tu m'entends pas ? T'inquiète pas, je sais ce que tu fais. Tu vas payer la facture, OK ? Je vais pas revenir pour te le dire une deuxième fois. La prochaine fois, je t'arrache la tête, OK ?

— C'est une blague ou quoi ? demanda l'entrepreneur en éclatant de rire.

— Espèce de maudit clown, ris pas de moi, s'emporta Del Balso. T'as compris ? Va payer la facture ! »

Il raccrocha et rappela deux heures plus tard.

« Alors, la facture, tu la paies ?

— Je veux rien savoir de vous autres », répondit sèchement l'entrepreneur, n'hésitant pas à exprimer son impatience.

Un fier-à-bras fut dépêché sur les lieux pour le rencontrer en personne. Il avait reçu la consigne d'« entrer dans la compagnie et de le frapper », mais il se perdit dans le parc industriel de Rivière-des-Prairies. Le règlement du litige fit l'objet d'une discussion au Consenza entre Nick Rizzuto, Francesco Arcadi, Paolo Renda et Lorenzo Giordano. Ils en arrivèrent à la conclusion qu'il était peut-être préférable de négocier.

Une foule d'entrepreneurs véreux s'adressait au clan pour obliger leurs débiteurs à les payer, ou pour éviter d'avoir à payer leurs propres dettes. Francesco Del Balso prenait des informations sur ses victimes avant d'envoyer des fiers-à-bras transmettre ses messages. Un ami lui demanda de faire effacer la mention d'une dette de 148 000 $ dans sa ligne de crédit. Del Balso apprit que le président de cette société portait des appareils orthodontiques. « Le gars a des broches ! se réjouit-il. On va lui arranger le portrait, on va tout lui briser ça ! » La GRC peaufina son enquête et confirma l'information : une prothèse temporaire ornait bel et bien les dents du président. Le document judiciaire ne précisait pas comment le litige s'était réglé.

En revanche, il racontait en détail l'aventure malheureuse du financier John Xanthoudakis. Fondateur de Norshield Financial Group, une société impliquée dans un scandale financier de grande ampleur, Xanthoudakis avait recueilli des fonds auprès de plusieurs investisseurs et les avait transférés dans des abris fiscaux. Lorsque certains investisseurs voulurent récupérer leur argent, ils se butèrent à des difficultés de toutes sortes. Le financier promettait sans cesse que les fonds seraient bientôt disponibles, mais les autres ne voyaient rien venir. Certains investisseurs perdirent patience, notamment la société Cinar. Cette société – un producteur de films d'animation qui sera condamné pour violation de droits d'auteur envers le créateur Claude Robinson – entreprit des poursuites judiciaires pour récupérer quelque 120 millions de dollars. Norshield fut mise sous tutelle par les investisseurs : l'essentiel de leurs fonds, soit 472 millions de dollars, s'était volatilisé. Un rapport déposé à la Cour supérieure de l'Ontario révéla qu'il y avait peu de chances qu'ils en revoient un jour la couleur.

Ces perspectives alarmèrent les membres et les associés du clan Rizzuto, qui avaient confié au moins cinq millions à Xanthoudakis. Le 25 novembre 2005, Francesco Del Balso reçut un coup de fil de son ami Cosimo Chimienti, propriétaire de l'Intermarché Lagoria, qui exploitait trois magasins d'alimentation dans le nord-est de Montréal. À lui seul, Chimienti disait avoir investi 300 000 $ par l'intermédiaire de Norshield. Il voulait ravoir son argent. Il refila le numéro de téléphone de Vincent Casola, ancien partenaire de Xanthoudakis, à « l'huissier en chef » du clan Rizzuto, Francesco Del Balso. Ce dernier obtint un rendez-vous l'après-midi même dans un bureau d'avocats de la Place Ville-Marie.

Del Balso s'y rendit avec Lorenzo Giordano et un homme de main, Carlos Narvaez Orellana, un colosse aux poings d'acier. À leur arrivée au cabinet, on les fit entrer dans la salle où se tenaient les conseils d'administration. Xanthoudakis leur affirma qu'il voulait bien leur rendre leur argent, mais qu'il ne pouvait pas le faire car les fonds de Norshield étaient gelés, bien malgré lui, à l'étranger. Il était désolé.

Cette explication ne convainquit pas les visiteurs. Narvaez se précipita sur le financier et le roua de coups, sous le regard satisfait de Giordano et de Del Balso.

Les trois hommes quittèrent le cabinet d'avocats et reprirent l'ascenseur. Del Balso fit son rapport à son commanditaire, Cosimo Chimienti. « Le gars a pissé du sang, relata-t-il. S'il n'a pas compris le message, je ne sais pas quoi faire. » Puis il proposa à Vincent Casola de le rencontrer au rez-de-chaussée de la Place Ville-Marie. Casola le rappela trois minutes plus tard.

« Ne venez pas, dit-il. On va amener Xanthoudakis en bas pour voir un médecin et lui faire faire des points de suture. Il va avoir besoin de 10 à 12 points de suture. Bon Dieu, avec quoi votre type l'a frappé ?

— Avec son poing, répondit sèchement Del Balso.

— Il a saigné partout sur le plancher de la salle du conseil d'administration. Le bureau d'avocat va vous envoyer une facture. Xanthoudakis ne peut pas quitter la salle dans cet état. Il va attendre jusqu'à 17 h (l'heure habituelle de la fermeture des bureaux de la Place Ville-Marie) pour se rendre à l'hôpital. Pour l'instant, on lui met des compresses.

— Quand est-ce qu'il va apporter l'argent ? demanda Del Balso.

— Il m'a dit de vous dire de l'appeler quand il va quitter l'hôpital.

— Qu'il m'apporte le maudit chèque, c'est tout ce que je demande.

— Xanthoudakis affirme qu'il n'y a plus d'argent. Des gens lui donnent pas le temps de terminer la liquidation. »

Plusieurs autres associés du clan réclamaient leurs fonds et comptaient sur Del Balso pour faire cracher Xanthoudakis. Voulant lui prouver qu'il ne mentait pas, ce dernier l'invita à le voir passer un test de polygraphe. Del Balso assista à la séance. Il en sortit plus enragé que jamais. « Le Grec était branché à un détecteur de mensonges, dit-il à Rocco Sollecito au cours d'un entretien au Consenza. Il disait qu'il n'avait pas volé et qu'il finirait par payer. Je lui ai répété d'aller chercher notre foutu argent. J'aurais dû lui dire de se débrancher et que, sinon, j'allais l'étrangler avec les fils du détecteur. »

Xanthoudakis porta plainte à la police. Del Balso, Giordano et Narvaez furent arrêtés le 8 mars 2006 et relâchés après avoir promis de comparaître au tribunal pour répondre à des accusations de voies de fait. Une semaine plus tard, lorsque Del Balso se pointa au Consenza, Francesco Arcadi, Paolo Renda et Nick Rizzuto le pressèrent de poursuivre ses démarches auprès de Xanthoudakis. Del Balso hésitait, en raison des accusations qui pesaient sur lui.

« Je voudrais bien m'en occuper, mais c'est juste que…

– Oui, mais ce n'est pas la façon de parler, coupa Renda. Je suis désolé. Tu dois me dire oui ou non. »

Craignant pour sa sécurité, Xanthoudakis retira sa plainte. Selon une enquête de Francis Vailles, journaliste à *La Presse*, le financier avait déjà géré des investissements de la femme et du gendre de Vito Rizzuto dans une autre entreprise, Mount Real, que Xanthoudakis avait fondée avec son partenaire de longue date, Lino Matteo. Domenico Arcuri, fils d'un vieux caïd de la faction sicilienne, figurait également sur la liste des investisseurs. Mount Real fut saisie par l'Autorité des marchés financiers et fit faillite quelques mois plus tard, en décembre 2005. La grande majorité des 1 600 investisseurs y perdirent l'essentiel des quelque 130 millions de dollars qu'ils avaient investis. Mais la police croit que les mafieux réussirent à récupérer une bonne partie de leur argent à coup de menaces.

Toujours à l'automne 2005, Del Balso et son équipe recoururent aux mêmes techniques brutales pour recouvrer de l'argent investi par l'entremise de Magdi Garas Samaan, un homme d'affaires de Rivière-des-Prairies. Environ 400 personnes de la communauté italienne de Montréal, dont des membres de la mafia, avaient confié leurs économies à sa firme, les Services financiers RDP. Samaan leur avait promis des rendements de 30 % en six mois grâce à une spéculation sur des produits comme le sucre, l'or et le diamant. Mais ses promesses tardaient à se concrétiser.

Désireux de récupérer 2,5 millions de dollars, Del Balso entreprit ses démarches habituelles. Samaan n'avait pas les nerfs solides : le 29 novembre, il faisait une tentative de suicide. « Il flottait sur l'eau », dit un voisin à Del Balso, ce qui ne fit qu'exacerber l'inquiétude du truand. Samaan devait lui remettre une première tranche de 50 000 $, mais il n'en fit rien. Le 19 décembre, Del Balso évoqua la possibilité de le faire passer devant notaire pour qu'il hypothèque sa maison, une vaste demeure évaluée à quatre millions de dollars, donnant sur la rivière des Prairies. Le lendemain, Samaan prenait une chambre au motel Florence, à Brossard. Cinq jours plus tard, le jour de Noël, il n'était toujours pas sorti de sa chambre. Inquiet, le propriétaire du motel frappa à sa porte. Pas de réponse. Il appela des policiers de Longueuil, qui forcèrent la serrure. Samaan était étendu par terre, mort, des flacons d'alcool et d'aspirines vides à ses côtés. Le coroner conclut au suicide. Samaan n'avait pas laissé de note, mais selon sa femme il s'était enlevé la vie sous la pression de la mafia.

Le jour de la disparition de Samaan, un homme de Del Balso avait fait le tour des hôtels pour le retrouver, mais en vain. Del Balso avait alors exercé des pressions sur sa femme – qui avait une procuration – pour s'emparer de ses propriétés immobilières. Il avait réussi. Il avait alors demandé à la société de financement Malts, de Laval, de ficeler les transactions. Le 23 décembre, cette société avait enregistré une hypothèque sur la résidence personnelle de Samaan, soit deux jours avant que la police de Longueuil ne découvre le corps. Au début du mois de janvier, deux autres immeubles du financier furent hypothéqués par Malts, avec la collaboration de Domenico Arcuri.

* * *

La GRC soupçonnait Malts d'être une société-écran qui blanchissait de l'argent grâce à diverses transactions, comme les prêts hypothécaires. En 2004 et en 2005, le trafiquant de drogue Giuseppe Torre fut l'un de ses dirigeants. Son cousin Carlo Sciaraffa, qui n'avait pas de casier criminel mais qui avait plusieurs contacts dans la mafia, était l'un des trois propriétaires de la Malts. La société avait pignon sur rue à Laval et faisait des saisies d'immeubles, des prêts à 46,9 % d'intérêt et de grosses transactions en espèces. Elle prit en main l'acquisition d'une luxueuse villa à Acapulco, au Mexique, pour le compte des conjointes de Torre et de Del Balso. Payée 352 000 dollars canadiens et financée avec de l'argent comptant, la villa, construite à flanc de montagne, possédait trois salles de bains, une terrasse, une piscine et un appartement pour les domestiques.

La société de financement Malts était intimement liée aux épiceries Intermarché Bellerose, à Laval, et Intermarché Saint-Michel, à Montréal-Nord. Les trois entreprises étaient détenues par les mêmes groupes d'actionnaires. Del Balso était l'un des administrateurs de l'Intermarché Bellerose. Entre novembre 2005 et août 2006, 2,1 millions de dollars en espèces furent retirés du compte de Malts à la Banque Scotia pour être transférés à cette épicerie, qui semblait avoir un besoin insatiable de billets de banque de 100 $. Selon la GRC, 500 de ces billets aboutirent au Bar Laennec, mais la police ne savait pas dans quel but s'effectuaient ces mouvements d'argent.

Francesco Del Balso, qui avait fait du Bar Laennec son quartier général, utilisait l'Intermarché Lagoria pour justifier ses revenus auprès du gouvernement. En février 2006, il demanda à Cosimo Chimienti, le président de la petite chaîne d'épiceries, de lui préparer les documents qui lui permettraient de toucher des prestations d'assurance-emploi pendant un an. La requête amusa beaucoup Chimienti. « C'est sérieux, rétorqua Del Balso. Je veux ces papiers. »

Une vingtaine de minutes plus tard, Carlo Sciaraffa, propriétaire de l'Intermarché Bellerose, téléphonait à Del Balso pour lui dire qu'il lui ferait parvenir son salaire en retard. Il lui demandait de l'excuser. « Ce sera la semaine prochaine », dit-il. Del Balso lui annonça qu'il lui donnerait six fois 1 200 $: bref, il remettrait de l'argent liquide à l'Intermarché en échange de salaires officiels. Trois jours plus tard, Sciaraffa l'informait qu'il avait en main son salaire de la semaine et son relevé T4 (un document dressant le bilan des gains d'emploi et devant être remis au ministère du Revenu). Del Balso lui dit qu'il allait passer les prendre avant d'aller voir Chimienti. Ces tractations donnaient lieu à des conversations amicales:

« Ils (l'Intermarché) vont te payer pour un an, minimum, disait Sciaraffa. Parce que ça fait plus d'un an que tu es avec nous.

— Quatre ans, mon frère, corrigea Del Balso.

— Ah oui?

— Le temps s'envole, on ne le voit même pas passer!

— OK. Pas de problème. »

Del Balso gagnait beaucoup d'argent, et c'était un problème de taille. Un problème dont la solution résidait en partie dans la collaboration de personnes qui ne trempaient pas dans le crime organisé. Le trafic de drogue, le pari sportif en ligne et l'extorsion lui rapportaient des milliers de billets de 20 $ et de 100 $. Il tentait bien de leur donner une existence légale en les jouant au Casino de Montréal, mais il ne pouvait pas dépenser plus de 10 000 $ en liquide par jour sans que son nom ne soit envoyé au CANAFE, le Centre d'analyse et des opérations financières, organisme fédéral chargé de détecter les transactions douteuses et le blanchiment d'argent.

Francesco Del Balso atteignit cette limite une nuit de décembre 2005. Les caméras du Casino le filmèrent en compagnie d'opulents hommes d'affaires: George Dayan, David Bitton et Ariel Hassan, connus dans les milieux de la mode et de l'immobilier. Del Balso tendait à ces derniers des liasses de billets de banque, avec lesquels ils achetaient des jetons. Ensuite, soit il lançait lui-même les jetons sur les tables de jeu, soit ils jouaient à sa place. Del Balso répéta son manège à plusieurs reprises, jusqu'à ce que des enquêteurs du Casino lui interdisent de continuer à jouer pour le restant de la nuit.

Les trois entrepreneurs qui accompagnaient Del Balso n'étaient pas de simples quidams. Principal artisan de la revitalisation de la rue Chabanel, dans le nord de Montréal, Dayan s'était assuré le soutien de la Ville de Montréal pour redonner un second souffle à ce secteur industriel autrefois dynamique et en faire un « quartier international de la mode ». La société d'État fédérale Investissements PSP, qui gère les caisses de retraite des fonctionnaires du gouvernement canadien, s'était associée à sa société, le Groupe Dayan, pour acheter et rénover les grands immeubles de la rue. Le designer David Bitton, lui, était le président de la compagnie Buffalo International, qui vendait des vêtements portant la marque Buffalo Jeans. Son entreprise serait vendue un an plus tard à une firme de Los Angeles à un prix estimé à 120 millions de dollars américains. Arian Hassan était administrateur et actionnaire de la société Importations Rallye. Située dans l'édifice du Groupe Dayan, rue Chabanel, elle importait et vendait des articles divers : lunettes de soleil, chaussettes et sacs à main portant la marque Private Member.

Faisant fi de l'interdit qui venait de lui tomber dessus, Del Balso remit à Dayan 1500 $ en coupures de 20 $. Dayan acheta des jetons et les remit à Hassan et Bitton. Grand adepte de la roulette, Del Balso leur conseillait les mises. Il refila encore un monceau de billets à Dayan, que l'homme d'affaires remit une fois de plus à Hassan. Celui-ci les cacha dans sa veste, puis se procura des jetons de 1000 $. Au cours de la soirée, Del Balso passa discrètement un jeton de 5000 $ à Bitton plutôt que de le placer lui-même sur la table. Del Balso donna aussi des jetons à dix reprises à une femme pour qu'elle puisse les miser.

Omniprésentes dans l'édifice de l'île Notre-Dame, les caméras du casino captèrent ces échanges. Après avoir visionné les enregistrements, les enquêteurs de l'établissement rédigèrent des rapports intitulés « Déclarations d'opérations douteuses ». La GRC les obtint grâce à des mandats de perquisition et en fit le résumé dans un document judiciaire qui fut lui aussi déposé au tribunal. Lorsque des journalistes de *La Presse* tentèrent d'obtenir des explications des trois hommes d'affaires en vue d'écrire un article, il leur fut impossible de joindre Bitton et Hassan, mais ils rendirent visite à Dayan dans son bureau de la rue Chabanel.

« Bitton et Hassan, ce sont des amis avec qui j'ai pu aller au Casino, absolument, c'est clair, j'ai rien à cacher par rapport à ça, déclara-t-il, furieux. Del Balso, je ne le connais pas. Qu'il se soit trouvé au Casino, effectivement, c'est clair également. Enfin, je le connais comme une connaissance, on se disait bonjour, bonjour (…) Il ne faut pas voir ça autrement que des gens qui discutent autour d'une table de jeu et qui se remettent des jetons. »

* * *

Del Balso ne criait pas sur les toits qu'il appartenait à la mafia, et les hommes d'affaires qu'il avait croisés au Casino l'ignoraient. Mais il ne s'en cachait pas non plus. Les membres du clan parlaient d'eux-mêmes comme des « Italiens », ou comme des membres de « la famille », rarement comme des gens de la « Mafia ». Malgré tout, c'était une appellation, une marque de commerce qu'ils tenaient à protéger et que personne ne pouvait utiliser sans autorisation.

Le 22 novembre 2005, Paolo Renda, le *consigliere* de la famille, demanda à Del Balso de rappeler à l'ordre un agent immobilier, un dénommé Félix Plyas. Apparemment, Renda avait en main la copie d'une lettre adressée à un homme d'affaires bien en vue, dans laquelle quelqu'un dénonçait l'agent. Plyas, disait l'auteur de la lettre, avait évoqué le nom de cet homme d'affaires et affirmé que ce dernier était lié à la mafia. Il prétendait avoir lui aussi des amis dans la mafia, ajoutait l'auteur de la lettre.

Après deux jours de vaines tentatives, Del Balso réussit à joindre Plyas au téléphone. Manifestement, il avait reçu la consigne d'être moins brutal que d'habitude.

« Je veux te voir, et vite, dit-il sans se présenter. C'est important.

— Pourquoi ? demanda Plyas.

— Tu as utilisé le nom de X (l'homme d'affaires) comme étant relié à la mafia. Tu ne peux pas faire ça. Nous, on le connaît même pas.

— Qui êtes-vous ?

— Il faut qu'on se rencontre. Je vais te montrer qui je suis. Je vais te montrer une lettre. Tu te sers aussi de notre nom, et on veut pas.

— J'ai utilisé votre nom ?

— Ouais. T'as dit que tu avais des amis dans la mafia qui sont italiens.

— Faites-vous partie de la famille ?

— Bien sûr que j'en fais partie. Qu'est-ce que tu penses ? Que je t'appelle pour faire une blague ? Alors, dis-moi, as-tu utilisé notre nom ?

— Non, mais c'est vrai que j'ai des amis dans la famille.

— Est-ce que quelqu'un t'a autorisé à utiliser notre nom ?

— Eh bien… j'ai vendu deux propriétés appartenant à des membres de la famille.

— Je répète, ces gens-là t'ont-ils autorisé à utiliser notre nom ? »

Le résumé de l'écoute électronique ne fournissait pas la réponse de l'agent immobilier. Il indiquait seulement que les deux hommes avaient convenu de se rencontrer le soir même. Del Balso téléphona ensuite aux neveux de l'homme d'affaires en question, et leur indiqua le lieu de la rencontre, une pizzeria du boulevard Décarie. « Ne vous inquiétez pas, dit-il à l'un des gars. Je ne serai pas violent avec l'agent. Je veux seulement lui parler. » Le lendemain, Del Balso rencontrait Paolo Renda au Consenza. Il lui révéla que ce n'était pas la première lettre que le dénonciateur envoyait au Consenza. Renda s'emporta. Selon lui, un des neveux de cet homme d'affaires aurait dû lui dire : « Pourquoi écris-tu ces lettres à mon oncle ! »

* * *

Paolo Renda connaissait bien un autre homme d'affaires, Joe Sciascia, propriétaire du Centre de jardin Brossard, en banlieue sud de Montréal.

Joe était le neveu de Gerlando Sciascia, dit «George from Canada», un membre de haut rang de la famille Bonanno assassiné quelques années plus tôt à New York. Gerlando avait envisagé de faire construire une maison dans l'avenue Antoine-Berthelet, pas très loin de la résidence de Renda, avant d'être refoulé aux États-Unis par Immigration Canada.

Joe Sciascia avait un différend commercial avec ses cousins de la famille Piazza. Sa mère était la sœur de Giuseppe Piazza, qui habitait New York. Sciascia voulait acheter des cèdres et d'autres conifères à ses cousins, mais les deux familles ne s'entendaient pas sur le prix. Au cours de l'automne 2005, Paolo Renda intervint comme médiateur dans le conflit. Il téléphona à Nick Piazza et lui demanda de venir le voir avec son père, Giuseppe. Ce dernier prévoyait justement de se rendre à Montréal pour un mariage. Renda suggéra qu'ils se rencontrent au Loreto, son salon funéraire, puis il contacta Sciascia pour organiser une réunion des deux familles, afin «de faire la paix».

Un mois plus tard, Paolo Renda demanda à un des fils de Piazza si le litige autour des arbres était réglé. Oui, c'est réglé, lui répondit Piazza, sauf pour les conifères, la moitié d'entre eux ne pouvant être vendus. «On est là pour conclure cette histoire, lui dit Renda. Mais dis à ton père de parler le moins possible. Je n'aime pas le manque de respect. Je veux que le problème soit résolu aujourd'hui.» La semaine suivante, Nick Piazza l'informa que Joe Sciascia était venu le voir, et que tout était réglé. Sciascia lui téléphona à son tour et lui annonça qu'il avait laissé un cadeau à sa résidence, en guise de remerciement pour sa médiation.

«Vous autres, les Piazza et les Sciascia, vous devriez essayer de vous rapprocher, lui conseilla Paolo Renda. Vous êtes de la même famille. Vous pouvez garder vos distances en ce qui concerne les affaires, mais vous devez garder un contact familial. Tu devrais dire à tes parents de faire la même chose et de faire la paix, même si la famille (Piazza) est aux États-Unis.»

Le clan Rizzuto ne rendait pas seulement service à des membres de la communauté italienne. Six mois avant d'être arrêté, Vito Rizzuto s'était démené pour aider Terry Pomerantz, président et chef de la direction de Gestion immobilière Trams, à retrouver la voiture qu'on lui avait volée et qui contenait une précieuse mallette. Pomerantz était un promoteur important à Montréal. Il avait participé à la construction du complexe Tropique Nord, voisin d'Habitat 67, à la Cité du Havre, entre le Vieux-Port et l'île Notre-Dame. Il avait également construit un immeuble de 12 étages près de l'Hippodrome, anciennement connu sous le nom de Blue Bonnets, et s'était associé à Antonio

Magi, un autre homme d'affaires, pour transformer un entrepôt frigo-rifique en immeuble résidentiel, au n° 1, avenue du Port, dans le Vieux-Montréal.

Au cours du printemps 2003, Pomerantz achetait un véhicule uti-litaire sport Cadillac Escalade blanc perle chez John Scotti Auto, un concessionnaire de voitures de luxe établi à Saint-Léonard. Le 28 mai, il garait son VUS devant le restaurant Il Grappa, à Dorval. Après le repas, vers 22 h, il constata la disparition de la Cadillac et se rendit au poste de police pour porter plainte. Il ne semblait pas avoir une grande confiance en la police : à minuit quarante, il reformulait sa plainte par téléphone, cette fois à Vito Rizzuto.

« Je viens de me faire voler une Cadillac que je venais d'acheter chez Scotti, lui dit-il. Peux-tu m'aider à la récupérer ? Il y avait une mallette de grande importance à l'intérieur.

— Est-ce qu'il y avait un système de repérage GPS dans le VUS ? lui demanda Vito.

— Oui, mais je ne l'avais pas encore activé.

— Je vais voir ce que je peux faire. »

À 1 h du matin, Vito téléphona à Francesco Arcadi pour lui dire que l'un de ses « amis juifs » s'était fait voler un VUS Cadillac blanc tout neuf dans l'ouest de l'île. Il précisa qu'il y avait une mallette à l'inté-rieur et demanda à son bras droit d'essayer de retrouver le tout. Il lui suggéra de mettre à contribution les *young ones*, les jeunes du gang. À 1 h 27, Arcadi contacta un de ces jeunes, Francesco Del Balso, qui était déjà au courant du vol.

Francesco se mit en chasse. Avec succès. Peu avant midi, André Laporte, un vendeur de voitures d'occasion, lui signalait que le voleur était prêt à rendre la Cadillac moyennant 3500 $. Del Balso donna son accord. Quinze minutes plus tard, Vito informait Tony Magi, le parte-naire d'affaires de Pomerantz, que le VUS avait été retrouvé, mais il ignorait dans quelle rue on l'avait laissé.

Une nouvelle chaîne téléphonique s'enclencha. Del Balso apprit que la voiture était garée à l'angle des rues Saint-Jacques et Montfort, près du Planétarium de Montréal. Il relaya l'information à Vito par l'entremise d'un intermédiaire. Terry Pomerantz récupéra la Cadillac, mais pas la mystérieuse mallette. Magi en informa Vito, qui insista auprès de Del Balso pour qu'il la retrouve. Del Balso rappela André Laporte.

« La valise n'est pas là, lui dit-il.

— C'est quelqu'un d'autre qui l'a, répondit Laporte. Je vais l'avoir demain.

— C'est très important. Le grand capote », dit Del Balso, parlant de Vito.

Le 1er juin, Vito téléphona à Pomerantz et lui dit qu'il allait déposer la mallette au restaurant La Grappa. Pomerantz le remercia, lui répétant que c'était vraiment quelque chose d'important. Le compte rendu d'écoute électronique ne précisait pas ce que contenait l'attaché-case. Pourquoi un homme d'affaires avait-il eu recours au grand chef de la mafia pour récupérer une voiture volée ? Interrogé par *La Presse*, Pomerantz refusa d'émettre le moindre commentaire.

Trois mois plus tard, les enquêteurs de l'opération Colisée entendirent à nouveau le nom de John Scotti. Le 24 septembre, Francesco Del Balso et Carmelo Cannistraro, gérant de son réseau de bookmaking, offrirent une Ferrari 550 Maranello bleu gris à Lorenzo Giordano. Le soir même, Giordano étrenna son nouveau joujou, qu'il n'avait pas encore enregistré à son nom. Il s'arrêta dans un bar, vida une bouteille de grappa, puis reprit le volant et fila sur l'autoroute 440, à Laval. En s'engageant dans la bretelle débouchant sur le boulevard des Laurentides, il ne vit pas une petite voiture garée sur le bas-côté. Il la percuta violemment, et redémarra sans laisser de note. Les dégâts étaient considérables.

Le lendemain matin, à peine dégrisé, Giordano téléphonait à Mike LaPolla, un homme de confiance qui allait se faire descendre trois ans plus tard au Moomba Superclub. « Ma femme a envie de me tuer, lui dit-il, penaud. Pourrais-tu me donner un coup de main ? » S'il y avait des problèmes, le rassura LaPolla, il était prêt à déclarer que c'était lui qui était responsable de l'accident.

Francesco Del Balso suggéra à Giordano d'amener la Ferrari chez John Scotti qui, selon lui, était un « maître dans le camouflage de voitures ». Giordano craignait d'être repéré s'il conduisait lui-même. Del Balso appela Scotti, l'informa de la situation et lui demanda s'il pouvait réparer la Ferrari. « Il ne faut pas que personne soit mis au courant de la réparation, prévint Scotti. La meilleure chose, ce serait de l'apporter le soir. »

Alerté par le propriétaire de la petite voiture endommagée, un agent de la Sûreté du Québec examina les lieux de l'accident, ramassa un fragment de pare-chocs et conclut qu'il provenait d'une Ferrari. Il se rendit chez Ferrari Québec. Un employé lui donna les détails manquants : le pare-chocs correspondait à celui d'une Ferrari Maranello bleu-gris et, justement, une voiture semblable avait été livrée à une compagnie de location la semaine précédente.

Le propriétaire de la compagnie de location refusa de collaborer à l'enquête. L'agent retourna chez Ferrari Québec et obtint le numéro de l'ancienne plaque d'immatriculation, ce qui lui permit de retracer le numéro de série et le nom de l'ancien propriétaire, une compagnie à numéro appartenant à Richard Krolik, un autre associé de Giordano et Del Balso dans les activités de bookmaking du clan Rizzuto. L'agent se rendit au siège social de la société à numéro et fut reçu par Carmelo Cannistraro, qui lui dit qu'il n'avait aucune information sur la Ferrari.

Del Balso arriva sur les lieux quelques instants plus tard. Mentant à son tour, il dit à l'enquêteur qu'il n'était pas au courant de l'accident, mais il lui annonça qu'il allait « régler ça ». Il suggéra à Cannistraro d'appeler un avocat. Le lendemain, un avocat se rendit au poste de police avec Mike LaPolla.

LaPolla remplit la promesse qu'il avait faite à Lorenzo Giordano. Il s'accusa lui-même de délit de fuite. Il affirma que c'était lui qui était au volant de la Ferrari le soir de l'accident. Intrigué, l'enquêteur de la SQ lui posa quelques questions et constata qu'il ne connaissait ni les détails ni même l'heure à laquelle l'accident s'était produit. Malgré tout, LaPolla fut condamné à verser une amende et accumula neuf points d'inaptitude sur son permis de conduire.

Joint à son bureau par *La Presse*, John Scotti affirma qu'il ne connaissait rien du dossier et nia catégoriquement avoir jamais parlé à Francesco Del Balso ou à ses amis. « Je ne connais pas ces gens-là, dit-il. Je ne leur ai jamais parlé. J'ignore si un employé de la carrosserie leur a parlé. »

* * *

Les relations des membres du clan Rizzuto avec Frank Catania, un autre homme d'affaires au-dessus de tout soupçon, avaient elles aussi quelque chose de singulier. Catania était l'un des entrepreneurs en construction les plus importants de la région montréalaise. Année après année, à la suite d'appels d'offres en bonne et due forme, Construction Frank Catania et associés raflait des contrats de travaux publics de plusieurs millions de dollars à la Ville de Montréal et dans les villes de la Rive-Sud.

La présence de Frank Catania au café Consenza, en présence de Nick Rizzuto, avait de quoi surprendre. Après avoir visionné les images transmises par leurs caméras cachées, les enquêteurs de la GRC notèrent ceci : « Le 15 juin 2004, vers 14 h 02, Nicolò Rizzuto est observé entrer dans la pièce du milieu du Consenza. Il compte une liasse d'argent, lève la jambe de son pantalon et met la liasse dans une de ses chaussettes. Rizzuto fait ceci en présence de Francesco Catania, assis à la table, en conversation téléphonique sur son cellulaire. Quelques minutes plus tard, Catania et Rizzuto quittent. »

L'année suivante, le 24 novembre, Paolo Renda téléphonait à Pasquale Sciascia. Avant de parler du sujet qui les préoccupait, soit le règlement du litige entre son fils Joe, pépiniériste à Brossard, et la famille Piazza de New York, Sciascia demanda à Renda s'il voulait participer à l'achat d'un cadeau pour Frank Catania. Renda répondit que oui et ajouta qu'en plus de lui-même, tous les hauts gradés du café Consenza contribueraient, à savoir Rocco Sollecito, Francesco Arcadi, Nick Rizzuto et son fils Vito, qui était pourtant en prison en attendant son extradition aux États-Unis.

Joint par *La Presse*, Paolo Catania, qui avait pris la relève à la tête du groupe Catania, précisa qu'il s'agissait d'un cadeau destiné à souligner le départ à la retraite de son père. Une fête s'était déroulée à l'hôtel Omni, dans le centre-ville de Montréal. Pas moins de 250 personnes y avaient assisté, dont « un grand nombre d'amis *paesani* du même village que mon père », dit-il. Il affirma qu'aucun des chefs mafieux ne se trouvait parmi les convives.

À l'exception de Francesco Arcadi, tous ces hommes – Renda, Sollecito, Rizzuto père et fils, et Catania – étaient nés à Cattolica Eraclea. Le Consenza constituait un lieu de rencontre pour les néo-Canadiens originaires de ce village de Sicile, tout comme l'Association de Siculiana de Montréal avait servi de lieu de rencontre au caïd Agostino Cuntrera et au député Alfonso Gagliano. Quoi qu'il en soit, Frank Catania ne semblait rien voir de répréhensible dans le fait de s'asseoir avec un chef de la mafia dans une pièce privée, et de recevoir un cadeau du clan.

Catania n'avait aucune activité criminelle, contrairement à d'autres, qui étaient à la fois entrepreneurs en travaux publics et trafiquants de drogue. C'était le cas de Nello Di Rienzo, actionnaire à parts égales avec Tony Tallarita dans la société Pavages Tallarita, une jeune entreprise d'asphaltage de Saint-Léonard qui réussit à obtenir plusieurs contrats de travaux publics. Les deux partenaires dirigeaient également la société Construction Rockburn, située dans le même immeuble, rue du Creusot.

Au terme de l'opération Colisée, Di Rienzo et Tallarita furent décrits devant le tribunal comme les chefs d'une cellule du clan Rizzuto spécialisée dans l'exportation massive de marijuana vers les États-Unis. La preuve révéla que le groupe envoyait régulièrement de 11 à 27 kilos de marijuana en Floride et au Maryland. Il projetait d'en expédier 100 kilos par mois, une opération qui devait rapporter 8,2 millions de dollars américains par année. La drogue transitait par la réserve mohawk d'Akwesasne, à cheval sur la frontière du Québec, de l'Ontario et de l'État de New York.

Après une série de négociations avec les avocats de plusieurs accusés, le ministère public consentit à retirer les accusations contre Tallarita. Quant à Di Rienzo, il avait pris la relève de son frère Giovanni, extradé aux États-Unis pour avoir aidé des trafiquants colombiens à blanchir plus de 100 millions de dollars au début des années 2000. Il plaida coupable à des accusations de gangstérisme et de complot pour trafic de marijuana et fut condamné à une peine équivalant à trois ans de prison. En juin 2005, les policiers avaient découvert une serre hydroponique dans le complexe commercial qui jouxtait les anciens locaux de Pavages Tallarita, rue J.-B.-Martineau, à Saint-Léonard.

Avant de se lancer en affaires avec Tony Tallarita au début des années 2000, Di Rienzo avait été l'un des fondateurs de la compagnie Construction Ulisse. Il précisa à son enquête sur cautionnement que le chiffre d'affaires d'Ulisse avait bondi de 80 000 $ à 2,5 millions de dollars en quelques années. Il confia par ailleurs qu'il avait déjà exécuté des travaux à la maison de Francesco Del Balso. La femme de Di Rienzo, une coiffeuse qui roulait en Porsche, se dit prête à verser une caution de 100 000 $ en échange de la mise en liberté de son mari. Au besoin, elle prévoyait mettre à contribution son père, Nicola Speranza, l'un des propriétaires du Bar Laennec, haut lieu de la clique de jeunes mafieux. Ce ne fut pas nécessaire : le juge refusa le cautionnement.

Les accusations n'empêchèrent pas Pavages Tallarita de décrocher d'importants contrats d'infrastructures, par voie de soumission, avec la Ville de Montréal et des municipalités voisines. Les plus fructueux leur furent adjugés dans le cadre du programme de réfection des rues de la grande métropole, en 2008. L'entreprise effectua également des travaux à Westmount, Terrebonne, Longueuil, Mont-Royal, La Prairie et Salaberry-de-Valleyfield. Dans ce dernier cas, l'appel d'offres portait sur l'asphaltage de trois rues et du stationnement de la police locale.

Le directeur de la réalisation des travaux de construction à la Ville de Montréal, Robert Marcil, déclara que rien dans la Loi des cités et villes n'obligeait les municipalités à passer au tamis les entrepreneurs qui sollicitaient des contrats publics. « Que des propriétaires aient un passé criminel ou pas, ce ne sont pas des éléments que nous vérifions, dit-il lors d'une entrevue, en décembre 2008. On n'est pas obligés de vérifier et on ne peut probablement pas le faire. » Incidemment, Marcil fut obligé de remettre sa démission six mois plus tard lorsqu'il fut révélé qu'il avait voyagé en Italie avec le propriétaire d'une des entreprises qui, selon le Vérificateur général de la Ville, raflaient année après année la plupart des contrats de travaux publics.

Si le haut fonctionnaire montréalais ne semblait pas tracassé par l'infiltration de la mafia dans l'économie légale, et en particulier dans l'industrie de la construction, des directeurs de police, eux, firent ouvertement part de leur inquiétude. Lors de sa nomination au poste de commissaire à la GRC, en 2000, Giuliano Zaccardelli avait évoqué les risques de dérives mafieuses et prononcé le mot tabou de «corruption». Après l'opération Colisée, des enquêtes journalistiques mirent en lumière de nombreux cas de collusion et d'influences indues, en particulier dans le monde municipal et la FTQ-Construction. À leur tour, ces révélations déclenchèrent une nouvelle série d'enquêtes policières.

En 2009, le directeur général de la Sûreté du Québec, Richard Deschesnes, déclara que, «de mémoire de policier», il n'avait jamais vu autant d'enquêtes sur des allégations de corruption à Montréal. La SQ en avait déjà ouvert quatre. Une cinquième, puis une sixième s'y ajoutèrent. L'une d'elles portait sur une tentative d'extorsion et de corruption par Nicolo Rizzuto junior, fils de Vito et petit-fils du vieux Nick. Il s'agissait d'un contrat de 10,6 millions de dollars pour la réfection du toit de l'hôtel de ville de Montréal. L'entrepreneur qui avait obtenu le contrat, Paul Sauvé, affirmait que Nicolo Rizzuto junior lui avait réclamé 40 000 $, une somme destinée, selon Rizzuto, à deux élus du parti du maire Gérald Tremblay, Union Montréal. En échange de l'argent, Sauvé avait compris qu'il aurait l'assurance que son entreprise, L. M. Sauvé, pourrait continuer à travailler sur le chantier et être payée par la Ville tous les mois, tel que convenu, et ce même si L. M. Sauvé était en situation de faillite.

Paul Sauvé affirmait qu'il avait refusé de payer la somme et, bien entendu, les deux conseillers municipaux ne touchèrent rien. Ils soulignèrent qu'ils n'avaient jamais été mêlés à cet incident. Sauvé avait rencontré Nicolo Rizzuto à plusieurs reprises en compagnie d'autres entrepreneurs en construction. Deux d'entre eux étaient cités dans le rapport d'enquête de l'opération Colisée: selon les comptes rendus d'écoute électronique, ils transigeaient directement avec Vito quand ils avaient des problèmes.

Sauvé s'était adressé à eux parce que, même s'il avait remporté le contrat de réfection du toit et des mansardes de l'hôtel de ville, divers obstacles l'empêchaient de commencer les travaux. «Tout le monde se liguait pour m'empêcher d'ouvrir le chantier», disait-il. Il crut bon de demander à un autre entrepreneur de l'aider à boucler le contrat. Il savait que cet entrepreneur avait des relations un peu partout, que ce soit dans l'industrie de la construction, dans les milieux politiques et dans le crime organisé. L'entrepreneur accepta de l'aider à condition qu'il change de sous-traitant. «Comme par miracle, tout s'est mis à bien fonctionner, raconta Sauvé. J'ai pu commencer à travailler. Je me suis dit: «Bon sang, ces gars-là ont du pouvoir!» Je n'en revenais pas. Mais, quelque part, je me disais: «Ouais… il y a un prix à payer, tu sais que tu vas te faire extorquer, réveille-toi.» Je me suis justifié en me disant que c'était comme ça que ça marchait dans la construction. Je me suis convaincu que c'était correct de danser avec le diable.»

Le cabinet du maire Gérald Tremblay déposa une plainte au Conseil de presse contre *La Presse*, qui avait fait état de la nouvelle enquête policière et avait rapporté les propos de Sauvé. Le cabinet du maire affirmait qu'il ne s'agissait là que d'un ramassis d'insinuations et d'allégations non prouvées (la plainte fut rejetée). Toutefois, le maire admit qu'il y avait un «problème». «Il y a un problème à Montréal, il y a un problème au Québec (…) il y a de la corruption dans l'industrie de la construction. C'est un fait.»

À la même période, François Beaudry, un fonctionnaire qui avait pris sa retraite du ministère des Transports, affirma à l'équipe de l'émission *Enquête*, à Radio-Canada, que la mafia italienne jouait un rôle d'arbitre dans la répartition de gros contrats de voirie. Selon lui, un club d'entrepreneurs se partageait une partie importante des contrats du ministère. En apparence, les entreprises appartenant au club se voyaient adjuger les contrats parce qu'elles avaient déposé les soumissions les plus basses, mais en vérité, elles s'organisaient entre elles pour fixer les prix bien au-delà des coûts réels et faisaient comprendre aux concurrents extérieurs au petit club sélect qu'ils risquaient d'avoir de sérieux problèmes s'ils s'avisaient de déposer des soumissions plus basses que les leurs, soit au prix du marché. «C'est la mafia qui contrôle, disait Beaudry. La mafia italienne de Montréal.» Selon une hypothèse soulevée par des policiers, les entrepreneurs qui voulaient faire partie du club devaient payer une commission au clan Rizzuto. Si l'information était exacte, ils étaient à la fois victimes d'extorsion et complices d'un système de collusion. Des entrepreneurs qui ne faisaient pas partie du club dirent à la télévision qu'ils avaient en effet subi des menaces quand ils avaient voulu déposer des soumissions.

Ce système mafieux explique peut-être le fait que les travaux de voirie semblent coûter plus cher au Québec qu'ailleurs au pays. Selon une analyse comparative effectuée par Transports Canada, il en coûte 37% de plus pour construire un kilomètre de route au Québec que dans le reste du Canada. Les coûts sont gonflés de 46% en milieu urbain, de 26 % en milieu rural. (Le gouvernement québécois a contesté ces chiffres.) Des milliards de dollars sont en jeu. À lui seul, le ministère des Transports s'apprêtait à octroyer, en 2010, 1800 contrats pour un coût variant entre 2 et 2,5 milliards de dollars.

Lorsqu'il était encore à l'emploi du gouvernement, François Beaudry avait développé des contacts avec un entrepreneur qui l'informait régulièrement des manœuvres employées par le « club » pour fausser le jeu des soumissions, non seulement pour les appels d'offres lancés par le ministère des Transports, mais pour les appels d'offres des municipalités. En 2003, cet informateur lui indiqua à l'avance le nom des entreprises qui allaient présenter les soumissions les plus basses pour 10 contrats de voirie à Laval. Dans huit cas sur dix, les prévisions se révélèrent exactes.

Les journalistes Alain Gravel et Marie-Maude Denis, de l'émission *Enquête*, mirent également en lumière les relations troubles de certains dirigeants de la FTQ-Construction, un groupe de syndicats qui jouaient un rôle de premier plan dans l'embauche des ouvriers sur les chantiers. Le directeur, Jocelyn Dupuis, avait noué des amitiés dans la pègre, plus précisément avec Normand Marvin Ouimet, alias « Casper », un membre en règle des Hells Angels ; avec Johnny Bertolo, représentant du syndicat des peintres et trafiquant de drogue (assassiné en 2005) ; et avec Raynald Desjardins, qui avait été pendant longtemps un des bras droits de Vito Rizzuto et qui était certainement le francophone le plus en vue dans le giron de la mafia montréalaise. Jocelyn Dupuis tenta d'obtenir du financement auprès du Fonds de solidarité FTQ pour une entreprise de Raynald Desjardins spécialisée dans la décontamination des sols, mais sans succès. Après avoir quitté la FTQ-Construction, affirmait Radio-Canada, il alla travailler dans cette entreprise.

Desjardins était alors en libération conditionnelle. Il avait été incarcéré de 1993 à 2004 pour un complot d'importation de 740 kilos de cocaïne en association avec les Hells Angels du chapitre de Québec. Interviewé par *La Presse*, il nia être un partenaire d'affaires de son « bon ami » Jocelyn Dupuis, mais il espérait le devenir. Il disait s'être recyclé, après sa sortie de prison, dans l'immobilier et la construction.

Multimillionnaire comme beaucoup d'autres narcotrafiquants de son calibre, Raynald Desjardins avait créé une entreprise de construction. Il se trouvait à la tête des sociétés Desj. & Cie., Desj. & Co, et Investissements Lasister et Kane, qui avaient des intérêts dans le Groupe Samara, un promoteur immobilier actif dans l'est de Montréal, entre autres pour des terrains vendus par la Ville de Montréal à une fraction de leur prix.

« Depuis cinq ans, la manne est là, dans la construction, disait Raynald Desjardins. J'ai commencé par des petites jobs de reconstruction de bâtisses sinistrées du domaine commercial et industriel. Maintenant, je fais une mainlevée sur des terrains et j'engage des sous-traitants pour la construction. » Il ajoutait que c'était Jocelyn Dupuis qui l'avait guidé dans les méandres de l'industrie de la construction. « Il m'a conseillé pour que tout fonctionne bien. Il m'a dit comment ça marchait pour avoir les permis et les cartes de travail, il m'a introduit à l'APCHQ (Association provinciale des constructeurs d'habitation du Québec). C'est normal, il était un boss de la FTQ, un syndicaliste, et ces gens-là veulent eux aussi que ça aille bien dans la construction. Il est devenu mon ami personnel. On a pris des vacances ensemble avec nos femmes sur la Côte-Nord. Il restera mon ami, quoi qu'il advienne. »

À deux reprises, au hasard d'une fête organisée par la FTQ et d'une visite dans un restaurant, Raynald Desjardins reconnut avoir rencontré le président de la FTQ-Construction, Jean Lavallée. Au faîte de sa gloire dans le milieu interlope, et impliqué au plus haut niveau dans des trafics internationaux pour le compte de la mafia montréalaise, le bras droit de Vito disposait d'une belle fortune. Il avait déjà fait d'importants placements à la Bourse et dans l'immobilier. Devant les tribunaux, il s'affichait à une certaine époque comme le représentant de la firme Amusement Deluxe, une entreprise de Saint-Léonard qui se spécialisait dans le placement de machines à boules, de jeux vidéo et de tables de billard dans les tavernes, les bars et les dépanneurs. La police affirmait qu'il s'agissait d'une société-écran qui servait avant tout à justifier des revenus illégitimes.

Ce n'était pas la première fois que des syndicats de la construction affiliés à la FTQ se trouvaient mêlés au milieu interlope. Plusieurs Québécois se souvenaient d'André Dédé Desjardins (aucun lien de parenté avec Raynald Desjardins), ancien directeur général du Conseil des métiers de la construction et ex-vice-président de la FTQ. Le 27 avril 2000, Dédé Desjardins tombait sous les balles d'un tueur après avoir pris le petit-déjeuner au restaurant Shawn's, à Saint-Léonard. Il se dirigeait vers son VUS lorsqu'il fut fauché par une rafale de fusil semi-automatique muni d'un silencieux. L'arme fut retrouvée à côté du corps. La veille, il avait partagé un repas avec Mom Boucher. Pendant une bonne partie de sa vie adulte, Dédé Desjardins avait également frayé avec la mafia italienne et ses associés.

En 1974, il avait été accusé d'incitation à la violence lors d'un conflit entre les membres de la FTQ et ceux de la deuxième grande centrale syndicale québécoise, la CSN, sur le chantier de construction du barrage hydroélectrique LG2, à la Baie-James. Les dommages matériels s'élevèrent à 30 millions de dollars. Une commission d'enquête sur l'industrie de la construction fut créée et placée sous la direction du juge Robert Cliche. Desjardins dut démissionner de son poste syndical lorsque la commission confirma l'existence de ses relations étroites avec le crime organisé, notamment avec un associé de Vic Cotroni, alors chef de la mafia. Le Conseil des métiers de la construction fut placé sous tutelle.

Tout en se livrant à des activités criminelles, notamment le prêt usuraire, Desjardins réussit à conserver une certaine influence auprès de syndicats de la construction. En 1983, le gouvernement américain demandait son extradition en Floride en raison de son implication présumée dans un trafic de pilules de Quaalude, un sédatif utilisé illégalement comme drogue récréative. Un des maîtres d'œuvre du réseau était William O'Bront, un ancien financier du clan Cotroni qui avait été mêlé, des années plus tôt, au scandale de la viande avariée. Le gouvernement canadien ne donna pas suite à la demande d'extradition.

* * *

En 2006, l'opération Colisée ouvrit une large brèche dans le nouveau pouvoir de la mafia. Les enquêtes journalistiques et policières lancées dans son sillage ravivaient en effet les vieux souvenirs des Québécois sur les audiences de la Commission d'enquête sur le crime organisé des années 1970, qui avait mis au jour le scandale de la viande avariée, et de la Commission Cliche. Richard Deschesnes, le directeur de la SQ, se disait tellement « préoccupé » par l'infiltration du crime organisé dans l'économie légale qu'il demanda des crédits supplémentaires au gouvernement du Québec pour créer une escouade spéciale sur la collusion et la corruption. Faute d'instituer une nouvelle commission d'enquête, comme le réclamait l'opinion publique, le gouvernement libéral de Jean Charest accepta sa requête. L'escouade Marteau fut créée en juin 2009.

Les inspecteurs du fisc redoublèrent d'efforts. Ils visèrent entre autres la société B.T. Céramique, située dans un immeuble commercial du boulevard Henri-Bourassa Est appartenant à une compagnie de Vito Rizzuto et de son beau-frère Paolo Renda, et évalué à 1,5 million de dollars par la Ville de Montréal. Comme son nom l'indiquait, la société se spécialisait dans la vente et l'installation de dalles de céramique. Elle s'était vu octroyer d'importants contrats publics et avait réalisé des travaux dans un édifice du ministère fédéral de la Justice, à l'ambassade des États-Unis à Ottawa, et au Casino de Montréal. B.T. Céramique appartenait à l'homme d'affaires Francesco Bruno et à deux membres de sa famille.

L'enquête fiscale découlait de l'opération Colisée. Dans des documents judiciaires, Revenu Canada avança que B.T. Céramique se faisait remettre de fausses factures afin de flouer le fisc. Les documents affirmaient que Bruno et ses partenaires avaient profité des conseils et des vérifications de complaisance d'au moins deux inspecteurs de Revenu Canada. Il possédait avec eux, aux Bahamas et en Suisse, des comptes secrets dans lesquels plus de 1,7 million de dollars avaient transité en moins de deux ans

Le compte suisse avait été ouvert après l'arrestation du financier québécois Martin Tremblay, avec lequel les trois hommes faisaient affaire aux Bahamas. Lorsque le ministre du Revenu, Jean-Pierre Blackburn, révéla l'existence du dossier en conférence de presse, Tremblay était déjà incarcéré aux États-Unis pour blanchiment d'argent.

Lors de leur enquête sur la compagnie B.T. Céramique, les experts du fisc portèrent également leur attention sur trois compagnies de l'un des plus importants entrepreneurs en travaux publics du Québec, Tony Accurso. Selon Revenu Canada, Accurso avait versé 4,5 millions de dollars à deux entreprises fictives de Francesco Bruno. En retour, ces deux coquilles vides lui fournissaient de fausses factures, affirmait Revenu Canada. Les trois compagnies d'Accurso «utilisaient ces factures de complaisance pour réduire frauduleusement leurs revenus», indiquait le fisc dans un communiqué.

Au printemps 2010, Francesco Bruno fut accusé d'avoir commis des actes criminels en aidant ces compagnies à éluder le paiement d'impôts se chiffrant à plusieurs centaines de milliers de dollars. Au moment d'écrire ce livre, Accurso n'avait pas été accusé. L'Agence du Revenu du Canada congédia et poursuivit devant les tribunaux les deux enquêteurs qui avaient comploté avec Bruno.

* * *

L'opération Colisée porta un coup très dur au crime organisé, non seulement grâce à l'arrestation des principaux dirigeants du clan Rizzuto, mais en sapant les relations du clan avec bon nombre d'individus et en dévoilant l'ampleur de ses activités et ses ramifications. Après avoir régné sur Montréal pendant 30 ans, la mafia sicilienne était en pleine débandade.

CHAPITRE DIX-HUIT

La débandade

Incarcéré depuis la rafle du 22 novembre 2006, Nicolò Rizzuto dut être hospitalisé pour des problèmes respiratoires et urinaires. Treize ans plus tôt, il avait prétexté des ennuis de prostate pour obtenir sa libération d'une prison au Venezuela et, manifestement, ceux-ci ne s'étaient pas résorbés avec le temps. De façon bien commode, les crises semblaient s'aggraver lorsqu'il était détenu. Les autorités carcérales le conduisirent sous bonne escorte à l'Hôpital général juif de Montréal, où il subit une batterie de tests. Pendant deux semaines, il occupa une chambre privée au troisième étage de l'établissement du chemin de la Côte Sainte-Catherine, dans le quartier Côte-des-Neiges. Des agents de la Sûreté du Québec firent le guet 24 heures sur 24 durant toute la durée de son séjour.

Rizzuto retourna ensuite au Centre de détention de Montréal, jadis connu sous le nom de prison de Bordeaux, un bâtiment vétuste construit avant la Première Guerre mondiale. C'est là qu'un autre illustre personnage de la mafia, Joe Bonanno, avait été accueilli comme un héros par ses codétenus, lorsqu'il avait tenté d'immigrer au Canada, en 1964. Le vieux Nick fut lui aussi traité avec tous les égards dus à son rang. « Dès le premier jour, quand il est arrivé dans le secteur, plusieurs détenus se sont figés, raconte un gardien. On sentait qu'il n'était pas comme les autres prisonniers, et qu'il avait le respect du milieu. » Nick paya la tournée ; il acheta les denrées disponibles à la cantine et les distribua parmi ses compagnons.

Son nouvel environnement ne dut pas le dépayser outre mesure. Surmontée d'une coupole, l'immense prison déployait ses six ailes en face de la rivière des Prairies, dans l'arrondissement Ahuntsic-Cartierville, à quelques kilomètres seulement de sa maison, avenue Antoine-Berthelet. Mais surtout, il logeait dans le même secteur que son gendre, Paolo Renda, et d'autres membres du crime organisé, en majorité des motards ou des membres de gangs de rue, en attente de procès comme lui. Mario Brouillette, un Hells Angels du chapitre de Trois-Rivières, prenait soin de lui. Les deux hommes aimaient se parler en espagnol, une langue que le motard avait apprise lors de ses nombreux voyages en République dominicaine et que le mafioso avait bien assimilée lors de ses longs séjours en Amérique du Sud. L'un et l'autre partageaient les mêmes intérêts pour les activités criminelles et pour les affaires. Brouillette incarnait la nouvelle génération de motards qui souhaitaient devenir des chevaliers d'industrie. Il s'était associé à Marc Saulnier, un homme sans casier judiciaire et prospère entrepreneur en coffrage de Lavaltrie, dans la région de Lanaudière. De son côté, Rizzuto avait géré des entreprises à Montréal et au Venezuela. Ses deux autres copains du Consenza, Rocco Sollecito et Francesco Arcadi, logeaient eux aussi à la prison de Bordeaux, mais dans une autre aile.

Rizzuto s'habitua à la routine ennuyeuse de la vie carcérale : manger, dormir, regarder la télévision. Les loisirs étaient limités, mais il se trouva quelques partenaires pour jouer aux cartes. Le soir venu, il éprouvait parfois des difficultés à retrouver sa cellule. Il se trompait de porte à tout bout de champ. Un détenu dessina en boutade un drapeau aux couleurs de l'Italie et l'épingla bien en vue au-dessus de la porte de sa cellule.

Le vieux chef mafieux avait bon espoir d'être libéré rapidement et il ne se trompait pas. Les enquêteurs de Colisée avaient pu accumuler des preuves accablantes contre les autres figures dominantes du clan, en particulier contre Francesco Arcadi et ses fiers-à-bras, Francesco Del Balso et Lorenzo Giordano. Par ses discussions avec ses avocats, Rizzuto savait qu'en ce qui le concernait, les preuves contre lui étaient plus ténues. À l'automne 2008, des gardiens l'escortèrent dans le tunnel qui reliait la prison au nouveau palais de justice Gouin, un bâtiment construit spécialement pour les maxiprocès des motards arrêtés quelques années plus tôt. Portant un cardigan de couleur pâle qui accentuait son allure de grand-père, il hocha la tête lorsque le juge Jean-Pierre Bonin, de la Cour du Québec, lui demanda s'il plaidait coupable à deux chefs d'accusation : possession des produits de la criminalité et recel des produits de la criminalité pour les bénéfices d'une organisation criminelle.

Nicolò Rizzuto fut condamné à quatre ans de pénitencier, mais comme les deux années qu'il avait passées en détention préventive comptaient en double, il fut relâché le même jour. Malgré tout, sa condamnation marquait une victoire pour les enquêteurs antimafia : c'était la première fois de sa vie que Rizzuto reconnaissait devant un tribunal qu'il faisait partie d'une organisation criminelle. Il avait 84 ans et fit savoir à son entourage qu'il ne souhaitait plus occuper une fonction de leadership au sein de la mafia. Sa sentence était assortie d'une période de probation de trois ans; il risquait de reprendre le chemin de la prison au moindre écart de conduite.

Renda, 69 ans, plaida coupable aux mêmes accusations, ainsi qu'à une autre accusation relativement à la saisie d'un revolver et d'un fusil de chasse lors de son arrestation chez lui, avenue Antoine-Berthelet. Il obtint sa libération conditionnelle en février 2010. Sollecito, 60 ans, fut condamné à huit ans de prison. Arcadi, 54 ans, Giordano, 45 ans, et Del Balso, 38 ans, furent condamnés à des peines beaucoup plus lourdes, 15 ans de pénitencier. Les plus «jeunes» leaders ressentirent de l'amertume à voir les trois vieux membres du comité de direction du Consenza – Rizzuto, Renda et Sollecito – s'en tirer beaucoup mieux qu'eux.

Dans les heures suivant le prononcé des sentences, l'avocat principal du clan, Loris Cavaliere, se présenta à l'édifice de la GRC, boulevard René-Lévesque, avec une valise contenant quelque deux millions de dollars en diverses coupures, afin d'acquitter les amendes imposées par le tribunal. Le vieux Nick rangea ses effets personnels dans un sac vert en plastique, fit ses adieux à ses codétenus et aux gardiens, se dirigea vers la sortie de la prison de Bordeaux où il rencontra l'avocat. Cavaliere empoigna le sac vert et reconduisit le vieil homme chez lui, dans le quartier Saraguay.

Si les accusés avaient refusé de plaider coupable, la poursuite s'était préparée à faire témoigner un expert venu d'Italie, le brigadier général Angelilo Pellegrini, qui avait analysé la preuve recueillie pendant l'opération Colisée, et qui aurait pu attester de la similitude du fonctionnement du clan Rizzuto et des clans traditionnels de la mafia en Sicile. «Il est prêt à décrire ces organisations criminelles en Italie, à définir ce qu'est pour elles un homme d'honneur, à décrire les activités d'une famille de la mafia et le rôle d'un boss, et à témoigner sur le vocabulaire qu'elles emploient. Les mêmes termes sont utilisés par l'organisation (mafieuse) de Montréal», déclara Me Alexandre Dalmau, un des avocats de la poursuite fédérale.

Lors de l'enquête sur cautionnement de Nicolò Rizzuto, en 2007, un autre témoin expert, Michel Fortin, agent à la GRC et membre de l'Unité mixte d'enquête sur le crime organisé (UMECO), avait indiqué que le clan sicilien était impliqué dans le même type de racket que le clan Cotroni des années 1950, 1960 et 1970. Entre autres choses, l'un et l'autre clan s'étaient fait payer des sommes considérables pour recouvrer des dettes à coups de menaces, même auprès d'entreprises légitimes. Comme les autres membres de l'UMECO, Fortin refusait de plastronner : l'opération Colisée avait gravement blessé la mafia montréalaise, dit-il, mais elle ne l'avait pas éliminée.

* * *

Pendant que son père jouait aux cartes dans la prison de Bordeaux, Vito Rizzuto broyait du noir dans le Metropolitan Detention Center de Brooklyn. Le 4 mai 2007, il fut amené sous forte escorte au palais de justice de Brooklyn, dans une salle récemment rénovée, aux murs recouverts de lambris en bois. Parmi les 27 membres de la famille Bonanno arrêtés en 2003 et 2004, il était le dernier à comparaître devant le tribunal. Tous les autres avaient déjà plaidé coupable ou avaient été reconnus coupables. Vito était le seul accusé de nationalité canadienne.

Chaussé d'espadrilles en toile, Vito Rizzuto portait le chandail en coton bleu et le pantalon kaki des détenus. Les vêtements, trop amples, soulignaient la maigreur de sa silhouette. Ses cheveux poivre et sel, coupés très courts, se dressaient sur sa tête comme les piquants d'un oursin. Il était pâle et avait la démarche d'un homme las. Cela faisait longtemps qu'il n'avait pas foulé un terrain de golf. Il avait manifestement perdu du tonus pendant ses trois années de détention. Il prit place dans le box des accusés, à côté de son principal avocat, John W. Mitchell, et fixa le juge Nicholas Garaufis de ses yeux sombres. Deux marshals, des officiers de police du gouvernement fédéral américain, se postèrent près de lui.

Vito avait fini lui aussi par accepter de plaider coupable, en échange d'une peine réduite. Comme souvent dans les causes qui se concluent par une entente à l'amiable entre les parties, l'audience commença de façon ennuyeuse. Le juge et les avocats voulaient s'assurer que l'accusé saisisse bien les enjeux. Ils décortiquèrent l'acte d'accusation. En vertu des amendements apportés au RICO Act, Rizzuto aurait pu encourir une peine d'emprisonnement à vie. Mais le juge Garaufis rappela que l'assassinat des trois capitaines rebelles de la famille Bonanno s'était produit en 1981 et qu'il devait condamner l'accusé selon les dispositions en vigueur lors du crime. La sentence maximale était alors de 20 ans de pénitencier, doublée d'une amende de 250 000 $.

Rizzuto gardait la tête penchée et levait les yeux seulement quand il devait répondre aux questions du juge. Il avait parfois de courts entretiens, à voix basse, avec son avocat. Son visage s'animait alors, mais à peine. Son caractère bravache semblait refaire surface, comme une bulle qui éclate furtivement sur les eaux mornes d'un étang.

« Monsieur Rizzuto, quel âge avez-vous ? demanda le juge Garaufis.

— 61 ans, Votre Honneur.

— Combien de temps êtes-vous allé à l'école ?

— Jusqu'en 9ᵉ année. »

Garaufis lui posa d'autres questions sur sa scolarité et sur son état civil.

« Votre principale langue est-elle l'anglais ? demanda-t-il.

— Je dirais que oui, répondit Vito. Mais je parle aussi l'italien, le français et l'espagnol. »

Le juge se tourna ensuite vers Mᵉ Mitchell.

« Monsieur Mitchell, avez-vous eu de la difficulté à communiquer avec votre client en anglais ? demanda-t-il.

— Non.

— Très bien… Monsieur Rizzuto, quelle que soit la décision que vous prenez aujourd'hui, je dois m'assurer qu'elle est prise en toute connaissance de cause… Avez-vous des problèmes de santé ?

— Oui, dit Vito. J'ai passé un rayon X et les médecins m'ont dit que j'avais une tache sur un poumon. Je suis censé aller à l'hôpital pour un scan, mais ça n'a pas été fait encore.

— Quand a été fait le diagnostic ?

— Il y a deux mois.

— Le délai semble normal. Est-ce que vos idées sont claires ?

— Oui, Votre Honneur. »

Garaufis insista. Il voulait être certain que Rizzuto avait bien compris les conséquences de son plaidoyer de culpabilité aux accusations de complot et de gangstérisme relativement au triple meurtre de 1981. Il allait écoper de 10 ans de pénitencier et d'une amende de 250 000 $. Son incarcération serait suivie d'une période de probation de trois ans. À la suite de ce rappel, le juge lança :

« OK, Monsieur Rizzuto. Êtes-vous prêt à enregistrer un plaidoyer ?

— Oui, Votre Honneur. »

Vito chaussa ses lunettes et lut d'une voix rauque un court texte dans lequel il admettait en termes généraux avoir participé aux trois meurtres, il y avait exactement 26 ans. Il déposa ensuite la déclaration de cinq pages au tribunal.

« Entre le 1ᵉʳ février 1981 et le 5 mai 1981, j'ai comploté avec d'autres pour mener à bien des affaires en association avec une entreprise criminelle, ce qui constitue un acte de banditisme, déclara-t-il. Plus spécifiquement, le 5 mai 1981, de connivence avec d'autres à Brooklyn, j'ai commis un acte de banditisme en étant impliqué dans les meurtres de Alphonse Indelicato, Philip Giaccone et Dominick Trinchera. »

Pendant que Rizzuto lisait son texte, le procureur Greg Andres examinait le visage du juge. Il comprit facilement qu'il était mécontent. Andres avait déjà participé à plus de 100 causes impliquant des membres de la famille Bonanno. Plusieurs procès s'étaient déroulés devant Garaufis. Le procureur avait appris à décoder le moindre rictus du juge. Il se leva pour expliquer les fondements juridiques de l'entente conclue avec la défense.

« L'association dont on parle ici est une association avec la famille Bonanno, de la Cosa Nostra », dit Greg Andres. S'il y avait eu procès, l'avocat du ministère public américain affirma qu'il aurait fait la preuve de ce qu'il avançait en déposant des rapports de filature et d'expertises scientifiques de toutes sortes, notamment celles qui avaient été effectuées sur les cadavres des trois victimes. Il aurait fait témoigner des enquêteurs de police et des délateurs. Joe Massino, le chef de la famille Bonanno qui avait retourné sa veste, et son beau-frère Salvatore Vitale auraient été les témoins vedettes.

« Votre Honneur, je comprends que vous souhaitiez connaître les éléments de preuve concernant les meurtres, mais je vous dirai, encore une fois, qu'ils sont les mêmes qu'au procès de Joseph Massino, souligna Andres. Plus que cela, monsieur le juge, nous sommes en mesure de démontrer que monsieur Rizzuto a maintenu des liens avec la famille Bonanno depuis tout ce temps, et même qu'il en est un membre actif.

— Vous me demandez d'infliger à l'accusé une peine de 10 ans inférieure à la sentence maximale, mais vous ne me dites rien de ce que Vito Rizzuto a fait, tonna Garaufis. Pour l'instant, tout ce que je sais, c'est qu'il a admis avoir fait quelque chose ! »

Il foudroya du regard les deux avocats.

« Il y a plusieurs accusés dans ce dossier qui sont passés aux aveux ou qui ont été trouvés coupables, poursuivit le juge Garaufis. Cependant, on ne s'est pas contenté de me dire qu'ils étaient simplement impliqués dans des crimes qu'on leur reproche. Pourquoi devrais-je accepter ce plaidoyer de l'accusé Rizzuto ? Je ne sais pas ce qu'il a fait. Franchement, ce n'est pas assez. Donc, dites-moi ce qu'il a fait. Est-ce que vous savez ce qu'il a fait ? Je veux connaître son rôle exact.

— Votre Honneur, l'accusé reconnaît dans sa déclaration avoir commis un crime de gangstérisme, dit Mᵉ Mitchell, en se levant à son tour. Dans les faits, il a participé au complot de meurtre. Plus précisément, il a participé aux meurtres des trois individus.

— On me demande d'entériner une entente que je ne suis pas obligé de signer, n'est-ce pas ? fulmina le juge.

— Je comprends… bredouilla l'avocat de Vito.

— Alors, je veux savoir ce qu'il a fait. Ce n'est pas un jeu. C'est moi le juge. C'est inacceptable. Était-il le chauffeur? Était-il le tireur? J'ai passé des semaines à écouter des gens raconter ce qui s'est passé dans cette affaire de meurtre. Mais je ne sais toujours pas ce que l'accusé ici présent a fait. Pourquoi accepterais-je de le condamner à 10 ans alors qu'il pourrait en écoper de 20? Certains accusés sont en prison pour le reste de leur jour à cause de leur implication dans ces meurtres. Si Monsieur Rizzuto a quelque chose à me dire, j'aimerais l'entendre avant d'accepter le plaidoyer. »

Pris au dépourvu, Me Mitchell demanda un ajournement pour discuter avec Vito, manifestement inquiet de la tournure des événements. Assis dans l'espace normalement réservé aux jurés, une demi-douzaine de journalistes canadiens et américains assistaient à la scène. Ils virent Me Mitchell s'entretenir à voix basse avec Greg Andres, ce procureur que le clan Bonanno avait déjà voulu assassiner. Puis ils suivirent l'avocat des yeux tandis qu'il se dirigeait vers une petite salle attenante au tribunal pour parler avec Vito.

Le juge Garaufis sortit, l'air courroucé, et revint une dizaine de minutes plus tard.

« Alors, qu'en est-il maintenant? demanda-t-il sèchement.

— Bien… j'étais un des gars qui a participé à cette affaire, répondit Rizzuto. Mon rôle était de crier: "c'est un hold-up!" pour qu'ils (les trois capitaines rebelles) s'immobilisent. Les autres gars (qui étaient dans le placard avec Vito) sont sortis du placard et ont commencé à tirer.

— Et vous, étiez-vous armé? demanda le juge.

— Oui, j'étais armé. »

Rizzuto n'en dit pas plus. Il ne dit pas qu'il avait lui-même tiré et, curieusement, Garaufis ne lui posa pas la question. Au cours d'un procès précédent, Salvatore Vitale, le bras droit de Massino, avait soutenu que Rizzuto avait été le principal tueur. Il avait ajouté qu'il était accompagné de deux autres tueurs venus spécialement de Montréal pour commettre les meurtres, mais aucun des deux ne fut jamais formellement identifié, et encore moins accusé. « J'ai vu Vito tirer, mais je ne sais pas qui il a atteint », avait déclaré Vitale. Garaufis ne demanda pas à Rizzuto de commenter ce témoignage.

« Appartenez-vous à une organisation criminelle? lui demanda-t-il

— Oui, admit Rizzuto. »

La séance fut levée. Rizzuto regagna sa cellule. Il avait l'assurance qu'il ne lui resterait plus qu'à purger la moitié de la sentence de 10 ans. Les autorités carcérales américaines calculaient que celle-ci avait commencé le 20 janvier 2004, soit la date de son arrestation à

Montréal. De surcroît, le temps passé en prison en attendant sa comparution au tribunal lui donnait droit à une réduction de presque 15 % de la durée totale de l'emprisonnement. Le prisonnier numéro 04307748 pourrait ainsi être libéré à l'automne 2011 ou au printemps 2012, à l'âge de 65 ou 66 ans.

En Italie, tout accusé qui souhaite obtenir un règlement à l'amiable doit devenir *pentito*, ou délateur. Cette disposition vise deux objectifs : aider la police à recueillir des informations et entacher à tout jamais la réputation du prévenu dans le monde interlope. Vito Rizzuto et ses associés n'eurent pas à subir cette contrainte, une telle disposition n'existant ni au Canada, ni aux États-Unis.

Rizzuto fut ramené trois semaines plus tard au tribunal de Brooklyn pour le prononcé final de la sentence. Le juge Nicholas Garaufis dit que c'est sans enthousiasme qu'il acceptait une peine de prison de seulement 10 ans, comme le suggéraient les avocats de la poursuite et de la défense.

« Ce triple meurtre a été commis dans un dessein de pouvoir et d'argent, déclara-t-il. Il a fait l'objet de plusieurs procès, de livres et même d'un film. Malgré les tentatives de lui donner du prestige, ce crime demeure sordide et cynique. Il mérite notre mépris et notre condamnation. C'est à contrecœur que j'impose cette peine de prison. Quiconque a participé à un triple meurtre est passible d'un minimum de 20 ans de prison. Mais le système de justice a ses avantages… »

Il fut ensuite question de l'amende. Rizzuto présenta un bilan négatif de ses avoirs, mais le juge n'en crut rien. Selon ses avocats, Vito avait un actif de 471 000 $, mais un passif de 475 300 $. Il détenait le tiers des actions de la société Renda Construction, d'une valeur de 468 000 $, mais outre cela, il ne possédait pas grand-chose, affirmèrent-ils. Il s'était soi-disant endetté en empruntant de l'argent à des membres de sa famille pour payer ses frais d'avocats. Selon sa déclaration, il devait 103 000 $ à son plus jeune fils, Leonardo ; 92 000 $ à sa fille, Bettina ; et 280 000 $ à sa mère, Libertina.

Son avoir net « avoisine le zéro », soutint John Mitchell, qui s'était fait accompagner par un autre avocat pour représenter Vito ce jour-là. Le procureur Greg Andres se montra cinglant. « De façon absurde, mais bien pratique, son actif est égal à son passif, nota-t-il. Les membres de sa famille possèdent presque tous ses biens, une situation que l'on voit souvent dans la mafia. » Si les biens de Rizzuto s'étaient trouvés aux États-Unis, ils auraient pu faire l'objet d'une vérification et être comptabilisés, ajouta Andres. Le gouvernement américain croit que Rizzuto a « des biens substantiels au Canada », affirma-t-il, tout en reconnaissant que cette information se basait en partie sur des « anecdotes ». « Il vit dans une maison qui vaut beaucoup d'argent », indiqua le procureur fédéral. Il souligna que l'accusé avait déjà omis de payer ses impôts et fini par accepter de rembourser 400 000 $ à Revenu Canada, ce qui témoignait de sa richesse.

Le juge se moqua à son tour de la prétendue pauvreté de Vito. Il se montra de nouveau contrarié d'avoir accepté une peine d'emprisonnement à son avis bien trop légère. En contrepartie, il décida d'imposer l'amende maximale permise par la loi, soit 250 000 dollars américains. Il exigea qu'elle soit payée en trois mois.

« La cour n'est pas convaincue que l'information concernant son bilan financier est fiable, déclara-t-il. Nous avons ici un homme d'affaires canadien qui ne possède même pas sa propre maison. Son seul actif est une participation dans cette société (Renda Construction). Ce n'est pas beaucoup après 30 ans en affaires. Je ne suis pas convaincu que les représentations sont complètes et exactes. »

Les avocats de Rizzuto tentèrent de convaincre le juge de laisser leur client payer l'amende sur une période de plusieurs années. Ils protestèrent contre la suggestion de Greg Andres de garantir le paiement de cette amende avec les actions de Rizzuto dans la société Renda Construction. C'en était trop pour le juge, qui laissa éclater sa mauvaise humeur.

« Je veux ces actions (dans la société) ou je vais revoir le dossier (la sentence) ! pesta-t-il. Je ne vais pas jouer ce petit jeu avec vous. Il a des actions d'une valeur substantielle. Mais, apparemment, tous ses autres biens sont secrets. »

Après la levée de l'audience, Me David Schoen, le second avocat de Rizzuto, se plaignit auprès des journalistes que son client avait été le seul des 27 coaccusés à se voir imposer une amende. Néanmoins, le fils cadet de Vito, Leonardo, 37 ans, fit part de son soulagement. Il était content que le juge ait recommandé que son père purge sa sentence dans le pénitencier à sécurité moyenne de Ray Brook, dans le nord de l'État de New York, pas très loin de Montréal, afin qu'il puisse recevoir facilement la visite des membres de sa famille.

« C'est très important pour lui, dit Leonardo, lui-même un avocat, lors d'un court entretien avec un journaliste. Il a cinq petits-enfants et c'est vraiment important qu'il puisse les voir souvent. »

Vito s'en tirait à bon compte. Surtout lorsque l'ont sait, comme nous l'avons appris depuis, qu'il avait fait des aveux complets lors d'un voyage en République dominicaine en 2003, soit un an avant son arrestation. Sa confession avait été enregistrée à son insu par des policiers dominicains. Ces derniers avaient remis l'enregistrement aux policiers canadiens, mais au bout du compte, il avait été remisé sur une tablette, où il accumula de la poussière... Ce document, dont nous révélons ici la teneur, aurait pu constituer une formidable pièce à conviction, mais à ce jour, il n'a jamais été utilisé.

Depuis au moins 10 ans, le parrain canadien faisait un pèlerinage de golf annuel en République dominicaine. En janvier 2003, il s'envola vers le petit État des Antilles avec plusieurs acolytes, dont Francesco Arcadi et Joe Di Maulo, l'influent mafioso calabrais.

Le petit groupe s'installa au Casa de Campo, un chic complexe hôtelier comprenant trois magnifiques terrains de golf, dont le «Teeth of the Dog», longtemps l'un des mieux cotés dans le monde. Vito et Arcadi partageaient leur chambre, qui donnait directement sur l'un des parcours de golf. À la suggestion de la GRC, les policiers dominicains y dissimulèrent des micros, tout comme dans la chambre de Joe Di Maulo.

Vito ne soupçonnait pas qu'il pouvait être sur écoute si loin du Canada. Lorsque les policiers écoutèrent les enregistrements, ils eurent la surprise de l'entendre se confier à Arcadi sur son rôle dans la tuerie des trois capitaines de la famille Bonanno, commise 22 ans plus tôt. Il lui racontait comment il était sorti du placard, l'arme au poing, et comment il avait fait feu. «Il y avait du sang dans toute la place», disait-il.

Rizzuto parlait en italien. L'enregistrement était très peu compréhensible, si bien que la GRC crut qu'il pouvait difficilement être utile. Elle ne le fit traduire que bien après le plaidoyer de culpabilité de Vito.

Parmi les autres golfeurs qui accompagnaient Vito lors de ce voyage se trouvaient Paolo Renda, Domenico Chimienti, Giuseppe Triassi et Vincenzo Spagnolo. La GRC avait tous ces hommes à l'œil. Renda, beau-frère de Vito et *consigliere* du clan Rizzuto, était l'une des cibles principales de l'opération Colisée. Chimienti était soupçonné de blanchir de l'argent pour le clan, mais il ne fut pas accusé.

Originaire de Sicile, Triassi était le représentant de Vito au Casino de Montréal. Il se spécialisait dans le prêt usuraire et n'hésitait pas à exiger un taux d'intérêt de 10 % par trois jours aux joueurs qui s'endettaient auprès de lui.

Vincenzo Spagnolo était un autre ami de Vito. Il avait offert de payer une caution d'un million de dollars pour obtenir sa libération, après la saisie de 32 tonnes de haschisch à Sept-Îles en 1988. Le juge avait refusé. Il passait ses journées au Buffet Roma, à Saint-Léonard, où se tenaient à l'occasion des campagnes de financement pour des partis politiques. Cette salle de réception était aussi fréquentée par les dirigeants de la mafia. Lorsqu'il quittait le Consenza, le vieux Nicolò Rizzuto y faisait souvent un saut avant de rentrer chez lui. Quand il parlait à Spagnolo au téléphone, il lui demandait presque toujours comment allaient les affaires, comme si le Buffet Roma lui appartenait.

Peu après leur retour de voyage, à la mi-janvier 2003, Vito Rizzuto, Giuseppe Triassi et Vincenzo Spagnolo furent interpellés ensemble par des policiers. Ils sortaient du bar Joy en compagnie de deux autres individus. Le bar Joy, situé rue de la Montagne dans le centre-ville de Montréal, fut fermé quelques années plus tard, après une fusillade qui fit un mort et un blessé. Il était devenu le repaire des grandes organisations criminelles. Chacun y avait sa section : mafia, motards, gangs de rue et autres.

*   *   *

Malgré la recommandation bienveillante du juge Nicholas Garaufis, Vito ne fut pas envoyé dans une prison du nord de l'État de New York, mais plutôt dans un complexe pénitentiaire de Florence, au Colorado, à 3000 kilomètres de Montréal. Il sombra rapidement dans la mélancolie. Dès qu'il en avait la possibilité, il téléphonait à sa femme. Giovanna supportait mal la séparation ; elle lui disait qu'elle dormait mal. Elle prenait des somnifères et des calmants. Vito lui conseillait de ne pas en abuser. Il téléphonait aussi à sa mère Libertina et à sa sœur Maria pour prendre des nouvelles de la famille et se tenir au courant de ce qui se passait à Montréal.

La vie des détenus dans les pénitenciers américains est on ne peut plus spartiate. Vito ne pouvait s'y faire, lui qui était habitué à vivre comme un pacha, à jouer au golf sur les plus beaux terrains, à fréquenter les restaurants comme le Sotto Sopra, boulevard Saint-Laurent, et à se faire traiter aux petits oignons. Tout au plus pouvait-il se remémorer les petits moments délicieux de sa vie d'homme libre, comme lorsqu'il se faisait masser, ou encore lorsqu'il recevait des soins de manucure et de beauté dans une boutique des Galeries d'Anjou, dans l'est de Montréal. Les soupers qu'il prenait chez lui chaque jeudi avec sa femme, ses enfants et ses petits-enfants – un rite sacré – n'étaient plus que des souvenirs.

Six mois après le début de son incarcération, Vito écrivit une lettre pathétique au juge Garaufis, le suppliant de le faire libérer en 2010, plutôt qu'en 2012.

« J'espère que tout va bien pour vous en ce moment, commençait la lettre. Comme Votre Honneur le sait, mon nom est Vito Rizzuto, le défendant. » Il se disait victime d'une erreur. Le gouvernement américain a aboli les libérations conditionnelles en 1987 ; depuis, il accepte tout au plus de réduire légèrement les sentences lorsque les détenus se conduisent bien en prison. Vito faisait valoir qu'il avait commis son crime en 1981, à une époque où les libérations conditionnelles existaient encore. Selon son raisonnement, il devait pouvoir en profiter. « Si je suis en train de contacter le mauvais bureau dans un effort de voir corriger cette erreur, je m'en excuse, poursuivait-il, dans un mauvais anglais. Néanmoins, je ne suis pas des États-Unis et je suis au courant de ce mauvais calcul seulement depuis peu. »

Le juge Garaufis lui écrivit à son tour. Il rejetait tout aussi poliment sa requête : « Je vous suggère de consulter votre avocat en rapport avec ce dossier et de suivre les procédures administratives et judiciaires appropriées. »

Vito avait envoyé sa lettre au juge Garaufis le 25 octobre 2007. Deux jours plus tôt, les autorités italiennes avaient annoncé l'émission d'une seconde série de mandats d'arrêt contre lui et ses complices.

En 2005, la Direzione Investigativa Antimafia avait déjà rédigé des mandats contre Vito – alors en prison au Québec dans l'attente de son extradition aux États-Unis – et quelques-uns de ses acolytes de Montréal, d'Italie et d'ailleurs dans le monde. La DIA alléguait qu'ils avaient tenté d'obtenir le juteux contrat de construction du pont au-dessus du détroit de Messine, selon le mode partenariat public-privé (PPP). Selon la police italienne, ils s'apprêtaient à financer les travaux avec de l'argent sale. Le projet de construction avait été reporté, mais la DIA avait poursuivi son enquête et découvert une autre arnaque.

Le 23 octobre 2007, une série de perquisitions et d'arrestations se déroulèrent en Italie, en France et en Suisse. Des comptes bancaires contenant 500 millions d'euros (près de 700 millions de dollars canadiens) furent gelés ; 22 sociétés, des biens et des immeubles d'une valeur totale de 212 millions de dollars furent bloqués. Dix-sept hommes furent accusés d'avoir participé à une gigantesque opération de blanchiment d'argent sous la direction de Vito.

Des banquiers, des hommes d'affaires, des courtiers en valeurs mobilières et un homme lié à la famille royale italienne furent arrêtés le jour même en Europe. Outre Vito en personne, les mandats d'arrêt visaient son père Nicolò et les trois autres membres dirigeants du Consenza, soit Paolo Renda, Rocco Sollecito et Francesco Arcadi, tous en prison à Montréal en attente de leurs procès à l'issue de l'enquête Colisée.

« Nous croyons que, même en prison, ces hommes sont capables de contrôler l'opération (de blanchiment d'argent), déclara Silvia

Franze, enquêteur à la DIA. Nous avons gelé plusieurs comptes bancaires. Nous avons saisi plusieurs compagnies et des millions d'euros, parce que nous croyons que derrière ces compagnies se cache Vito Rizzuto.» «Même en prison, ils tiraient les ficelles de leurs colonies italiennes», renchérit Paolo La Forgia, colonel à la DIA.

Un des contacts de Vito s'appelait Mariano Turrisi, un homme d'affaires, président et fondateur de l'entreprise Made in Italy, laquelle se spécialisait dans la promotion de produits italiens dans le monde entier. Placé sur écoute électronique, Turrisi avait déjà parlé avec Vito, alléguait la police. Selon un document judiciaire italien, Turrisi et un de ses associés étaient venus à Montréal en septembre 2005, afin de rencontrer Nicolò Rizzuto, le fils de Vito, Frank Campoli, son cousin par alliance, et Antonio Papalia, un des propriétaires de la société Metal Research Corp., de Vancouver.

Turrisi était vice-président d'un mouvement politique fondé par le prince Emanuel Filiberto, dernier héritier de la famille royale italienne. Ce n'est qu'un an après la Deuxième Guerre mondiale, en 1946, que la monarchie avait été remplacée par la république. Chassée pour avoir collaboré avec le régime fasciste de Benito Mussolini, la famille royale, appelée communément la Maison royale de Savoie, obtint l'autorisation de revenir au pays seulement en 2002. De retour d'exil, le prince Filiberto lança le mouvement «Valeurs et Avenir», auquel se joignit Turrisi.

Ce dernier avait ses entrées au gouvernement italien. Le siège social de son entreprise, Made in Italy, se trouvait à Rome, en face du Palazzo Chigi, qui logeait les bureaux du président du Conseil des ministres, Romano Prodi, et de son cabinet. Les policiers arrêtèrent Turrisi à Rome, fouillèrent ses affaires et trouvèrent un certificat d'obligation au montant d'un milliard de dollars, mais ils soupçonnèrent qu'il s'agissait d'un faux. Quoi qu'il en soit, ce papier lui servait de garantie pour obtenir des marges de crédit auprès de banques suisses et italiennes.

Par son entremise et celle d'autres complices, Vito avait des contacts «exquis» en Italie et dans d'autres pays. Les documents judiciaires italiens affirmaient qu'il exerçait une forte influence dans son pays natal et ailleurs. Après avoir déménagé au Canada, les Rizzuto «ont donné naissance à une société transnationale» qui travaillait à unifier les mafias italiennes, et ont créé «des cellules outre-mer», soutenait un document des procureurs romains. L'enquête de la police italienne eut des rebondissements jusqu'aux États-Unis et à Singapour.

L'organisation dirigée par Vito, ajoutait le document, cherchait «à gérer et à contrôler les activités économiques liées à l'acquisition de contrats de travaux publics » et à « commettre une série de crimes – meurtres, trafic international de stupéfiants, extorsion, fraude, contrebande, manipulations boursières, délits d'initiés et transferts illégaux de titres boursiers ».

Les autorités italiennes accusaient le groupe d'avoir inscrit plusieurs sociétés dans les Bourses d'Europe et d'Amérique du Nord, y compris à Vancouver, afin de soutenir le développement de projets reliés à des mines d'or au Canada et au Chili. Deux employés de banque furent arrêtés en Suisse.

Parmi les hommes arrêtés en Italie, deux individus avaient la citoyenneté canadienne. Le premier, Roberto Papalia était un homme d'affaires qui avait été expulsé de la Bourse de Vancouver en raison de transactions douteuses. Il avait déjà été vu en Suisse, plus précisément à Zurich, en compagnie de Vito. Roberto Papalia et son frère Antonio possédaient une petite mine d'or dans l'île de Texada, en Colombie-Britannique. Il fut arrêté à Milan. À l'adolescence, les deux Papalia avaient fréquenté l'école secondaire St Pius X en même temps que Vito, avenue Papineau, à Montréal.

Le second, Felice Italiano, un résidant de LaSalle, un arrondissement de la ville de Montréal, fut arrêté dans sa chambre d'hôtel, à Rome, alors qu'il s'apprêtait à reprendre l'avion pour le Québec en compagnie de sa femme. Il se trouvait en voyage d'affaires pour son entreprise Ital-Peaux, de Sainte-Julie, une petite ville de banlieue située au sud de Montréal. Son nom avait déjà fait surface lors d'une des plus importantes saisies de drogue au Canada. Il avait été arrêté en 1994 avec les frères Gerry et Richard Matticks, du Gang de l'ouest, après la découverte de 26 tonnes de haschisch. Les accusations contre Italiano et ses complices avaient été retirées après que le juge qui dirigeait le procès eut déclaré que la Sûreté du Québec avait bonifié une partie de la preuve.

L'homme d'affaires Beniamino Zappia, né à Cattolica Eraclea et principal représentant de Vito en Italie, fut lui aussi arrêté à Milan, où il résidait depuis des années. Comme plusieurs autres, il avait déjà ouvert des comptes en Suisse pour le clan Rizzuto. Il s'agissait du même Zappia qui avait été filmé et enregistré à quelques reprises au Consenza par les caméras et les micros cachés de la GRC. En mai 2005, Rocco Sollecito lui avait expliqué comment les cinq dirigeants du clan se partageaient les profits du crime.

Cette série d'arrestations et de perquisitions découlait de l'enquête sur le financement occulte du projet de construction du pont de Messine, laquelle avait été lancée grâce aux informations transmises par la GRC. Une partie des transcriptions des écoutes réalisées lors des opérations Cicéron et Colisée avait été remise aux agents antimafia italiens, qui s'étaient mis en chasse. Ces écoutes portaient notamment sur des conversations outre-mer de Vito avec des blanchisseurs d'argent en Europe et en Asie.

Une chose menant à l'autre, ces enquêtes aboutirent à d'autres enquêtes. Les limiers de la DIA avaient l'impression d'avoir entre leurs mains une fantastique pelote de ficelle. Ils la poussèrent comme des chats et la regardèrent se dérouler. La ficelle les mena jusqu'à Cattolica Eraclea. En novembre 2008, ils saisirent les propriétés de Beniamino Zappia dans le village natal des Rizzuto. Ils saisirent aussi la maison, la voiture, les comptes bancaires et le portefeuille d'action d'un commerçant en vin du village, soupçonné d'être de mèche avec la famille Rizzuto, et qui avait déjà tenté de se faire élire à la législature de la province d'Agrigente.

Puis, à l'aube du 27 novembre 2009, 80 policiers se réunirent sur une colline rocailleuse à proximité de Cattolica Eraclea. Ils couvrirent leurs visages de cagoules, endossèrent leurs vestes portant l'insigne de la DIA, entourèrent le village et marchèrent en silence dans ses rues étroites pour aller arrêter des suspects dans leur lit. Cette enquête, nommée opération Minoa, visait à anéantir l'influence que le clan Rizzuto continuait d'exercer dans le village et, de là, en Sicile et dans le reste de l'Italie.

« L'opération Minoa faisait suite à une requête du bureau des procureurs de Palerme, indiqua Antonio Calderella, capitaine de la DIA, lors d'un entretien avec le *National Post* quelques mois plus tard. Les procureurs ont demandé que l'on pousse l'enquête sur le rôle de Vito Rizzuto et que nous fassions la lumière sur l'implication présumée de la mafia canadienne dans les activités illégales de la province d'Agrigente, qu'il s'agisse de blanchiment d'argent ou d'autres délits. L'enquête a mis en relief la proximité des membres dirigeants de la clique criminelle canadienne, qui proviennent de ce village. »

L'homme du clan, à Cattolica Eraclea, s'appelait Domenico Terrasi. Il était en contact régulier avec son compatriote Beniamino Zappia, déménagé à Milan. Propriétaire d'une entreprise de construction, Terrasi contrôlait une partie des activités économiques dans le territoire environnant. Un jour, il convoqua le beau-père du fonctionnaire municipal responsable des travaux publics dans le village et la commune. Il était furieux de ne pas avoir obtenu le contrat de réfection des rues et des routes.

«Merde! cria-t-il, ignorant que la conversation était sur écoute. Je vais te montrer comment je vais le frapper... Sais-tu comment je vais l'écraser? Comme ça!

— Je vous le dis, si quelque chose peut être fait, faites-le et je vais vous appuyer, répondit le beau-père sur un ton servile. Je suis vraiment désolé, sincèrement. Vous savez que je suis désolé.»

Les hommes de Terrasi n'obtinrent pas le contrat de réfection des routes. En revanche, ils raflèrent celui d'un tronçon d'un long aqueduc qui devait traverser l'ouest de la Sicile. Selon les autorités, les clans mafieux s'étaient partagé les contrats de l'ouvrage au complet, d'une valeur de 70 millions de dollars.

«L'enquête a aussi porté sur les élections municipales de 2007 à Cattolica Eraclea, ajoutaient les autorités italiennes. Il a été confirmé que le groupe mafieux dirigé par Domenico Terrasi a participé efficacement à l'élection du maire actuel, Cosimo Piro, et d'un conseiller municipal. L'enquête a aussi révélé l'activité illégale de ce groupe visant à contrôler l'élection.»

La boucle était bouclée. En 1955, le futur beau-père de Vito Rizzuto et d'autres hommes du clan avaient assassiné Giuseppe Spagnolo, farouche opposant de la mafia et premier maire élu de Cattolica Eraclea. Un demi-siècle plus tard, le même clan s'était organisé pour propulser l'homme de son choix à la tête de la municipalité.

Cependant, les temps avaient changé. Après la Deuxième Guerre mondiale, les autorités politiques avaient laissé le champ libre à la mafia. En ce début du 21e siècle, des policiers, des procureurs et des juges courageux étaient déterminés à se battre contre elle, et cela autant en Italie qu'en Amérique du Nord.

Nicolò Rizzuto et son fils Vito voyaient leur empire vaciller sous les coups de boutoir de la justice. Des membres de clans adverses tournaient comme des requins excités par l'odeur du sang. Profitant du désarroi de l'organisation à Montréal, ils avaient commencé à arracher des lambeaux depuis quelques années déjà et se préparaient au dépeçage final.

* * *

Dans les années qui suivirent l'arrestation de Vito, en janvier 2004, une quarantaine d'individus furent assassinés ou kidnappés, ou encore disparurent mystérieusement. Plusieurs d'entre eux frayaient avec la mafia montréalaise. Les motifs tournaient souvent autour de dettes, mais d'autres facteurs pouvaient entrer en jeu. Les enquêteurs se perdaient en conjectures.

Le 19 janvier 2004, Carmelo Tommassino téléphonait à sa femme pour lui dire qu'il ne pouvait pas aller chercher leur fillette à l'école. Sa femme lui demanda pourquoi, mais il ne lui donna aucune explication. Il raccrocha et disparut pour toujours. Paolo Gervasi, l'ancien propriétaire du Castel Tina, fut assassiné le même jour. Il était en rupture de ban avec la mafia. Il venait tout juste de quitter une pâtisserie de la rue Jean-Talon et de s'asseoir derrière le volant de sa Jeep quand un tueur déchargea son arme en sa direction.

En février 2005, le truand calabrais Domenico Cordeleone était victime d'un enlèvement, présumément pour une dette de drogue. Il fut relâché rapidement. Des années plus tôt, il s'était acoquiné avec le trafiquant colombien Jairo Garcia, devenu l'un des bonzes du cartel de Cali après son retour dans son pays natal. Les deux hommes avaient été voisins à La Plaine, en banlieue nord de Montréal. Ils y avaient chacun un vaste domaine.

Le promoteur immobilier Antonio Magi, qui côtoyait souvent les Rizzuto, fut enlevé en avril suivant. Deux inconnus l'interpellèrent rue Saint-Jacques, à LaSalle, le menottèrent et l'amenèrent de force à Laval. L'homme d'affaires fut légèrement blessé. Selon sa version des faits, il réussit à se défaire de ses menottes et à s'enfuir. Plutôt que de porter plainte à la police, il téléphona au fils de Vito Rizzuto, Nicolò junior. Il le rencontra ensuite au Bar Laennec, à Laval, en compagnie des caïds Francesco Del Balso et Antonio Volpato, ancien camarade de classe de Vito à l'école secondaire St Pius X et ancien amant du mannequin Julie Couillard. Tous se demandaient qui avait pu organiser le kidnapping, et pourquoi.

Leonardo D'Angelo fut enlevé quelques jours plus tard, le 1er mai. Il était le neveu de Vincenzo Spagnolo, l'ancien propriétaire du Buffet Roma qui avait accompagné Vito à son voyage de golf en République dominicaine. Il avait accumulé une dette de 400 000 $. Nicolò Rizzuto père et Paolo Renda tentaient de l'aider depuis deux mois, mais cela ne suffisait pas. Une collecte d'argent fut organisée auprès de ses parents et de ses amis et il fut libéré.

Trois semaines plus tard, le 25 mai, Frank Martorana, un proche de Francesco Arcadi, était kidnappé à son tour chez Paduano, un salon de barbier de la rue Jean-Talon, à Saint-Léonard. Il discutait avec un homme dans l'arrière-boutique lorsque les quatre ravisseurs firent irruption. Il tenta de leur résister, mais il fut vite maîtrisé à coups de crosse de revolver sur la tête.

Selon les policiers, son kidnapping était relié à diverses dettes en souffrance depuis un bon moment. Elles excédaient le million de dollars. Il revint chez lui, à Lorraine, une semaine plus tard. Son visage portait encore les marques de l'agression. Il refusa de porter plainte. Il s'agissait du même Martorana que le narcotrafiquant Christian Deschênes avait projeté d'enlever, en même temps que Francesco Arcadi, en juillet 2001.

Martorana avait aussi été au cœur d'une affaire d'extorsion plutôt tarabiscotée. Il devait 500 000 $ à John Scotti, concessionnaire de voitures de luxe à Saint-Léonard, et ce dernier faisait pression pour être remboursé. Un garagiste de Toronto devait le même montant à Martorana. Vito Rizzuto et ses proches s'étaient démenés pour convaincre ce garagiste de s'acquitter de sa dette, de sorte que Martorana puisse payer Scotti. Le garagiste avait porté plainte. L'enquête policière qui avait suivi avait joué un rôle important dans le déroulement de l'opération Colisée, en amenant les policiers à porter une attention particulière aux délits d'extorsion.

Un certain Domenico Dettori fut lui aussi kidnappé le 25 mai 2005. Ses ravisseurs l'enlevèrent dans le quartier Rivière-des-Prairies. Ils lui flanquèrent une raclée dans une camionnette, s'assurèrent qu'il avait bien compris le message qu'ils voulaient lui transmettre, et le relâchèrent. Dettori refusa de dénoncer ses agresseurs à la police. Il reconnut simplement que le kidnapping avait été provoqué par une dette de drogue.

Mike Lapolla et Giovanni Bertolo furent assassinés en 2005, Richard Griffin et Domenico Macri en 2006. Les meurtres reprirent de plus belle en 2007. Le 9 mars, Carmine Guarino, un petit vendeur de drogue de 32 ans, lié au clan sicilien, était abattu au Café Albanos, rue Jarry, dans le nord de la ville. Le 26 avril, le cadavre calciné de Ezechielle De Bellis, 37 ans, était trouvé en bordure de la route 125, à Rawdon, dans Lanaudière. De Bellis, qui avait assisté aux funérailles de Macri, était un homme de main de la mafia montréalaise. Il était sous enquête pour trafic de drogue.

Le matin du 5 juillet, une citoyenne composait en panique le 911 : elle avait trouvé un cadavre à l'arrière d'une maison de Pointe-Claire, en banlieue ouest de Montréal. Hasan Eroglu, un trafiquant d'héroïne de 39 ans, et grand ami de Lorenzo Giordano, avait été abattu de trois balles tirées par une arme de poing munie d'un silencieux.

Le 12 septembre, Francesco Velenosi, un homme d'origine calabraise de 56 ans actif dans le prêt usuraire et le pari illégal, quittait son logement de LaSalle en disant qu'il allait voir des amis. Il fut assassiné le jour même ou peu après. Cinq jours plus tard, un membre de sa famille téléphonait à la police pour l'informer que sa voiture avait été localisée. Son corps avait été balancé dans le coffre de sa Volvo. Il avait été atrocement roué de coups, probablement avec un ou des bâtons de golf.

Le 21 décembre, Tony Mucci, qui avait tiré sur le journaliste Jean-Pierre Charbonneau dans la salle de rédaction du quotidien *Le Devoir*, en 1973, fut lui-même victime d'une tentative de meurtre. Des inconnus tirèrent des coups de feu dans sa direction alors qu'il se trouvait au Café Maida – quartier-général de Francesco Arcadi, boulevard Lacordaire, à Saint-Léonard – mais ils ne l'atteignirent pas. Tony Mucci était le bras droit de Moreno Gallo, un caïd très respecté dans le milieu interlope.

Gallo, alors âgé de 61 ans, était pressenti pour prendre la tête de la mafia montréalaise. Il avait immigré au Canada à l'âge de neuf ans avec sa mère et sa sœur, deux ans après l'arrivée de son père. Il avait obtenu le statut de résident permanent, mais pas la citoyenneté canadienne. En 1974, il avait été condamné pour meurtre après avoir tiré trois balles dans la tête d'un trafiquant de drogue du clan Dubois, assis au volant de sa voiture, dans le Vieux-Montréal. Il avait obtenu une libération conditionnelle neuf ans plus tard.

Les enquêteurs de l'opération Colisée avaient vu Moreno Gallo à de nombreuses reprises avec les dirigeants du clan Rizzuto. Comme bien d'autres, il avait été filmé par les caméras cachées de la GRC en train d'apporter des liasses d'argent au Consenza. La police avait rédigé un rapport sur ses relations mafieuses, si bien que sa libération avait été révoquée. Gallo avait de nouveau été emprisonné. Mais, même en prison, il continuait d'entretenir des relations étroites avec des membres du crime organisé. « De récentes informations révèlent que vous êtes resté en contact avec des individus liés aux gangs de motards, aux gangs de rue et au crime organisé italien », notait un rapport de l'Agence des services frontaliers du Canada, qui cherchait à le faire expulser en Italie.

Au cours de cette période trouble, la véritable déclaration de guerre contre le clan Rizzuto fut lancée par Sergio Piccirilli, un protégé des clans calabrais de l'Ontario et fidèle allié de la famille D'Amico de Granby. L'attaque était directe et sans équivoque. Elle constitua le premier assaut en bonne et due forme contre le clan sicilien qui avait assassiné le Calabrais Paolo Violi, en 1978, et qui dirigeait la mafia montréalaise depuis trois décennies. Ce n'est qu'après coup que les enquêteurs saisirent toute l'importance de ces événements.

Né le 1er janvier 1960, Sergio Piccirilli, surnommé indifféremment « Big Guy » ou « Grizzly », était un prolifique narcotrafiquant d'origine calabraise de la région de Montréal. Il faisait le commerce de marijuana, de cocaïne et de diverses drogues synthétiques. Lui et ses complices fabriquaient des comprimés d'ecstasy dans un garage de la rue Leman, dans le parc industriel de Saint-Vincent-de-Paul, un quartier de Laval. Il vendait ses produits à Montréal et à New York. Ses affaires connurent un boom formidable lorsqu'il s'acoquina avec Sharon Simon, surnommée « la reine de Kanesetake ». Simon était une riche trafiquante autochtone, propriétaire d'un vaste domaine au bout d'un chemin privé sur le territoire de la communauté mohawk de Kanesetake, près d'Oka, au nord-ouest de Montréal. Piccirilli devint pendant un temps son ami de cœur. Cette liaison lui donna accès à de nouveaux fournisseurs de marijuana et de cigarettes de contrebande.

Depuis 20 ans, le Grizzly payait une commission sur les profits de ses trafics au clan Rizzuto, et plus spécialement à Francesco Arcadi. Plus il prospérait, plus il devait payer de « taxes ». Il finit par se rebiffer et par ne plus vouloir payer. Il disait à ses proches que Arcadi n'avait qu'à travailler aussi fort que lui s'il voulait gagner de l'argent. Son audace risquait de lui coûter cher. Son parrain calabrais de Toronto, Franco Mattoso, apprit qu'un contrat avait été passé sur sa tête et l'en informa.

Le 4 février 2005, Sergio Piccirilli se rendit à Toronto avec Domenico D'Agostino, son homme de confiance. Il alla prendre conseil auprès de Mattoso, puis se rendit à Hamilton pour rencontrer les frères Giuseppe et Domenico Violi, fils de Paolo Violi. Lorsque ce dernier avait été assassiné par le clan Rizzuto, Giuseppe et Domenico avaient respectivement 8 et 12 ans. Aujourd'hui, il s'agissait d'hommes mûrs. Âgés de 35 et 39 ans, ils étaient très impliqués dans les activités de la mafia ontarienne, plus spécialement à Hamilton, où avait longtemps régné leur grand-père maternel Giacomo Lupino. Les enquêteurs de la GRC ignorent ce que les frères Violi ont pu dire à Piccirilli, mais ils se doutent bien qu'ils ne l'ont pas encouragé à faire la paix avec le clan qui avait exécuté leur père. Bien au contraire.

La mère de Piccirilli se sentait nerveuse pour la sécurité de son fils. Il tenta de la rassurer en lui confiant qu'il était protégé. « J'ai toujours le soutien de mes amis, lui dit-il, lors d'un entretien capté par la police. J'ai même appelé des amis de Toronto et des États-Unis. Tout le monde s'en vient. » Il ajouta qu'il en avait assez d'être sous la coupe du clan Rizzuto. « Ces bâtards-là, ils sont jaloux parce que je ne veux pas travailler pour eux », lui dit-il.

Piccirilli se promenait presque toujours armé. Par mesure de protection, il lui arrivait souvent de dormir ailleurs qu'à son domicile de Terrebonne. Il se réfugia pendant un certain temps dans un hôtel de

Saint-André-Avellin, un village situé à mi-chemin entre Montréal et Ottawa. Il avait en effet de puissants amis, entre autres Salvatore Cazzetta, l'ancien leader des Rock Machine qui s'apprêtait à rallier les Hells Angels et qui se trouvait en libération conditionnelle. Mais, surtout, Piccirilli était proche des membres de la famille D'Amico, de Granby. Les D'Amico, gros trafiquants de marijuana, collaboraient avec le puissant chapitre des Hells de Sherbrooke. Ils étaient eux-mêmes entrés en conflit avec Francesco Arcadi et les dirigeants du Consenza pour une nébuleuse question d'argent.

Le soir de l'Halloween 2005, Piccirilli était, selon la police, l'un des quatre hommes déguisés et armés qui sonnèrent à la porte de Nicolò Varacalli, un ami d'Arcadi, et qui le kidnappèrent. Deux jours avant Noël, il se joignit encore aux D'Amico pour aller intimider les habitués du Consenza, rue Jarry. Les policiers craignaient un bain de sang. Ils savaient qu'un contrat avait été passé sur la tête de Piccirilli. Et ils savaient que Piccirilli avait l'intention d'assassiner le vieux Nicolò Rizzuto, qu'il tenait responsable de tous ses problèmes avec Arcadi. « On est tannés de vivre comme ça, disait-il. C'est assez, c'est le temps de bouger. »

Pendant des jours, des hommes de main de Piccirilli se postèrent discrètement à proximité du Consenza pour observer les allées et venues de Rizzuto et de ses acolytes.

« Il est dans la fenêtre du café ! lui lança un de ses hommes en apercevant le vieux Nick derrière la fenêtre. Je le vois comme il faut. Je pourrais le faire facilement !

— Fais rien ce soir, lui répondit Piccirilli. Il faut que j'aille à Toronto avant. »

Le 16 février 2006, les policiers lui rendirent visite et l'avertirent qu'il jouait un jeu dangereux. Sa vie était en danger. « J'ai pas peur de mourir, rétorqua le Grizzly. Je sais comment me défendre. J'ai pas besoin de personne. » Quelques heures plus tard, il rappela le sergent Jos Tomeo, de la GRC.

« Est-ce qu'il est interdit de porter une veste pare-balles ? lui demanda-t-il candidement.

— Non, non, si tu veux, tu peux », lui répondit le policier.

Le soir même, par personne interposée, Piccirilli demanda des armes à Sharon Simon. Le lendemain, à la demande des enquêteurs, des agents de la Sûreté du Québec interceptaient une Volkswagen Touareg sur l'autoroute 640, pas très loin d'Oka. La « reine de Kanesetake » était assise dans le véhicule avec un homme. Elle allait livrer un fusil-mitrailleur AK-47 à Laval. C'était le même type d'arme que les

Warriors mohawk avaient utilisée pendant la crise d'Oka, en 1990. Les patrouilleurs découvrirent également une mallette noire dans laquelle se trouvait un pistolet de calibre .380, un chargeur et des munitions. Ils saisirent les armes et laissèrent filer Simon et son compagnon pour ne pas nuire aux enquêtes en cours.

La police ignore comment se régla le conflit entre Piccirilli et les dirigeants du clan Rizzuto. Ces derniers furent arrêtés et emprisonnés le 22 novembre 2006. Piccirilli, la reine de Kanesetake et plusieurs complices furent eux-mêmes arrêtés quelques mois plus tôt, et accusés de gangstérisme, de trafic de drogue et de blanchiment d'argent. Piccirilli fut libéré des accusations par un juge de la Cour du Québec, mais le ministère fédéral de la Justice porta la cause en appel.

* * *

Le 11 août 2008, à 6 h 30 du matin, un inconnu essaya d'abattre l'homme d'affaires Antonio Magi, qui avait réussi à s'enfuir après avoir été kidnappé, trois ans plus tôt. «Tony» Magi, 49 ans, venait de stopper sa Range Rover au feu rouge, à l'angle du boulevard Cavendish et de l'avenue Monkland, dans le quartier Notre-Dame-de-Grâce. Le tueur tira une volée de balles en sa direction et s'enfuit à pied. Grièvement blessé, Magi lâcha la pédale de frein et son VUS roula lentement dans le boulevard Cavendish, heurta quelques voitures garées en bordure du trottoir et termina sa course contre des arbres. Il plongea dans le coma et fut transporté à l'hôpital. Il y resta six mois, ce qui lui donna amplement le temps de méditer sur les causes et les commanditaires de l'attentat.

Les policiers s'interrogeaient eux aussi. Ils notèrent que Magi avait été protégé pendant des années par le clan Rizzuto. Cette toile de protection s'était effilochée depuis l'arrestation de Vito et son extradition aux États-Unis, fit remarquer un enquêteur. «C'est la débandade», dit-il.

Magi était en affaires avec Nicolò Rizzuto, le fils de Vito. Ils avaient acheté un terrain ensemble, dans l'ouest de Montréal, et projetaient d'y ériger un complexe domiciliaire. Les deux partenaires se voyaient souvent dans les locaux de l'entreprise des frères Magi, FTM Construction, rue Upper Lachine, dans Notre-Dame-de-Grâce.

Magi était un homme en vue à Montréal. Sa femme était propriétaire d'une garderie privée, qui recevait des subventions du gouvernement québécois. En 1999, il s'était associé à une autre connaissance de Vito, le promoteur Terry Pomerantz, pour transformer un entrepôt frigorifique en immeuble résidentiel, au n° 1, avenue du Port, dans le

Vieux-Montréal. Il avait annoncé le projet en grandes pompes au cours d'une conférence de presse organisée sur un bateau de croisière amarré dans le bassin situé entre l'entrepôt et la tour de l'horloge du port. Agissant alors comme porte-parole de son ancienne société, Harbour-team Corp., Magi avait pris la pose devant les photographes, le vieil édifice en arrière-plan. Les problèmes s'accumulèrent, ses partenaires le désertèrent et les acheteurs qui avaient déposé de grosses sommes se demandèrent quand ils pourraient intégrer les appartements promis. Le projet fut repris par une autre société.

Tony Magi et son frère Alberino avaient aussi des intérêts importants dans un nouvel édifice en hauteur en plein centre-ville, à l'angle de la rue de la Montagne et du boulevard de Maisonneuve. Leurs dettes s'empilèrent. En 2005, Tony Magi se plaça sous la protection de la Loi sur les faillites, en raison des dettes dues par Harbourteam et son autre société, Gescor. Il n'était pas le seul membre de sa famille à avoir des relations douteuses. En 2008, Alberino et d'autres hommes d'affaires montréalais furent accusés par les autorités américaines d'avoir participé à une opération de télémarketing frauduleuse visant à détrousser les personnes âgées, notamment en Californie.

Un mandat de perquisition rédigé par la police, et déposé au palais de justice de Montréal, affirmait que Tony Magi « avait des relations étroites avec la mafia italienne de Montréal », ce que le principal intéressé a toujours nié. Le promoteur connaissait aussi des membres de gangs de rue. Lorsqu'il sortit de l'hôpital, il embaucha des gardes du corps pour assurer sa sécurité.

*   *   *

Le 4 décembre 2008, Mario Marabella était enlevé par trois ou quatre hommes alors qu'il allait faire le plein d'essence dans une station-service de Laval. Le soir même, sa voiture était retrouvée incendiée dans l'est de Montréal. Déjà condamné pour prêt usuraire, il trempait dans plusieurs activités illicites, dont le trafic de marijuana. Selon les policiers, son enlèvement était dû à une dette importante et au fait qu'il tentait de prendre un peu trop de place dans le milieu.

Marabella travaillait sous les ordres d'Agostino Cuntrera, un des membres les plus importants du clan sicilien. Moreno Gallo étant en prison et menacé de renvoi en Italie, Cuntrera était à son tour pressenti pour remplacer les Rizzuto à la tête de la mafia montréalaise. Dans ce contexte, le kidnapping de Marabella, son homme de main, prenait encore plus d'importance.

Le clan allait subir bien d'autres coups.

Le 16 janvier 2009, au début de l'après-midi, Sam Fasulo, 37 ans, conduisait sa Jeep Cherokee rouge vif et s'arrêtait à un feu de circulation, à l'angle des boulevards Henri-Bourassa et Langelier, dans l'arrondissement de Montréal-Nord. Un véhicule de couleur pâle se rangea à ses côtés. Un des deux occupants le cribla de balles, l'atteignant à la tête et au corps. Une balle transperça la liasse de billets de banque située dans la poche de son veston. Fasulo trouva quand même la force d'utiliser son téléphone cellulaire. À l'arrivée des policiers, il était affalé sur son volant. Les ambulanciers le transportèrent à l'hôpital. Il succomba à ses blessures deux jours plus tard.

Fasulo était bien connu de la police. Il avait des relations étroites avec Francesco Arcadi, le lieutenant de Vito Rizzuto, alors en prison comme le parrain. En 2002, au cours d'une conversation sur écoute, Arcadi lui avait ordonné de résoudre un problème. Un trafiquant de drogue lié à la mafia avait été molesté dans un bar de la rue Fleury, à Montréal. Arcadi demandait à Fasulo d'aller tout de suite au bar. Il lui recommandait de ne pas frapper l'agresseur, mais de simplement lui donner un avertissement : « Tu lui dis : "Ne touche pas à ce gars-là, sinon je vais te trancher la gorge comme une chèvre". » D'autres enregistrements laissaient croire que Fasulo avait réglé le problème en moins d'une heure, mais il avait battu l'agresseur.

Le meurtre de Fasulo était significatif à plus d'un égard. Ce n'est pas seulement l'homme de main d'un dirigeant du clan Rizzuto qui avait été assassiné, mais aussi un trafiquant de drogue qui contrôlait plusieurs cafés italiens du nord-est de Montréal, notamment dans le quartier de Saint-Michel.

Sam Fasulo avait été arrêté en 2003 avec 17 autres personnes et accusé d'avoir dirigé un réseau qui vendait jusqu'à 100 000 $ par semaine d'héroïne et de crack. Le réseau opérait dans des cafés aux noms mafieux comme « Scarface » et « Goodfella's ». Les résidents des environs se plaignaient que la vente de drogue générait une foule de problèmes, bagarres, prostitution, usage de seringues, etc. Après avoir enquêté pendant un an, les policiers de Montréal avaient demandé le soutien de la GRC et de la Sûreté du Québec. Quelque 185 agents avaient arrêté les membres du réseau et effectué de nombreuses perquisitions. Ils avaient saisi du haschisch, de la marijuana, du crack, de l'héroïne, des comprimés de Viagra, des voitures de luxe, des mitraillettes, des revolvers, un silencieux, des bâtons de dynamite et tout l'équipement nécessaire pour faire sauter des bombes. Sales et mal entretenus, plusieurs cafés servaient simplement de façades pour vendre de la drogue. «Au cours des perquisitions, nous devions vraiment chercher beaucoup avant de trouver des machines à café», avait souligné un policier qui avait participé à l'enquête, surnommée «opération Espresso». En revanche, ils découvrirent des équipements de vidéosurveillance sophistiqués. Il y en avait pour plus de 100 000 $.

Fasulo avait été condamné à quatre ans de prison, mais il avait obtenu sa libération conditionnelle dès 2005. Sitôt relaxé, il avait discrètement repris ses anciennes activités. Son meurtre précédait des assassinats encore plus importants. Coïncidence ou pas, il marquait aussi le début d'une série d'attaques en règle contre les cafés italiens.

Des cocktails Molotov furent lancés dans une vingtaine de cafés du nord-est de Montréal en 2009 et au début de 2010. D'une fois à l'autre, les attaques suivaient le même *modus operandi*. Sauf exception, les incendiaires opéraient de nuit ou à l'aube, lorsqu'il n'y avait personne dans les établissements. Ils fracassaient la vitrine d'un café, enflammaient le torchon dépassant d'une bouteille remplie d'essence et jetaient leur projectile sur le plancher. Le feu pouvait causer des dommages importants, mais souvent il s'éteignait de lui-même ou était rapidement circonscrit par les pompiers. On ne déplora aucun mort.

Les policiers firent une première arrestation. Il s'agissait d'un jeune homme de 19 ans, Mickendy Démosthène, associé aux gangs de rue. Puis ils arrêtèrent d'autres membres de gangs de rue. Les enquêteurs émirent diverses hypothèses pour expliquer ces attentats.

Depuis l'arrestation des dirigeants du clan Rizzuto, les gangs de rue avaient peut-être l'impression qu'ils pouvaient affronter directement les Siciliens dans le nord-est de la ville. Mais il était beaucoup plus probable qu'ils étaient utilisés par des clans italiens rivaux. C'est en tout cas l'hypothèse que souleva Jacques Robinette, directeur adjoint de la police de Montréal et responsable des enquêtes spécialisées. Selon lui, il était vraisemblable que les jeunes criminels aient été embauchés par des clans calabrais de l'Ontario qui voulaient profiter de l'affaiblissement du clan sicilien et prendre pied à Montréal.

Ce scénario correspondait à l'enquête sur Sergio Piccirilli, qui avait rencontré son parrain calabrais à Toronto et les deux fils de Paolo Violi à Hamilton, en février 2005, avant de partir à l'assaut du clan Rizzuto.

* * *

Le 21 août 2009, Federico Del Peschio, un collaborateur de longue date des Rizzuto, était abattu derrière le restaurant La Cantina, boulevard Saint-Laurent, près de la rue Legendre, dans le quartier Ahuntsic.

L'homme de 59 ans, qui habitait Laval, venait de verrouiller la portière de sa Mercedes argentée, dans le stationnement, et se dirigeait vers le restaurant, dont il était copropriétaire. Une nouvelle journée commençait. Manifestement bien informé de ses habitudes, un tueur s'était embusqué en attendant son arrivée. Tout de suite après les coups de feu mortels, un témoin vit un homme de race noire courir dans la ruelle et rejoindre un complice dans une camionnette garée non loin de là. Le conducteur démarra tout de suite, sans que personne n'ait pu noter le numéro de la plaque d'immatriculation. « Quand je me suis rapproché de la victime, je l'ai vue dans son sang, raconta le témoin. Les employés du restaurant étaient hystériques. Ils tournaient en rond, complètement hystériques. » Les enquêteurs trouvèrent une arme à feu et des douilles dans le stationnement. Ils soupçonnaient fortement que le tueur était un membre d'un gang de rue.

Ni la cuisine ni le décor de La Cantina n'impressionnaient les critiques gastronomiques. « L'extérieur est sans cachet et l'intérieur fait songer à un sous-sol de Saint-Léonard, mélange pompeux de trophées et de symboles clinquants comme ce tonneau au centre de la salle, surmonté d'une presse à raisins », écrivait la première. En hors-d'œuvre, on lui avait servi des bruschetta, ces traditionnelles tartines frottées d'ail, arrosées d'huile d'olive et garnies de petits morceaux de tomates, mais elles étaient « faites de pain infect ». La deuxième journaliste constatait elle aussi que l'environnement n'avait « rien de séduisant ». « Les pâtes étaient décevantes, noyées dans une huile qui n'avait aucun goût, sans aucun parfum d'ail », notait-elle.

Lors d'un procès, en 2002, le restaurant avait été décrit comme un lieu de rencontre pour les trafiquants de drogue. L'un des accusés, Me Jose Guede, s'était vu interdire de le fréquenter (l'avocat fut libéré des accusations et la cause confirmée en appel). Il risquait en effet d'y rencontrer Vito Rizzuto et d'autres caïds. Vito était l'un des habitués de l'établissement. C'est là que, un soir de l'hiver 2003, Del Peschio l'avait présenté au chroniqueur sportif de *La Presse*, Réjean Tremblay : Vito était irrité que des journalistes enquêtent sur ses relations avec la société OMG Media, spécialisée dans l'installation de poubelles publicitaires à Montréal et ailleurs.

En 1979, Del Peschio avait été condamné pour trafic de haschisch avec un dénommé Sidney Lallouz, un trafiquant de drogue qui se fit notamment connaître pour ses transactions de terrains avec la Société de développement industriel de Montréal, une société relevant de l'administration municipale.

Quelques années plus tard, Del Peschio se faisait arrêter à Caracas, au Venezuela, avec le père de Vito, Nicolò Rizzuto, et deux autres complices, après que la police eut découvert de la cocaïne. Il fut gardé en prison pendant quelques mois avec le vieux caïd sicilien. Ses deux autres compagnons de cellule étaient Antonino Mongiovì, gendre de Paolo Cuntrera, et Gennaro Scaletta. Peu avant l'assassinat derrière La Cantina, Scaletta, devenu délateur, avait témoigné dans un procès, en Italie, dans le cadre de l'enquête Orso Bruno sur les opérations de blanchiment d'argent impliquant des membres de la famille Rizzuto.

Del Peschio était devenu copropriétaire de La Cantina après son retour du Venezuela. Mais il ne se contentait pas de recevoir les clients à son restaurant. Dans son entourage, on chuchotait qu'il participait discrètement à diverses activités illégales, notamment le prêt usuraire et le trafic de haschisch. Certains disaient qu'il avait été tué pour s'être mêlé d'une querelle à propos d'une dette. D'autres croyaient qu'il avait été appelé à la rescousse par le clan Rizzuto après l'opération Colisée. Malgré l'avis contraire de sa famille et de ses amis, il aurait accepté d'agir comme « candidat de compromis » en attendant la libération des dirigeants du clan.

Il n'y avait pas de doute que des rivaux voulaient creuser le vide autour de la vieille famille sicilienne et de ses associés. Par un cruel retournement de situation, Del Peschio avait été abattu juste à côté du lieu du meurtre de Pietro Sciara, survenu 32 ans plus tôt. L'assassinat de Sciara, *consigliere* de Vic Cotroni et de Paolo Violi, avait marqué le début de la fin du règne du clan calabrais et le début du règne du clan Rizzuto. Sciara avait été tué en sortant du cinéma Riviera, devenu depuis le Solid Gold, un bar fréquenté par les membres du crime organisé et dont le gérant était Moreno Gallo.

Del Peschio fut exposé au complexe funéraire Loreto, appartenant aux familles Rizzuto et Renda. Quelque 300 personnes assistèrent aux funérailles, à l'église Notre-Dame-de-la-Défense, le même lieu de culte où s'étaient tenues les obsèques de Paolo Violi, en 1978.

D'énormes bouquets de fleurs étaient accrochés à l'arrière des limousines qui se garèrent devant l'église, située au cœur de la Petite-Italie. L'un d'entre eux portait le nom du caïd Tony Mucci, lui-même la cible d'une tentative de meurtre un an et demi plus tôt ; l'autre était signé par Lorenzo LoPresti, 38 ans, fils de Joe LoPresti, assassiné au début des années 1980. Plusieurs visages connus de la mafia restèrent un bon moment sur le parvis après la sortie du cercueil. Libertina Rizzuto, la mère de Vito, pleurait dans les bras d'un homme : elle aimait beaucoup Del Peschio. Sa fille, Maria Renda, également très ébranlée, se tenait à ses côtés.

La grande silhouette de Nicolò Rizzuto, le fils aîné de Vito, se détachait de la foule. Les curieux ne pouvaient s'empêcher de remarquer à quel point il ressemblait à son père, avec ses cheveux soigneusement peignés vers l'arrière, son regard ténébreux et sa forte stature. Il était entouré par sa mère Giovanna, son frère Leonardo et sa sœur Bettina, tous les deux avocats.

Cinq mois plus tard, il tombait à son tour sous les balles d'un tueur.

Rizzuto, 42 ans, fut atteint de plusieurs balles peu après midi, le 28 décembre, chemin Upper Lachine dans le quartier Notre-Dame-de-Grâce. Les résidents des environs affirmèrent avoir entendu au moins six coups de feu. «C'était comme si quelqu'un allumait de petits pétards», relata un voisin. Des témoins déclarèrent avoir vu un homme noir portant un manteau sombre et des blue-jeans, la tête couverte d'un capuchon, qui courait le long de la rue après les coups de feu, et qui disparut dans l'avenue Melrose.

Lorsque les secouristes arrivèrent sur les lieux, il y avait déjà foule. Les assassinats en plein jour, dans un endroit relativement achalandé, ne se produisent pas tous les jours à Montréal. Le fils de Vito gisait dans le stationnement d'un immeuble résidentiel, à côté de sa Mercedes, un coupé sport noir. Les pompiers et les ambulanciers essayèrent de le ranimer, mais en vain. Les policiers érigèrent rapidement un périmètre de sécurité. Des enquêteurs grimpèrent à l'étage d'un immeuble tout proche, abritant les bureaux de la société Construction FTM, du promoteur Tony Magi. Rizzuto, qui avait été son partenaire d'affaires dans des projets immobiliers à Lachine et à LaSalle, s'était souvent rendu dans ces bureaux au cours des trois années précédentes. Quatre mois plus tôt, en septembre, il s'y trouvait en compagnie de Magi lorsque des policiers qui enquêtaient sur des tentatives de meurtre étaient venus interroger le promoteur.

Les policiers étaient revenus en novembre, cette fois pour effectuer une perquisition. Ils enquêtaient sur des voies de fait et des tentatives d'extorsion impliquant des membres d'un gang de rue. Une semaine plus tard, ils arrêtaient Lamartine Sévère Paul, membre d'un gang d'allégeance bleue et cousin de Ducarme Joseph. Selon la police, Tony Magi «prêtait de l'argent à une vaste clientèle» et embauchait Joseph pour faire pression sur les mauvais payeurs.

Cela dit, Magi n'avait pas de casier criminel, pas plus que Nicolò Rizzuto, hormis trois condamnations pour ivresse au volant. Toutefois, la police savait que Vito avait naturellement arrêté son choix sur son fils aîné pour prendre en partie sa relève, le cas échéant. De retour d'un voyage à Cuba, peu de temps avant d'être arrêté, il l'avait présenté à plusieurs de ses contacts dans le milieu criminel et à des hommes d'affaires qui gravitaient autour du clan. Nicolò s'était surtout occupé de blanchir l'argent de la famille. Il avait cru avoir le pouvoir nécessaire pour mettre un frein à la vague d'attentats au cocktail Molotov dans les cafés italiens. Selon la police, il avait eu au moins une rencontre «face à face» avec des membres de gangs de rue. «Les Noirs ne rient plus», avait-il déclaré une semaine avant de se faire abattre.

Ses tentatives de régler les conflits avaient été accueillies avec des haussements d'épaules, sinon avec mépris. Nicolò junior ressemblait peut-être à son père sur un plan physique, mais là s'arrêtait la comparaison. Il n'avait en rien hérité de son charisme, il n'avait pas son expérience et il n'imposait aucun respect dans le milieu. Il ne semblait pas comprendre que les membres de gangs de rue étaient vraisemblablement manipulés par une faction de la mafia italienne désireuse de renverser le clan Rizzuto. Une faction fort probablement associée au clan calabrais de l'Ontario, mais comptant aussi dans ses rangs de jeunes caïds siciliens en rupture de ban avec la vieille génération du grand-père Nicol Rizzuto, de Paolo Renda et de Rocco Sollecito. «Les Calabrais ont recommencé à taxer à la base, en commençant par les bars tenus par les Siciliens, et ils se servent des gangs de rue», confia un enquêteur.

Le soir du 28 décembre, quelques heures après le meurtre, le clan Rizzuto se réunit d'urgence chez le vieux Nick, qui avait été libéré de la prison de Bordeaux l'année précédente. La famille était atterrée. Joint au téléphone au pénitencier de Florence, au Colorado, Vito parut effondré. Il pensait pouvoir convaincre la direction de la prison de lui accorder la permission d'assister aux funérailles de son fils, mais ses proches l'en dissuadèrent. Déjà accablés de douleur, sa femme Giovanna et ses deux enfants ne voulaient pas que la présence de Vito vienne médiatiser encore plus les obsèques. Ils le voyaient mal faire un saut à Montréal et se présenter à l'église sous forte escorte, les menottes aux poignets.

Le cercueil doré de Nicolo fut transporté dans l'église Notre-Dame-de-la-Défense, comme l'avait été celui de Federico Del Peschio, cinq mois plus tôt. Le vieux Nick accompagna le défunt, escorté par sa femme, Libertina, de sa belle-fille, Giovanna, et de tous les membres de la famille. La veuve du disparu, Leonora Ragusa Rizzuto, fit asseoir ses deux enfants près d'elle. Le petit garçon s'appelait Vito, comme son grand-père et le père du vieux Nick, mort assassiné dans une carrière de l'État de New York en 1933. «Pardonnez-nous nos péchés et conduisez-nous au salut éternel», déclara le père Jacques du Plouy, s'adressant en italien à la foule des fidèles. «Nicolo s'est fait promettre la joie éternelle lors de son baptême... Maintenant, il est entre bonnes mains avec Dieu.»

Après la cérémonie, huit porteurs soulevèrent le cercueil et le déposèrent dans le corbillard. Le cortège de 10 limousines s'ébranla en direction d'un cimetière de l'est de Montréal. Des photographes de presse avaient pris place sur des balcons, de l'autre côté de la rue, pour avoir une bonne vue de la scène. Des policiers en civil dirigèrent leurs objectifs vers le parvis ; plus tard, des analystes examineraient qui était là, mais aussi qui était absent. Quelques amis de la famille acceptèrent de parler aux journalistes. « C'est une façon épouvantable de finir sa vie. C'est un jour triste, très triste pour moi », dit Ricardo Padulo, propriétaire du restaurant Da Enrico, situé rue Saint-Zotique, dans le même quartier que l'église, et dont la femme avait fréquenté la même école secondaire que Nicolò. « Ils (les Rizzuto) aident les gens pauvres, les gens qui ont des problèmes avec leurs entreprises, ajouta le restaurateur. On peut critiquer, mais ils font beaucoup de bien. »

Le meurtre du fils de Vito était le coup le plus dur que n'avait jamais encaissé la famille. Les arrestations, l'extradition de Vito, l'incarcération de son père, l'assassinat de proches comme Federico Del Peschio semblaient des événements presque banals à côté du choc que provoqua ce drame. « L'assassinat d'un fils est la pire chose qui puisse arriver à un chef mafieux », souligna Pierre de Champlain, ancien analyste du Service de renseignements criminels à Ottawa. Selon des informations qui circulaient dans le milieu, le vieux Nick était prêt à donner deux millions de dollars aux ennemis de sa famille pour avoir la paix.

D'autres coups de feu résonnèrent en plein jour dans un quartier achalandé, le 18 mars 2010. Cette fois, ils visaient Ducarme Joseph, 41 ans. En début d'après-midi, deux tueurs encagoulés entrèrent dans sa boutique de vêtements, le FlawNego, rue Saint-Jacques dans le Vieux-Montréal, et tirèrent des dizaines de balles. Joseph réussit à s'échapper par la porte arrière, mais les autres personnes présentes eurent moins de chance. Peter Christopoulos, son garde du corps et associé dans le trafic de drogue, et Jean Gaston, le gérant de la boutique, furent tués. Frederic Louis, un autre garde du corps de Joseph, fut blessé. Alain Gagnon, un électricien qui faisait des travaux dans la boutique et qui n'avait rien à voir avec le crime organisé, reçut une balle en plein visage.

Joseph habitait un appartement du centre-ville, au-dessus d'un restaurant Eggspectations, à l'angle du boulevard de Maisonneuve et de la rue de la Montagne. L'immeuble avait été construit par Tony Magi et ses associés. Selon un mandat de perquisition, le promoteur avait offert l'appartement à Joseph en guise de paiement, lorsqu'il l'avait embauché pour faire pression sur des mauvais payeurs. Le lendemain de l'attentat, les policiers arrêtaient Joseph alors qu'il quittait les locaux de Construction FTM, de Tony Magi, près du lieu de l'assassinat de Nicolo Rizzuto.

Ces relations étroites entre Joseph et Magi, et le fait que Magi était identifié comme un proche de la mafia, laissaient croire que l'attentat au FlawNego n'était pas étranger aux conflits qui déchiraient le crime organisé italien, mais les motifs exacts restèrent nébuleux. Trois membres de gangs de rue rivaux furent arrêtés et accusés de meurtres et de tentatives de meurtre. Selon une rumeur persistante, la mafia montréalaise avait offert une prime de 200 000 $ pour tuer Ducarme Joseph.

Cinq mois après l'assassinat du fils de Vito, un second coup fut porté au cœur de la famille Rizzuto. Paolo Renda, le *consigliere* du clan, disparut, selon toutes les apparences victime d'un kidnapping. Il n'y avait pas si longtemps, de tels événements auraient été impensables. Personne n'aurait osé à s'en prendre directement à ce haut dirigeant du clan sicilien, numéro trois dans la hiérarchie après Vito et son père Nicolò. Renda, 70 ans, n'était pas seulement un associé des Rizzuto : il était uni à eux par le sang. Il était le cousin du vieux Nick. La mère de ce dernier était la sœur de son père, Calogero Renda, qui avait été l'un des boss de la mafia de Siciliana avant de déménager à Montréal. Paolo avait épousé l'unique sœur de Vito, qui portait depuis le nom de Maria Renda. De surcroît, il était le parrain du fils de Vito, Nicolo junior. En 1978, son père Calogero avait été soupçonné d'avoir planifié l'assassinat de Paolo Violi.

Le jeudi 20 mai s'annonçait comme une belle journée de printemps et Renda croyait pouvoir goûter encore à sa liberté retrouvée. Il se prépara une tasse de café – du café décaféiné en poudre, une habitude que son entourage considérait comme une hérésie chez un Italien de souche, qui cultivait par ailleurs ses vignes pour en tirer du vin. Puis il quitta sa maison de l'avenue Antoine-Berthelet pour aller jouer au golf. Arrêté en 2006 par les enquêteurs de l'opération Colisée et condamné à six ans de prison pour gangstérisme et possession des produits de la criminalité, il avait obtenu sa libération aux deux tiers de sa peine, en février. Le Service correctionnel s'inquiétait toutefois qu'il cherche à venger le meurtre de son filleul Nicolo, et la Commission nationale des libérations conditionnelles lui avait imposé des conditions strictes. Il devait présenter chaque mois un bilan de ses revenus et de ses dépenses et s'abstenir de fréquenter d'autres repris de justice. Il lui était interdit d'avoir avec lui un téléavertisseur, un téléphone cellulaire et, bien sûr, une arme. « Des événements malheureux sont survenus le 28 décembre

2009, avaient souligné les commissaires en le libérant. Votre filleul a été tué. Le Service correctionnel du Canada craint des représailles de la part du crime organisé italien. Un cadre plus strict est recommandé pour assurer la sécurité publique. »

Après avoir joué au golf, Paolo Renda se rendit au salon funéraire Loreto, qui appartenait à sa famille, afin de rendre hommage à un ami décédé. Il quitta ensuite Rivière-des-Prairies et fit un arrêt dans une boucherie de Saint-Léonard. Il acheta quatre steaks, en vue d'un souper qu'il devait partager avec sa femme Maria, sa fille Domenica et son gendre, Antonio Cammisano. Il avait promis d'être à la maison pour 16 h. Son fils Calogero, 43 ans, connaissait bien les habitudes de son père et s'inquiéta de savoir qu'il n'était pas revenu à l'heure prévue.

Maria Renda espérait que son mari avait simplement été arrêté pour un quelconque manquement à ses conditions de libération. Elle téléphona au Service correctionnel. Un agent du service contacta la police de Montréal.

Calogero repéra rapidement la voiture de son père, une Infiniti gris pâle. Elle était garée à peu de distance de la résidence familiale, devant l'entrée d'une maison du boulevard Gouin, près de l'avenue Albert-Prévost. La vitre du conducteur était baissée et la clé était enfoncée dans le contact. Or, Renda conduisait toujours les vitres fermées, l'air conditionné en marche. Ces détails retinrent l'attention des enquêteurs, lorsqu'ils tentèrent par la suite de reconstituer la scène. Selon toute vraisemblance, un ou des individus avaient interpellé Renda pendant qu'il était au volant. Le fait qu'il ait rangé sa voiture en bordure de la route et baissé sa vitre laissait croire qu'il les connaissait. En tout cas, il ne se méfiait pas. Mais le fait qu'il ait laissé la clé dans le contact faisait penser qu'il avait quitté la voiture de façon précipitée, probablement sous la menace d'une arme.

La résidente de la maison devant laquelle était garée la voiture raconta qu'un homme était venu frapper à sa porte vers 18 h. Il s'agissait vraisemblablement de Calogero. « Un homme a cogné à la porte et m'a demandé si j'avais vu le conducteur de la voiture, confia-t-elle à Hugo Meunier, journaliste à *La Presse*. Je lui ai dit non et il est reparti en panique. »

Des policiers se rendirent au domicile des Renda pour compléter le rapport de disparition. À leur arrivée, la maison était pleine. Outre Maria Renda, ils notèrent la présence de Calogero, de sa sœur Domenica, de son mari Antonio Cammisano, de Nicolò Rizzuto, alors âgé de 86 ans, et de sa femme Libertina, beaux-parents et voisins de Paolo Renda. Tous paraissaient atterrés. Assise à la table de la cuisine avec sa fille, Maria Renda donna les détails de la disparition aux policiers. Libertina Rizzuto se tenait en retrait. Les trois hommes, eux, restaient au salon. Quand ils voulaient se parler, ils se levaient et sortaient sur la terrasse, en prenant soin de faire glisser la porte-fenêtre derrière eux. Encore secoué par l'assassinat de son petit-fils, le vieux Nick plissait ses petits yeux noirs, l'air songeur. Calogero s'immisçait parfois dans la conversation avec les policiers. Nerveux, il tentait de les narguer, mais ses remarques tombaient à plat. Les agents refermèrent leurs calepins et laissèrent leur numéro de téléphone à Maria Renda. La police diffusa un avis de recherche, accompagné de la description du disparu : homme blanc, 70 ans, cheveux gris, yeux bruns, mesurant 5 pieds 8 pouces, pesant 170 livres, portant au moment de sa disparition un polo rayé et un pantalon bleu marin. Dans les semaines qui suivirent, ni Maria Renda ni aucun membre de la famille ne contactèrent la police pour s'enquérir de l'évolution de l'enquête.

Paolo Renda se doutait depuis longtemps que quelque chose pouvait lui arriver, et il s'était préparé en conséquence. Vers la fin de 2005, le trafiquant Sergio Piccirilli et les membres de la famille D'Amico, de Granby, avaient commencé à se montrer menaçants. Quelques semaines avant son arrestation du 22 novembre 2006, Renda avait fait installer des caméras sur sa maison pour en surveiller les abords. Comme les autres dirigeants du clan, il se faisait escorter par des gardes du corps. Le jour de son arrestation, les policiers avaient fouillé sa maison pendant plus de 12 heures et avaient découvert un vieux pistolet de calibre .32, chargé, dans le compartiment secret d'un meuble. Ils avaient aussi saisi deux fusils, entreposés de façon illégale.

Le lendemain de la disparition de son gendre et cousin, Nicolò Rizzuto devait comparaître à la Cour municipale de Montréal pour répondre à des accusations de conduite avec facultés affaiblies. Le procès fut une fois de plus reporté. Le procureur de la Couronne, Jean-Christofe Ardeneus, informa le juge Robert Diamond que la comparution pouvait représenter un risque pour l'accusé, compte tenu de ce qui s'était produit la veille. « Un sergent-détective m'a informé que cela pourrait causer un problème de sécurité », déclara le procureur.

Le juge était réticent à accorder un nouveau délai. Il nota que le délit s'était produit il y avait déjà quatre ans. Le 31 décembre 2005, Rizzuto avait heurté avec sa Mercedes un camion de pompiers qui répondait à un appel d'urgence. Les policiers arrivés sur les lieux de l'accident avaient noté qu'il paraissait confus et qu'il peinait à se tenir sur ses jambes. L'avocat de Nicolò, Loris Cavaliere, dit au juge Diamond que la nouvelle de la disparition de Paolo Renda angoissait son client qui, selon lui, était affligé d'une maladie respiratoire.

« C'est arrivé hier et sa santé est déjà fragile », dit Cavaliere. Lorsqu'il sortit du tribunal, l'avocat dit aux journalistes qu'il était à court de mots pour commenter la disparition de Renda. Un mois auparavant, il avait représenté ce dernier devant la Régie du bâtiment, qui envisageait de retirer le permis de son entreprise, Construction Renda, en raison de sa condamnation pour gangstérisme. Renda avait écrit une lettre à la régie, signalant qu'il préférait annuler sa demande de renouvellement de permis, plutôt que de se le voir retiré.

Cavaliere se dit consterné par les circonstances « bizarres » entourant la disparition. « C'est la chose la plus difficile à comprendre, souligna l'avocat. Renda est un homme bon et tranquille. Il suivait les conditions de sa libération à la lettre. »

Les enquêteurs se perdaient en conjectures. Les rumeurs les plus fantaisistes circulaient, aussi bien dans le milieu interlope que dans la communauté italienne. Certains disaient que Renda avait été enlevé sous les ordres de hauts dirigeants de la mafia en Sicile, qui voulaient obliger le clan Rizzuto à leur remettre la fortune qu'il avait accumulée pendant des années. D'autres disaient que l'ordre était plutôt venu des États-Unis. D'autres, enfin, affirmaient que Renda n'avait pas été enlevé, mais qu'il s'était volontairement éclipsé et que, depuis, il se cachait au Venezuela… L'hypothèse la plus sérieuse restait celle qui avait été avancée lors des assassinats précédents : un clan rival était déterminé à déloger le clan Rizzuto et à régner sur Montréal à sa place. Il n'y avait pas de « guerre » à proprement parler, pour la bonne raison que les Rizzuto, probablement trop affaiblis, ne ripostaient pas aux attaques. Comme le dit l'adage, il faut être deux pour danser, et dans ce cas, l'un des danseurs, tétanisé, restait assis sur sa chaise à recevoir coup sur coup en plein visage. Il y avait 30 ans, les Rizzuto avaient fait exécuter les frères Violi les uns après les autres pour leur arracher le pouvoir. Maintenant, ils goûtaient à leur propre médecine.

Leurs ennemis lancèrent un autre message écrit en lettres de sang : le 29 juin, Agostino Cuntrera, 66 ans, l'un des Siciliens condamnés pour complot dans le meurtre de Paolo Violi, l'un des principaux représentants du vaste clan Cuntrera-Caruana-Rizzuto à Montréal et l'un des successeurs pressentis de Vito, était à son tour assassiné en plein jour. Les tueurs éliminèrent aussi son garde du corps, Liborio Sciascia, 40 ans.

Les deux hommes se trouvaient devant l'entreprise de distribution d'aliments de Cuntrera, John & Dino, rue Magloire, dans le parc industriel de Saint-Léonard. Cuntrera était assis à une table de pique-nique réservée aux pauses-cigarette des employés, tout près de son véhicule blindé. Même s'il se doutait que des tueurs attendaient le moment propice pour l'abattre, le vieux caïd n'avait rien changé à sa routine quotidienne. Il allait à son entreprise chaque jour. Vers 16 h, une Chevrolet Impala noire tourna dans la rue. Un cagoulard en sortit et ouvrit le feu avec un fusil de chasse. Une balle atteignit Cuntrera à la tête et le tua instantanément. L'impact le jeta sur le sol. Sciascia, qui se tenait debout à côté de son patron, fut touché au thorax et à l'abdomen. Il mourut peu après, à l'hôpital Santa-Cabrini. La Chevrolet disparut aussi vite qu'elle était apparue. Une voiture presque identique fut interceptée par les policiers. Ses occupants furent interrogés, mais ils n'avaient rien à voir avec l'événement et ils furent vite relâchés.

Les deux meurtres créèrent tout un émoi à Saint-Léonard. Des dizaines d'employés sortirent des ateliers et des entrepôts du parc industriel et affluèrent sur les lieux du crime, autour duquel les policiers avaient dressé un périmètre de sécurité. Le cadavre de Cuntrera resta longtemps sur le sol pour permettre aux enquêteurs d'analyser la scène, mais un de ses pieds dépassait. « Mon patron m'a appelée et m'a dit d'écouter les nouvelles. Il m'a dit : "C'est lui ! C'est Cuntrera !" », soupira une femme. « Il était bien connu dans la communauté », ajouta un curieux. Des hommes se rassemblèrent. Accoudés sur le capot des voitures, ils parlaient à voix basse, jetant des regards méfiants aux journalistes. L'un d'eux s'approcha des photographes : « Vous pouvez prendre toutes les photos que vous voulez, leur dit-il. Mais assurez-vous qu'aucun de nous n'apparaisse dans vos photos. » Pendant la soirée, des limousines, des Jaguar, des Mercedes et d'autres voitures de luxe passèrent et repassèrent devant les Distributions John & Dino.

Au début des années 1990, Cuntrera avait donné d'incontestables signes de dépression. Craignant qu'il ne se suicide, sa femme avait demandé au tribunal d'ordonner le retrait des armes entreposées dans la maison du couple.

Après la condamnation de Nicolò Rizzuto et de sa garde rapprochée, à l'automne 2008, Cuntrera avait accepté, sans enthousiasme, de venir à la rescousse des dirigeants du clan, en mal d'autorité. Soumis à une période de probation de trois ans, le vieux Nick refusait de donner suite aux requêtes qu'on continuait de lui soumettre. Quand un truand ou un homme d'affaires lui demandaient de l'aide, il répondait qu'il ne pouvait rien faire et suggérait qu'ils s'adressent plutôt à Cuntrera.

Surnommé « le seigneur de Saint-Léonard », Cuntrera avait lancé le message que tous ceux qui devaient de l'argent au clan devaient payer leurs dettes. Le mot d'ordre avait entraîné une succession de conflits et de représailles, de kidnappings et de tentatives de meurtre. Cette consigne avait provoqué beaucoup de grogne envers les chefs mafieux siciliens, qui n'avaient plus le respect des jeunes mafiosi. Aux États-Unis, bien des familles de la Cosa Nostra américaine étaient dorénavant dirigées par des membres de la quatrième génération, mais au Québec, les vieux caïds s'accrochaient à leur pouvoir.

Après les funérailles de Nicolo Rizzuto junior, Cuntrera avait quitté l'église dans la voiture blindée de Tony Mucci, très conscient des menaces qui pesaient sur lui. Quelques mois plus tard, il se procurait son propre véhicule blindé. Les policiers l'avaient rencontré peu de temps avant son assassinat et l'avaient avisé qu'il risquait de se faire descendre. Il leur avait confirmé à mots couverts qu'il assurait «un peu» l'intérim, mais il avait ajouté que, compte tenu de son âge, cette responsabilité ne lui plaisait guère. Néanmoins, il avait pris bonne note de l'avertissement.

Liborio Sciascia, qui avait déjà fait de la prison aux États-Unis pour trafic de cocaïne, avait accepté de lui servir de garde du corps. Les membres de sa famille, inquiets pour sa sécurité, avaient tenté de l'en dissuader, mais la paye était bonne: 1500 $ par semaine. Du même coup, il soulignait sa loyauté envers Cuntrera, qui l'avait aidé après sa sortie de prison. Sa dépouille fut exposée au salon funéraire Loreto. La famille Cuntrera paya tous les frais.

Agostino Cuntrera fut lui aussi exposé au Loreto. Des hommes firent le guet à l'extérieur. Le vieux Nicolò Rizzuto s'y rendit par une porte dérobée. La photo du défunt, ornée d'un chapelet, était placée sur le cercueil fermé. On pouvait lire au-dessus le mot «nonno», grand-père en italien. La pièce était remplie de fleurs blanches. La dépouille fut ensuite placée dans un fourgon mortuaire, qui se dirigea vers l'église Notre-Dame-du-Mont-Carmel, à Saint-Léonard, suivie par trois limousines portant des gerbes de fleurs. Quelque 600 personnes, presque toutes vêtues de noir, s'engouffrèrent dans l'église. Parmi elles, Leonardo Rizzuto, le second fils de Vito. Lorsque les cloches se mirent à sonner, le cercueil fut transporté dans la nef. À son passage, les gardes du corps postés devant le portail firent le signe de croix.

C'était, semble-t-il, le seul geste que pouvaient faire les membres et les associés du clan sicilien, eux qui avaient dominé pendant des années le paysage du crime organisé à Montréal, au Québec et dans une bonne partie du Canada. Une page d'histoire était tournée. Parmi la foule se trouvait peut-être le prochain parrain de la mafia montréalaise, mais il était plus probable que ce dernier, si jamais il avait déjà été choisi, se terrait dans l'ombre, loin de là, prêt à monter sur le trône au moment opportun. Il était également probable que, à 3000 kilomètres de là, le parrain en titre, Vito Rizzuto, préparait sa sortie de prison et son retour à Montréal.

CHRONOLOGIE

16 octobre 1828 : Le procureur chef de la province d'Agrigente, en Sicile, dépose au ministère de la Justice un rapport décrivant les activités illicites d'une centaine de criminels. Une sorte d'ancêtre de la mafia sicilienne puisqu'ils avaient tous des liens entre eux.

20 octobre 1925 : Le dictateur fasciste Benito Mussolini nomme Cesari Mori préfet de Palerme, en vue de se débarrasser de la mafia.

1945 : Nicolò Rizzuto se joint ni plus ni moins à la mafia en épousant Libertina Manno, fille du chef mafieux de Cattolica Eraclea, en Sicile.

21 février 1946 : Naissance de Vito Rizzuto dans le village de Cattolica Eraclea.

19 décembre 1953 : Leonardo Caruana et Pasquale Cuntrera sont accusés d'un double meurtre et de vols de bétail, à Trapani, en Sicile. Ils sont libérés un mois plus tard, faute de preuves. À la même époque, Giuseppe Cuffaro, de Montallegro, en Sicile, et des membres de la famille Cuntrera, originaires de Siculiana, immigrent à Montréal.

21 février 1954 : Vito Rizzuto arrive au Canada le jour de son 8e anniversaire de naissance. Son père Nicolò a 29 ans, sa mère Libertina, 27, tandis que sa sœur Maria est une année plus jeune que lui.

1953 : Le clan Bonanno délègue Carmine Galante à Montréal, en vue de réorganiser la mafia montréalaise.

Octobre 1957 : La mafia sicilienne profite du «sommet de Palerme» pour se restructurer. À la manière de la Cosa Nostra américaine, elle créera des commissions provinciales et régionales. C'est le début des opérations de contrebande de drogue et de blanchiment d'argent à grande échelle.

Novembre 1957 : Le sommet d'Apalachin, dans l'État de New York, est interrompu par la police. En symbiose avec leurs homologues du Vieux Continent, les mafiosi nord-américains s'entendent sur les nouvelles «routes de la drogue». Même si aucun document officiel ne le confirme, certains avancent que Montréal était représentée par Giuseppe Cotroni et Luigi Greco.

1959 : Nicolò Rizzuto obtient sa citoyenneté canadienne.

30 juin 1963 : Sept carabiniers meurent dans l'explosion d'une bombe, à Ciacculli, en Sicile. Le gouvernement italien contre-attaque. Plusieurs mafiosi fuient à l'étranger, au Brésil et au Canada notamment.

1964 : Le beau-père de Nicolò Rizzuto, Antonino Manno, quitte la Sicile. Chef de clan, il a pu venir à Montréal grâce à un contact politique.

27 septembre 1966 : Vito Rizzuto devient citoyen canadien.

Décembre 1969 : Exilé au Brésil, l'influent parrain sicilien Tommaso Buscetta séjourne à Montréal.

1971 : Très unis entre eux, les Caruana/Cuntrera/Rizzuto mettent sur pied au Venezuela l'organisation qui a inondé l'Amérique du Nord et l'Europe d'héroïne, de cocaïne et de haschisch et blanchi des montagnes d'argent à travers le monde au cours des 30 années suivantes. Montréal est l'autre base principale. De nos jours, le groupe compte des dizaines de partenaires dans les deux Amériques, en Sicile, en Europe, au Canada et même en Afrique et au Moyen-Orient.

Mai 1972 : La tension monte entre les clans calabrais et siciliens. Soucieux de son autorité, Paolo Violi reproche à Nicolò Rizzuto de faire bande à part. La Sicile envoie le mafioso Giuseppe Settecasi à Montréal dans le but de dénouer le conflit.

1972 : Avec son beau-frère Paolo Renda, Vito Rizzuto est accusé d'avoir mis le feu dans un centre commercial de la rive sud de Montréal. Il écope de deux ans de prison.

1976 : Après deux ans, la Commission d'enquête sur le crime organisé (CECO) met fin à ses audiences sur le clan Cotroni. Vincenzo Cotroni et Paolo Violi sont identifiés comme les parrains de la mafia montréalaise. Le nom de Nicolò Rizzuto est à peine mentionné, encore moins celui de Vito.

21 janvier 1978 : Paolo Violi est abattu dans son bar de la rue Jean-Talon.

12 juillet 1979 : Carmine Galante est assassiné à New York.

16 novembre 1980 : Vito Rizzuto assiste à New York au mariage du puissant chef mafieux sicilien Giuseppe Bono.

5 mai 1981 : Jugés rebelles, trois capitaines du clan Bonanno, Alfonso Indelicato, Dominick Trinchera et Philip Giacone tombent dans un traquenard meurtrier au repaire de la bande, à Brooklyn.

4 février 1984 : Vito Rizzuto apparaît pour la première fois dans des enquêtes de la brigade des stupéfiants de la GRC.

10 décembre 1986 : Vito Rizzuto est acquitté d'une accusation d'avoir conduit un véhicule avec des facultés affaiblies, à Saint-Laurent.

18 décembre 1989 : Vito Rizzuto est acquitté dans une affaire d'importation de 32 tonnes de haschisch, à Sept-Îles.

8 novembre 1990 : Vito Rizzuto est libéré des accusations portées contre lui à Terre-Neuve, en rapport avec une autre histoire de contrebande de haschisch. On parle cette fois d'un chargement de 16 tonnes.

30 août 1994 : Fin de l'opération Compote : Vito Rizzuto échappe de justesse à la plus importante rafle jamais faite dans le milieu du narcotrafic au Canada. Il s'agit d'une enquête de quatre ans que la GRC a faite à partir d'un bureau de change du centre-ville de Montréal.

Septembre 1994 : Au lendemain de l'opération policière, la mère de Vito Rizzuto est arrêtée en Suisse où elle veut vider des comptes bancaires. Elle restera détenue six mois avant de rentrer à Montréal.

Juillet 1998 : Fin du projet Omertà : c'est au tour des frères Caruana, Alfonso, Gerlando et Pasquale, de tomber dans les filets de la police pour du trafic de cocaïne. Le nom de Nicolò Rizzuto est mentionné dans l'enquête, mais il ne sera pas importuné. Le délateur Oreste Pagano affirmera plus tard que Vito touchait une commission sur la cocaïne importée d'Amérique du Sud.

Août 2001 : Vito Rizzuto s'entend avec Revenu Canada concernant une réclamation d'impôts impayés de 31 millions de dollars. Les termes du règlement n'ont pas été rendus publics.

30 mai 2002 : Vito Rizzuto est de nouveau arrêté pour avoir conduit en état d'ébriété. Il conduisait une jeep de la compagnie OMG Media Inc., qui installe des poubelles publicitaires dans les rues de Montréal et Toronto.

24 septembre 2002 : Vito Rizzuto est de nouveau mentionné dans un complot d'importation de cocaïne, mais il n'est pas accusé.

20 janvier 2004 : À la demande des autorités américaines, Vito Rizzuto est arrêté pour sa participation à la purge interne du clan Bonanno, à New York, en 1981.

6 août 2004 : Bien que représenté par les meilleurs avocats, Vito Rizzuto reste en prison en attendant son extradition.

Juin 2004 : De retour au pays sous un faux nom, Ramon Fernandez est arrêté et condamné à 12 ans de pénitencier pour complot de meurtre et trafic de drogue. L'ancien Montréalais était le représentant de Vito Rizzuto à Toronto. Il avait été expulsé du Canada.

17 août 2006 : Après s'être battu jusqu'en Cour suprême du Canada, Vito Rizzuto est finalement extradé aux États-Unis.

22 novembre 2006 : Un autre grand coup frappe le clan Rizzuto. Nicolò Rizzuto, 82 ans, le père de Vito, et ses principaux associés sont arrêtés lors d'une opération antimafia sans précédent au Canada.

4 mai 2007: Vito Rizzuto avoue sa participation au triple meurtre commis pour le compte de la famille Bonanno, à New York, en 1981. En échange, il écope de 10 ans de pénitencier. En soustrayant ses trois ans de détention préventive, il lui reste 5 ans et demi à purger. Il purge sa peine au pénitencier fédéral de Florence, au Colorado.

28 décembre 2009: Nicolò Rizzuto, le fils de Vito, est assassiné dans le quartier Notre-Dame-de-Grâce.

20 mai 2010: Paolo Renda, le *consiglière* de la famille Rizzuto, disparaît, probablement kidnappé.

29 juin 2010: Agostino Cuntrera, un des membres les plus importants du clan sicilien de Montréal, est assassiné, ainsi que son garde du corps, Liborio Sciascia, dans le parc industriel de Saint-Léonard.

LEXIQUE

Associé : Individu qui travaille pour une famille mafieuse, mais qui n'en est pas membre.

Camorra : Nom de la mafia napolitaine.

Campieri : Gardes armés de riches propriétaires terriens en Sicile.

Capo : Chef d'une famille mafieuse ; aussi appelé parrain.

Capodecina ou *Caporegime :* Chef ou capitaine d'un groupe de soldats ; aussi appelé lieutenant.

Carabinieri : Gendarmes italiens.

Commission : Plus haute instance de décision de la Cosa Nostra américaine, qui chapeaute les Cinq familles mafieuses de New York et des familles d'autres villes des États-Unis.

Consigliere : Conseiller du chef de famille.

Cosa Nostra : Nom de la mafia en Sicile et aux États-Unis.

Cupola : Plus haute instance de décision de la mafia en Sicile.

Decina : équipe de dix soldats ou plus au sein d'une famille.

Mafia : Autre nom de la Cosa Nostra sicilienne, le mot s'est répandu pour désigner toute organisation criminelle italienne.

'Ndrangheta : Nom de la mafia calabraise.

Omertà : Loi du silence imposée par la mafia.

Pentiti : Repentis, ou délateurs, en Italie.

Picciotti : Soldats au sein d'une famille mafieuse.

Pizzo : Redevance payée à la mafia.

Sous-chef ou *underboss* : Numéro deux au sein d'une famille.

Vendetta : Vengeance ; le mot peut aussi désigner une guerre durable entre deux clans.

Zio : Oncle ; le mot est employé comme marque de respect à l'endroit des vieux mafiosi.

BIBLIOGRAPHIE

LIVRES ET MONOGRAPHIES

ARLACCHI, Pino. *Men of Dishonor, Inside the Sicilian Mafia: an account of Antonino Calderone*, William Morrow, New York, 1993.

BENJAMIN, Sandra. *Sicily: three thousand years of human history*, Steerforth Press, Hanover (New Hampshire), 2006.

BLICKMAN, Tom. *The Rothschilds of the mafia in Aruba*, Frank Cass Journal, 1997.

BLUMENTHAL, Ralph. *Last Days of the Sicilians; at war with the Mafia*, Times Books, Random House, New York, 1988.

BONANNO, Bill. *Bound by Honor; a mafioso's story*, St. Martin's Press, New York, 1999.

BONANNO, Joseph, avec LALLI, Sergio. *A Man of Honour; the autobiography of Joseph Bonanno*, Simon and Schuster, New York, 1983.

BOURASSA, André-G., et LARRUE, Jean-Marc. *Les nuits de la Main, cent ans de spectacles sur le boulevard Saint-Laurent (1891-1991)*, VLB Éditeur, Montréal, 1993.

CAMPBELL, Rodney. *The Luciano Project; the secret wartime collaboration of the Mafia and the U.S. Navy*, McGraw-Hill Book Company, Toronto, 1977.

CATANAZARO, Raimondo. *Men of Respect; a social history of the Sicilian Mafia*, Maxwell Macmillan International, New York, 1988.

CHAMPLAIN, Pierre de. *Le crime organisé à Montréal, 1940/1980*, Asticou, Hull, 1986.

CHAMPLAIN, Pierre de. *Mafia, bandes de motards et trafic de drogue: le crime organisé au Québec dans les années 80*, Asticou, Hull, 1990.

CHAMPLAIN, Pierre de. *Gangsters et hommes d'honneur: décodez la mafia*, Les Éditions de l'Homme, 2005.

CHARBONNEAU, Jean-Pierre. *La filière canadienne*, Les Éditions de l'Homme, Montréal, 1975.

FALCONE, Giovanni. *Men of Honour, the Truth about the Mafia*, Warner Books, Londres, 1992.

CRITTLE, Simon. *The Last Godfather; the rise and fall of Joey Massino*, Berkley Books, New York, 2006.

DeStefano, Anthony M. *The Last Godfather; Joseph Massino and the Fall of the Bonanno Crime Family*, Citadel Press, New York, 2006.

DeVito, Carlo. *The Encyclopedia of International Organized Crime*, Checkmark Books, New York, 2005.

Dickie, John. *Cosa Nostra: la mafia sicilienne de 1860 à nos jours*, Perrin, Paris, 2007

Edwards, Peter et Nicaso, Antonio. *Deadly Silence: Canadian Mafia Murders*, Macmillan, Toronto, 1993.

Edwards, Peter. *Frères de sang: des Cotroni à «Mom» Boucher*, Trait d'union, Montréal, 2002.

Edwards, Peter. *The encyclopedia of Canadian organized crime: from Captain Kidd to Mom Boucher*, M&S, Toronto, 2004.

Fiévet, Marc et Roulot, Olivier-Jourdan. *Dans la peau d'un narco, infiltré au cœur de la mafia*, Hugodoc, Paris, 2007.

Frattini, Eric. *La Cosa Nostra: un siècle d'histoire*, Flammarion, Paris, 2003.

Giuffrida, Calogero. *Delitto di Prestigio, La storia di Giuseppe Spagnolo, dirigente politico ucciso dalla mafia*, Instituto Gramsci Siciliano-onlus, Palerme, 2005.

Humphreys, Adrian et Lamothe, Lee. *The sixth family: the collapse of the New York mafia and the rise of Vito Rizzuto*, John Wiley, Mississauga (Ontario), 2006.

Lupo, Salvatore. *Histoire de la mafia, des origines à nos jours*, Flammarion, Paris, 1999.

Maas, Peter. *Underboss; Sammy the Bull Gravano's story of life in the Mafia*, HarperCollins Publishers, New York, 1997.

Newark, Tim. *Mafia Allies; the true story of American's secret alliance with the Mob in World War II*, Zenith Press, St. Paul (Minnesota), 2007.

Nicaso, Antonio et Lamothe, Lee. *Les liens du sang: l'apogée et la chute d'une grande famille de la mafia*, Les Éditions de l'Homme, Montréal, 2001.

Orms, Georges. *La mafia, hier et aujourd'hui*, Bordas, Paris, 1972.

Padovani, Marcelle. *Cosa Nostra; le juge et les «hommes d'honneur»*, Austral, Paris, 1991.

Pistone, Joseph D. *Donnie Brasco: My Undercover life in the mafia*, New American Library, New York, 1987.

Plante, Pax. *Montréal sous le règne de la pègre*, Éditions de l'Action nationale, Montréal, 1950.

Possamai, Mario. *Le blanchiment de l'argent au Canada*, Guy Saint-Jean, Laval, 1994.

RAAB, Selwyn. *Five families: the rise, decline, and resurgence of America's most powerful Mafia empires*, Thomas Dunne Books, New York, 2005.

SCHNEIDER, Stephen. *Iced: the story of organized crime in Canada*, John Wiley, Mississauga, 2009.

SHAWCROSS, Tim, et YOUNG, Martin. *Men of Honour; the confessions of Tommaso Buscetta*, Collins, 1987.

STANKÉ, Alain. *Pax: lutte à finir avec la pègre; un portrait-robot du célèbre incorruptible Pacifique Plante*, La Presse, Montréal, 1972.

STERLING, Claire. *La pieuvre: la mafia à la conquête du monde 1945-1989*, Robert Laffont, Paris, 1990.

STERLING, Claire. *Pax Mafiosa: les multinationales du crime vont-elles s'emparer du pouvoir au niveau mondial?* Robert Laffont, Paris, 1994.

RAPPORTS

Bureau de recherche du Québec sur le crime organisé (BRQCO). *Rapport stratégique*, 1990.

Centro interprovinciale criminalpol, questura di Roma, squadra narcotici. *Rapporto giudiziario di denuncia a carico di Bono Giuseppe + 159 ritenuti*, volumes I et II, 7 février 1983.

Citoyenneté et Immigration Canada. *Chronologie des événements se rapportant à la mafia au Québec, 1878-1994*, 1995.

Commission d'enquête sur l'administration de la justice en matière criminelle et pénale au Québec. *La société face au crime*, Éditeur officiel du Québec, 1969-1971.

Commission d'enquête sur le crime organisé (CECO). *Rapports d'enquête sur le crime organisé*, Québec, 1976 et autres.

Commission de police du Québec. *Rapport d'enquête sur l'étude de liens possibles entre Nicolas Di Iorio et Frank Dasti, membres du crime organisé, Pierre Laporte, ministre, René Gagnon, chef de cabinet, et Jean-Jacques Côté, organisateur politique*, Sainte-Foy, 1975.

Commission de police du Québec. *Rapport officiel. La lutte au crime organisé*, Éditeur officiel du Québec, 1976.

Criminal Intelligence Service Ontario. Rapport sur le crime organisé traditionnel italien, 1997. (Ce rapport est tiré en bonne partie d'informations colligées durant l'enquête Pèlerin de la GRC, de 1978 à 1984.)

Federal Bureau of Investigation (FBI) et Département américain de la Justice. *La Cosa Nostra au Canada*, 1985.

FBI. *Rapport à propos de la déclaration du délateur Frank Lino sur sa rencontre à Montréal avec Alfonso Gagliano*, 29 mars 2004.

Gendarmerie royale du Canada (GRC), division C, Montréal. *Mémorandum Tommaso Buscetta, Rocky Graziano*, 1987.

GRC. *Famille Siculiana : organisation Rizzuto, synthèse des activités criminelles reliées à l'organisation Rizzuto*, 1995.

GRC. *Importations majeures à participation canadienne sur la côte Est*, de 1990 à 1994.

GRC. *La mafia au Québec*, 1991

GRC. *La mafia au Québec*, 1994

GRC. *Projet Pèlerin : Gerlando Caruana et al, conspiracy to import & trafic, and possession of assets derived from the commission of crime from 1978 to 1988.*

Projet Benoît : G-8. *Conversations à la Gelateria Violi*, 1974.

Service canadien de renseignements criminels (SCRC). *Document de recherche informatique incluant le rapport sur la situation du crime organisé traditionnel*, Ottawa, 1997.

SCRC. *Le Canada est-il à l'abri du crime organisé ?* 1994.

SCRC. *Le crime organisé traditionnel*, 1995.

SCRC. *Le crime organisé traditionnel italien*, novembre 1995, document policier remis au ministre fédéral de la Justice et au Solliciteur général du Canada en février 1996.

Service de police de la Communauté urbaine de Montréal (SPCUM). *Dossier italien.*

Service de police de la Communauté urbaine de Montréal (SPCUM). *Principales organisations criminelles à Montréal*, 1990.

Service de police de Toronto et Service des carabinieri de Naples. *Déclarations du délateur Oreste Pagano faites les 7 juillet et 21 septembre 1999 à Toronto, ainsi que le 17 novembre 2004, en Italie.*

Documents judiciaires

Cour d'appel du Québec. Admissions de Vito Rizzuto dans son dossier d'extradition, 3 août 2004.

Gendarmerie royale du Canada (GRC). Affidavit d'écoute électronique : Annexe E « Projet Compote », et annexe B « produits de la criminalité », 1990-1994.

Ontario Court, Newmarket. Agreed statement of facts : La Reine c. Ramon Fernandez, juin 2004.

Cour d'appel du district de Palerme. République d'Italie c. Pasquale Caruana et Giuseppe Cuffaro, sentence, président Angelo Passantino, conseillers Giancarlo Trizzino et Salvatore Di Vitale, 14-04-92 (Sent. N. 833, reg. gen. 810/91).

Cour d'appel du Québec. Vito Rizzuto c. les États-Unis d'Amérique, rapport de la police de Montréal déposé le 29 juin 2004 (500-10-002800-041).

Cour d'appel du Québec. Vito Rizzuto c. les États-Unis d'Amérique, jugement, juge François Doyon, 6 août 2004.

Cour d'appel du Québec. Vito Rizzuto c. procureur général du Canada et procureur général du Québec, plaidoirie de Me Clemente Monterosso, 12 septembre 2005.

Cour municipale de Montréal. La reine c. Victor Rizzuto, promesse de comparaître, 22 juillet 2002.

Cour du Québec. La Reine c. Vito Rizzuto, juge Bernard Lemieux, enquête sur cautionnement, les 23, 24, 25 novembre 1988, et décision du 30 novembre 1988 (650-01-001221-886).

Cour du Québec. La Reine c. Vito Rizzuto, juge Louis Charles Fournier, procès, 3, 4, 5 et 23 octobre 1989, et jugement du 18 décembre 1989 (650-01-001221-886).

Cour du Québec. La Reine c. Normand Dupuis, juge Louis Charles Fournier, verdict et sentence sur outrage au tribunal, 19 décembre 1989 (650-01-001221-886).

Cour du Québec. Commission rogatoire demandée par la république d'Italie dans la poursuite pénale contre Gerlando Caruana *et al.* Juge commissaire André Chaloux et juge d'instruction Gioacchino Natoli, transcription des séances du 4 et du 6 décembre 1990.

Cour du Québec. La Reine c. Glen Cameron, procès, juge Claude Millette, transcriptions des témoignages, séances des 6, 7, 8 et 9 avril 1998 (500-73-000368-979).

Cour du Québec. La Reine c. Glen Cameron, enquête préliminaire devant le juge Jean-Pierre Bonin, transcription du témoignage de Vito Rizzuto, 25 juin 1998 (500-73-000475-976).

Cour du Québec. Dénonciation en vue d'obtenir un mandat de perquisition au domicile de Gerlando Caruana, à Montréal, projet Omerta (Toronto), juge Serge Boisvert, 14 juillet 1998.

Cour du Québec. Demande et ordonnance de blocage et de prise en charge, annexes C et annexes 2-C. Projet Colisée.

Cour du Québec. Enquête sur remise en liberté provisoire de Nicolò Rizzuto et Francesco Del Balso, septembre 2007, projet Colisée. Transcription d'une bande audio de Nicola Varacalli en date du 5 novembre 2005.

Cour du Québec. La Reine c. Francesco Arcadi, Francesco Del Balso, Lorenzo Giordano, Paolo Renda, Nicolo Rizzuto, Rocco Sollecito;

Projet Colisée, aperçu de la preuve, sentence (500-73-002671-069).

Cour du Québec. La Reine c. Arruda *et al.*, décision à l'enquête sur remise en liberté, juge André Perreault, 27 décembre 2006. Annexe C Projet Colisée 2002-UMECO-3438.

Cour du Québec, juge Hélène Morin, La Reine c. Chadi Amja et al, décision à l'enquête préliminaire, 21 avril 2008

Cour du Québec. La Reine c. Rocco Carruso (72-03-09); La Reine c. Nello Di Rienzo (69-07-18); La Reine c. Georges Lappas (75-01-30). Acte d'accusation et exposé conjoint des faits; représentations sur sentence (540-73-000285-066)

Cour du Québec. La Reine c. Cotroni et al, enquête sur remise en liberté provisoire, résumé des faits « projets Caviar-Scoop-Overdate », juge Jean-Pierre Bonin, juin 1996.

Cour du Québec. Rapports de l'Unité mixte d'enquête sur le crime organisé (UMECO): Annexe C, projet Colisée; résumé de l'enquête Colisée concernant les diverses importations de cocaïne par « la porte », c'est-à-dire l'Aéroport Pierre-Elliott-Trudeau, de Montréal. Dossier d'extraits d'écoute électronique dans le cadre des diverses importations de cocaïne, via l'aéroport Pierre-Elliott-Trudeau.

Cour du Québec. La Reine c. Sergio Piccirilli, transcriptions de l'enquête sur remise en liberté provisoire, les 6 juillet, 18 août et 21 août 2006, ainsi que l'enquête préliminaire, les 8 et 9 mars, et le 4 avril 2007. Juges Paul Chavalier et Valmont Beaulieu (700-01-065331-061 et 540-01-030095-064).

Cour fédérale du Canada. Alain Charron c. le Procureur général du Canada. Déclaration de Charron et informations complémentaires. Me Josée Ferrari, 18 février 2004 (T-255-04).

Cour fédérale du Canada. Vito Rizzuto c. Revenu Canada. Avis d'appel, 14 septembre 1998 (dossier: 98-2497 (IT) G).

Cour supérieure du Québec. Gilles Mathieu et al c. Sa Majestée La Reine et Jean-Guy Bourgouin *et al.* Affidavits d'écoute électronique « Projet Rush et Ocean » (500-01-003088-017).

Cour supérieure du Québec. Michael Divito c. le Procureur général du Canada et cie requête en habeas corpus, Me Marie-Hélène Giroux et Me Clemente Monterosso (500-36-001251-977).

Cour supérieure du Québec. La Reine c. Vincenzo Di Maulo et Vanlentino Morielli, Transcriptions du témoignage de Vito Rizzuto, 21 novembre 1996 (500-01-001861-951).

Cour supérieure du Québec. Requête visant l'obtention d'un mandat d'arrestation à la suite d'une demande des États-Unis d'Amérique visant l'extradition de Vito Rizzuto, Me Ginette Gobeil, 15 janvier 2004.

BIBLIOGRAPHIE

Cour supérieure du Québec. États-Unis d'Amérique c. Victor « Vito » Rizzuto, juge Jean-Guy Boilard, 5 avril 2004 (500-36-003292-045).

Cour supérieure de l'Ontario. La Reine c. Alfonso Caruana, Gerlando Caruana, Pasquale Caruana et Giuseppe Caruana, résumé des faits entourant le plaidoyer de culpabilité, ainsi qu'un document intitulé « Omerta-noms », les 1er et 12 mars 2000 (F0383).

Cour suprême du Canada. Renseignement sur les dossiers de la Cour, sommaire 31259 et sommaire 31260.

Demande d'assistance judiciaire en matière pénale du procureur public du canton du Tessin, en Suisse, 16 décembre 1994. Historique du projet Contrat et origine des fonds apportés au Centre monétaire international de Montréal (CIMM).

Demande d'entraide judiciaire du Canada à la Suisse. Projet Pèlerin : Gerlando Caruana et al., 28 janvier 1987.

Demande d'entraide judiciaire du Canada à la Suisse. Projet Pèlerin : Gerlando Caruana et al, sous-procureur général adjoint du Canada, W.J.A. Hobson, 26 février 1987.

Demande d'entraide judiciaire urgente de la Suisse au Canada. Cause de Rizzuto-Manno Libertina et al., procureur public du canton de Tessin, Fabrizio Eggensschwiler, 16 décembre 1994.

Dénonciation en vue d'obtenir un mandat de perquisition, annexe F concernant un complot d'enlèvement, de séquestration, d'extorsion ainsi que de complot de meurtre envers Frank Martonara effectué par Christian Deschênes et Denis Girouard (500-26-021093-012).

Dénonciation en vue d'obtenir un mandat de perquisition, Édifice Vincent Massey, Revenu Canada, 20 novembre 2006 (500-26-042012-066).

Département américain de la justice du district est de New York. Record of the case, à la suite de la rafle policière au sein de la famille Bonanno de New York, 20 janvier 2004.

State of New York, Department of Agriculture and Markets. In the Matter of Application of Utica Cheese Inc., Base Road, Oriskany, New York, For a Milk Dealer's License, Pursuant to Agriculture and Markets Law, Article 21. Hearing Memorandum, July 1980.

Tribunal de l'immigration. Canadian Immigration Card #632-633-634-635, Nicolò, Libertina, Vito et Maria Rizzuto 21 février 1954, Halifax.

USA Eastern District Court of New York. Les États-Unis c. Joseph Massino, Robert Lino, Daniel Mongelli et Ronald Filocomo, Superseeding Indictment, 21 mai 2003 (2000R02722).

USA Eastern District Court of New York. Les États-Unis c. Joseph Massino, procès, transcriptions des séances du 25 mai 2004 et du 28-29 et 30 juin 2004.

USA Eastern District Court of New York. Les États-Unis c. Vincent Basciano et Patrick Defilipo, procès, transcriptions des séances des 1er et 2 mars 2006.

USA Eastern District Court of New York. Les États-Unis c. Vito Rizzuto, Transcription du jugement, juge Nicholas Garaufis, 4 mai 2007.

USA Eastern District Court of New York. Les États-Unis c. Ronald Filicomo, mémorandum of law in support of the government's motion for a permanent order of detention, USA attorney Roslynn R. Mauskopf, mai 2003.

USA Eastern District Court of New York. Les États-Unis c. John Joseph Spirito, mémorandum of law in support of the government's motion for a permanent order of detention, USA attorney Roslynn R. Mauskopf, août 2003 (2003R01783).

Western District of New York. Les États-Unis c. Alain Charron, septembre 1995.

JOURNAUX ET MAGAZINES

La documentation qui a servi à la rédaction de ce livre s'appuie aussi sur des centaines d'articles, puisés dans les journaux et magazines canadiens et étrangers. Les citer ici est impossible, en raison des contraintes d'espace. Voir les remerciements pour les principaux auteurs.

INDEX

REMERCIEMENTS

Ce livre est le fruit d'un travail collectif. Dès le départ, nous avons pu profiter de la contribution de deux journalistes de Toronto, Antonio Nicaso, qui signe des articles dans de nombreux journaux canadiens et étrangers, et Peter Edwards, journaliste du *Toronto Star*. Tous les deux sont eux-mêmes auteurs de plusieurs livres sur la mafia et le crime organisé. Ils nous ont généreusement donné une somme impressionnante d'informations, difficilement accessibles à Montréal. Ils nous ont aussi remis le résultat écrit de leurs recherches. Sans leur aide, de nombreux chapitres de ce livre auraient été impossibles à rédiger.

Nous aimerions aussi remercier Pierre de Champlain qui s'est avéré d'une exceptionnelle générosité. Outre les suggestions, les conseils et les encouragements prodigués, il a partagé avec nous ses phénoménales connaissances de la mafia. Sans son apport, le livre resterait encore un projet.

Nous nous permettons de rendre un hommage spécial à deux policiers aujourd'hui décédés, Gilbert Côté, de la police de Montréal, et Mark Bourque, de la GRC, qui se sont démenés pendant des années pour convaincre les gouvernements et les corps de police de se donner les outils nécessaires pour combattre le crime organisé. Mieux que la plupart, ils comprenaient la menace sournoise que la richesse et le pouvoir de corruption des mafieux ont sur la politique et l'économie d'une ville, d'une province ou même d'un pays comme le Canada.

Nous saluons les nombreux policiers ou ex-policiers, qui nous ont apporté une aide inestimable au cours des ans, en particulier Yvon Gagnon, Jean-Pierre Lévesque, Gilles Veilleux, Denis Brouillette, René Charbonneau, Jacques Duchesneau, John Norris, Guy Ouellette, Pierre Primeau, Mike Roussy, Yves Roy, Yvon Thibault, Michel Vien et des dizaines d'autres, encore actifs ou retraités.

Nous ne pouvons non plus passer sous silence l'affabilité et la patience des greffiers et préposés aux pièces à conviction du palais de justice de Montréal et d'autres districts judiciaires. En particulier, Marielle Gagnon, de Sept-Îles, qui nous a fait parvenir par courrier tous les documents d'archives pertinents au dossier d'accusation de Vito Rizzuto, en 1988. La jeune interprète Anne-Marie Campbell et Paulette Arsenault ont aussi été d'une grande utilité pour la rédaction.

Nous avons abondamment puisé dans les articles écrits par nos collègues à *La Presse*, entre autres Joël-Denis Bellavance, Lisa Binsse, Bruno Bisson, Yves Boisvert, Christiane Desjardins, Martha Gagnon, Richard Hétu, Judith Lachapelle, Marcel Laroche, Martin Pelchat, Caroline Touzin, Francis Vailles, et bien d'autres. Depuis, certains d'entre eux sont allés travailler ailleurs, ont accepté de nouvelles fonctions ou ont pris leur retraite. Qu'ils ne s'étonnent pas de voir certains passages de ce livre directement inspirés de leurs articles.

Les membres de la direction de *La Presse*, Philippe Cantin et Éric Trottier, nous ont accordé de nombreux congés pour travailler sur ce livre. Nous leur en sommes très reconnaissants.

Nous avons pu aussi profiter de l'aide et de l'expertise de nombreux collègues d'autres médias, en particulier Michel Auger, du *Journal de Montréal*, Jean-Pierre Rancourt, anciennement de TQS, Paul Cherry, de *The Gazette*, et Isabelle Richer, de Radio-Canada.

Enfin, plus que tout, un gros merci aux membres de nos familles, qui n'ont cessé de nous encourager, tout au long de cette aventure.

TABLE DES MATIÈRES

Suivez les Éditions de l'Homme sur le Web

Consultez notre site Internet et inscrivez-vous à l'infolettre pour rester informé en tout temps de nos publications et de nos concours en ligne. Et croisez aussi vos auteurs préférés et l'équipe des Éditions de l'Homme sur nos blogues!

www.editions-homme.com

Achevé d'imprimer au Canada
sur papier Enviro 100% recyclé